**Eine Arbeitsgemeinschaft der Verlage**

Böhlau Verlag · Wien · Köln · Weimar
Verlag Barbara Budrich · Opladen · Toronto
facultas.wuv · Wien
Wilhelm Fink · München
A. Francke Verlag · Tübingen und Basel
Haupt Verlag · Bern
Julius Klinkhardt Verlagsbuchhandlung · Bad Heilbrunn
Mohr Siebeck · Tübingen
Nomos Verlagsgesellschaft · Baden-Baden
Ernst Reinhardt Verlag · München · Basel
Ferdinand Schöningh · Paderborn · München · Wien · Zürich
Eugen Ulmer Verlag · Stuttgart
Konstanz, mit UVK/Lucius · München
Vandenhoeck & Ruprecht · Göttingen · Bristol
vdf Hochschulverlag AG an der ETH · Zürich

Monika Schwarz-Friesel

# Sprache und Emotion

Zweite, aktualisierte und erweiterte Auflage

A. Francke Verlag Tübingen und Basel

*Monika Schwarz-Friesel* ist Sprach- und Kognitionswissenschaftlerin und leitet seit 2010 das Fachgebiet allgemeine Linguistik an der Technischen Universität Berlin. Von 2000 bis 2010 war sie Professorin für germanistische Sprachwissenschaft an der Friedrich-Schiller-Universität Jena.
Forschungsschwerpunkte: die Interaktion von Sprache, Kognition und Emotion, Textlinguistik, kognitive Semantik sowie Verbal-Antisemitismus.
Buchpublikationen: u. a. Semantik – ein Arbeitsbuch (fünfte Auflage 2007); Anaphors in Text (mit M. Consten, 2007), Kognitive Linguistik (dritte Auflage 2008); Sprache und Kommunikation im Internet (mit K. Marx, 2012), Metapher (mit H. Skirl, zweite Auflage 2013), Die Sprache der Judenfeindschaft im 21. Jahrhundert (mit J. Reinharz, 2013).

Umschlagabbildung: Veronika Sager

Bibliografische Information der Deutschen Nationalbibliothek

Die Deutsche Nationalbibliothek verzeichnet diese Publikation in der Deutschen Nationalbibliografie; detaillierte bibliografische Daten sind im Internet über <http://dnb.d-nb.de> abrufbar.

2., aktualisierte und erweiterte Auflage, 2013
1. Auflage, 2007


Dischingerweg 5 · D-72070 Tübingen


Gedruckt auf chlorfrei gebleichtem und säurefreiem Werkdruckpapier.

Internet: http://www.francke.de
E-Mail: info@francke.de

Einbandgestaltung: Atelier Reichert, Stuttgart
Satz: Informationsdesign D. Fratzke, Kirchentellinsfurt
Druck und Bindung: fgb · freiburger graphische betriebe
Printed in Germany

UTB-Band-Nr. 2939
ISBN 978-3-8252-4039-4 (UTB Bestellnummer)

*Für Sigi*
*matok sheli.*

# Inhalt

## Vorwort zur zweiten Auflage

Für die zweite Auflage des Buches habe ich die Literaturangaben sowohl im Text als auch in der Bibliographie umfassend aktualisiert. Der gesamte Text wurde kritisch durchgesehen und an einigen Stellen wurden auch Ergänzungen und Modifikationen im Text vorgenommen, um die Ausführungen des Bandes auf den letzten Forschungsstand zu bringen.

Bei diesen Arbeiten haben mir hier Matthias Becker, Maria Fritzsche, Gerrit Kotzur, Konstanze Marx, Sara Neugebauer, Jonas Nölle, Stephan Peters, Sabine Reichelt und Helge Skirl geholfen, denen ich herzlich für ihre engagierte Mitarbeit danke.

Bernd Villhauer vom Narr Verlag danke ich für die angenehme und konstruktive Zusammenarbeit.

Bedanken möchte ich mich an dieser Stelle aber auch bei den zahlreichen Leserinnen und Lesern aus ganz Europa und den verschiedensten universitären und nicht-universitären Bereichen, deren E-Mails und Briefe zu diesem Buch in den letzten Jahren ein Quell der Freude und Inspiration waren und mir zudem die Bestätigung gaben, wie wichtig die wissenschaftliche Erörterung des Themas Sprache und Emotion im Rahmen dieses Buches ist.

Berlin, im März 2013 — Monika Schwarz-Friesel

# 0 Vorwort

> „Ein Wesen ist der Mensch, das nicht ohne Begeisterung auskommen kann. Und Begeisterung ist der Zustand, worin alle seine Gefühle und Gedanken den gleichen Geist haben …“ (Robert Musil)

Dieses Buch ist das Ergebnis eines langjährigen Beschäftigungsprozesses mit dem Thema Emotion. Im Laufe dieses Prozesses, der zu den inspirierendsten Erfahrungen gehört, die ich als Wissenschaftlerin soweit erlebt habe, bin ich mehr und mehr zu der Überzeugung gekommen, dass die bisherige Auffassung von der (nicht relevanten) Relation zwischen Kognition und Emotion nicht länger aufrecht zu erhalten ist. Als eine über viele Jahre im kognitionswissenschaftlichen Denk-Paradigma verhaftet forschende Sprachwissenschaftlerin argumentierte ich selber für die These, dass die menschliche Kognition ein von kulturellen und emotionalen Faktoren weitgehend unabhängiges Kenntnissystem sei und dass kognitive Strukturen und Prozesse prinzipiell anders als emotionale Komponenten zu modellieren seien.

Meine Analysen zu emotionalen Einstellungen und textuellen Emotionsmanifestationen sowie die Auseinandersetzung mit den Ergebnissen der kognitiven Neurowissenschaft zur Interaktion von Emotion und Kognition brachten diese traditionell verankerte Konzeptualisierung zum Wanken.

Will man den menschlichen Geist und seine Funktionsweise wirklich und umfassend verstehen, muss man sich aus den etablierten, althergebrachten Denkmustern lösen und neue Wege in der Kognitionswissenschaft beschreiten. Man muss (an)erkennen, dass die lange als marginal erachteten Emotionen maßgeblichen Einfluss auf die kognitiven Fähigkeiten und Leistungen des Menschen haben und dass die „autonomer Kasten“-Metapher der Kognition zugunsten einer Kognition-Emotion-Symbiose ersetzt werden muss. Im Bereich der Sprache und Sprachverarbeitung zeigt sich diese Symbiose besonders deutlich.

Mit diesem Buch möchte ich zum einen die vielfältigen Interaktionen zwischen sprachlichen und emotionalen Faktoren aufzeigen, wobei die Diskussion über diese Interaktionen auf eine neue theoretische Grundlage gestellt wird, zum anderen einen Brückenschlag zwischen Theorie und Praxis vollziehen, indem anhand von textwissenschaftlichen und anwendungsorientierten Analysen verschiedener Bereiche nicht nur deren philologische, sondern auch gesellschaftliche Relevanz aufgezeigt wird.

Für kritische Hinweise, Kommentare, Beispiele sowie Hilfe beim Korrekturlesen und Bibliographieren danke ich Robert Beyer, Holger Braune, Manfred Consten, Evyatar Friesel, Andreas Haupt, Marie-Luise Höbelt, Wolfgang Höbelt, Mareile Knees, Konstanze Marx, Yuka Morikawa, Barbara Nietzel, Nora Oeser, Anne-Katrin Orthey, Andrea Rappl, Veronika Sager, Marlies Schleicher, Helge Skirl und Carina Volkmann. Angelika Pfaller danke ich für ihre engagierte Lektoratsunterstützung und die stets angenehme Zusammenarbeit.

Jena, im Mai 2007 — Monika Schwarz-Friesel

# 1 „Gefühl ist alles …": Einführung in die Thematik

## 1.1 Einleitende Bemerkungen

„Ich fühle, also bin ich." (Antonio R. Damasio)

„Feelings are what matter most in life." (Charles Birch)

Emotionen sind für das menschliche Leben und Erleben konstitutive Phänomene. Menschen sind liebende und leidende und reflektierende Wesen, weil sie empfinden und fühlen. Emotionen bestimmen einen Großteil unserer Bewusstseinszustände sowie Denk- und Handlungsprozesse und spiegeln sich in allen Bereichen menschlicher Existenzerfahrung wider. Mittels der Sprache drücken wir unsere intern und subjektiv erfahrenen Gefühle aus: In sprachlichen Äußerungen erhalten Emotionen eine bestimmte Repräsentation und werden somit für andere mitteilbar. Das Verhältnis von Sprache und Emotion, von kognitivem Kenntnissystem und konzeptueller Gefühlswelt ist somit einer der wichtigsten Phänomenbereiche, wenn man den Menschen als Menschen verstehen will.

Aspekte der Emotionalität waren jedoch lange aus der sprach- und kognitionswissenschaftlichen Untersuchung ausgeschlossen, da man Sprache und Kognition als autonome, von Gefühlen nicht oder nicht wesentlich bestimmte Systeme betrachtete. Seit einigen Jahren aber zeichnet sich eine „emotionale Wende" in den kognitiven Wissenschaften ab. Insbesondere die Befunde und Erkenntnisse der kognitiven Neurobiologie haben maßgeblich dazu beigetragen, das Bild des rational bestimmten Menschen mit einem rein kognitiv determinierten Verstand zu relativieren (s. hierzu Roth 2009 und Damasio [6]2010). Emotionen werden mittlerweile in den meisten aktuellen Kognitionstheorien als konstitutive bzw. determinierende Bestandteile kognitiver Zustände und Prozesse betrachtet und analysiert. Die lange als irrelevante Begleiterscheinungen, marginale Nebeneffekte oder bloße Störfaktoren klassifizierten und nicht beachteten Emotionen finden heute nicht nur zunehmend Berücksichtigung. Auch die negative Konzeption von Gefühlen, als Ausdruck von Irrationalität, die dem Verstand konträr gegenübersteht, verändert sich zugunsten einer Gefühlskonzeption, die auch die positiven Funktionen der Emotionalität für den Menschen beachtet (s. z. B. die Aufsätze in Manstead/Frijda/Fischer 2004).

Der Einfluss von Emotionen auf kognitive Prozesse zeigt sich besonders im Bereich der Sprachverarbeitungsprozesse: Sowohl die Produktion als auch die Rezeption sprachlicher Äußerungen wird oft maßgeblich von emotionalen Komponenten determiniert. Viele der Untersuchungen auf diesem Gebiet, insbesondere in der Linguistik, stecken allerdings noch in den Anfängen. Auch an der wissenschaftlichen Akzeptanz der Interaktion zwischen Sprache und Emotion mangelt es noch: So bleibt die systemorientierte theoretische Linguistik oft dem alten Denkparadigma der digitalen Informationsverarbeitung verhaftet, welches Sprache als ein autonomes kognitives System sieht, Sprachverarbeitungsprozesse als in sich abgeschlossene Operationen betrachtet und emotionale Komponenten als bloße Performanzfaktoren einstuft und daher vernachlässigt bzw. komplett außer Acht lässt.

Die Ergebnisse der kognitiven Neurowissenschaft zeigen jedoch, dass sich Kognition und Emotion nicht immer strikt trennen lassen, sondern in einer engen repräsentationalen Verflechtung im Gedächtnis und in einer prozessualen Wechselwirkung bei der mentalen Verarbeitung von Informationen stehen (s. Roth 2009, Isen 2004, Damasio $^{6}$2010). Dies dient dem vorliegenden Buch als wesentliche Grundannahme.[1] Dass die Interaktion kognitiver und emotionaler Faktoren noch umfassender Detailuntersuchungen bedarf, um auch nur annähernd in ihrer Komplexität verstanden und erklärt werden zu können, ist dabei ebenfalls eine Basisannahme. Trotz der noch lückenhaft vorliegenden Analysen zur Trias Sprache – Kognition – Emotion gibt es jedoch schon einige wesentliche Ergebnisse, die uns dem Verstehen dieses komplexen Zusammenhangs näher bringen. Es ist ein Ziel dieses Buches, diese Ergebnisse zusammenhängend darzustellen und durch eigene theoretische Überlegungen sowie textlinguistische Untersuchungen ergänzend zu vermitteln. Es soll einerseits gezeigt werden, dass die Relevanz emotional geprägter Sprachäußerungen und ihrer Analyse gar nicht hoch genug angesetzt werden kann, andererseits soll ein Einblick in die verschiedenen textuellen Phänomenbereiche gegeben werden, die eine besonders intensive Symbiose von Emotion und Sprache aufweisen.

1 So werde ich auch in Kap. 4 zeigen, dass die bislang stets als fundamental verschieden voneinander abgegrenzten Komponenten Gefühl und Gedanke wesentliche Gemeinsamkeiten aufweisen.

Ein Desiderat der wissenschaftlichen Publikationslandschaft und universitären Lehre ist einerseits ein einführender Forschungsüberblick, der sowohl spezifisch sprachliche, also lexikalische und grammatische, als auch neuro-kognitive und konzeptuelle Faktoren des Themenkomplexes Sprache-und-Emotion erklärt, kohärent aufeinander bezieht sowie seine konkreten, textuell manifestierten Phänomenbereiche erschließt. Andererseits fehlt bislang auch ein integrativer Theorieansatz, der emotive Sprachmanifestationen nicht nur isoliert als Einzelphänomene betrachtet, sondern ihre textuelle Verankerung berücksichtigt. Beide Lücken möchte das vorliegende Buch schließen. Des Weiteren versteht sich diese Abhandlung als Plädoyer dafür, die bislang in der Sprachwissenschaft vorherrschende Auffassung von kognitiven Prozessen zu verändern. Die menschliche Kognition ist prozedural nicht autonom, nicht völlig losgelöst von emotionalen Einflussgrößen zu verstehen. Eine revidierte Konzeption der Kognition-Emotion-Relation ist von Nöten.

In diesem Buch werde ich mich aus kognitionslinguistischer Perspektive mit dem Phänomen der Emotionen und ihrer sprachlichen Repräsentationen sowie ihrer Prozessualiät beschäftigen. Im ersten Teil, der theorieorientiert ist, werde ich zunächst den aktuellen Forschungsstand darstellen und dabei auch interdisziplinäre Ergebnisse aus den kognitionswissenschaftlichen Disziplinen Psychologie und Neurobiologie berücksichtigen. Danach stehen spezifische Fragen und Probleme der Forschung im Mittelpunkt: Definition und Klassifikation von Emotionen, ihr Status im kognitiven Gesamtsystem des Menschen, ihre Verankerung im Gehirn, das Problem der Definition und Abgrenzung von Emotion und Gefühl, lexikalische Aspekte des Gefühlswortschatzes, konzeptuelle und semantische Analysen von Emotionswörtern, Emotionspotenzial von Texten und Emotionalisierung. Ich werde dabei einen theoretischen Ansatz skizzieren, der Emotion als komplexes, mehrere Ebenen umfassendes Syndrom sieht und die Relevanz der bewusst erfahrbaren Gefühlsebene betont.

Im zweiten Teil des Buches werden anhand von textlinguistischen Fallstudien exemplarisch die wichtigsten Gefühlsmanifestationen auf sprachlicher Ebene untersucht sowie anhand von zahlreichen Beispielanalysen illustriert und erörtert. Den Lesern werden hierbei Reflexions- und Arbeitsfelder vorgestellt, die eine intensivere, weiterführende Beschäftigung anregen. Leseempfehlungen und Denkanstöße, die den Blick für die Phänomene schärfen, die kritische Beurteilung herausfordern und zum eigenen Nachdenken ermuntern sollen, schließen jedes Kapitel ab.

## 1.2 Zur Relevanz von Emotionen und ihrer wissenschaftlichen Analyse

> „Das Gefühl ist es, das den Menschen zum Denken anregt ...“ (George Bernard Shaw)

> „Alles, was von den Menschen getan und erdacht wird, gilt der Befriedigung gefühlter Bedürfnisse, sowie der Stillung von Schmerzen.“ (Albert Einstein)

„Gefühl ist alles, Name ist Schall und Rauch.“ So lässt Goethe seinen Faust das Verhältnis von Emotion und Sprache auf eine bestimmte Art und Weise charakterisieren. Das Wahre, wirklich Wichtige, liegt demnach im Gefühl,[2] die Wörter der Sprache dagegen sind etwas Flüchtiges, Unbeständiges und fassen nicht wirklich die Gefühle, die sie symbolhaft benennen. Eine Sichtweise zum Thema Sprache und Emotion, die unserem intuitiven, vorwissenschaftlichen Alltagsverständnis zu entsprechen scheint. Als menschliche Wesen sind wir dadurch gekennzeichnet, dass uns nicht nur Geist und kognitiv geprägter Verstand zur Verfügung stehen, mit denen wir Klassifikationen vornehmen und Schlussfolgerungen ziehen, sondern auch ein emotionales System, mit dessen Hilfe wir Beurteilungen und Entscheidungen treffen, das unsere Beziehung zu anderen Menschen bestimmt und Einfluss auf alle wesentlichen Lebensvorgänge nimmt. Emotionen steuern maßgeblich unsere Denk- und Handlungsprozesse, determinieren die Interpretation und Evaluation von Mitmenschen und Situationen, erleichtern, erschweren oder hemmen unsere Lernprozesse und haben auf unsere Erinnerungsprozesse einen erheblichen Einfluss (s. hierzu ausführlich Kap. 4).

Wenn wir die menschliche Seele verstehen wollen, wenn wir die existenzielle Stellung des Menschen in seiner sozial geprägten Umwelt, sein subjektives Erleben und sein Selbstbild erklären wollen, dann spielen Emotionen eine entscheidende Rolle. Der Mensch, das vernunftbegabte Wesen, lässt sich nicht allein aufgrund seiner kognitiven Fähigkeiten als besondere Spezies charakterisieren, sondern zeichnet sich durch seine reichhaltige, von den verschiedensten Emotionen bestimmte Gefühlswelt aus, die ihn lieben, leiden, zürnen, hassen, verzweifeln, glauben und hoffen lässt (s. Alston 1969, Marten [10]1993, Plutchik 2003).

(1) „Ein Geschlecht, das mir gleich sei, zu leiden, weinen, genießen und zu freuen sich ...“ (Prometheus, Johann Wolfgang von Goethe)

---

[2] Die Termini *Emotion* und *Gefühl* werden hier und im Folgenden noch als Synonyme benutzt. Zur Abgrenzung von Emotion und Gefühl s. die Ausführungen in Kap. 3.

Ein Blick auf unser alltägliches Leben, aber auch auf die Menschheitsgeschichte und die Weltliteratur zeigt uns: Im Mittelpunkt stand bzw. steht immer (auf die eine oder andere, explizite oder implizite Art) das Gefühl bzw. die Gefühle des Menschen. Emotionen wie Zorn, Hass, Eifersucht, Neid, Liebe, Sehnsucht oder Verlangen beherrschen und beherrschten die Menschen in allen Zeiten. Sie waren und sind Auslöser für die schrecklichsten, zerstörerischsten Vorgänge wie Krieg, Gewalt und Mord, zugleich waren und sind sie die Basis für die kreativsten, erfüllendsten und schönsten Momente im Menschenleben.

(2) „Nun aber bleiben Glaube, Hoffnung, Liebe, diese drei; aber die Liebe ist die größte unter ihnen." (Bibel, 1. Korinther 13)

(3) „Den Zorn des Peliden Achilleus besinge, Göttin, den verfluchten Zorn." (Homer, Ilias, Anfang)

(4) „… dass man sah, wie Ritter, Frauen und edle Knappen den Tod ihrer teuren Freunde beweinten … Das ist ‚Der Nibelungen Not'." (Ende des Nibelungenliedes)

(5) „Das Glück der Menschen besteht in einem richtigen Verhältnis seiner Gemütseigenschaften und seiner Affekte." (Georg Christoph Lichtenberg, Gedankenlieder)

Die Zitate zeigen, dass Denker und Dichter sich seit Tausenden von Jahren mit dem Phänomen der Emotionalität beschäftigt haben. Schon in der Antike hat man über die Gefühle des Menschen und ihr Wesen nachgedacht (s. Kap. 3.1). Die Weltliteratur beschreibt seit Jahrhunderten die mannigfaltigen Gefühle von Menschen und ihre Bedeutung für ihr Lebensglück und ihre Lebensgestaltung,[3] und auch die aktuelle Relevanz[4] von Emotionen und Emotionalisierungsprozessen für den individuellen Menschen in der durch massenmediale Kommunikation geprägten Gesellschaft ist klar zu erkennen: Kaum noch eine politische Rede, eine Werbeanzeige oder eine Unterhaltungssendung, die nicht die emotionalen Grundbefindlichkeiten des

3 An Beschreibungen und Analysen von Emotionen hat es daher auch in den Wissenschaften nicht gemangelt. Kaum eine philosophische Abhandlung, die nicht den Status von Gefühlen anspricht. In der Psychologie wurden schon vor hundert Jahren komplexe Gefühlstheorien konzipiert (s. z.B. Wundts Kategorisierung (1899) sowie Freuds Theorie zu Ich, Es und Über-Ich). In den ersten fünfzig Jahren der institutionalisierten Psychologie, von 1870 bis 1920, stand die Beschäftigung mit den Emotionen des Menschen im Mittelpunkt der Forschung.

4 In der künstlerisch-kulturellen Auseinandersetzung der Moderne thematisiert man die Relevanz von Emotionen: Moderne Science-Fiction-Filme (wie Equilibrium) führen dem Rezipienten mittels fiktiver Welten vor Augen, welche (katastrophalen) Auswirkungen das Verbot oder die Unterdrückung von Gefühlen in der Gesellschaft haben würde. S. Herding (2004) zum Thema Emotion in den Künsten.

Menschen anspricht und mittels gezielter Emotionalisierungsstrategien bestimmte Gefühlszustände zu aktivieren bzw. zu evozieren versucht.

Diese Prozesse werden maßgeblich über die Sprache vollzogen. Sprachliche Strukturen mit ihren (mehr oder weniger intensiv emotional geprägten) konzeptuellen Repräsentationen werden eingesetzt, um Menschen auf die eine oder andere Art zu beeinflussen. Mit sprachlichen Äußerungen werden Emotionen ausgedrückt und benannt, geweckt, intensiviert sowie konstituiert. Die von den sprachlichen Einheiten und Strukturen dargestellten kognitiv-konzeptuellen Repräsentationen sind oft erheblich von ihrem affektiven semantischen Gehalt überlagert. Der Verschränkung kognitiver und emotionaler Repräsentationen kommt nicht nur in der individuellen Alltagskommunikation (wie Streitgesprächen, Liebesgeflüster), in der wir unsere Gefühle sprachlich mitteilen, sondern insbesondere auch in den öffentlichen Kommunikationsformen (wie Werbung, Unterhaltung, politische Agitation, mediale Konfliktberichterstattung) besonderes Gewicht zu, denn hier dient die sprachlich gesteuerte Emotionalisierung beim individuellen Rezipienten entscheidend der Abgrenzung nach außen (z. B. gegenüber dem politischen Gegner) und der Stabilisierung bzw. Identifizierung nach innen (z. B. hinsichtlich des Selbstkonzeptes bzw. Selbstwertgefühls).

Nur ein sprachwissenschaftlicher Ansatz, der die enge Verflechtung von kognitiven und emotionalen Prozessen bei der (massenmedial) gesteuerten Sprachrezeption berücksichtigt, kann das Spektrum sowie die Spezifik sprachlicher Beeinflussung im Allgemeinen und der Persuasion im Besonderen beschreiben und erklären. Emotionen manifestieren sich aber nicht nur in sprachlichen Ausdrucksformen, sie beeinflussen auch maßgeblich die Konstruktion und Rezeption von Texten (s. Kap. 4.9 und 6.2). Aus Sprachproduktionssicht spielt die emotionale Einstellung des Produzenten eine entscheidende Funktion bei der Gestaltung eines Textes. Das explizit und/oder implizit angelegte Emotionspotenzial wiederum wird den Leser bei der Verarbeitung des Textes beeinflussen.

Betrachtet man jedoch die moderne Forschungslage zum Verhältnis Sprache und Emotion, so fällt auf, dass den Emotionen bei der (sprach-)wissenschaftlichen Erklärung von geistigen und sprachlichen Phänomenen entweder gar kein oder nur ein sehr marginaler Stellenwert eingeräumt wurde und wird. Wenn es auch immer wieder vereinzelte Überlegungen gegeben hat, dass der emotionslose Mensch, der sein Handeln nach dem Verstand ausrichtet und frei von irrationalen Tendenzen nach dem Vernunftprinzip agiert, eine konfliktfreiere, effizientere Daseinsweise hätte (so z. B. der Philosoph Jerome Shaffer; vgl. Fries 2000): Dass Emotionen für das soziale Zusammenleben und das individuelle Erleben in der Welt eine wichtige Rolle spielen, wird von niemandem ernsthaft bezweifelt. Und obgleich die Gehirnforschung sogar die These nahe legt, dass der emotionslose Mensch auch ein anders denkender Mensch wäre (s. Isen 2004, Damasio [6]2010), ist der Status von Emotionen im Gesamtkonzept einer Erklärung, was menschliche Kognition und Sprache ausmacht, nach wie vor nicht festgelegt (s. hierzu aber Schwarz-Friesel 2008). Auch wichtige Teilaspekte, wie die Frage nach der repräsentationalen Modellierung von Emotionen in Gedächtnistheorien, ihrem Anteil in lexikalischen und aktuellen Bedeutungen und ihrer Verortung in den prozessualen Phasen der Sprachverarbeitung sind bislang nicht hinreichend geklärt (s. Kap. 4).

## 1.3 Sprache und Emotion in der Linguistik: Zu einem vernachlässigten Thema

> „Die Scheu ... vor dem Reich der Emotionen und die Ausgrenzung des Emotionalen aus dem Gralsbezirk eines eng gefaßten Rationalitätsbegriffs überlassen das Terrain der Emotionen vor-, wenn nicht gar antiwissenschaftlichen Romantizismen und Mythen. Der Irrationalismusverdacht gegenüber dem Emotionalen erscheint somit selbst als irrationale Erkenntnisstrategie ..." (Heinz-Günter Vester)

Auffällig ist die Diskrepanz zwischen der großen Bedeutung von Emotionen für das menschliche (Er-)Leben und der geringen Relevanz von Emotionen in vielen wissenschaftlichen Theorien und Modellen. Es stellt sich diesbezüglich die Frage, warum Emotionen aus der wissenschaftlichen Analyse in den Kognitions- und Sprachwissenschaften so lange ausgeklammert wurden (und teilweise bis zum heutigen Tag nicht berücksichtigt werden). Welche anthropologischen, wissenschaftstheoretischen und methodologischen Gründe lassen sich für die Vernachlässigung und den marginalen Status von Emotionen in den modernen Sprach- und Sprachverarbeitungstheorien nennen?

Die moderne theoretische Linguistik steht (wie das gesamte abendländische Denken) in der Tradition der cartesianischen Philosophie, der zufolge die Ratio entscheidend für die Bestimmung der Wesensart des Menschen, des *animal rationale* (vgl. Descartes' *cogito, ergo sum*), ist (s. hierzu ausführlicher Kap. 4). Auf der Grundidee eines dualistischen Welt- und Menschenbildes basierend, in dem eine strikte Trennung von Geist und Körper sowie Verstand und Gefühl (modern ausgedrückt: Kognition und Emotion) anzutreffen ist, wird seit der Aufklärung der Mensch als vernunftbegabtes Wesen charakterisiert, wobei sein Verstand, seine kognitive Fähigkeit, als dominante und wesentliche Eigenschaft betrachtet wird. Seit Kant wird der Verstand zudem als eigenständige, nicht von den Affekten des Menschen beeinflusste Größe gesehen. Durch Erkenntnisse und Befunde der modernen Kognitionsforschung findet diese Grundannahme teilweise auch ihre empirische Bestätigung: Spracherwerbsstudien, psycholinguistische Verarbeitungsexperimente sowie neurowissenschaftliche Fallstudien geben Evidenz für die weitgehende Autonomie einzelner kognitiver Systeme wie z.B. Sprache und visuelles System (s. Fanselow/Felix ³1993, Schwarz ³2008, Fodor 1983, 2010). Dabei ist jedoch zu beachten, dass diese Ergebnisse (wie jede wissenschaftliche Erkenntnis) stets einen vorläufigen Charakter haben. Galt jahrzehntelang in der Gehirnforschung die Annahme, dass die Kognition autonom von der Emotion sei, so zeichnet sich mittlerweile ein anderes Bild[5] ab: Viele Befunde sprechen heute für eine komplexe Interaktion zwischen kognitiven und emotionalen Komponenten, sowohl auf neuronaler, als auch auf mentaler Ebene (s. z.B. Dörner et al. 1989, De Houwer/Hermans 2010, Altmann et al. 2012; vgl. ausführlich Kap. 4).

Während die Neurowissenschaft mittlerweile den Einfluss von Emotionen auf neuronale Aktivitäten anerkennt und die Emotionspsychologie seit nunmehr drei Jahrzehnten eine etablierte und anerkannte Subdisziplin in der Forschungslandschaft der Psychologie ist, die mit zahlreichen Publikationen und mehreren Fachzeitschriften (Emotion Review, Cognition & Emotion, Emotion, Motivation and Emotion) ein Feld ohne Legitimationsdruck darstellt, sieht die Lage in der Linguistik anders aus.

Bis vor wenigen Jahren war das Thema Sprache-und-Emotion aus linguistischer Perspektive ein exotisches Sonderthema mit einem Hauch Esoterik, das allenfalls als ein sehr marginales Gebiet der anwendungsorientierten, pragmatisch-funktional ausgerichteten Sprachwissenschaft betrachtet wurde. Bislang stand und steht entweder in systemlinguistischen Ansätzen das abstrakte Regelsystem, oder in kommunikativ-funktional orientierten Ansätzen die kognitive Symbolfunktion der Sprache, also die Darstellungsfunktion sprachlicher Äußerungen, im Vordergrund. Emotionen wurden dabei als bloße Begleiterscheinungen des menschlichen Empfindens, Sprechens

[5] Neben den zahlreichen psychologischen Kongressen und Workshops, die zur Emotionsthematik und zur emotionalen Intelligenz stattfinden, belegen die populärwissenschaftlichen Abhandlungen (Geo, Zeit-Magazin etc.), die derzeit geradezu den Markt überschwemmen (vgl. auch das Magazin „Emotion“), die „emotive Wende“ deutlich. Auch die moderne Philosophie hat die lange verpönten Gefühle als wichtigen Untersuchungsgegenstand (wieder) entdeckt (s. z.B. Hatzimoysis 2003, Der blaue Reiter. Journal für Philosophie 20, 2004 sowie Hastedt 2005 und Döring 2009).

und Denkens betrachtet, denen im Kenntnis- und Regelsystem kein und im Verarbeitungsprozess nur ein geringer Einfluss auf die kognitiv verankerten Sprachverarbeitungsprozesse zugesprochen wird (s. Hielscher 2003a, b).

In der theoretischen Linguistik dominiert die von Chomsky etablierte Konzeption des idealen Sprechers/Hörers und seiner sprachlichen Kompetenz. Diese Kompetenz ist als Regelsystem bzw. in neueren Arbeiten als stabiler kognitiver Zustand im Gehirn des Menschen[6] charakterisiert worden, der artspezifisch, genetisch fixiert und unabhängig von anderen mentalen Fähigkeiten ist. Die (in der Tat für den Bereich der Grammatik, insbesondere die Syntax, nachgewiesene) Autonomie der formalen Regeln und Prinzipien der Sprachkompetenz führte dazu, dass viele Linguisten den Gegenstandsbereich der Sprachwissenschaft auf eben diese von Denk-, Kultur- und Emotionsfaktoren unabhängigen Form- und Regelaspekte einengten.[7] Diese Begrenzung und das daraus abgeleitete Postulat vom Primat der formalen Grammatik-Analyse in der Linguistik führte in den letzten Jahrzehnten dazu, dass sich die sprachwissenschaftliche Forschung (etabliert als Systemlinguistik) zu einer restriktiven Elfenbeinturmdisziplin entwickelte, oft ohne philologische Anknüpfungspunkte, deren Ergebnisse weder akademisch noch gesellschaftlich weitreichende Konsequenzen haben. Eine solche Linguistik wird seit Jahren an den Universitäten von den Kollegen der Geistes- und Gesellschaftswissenschaften nicht wirklich ernst oder überhaupt gar nicht zur Kenntnis genommen, von vielen Studierenden philologischer Fächer nach dem obligatorischen Grundstudium abgewählt und von Menschen, die generell an der Sprache interessiert sind, als abschreckend, realitätsabgehoben und in ihrem Szientismus nicht nachvollziehbar wahrgenommen. So haben derzeit populärwissenschaftliche Abhandlungen[8] über die Sprache mehr Chancen, von einer interessierten Öffentlichkeit gelesen zu werden, als die wissenschaftlich fundierten Analysen der Experten.

Dass Emotionen in der theoretischen Linguistik keinen Platz finden, liegt aber auch daran, dass weite Teile der Linguistik noch immer dem Paradigma der frühen (durch die Computermetapher und ihre Analogien zur computa-

---

6 „Knowing the language L is a property of a person P ... for p to know ... L is for P's mind/brain to be in a certain state ...“ (Chomsky 1986: 8).

7 Aus der Autonomie syntaktischer Regeln und Prinzipien die Schlussfolgerung abzuleiten, nur diese Komponenten seien der genuine, relevante Gegenstandsbereich der Linguistik, ist nicht notwendigerweise nachvollziehbar. Man stelle sich vor, die Gehirnforschung würde ihr Arbeitsfeld mit der Begründung, nur genetisch fixierte, in sich unabhängige Neuronenfelder seien für das Verständnis des Gehirns relevant, auf eben diesen kleinen Bereich neuronaler Phänomene begrenzen.

8 Vgl. etwa die Erfolgsgeschichte von Bastian Sicks „Der Dativ ist dem Genitiv sein Tod“.

tionellen, digitalen Informationsverarbeitung geprägten) Kognitionswissenschaft verhaftet bleibt. Kam der Linguistik in der frühen Phase des Kognitiven Paradigmas eine dominante Rolle bei der Etablierung der Kognitionswissenschaft zu, so hinkt sie nun als Disziplin dem Disziplinenverbund nach, den sie in den 1960ern stark beeinflusste und vorantrieb. Mit beharrlicher Resistenz gegenüber den jüngsten Veränderungen in den Kognitionswissenschaften, die zunehmend die Relevanz der neuronalen Basis des Geistes sowie seine Interaktion mit emotionalen Kategorien entdecken, und dem damit verbundenen Wandel des Kognitionsbegriffes steckt insbesondere die theoretische Linguistik den Rahmen ihres Untersuchungsgegenstandes oft noch immer (zu) eng ab und wehrt bislang recht erfolgreich ab,[9] was in den kognitiven Neurowissenschaften längst Einzug gehalten hat: ein Kognitionskonzept, das offen ist für emotionale Einflussgrößen und ein damit einhergehendes Menschenbild, in dem die strikte Trennung von Geist und Körper sowie Geist und Gefühl aufgehoben ist.

Um die Vernachlässigung von Emotionen in der Wissenschaft erklären zu können, muss aber schließlich noch ein weiterer Aspekt berücksichtigt werden, der mit dem (psychologischen) Alltagsverständnis von Gefühlen zu tun hat. Emotionen werden oft als (für das gesellschaftliche Zusammenleben) rein negative Phänomene konzeptualisiert[10] (s. Fiehler 1990: 20f.).

Da der Mensch als zweckrational (und damit vorausschaubar) handelnd aufgefasst wird, sind Emotionen unkontrollierbare Störfaktoren, die eher dysfunktional für einen geordneten und rationalen Umgang sind. In der alltäglichen Sprachverwendung spiegelt sich diese Auffassung wider: Als „emotional" werden Menschen in der Regel bezeichnet, wenn man sie im Sinne von labil, schwach, instabil charakterisiert. Sanktionen gegen als zu emotional eingestufte Verhaltensweisen (d.h. das intensive, nicht maskierte, nicht normierte Ausleben von Angst, Wut, Verzweiflung) begrenzen entsprechend solche Dispositionen. Ein Aspekt dieser „Norm der emotionalen Neutralität" (als Gebot der Minimierung von Emotionen insbesondere im institutionellen

---

9 Vgl. hierzu: „Es ist eine Sache, konsequent in oder nach einem methodologischen und theoretisch-begrifflichen Paradigma zu arbeiten, um derart zusammen mit anderen einem Stück Wirklichkeit geradlinig und Zug um Zug auf den Leib zu rücken, und es ist etwas anderes, dieses Paradigma für das Ganze seiner Wissenschaft zu halten … Ich bedaure … jeden, und sei er noch so renommiert, der sich im grauen Normal-Science-Alltag seines Quasi-Paradigmas ängstlich verschanzt und nicht wissen will …, was außerhalb seiner eigenen Provinz geschieht." (Herrmann 1986: 32f.)

10 Unter Konzeptualisierung ist hier die geistige Vorstellung gemeint, die wir uns von etwas gemacht haben, also die mentale Erfassung und Repräsentation im kulturell-kollektiven (aber auch individuellen) Gedächtnisbesitz. S. Assmann (1988) zum kulturellen Gedächtnis.

Bereich unseres gesellschaftlichen Lebens) spiegelt sich in dem folgenden Zitat wider:

(6) „Sei gefühllos!
Ein leichtbewegtes Herz
Ist ein elend Gut
Auf der wankenden Erde."
(Johann Wolfgang von Goethe, 3. Ode an Behrisch)

Wenn Gefühllosigkeit bzw. kontinuierliche Gefühlspermanenz als erstrebenswert erachtet wird, dann liegt dies an einer Konzeptualisierung von Gefühl, die im Gegensatz zum Verstand, zur Ratio, als negative Irrationalität klassifiziert wird. Diese Idee manifestiert sich auch gegenüber der Epoche in der Kultur- und Geistesgeschichte, die das Gefühl (positiv konzeptualisiert) in den Mittelpunkt ihrer Schriften und Reflexionen hob und als wertvoll erachtete: die Romantik. Als „Romantiker" wird heute leicht spöttisch ein Mensch bezeichnet, der besonders gefühlsbetont ist. Gekoppelt ist diese negative Gefühlskonzeption an ein grundlegendes Verständnis (bzw. Missverständnis) von Emotionalität als eine Eigenschaft des Menschen, die dem Verstand entgegengesetzt arbeitet. Neuere Emotions- und Kognitionstheorien jedoch verweisen auf ein Emotionskonzept, das interaktiv und kooperativ mit den mentalen Fähigkeiten verbunden ist[11] (s. Kap. 4).

Hinsichtlich der Frage, in welcher Relation Sprache und Emotion zueinander stehen, ergibt sich als Antwort zunächst eine einfache Korrelation: Mit der Sprache drücken wir unsere Gefühle und Empfindungen aus. Mittels sprachlicher Zeichen teilen wir anderen in der Kommunikation mit, wie wir uns fühlen, ob wir wütend, böse, glücklich oder empört sind. Sprache fungiert hier also als kommunikatives Mittel,[12] als Instrument, um subjektive emotionale Zustände intersubjektiv zu kodifizieren (s. hierzu ausführlich Kap. 5). Dieser expressiven Funktion sprachlicher Zeichen wurde allerdings in der Linguistik nur am Rande (zumeist im Rahmen funktional-pragmatischer Untersuchungsansätze) Beachtung geschenkt. Im Mittelpunkt der semantischen und referenziellen Analysen stand stets die deskriptive Funktion sprachlicher Einheiten, d.h. die über Symbole vermittelte Darstellungsfunktion. Mit sprachlichen Zeichen können wir Referenz vollziehen, also Be-

11 Dass ein Übermaß an irrationaler Emotionalität (die der Vernunft entgegengesetzt ist) Ursache und Basis für schädliche, teilweise katastrophale Auswirkungen sein kann (beispielsweise im religiösen Fundamentalismus oder im politischen Rassismus), steht dabei natürlich außer Zweifel.

12 Wierzbicka und Harkins (2001: 3) konstatieren entsprechend: „most ... of what we know about people's inner feelings comes to us via language".

zug auf die außersprachliche Welt etablieren. Diese referenzielle Funktion ist gekoppelt an die kognitive Fähigkeit des Menschen, sprachliche Formen an konzeptuelle Inhalte zu binden und diese Repräsentationen auf außersprachliche Sachverhalte abzubilden (s. hierzu ausführlicher Kap. 2).

Die Verarbeitung sprachlicher Informationen wird maßgeblich nicht nur von kognitiven, sondern auch emotiven Fakoren beeinflusst (s. hierzu Kap. 4.9). Eine strikte Trennung von Emotion und Kognition lässt sich ohnehin nicht aufrecht erhalten (s. Kap. 4.1 bis 4.8). In vielen Äußerungen spiegelt sich die Abhängigkeit des Sprachgebrauchs von emotionalen Zuständen und Prozessen wider (s. Kap. 4.9.3):

(7) Stumm vor Schreck/Angst/Glück. / Sprachlos vor Wut/Zorn/Glück.
(8) Die Angst schnürte ihr die Kehle zu. / Kein Laut kam über ihre Lippen. / Das intensive Glück ließ sie verstummen.
(9) Ihre Gefühle raubten ihr die Sprache. / Die Erregung nahm ihm die Sprache.
(10) Der unbändige Zorn ließ ihn stottern. / Sie brachte nur ein Stottern zuwege.
(11) Die Gefühle raubten ihm den Verstand. / Wie von Sinnen beschimpfte er sie. / Er war in seiner Wut nicht länger Herr seiner Sinne.

Erst in den letzten fünfzehn Jahren mehren sich in der Linguistik Arbeiten, die sich mit der Frage beschäftigen, wie sprachliche Repräsentationen benutzt werden, um auf die inneren Gefühlszustände und -prozesse des Menschen zu referieren (vgl. z.B. Danes 1987, Niemeier/Dirven 1997, Athanasiadou/Tabakowska 1998, Wierzbicka 1999, Fries 2000, Weigand 2004). Allerdings hat sich die linguistische Forschung auf einige pragmatische, grammatische und lexikalisch-semantische Kernfragen konzentriert und wichtige Themen außer Acht gelassen bzw. noch nicht hinreichend analysiert. Dies trifft insbesondere für das Thema „Emotionen in Texten" bzw. „Emotionsmanifestationen in Texten" zu (s. Schwarz-Friesel 2013d). Seit 2007 sind jedoch viele Abschlussarbeiten in der Linguistik zu diesem Themenkomplex geschrieben worden (s. u.a. Partetzke 2008, Schröter 2010, Bochenek-Borowska/Schramm 2011, Petelava 2011, Kotzur 2012).

## 1.4 Zum aktuellen Forschungsstand

> „Reading the history of emotion research is a somewhat frustrating experience. Most of the theoretical and research efforts have been directed toward a small number of controversies ..." (Klaus Scherer)

Prinzipiell lassen sich drei allgemeine und übergeordnete Themen- und Fragenkomplexe hinsichtlich der Sprache-Emotion-Relation voneinander unterscheiden: Es ist zu untersuchen, welchen Einfluss Emotionen als repräsentationale und prozedurale Komponenten auf die produktiven und rezeptiven Prozesse der Sprachverarbeitung haben. Wo und wie sind Emotionen als Kenntnissysteme repräsentiert? Auf welcher Ebene der Sprachverarbeitung sind Emotionen als Einflussgrößen zu verankern? Wie ist die Interaktion zu modellieren (s. Kap. 3 und 4)? Des Weiteren muss analysiert werden, wie sich Konzeptualisierungen von Emotionen in sprachlichen Ausdrucksformen für Emotionen widerspiegeln. Wie wird über Emotionen gesprochen? Welche sprachlichen Mittel (Wörter, Metaphern, Vergleiche) werden benutzt, um auf Emotionen zu referieren? Es geht hier also um die emotionsbezeichnenden und emotionsausdrückenden Mittel einer Sprache (s. Kap. 5). Und schließlich ist auch zu erforschen, welcher Zusammenhang zwischen bestimmten Emotionen und ihren (typischen) sprachlichen Manifestationen in bestimmten (thematisch und referenziell fixierten) Texten bzw. Textsorten besteht. In diesem Zusammenhang ist es notwendig, einen integrativen Ansatz der textuellen Emotionsanalyse zu etablieren. Hier geht es um die Frage, welche Konzeptualisierungen der jeweiligen Emotionen in den Texten vermittelt werden und wie bestimmte sprachliche Strukturen diese Konzeptualisierung repräsentieren (s. Kap. 6ff.).

Auf dem linguistischen Gebiet der bisherigen Sprache-und-Emotion-Forschung ließen sich bis vor kurzem im Wesentlichen nur zwei Arbeitsfelder voneinander abgrenzen: pragmatisch-kommunikative Ansätze, die (vor allem im Bereich der Gesprächsanalyse) Emotionen als das Sprechen begleitende und/oder beeinflussende Phänomene empirisch untersuchen (z.B. die Analyse von Konflikt-, Streit- oder Beratungsgesprächen) sowie semantisch-lexikalische Ansätze, die das Potenzial expressiver Mittel in einer oder mehreren Sprachen untersuchen und beschreiben. In der Gesprächs- oder Diskursanalyse werden Emotionen als öffentliche Phänomene in Kommunikationssituationen und als Teil der interpersonellen Interaktion analysiert: Als Elemente des individuellen Innenlebens unterliegen Emotionsmanifestationen bestimmten soziokulturellen Regeln (s. Fiehler 1990, 2002, Drescher 2003, Weigand 2004). Dominant ist hierbei die funktional-pragmatische, handlungstheoretische Perspektive auf Sprache und im Mittelpunkt stehen primär die mündlich realisierten Ausdrucksformen (s. z.B. Caffi/Janney 1994, Christmann/Günthner 1996 und Schank/Schwittala 1987, Fussell 2002b) sowie Aspekte der Intonation (s. z.B. Kehrein 2002). Wilce (2009) hat eine Abhandlung zu Sprache und Emotion vorgelegt, die kulturelle und sozial-pragmatische Aspekte betont (s. hierzu auch Goddard 2002). In der jüngsten Zeit sind aber auch integrative und korpusbasierte Untersuchungen zu Gesprächen und Texten vorgenommen worden (s. Bednarek 2008, Oster 2010, Selting 2010, Thüne/Leonardi 2011, Schwarz-Friesel 2011a, Langlotz/Locher 2012, Marx 2012c, d, Pohl 2012, Schwarz-Friesel/Marx/Damisch 2012, Skirl 2012).

Die linguistischen Arbeiten, die sich den Einheiten der Sprache, die für die expressive Funktion benutzt werden, aus lexikalisch-semantischer Perspektive zuwenden, untersuchen zum einen den Gefühlswortschatz einer Sprache, also das Emotionsvokabular, das einer Sprachgemeinschaft im mentalen Lexikon zur Verfügung steht, um Gefühlskategorien zu benennen (s. Johnson-Laird/Oatley 1989, Jäger/Plum 1990, Hermanns 1995, 2002, Wierzbicka 1999, Fries 2003b). Mit welchen lexikalischen Mitteln referieren wir also z. B. im Deutschen auf Liebe, Hass, Freude, Verachtung oder Trauer? Zum anderen werden einzelne Emotionslexeme semantisch-konzeptuell in ihre (mutmaßlich elementaren) Komponenten[13] zerlegt bzw. als kognitive Prototypen oder Szenen beschrieben (s. hierzu insbesondere Wierzbicka 1999 und 2009, Kövecses 1990, 1999, Durst 2001, Fries 2004 und 2009, detaillierter hierzu Kap. 5). Insbesondere metaphorische Aspekte werden untersucht: Dabei geht es um die Frage, wie und warum Emotionen bevorzugt durch Metaphern thematisiert und ausgedrückt werden (vgl. hierzu Kap. 5.2.4). Einige Konnotationsanalysen (die sich mit den affektiven Zusatzbedeutungen von Wörtern beschäftigen) sowie distributive Untersuchungen ergänzen entsprechend die an der Denotation der Wörter orientierten Lexemstudien (s. Rössler 1979 und 2001, Heringer 1999).

Neben der lexikalischen Semantik und ihren Dekompositions- bzw. Prototypenanalysen finden sich grammatische, stilistisch-rhetorische sowie kognitive Ansätze, die sich mit morpho-syntaktischen Aspekten (z. B. Diminutivmorphemen, Interjektionen, Exklamativsätzen) beschäftigt haben (s. z. B. Fries 1996, Foolen 1997, Hübler 1998). In der letzten Zeit sind zudem einige Einzelstudien zu bestimmten Textsorten und den darin enthaltenen verbalen Emotionsmanifestationen erschienen (vgl. Bamberg 1997, Ungerer 1997, Wyss 2003a, b, Pawlitzki 2004, Stoeva-Holm 2005), doch ist die Erforschung schriftlicher Vertextungsprinzipien hinsichtlich ihrer emotionalen Manifestationen noch ein Desiderat (s. auch Kleres 2011). Kognitionswissenschaftliche Fragen nach dem Verhältnis von Kognition, Gehirn und Emotion wurden

13 Semantische Primitiva (einer linguistischen Meta-Sprache) wie FÜHLEN, WISSEN, GUT, SCHLECHT werden als ontologische Grundkategorien angenommen und gleichzeitig als deskriptive Instrumente bei der Dekomposition, d. h. der in kleinere Teile zergliedernden Beschreibung von Emotionskonzepten benutzt.

bislang ebenfalls kaum von linguistischer Seite her aufgegriffen[14] (s. hierzu aber Fries 2000, Schwarz-Friesel 2008 und Foolen et al. 2012). Die Konzentration auf die Sprecherrolle führte zudem dazu, dass kaum Daten oder Überlegungen zu dem Problem vorliegen, wie der Rezipient auf explizite oder latente Emotionsmanifestationen reagiert. Insgesamt muss konstatiert werden, dass bislang viele Aspekte der kognitiven Konzeptualisierung und textuellen Manifestation von Gefühlen nicht oder nur am Rande berücksichtigt wurden. Die meisten linguistischen Untersuchungen zum Thema Emotion stellen nach wie vor lexikalische Detailanalysen dar.

Wir benötigen jedoch vor allem eine integrative Theorie, die alle Komponenten der Sprache aufeinander bezieht und das Emotionspotenzial von Texten berücksichtigt sowie systematisch emotionale, kognitive und sprachliche Aspekte aufeinander bezieht. Dabei muss die Konzeptualisierung von EMOTION so definiert werden, dass sie in linguistische sowie kognitionswissenschaftliche Modelle und Theorieansätze integriert werden kann. In diesem Buch werde ich einen solchen theoretischen Rahmen aufzeigen und mich dann anhand exemplarischer Fallbeispiele[15] mit dem Phänomen der Basis-Emotionen Liebe, Angst, Trauer, Hass und Verzweiflung in Bezug auf ihre sprachliche Kodierung in Texten beschäftigen. Linguistisch interessant ist hierbei zum einen die Frage nach dem Zusammenhang zwischen bestimmten emotionalen Kategorien und den typischen Formen oder Mustern ihrer Versprachlichung.

Im folgenden Kapitel skizziere ich zuerst den sprachtheoretischen Rahmen, der den Hintergrund für die weiteren Analysen darstellt. Bevor ich mich dann den spezifisch sprachwissenschaftlichen Problemen widme, werde ich mich des Weiteren der Frage zuwenden, was Emotionen sind und wie sie wissenschaftlich zu beschreiben, zu erklären und zu erforschen sind, denn als Voraussetzung für ihre systematische Integration in eine Sprach(verarbeitungs) theorie ist eine präzisere und modifizierte Definition bzw. Konzeption von Emotion (und Gefühl) notwendig.

---

14 Psycholinguistische und kognitionswissenschaftliche Modelle der Sprachproduktion und Sprachrezeption integrieren in den seltensten Fällen die emotionale Komponente als Einflussgröße auf den kognitiven Sprachverarbeitungsprozess (s. aber Hielscher 1996 und 2003a, b sowie Hielscher-Fastabend 2001 und Bohrn/Altmann/Jacobs 2012, Bohrn 2013).

15 Ich werde mich bei diesen Analysen auf das Deutsche konzentrieren und auf universale Phänomene und kontrastive Aspekte nur am Rande eingehen. Da es mir vor allem um textuelle, also schriftlich fixierte Emotionsmanifestationen geht, werden prosodische Aspekte ebenfalls nicht berücksichtigt.

## 1.5 Zusammenfassung

Die emotionale Wende in weiten Teilen der Sozial- und Kognitionswissenschaften hat dazu geführt, dass in allen Disziplinen, die den Menschen und seine charakteristischen Eigenschaften verstehen wollen, auf allen Ebenen und in allen Bereichen emotionale Faktoren in ihrer interaktiven sowie determinierenden Art der Beeinflussung berücksichtigt werden. Trotz der heute fast unübersehbaren Menge an Veröffentlichungen zur Emotionsthematik gibt es bislang noch keine konsensfähige Theorie. Nicht nur über die Zugangsweisen, Methoden und Vorannahmen herrschen Uneinigkeiten, vielmehr existiert auch keine einheitliche Terminologie. Die empirisch basierten Erkenntnisse der neueren und neuesten Gehirn- und Kognitionsforschung machen aber klar, dass die Sprache-und-Emotion-Thematik kein marginales, exotisches Sonderthema darstellt, sondern vielmehr die Grundlagen unseres Verständnisses von Sprachverarbeitungsprozessen (und damit die prozedurale Seite unserer Sprachkompetenz) betrifft. Kognitive Repräsentationen und Prozesse im Allgemeinen, sprachliche Repräsentationen und Verarbeitungsvorgänge im Speziellen, werden maßgeblich von emotionalen Faktoren beeinflusst.

### Weiterführende und vertiefende Literatur:

Hartmann ([2]2010) beschreibt die Entwicklung der Emotionsforschung seit dem Ende des 19. Jahrhunderts. Zur Relevanz von Emotionen in der Gehirnforschung s. komprimiert Damasio (2004) und ausführlich Roth (2009) und Damasio ([6]2010). Kommunikations- und diskursorientiert sind die Ausführungen von Fiehler (1990). Wichtige Abhandlungen zu Gefühlen in der Philosophie finden sich in Döring (2009). Dass mittlerweile auch die Geschichtswissenschaft Emotionen nicht mehr ausklammert, zeigt Frevert (2011). Kahneman (2011), der 2002 den Nobelpreis für Ökomonie erhielt, erörtert die Wechselwirkungen von kognitiven und emotionalen Prozessen. Senge (2013) beschreibt die „Wiederentdeckung der Gefühle“ in der Soziologie. Das breite wissenschaftliche Interesse an Emotionen und ihren vielfältigen Interaktionen mit kognitiven und sozialen Prozessen zeigt sich in den Publikationen der folgenden Zeitschriften: Emotion, Cognition & Emotion, Emotion Review und Motivation and Emotion. Dort wird die Rolle von Emotionen beim Denken, Urteilen und Handeln diskutiert. Zur emotiven Wende in Linguistik und Kognitionswissenschaft s. Schwarz ([3]2008: Kap. 3.5), Schwarz-Friesel (2008) sowie Foolen/Lüdtke/Schwarz-Friesel (2012) und Schwarz-Friesel (2013d).

# 2 Sprache: Facetten und Funktionen

## 2.0 Vorbemerkungen

> „… der Wilde, der Einsame im Walde hätte Sprache für sich erfinden müßen; hätte er sie auch nicht geredet. Sie war Einverständniß seiner Seele mit sich, und ein so nothwendiges Einverständniß, als der Mensch Mensch ist." (Johann Gottfried Herder)

Da es zahlreiche, teilweise recht unterschiedliche Auffassungen darüber gibt, wie Sprache zu beschreiben und zu erklären ist, skizziere ich in diesem Kapitel meine Auffassung von Sprache und stelle die wesentlichen Komponenten dar, die für das Verständnis der Relation zwischen Emotion und Sprache relevant sind. Insbesondere sollen die Aspekte dargestellt werden, die erkennen lassen, dass Sprache ein mehrebenenumfassendes Phänomen ist, das in seiner Komplexität nur erfasst werden kann, wenn unterschiedliche Facetten und Funktionen sowie verschiedene methodische Zugänge und Betrachtungsweisen berücksichtigt werden. So schließt die Annahme, dass Sprache als geistiges Kenntnissystem zu betrachten ist, nicht aus, Sprache gleichzeitig als Teil von Kultur zu sehen. Dementsprechend werden in den nachfolgenden Abschnitten sowohl kognitive als auch soziale Faktoren beschrieben, die konstitutiv für die Interaktion von Sprache und Emotion sind. Für das Verständnis der dann folgenden Kapitel, die sich dezidiert mit sprachlichen Emotionsmanifestationen beschäftigen, dienen diese allgemeinen sprachwissenschaftlichen Explikationen als theoretischer Hintergrund.[1]

[1] Die einzelnen Kapitel können aber auch unabhängig voneinander gelesen werden.

## 2.1 Sprache als geistiger Besitz und kognitives System

> „Language is the instrument with which man forms thought and feeling, mood, aspiration, will and act, the instrument by whose means he influences and is influenced, the ultimate and deepest foundation of human society." (Louis Hjelmslev)

> „Language is a mirror of mind in a deep and significant sense. It is a product of human intelligence ... By studying the properties of natural languages ... we may hope to gain some understanding of the specific characteristics of human intelligence. We may hope to learn something about the human nature; something significant, if it is true that human cognitive capacity is the truly distinctive and most remarkable characteristic of the species." (Noam Chomsky)

Die Sprache stellt als humanspezifisches, genetisch determiniertes, neuronal repräsentiertes und von universalen Prinzipien bestimmtes Kenntnis- und Regelsystem eines der wichtigsten Subsysteme der menschlichen Kognition dar. Dieses System stellt die Basis für unsere geistige Fähigkeit, mittels regelgeleitet erzeugter Symbolstrukturen Informationen über die Welt nicht nur langfristig in einem Medium zu speichern, sondern diese auch an unsere Mitmenschen weiterzugeben. Die Sprache ist das wichtigste Mittel, mit dem wir auf die Welt Bezug nehmen, uns mitteilen, mit dem wir unsere Meinungen kundtun und unsere Gefühle offenbaren. Sprache ist aber auch das wichtigste Instrument, mit dem wir abstrakte und komplexe Denkprozesse gestalten und steuern. Sprache ist zudem Voraussetzung und Basis für die gesamte Literatur (und die meisten anderen Erscheinungsformen unserer Kultur).

Wenn wir uns also mit der Struktur, dem Aufbau und der Funktion von Sprache beschäftigen, beschäftigen wir uns stets auch mit dem bedeutendsten Teilsystem des menschlichen Geistes. Keine wissenschaftliche Disziplin, die sich mit dem Menschen und seiner spezifischen Denk- und Wesensart beschäftigt, kann somit Aussagen treffen, ohne Erkenntnisse über die Sprachfähigkeit zu berücksichtigen. Die Beschäftigung mit der Sprache hat eine lange Tradition: Wenngleich es die Sprachwissenschaft (im Sinne des modernen Wissenschaftsverständnisses) als Disziplin erst seit ca. einhundert Jahren gibt, haben sich Philosophen, Dichter und Denker seit der Antike (vgl. z.B. Platons sprachphilosophischen Dialog „Kratylos") über die Jahrhunderte hinweg mit diesem Phänomen beschäftigt.

Sprache und sprachliche Äußerungen sind heute Gegenstand der modernen Sprachwissenschaft (Linguistik), die als wissenschaftliche Disziplin die

Struktur, die Repräsentation, den Erwerb und die Verwendung von Sprache untersucht. Dabei wird die Sprache aus kognitiver Perspektive als ein Kenntnis- und Regelsystem verstanden, das in unserem Gedächtnis mental und in unserem Gehirn neuronal gespeichert ist. Die Kognitive Linguistik ist somit als Teilgebiet der Kognitionswissenschaft[2] zu sehen, die (als loser interdisziplinärer Verbund) das Ziel[3] hat, den menschlichen Geist mittels empirisch überprüfbarer Theorien und Modelle zu erklären. Während in den Anfängen der Kognitiven Wissenschaft die menschliche Kognition als ein von physikalischen, kulturellen und affektiven Komponenten völlig getrenntes, unabhängiges Phänomen erklärt wird (s. Gardner 1989: 18, Stillings et al. 1987), sind in neuerer Zeit Perspektivenwechsel und Neubeurteilungen[4] zu beobachten, die den Einfluss sozial-pragmatischer Faktoren, die Rolle von Emotionen und die Berücksichtigung neuronaler Aspekte betreffen. In der Kognitionswissenschaft wird der Geist als Informationsverarbeitungssystem, d.h. in Analogie zum Computer als symbolverarbeitendes System, dessen Operationen unabhängig von affektiven, soziokulturellen oder biologischen Einflüssen ablaufen, betrachtet. Als eine vielversprechende Methode zur Überprüfung kognitiver Modelle werden daher computergesteuerte Simulationen angesehen (vgl. Thagard 1999: 25, Gold/Engel 1998). In der modernen Kognitiven Linguistik dagegen spielt diese computationelle Methodik kaum noch eine Rolle (vgl. Kertész 1995 sowie Schwarz-Friesel 2004 und 2012).

Die Grundannahme der Kognitiven Linguistik, dass Sprache ein kognitives Phänomen ist, schließt ihre soziale Verankerung keineswegs aus. Dement-

2 Die grundlegende theoretische Prämisse der Kognitionswissenschaft ist, dass der menschliche Organismus bedeutungsvolles Verhalten produzieren kann, weil er über geistige Repräsentationen verfügt, die er mittels bestimmter kognitiver Operationen aktualisieren und manipulieren kann. Mentale Repräsentationen stellen systeminterne, d.h. im Kognitionssystem verankerte, informationelle Zustände dar, die (zu einem großen Teil) systemexterne, d.h. der Umwelt entnommene Zustände in einer bestimmten Art und Weise abbilden und damit Symbolstrukturen darstellen (s. hierzu auch Stainton 2006).

3 Kognitivistische Ansätze lösten Mitte der 1960er Jahre das behavioristische Paradigma ab, das sich durch eine ausgeprägt anti-mentalistische Haltung auszeichnete und alle geistigen Vorgänge als unbeobachtbare Black-Box-Phänomene charakterisierte (zur Kognitiven Wende s. Schwarz [3]2008: 15ff.). Kernfragen der Kognitionswissenschaft(en) betreffen die Herkunft, Organisation, Speicherung und Aktivierbarkeit menschlichen Wissens.

4 So sind Kognitive Linguistik und Generative Sprachtheorie, deren Verknüpfung und konzeptuelle Grundlagen in den frühen Ansätzen noch stark betont wurde (s. z.B. Bierwisch 1987; vgl. Newmeyer 1999 zu Gemeinsamkeiten und Unterschieden beider Ansätze), heute zwei voneinander unabhängige sprachtheoretische Ansätze (vgl. Kertész 2004, Schwarz-Friesel 2004 und 2012, Kertész/Schwarz-Friesel/Consten 2012).

sprechend kann eine Annäherung[5] kognitions- und kommunikationstheoretischer Ansätze beobachtet werden (vgl. Marmaridou 2000, Kertész 2001, Bryant/Roskos-Ewoldsen/Cantor 2003). Kognitionssysteme sind nicht vollkommen autonome Module, sondern durchaus von kulturell variablen Gegebenheiten beeinflusst, und die Konstruktion sowie Konzeptualisierung der kognitiven Welt entsteht auf der Basis soziokultureller Modelle (s. Hirschfeld/Gelman 1994, Nuyts 2001, Wengeler 2006).

Es mehren sich zudem Arbeiten, welche die Rolle emotionaler Zustände und Prozesse bei der kognitiven Informationsverarbeitung untersuchen. Die lange aus der Wissenschaft verbannten Emotionen werden seit einigen Jahren als prä- oder postkognitive Phänomene verstärkt berücksichtigt, und die Beziehungen zwischen kognitiven und emotionalen Prozessen sind zurzeit Gegenstand intensiver Debatten und Untersuchungen in allen Bereichen der Kognitions- und Neurowissenschaften (s. Andersen/Guerrero 1998, Damasio 2003, Davidson/Scherer/Goldsmith 2002, Manstead/Frijda/Fischer 2004, Pöppel 2004, Altmann et al. 2012, Grimm et al. 2012).

Die Kognitive Linguistik konzentriert sich als kognitionswissenschaftliche Disziplin auf die sprachlich gesteuerten Geistesaktivitäten (s. Schwarz 1997 und [3]2008). Sprache wird als ein mentales Kenntnissystem betrachtet, das sich in bestimmte Subsysteme mit charakteristischen Regeln aufgliedern lässt. Das phonologische System hat Laute als Elementareinheiten und stellt u. a. Regeln für die Verbindungen von Lauten bereit. So ist *Baum* eine korrekte phonologische Abfolge im Deutschen, *bdrzig* dagegen nicht. Das morphologische System betrifft die Struktur von Wörtern sowie Regeln für Wortbildungsprozeduren. Nach den Regeln des Deutschen ist *trinkbar* korrekt, *bartrink* dagegen nicht, weil *-bar* ein Suffix ist, das nur an das Ende eines anderen Morphems geknüpft werden kann (s. Meibauer et al. [2]2007). Das syntaktische System konstituiert die Regeln für die grammatisch möglichen Konstruktionen. *Peter der weglaufen* ist diesbezüglich ungrammatisch, während *Der Peter ist weggelaufen* wohlgeformt ist. Das semantische System

5 Die Notwendigkeit, kognitive Modelle um emotionale, soziale und neuronale Komponenten zu erweitern, wird mittlerweile auch in der Kognitionswissenschaft als eine Aufgabe und Herausforderung angesprochen (s. Thagard 1999: 209). Auch die neuronale Verankerung des menschlichen Sprachvermögens im Gehirn wird heute stärker berücksichtigt. Die mentale Repräsentationsebene wird zwar als eine von der physiologischen Basis unabhängig zu beschreibende Ebene postuliert, doch die biologische Basis nicht länger als irrelevant für die Erklärung und Herleitung kognitiver Prinzipien erachtet (wie dies noch in den frühen kognitionswissenschaftlichen Ansätzen der Fall war, vgl. Johnson-Laird/Wason 1977: 7 f.). Eine wichtige Aufgabe der modernen Kognitionswissenschaft ist es daher, kognitions- und neurowissenschaftliche Modelle stärker aufeinander zu beziehen (s. u. a. Dalgleish/Power 1999, Jackendoff 2002).

beinhaltet die im mentalen Lexikon gespeicherten Bedeutungen von Wörtern sowie Regeln zum Verstehen und Produzieren von semantisch akzeptablen Sätzen. Ohne entsprechenden Kontext werden demzufolge Sätze wie *Das Pferd miaut* oder *Der Stein grinst* als auf der Verletzung semantischer Selektionsbeschränkungen beruhende Abweichungen beurteilt (s. Schwarz/Chur [5]2007, Steinbach [2]2007).

Die Verfügbarkeit der Einheiten und Regeln dieser Subsysteme im Gedächtnis konstituiert die grammatische Kompetenz, d. h. die Fähigkeit, Sprache grammatisch korrekt und semantisch adäquat zu produzieren und zu rezipieren. Die Sprachfähigkeit (als Ausdruck einer spezifischen kognitiven Fähigkeit des Menschen) wird also sowohl repräsentational-strukturell (als Kenntnissystem) als auch prozedural (als Verarbeitungsprozessor) definiert (s. Schwarz [3]2008). Die Verfügbarkeit von Sprachproduktions- und -rezeptionsprozeduren stellt für die sprachlichen Leistungen eine ebenso wichtige Determinante dar wie die Struktureinheiten. Dies zeigt sich besonders deutlich bei Aphasikern, deren sprachliche Kenntnisse noch intakt gespeichert sein können, deren Abruf- bzw. Aktivierungsprozeduren jedoch gestört sind (s. z.B. Kelter 1990, Friederici [2]2006, Karnath/Thier [2]2006, Müller/Weiss [2]2009).

Als wesentliche Komponente unserer Sprachfähigkeit muss aber auch (über die Einheiten Wort und Satz hinaus) die textuelle Kompetenz von Menschen berücksichtigt werden. Texte (im Sinne von komplexen, d. h. satzübergreifenden Sprachstrukturen) zu produzieren und zu verstehen, erfordert über die grammatische Basiskompetenz hinaus Prozeduren, die die Aktivierung enzyklopädischen Weltwissens sowie konzeptuelle Schlussfolgerungsstrategien involvieren. Die Fähigkeit, Texte beim Lesen als kohärent oder inkohärent (vgl. (1) vs. (2)) zu beurteilen, basiert maßgeblich auf solchen Mechanismen.

(1) Die Liebe ist eine Himmelsmacht. Wer sie erlebt hat, ist seelisch reich.
(2) ?? Die Liebe ist eine Himmelsmacht. Wer ihn erlebt hat, ist immer noch doof.

Datengrundlage der linguistischen Analysen sind die konkreten sprachlichen Äußerungen, die wie konkrete Manifestationen bzw. Spuren der geistigen Kompetenz betrachtet werden. Diese Spuren sind wie Fußabdrücke im Sand: Wir schlussfolgern aufgrund der Beschaffenheit des Abdrucks auf denjenigen, der den Abdruck hinterlassen hat. Anhand der sprachlichen Daten rekonstruieren wir entsprechend mittels unseres Verstandes (zu dem die Fähigkeit zur Hypothesenbildung gehört) das Kenntnis- und Regelsystem, das es uns ermöglicht, genau diese Daten zu produzieren und zu verstehen.

Dass Sprecher eine Äußerung wie (3) produzieren und damit beim Hörer/Leser antizipieren, dass sie problemlos verstanden wird, kann in diesem Sinne als eine Spur der kognitiven Fähigkeit gedeutet werden. Der Produzent geht davon aus, dass der Rezipient in der Lage ist, die eigentlich unvollständige Informationsrepräsentation mittels seiner kognitiven Aktivität (zu der die Aktivierung von Weltwissen über typische Sachverhaltsrepräsentationen gehört) zu verstehen (s. hierzu Kap. 2.3.3).

(3) Ich ging zur Uni. Die Vorlesung fand aber gar nicht statt, da der Dozent krank geworden war.

Obgleich *Vorlesung* und *Dozent* im ersten Satz noch nicht explizit erwähnt wurden, wird auf beide Referenten definit Bezug genommen. Dies erklärt sich dadurch, dass der Produzent die textuelle Fähigkeit des Rezipienten antizipiert, aufgrund des Standardwissens zu dem Referenzbereich UNI die Referenten als typische Bestandteile des Bereichs zu verstehen und damit Kohärenz, also plausible Relationen zwischen beiden Sätzen, zu etablieren (s. hierzu auch Kap. 2.3.2).

Neben der grammatischen und der textuellen Kompetenz verfügen wir aber auch noch über eine kommunikative/pragmatische Kompetenz, eine Sprachverwendungskompetenz, die es ermöglicht, Sprache in bestimmten Situationen adäquat einzusetzen, um bestimmte kommunikative Ziele zu erreichen.

## 2.2 Sprache als kommunikatives Instrument

> „Language is a purely human and non-instinctive method of communicating ideas, emotions and desires by means of a system of voluntarily produced symbols.“ (Edward Sapir)

> „In saying something we do something.“ (John Austin)

Sprache ist nicht nur ein mentales Kenntnissystem, sondern gleichzeitig auch funktional betrachtet unser wichtigstes Kommunikationsmittel: Mit sprachlichen Äußerungen grüßen, beleidigen, überreden, bitten, schmeicheln, befehlen, drohen und versprechen wir, d.h. wir vollziehen mittels Sprache in bestimmten Situationen ganz bestimmte Handlungen. Die Grundannahme funktionaler Sprachtheorien ist generell, dass Sprechen Handeln mit dem Medium Sprache ist. Kommunikatives Handeln ist ein intentionales Verhalten, d.h. eine bewusst durchgeführte Tätigkeit, die darauf ausgerichtet ist, bestimmte Ziele zu erreichen (z.B. jemanden zu erfreuen oder zu beleidigen, jemanden zu überzeugen). Dass Sprache eine Form des Handelns ist, wird insbesondere von der aus der Philosophie kommenden Sprechakttheorie berücksichtigt. So konstatiert Searle in dem Standardwerk und Klassiker „Sprechakte“ (s. hierzu auch Searle 1997):

> „Speaking a language is performing acts according to rules.“ (Searle 1969: 29)

Zu sprechen bedeutet, in Übereinstimmung mit den grammatischen und semantischen Regeln unserer Sprache bestimmte Sprachhandlungen (wie Bitten, Versprechen, Drohen, Grüßen) zu vollziehen. Jede sprachliche Äußerung lässt sich somit nicht nur nach ihrer grammatischen Struktur (der ausdrucksgebundenen Äußerungsebene) und ihres semantischen Gehalts (der Proposition) beschreiben, sondern auch nach ihrem Handlungswert (der Illokution, als der mit der Äußerung vollzogenen Funktion) sowie ihrer intendierten Wirkung bzw. Reaktion (der Perlokution).

Es reicht dabei nicht, über eine grammatische Kompetenz (also das System von grammatischen Einheiten und Regeln) zu verfügen, wenn man erfolgreich in einer Gesellschaft kommunizieren will. Denn wenn wir miteinander sprechen, vollziehen wir auch eine soziale Tätigkeit: Miteinander sprechen ist ein partnerorientierter Austausch von Informationen durch Zeichen in einer bestimmten Situation und damit eine Form sozialer Interaktion. Als Teil unserer kulturell gesteuerten Sozialisierung erwerben wir die Fähigkeit, die Kenntnisse unserer sprachlichen Kompetenz angemessen in bestimmten Situationen zu benutzen und verfügen somit über eine Sprachverwendungs- bzw. Gesprächskompetenz. Das situationsabhängige Sprechen und Verstehen wird von dieser kommunikativen (pragmatischen) Kompetenz gesteuert. Die kommunikative Kompetenz beinhaltet zum einen die Fähigkeit, situationsangemessen und rezipientenorientiert sprachliche Äußerungen zu produzieren, zum anderen die Fähigkeit, kontextabhängig sprachliche Äußerungen zu rezipieren (s. hierzu auch Ernst 2002 und Schwarz-Friesel 2007).

Nicht immer drückt nämlich der Sprecher das, was er tatsächlich meint, auch explizit (also expressis verbis) aus. Gesagtes und Gemeintes können voneinander abweichen. Mit einer Äußerung wie

(4) Ich habe ziemlichen Hunger.

drückt der Sprecher durch die grammatische Form scheinbar nur eine Aussage aus, die Illokution wäre demnach eine Feststellung über seinen Zustand.

Gemeint ist damit jedoch tatsächlich eine Aufforderung an den Hörer, etwas zu essen zu bereiten oder (je nach Situation) gemeinsam essen zu gehen. Die primäre Illokution ist folglich eine Aufforderung. Es liegt ein indirekter Sprechakt[6] vor und der Hörer muss mittels eines Implikaturenprozesses erschließen, was mit der Äußerung gemeint ist (s. hierzu den Klassiker Grice 1975 sowie Levinson 1983, Bublitz 2001 [²2009], Meibauer ²2001, Ernst 2002, Pafel ²2007). Eine konversationale Implikatur ist ein nicht explizit genannter, aber in einer bestimmten Situation potenziell zu erschließender Sinn der Äußerung. Eine Implikatur ist also etwas vom Sprecher Gemeintes (und vom Hörer, der dem Sprecher prinzipiell kommunikative Kooperativität und damit Relevanz seiner Redebeiträge unterstellt, zu Rekonstruierendes). Sie ist nicht konventionell an das Gesagte gebunden (wie lexikalische Bedeutungen), sondern abhängig von der jeweiligen Äußerungs- bzw. Verwendungssituation sowie der kognitiven Re-Konstruierbarkeit durch den Hörer. Daher ist die Implikaturen-Lesart nicht zwingend, sondern fakultativ und kann vom Sprecher zurückgenommen werden. Dies nennt man in der Forschung das Kriterium der Streichbarkeit. Bei konventionellen, semantischen Implikaturen, die sich aus der Bedeutung des Gesagten ergeben, ist dies nicht möglich.

(5) Die Haare sind ja jetzt ganz kurz. (Situation: Sprecher(in) äußert (5) in einem Friseurstudio; Hörer(in) ist die Friseurin, die die Haare geschnitten hat)

Mögliche Implikaturen sind die unter (a) bis (e) aufgeführten. Während sich (d) und (e) aus der Bedeutung von (5) ableiten lassen und nicht streichbar sind, ohne dass ein logischer Widerspruch entsteht, sind (a) bis (c) pragmatische Implikaturen und lassen sich zurücknehmen, annullieren.[7]

(a) Der Schnitt gefällt mir nicht.
(b) Ich werde nicht bezahlen.
(c) Die kurzen Haare gefallen mir nicht.
(d) Ich hatte vorher längere Haare.
(e) Ich habe Haare.

---

6 Indirekte Sprechakte zeichnen sich dadurch aus, dass der Sprecher x sagt, aber tatsächlich y meint. Ein indirekter Sprechakt liegt somit vor, wenn die wörtlich zum Ausdruck gebrachte Illokution nicht die tatsächlich beabsichtigte Illokution der Äußerung ist (wenn z.B. ein Interrogativsatz nicht als Fragehandlung, sondern als Aufforderung gemeint ist). Vgl.: *Wollen Sie nicht den Lärm abstellen?*

7 Vgl. *Die Haare sind ja jetzt ganz kurz.* ?? *Aber ich habe keine Haare.* / ?? *Aber vorher hatte ich keine längeren Haare.* vs. *Die Haare sind ja jetzt ganz kurz. Aber der Schnitt gefällt mir.* / *Aber ich werde trotzdem bezahlen.* / *Aber die kurzen Haare gefallen mir.*

Somit sichert sich der Sprecher bei über Implikaturen vermittelten Inhalten auch ab: Er kann, wenn der Hörer z. B. peinlich berührt oder beleidigt reagiert, die implikative Bedeutung annullieren und im Ernstfall darauf pochen, dass er lediglich das expressis verbis Gesagte geäußert hat. Viele Aufforderungen werden in der Kommunikation als indirekte Sprechakte realisiert, weil sie den Hörer kommunikativ nicht in die Enge treiben, sondern ihm (scheinbar) Optionen lassen und damit sein Gesicht wahren. Indirekte Sprechakte sind also zum einen oft am Höflichkeitsprinzip ausgerichtet, denn der Hörer kann sich den Verpflichtungen und Konsequenzen, die sich aus dem Sprechakt ergeben können, eher und mit weniger Gesichtsverlust entziehen bzw. darauf reagieren. Zum anderen haben aber auch die Sprecher bei der Verwendung von indirekten Sprechakten einen Vorteil: Denn das Gemeinte, aber nicht explizit Ausgedrückte kann zurückgenommen werden, wenn z. B. der Sprecher merkt, dass eine peinliche oder bedrohliche Situation entsteht. Wenn ein Gesprächsteilnehmer in einer Runde (4) sagt, mit der Implikatur (ICH MÖCHTE ETWAS ZU ESSEN ANGEBOTEN BEKOMMEN), und merkt, dass dies den Gastgeber unter Druck setzt, kann er das (bloß) Angedeutete zurückziehen und damit den kommunikativen Effekt abschwächen (indem er beispielsweise sagt: *Das war nicht als Aufforderung an unseren Gastgeber gemeint, sondern als Vorschlag, jetzt zusammen etwas essen zu gehen*). Somit sind indirekt formulierte Gesprächsbeiträge auch eine gewisse Vorsichtsmaßnahme vom Sprecher (gegen kommunikative und emotionale Disharmonie, Sanktionen, Kritik etc.). Insbesondere im politischen Diskurs finden sich daher sehr viele Aussagen oder Versprechen indirekt formuliert, wenn es um brisante Themen geht.

Indirekte Sprechakte werden aber auch als persuasive Strategien benutzt, um Kritik, Diffamierungen und/oder Beleidigungen auszudrücken:

(6) „Jelinek und Peymann – oder Kunst und Kultur" (FPÖ-Wahlslogan in Österreich)

In dieser Äußerung wird durch die Alternative, die das *oder* ausdrückt, insinuiert, dass die Schriftstellerin Jelinek und der Intendant Peymann keine Kunst und Kultur betreiben. Der Rezipient wird angeleitet, die Implikatur zu ziehen, dass diese Vertreter des Kulturbetriebs so miserabel sind, dass man ihren Produkten das Merkmal Kunst/Kultur absprechen muss. Die Äußerung ist somit diffamierend und beleidigend (zu den emotionsbasierten E-Implikaturen s. Kap. 5.2.1 und Schwarz-Friesel 2009a, 2010c).

Die Formulierung vieler unserer Gesprächsbeiträge folgt dem übergeordneten Prinzip der Höflichkeit (s. Brown/Levinson [14]2004, Ehlich [2]2005). Als

„mentale Anweisung" lautet das Höflichkeitsprinzip paraphrasiert etwa folgendermaßen: Nimm Rücksicht auf den Hörer und seine Gefühle, gib ihm Optionen für seine Reaktionen, gib ihm ein gutes Gefühl! Grundpfeiler der kommunikativen Höflichkeit sind Rationalität und emotionale Gesichtswahrung (engl. Face), in dem Sinne, dass die Rechte des Hörers auf Selbstbestimmung und auf Achtung des Selbstbildes berücksichtigt werden. Somit ist das Höflichkeitsprinzip stärker an die Emotionen gekoppelt als an rational und kognitiv basierte Regeln. Die Realisierung von sprachlicher Höflichkeit[8] ist jedoch nicht einfach eine Tugend oder Etikette in Gesprächen, sondern ein sozial angemessenes Verhalten, das zweckorientiert, da kommunikativ erfolgversprechend eingesetzt wird (vgl. Bublitz 2001 [²2009]: 231, Ehrhardt/Neuland 2009). Es liegt in der Regel im Interesse des Sprechers, eine soziale und emotionale Harmonie zu schaffen bzw. zu bewahren, und zu einer solchen Harmonie gehört, dass auf das Selbstwertgefühl des Hörers Rücksicht genommen wird.

Jede sprachliche Äußerung ist nun der Versuch, beim Kommunikationspartner etwas zu bewirken. Dies kann das konkrete Verhalten oder die Meinung des Anderen betreffen. Hinsichtlich der Handlungsfunktion von Sprache kann man nach Searle die wesentlichen Typen sprachlicher Handlungen folgendermaßen beschreiben (zu anderen Klassifikationsvorschlägen s. u.a. Habermas ⁸2011).

Bei den repräsentativen (assertiven) Sprachhandlungen wie Behaupten, Feststellen, Aussagen legt sich der Sprachproduzent auf die Wahrheit bzw. Falschheit der ausgedrückten Proposition fest. Die Darstellungsfunktion von sprachlichen Zeichen steht hier im Vordergrund.

(7) Ich stelle fest, dass der Raum schmutzig ist.
(8) Das Auto ist nicht rot.
(9) Der Iran will die Atombombe.

Direktive Sprechakte zeichnen sich dadurch aus, dass der Sprecher versucht, den Hörer zu einer bestimmten Handlung zu veranlassen (Bitten, Befehlen, Raten, Fragen):

(10) Ich rate Ihnen dringend zu diesem Kauf.
(11) Können Sie mir sagen, wo der Bahnhof ist?
(12) Bitte holen Sie mir das Buch vom Schrank.

8 Sprachliche Höflichkeitsmittel, die neben den typischen Partikeln *danke* und *bitte* benutzt werden, sind Modalpartikeln (wie *aber, bloß, mal, ruhig, eigentlich, wohl, etwa*), mit denen Sprecher ihre Wünsche, Forderungen oder Bitten in einer abgeschwächten, nicht offensiv-aggressiven Form vorbringen und damit den Hörer nicht emotional unter Druck setzen oder sein Selbstwertgefühl verletzen.

Mittels kommissiver Sprechakte verpflichtet sich der Sprecher selbst, eine bestimmte Handlung zu vollziehen (Versprechen, Geloben, Drohen).

(13) Ich verspreche dir, morgen beim Umzug zu helfen.
(14) Du bekommst keinen Pudding, wenn du nicht lieb bist.

Expressive Sprechakte drücken in erster Linie den Gefühlszustand des Sprachproduzenten aus (s. hierzu Marten-Cleef 1991). Der Sprecher will einen sozialen Kontakt etablieren bzw. festigen oder aufrechterhalten (beim Danken, Grüßen, Sich-Entschuldigen), aber auch emotionale Empfindungen und Einstellungen zum Ausdruck bringen (besonders beim Gratulieren, Loben, Schimpfen, Fluchen).

(15) Es tut mir so leid.
(16) Ich gratuliere dir sehr herzlich zum bestandenen Examen.
(17) Ich danke dir von ganzem Herzen.
(18) Du bist doch ein Idiot![9]

Mit deklarativen Sprechakten schließlich etabliert der Sprecher eine „neue Realität", d.h. neue Sachverhalte institutioneller Art werden durch die Sprachhandlung geschaffen (beim Taufen, Beurkunden, Ernennen, Entlassen, Verurteilen):

(19) Hiermit verurteile ich Sie zu 20 Jahren Gefängnis.
(20) Ich ernenne Sie zur Professorin auf Lebenszeit.

Hinsichtlich der Sprache-Emotion-Problematik spielen die expressiven Sprechakte eine besondere Rolle, da wir mit diesen unmittelbar unsere Gefühle ausdrücken und sich ihre primäre Funktion entsprechend beschreiben lässt (vgl. Foolen 1997 und Schwarz-Friesel 2009a).

Aber auch die Assertiva/Repräsentativa sind relevant, denn mit diesen Sprechakten machen wir Aussagen über Gefühlszustände und thematisieren Emotionen als Gegenstand unserer Reflexionen (vgl. Kap. 5.2). Mit Direktiva wiederum appellieren wir eventuell an die Gefühle unserer Zuhörer. Letztlich können wir mit allen Sprachhandlungstypen emotionale Zustände und Prozesse ansprechen und auslösen, so dass eine eindeutige Aussage zugunsten des Primats der emotionsausdrückenden Funktion der Expressiva relativiert werden muss. Jede sprachliche Äußerung kann emotionale Inhalte vermitteln.

9 Von der grammatischen Form her handelt es sich hier um einen assertiven Sprechakt. Die Illokution ist jedoch expressiv. Zum Sprechakt der Beleidigung s. Meier (2007).

Oft erfüllt eine Äußerung in einem Kontext gleichzeitig mehrere Funktionen. Entsprechend kann man dem Sprechakt nicht nur eine Illokution zuordnen:

(21) Ich liebe dich.

(21) ist ein expressiver Sprechakt, der das Gefühl der Liebe gegenüber dem Hörer bezeichnet und ausdrückt. Gleichzeitig ist (21) aber auch assertiv, da der Sprecher sich mit dem Vollzug des Sprechakts auf die Wahrheit der Proposition festlegt. Schließlich hat die Äußerung auch eine direktive Illokution (die je nach Situation stärker oder schwächer fokussiert ist): Der Sprecher beabsichtigt, beim Hörer eine entsprechende Gegenreaktion zu erzielen. Durch die Festlegung auf die Wahrheit der Aussage findet sich letztlich auch eine kommissive Rolle: Der Sprecher geht mit der Liebesbekundung eine Verpflichtung gegenüber den Gefühlen des Hörers ein, denn dieser vertraut nun auf die artikulierte Zuneigung.

Die Verwendung von Sprache ist eine Form der verbalen Kommunikation und damit ein Prozess, bei dem sprachliche Informationen übertragen werden. Zur kommunikativen Grundsituation gehört, dass ein Sprachproduzent über ein bestimmtes Medium eine sprachliche Repräsentation als Nachricht mit einer bestimmten Intention für einen Rezipienten hervorbringt. Jede Kommunikation hat neben dem Inhaltsaspekt, d.h. der Übermittlung von Informationen auch stets einen Beziehungsaspekt, der durch die emotional gesteuerte Einstellung des Sprechers zum Hörer und umgekehrt geprägt wird. Watzlawick, Beavin und Jackson ([12]2011: 53) haben dies in ihrem Klassiker zur Pragmatik menschlicher Kommunikation den „Beziehungsaspekt" genannt (vgl. auch Schulz von Thun 2001, der dies in seinem Modell als die „Beziehungsseite" der Mitteilung bezeichnet). Es geht hier darum, „wie der Sprecher die Beziehung zwischen sich und dem Empfänger sieht, ... Der Inhaltsaspekt vermittelt die ‚Daten', der Beziehungsaspekt weist an, wie diese Daten aufzufassen sind" (Watzlawick/Beavin/Jackson [12]2011: 55). Der Beziehungsaspekt, der durch soziale, insbesondere aber durch emotionale Faktoren hinsichtlich der Relation zwischen Sprachproduzent und Sprachrezipient bestimmt wird, kann den Inhaltsaspekt entscheidend determinieren. Dies zeigt sich besonders bei direkten Sprechakten wie Aufforderungen:

(22) Sofort abtippen, dann ab nach Jena.

(23) Würden Sie bitte diesen Text für mich abtippen und ihn dann nach Jena schicken? Danke.

Bei (22) und (23) handelt es sich jeweils um Aufforderungen, die jedoch sprachlich unterschiedlich realisiert werden. Die (offensichtlich vom sozialen Hierarchieverhältnis geprägte) emotionale Einstellung des Produzenten (zu emotionalen Einstellungen s. Kap. 3) gegenüber dem Rezipienten führt bei (22) dazu, dass die asymmetrische soziale Beziehung fokussiert wird, während (23) den Höflichkeitsmaximen untergeordnet ist. Dies zeigt sich in der Wahl des indirekten Sprechaktes sowie der Verwendung der Modalpartikeln *bitte* und *danke*.

Der folgende Ausschnitt aus Loriots „Szenen einer Ehe – Das Frühstücksei" verdeutlicht, wie ein Gespräch abläuft, wenn nicht der Inhalts-, sondern der Beziehungsaspekt die verbale Interaktion determiniert:

(24) Er: „Im Gefühl? Was hast du im Gefühl?"
Sie: „Ich habe es im Gefühl, wann das Ei weich ist."
Er: „Aber es ist hart – vielleicht stimmt mit deinem Gefühl etwas nicht?"
Sie: „Mit meinem Gefühl stimmt etwas nicht!!! Ich stehe den ganzen Tag in der Küche, bügle deine Hemden, mache die Wohnung gemütlich, ärgere mich mit den Kindern herum …"
Er: „Ja, ja. Ja, ja."
Sie: „… Und du sagst, es stimmt etwas mit meinem Gefühl nicht!" …
Er: „Ich hätte nur gerne ein weiches Ei – und nicht ein zufällig weiches Ei! Es ist mir egal, wie lange es kocht."
Sie: „Aha!!! Das ist dir egal. Es ist dir also egal, ob ich viereinhalb Minuten in der Küche schufte."
Er: „Nein, nein."
Sie: „Aber es ist nicht egal. Das Ei muss nämlich viereinhalb Minuten kochen!"
Er: „Das habe ich doch gesagt."
Sie: „Aber eben hast du doch gesagt, es ist dir egal!"
Er: „Ich hätte nur gerne ein weiches Ei."
Sie: „Gott, was sind Männer primitiv!"
Er: „Ich bringe sie um. Morgen bringe ich sie um."

Jede Sprachgemeinschaft hat ein spezifisches System von Strategien, nach denen sprachliche Äußerungen in der sozialen Interaktion[10] gestaltet und

[10] Dabei ist eine Reihe von interkulturellen Unterschieden zu berücksichtigen. So unterliegt in Korea die verbale Gastgeber-Gast-Interaktion anderen Höflichkeitsmaximen als bei uns in Deutschland: Kommt jemand als Gast zu Freunden oder Bekannten, wird der Gastgeber fragen, ob der Gast etwas trinken möchte. Der Gefragte muss höflichkeitshalber bei der ersten Antwort stets *Nein, danke* sagen. Der Gastgeber fragt daraufhin ein zweites Mal und erst jetzt „darf" der Gast seinen Wunsch nennen (mündliche Mitteilung von Han Nam aus Nord-Korea). Wer die kommunikativen Regeln eines Landes nicht kennt, kann somit unter Umständen in peinliche Situationen geraten.

gebraucht werden. Wichtig für die kommunikative Interaktion ist also nicht nur der reine Informationsaustausch, sondern ebenso die Art und Weise der Vermittlung (höflich, distanziert, egozentrisch), in der sich die sozialen bzw. persönlichen Beziehungsaspekte zwischen Sprecher und Hörer (soziale Abhängigkeit, kognitive Bewertung, emotionale Einstellung etc.) widerspiegeln.

Über die darstellende und sachverhaltsrepräsentierende sowie emotionsausdrückende und beziehungsetablierende Funktion hinaus, vermögen sprachliche Äußerungen eigene Realitätsstrukturen zu kreieren. Dass sprachliche Äußerungen nicht nur realitätsabbildende Funktionen haben, sondern vielmehr als Symbolstrukturen durchaus realitätskonstruierend fungieren, soll nun genauer betrachtet werden.

**Denkanregungen:**

Welchen Handlungswert, welche illokutionäre Rolle sprechen Sie den folgenden Äußerungen zu:

(25) „Ab 5.45 Uhr wird nun zurückgeschossen!“ (Hitler 1939)
„Die Juden sind unser Unglück!“ (Stürmer-Parole)
„Wollt ihr den totalen Krieg?“ (Goebbels 1943)

Welche primäre Illokution haben (26) und (27)?

(26) Du bist die Liebe meines Lebens!
(27) Ich empfinde nur noch Verachtung für dich!

Überlegen Sie sich mögliche Implikaturen zu (28) und (29). Wenden Sie dann die Streichbarkeitsmethode an, um zu überprüfen, welche Implikaturen semantisch und welche pragmatisch sind:

(28) Ich fühle mich ganz toll.
(29) Die Linguistikklausur ist sechs!

Welche Implikatur(en) zieht der Rezipient jeweils bei (30), (31) und (32)?

(30) Sie ist Ausländerin, aber sehr sauber.
(31) „Freiheit statt Sozialismus!“ (CDU Wahlkampf-Parole)
(32) „Von den zehntausend Antifaschisten, die es in Nazideutschland gegeben haben mag, lebten allein 8 Millionen in der DDR.“ (Jurek Becker 1994)

Inwiefern sind Kritisieren, Schimpfen und Beleidigen expressive Sprechakte?

## 2.3 Die realitätskonstruierende Funktion von Sprache

### 2.3.1 Referenz und Textwelten

> „Die Grenzen meiner Sprache bedeuten die Grenzen meiner Welt." (Ludwig Wittgenstein)

Mit Texten referieren wir auf außersprachliche Personen, Dinge und Sachverhalte. Jeder Text bezieht sich somit auf eine bestimmte Welt: Dies kann die reale Welt sein (wenn wir z.B. in der Tageszeitung etwas über einen Banküberfall in München lesen) oder eine fiktive Welt (wenn wir Kafkas „Verwandlung" oder Rowlings „Harry Potter" oder einen Science-Fiction-Roman lesen). Wir können sprachlich auch auf individuell imaginative Welten (Träume, Wünsche, Vorstellungen), vergangene (Antike, NS-Zeit) und zukünftige Realitäten (morgen, in drei Jahren) Bezug nehmen. Die Welt an sich[11] existiert somit als eine ontologische Variante neben vielen anderen Textwelten, die in Alternativrelationen zu der sogenannten realen Welt stehen. Die reale Welt hat dabei für uns den Charakter eines verbindlichen Bezugssystems; sie liefert die Basis für unsere Bewertungen, unsere Wahrheitsansprüche, unsere rechtlichen Entscheidungen. Wir orientieren uns an dieser Realität und es gehört zu unseren kognitiven Fähigkeiten, dass wir die reale Welt und die fiktionalen Welten auseinanderhalten können.

Mittels textueller Strukturen vollziehen wir Referenzen auf unterschiedliche außersprachliche Sachverhalte (Zustände, Prozesse, Propositionen) im weitesten Sinne. Die jeweiligen Sachverhalte werden mittels sprachlicher Textstrukturen auf eine spezifische Weise repräsentiert (s. hierzu Kap. 6).

(33) Das kleine Mädchen zeigte dem alten Mann eine lange Nase.
(34) Eine lange Nase zeigte die kleine Göre dem Opa.
(35) Dem alten Kerl zeigte das junge Mädel eine lange Nase.

Sobald ein Sachverhalt sprachlich kodifiziert dargestellt wird, entsteht automatisch eine kognitive Zwischenebene. Lexikalische Mittel und syntaktische Struktur werden so ausgewählt, wie es der Sprecherintention entspricht. Ein Sachverhalt kann somit je nach Perspektive und emotionaler Einstellung des Produzenten sehr unterschiedlich versprachlicht werden:

---

11 Aus radikal konstruktivistischer Perspektive gibt es keine Realität, die objektiv erfassbar ist. In kantischer Denktradition wird die Unmöglichkeit des unmittelbaren Zugangs zur realen, außerhalb unser selbst existierenden Welt betont. Das menschliche Gehirn erzeugt seine eigene Realität (vgl. Maturana/Varela [12]2006).

(36) Endlich ist der Alte abgekratzt. / Entschlafen ist der alte Mann. / Hans Werner ist tot. / Hans ist gestorben.

Die sprachliche Darstellungsrepräsentation vermittelt über den referenziellen Wert hinaus emotionale Bewertungen und kognitive Fokussierungen. Jede sprachliche Darstellung eines außersprachlichen Sachverhalts enthält somit immer eine Perspektive, eine Deutung, eine bestimmte Stellungnahme, die sich explizit oder implizit über die jeweiligen Lexeme und ihre syntaktische Anordnung ausdrückt. Somit erzeugen sprachliche Äußerungen eigene Textwelten und jeder Text spiegelt eine eigene konzeptuelle Textwelt wider.

Die Sprache hat also neben der realitätsabbildenden Funktion auch eine realitätskonstituierende Rolle. Die realitäts- und gegenstandskonstituierende Funktion von Sprache wird besonders deutlich, wenn wir auf fiktive Texte blicken. Der Produzent eines literarischen Werkes kreiert mittels sprachlicher Strukturen eine eigenständige Wirklichkeit. Beim Lesen literarischer Werke entsteht im Textverstehensprozess die geistige Repräsentation einer fiktiven Welt, einer Text-Welt, die über die Informationen der sprachlichen Strukturen des Textes evoziert wird. Wir tauchen geistig in eine Welt ein, die nicht die reale Welt ist, sondern eine sprachlich vermittelte, kognitiv konstruierte Welt, die als ein komplexes Konzeptualisierungsmuster[12] in unserem Kopf entsteht und repräsentiert wird.

Fiktive Welten sind mögliche Welten. Sie beziehen sich nicht auf die sogenannte reale Welt, die für uns und unsere Orientierung, unser Leben und Erleben die Ausgangsbasis ist. Sprache imitiert hier nicht die Welt, sondern sie konstituiert sie. Durch Symbol-Systeme werden Text-Welten konstruiert. Entsprechend ist der Wahrheitsanspruch (in Bezug auf die reale Welt) anders. Auch in fiktiven Welten jedoch gelten bestimmte Wahrheitsansprüche[13] und -bedingungen.

Auch bei Texten, die sich auf die reale Welt beziehen, lassen sich unterschiedliche Konzeptualisierungen von Personen, Sachverhalten und Prozessen feststellen, die sich in der verbalen Vermittlung widerspiegeln (s. hierzu Kap. 6).

---

12 Je nach Text weicht die Realität der Textwelt unter Umständen sehr stark von unserem im Langzeitgedächtnis (LZG) gespeicherten Weltmodell der realen Welt ab. So werden wir beim Lesen eines Märchenromans mit Referenten (Zauberer, Einhörner, Riesen, Gnome, sprechende Steine) und deren Handlungen (Fliegen in Autos, Unsichtbarmachen etc.) konfrontiert, die nicht dem Normalfall unserer Erfahrung und nicht unserem Wissen von der Welt entsprechen. Die Faszination, die mit dem lesenden Eintauchen in solche Welten einhergeht, sieht man deutlich an der Erfolgsgeschichte der Harry-Potter-Text-Welten.

13 Im Referenzrahmen der Text-Welt von Goethes „Faust" wäre eine Aussage wie *Faust heiratete Gretchen* eindeutig als falsch zu bewerten.

### 2.3.2 Textverstehen und die Konstruktion von Textweltmodellen: Die aktive Rolle des Rezipienten

„Wirklichkeit ist nicht, Wirklichkeit will gesucht und gewonnen sein."
(Paul Celan)

Eine Grundannahme der modernen Textverstehensforschung ist, dass der Rezipient bei der Verarbeitung eines Textes nicht bloß die im Text explizit dargebotenen Informationen aufnimmt und analysiert, sondern bei der Erstellung der mentalen Textrepräsentation aktiv Kohärenz[14] herstellt und dabei textuelle Lücken füllt, indem Elemente seines Wissens in den Verstehensprozess mit eingebracht werden. So lesen wir in Text (37) Satz eins und Satz zwei als kohärent, also inhaltlich zusammenhängend, obgleich keine explizite Relation (z. B. grammatisch durch einen Junktor wie *deshalb*) angezeigt wird. Aufgrund unseres Weltwissens jedoch etablieren wir eine kausale Relation ANNA HAT ANGST VOR GEWITTERN (BLITZEN) UND VERSTECKT SICH DESHALB.

(37) In der Nacht tobte ein Gewitter. Die kleine Anna versteckte sich unter ihrer Bettdecke.

Schlussfolgerungen dieser Art nennt man in der Textverstehensforschung Inferenzen.[15] Jeder Text verfügt also über ein „Inferenzpotenzial", das in der sprachlichen Textgestalt latent vorhanden ist, vom jeweiligen Leser dann durch Weltwissensaktivierung und kognitive Prozesse realisiert wird. Lesen wir in der Zeitung eine Schlagzeile wie in (38), erstellen wir eine mentale Repräsentation der Art BEI ÜBERFALL AUF GELDINSTITUT SPARKASSE HABEN VERBRECHER 3 MILLIONEN EURO ERBEUTET UND SIND ENTKOMMEN und elaborieren dabei ganz selbstverständlich die referenziell unvollständige Repräsentation.

(38) Bei Überfall auf Sparkasse 3 Millionen erbeutet.

---

14 Ich verweise in diesem Zusammenhang auf die in der Textlinguistik geführte Debatte, ob Phänomene wie Kohärenz oder Textsinn als textinterne Eigenschaften oder Rezeptionseigenschaften zu betrachten sind (s. hierzu ausführlich Schwarz 2000a, b). Hier wird die Annahme vertreten, dass semantische Kontinuität und übergeordneter Textsinn durch eine Interaktion von Text(potenzial) und Leseraktivität zustande kommen (s. auch Schwarz-Friesel 2006 und 2007).

15 Eine Inferenz ist ein kognitiver Prozess, der auf unserem Weltwissen basiert, Diskontinuitäten im Text überbrückt und vom Leser bei lückenhaften Informationen, aber auch bei Problemfällen und scheinbaren Unsinnigkeiten eingesetzt wird (zu einer differenzierten Definition von „Inferenz" s. Schwarz 2000a: 88 f.). Inferenzen rekurrieren auch auf emotionales Wissen (s. Kap. 5.2 und 6.2).

Wenn Emotionen das Thema oder die Referenzdomäne eines Textes sind, so können diese (wie jeder andere Referenzbereich auch) explizit auf der sprachlichen Ebene dargestellt werden, indem emotionsbezeichnende (*liebte, Leidenschaft, Hass, verachtete*) und emotionsausdrückende Wörter (*wunderbarste*) benutzt werden, oder wie in (40) implizit vermittelt werden und sind dann vom Leser inferenziell zu erschließen (s. ausführlich Kap. 5).

(39) Er liebte Emilia. Seine Leidenschaft kannte keine Grenzen. Sie war für ihn das wunderbarste Geschöpf auf Gottes Erden.

(40) Sein Herz schlug jedes Mal schneller, wenn er sie nur sah.

Textverstehen ist also ein ausgesprochen konstruktiver Prozess, auch wenn der Rezipient sich dessen in der Regel nicht bewusst ist, da die konstruktiven Aktivierungs- und Elaborationsprozesse weitestgehend automatisch und unbewusst verlaufen. Textverstehen wird hier allgemein als ein komplexer kognitiver Prozess verstanden, bei dem der Rezipient eine mentale Repräsentation erstellt, in die sowohl Informationen des Textes als auch Informationen aus dem Langzeitgedächtnis (LZG) des Rezipienten einfließen.

Textverstehen involviert textbasierte, datengeleitete Bottom-up- und wissensbasierte Top-down-Prozesse.[16] Der Rezipient konstruiert eine plausible mentale Repräsentation der Sachverhalte, die im Text genannt werden. Reichen die expliziten Informationen des Textes nicht aus, um eine adäquate Sachverhaltsrepräsentation zu konstruieren, aktiviert der Rezipient zusätzlich konzeptuelles Wissen, das in seinem LZG gespeichert ist.

Der Leser eines Textes bezieht im Rezeptionsprozess die internen, sprachlich vermittelten Informationsrepräsentationen auf eine externe Weltebene. Über die grammatisch kodierte Textsemantik konstruiert er dabei die Repräsentationen der im Text dargestellten referenziellen Sachverhalte und baut für sich ein mentales Textweltmodell auf. Simultan wird er in der Regel auch versuchen, die Intention des Textproduzenten bzw. den übergeordneten Textsinn zu rekonstruieren (s. Kap. 2.3.3). Betrachten wir Texte nun etwas genauer hinsichtlich ihrer Strukturierung, so fällt auf, dass Texte vielschichtige Gebilde sind, die mehrere Ebenen involvieren, die in dem Modell in Abb. 1 dargestellt sind:

[16] Bottom-up sind die Prozesse, die auf der Verarbeitung des tatsächlich verbal Kodierten basieren, top-down dagegen sind Prozesse, die durch die Aktivierung von Weltwissen im LZG das expressis verbis Ausgedrückte ergänzen.

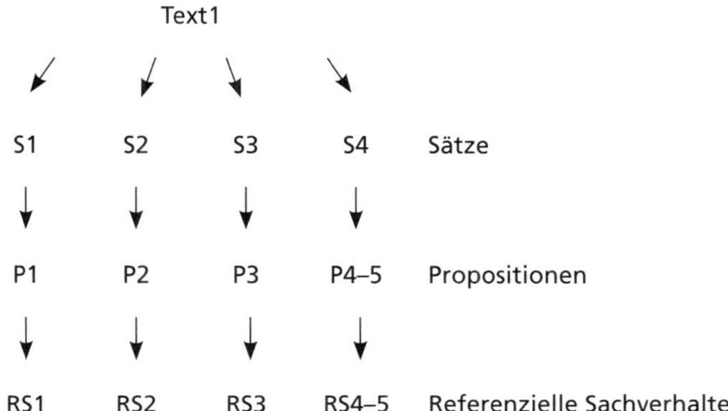


Abb. 1

Jeder Text stellt eine Abfolge von Sätzen (S1 etc.) dar, denen bestimmte semantische Repräsentationen zugeordnet werden, die als Propositionen (P1 etc.) beschrieben werden können (wobei ein komplexer Satz mehrere Propositionen enthalten kann; s. in Abb. 1 z.B. S4, der zwei Propositionen beinhaltet). Diese Propositionen, die in ihrer Gesamtheit das textsemantische Potenzial bilden, beziehen sich auf referenzielle Sachverhalte (RS1 etc.) und liefern die Informationen zum Aufbau einer konzeptuellen Referenzialisierungsstruktur. Diese interne, durch die sprachlichen Informationen vermittelte Sachverhaltsrepräsentation ist das Textweltmodell (TWM) eines Textes. Das TWM stellt eine geistige Referenzstruktur in unserem Gedächtnis dar, die eine bestimmte Realität repräsentiert. In dieser Referenzialisierungsstruktur sind die Text-Referenten (und die jeweiligen Relationen zwischen diesen) in ihrer raum-zeitlichen Verankerung und den diversen Zuständen und Prozessen repräsentiert. Wenn wir beispielsweise den Roman „Der Zauberberg" von Thomas Mann gelesen haben, ist in unserem Gedächtnis ein komplexes TWM gespeichert, in dem die involvierten Personen mit ihren diversen Beziehungen und ihren Aktivitäten in der Lungenheilanstalt mental repräsentiert sind. Im Textweltmodell[17] von (38) werden die nicht genannten Diebe als Agenten der Handlung kognitiv repräsentiert.

17 Zu unterscheiden sind auf jeden Fall die sprachliche Text- und die ontologische Weltebene. Das TWM ist nicht mit der externen Welt, in der konkrete Objekte sprachunabhängig existieren, zu verwechseln. Es stellt eine rein geistige Zwischenebene im Arbeits- bzw. Langzeitgedächtnis dar, die durch die Informationseinheiten des Textes aufgebaut wird und Referenten(sachverhalte) als mentale Einheiten speichert. Paraphrasieren wir den Terminus TWM aus der Leserperspektive, wird der Zusammenhang der involvierten Komponenten deutlich: Auf der Basis eines bestimmten Textes baut der Leser ein (geistiges) Modell von der

(41) Mit 12 verführt! Danach schwanger im Stich gelassen.

Bei der Repräsentation der Textweltmodellebene werden die nicht genannten Relationen und fehlenden referenziellen Werte[18] vom Rezipienten auf der Basis seines Weltwissens im Leseprozess aber automatisch und zumeist völlig unbewusst eingesetzt.

Die textuelle Kompetenz beinhaltet die Fähigkeit, in Texten Kohärenz zu etablieren, auch wenn diese nicht explizit auf der Textoberfläche angezeigt wird. Die im Text enthaltenen Lücken werden bei der Referenzialisierung konzeptuell gefüllt (und diese Möglichkeit der Spezifizierung ist vom Produzenten, der dieses Wissen beim Rezipienten voraussetzt, implizit in die Textstruktur gelegt). Entsprechend kann man die Textstrukturen aus produktionstheoretischer Sicht als Spuren der kognitiven Tätigkeit des Textproduzenten betrachten. Die Prinzipien der Elaboration sind ein integrativer Teil unserer Konzeptualisierungs- und Referenzialisierungsfähigkeit, die eine wesentliche Komponente unserer Textverstehensprozeduren darstellen. Diese Prinzipien basieren nicht nur auf rein sprachlichem Wissen, sondern auch auf unseren Weltwissensrepräsentationen, die in Form von Konzepten und Konzeptverbindungen im LZG gespeichert sind. Anhand der textuellen Kompetenz zeigt sich deutlich die sogenannte Schnittstellenproblematik, d. h. wie sprachliches und konzeptuelles Wissen interagieren müssen, damit bestimmte kognitive Leistungen im Bereich des Sprachverstehens vollzogen werden können.

**Denkanregungen:**

Welche Inferenz ziehen Sie als Leser bei den folgenden Textstellen hinsichtlich der emotionalen Verfassung des jeweiligen Protagonisten (s. hierzu auch Bsp. (78) in 5.1.3.2 und Kap. 5.2.1)?

(42) „‚Um Gottes willen', rief die Mutter schon unter Weinen, ‚er ist vielleicht schwer krank, und wir quälen ihn. Grete! Grete!' schrie sie dann." (Franz Kafka, Die Verwandlung, 19)

---

im Text beschriebenen Welt auf. Der Aufbau eines TWM ist also immer ein integraler Bestandteil jedes Leseprozesses. Die Repräsentation des TWM ist dabei oft weit komplexer als die sprachlich explizite Repräsentation des Textes, da nicht immer explizit auf der grammatischen Oberfläche ausgedrückt wird, wer bei Sachverhalten involviert ist, wovon ein Gegenstand ein Teil ist, warum eine Handlung ausgeführt wird usw. (s. hierzu ausführlicher Schwarz 2000a: 84 ff. und Consten/Knees/Schwarz-Friesel 2007 sowie Schwarz-Friesel 2011b).

18 Wir erstellen als Leser eine TWM-Repräsentation, die folgendermaßen paraphrasiert werden kann: Ein junges Mädchen von zwölf Jahren wurde von einem Mann sexuell verführt. Als Resultat des sexuellen Kontaktes wurde das Mädchen schwanger und vom Verführer alleine gelassen, als er davon erfuhr.

(43) „Da klopfte es an die Tür des Nebenzimmers einigemal, stark, kurz und regelmäßig. Fräulein Bürstner erbleichte und legte die Hand aufs Herz." (Franz Kafka, Der Proceß, 32)

(44) „... der Garten war ohne Duft, der Wald lockte nicht, die Welt stand um mich her wie ein Ausverkauf alter Sachen, fad und reizlos, die Bücher waren Papier, die Musik war ein Geräusch." (Hermann Hesse, Demian, 80)

(45) „Die Welt brannte in neuen Farben, Gedanken flossen mir aus hundert kecken Quellen zu, Geist und Feuer lohte in mir." (Hermann Hesse, Demian, 84)

(46) „Kalter Schweiß brach aus meinem Körper und mischte sich mit jenem schaudervollen Schmutz, der sich in langen Wochen auf meinem Leibe angesammelt hatte. Ich roch mich selbst wie eine Leiche ..." (Heinrich Böll, Die Essenholer, 218)

### 2.3.3 Weltwissen: Konzepte und Schemata

> „Sprache ist ein System typisierender Erfahrungsschemata, das auf Idealisierungen der subjektiven Erfahrung beruht" (Alfred Schütz)

Die Kohärenz, also die inhaltliche Kontinuität eines Textes, die als Plausibilität des Textzusammenhangs erkennbar ist, hängt, wie wir gesehen haben, wesentlich von unserer geistigen Aktivität und unserem im Gedächtnis gespeicherten Weltwissen ab. Was plausibel ist, richtet sich somit (meistens) nach dem Weltmodell im Kopf des Rezipienten. Unser im LZG permanent gespeichertes Wissen ist repräsentiert in Form von Konzepten und Konzept-Relationen. Konzepte gelten generell als „Bausteine" der Kognition. Es sind operative Einheiten des Geistes, die Erfahrungs- und Erkenntniswerte aufeinander beziehen und repräsentieren. Ein Konzept wird determiniert durch die Struktur ($t(a_1,..., a_n)$). Wir haben also in unserem LZG gespeichert, um was für einen ontologischen Typ t (z.B. t = LEBEWESEN oder t = ARTEFAKT) es sich bei einer konzeptuellen Einheit handelt und welche Eigenschaften ($a_1$, $a_2$, $a_3$...) die Kategorie hat. MENSCH kann man entsprechend als (t = LEBEWESEN (HAT VERSTAND, HAT SPRACHE, HAT KÖRPER MIT KOPF UND BEWEGT SICH AUF ZWEI BEINEN, IST STERBLICH)) beschreiben.

Konzepte basieren auf dem Prozess der Konzeptualisierung, d.h. der Bildung von geistigen, intern gespeicherten Repräsentationen. Handelt es sich dabei um Klassenkonzepte, ist zudem Kategorisierung involviert. Kategorisierung bedeutet Klassenbildung durch Abstraktion, d.h. Einordnung von Gegenständen in Kategorien, die der menschliche Geist bildet. Kategorisierung ist eine elementare Fähigkeit des menschlichen Geistes: Sie dient sowohl der Orientierung in der Welt[19] als auch der effizienten Weltwissensspeicherung. Ohne die Fähigkeit zur Bildung und Speicherung geistiger Kategorien- und Individuenkonzepte[20] wären wir nicht in der Lage, Dinge wiederzuerkennen und sie bestimmten Gruppen zuzuordnen. Die Welt wäre für uns ein Chaos mit ständig neuen Wahrnehmungen und Erfahrungen.

Wir speichern unser Wissen über die Welt in zwei Typen von Konzepten: Type-Konzepte stellen kategoriale Einheiten dar, die sich auf Klassen von Referenten beziehen (z. B. BAUM, MUTTER) und Token-Konzepte repräsentieren einzelne Entitäten (die geistige Repräsentation des Baums vor meinem Fenster, die geistige Repräsentation meiner Mutter). Konzepte sind geistige Informationseinheiten, die Wissen über Dinge, Personen, Sachverhalte etc. speichern. Betrachten wir z. B. das Konzept, das wir zu dem Ausdruck *Universität* gespeichert haben: Als Kerninformation können wir (ÖFFENTLICHE, WEITERFÜHRENDE BILDUNGSINSTITUTION FÜR MENSCHEN MIT ABITUR, LEHR- UND LERNSTÄTTE) annehmen. Zusätzlich haben wir aber auch in unserem Langzeitgedächtnis zu *Universität* gespeichert, dass Dozenten Lehrveranstaltungen abhalten, in Seminarräumen unterrichten, dass sie Sprechstunden abhalten und Prüfungen abnehmen. Zu unserem UNIVERSITÄTS-Konzeptwissen gehört auch, dass es Personal, einen Rektor etc., dass es bestimmte Öffnungszeiten und eine Mensa gibt. Dieses enzyklopädische Wissen ermöglicht uns das Verständnis von (referenziell unterspezifizierten) Texten.

Konzepte sind im LZG nicht isoliert, sondern durch verschiedene Relationen verknüpft abgespeichert. Komplexe konzeptuelle Wissensstrukturen werden Schemata (auch Frames, Rahmen, Skripts, Szenarien etc.) genannt. Schemata sind netzartig strukturierte Modelle im LZG, die stereotype Gegenstandsbereiche, Situationen und Handlungen mental repräsentieren. Ich werde im Folgenden den Terminus „Schema" als Bezeichnung für eine komplexe konzeptuelle Wissensstruktur im LZG verwenden, die typische Informationen eines bestimmten Realitätsausschnittes repräsentiert. Die Basis-

---

19 Ohne gespeicherte und aktivierbare Konzepte würden wir jeden Morgen in einer fremden, unbekannten Umgebung erwachen, in der kein Gegenstand, keine Person vertraut wäre.

20 Konzeptuelle Repräsentationen stellen die Basis für semantische Strukturen der Sprache dar. Sie sind sozusagen der Stoff, aus dem die Bedeutungen gemacht werden. Sprachliche Bedeutungen entstehen aus einer selektiven Lexikalisierung von Konzeptinformationen und der Bindung an eine phonologische Repräsentation sowie ein syntaktisches Subkategorisierungsraster. Bedeutungen von Wörtern sind also formgebundene Konzeptrepräsentationen (s. hierzu Schwarz 1992b, 1995a, b).

einheiten dieser komplexen Repräsentationen sind Konzepte. Ein Schema repräsentiert somit miteinander verbundene konzeptuelle Informationsknoten über Gegenstände und Sachverhalte. Die konzeptuellen Einheiten der Schemata sind als Variablen (die allgemeine stereotypische Charakteristika, sogenannte Defaults, repräsentieren) konzipiert. Diese Variablen werden im Verstehensprozess mit konkreten Werten besetzt. Entspricht ein Sachverhalt oder eine sprachliche Sachverhaltsdarstellung nicht den Defaults eines Schemas, werden durch kognitive Strategien (z. B. Problemlösungsprozesse) entsprechende Modifikationen vorgenommen.

So ist im RESTAURANT-Skript[21] u. a. gespeichert, dass Kellner nach den Wünschen der Gäste fragen und sie bedienen, Köche in der Küche kochen, Gäste an Tischen sitzen, Speisen bestellen, dann essen und später bezahlen. Auch Kenntnisse über Emotionen und ihre typischen Manifestationsformen, Begleiterscheinungen, Auslöser etc. sind im Gedächtnis gespeichert (s. hierzu Kap. 4.6). So enthält das mentale Schema LIEBE das Subschema EROTISCHE LIEBE mit der prototypischen Konstellation SEXUELLE ANZIEHUNG zwischen MANN UND FRAU: physische Erregung, charakteristische körperliche Reaktionen wie Pulsbeschleunigung, Herzklopfen, Liebeskummer bei Verlust, Eifersucht bei Konkurrenz, Kränkung und Wut bei Seitensprung etc.

Die Verfügbarkeit des Schema-Wissens über Situationen, Personen und Handlungsabläufe sowie Emotionsmanifestationen wird vom Textproduzenten vorausgesetzt. Lese- und Verstehensprozesse werden im Rahmen der Schema-Theorie als Prozesse der Schema-Aktivierung und -Konstruktion erklärt. Viele Texte fordern den Leser, seine kognitive Konstruktivität und seine interpretative Kreativität jedoch wesentlich stärker heraus:[22] Besonders literarische Texte lassen sich nicht allein aufgrund schemabasierter Weltwissensaktivierungsprozesse und automatischer Elaborationsstrategien verstehen. Betrachten wir diesbezüglich das Gedicht von Kolbe (47):

---

21 Unterschieden werden können Rollen-Konzepte (z. B. im Restaurant-Schema GAST, KELLNER, KOCH etc.), Requisiten-Konzepte (z. B. TISCH, SPEISEKARTE etc.), Voraussetzungskonzepte (z. B. HUNGER HABEN, GELD HABEN etc.) und Resultatskonzepte (z. B. WENIGER GELD HABEN, KEINEN HUNGER MEHR HABEN etc.). Im Skript verzeichnet sind dabei auch Informationen über den typischen Ablauf der jeweiligen Handlung (z. B. ERST RESTAURANT BETRETEN, DANN AN EINEN TISCH SETZEN, DANN DEN KELLNER HERANWINKEN etc.).

22 So reicht es bei dem folgenden Text nicht aus, einfach nur das BAUM-Schema zu aktivieren, um den Sinn des Textes zu verstehen: „Denn wir sind wie Baumstämme im Schnee. Scheinbar liegen sie glatt auf, und mit kleinem Anstoß sollte man sie wegschieben können. Nein, das kann man nicht, denn sie sind fest mit dem Boden verbunden. Aber sieh, sogar das ist nur scheinbar.“ (Franz Kafka, Die Bäume, in: Sämtliche Erzählungen, 19)

(47) „AMYGDALA

Es ist Furcht, aber Angriff.
Die äugende Göttin so nah,
Mein Mandelgebiet
erschauert wie feig.
Ich hab einen kleinen Körper,
der mitgeht, weiter nix. …"
(Uwe Kolbe)

(47) erscheint zunächst inkohärent und schwer verständlich, da mittels bloßer Schema-Aktivierung oder weltwissensbasierter Elaboration noch kein plausibles Textweltmodell konstruiert werden kann. Als ein (mit einer bestimmten Intention und einem ästhetisch-literarischen Anspruch verfasster) Text wird (47) jedoch ohne Weiteres akzeptiert. Dies entspricht dem Prinzip der „Sinnsuche" von Lesern, selbst den für sie inkohärentesten und scheinbar sinnlosesten Texten einen Sinn zu unterstellen.

Aktiviert oder erhält der Leser die enzyklopädische Information, dass die Amygdala (MANDELKERN) der Teil des limbischen Gehirnsystems ist, der für unsere Gefühle, insbesondere für unser Angstgefühle, verantwortlich ist, wird ihm die Möglichkeit zur Integration der (ohne diese übergeordnete Information) disparat und diskontinuierlich erscheinenden Text-Teile gegeben und der Text erhält globale Kohärenz (in dem Sinne, dass alle Informationen sich auf die Referenzdomäne GEFÜHLSZENTRUM IM GEHIRN) beziehen.[23]

Fassen wir kurz die bisherigen Überlegungen und Darstellungen dieses Kapitels zusammen, so ergibt sich das folgende Bild: Sprache ist ein auf mehreren Ebenen organisiertes Kenntnissystem von grammatischen Einheiten und Regeln, das einen wesentlichen Teil unserer Kognition darstellt und neuronal im menschlichen Gehirn repräsentiert ist. Zugleich ist die Sprache

---

23 Damit ist aber der Textsinn (die übergeordnete Illokution des Dichters bzw. das (rezeptions)ästhetische Potenzial) noch nicht erklärt. Diese zu etablieren bzw. zu konstruieren, ist nicht Bestandteil unserer einfachen Lesekompetenz, unserer textuellen Kompetenz, sondern involviert zusätzliche kognitive Leistungen, die in den Bereich des Interpretierens fallen. Textverstehen und Textinterpretieren sind somit voneinander abzugrenzen (vgl. hierzu Schwarz-Friesel 2006). Kohärenzetablierung ist ein Prozess der Kontinuitätserkennung beim Verstehen von Texten; Interpretation ist der Prozess der Textsinnerkennung (als Rekonstruktion der potenziellen Autor-Illokution) bzw. Textsinnerzeugung (als Konstruktion einer Auslegungsvariante im Rahmen des Interpretationspotenzials). Der Textsinn, als eine der Textstruktur und -semantik übergeordnete konzeptuelle Auslegungsvariante, ist nicht nur von unserer sprachlichen und konzeptuellen Kompetenz abhängig, sondern oft von enzyklopädischem Spezial- und Fachwissen, der Berücksichtigung von Textsorten- und Autorenwissen sowie bewusst und kontrolliert eingesetzten kognitiven Interpretationsstrategien.

unser wichtigstes Kommunikationsmittel und ihre situative Verwendung ist geknüpft an unsere sozio-kulturell geprägte pragmatisch-kommunikative Kompetenz.

In Sprachverwendungsprozessen rezeptiver wie produktiver Art greifen wir zudem auf nicht-sprachliches Welt-Wissen zurück, das in komplexen konzeptuellen Schemata in unserem LZG gespeichert ist und unsere Erfahrungen, die wir im Umgang mit der Welt gemacht haben, repräsentiert. Emotionale Faktoren beeinflussen zum Teil erheblich die kommunikativen Vorgänge, indem sie die reine Inhaltsebene der Informationsübermittlung überlagern können. In sprachlichen Äußerungen spiegeln sich über die spezifische Gestaltung (Wortwahl, grammatische Struktur, textuelle Anordnung) emotionale Einstellungen direkt oder indirekt wider. Es besteht eine enge Interaktion von sprachlichen, konzeptuellen und emotionalen Strukturen und die sprachlichen Äußerungen von Sprachbenutzern werden als Spuren kognitiver und emotionaler Prozesse betrachtet.

Sachverhalte werden mittels sprachlicher Textstrukturen als symbolische Textwelten spezifisch repräsentiert. Es reicht nicht, die Darstellungsfunktion der Sprache und ihre zugrundeliegenden Konzeptualisierungen zu analysieren, wenn man das gesamte Informationspotenzial von Textstrukturen erfassen will. Über die eigentlichen Referenzialisierungen als Verbalmanifestationen hinaus vermitteln Texte implizit enthaltene Informationen, die in der Textstruktur als Inferenzpotenzial für den Rezipienten angelegt sind, deren Rekonstruierbarkeit antizipiert wird. Diese impliziten Informationen bestehen zu einem großen Teil aus emotional basierten Bewertungen, die die emotionalen Einstellungen der Textproduzenten widerspiegeln. Jeder Text hat somit neben seinem Referenzpotenzial nicht nur noch ein kognitives Inferenzpotenzial, sondern auch ein Emotion(alisierung)spotenzial. Komplexe Emotionskonzepte fungieren als mentale Schemata, die eine Klassifikation von individuellen Erlebnissen etc. ermöglichen, und die Emotionswörter etc. kodieren diese Erlebnisse. Der kognitionslinguistische Ansatz, dessen Grundannahme ist, dass ein Rückschluss vom sprachlichen Material auf zugrundeliegende kognitive und emotionale Zustände und Prozesse möglich ist, will entsprechend emotionale Gehalte aus sprachlichen Äußerungen rekonstruieren.

Ich werde mich nun der Frage zuwenden, was Emotionen sind und wie sie wissenschaftlich zu beschreiben, zu erklären und zu erforschen sind, denn als Voraussetzung für ihre systematische Integration in die Theoriebildung ist eine präzise Konzeptualisierung von EMOTION notwendig.

### Denkanregungen:

Welche Konzeptualisierung (d.h. welche Vorstellung) von Emotion/Gefühl spiegelt sich in den folgenden Sätzen wider?

(48) In dieser Situation sollten wir unsere Gefühle unterdrücken.
(49) Wir können unsere Emotionen nie ganz ausschalten.
(50) Sie war ihren Gefühlen hilflos ausgeliefert.
(51) Sie war so erregt, dass sie anfing zu stottern.

Referieren die Wörter *Gefühl, Affekt* und *Empfindung* auf dasselbe Phänomen?

Zu welcher globalen Emotionsklassifikation gelangt man mit der Distinktion *angenehm/unangenehm* bzw. *positiv/negativ?*

Sind die Wörter *Emotion* und *Gefühl* Synonyme?

### Literatur:

Schwarz ([3]2008), Schwarz-Friesel (2008) und (2012), Linke et al. ([5]2007), Meibauer et al. ([2]2007), Steinbach et al. (2007), Müller ([2]2009b), Lüdtke (2013).

# 3 *Glaube, Liebe, Hoffnung*: Definition, Konzeptualisierung und Klassifikation von Emotionen

## 3.1 Emotion als Kategorie

### 3.1.1 Zur Problematik einer Definitionsfindung

> „Emotion (von lat. emovere = herausbewegen, emporwühlen) … Gemütsbewegung, Gefühl" (DUDEN)

> „Über das, was Gefühle sind …, gibt es so viele Meinungen wie Personen, die sich damit beschäftigt haben." (Günter Debus)

> „There is still little consensus on what emotion is or is not." (Lisa Feldman-Barrett)

Am Anfang einer jeden wissenschaftlichen Beschäftigung mit einem Phänomen steht traditionell die Ein- und Abgrenzung dieses Phänomens mittels einer Arbeitsdefinition, die so lange Bestand hat, bis neuere Erkenntnisse die Bestimmung erweitern, begrenzen oder gänzlich verändern. Die Definition[1] soll eine präzise Beschreibung des Phänomens liefern, so dass dieses in seinen wesentlichen Eigenschaften erfasst und abgegrenzt wird von verwandten oder ähnlichen Phänomenen. Anders als im Bereich der Sprachwissenschaft, wo seit Jahrzehnten mit der weitgehend anerkannten Konzeptualisierung von Sprache als einem kognitiven Kenntnissystem mit bestimmten, genau identifizierten Einheiten, die zueinander in regelhaften Strukturrelationen stehen, gearbeitet wird, ist man im Bereich der Emotionsforschung noch immer weit entfernt von einer allgemein akzeptierten Definition oder einer Konzeptualisierung im Rahmen einer Theorie.

---

1 Mit der Definition geht entsprechend eine spezifische Konzeptualisierung einher, d. h. eine Repräsentation der als typisch erachteten Wesensmerkmale des Untersuchungsgegenstandes, die immer als theoretische Modellvorstellung zu sehen ist.

Problematisch bei der Erforschung und Erklärung von Emotionen ist generell, dass es sich um interne und damit absolut subjektive Eigenschaften des Menschen handelt, die (wie mentale Eigenschaften der Kognition auch) nicht direkt, sondern nur über ihre Ausdrucksmanifestationen beobachtbar sind (s. hierzu das Black-Box-Dilemma der Kognitionswissenschaft; vgl. Schwarz ³2008: 31 f.). Während aber die Sprach- und Kognitionswissenschaft mittels theoretischer Schlussfolgerungen und experimenteller Ableitungen aus den Spuren sprachlicher, visueller und anderer modalitätsspezifischer Repräsentationen und Reaktionen valide Hypothesen über die zugrundeliegenden mentalen Systeme erstellt haben, befinden sich die Emotionswissenschaften noch in einem Zustand der Suche, d. h. einem tentativen Stadium. Das Problem, eine exakte Definition für das Phänomen Emotion zu formulieren, ist heute so aktuell wie vor über hundertvierzig Jahren, als Nahlowsky konstatierte:

> „In der That giebt es kaum ein Gebiet psychischer Erscheinungen, welche der Untersuchung größere Schwierigkeiten entgegenstellen, als eben die Region der Gefühle." (Nahlowsky 1862: 5)

Emotionen wie Liebe, Angst, Freude, Hass und Mitleid sind im menschlichen Organismus so fest verankert[2] wie seine kognitiven Fähigkeiten. Sie beeinflussen und begleiten die Handlungen von Menschen ebenso intensiv und nachhaltig wie die mentalen Denk- und Entscheidungsprozesse. Eine Bestimmung des Menschen und seiner Wesensart ist ohne die Einbeziehung seiner emotionalen Grundbefindlichkeiten und möglichen Erlebensformen

---

2 Auf die phylo- und ontogenetischen Aspekte der Emotionalität kann ich im Rahmen dieses Buches nicht näher eingehen (s. Kapfhammer 1995 und Holodynski 2006 zur Ontogenese von Emotionen). Wenn man von der Annahme ausgeht, dass der menschliche Organismus ein komplexes System darstellt, das nicht nur sein Überleben, sondern auch seine Wohl- bzw. Gleichgewichtsbefindlichkeit (Homöostase) sichern will, dann gehören die Emotionen zu den internen Bewertungsinstanzen dieses Systems (s. Roth ⁸2002: 194 ff., Damasio ⁶2010: 162 ff.). Offensichtlich sind viele Emotionen das Resultat evolutionärer Prozesse (s. hierzu die theoretische Rekonstruktion bei Zimmer 1982: 293 ff.). Welche Rolle die prädisponierte, genetische Ausstattung und welche die individuelle Sozialisation bei der Entwicklung und Ausformung der emotionalen Systeme beim Menschen spielen, wird bis heute intensiv diskutiert und erforscht (s. Brown/Dunn 1991, Friedlmeier/Holodynski 1999). In der Sprachwissenschaft untersucht man diesbezüglich insbesondere im kontrastiven Sprachvergleich universale Gemeinsamkeiten und kulturspezifische Unterschiede, die sich über die verbalen Kodierungsformen von Emotionen analysieren lassen (s. Athanasiadou/Tabakowska 1998, Wierzbicka 1999, Harkins/Wierzbicka 2001). Hierbei ist allerdings zu beachten, dass unterschiedliche Verbalmanifestationen emotionaler Zustände nicht notwendigerweise die Existenz kulturabhängiger Emotionskategorien belegen. Die zugrundeliegenden Emotionen können trotz verschiedenartiger Kodierungsformen identisch sein (s. hierzu Röttger-Rössler 2004; vgl. hierzu auch Kap. 3.2).

nicht möglich. Die prinzipielle Relevanz von Emotionen steht also außer Frage.

Was aber sind Emotionen für Phänomene? Wie können wir sie so definieren, dass das bisher konstatierte Nebulöse, Vage und Heterogene aufgelöst wird? Wenn wir mit einer vorwissenschaftlichen Annäherung beginnen, stoßen wir als erstes auf eine gewisse Hilflosigkeit, die sich in den folgenden paraphrasierten Antworten auf die in einem linguistischen Hauptseminar gestellte Frage, was Emotionen eigentlich genau seien, widerspiegelt. Über die Hälfte der 30 Teilnehmer nannte als Antwort „Gefühle", des Weiteren kamen Angaben wie „sehr schwer definierbar", „das Gegenteil von Vernunft", „etwas Angeborenes", „hat mit Instinkt zu tun", „etwas sehr Subjektives", „findet in mir statt", „einige sind angeboren, andere nicht", „Freude", „Angst". Wir erhalten hier keine Be-, sondern bestenfalls Umschreibungen (in der Regel mit dem weitgehend als synonym erachteten, aber ebenfalls erklärungsbedürftigen Wort *Gefühl*) bzw. Nennungen einzelner Emotionen. Obgleich jeder Mensch sicher ist, zu wissen, was Emotionen sind, bereitet die Beschreibung offensichtlich große Schwierigkeiten.

> „Emotion ist ein seltsames Wort. Fast jeder Mensch glaubt, er versteht, was es bedeutet, bis er versucht, es zu definieren. Danach behauptet eigentlich niemand mehr, dass er es versteht." (Wenger/Jones/Jones 1962: 3; Übersetzung aus dem Englischen, MSF)

Ein Blick auf die Forschungsliteratur[3] und die Zitate am Anfang dieses Kapitels zeigt, dass das Problem einer genauen Definition und Erklärung auch in der Wissenschaft besteht. Schon die Einträge in den einschlägigen psychologischen Wörter- und Nachschlagebüchern offenbaren das Dilemma. Bei Debus (1977: 156) findet sich die Aussage, dass Gefühle „Erlebens- bzw. Verhaltenskategorien" sind, „für die es keine allgemeinverbindlichen Definitionen gibt." Vielfach sind zirkuläre Definitionen zu konstatieren. In Dorschs Lexikon der Psychologie (Dorsch [15]2009: 255) ist bei Emotion zunächst der rekursive/zirkuläre Verweis auf den ebenfalls erklärungsbedürftigen Terminus *Gefühl* zu finden, und in dem Eintrag zu *Gefühl* wird dem Anliegen, eine Definition zu erhalten, prinzipiell eine Absage erteilt: „Der Begriff Gefühl oder Emotion lässt sich nicht definieren, sondern nur umschreiben, da sich Gefühle auf nichts anderes zurückführen lassen" (Dorsch [15]2009: 364). Ähn-

3 Als William James ([1890] 2013: 448) seine Übersicht über die Forschungsliteratur zur Psychologie von Emotionen abgeschlossen hatte, gab er an, er wolle lieber Beschreibungen über die Gestalt der Steine auf einer New Hampshire Farm lesen, als sich noch einmal durch den Dschungel der Emotionsliteratur zu kämpfen.

liches bietet der Eintrag bei Eysenck, einem weiteren Standard-Nachschlagewerk der Psychologie: Zuerst erfolgt der Verweis „Emotion → Gefühle" (Eysenck 1994: 454); im Folgenden erfährt der Leser, dass der Ausdruck *Gefühl* „viele Deutungen und Definitionsversuche" erfahren hat. Im Begriffsverzeichnis des dtv-Atlas zur Psychologie wird *Emotion* als „Oberbegriff für alle gefühlshaften Prozesse" beschrieben (Benesch [2]1991: 452). Nach Humboldts Psychologie-Lexikon ist Emotion ein „individuelles bzw. subjektives Erleben innerer oder äußerer Reize zwischen den Polen ‚angenehm' und ‚unangenehm'. Das Gefühl wird von Erregung (Spannung) oder Beruhigung (Entspannung) begleitet" ([2]1994: 91). Das Fachlexikon Psychologie von Clauß ([5]1995: 117) setzt ebenfalls Emotion mit *Gefühl, Gemütsbewegung* gleich. In Corsinis Enzyklopädie für Psychologie findet sich als erste Information der folgende Hinweis: „Emotions are a basic component of human experience, but their exact nature has been elusive and difficult to specify" (Encyclopedia of Psychology [2]1994 [[4]2010]: 478). In linguistischen Nachschlagewerken und Lexika sucht man vergeblich nach der Komponente: Es findet sich kein Eintrag für *Emotion*.

In der Linguistik spricht Tischer (1993: 4) vom „schillernden Charakter" und der „erschwerten Zugänglichkeit von definierenden Merkmalen" für *Emotion*, und Heringer (1999: 151) kommt zu dem Schluss, dass „Emotion ein Kunstwort ist, das nichts erklärt". In Fries (2000) wird noch keine Trennung von *Emotion* und *Gefühl* gezogen. Berücksichtigt werden jedoch die verschiedenen Aspekte des subjektiven Empfindens und des Ausdrucksverhaltens. Eine sehr individuelle Festlegung erfolgt in Fries (2003b, 2004). Unterschieden wird zwischen *Emotion* und *Gefühl* derart, dass Emotionen als „durch Zeichen kodierte Gefühle" genannt werden. Im nächsten Abschnitt werde ich jedoch eine gänzlich anders geartete Begriffseinteilung vornehmen.

In der modernen Emotionspsychologie bemüht man sich um differenziertere Aussagen, in denen verschiedene Komponenten berücksichtigt werden. So hebt Schmidt-Atzert (1996: 21) hervor, dass der Syndromkomplex EMOTION mehrere Ebenen involviert:

> „Emotion … ein qualitativ näher beschreibbarer Zustand, der mit Veränderungen auf einer oder mehrerer der folgenden Ebenen einhergeht: Gefühl, körperlicher Zustand und Ausdruck."

Zudem unterscheidet Schmidt-Atzert (1996: 18) zwischen den Wörtern *Emotion* und *Gefühl* (s. hierzu ausführlicher die Diskussion in Kap. 3.5 und 5.2). Doch auch seine Bestimmung bleibt als tentative Arbeitsdefinition unvollständig, da er kognitive Prozesse (inklusive Bewertungen) ausschließt und

*Emotion* als „hypothetisches Konstrukt" behandelt, für das eine klassische, d.h. exakte wissenschaftliche Definition noch nicht vorliege (Schmidt-Atzert 1996: 22).

Dagegen sind für Hülshoff ([4]2012: 14) Emotionen „körperlich-seelische Reaktionen, durch die ein Umweltereignis aufgenommen, verarbeitet, klassifiziert und interpretiert wird, wobei eine Bewertung stattfindet." In dieser Definition haben wir einerseits die Berücksichtigung der Synthese der Erlebenskategorien seelisch und körperlich, andererseits wird Emotion als ein Phänomen der Evaluation klassifiziert, das in kognitive Vorgänge (wie Klassifizieren) eingebettet ist bzw. mit diesen interagierend verläuft. Dass Emotionen jedoch als reaktive Prozesse beschrieben werden, die erst durch ein externes Ereignis initiiert werden, grenzt EMOTION zu restriktiv als rein postzedent bzw. post hoc verlaufenden Vorgang ein. Auch Damasio (2004: 50) bestimmt Emotionen als „bioregulatory reactions that aim at promoting, directly or indirectly, the sort of physiological states that secure not just survival but survival regulated into the range that we, conscious and thinking creatures, identify with well-being." In seiner Definition steht aber vor allem die regulative und evaluative Funktion von Emotionen im Vordergrund (s. hierzu auch Vaas 2000b und Kap. 4).

Kleinginna und Kleinginna (1981) hatten bereits über neunzig (englischsprachige) Definitionen von *Emotion* zusammengetragen und analysiert: Danach lassen sich wenigstens elf verschiedene Zuordnungen und Perspektiven hinsichtlich der Klassifikation des Phänomens EMOTION voneinander abgrenzen. So werden Emotionen je nach Ansatz als affektive oder kognitive, als psychophysiologische oder motivationale, als situative oder syndromische, als expressive, disruptive oder adaptive Phänomene beschrieben:

Affektive Definitionen betonen die Aspekte der Erregung und/oder der Lust/Unlust. Kognitive Definitionen heben den Wahrnehmungs- und den Denkaspekt hervor. Psychophysiologische Definitionen betonen die Abhängigkeit der Emotion von physiologischen Mechanismen. Motivationale Definitionen heben besonders die untrennbare Beziehung zwischen Emotion und Motivation hervor. Situative Definitionen schenken äußeren Auslösern von Emotionen, also externen Reizen, besondere Beachtung. Syndromische Definitionen umfassen mehrere miteinander verknüpfte Komponenten von Emotionen, z.B. physiologische, kognitive, expressive, subjektive Aspekte. Expressive Definitionen heben die emotionalen Ausdrucksreaktionen hervor. Disruptive Definitionen weisen auf die desorganisierende oder dysfunktionale Wirkung von Emotionen hin. Adaptive Definitionen fokussieren die bedürfnissichernde oder funktionale Wirkung von Emotionen. Restriktive

Definitionen versuchen, das Konzept der Emotion vor allem durch die Abgrenzung von anderen psychischen Prozessen oder Erscheinungsformen zu erfassen. Und skeptische Aussagen schließlich stellen den Wert des Emotionskonzepts überhaupt in Frage. Frijda (1986: 1) kommt dementsprechend zu dem Schluss, dass eine anerkannte Definition von *Emotion* erst nach einem langen Forschungsprozess möglich sein würde (s. hierzu auch Oatley 2004b und die Sondernummer von Emotion Review 2012).

Betrachtet man die Forschungslage, wird klar, dass wir uns auch heute noch mitten in diesem Prozess befinden und von einer verbindlichen, von allen Ansätzen akzeptierten Definition (sowohl innerhalb einer spezifischen Disziplin wie der Emotionspsychologie als auch zwischen den verschiedenen Disziplinen der Sozial- und Kognitionswissenschaften) weit entfernt sind.

Wenn jedoch in keiner Weise geklärt ist, was eine Emotion ist, kann man auch kaum weitere theoretische oder empirische Schritte unternehmen, da jeder Vorgang unweigerlich an der Unmöglichkeit einer wissenschaftlichen Begrenzung scheitern würde: Ich kann nicht klassifizieren, wenn ich nicht zumindest tentativ weiß, wo die Grenzen des zu Klassifizierenden auch nur annähernd anzusetzen sind.

Für die in diesem Buch folgenden Abhandlungen und Analysen werde ich daher eine Arbeitsdefinition vorschlagen, die Emotion als einen mehrdimensionalen Komplex von bewussten und unbewussten Kenntnissen, Repräsentationen und Prozessen beschreibt. Kennzeichnend für emotionale Kenntnisse, Zustände und Aktivierungen ist, dass es sich hierbei um auf innere und äußere Erlebenskomponenten bezogene Bewertungen handelt. Diese evaluative Komponente ist zunächst das distinktive Unterscheidungsmerkmal hinsichtlich kognitiver Kenntnissysteme. Analog zu diesen wird die Emotionalität eines Menschen von mir als ein intern verankertes System betrachtet, dessen elementare Einheiten aus mentalistischer Perspektive als Evaluationskonzepte modellierbar sind, die Einfluss auf verschiedene Erlebensebenen körperbezogener, kognitiver wie psychischer Befindlichkeit nehmen können. Des Weiteren wird eine konzeptuelle und terminologische Unterscheidung zwischen *Emotion* und *Gefühl* getroffen, derart, dass Gefühl genau derjenige Erlebensteil von Emotion ist, der bewusst[4] und als subjektiver Zustand erfahrbar und sprachlich mitteilbar ist.

---

4 Auch ein kognitives Kenntnissystem wie die Sprache besteht aus Einheiten und Regeln, die in aktuellen Prozessen als konkrete Repräsentationen artikuliert und/oder wahrgenommen werden. Bestimmte Zustände sind uns bewusst, andere verlaufen unbewusst und automatisiert ab.

Um diese noch vage Beschreibung weiter präzisieren zu können, soll zunächst eine Abgrenzung der Kategorie Emotion(alität) von den Phänomenen Empfindung, Affekt und Instinkt bzw. Trieb sowie Motiv erfolgen. Nach dieser differenzierenden Betrachtung werfen wir dann erneut einen definitorischen Blick auf das Konzept EMOTION.

### 3.1.2 Empfindung, Affekt, Instinkt, Motiv

> „Der Mensch mag sich seines Triebs bewusst sein oder nicht, so bleibt doch der Trieb ein und derselbe." (Baruch de Spinoza)

> „Den Unterschied zwischen Affekt und Gefühl kann man sich kaum elementar genug vorstellen. Grundsätzlich gilt der Affekt seit Aristoteles als eine nach quasi mechanischen Gesetzmäßigkeiten ablaufende Seelenbewegung, wie sie durch eine Ursache von außen hervorgerufen wurde. Im Gefühl bezieht sich das empfindsame Subjekt auf sich selbst, erfährt sich und die Welt in der Besonderheit seiner gefühlsimprägnierten Sicht. Der Affekt hingegen wird grundsätzlich erlitten, er überwältigt gleichsam das Individuum; Aristoteles nennt ihn darum ‚pathos' (im Sinne von Leiden). Das empfindsame Subjekt kann sagen: ‚mein Gefühl'. Affekte hingegen vertragen sich nicht mit Besitzansprüchen. Das vormoderne Individuum hätte nie sein Selbst mit den Affekten identifiziert." (Uwe C. Steiner)

Empfindungen sind Reaktionen auf Sinnesreize im bewusst erlebten Erfahrungszustand. Damasio ($^{6}$2010: 207f.) spricht von Hintergrundempfindungen. Ich empfinde etwas, d.h. ich habe einen bewusst erlebten Zustand wie ein Kribbeln auf der Haut oder einen süßen Geschmack im Mund. Über die Sinnesrezeptoren ist die Empfindung jeweils taktil, gustatorisch, olfaktorisch, visuell oder auditiv. Da eine Empfindung an den Aktivierungszustand des Bewusstseins gekoppelt ist, sind Aussagen wie in (1) und (2) (in der wörtlichen Lesart) nicht möglich.

(1) *Ich empfinde etwas, aber ich bin mir dessen nicht bewusst.
(2) *Ich sehe/rieche/schmecke es, aber ich empfinde nichts.

Empfindungen[5] sind für das Er-Leben des Lebens elementar: Erleben bedeutet, im Zustand des Bewusstseins die inneren und äußeren Zustände des eigenen Ichs wahrzunehmen.

---

5 Das Wort *Empfindung* wird im Deutschen allerdings in zwei semantisch-konzeptuellen Varianten benutzt und verstanden: Zum einen in der eben beschriebenen Lesart als elementare Sinneswahrnehmung, zum anderen in der Lesart „emotionales Gefühlserleben" wie in *Ich empfinde nichts mehr für ihn.*

Empfindungen sind jedoch nicht mit Gefühlen gleichzusetzen, wenn auch Empfindungen mit Gefühlen einhergehen: z. B. Schmerz mit Furcht bzw. Unbehagen, ein Geruch mit Ekel, das visuelle Wahrnehmungsbild eines Sonnenaufgangs mit Freude. Empfindungen der Sinnesrezeptoren werden je nach Person und Situation mit bestimmten Gefühlen verbunden und damit einer emotiven Bewertung unterzogen, die je nach Person sehr unterschiedlich ausfallen kann.

(3) Sie empfand die Kälte als unangenehm/angenehm/erfrischend/wohltuend.
(4) Während Marie-Luise den Duft des neuen Parfums herrlich fand, schüttelte sich Wolfgang und meinte, es sei nichts als ein unerträglich süßlicher Gestank.

Dass Gefühle und Empfindungen nicht gleichzusetzen sind, spiegelt sich auch in der Sprachverwendung wider:

(5) Mein Gefühl sagt mir, dass da etwas nicht stimmt. / Ich fühle, dass da etwas nicht stimmt.
(6) ?? Meine Empfindung sagt mir, dass da etwas nicht stimmt. / ?? Ich empfinde, dass da etwas nicht stimmt.
(7) Sie hatte das Gefühl, er verbarg etwas vor ihr.
(8) ?? Sie hatte die Empfindung, er verbarg etwas vor ihr.
(9) Das Gefühl der Liebe. vs. ?? Die Empfindung der Liebe.
(10) Ein Angstgefühl haben. vs. ?? Eine Angstempfindung haben.

Beide Erlebensformen sind an das zugeschaltete Bewusstsein gekoppelt. Während aber Gefühlszustände und -prozesse mit kognitiven Inhalten verknüpft sind, involvieren Empfindungen eher elementarere, sensomotorische Erlebenskomponenten. Intensive emotionale Zustände können jedoch dazu führen, dass bestimmte Empfindungspotenziale, d. h. Wahrnehmungsreize der Umwelt, die den Organismus affizieren (können), nicht im Fokus des bewussten Erlebens stehen.

(11) In ihrer Erregung/Furcht/Wut empfand sie die Kälte/den Schmerz/den Druck nicht.
(12) Blind vor Wut rannte sie an ihrem Bekannten vorbei, ohne seine Präsenz auch nur wahrzunehmen.

Empfindungen sind also primäre Erfahrungs- bzw. Erlebenszustände, die über die Sinnesrezeptoren vermittelt werden, wie Sehen, Hören, Fühlen/Tasten, Schmecken, Riechen, deren bewusste Wahrnehmung von einer Interaktion äußerer Reize mit inneren Aktivitätszuständen abhängt. Das Empfinden des lebendigen, wahrnehmenden Ichs ist Grundlage des existenziellen

Seins und neuronal gekoppelt an die Repräsentationen aktueller Körperzustände im Gehirn. Dort ist eine Körperkarte neuronal verankert (der sogenannte Homunkulus), eine sich über verschieden großflächige Neuronenareale erstreckende Repräsentation unseres gesamten Körpers und seiner Teile. Dass das Körperempfinden, die Erfahrbarkeit von Körperteilen, im Gehirn und den neuronalen Repräsentationen der Körperregionen verankert ist (und damit sogar ohne äußerlichen Reiz subjektiv spürbar ist), zeigt beeindruckend das Phänomen des Phantomschmerzes, d.h. der Empfindung[6] von nicht mehr vorhandenen Gliedmaßen. So klagen z.B. Menschen, denen ein Fuß amputiert werden musste, über Schmerzempfindungen in dem nicht mehr vorhandenen Körperteil. Der betroffene Mensch spürt (aufgrund der neuronalen Repräsentation in seinem Gehirn) bewusst einen subjektiv lokalisierbaren Schmerz, obgleich der Körperteil real gar nicht mehr existiert und die Person dies auch weiß. Viele Menschen mit Amputationen empfinden ihre de facto nicht mehr vorhandenen Gliedmaße so, als ob sie noch am Körper als integrative Bestandteile vorhanden wären: ein Beleg für die Signifikanz der neuronalen Repräsentationen sowie der durch diese für das Individuum erzeugten Bewusstseinseindrücke.

Die Kontinuität unserer bewussten Empfindungen bedeutet Kontinuität des Er-Lebens des Lebens. Im Zustand des Schlafes, der Bewusstlosigkeit oder der Betäubung erfahren wir diese Empfindungen nicht. Ein Schmerz, der nicht empfunden wird, ist somit kein Schmerz.

(13) Sie schlief so fest, dass sie nicht merkte, wie er sie kitzelte/dass sie das Telefon nicht hörte/dass sie den Brandgeruch nicht bemerkte.

(14) In ihrer tiefen Bewusstlosigkeit empfand sie weder Kälte noch Nässe.

(15) Ich empfinde nichts (im Sinne, dass in dem anästhetisierten Bereich die Wahrnehmung eines Sinnesreizes wie Bohren am Zahn nicht gefühlt wird).

(16) Man hatte ihn in ein künstliches Koma versetzt, damit er die Brandwunden nicht mehr spürte.

Körperbewusstsein und Selbstwahrnehmung, Selbst-Bewusstsein und Verortung des Ichs in der Welt sind somit abhängig von der Möglichkeit einer gerichteten kognitiven Prozessualität, wie es das Bewusstsein ist. Bewusstsein

---

6 Aus der Neuropathologie sind zudem Empfindungsstörungen bekannt, die den Verlust des Tastsinns, des Geschmacks oder Geruchs betreffen (s. z.B. Ellis/Young [2]1996, Karnath/Thier [2]2006), wobei die Sinnesreize im Gehirn nicht als solche erkannt bzw. identifiziert werden. Andere Störungen betreffen das Selbst-Erleben: Die Anosognosie zeichnet sich als neurologisches Defizit dadurch aus, dass die betroffenen Personen kein Bewusstsein von ihren spezifischen Defiziten (z.B. Lähmungen in Arm oder Bein) haben und diese daher auch vehement leugnen (vgl. Roth [8]2002: 216, Damasio [6]2010: 315).

ist die kognitive Prozessebene des Menschen, in der das denkende und fühlende Ich seines Erlebens, seiner eigenen kognitiven Aktivität gewahr wird. Bewusstes Erleben ist an den Aktivierungsgrad der Aufmerksamkeit gekoppelt und somit kognitiv lenk- bzw. kontrollierbar. Bewusste Erfahrungen sind zudem geknüpft an bestimmte modalitätsspezifische Repräsentationen. Ein amodales Bewusstsein ist für uns nicht möglich bzw. nicht konkret erfahrbar: Die Inhalte unseres bewussten Erlebens sind stets gebunden an ein spezifisches Format wie die Sprache oder Bilder.

Ich komme nun zum Phänomen des Affekts. Unter Affekt ist heute ein intensiver emotionaler Zustand ohne bewusste, intentionale Erlebenskomponente zu verstehen, eine heftige Erregung, die wie ein Reflex nicht der Kontrolle des jeweiligen Menschen unterliegt. Dies spiegelt sich in unserer Sprachverwendung und unserer Rechtsprechung wider.

(17) Im Affekt erschlug er ihn. Totschlag im Affekt. vs.
(18) *Im Gefühl/*In der Emotion erschlug er ihn. *Totschlag im Gefühl/in der Emotion.

Affekte sind emotionale Zustände von besonderer Intensität. Dabei sind die negativen, an das Aggressionspotenzial des Menschen gekoppelten Emotionen eher prädisponiert, im Affekt zu kulminieren als andere:

(19) Seine Wut überwältigte ihn. Im Affekt schlug er zu.
(20) Sein Zorn/Sein Hass überwältigte ihn. Im Affekt schlug er zu.
(21) ?? Sein Mitleid überwältigte ihn. Im Affekt stimmte er zu.
(22) ?? Seine Liebe/Freude überwältigte ihn. Im Affekt fiel er ihr um den Hals.
(23) ?? Seine Furcht überwältigte ihn. Im Affekt rannte er weg.

Wie die Beispielsätze deutlich machen, gibt es keinen Affekt der Nächstenliebe oder Liebe. Selbst wenn wir im Überschwang der Freude oder des Glücks uns „vergessen" und z.B. spontan einen fremden Menschen umarmen, so ist dies ein intensiver Gefühlszustand, der am besten als *Euphorie* bezeichnet werden kann. Auch hier zeigt die sprachliche Verwendung den Ausschluss des Wortes *Affekt*:

(24) *Im Affekt des Glücks/der Freude umarmte sie den Fremden.
(25) Im Überschwang des Gefühls/Aus dem Gefühl heraus/In ihrer Euphorie umarmte sie den Fremden.

Affekt ist damit durch seinen heftigen Verlauf und seine desorganisierende, destabilisierende Wirkung auf das Individuum charakterisierbar, als Intensitätszustand beim Auftreten einer starken negativen Emotion in einer bestimmten Situation, die intentional nicht beeinflussbar ist. Wie Reflexe entziehen sich die Affektzustände der willentlichen Kontrolle. Bezüglich der Unbeeinflussbarkeit bzw. Nichtkontrollierbarkeit besteht eine Korrelation zu den Instinkten oder Trieben des Menschen, die in der Forschung oft in Verbindung mit den Emotionen erwähnt werden. So findet sich manchmal in der Literatur die Auffassung, Gefühle seien in den Instinkten des Menschen zu verorten (vgl. z.B. „Gefühle sind instinktiv", Heringer 1999: 173f.).

> „Instinkt steht für uralte Konzeptionen der Kausalgesetzlichkeit, d.h. der ... unbeeinflussbaren Determiniertheit tierischen und menschlichen Handelns." (Köck 1993: 217)

In der Biologie sind nach Darwins berühmter Definition Instinkte ererbte, artspezifische, überlebenssichernde Verhaltensweisen, die im Gehirn gespeichert sind. Haeckel nannte sie vererbte „Gewohnheiten der Seele" (s. Köck 1993: 222). Die Wörter *Instinkt* und *Trieb* sind in der modernen Sprachbenutzung mit starken negativen Bewertungen besetzt (vgl. *die niederen Instinkte, ein triebhafter Mensch, ein Triebtäter*) und fokussieren die animalische Komponente des Menschen.[7]

In der Psychologie hat insbesondere Freud ([1915] [8]1991) mit seinen Ausführungen zu den grundlegenden Trieben des Menschen eine systematische Theorie der unkontrollierbaren und dem Bewusstsein oft schwer zugänglichen Seelenkräfte vorgelegt. Im Rahmen der Archetypentheorie von Jung ([16]2010) sind die „Selbstabbildungen der Instinkte" das kollektive Unbewusste. Betrachtet man den menschlichen Organismus als ein System, das seine Selbsterhaltung durch die Einhaltung bzw. Erfüllung von bestimmten lebensnotwendigen Werten (im Sinne von Bedürfnissen wie Schlaf, Hunger, Durst, Temperaturerhaltung) sichert, dann dienen Instinkte/Triebe als Soll-Werte primär der Lebenserhaltung (dem Selbsterhaltungstrieb) und sind anders als bestimmte (sozial beeinflussbare) Emotionen nicht von der Lerngeschichte des Individuums abhängig (s. auch Tomkins 1962, Manstead/Frijda/Fischer 2004). Die phylogenetische Entwicklung von Instinkten wird in manchen Ansätzen als an die Ausbildung von Gefühlen gekoppelt gesehen. Es sind automatisch in Kraft tretende, vom Bewusstsein kaum zu steuernde Soll-Zustände eines Organismus, der normalerweise stets eine Gleichge-

[7] Dass dies nicht immer so war, zeigt ein historischer Rückblick: In der Stoischen Schule wird erstmalig eine Instinktidee vertreten. Dort sind es die Triebe, die Schaden vom Menschen abhalten. In der Romantik wurden Instinkte als „Naturwunder" bezeichnet (vgl. Novalis: „Instinkt ist das Genie im Paradiese"). Und Nietzsche fand „alles Gute ist Instinkt" (vgl. Köck 1993). *Instinkt* kann jedenfalls auch positiv benutzt werden in Wendungen wie *Er hat einen untrüglichen, feinen Instinkt. / Ein sicherer Instinkt sagte ihm...* Hier wird *Instinkt* im Sinne von „sicheres Gefühl eines Menschen für etwas" verstanden.

wichtsbefindlichkeit (Homöostase) anstrebt. Diese Soll-Zustände können als Bedürfniswahrnehmungen bewusst erlebt werden. Nach Dörner (2001) sind die Bedürfnisse quasi die „Atome der Seele"; sie vermitteln zwischen Situation und Reaktion. Wenn elementare Bedürfnisse nicht befriedigt werden und somit ein Ungleichgewicht entsteht, kann dies starke Emotionen auslösen. Ein Nahrungs- und Flüssigkeitsmangel führt z. B. zu den Empfindungen Hunger und Durst, die als körperlich unangenehm bewertet werden und emotional als Unbehagen, Angst oder Hilflosigkeit gefühlt werden können.

Die Erlebenskategorien Empfindung, Affekt und Instinkt/Trieb habe ich von der Kategorie Emotion abgegrenzt, und zwar als begleitende sensorische Wahrnehmungszustände, als spezifische Erregungszustände und als lebenserhaltende Sollwerte bzw. Bedürfnisse. Es handelt sich allerdings insgesamt (in Bezug auf den Organismus, die Persönlichkeitsstruktur und das Verhaltenspotenzial eines Menschen) um miteinander verbundene Phänomene. Dies trifft auch auf die Motive und ihre Verankerung in den triebgesteuerten Bedürfnissen und/oder kognitiven Wunsch- und Absichtszuständen des Menschen zu. Motivationale Zustände können bewusst als Zielvorstellungen, als intentionale Bedürfnisbefriedigungen gefasst werden oder als unbewusst ablaufende Regulationstendenzen. Viele Motive lassen sich direkt über Emotionen identifizieren:

(26) Sein Motiv war Rache/Liebe/Angst/Habgier.
(27) Der langjährige Neid auf den Nebenbuhler war das Motiv für den Mord.

Motive sind offensichtlich untrennbar mit der emotionalen Gesamtstruktur eines Individuums verbunden. Bewusste und unbewusste Ziele bzw. (An-) Triebe steuern maßgeblich unser gesamtes Verhalten und Erleben. Oft ist es jedoch bei einer Ziel- oder Wunschlage, die als interne Bedürfniswahrnehmung erlebt wird, kaum möglich zu bestimmen, ob die Motive oder die Emotionen zuerst entwickelt wurden. Zudem gibt es Motive, die eher an elementare Empfindungen bzw. Bedürfnisbefriedigungen oder an kognitive Zustände gekoppelt sind (die wiederum von Emotionen begleitet sein können):

(28) Sein großer Hunger ließ ihn zum Dieb werden.
(29) Eiskalt und berechnend plante er den Mord und sein einziger Beweggrund war seine Überlegung, wie viel Geld ihm das einbringen würde.
(30) Er wollte das Phänomen begrifflich erfassen, sich ganz und gar geistig zu eigen machen.
(31) Die Neugier trieb ihn zu den Studien.

Motive lassen sich in sozial, kognitiv oder emotional determinierte Selbststeuerungs- und Regulationstendenzen unterteilen, wobei die Grenzziehung zwischen Interaktions-, Leistungs- und Beziehungsmotiven ausgesprochen graduell verläuft (s. hierzu Izard 1977 und 1992, sowie die motivationspsychologischen Ausführungen in Heckhausen/Heckhausen [4]2010).

Nach dieser Betrachtung können wir uns erneut unserer Arbeitsdefinition von *Emotion* (mit dem zugrundeliegenden Konzept EMOTION) zuwenden und diese nun wie folgt beschreiben:

Emotionen sind mehrdimensionale, intern repräsentierte und subjektiv erfahrbare Syndromkategorien, die sich vom Individuum ich-bezogen introspektiv-geistig sowie körperlich registrieren lassen, deren Erfahrenswerte an eine positive oder negative Bewertung gekoppelt sind und die für andere in wahrnehmbaren Ausdrucksvarianten realisiert werden (können). Die Prozesse der Bewertung betreffen Einschätzungen, mit denen ein Individuum entweder sein eigenes Körperbefinden, seine seelische Befindlichkeit, seine Handlungsimpulse, seine kognitiven Denkinhalte oder allgemein Umweltsituationen (im weitesten Sinne) beurteilt. Die subjektiv erfahrbare Ebene der Emotionen ist die Ebene der Gefühle (zur Unterscheidung von Emotion und Gefühl s. Kap. 3.5). Gefühle sind folglich subjektive Bewertungen introspektiv erfasster Emotionszustände. Damit diese Zustände introspektiv erfasst werden können, müssen sie bewusst als Repräsentationen erlebbar sein. Die bewusste Repräsentation setzt wiederum voraus, dass eine Form der Konzeptualisierung stattgefunden hat, und damit handelt es sich bei Gefühlen um kognitiv beeinflusste emotionale Zustände. Wenn wir also über unsere Angst, Freude, Liebe oder Sehnsucht sprechen, kodifizieren wir subjektiv und bewusst empfundene Gefühlszustände.

## 3.2 Emotionstheorie: Klassifikationskriterien und Beschreibungsparameter

### 3.2.1 Ausdrucks- und Realisierungsformen von Emotionen

> „Der Leib ist der Ausgangspunkt für die Anschauung aller anderen Dinge …" (Arthur Schopenhauer)

Wenn die ungenügende Erfass- und Erfahrbarkeit von Emotionen schon auf der einfachen Definitionsebene deutlich wird, so zeichnet sich auf der Ebene der komplexeren wissenschaftlichen Auseinandersetzung und Theorie vollends ein geradezu chaotisches Bild bezüglich der Beschreibung bzw. Erklärung dieses Phänomenbereichs ab. Die Heterogenität der Definitionen setzt sich entsprechend auf der Ebene der theoretischen Erklärungsansätze fort. Sind Emotionen Zustände, Reaktionen, Repräsentationen, Prozesse oder Erlebenskategorien? Sind sie angeboren oder erworben? Handelt es sich um soziale oder individuelle, physikalische oder mentale Phänomene? Sind Emotionen reaktiv oder initiativ, motivationsauslösend oder -begleitend? Ein weit gespannter Blick auf die zahlreichen, der Forschung vorliegenden Abhandlungen zu Emotionen des Menschen zeigt, dass die Meinungen bezüglich der Beantwortung dieser Fragen extrem auseinandergehen und sich zurzeit noch keine homogene Forschungslage abzeichnet.

Ein komprimierter Überblick, der die für die Thematik des Buches wesentlichen Aspekte[8] erfasst, soll die Hauptparameter der neueren Emotionstheorien vermitteln, bevor ich meine eigene Konzeptualisierung von EMOTION als einer komplexen, mehrdimensionalen Kenntnis- und Bewertungskategorie und von GEFÜHL als einer kognitiven Kategorie der bewusst erlebten Emotion noch etwas differenzierter darlege. Ich werde mich dabei insbesondere auf die Eigenschaften der Emotionalität konzentrieren, die für die Interaktion sprachlicher und emotionaler Repräsentationen sowie Prozesse relevant sind, wobei zwangsläufig viele Komponenten und Einflussgrößen nicht berücksichtigt werden können.

Wie spüren und erleben wir Emotionen? Wie bieten sich Emotionen der Empfindung an? Wie stellen sich Emotionen dem erkennenden Subjekt dar? Hinsichtlich der Frage, was Emotionen sind, nähere ich mich dem Phänomen zunächst über seine wahrnehmbaren Realisierungsformen und seine Erlebenskategorien. Wenden wir uns also beobachtend den wahrnehmbaren

---

8 Schon in der Antike hat man sich Gedanken über Gefühle gemacht: Aristoteles bestimmte Gefühl als eine besondere Betätigung der Erkenntnis. In seiner Affektlogik hob er u.a. den großen Stellenwert von Gefühlen (mit den wesentlichen Kennzeichen Lust und Unlust) für rhetorische Prozesse hervor. Descartes unterscheidet sechs Grundaffekte: Liebe, Hass, Verlangen, Freude, Traurigkeit, Bewunderung. Für Spinoza sind es dagegen drei Grundaffekte: Freude, Traurigkeit und Verlangen. Auch Immanuel Kant sah das Fühlen als seelisches Grundvermögen der Lust und Unlust: „Denn alle Seelenvermögen oder Fähigkeiten können auf die drei zurückgeführt werden, welche sich nicht ferner aus einem gemeinschaftlichen Grunde ableiten lassen: das Erkenntnisvermögen, das Gefühl der Lust und Unlust und das Begehrungsvermögen" (vgl. hierzu u.a. Voss 2004). Ein näheres Eingehen auf die philosophischen Abhandlungen zu Emotion und Gefühl würde den Rahmen dieses sprach- und kognitionswissenschaftlichen Buches bei Weitem sprengen. Ich muss es daher bei einigen wenigen, eingestreuten Verweisen belassen (zu den klassischen Emotionstheorien s. Landweer/Renz 2012; zur neuesten philosophischen Diskussion über Gefühle s. Der blaue Reiter. Journal für Philosophie 20, 2004, Voss 2004, Döring 2009 sowie Hartmann [2]2010).

Erscheinungsformen der Emotionen zu, um dann später theoretisierend zum konzeptuellen Wesen des Phänomens EMOTION zu kommen.

Emotionen artikulieren sich auf der Ebene des wahrnehmbaren Ausdrucks über drei Realisierungsformen:

- den nonverbalen Ausdruck von Emotionen als Mimik und Gestik (Lachen, Weinen, Stirnrunzeln, Kopf hängen lassen etc.),
- körperliche Zustände, die als Emotionen begleitende oder als reaktive Phänomene auftauchen können (Herzfrequenz, Blutdruck, Schwitzen, Rot- oder Blasswerden, Pupillenerweiterung etc.),
- verbale Repräsentationsformen (auf der Wort-, Satz- und Textebene mittels Interjektionen, Gefühlswörtern, Exklamativsätzen etc.).

Berücksichtigt man zudem gewisse Aktivitätszustände (wie Aufregung, Verwirrung, Unsicherheit, Wachsamkeit, Müdigkeit), die mit Emotionen einhergehen, sowie Verhaltens- bzw. Handlungsmuster, die durch Emotionen motiviert bzw. ausgelöst werden (wie Gewalt bei Hass oder Hilfsbereitschaft bei Mitleid), so zeigt sich, dass Emotionen als mehrschichtige, komplex organisierte Verhaltens- und Erlebensprozeduren beschrieben werden müssen, die die bewusste und unbewusste Aktivität des gesamten menschlichen Organismus betreffen (und unter Umständen parallel auftreten können, z.B. bei großer Wut die physiologischen Erregungszustände, der gestische und mimische Ausdruck, bestimmte aggressive Handlungen und begleitende verbale Reaktionen wie z.B. Fluchen oder Schimpfen).

Für die wissenschaftliche Untersuchung und Analyse von Emotionen ergeben sich damit verschiedene methodische Herangehensweisen: die Fremd-Beobachtung und Registrierung von Ausdrucksvarianten, die Introspektion und theoretische Rekonstruktion sowie Befragungen[9] und gezielte Experimente. Messungen neurophysiologischer Vorgänge im Gehirn geben Aufschluss über die neuronale Verankerung emotionaler Komponenten (vgl. zu den verschiedenen Methoden Birbaumer/Öhman 1993, Schmidt-Atzert 1996, Otto/Euler/Mandl 2000).

Zu den wichtigsten emotionalen Ausdrucksbereichen gehören visuell wahrnehmbare Erscheinungen wie Bewegungen der Gesichtsmuskeln (Mimik), der Extremitäten (Gestik), des ganzen Körpers (Pantomimik), vegetative Vorgänge der Haut (Erröten, Erblassen), des Auges (Änderung der Pu-

9 Aussagen über Gefühle können in standardisierter Form über Einstufungen (Schätzskalen) anhand von adjektivischen oder substantivischen Gefühlsbegriffen oder aus Beurteilungen von potenziell gefühlsauslösenden Bedingungen (Attribuierung von Eigenschaften z.B. mittels Polaritätsprofilen) gewonnen werden.

pillengröße) sowie auditiv wahrnehmbare Erscheinungen wie Lautstärke, Tempo, Intonation und Rhythmus der Stimme. Schon Darwin (1872) postulierte die Universalität des Gesichtsausdrucks für Emotionen und Lavater (1772), der die Physiognomie als die „ruhige und bewegte Oberfläche des Menschen" beschrieb, nahm an, dass der Gesichtsausdruck „etwas Wahres über den Menschen verrate".

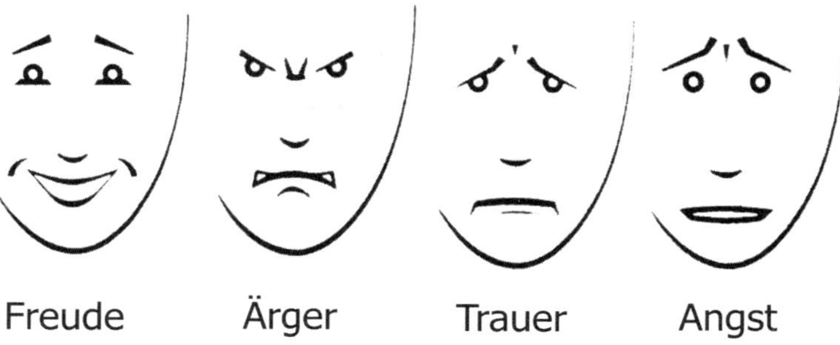


Abb. 2

Einige emotionale Gesichtsausdrucksmuster scheinen kulturell unabhängig und damit als angeborene Muster im menschlichen Organismus verankert zu sein: Es gibt elementare Ausdrucksbewegungen wie Lachen, Lächeln, Weinen, Wutstirnrunzeln, Schmollen, die kulturunabhängig zu beobachten sind (s. hierzu die berühmten Studien von Ekman (1972, 1988, ²2007), der Fotos unterschiedlicher Gesichtsausdrücke u. a. einem steinzeitlich lebenden Stamm in Neuguinea vorlegte). Sie werden von allen Angehörigen verschiedener Kulturen richtig erkannt und auch in Kulturen ohne Zivilisationskontakt verstanden. Sie finden sich zudem bei blindgeborenen Kindern, die diese Muster nie gesehen haben. Auch das mimische Verhalten von Neugeborenen spricht für die Universalität bestimmter Gesichtsausdrucksstrukturen. Dabei darf aber nicht vergessen werden, dass diese Universalität des emotional gesteuerten Gesichtsausdrucksverhaltens zwar etwas über emotionale Mimik[10]

10 Mimische Emotionsmanifestationen können auch lediglich aus soziokulturellen Gründen eingesetzt werden, ohne dass entsprechende Emotionen gefühlt werden. Zu unterscheiden ist zwischen den tatsächlich intern gefühlten emotionalen Zuständen und den nach Außen getragenen Ausdrucksformen: So werden die Muster von Personen verschiedener Kulturen nicht immer gleich realisiert (vgl. das „asiatische Lächeln" auch bei negativen Emotionen). Objektiv gleiche Situationen können unterschiedliche Emotionsmanifestationsausdrücke auslösen. So sind die Totengedenktage Allerheiligen und Allerseelen in Mexiko Volksfeste, bei denen der Tod als lachendes Gesicht gezeigt wird (zum Einfluss sozialer Normen s. Ekman 1972 sowie Harré 1986 und Vester 1991).

aussagt, aber nicht zwangsläufig auch Aussagen über die zugrundeliegenden Emotionskategorien beinhaltet.

Das bekannteste Beispiel für eine sozial geprägte Emotion ist das im Japanischen mit *amae* bezeichnete positive Gefühl der sozialen Akzeptanz.[11] Dass wir kein Wort für *amae* haben, bedeutet aber natürlich nicht zwangsläufig auch, dass wir dieses Gefühl nicht erleben können und als interne Kategorie gespeichert haben. Auf der Zwischenebene der sprachlichen Kodifizierung finden sich in den verschiedenen Sprachen zahlreiche Unterschiede hinsichtlich der semantischen Einteilung (s. Wierzbicka 1999, Harkins/Wierzbicka 2001, Röttger-Rössler 2004). Die Ebene der Konzepte und die der Wörter/Lexeme dürfen jedoch nicht gleichgesetzt werden (s. Kap. 5).

In jedem Fall unterliegen die Ausdrucksformen[12] für emotionale Zustände und Prozesse bestimmten Regeln, die in der Forschung als „Display Rules“ oder Manifestationsregeln bezeichnet werden (s. Fiehler 1990: 77ff., Evans 2003: 4ff.). Diese Ausdrucks- und Darbietungsregeln für Gefühle lassen erkennen, dass bestimmte Emotionsausdrucksformen universell anzutreffende und damit offensichtlich angeborene, andere jedoch sozial geprägte Phänomene sind. Zu sehr ausgelebte und ausgedrückte emotionale Zustände gelten in unserer Gesellschaft als Zeichen von Labilität: So ist teilweise die Maskierung bzw. völlige Unterdrückung des Ausdrucks von Emotionen in der Gesellschaft (z.B. bei Angst oder Unglück, aber auch Schadenfreude) bzw. die De-Intensivierung (Reduzierung von Emotionsausdrücken bei Ärger, Wut, Zorn, Trauer etc.) gefordert. In manchen Situationen dagegen müssen die Mitglieder einer Gesellschaft emotionale Ausdrücke intensivieren (d.h. intensivere Gefühle vortäuschen als wirklich empfunden, z.B. beim „Mitgefühl“ in einem Kondolenzfall oder der „Mitfreude“ beim Gratulieren). Interkulturelle Studien zeigen bei den Display Rules Unterschiede, die das soziale

11 In der Fachliteratur findet sich meist eine sehr verkürzte, teils verzerrte Lesart. Meine japanische Informantin beschreibt *amae* differenzierter: *Amae* bezeichnet nach Aussage von Yuka Morikawa die (reflektierte oder nicht reflektierte) Erwartung und die daraus resultierende Verhaltensweise einer Person A, die etwas erreichen möchte, von dem sie aber glaubt, es selbst nicht oder nur unter (großen) Anstrengungen erreichen zu können, weshalb A von einer Person B hofft, dass B für A aus Liebe, Freundschaft, Sympathie, Höflichkeit, Altruismus etc. dies erreicht, wofür sich A freiwillig in eine Abhängigkeit begibt. Einer Person, die nach diesem Verhaltensmuster lebt, spricht man die Stimmung/das Gefühl AMAE zu, womit gemeint ist, dass diese Person vermutet (zwischen glauben und denken), im Leben ist alles leicht, da andere einem die schwierigen Aufgaben abnehmen. Hierfür besteht der Phraseologismus: *Ki mo tschi gā A ma e te i lu* ≈ emotionaler Zustand des Amae; die amaeische Stimmung. Zugleich bedeutet *Amae* hinsichtlich der Person, die Amae ist, dass diese sich die Schwäche erlaubt, von anderen abhängig zu sein.

12 Zur Entwicklung von Emotionsausdrucksmustern bei Kindern s. z.B. Holodynski (2006).

Zeigen von Emotionen betreffen. In Belgien z. B. klatschen die Menschen bei einem Trauerzug, um ihre Anteilnahme auszudrücken.

Dass die Manifestationsregeln nicht nur kulturabhängig, sondern oft stark rollenspezifisch und auch geschlechtsspezifisch orientiert sind, zeigen verbalisierte Kodierungsformen in generischen Sätzen oder Floskeln wie den folgenden:

(32) Ein Junge weint doch nicht.
(33) Ein Mädchen brüllt nicht so laut herum.
(34) In Deinem Alter sollte man sich etwas mehr zusammennehmen.
(35) Als erwachsener Mensch hüpft man nicht mehr auf der Straße herum.
(36) Mit 40 hat man doch wohl gelernt, mit Enttäuschungen etwas weniger emotional umzugehen.

Generell ist sowohl bei den universalen als auch den sozial geprägten Emotionsausdrucksmustern zu berücksichtigen, dass die Display Rules lediglich oberflächenstrukturelle Aspekte betreffen. Bei echter Freude und einem Lachen, das genuin Ausdruck von Erheiterung ist, sind andere faziale Muskelgruppen sowie neuronale Aktivitätsmuster im Gehirn aktiv als bei vorgetäuschter Heiterkeit, die aus sozialer Verpflichtung gezeigt wird (s. Damasio [6]2010: 205).

Inwieweit sind nun Emotionen generell als Erlebenskategorie mit den (vegetativen und physiologischen) Vorgängen des Körpers verknüpft? Die Körpergebundenheit emotionalen Erlebens ist ein Merkmal, das von vielen Ansätzen genannt wird. Eine der ältesten Emotionstheorien dieser Art ist die James-Lange-Theorie von William James und Carl Lange, der zufolge Emotionen als Folge physiologischer Prozesse erklärt werden (s. auch Meyer/Reisenzein/Schützwohl [2]2001):

> „Die rationalere Aussage lautet daher, dass wir uns traurig fühlen, weil wir weinen, wütend sind, weil wir zuschlagen, ängstlich sind, weil wir zittern, und nicht dass wir weinen, zuschlagen oder zittern, weil wir etwa traurig, wütend oder furchtsam sind.“ (James [1884] 2005: 22–23)

Ohne körperliche Symptome gibt es demnach keine Emotionen, denn der Körper ist als Basisinstanz immer zwischen- bzw. vorgeschaltet. Emotionen sind somit unselbstständige Begleiterscheinungen von Vorgängen des vegetativen Nervensystems. Die Annahme, dass Emotionen untrennbar an die körperlichen Funktionen des Menschen gekoppelt sind, wird durch die aktuelle Gehirnforschung und ihre Untersuchungen zum limbischen System bestätigt (s. hierzu Kap. 4). Damasios Abhandlungen zur Rolle von Emotionen liegt die Kernhypothese zugrunde, dass Gefühle (und auch Gedanken) auf das engste nicht nur mit der Gehirnaktivität,[13] sondern mit dem gesamten Organismus verknüpft sind (s. Damasio 2003 und [6]2010).

In der Sprache spiegelt sich das Erleben der engen Interaktion von Emotion und Körperbefinden in zahlreichen Wendungen und Phraseologismen wider, welche die Konzeptualisierung des Einflusses von emotionalen Erlebenskategorien auf lebensnotwendige Organe und Organfunktionen repräsentieren:

(37) Das Herz zerbrach/tat ihm weh,/war ihm schwer,/schien zu zerreißen vor Kummer.
(38) Sie schenkte ihm ihr Herz. / Dein ist mein ganzes Herz. / Mein Herz ist erfüllt von Liebe und Glück. (zu den konzeptuellen Metaphorisierungen von LIEBE s. Kap. 9)
(39) Die Sorge lag schwer auf ihrer Brust. / Es wurde ihr wieder leicht ums Herz.
(40) Es verschlug/raubte/nahm ihm den Atem. / Die Furcht drückte/schnürte ihr den Hals zu. / Die Furcht raubte ihr die Stimme.
(41) Die Angst sitzt ihm im Nacken.
(42) Es brach ihm endgültig das Rückgrat.
(43) Die Wut schlug ihm auf den Magen. / Der Neid drehte ihm den Magen um.
(44) Das geht mir an die Nieren. / Die Galle kam ihm hoch.
(45) Sie hatte Schmetterlinge im Bauch.

Dass emotionale Zustände und Prozesse eng und oft untrennbar mit körperlichen Empfindungen verbunden sind, steht also außer Frage.[14]

---

13 Ursache und Wirkung von Gefühlen werden nach dem Alltagsverständnis so gesehen, dass wir zuerst ein Gefühl entwickeln und dann die körperlichen Symptome folgen. Manche Gehirnforscher jedoch sehen das Verhältnis umgekehrt: Wir verlieben uns, weil das Herz klopft. In unserem Gehirn wird eine Aktivität ausgelöst, die die Bereitschaft für das Verlieben herstellt. Dass unbewusst verlaufende Aktivitäten neuronaler Art darüber entscheiden, ob und in wen wir uns verlieben, wird z. B. von Leyh (2004) erörtert.

14 William James ging allerdings in seinen Reflexionen so weit, Emotionen eine Eigenexistenz (unabhängig von den Körpersymptomen) abzusprechen: „Wenn wir uns eine starke Emotion vorstellen und sodann versuchen, aus unserer Wahrnehmung derselben alle Empfindungen ihrer charakteristischen körperlichen Symptome zu streichen, so werden wir beobachten, dass nichts zurückgeblieben ist, kein ›Geistiges‹, welches die Emotion zu erzeugen vermag." (James [1884] 2005: 27). Dieser Auffassung kann ich nicht zustimmen. Emotionen sind für uns auch Erlebens- und Bewertungskategorien mental-psychischer Art, die auch ohne Körpersymptome vorstellbar und erfahrbar sind (s. Kap. 3.5). Die in der Hirnforschung vertretene Annahme, dass alle mentalen und elementaren Fähigkeiten des Menschen vom Gehirn gesteuerte und damit körperverbunden sind, wird dadurch nicht tangiert. James spricht aber nicht nur die prinzipielle körperliche Verankerung an, sondern diskutiert den Status von Emotionen auf der geistigen Vorstellungs- und Bewusstseinsebene (also Gefühle). Auf dieser Ebene sind Emotionen jedoch kognitive Entitäten, deren Konzeptualisierung und Verbalisierung unabhängig von Körpersymptomen vonstattengeht. Wenn wir also dem Gedankengang von James folgen und „uns also eine Emotion vorstellen und dann in unserer

Ein und derselbe körperliche Zustand (mit z. B. den Symptomen Zittern, Bauchkribbeln, beschleunigter Puls) kann aber je nach Situation unterschiedlichen Gefühlen zugeordnet werden (Verliebtheit, Angst, Furcht, Wut, Verlangen). Schließlich sind die körperlichen Befindlichkeiten bei individuellen Menschen oft sehr unterschiedlich. Der eine zittert vor Glück, der andere nur aus Angst. Auch die intra- und interindividuelle Variabilität von Gefühlen und ihre Bedingungsfaktoren (Genetik, Sozialisation) müssen stärker berücksichtigt werden. Eine eindeutige Korrelation von Körpersymptomen und Emotionen ist somit nicht möglich. Schließlich sind die aktuelle Emotionsgenese und die Phylo- und Ontogenese der Emotionalität des Menschen auseinanderzuhalten. Wenn auch aus phylogenetischer Perspektive körperbezogene, vegetative Zustände bei der Entstehung und Verankerung von Emotionen im menschlichen Organismus eine elementare Rolle gespielt haben mögen, so ist ihr aktualgenetischer Status doch ein anderer und stärker von kognitiven Repräsentationen getragen.

Welche Merkmale sind nun für Emotionen konstitutiv? Und welche Typen von Emotionen kann man unterscheiden?

### 3.2.2 Kategorisierung und Klassifikation von Emotionen

> „If one should seek to name each particular one of [the emotions] of which the human heart is the seat, it is plain that the limit to their number would lie in the introspective vocabulary of the seeker, each race of men having found names for some shade of feeling which other races have left undiscriminated. If then we should seek to break the emotions, thus enumerated, into groups, according to their affinities, it is again plain that all sorts of groupings would be possible, according as we chose this character or that as a basis, and that all groupings would be equally real and true." (William James ([1890] 2013: 485)

Zu unterscheiden ist zwischen Emotion als einer im Organismus des Menschen, in der Persönlichkeitsstruktur, in seiner Psyche existierenden, ihn beeinflussenden Kategorie (im weitesten Sinne) und der Konzeptualisierung dieser Kategorie sowie der damit einhergehenden sprachlichen Beschreibung. So kann ein Mensch im Griff einer Emotion (wie Angst) sein, aber weder die Emotion noch ihren Einfluss bewusst konzeptualisieren und daher

---

Wahrnehmung derselben alle Empfindungen für ihre körperlichen Symptome eliminieren", so bleibt sehr wohl etwas zurück, das man konzeptualisieren und beschreiben kann, nämlich unsere mentale Repräsentation des Gefühls.

diese auch nicht beschreiben oder darüber reflektieren. Die Geschichte der Psychotherapie und Psychoanalyse ist ein Zeugnis für eben dieses Phänomen. Die Emotionspsychologie arbeitet, wenn sie versucht, dem Phänomen Emotion wissenschaftlich nahezukommen, mit Konzeptualisierungen, die die wesentlichen Eigenschaften der Kategorie erfassen sollen. Dabei spielt das durch die Lexik der jeweiligen Sprache vorgegebene Ordnungssystem als Orientierungsrahmen eine entscheidende Rolle (vgl. Schmidt-Atzert 1996, Battacchi/Suslow/Renna ²1997, Ogarkova/Borgeaud/Scherer 2009).

Jeder Versuch, Emotionen nach bestimmten Merkmalen zu klassifizieren und damit in Gruppen einzuteilen, stößt jedoch zunächst unweigerlich auf das generelle Problem der Kategorisierung von Entitäten (und die damit verbundenen erkenntnistheoretischen Schwierigkeiten). Zudem ist (wie in dem vorangestellten Zitat von William James erkenntlich wird) bei jeder Kategorisierung und Konzeptualisierung die Ebene der sprachlichen Lexemrepräsentationen zugeschaltet.[15] Eine zwangsläufige Grundannahme ist also, dass die über die Sprache vermittelten Konzeptualisierungen zu *Emotionen* Aufschluss über die im Organismus verankerten Emotionen geben können. Dabei spielen entsprechend alltagsweltliche Konzeptualisierungen auch in der Wissenschaft eine wichtige Rolle (s. Ehlich 1982: 305 sowie Fiehler 1990).

Wie erstellt der menschliche Geist Kategorien? Um diese Frage beantworten zu können, kommen wir zurück zu der von mir vertretenen kognitionswissenschaftlichen Grundannahme, dass der menschliche Geist sinnvolles Verhalten produzieren kann, weil er über geistige Repräsentationen verfügt, die er mittels bestimmter kognitiver Operationen aktualisieren, also aktivieren kann. Mentale Repräsentationen stellen systeminterne, d. h. im Kognitionssystem verankerte, informationelle Zustände dar, die (zu einem großen Teil, aber nicht ausschließlich) systemexterne, d. h. der Umwelt entnommene Zustände in einer bestimmten Art und Weise abbilden (s. Schwarz 1992b, 1997, ³2008). Für die inneren Vorgänge nimmt man Entsprechendes an: Geistige und seelische Inhalte, die durch innere und/oder äußere Erfahrungen gebildet wurden, finden in permanent gespeicherten Repräsentationen ihre Verankerung im menschlichen Organismus (s. Kap. 4).

Kategorisierung der äußeren und der inneren Welt erfolgt mittels Klassenbildung (also Einordnung bzw. Zuteilung von Reizen/Gegenständen in übergeordneten Ordnungsinstanzen, die der menschliche Geist bildet) durch Abstraktionsprozesse. Die Kategorisierung dient sowohl der Orientierung in

15 Die Beschreibung und Klassifikation von Emotionen auf der begriffsanalytischen Ebene, wie sie sowohl in weiten Teilen der Emotionspsychologie als auch in der analytischen Philosophie vorgenommen wird, ist daher scharf von Griffiths (1997) kritisiert worden.

der Welt als auch der effizienten Weltwissensspeicherung. Ohne den Rückgriff auf permanent gespeicherte Kategorierepräsentationen und die daran geknüpfte Möglichkeit, Dinge und Zustände (wieder)zuerkennen, würden wir jeden Tag in einer neuen, unbekannten Welt mit uns selbst als einem fremden, nicht-vertrauten Wesen erwachen.

Unsere Auffassung von den Prinzipien der Kategorisierung wird bis zum heutigen Tag beeinflusst von der Aristotelischen Kategorienlehre: Diese basiert auf der Grundüberzeugung, dass die reale und die geistige Welt klar geordnet sind bzw. dass der menschliche Geist eine klare kategoriale Ordnung erzeugt. Alle Dinge konkreter wie auch abstrakter Natur werden unterteilt in bestimmte Typen oder Gattungen. Konkrete Dinge sind belebt oder unbelebt, menschlich oder nicht-menschlich, weiblich oder männlich etc. Die Objekte der Welt wie auch die Entitäten unseres Geistes- und Gefühlslebens lassen sich demnach eindeutig klassifizieren und durch bestimmte Eigenschaften definieren. Kategorisierung erfolgt demzufolge durch die Bestimmung des Wesentlichen, des Essenziellen. Die Essenz ist dabei von der Akzidenz, dem Unwesentlichen, zu trennen. Betrachten wir die Definition der alten Griechen für den Menschen als *ungefiederten Zweifüßler*. In dieser Beschreibung lässt sich das Grundprinzip der klassischen Kategorisierung erkennen: Die Festlegung einer Kategorie ergibt sich aus der Konjunktion der wesentlichen Merkmale, die die konstitutiven Eigenschaften einer Gattung erfassen und gleichzeitig die Kategorie abgrenzen von anderen Typen (wie den *gefiederten Zweifüßlern* und den *ungefiederten Vierfüßlern*). Jede Bestimmung ist damit gleichzeitig eine Verneinung, d.h. eine klare Abgrenzung von anderen Kategorien. Mit den Worten Spinozas: „Omnis determinatio est negatio."

Mit distinktiven Merkmalen werden mentale Kategorien folglich eindeutig von anderen Kategorien abgegrenzt: Aufgrund der gespeicherten Kategorien können wir klar entscheiden, ob eine konkrete oder abstrakte Entität als ein X oder ein Y zu klassifizieren ist. Jeder Mensch, der uns in unserem Leben begegnet, kann klar als ein Vertreter der Kategorie MENSCH erkannt werden. Die Beurteilung verläuft nach Ja-oder-Nein-Entscheidungen: Entweder ist ein bestimmtes Phänomen eine Emotion oder nicht. Die Kategorien in unserem Kopf bestimmen dabei klar das Ausmaß der Referenz (d.h. die Extension in der äußeren oder inneren Welt, also die Menge aller Entitäten, die unter eine Kategorie subsumiert werden). Alle Vertreter einer Kategorie sind dabei äquivalent, d.h. gleichwertige Vertreter. Angst, Liebe, Freude, Neid, Wut, Hass, Ärger, Eifersucht, Trauer, Verzweiflung etc. sind demnach alle gleichwertige Vertreter der Kategorie EMOTION, erotische Liebe, Geschwisterliebe, Elternliebe, Nächstenliebe, Tierliebe, Menschenliebe etc. gleichwertige Exemplare von LIEBE. Somit lässt sich die aristotelische Auffassung zur Kategorisierung folgendermaßen zusammenfassen:

- Kategorien sind abstrakte, mentale Konzeptrepräsentationen, die klare Grenzen haben,
- Kategorien sind als Merkmalsbündel eindeutig beschreibbar,
- Kategorien sind unzweideutig mit entsprechenden Extensionen (Mengen von Entitäten) assoziiert,
- Extensionen sind klar umgrenzte Mengen von Entitäten.

Die Prototypentheorie wendet sich gegen die klassische aristotelische Auffassung (vgl. Rosch 1978, Kleiber [2]1998, Schwarz/Chur [5]2007, Croft/Cruse 2004): Nicht alle Kategorien sind wohldefinierte Einheiten mit klaren Grenzen. Nicht immer können Menschen eindeutige Klassifikationen und exakte Grenzziehungen vornehmen (dies müsste aber möglich sein, wenn alle Kategorien als wohldefinierte, klar abgrenzbare Repräsentationseinheiten im Kopf gespeichert wären).

Gerade die abstrakten, subjektiven, internen Vorgänge und Zustände entziehen sich häufig einer exakten Definition und die referenzielle Zuordnung gestaltet sich oft als schwierig.

(46) Das Gefühl, das mich beherrscht, vermag ich nicht zu beschreiben.
(47) In mir ist ein unbeschreibliches Gefühl.
(48) Ich kann dieses Gefühl nicht einordnen.
(49) Ich habe so ein seltsames Gefühl in mir, es ist nicht Furcht, es ist nicht Trauer, vielleicht eine Art Weltschmerz.
(50) Kann es Liebe sein? Oder doch nur sexuelle Attraktion?
(51) Es ist nicht wirklich Liebe, sondern eigentlich mehr Mitleid.

Eine emotionale Form wie Hassliebe, die zwei polare Gegensätze vereint, lässt sich ebenfalls nicht eindeutig einer bestimmten Kategorie zuordnen. Auch hat sich die Annahme von der prinzipiellen Gleichwertigkeit von Exemplaren einer Kategorie als nicht der Realität entsprechend erwiesen. Der Spatz ist für uns ein typischerer Vogel als die Ente, die Liebe im erotischen Sinn typischer für die Kategorie LIEBE als die Nächstenliebe (vgl. Kap. 5.4). Konzeptualisierungen von Kategorienrepräsentationen müssen folglich das Kriterium der Typikalität berücksichtigen. Statt essenzielle, notwendige Merkmale bei den Definitionen zu benutzen, ist es realistischer, typische Merkmale anzunehmen und von Kategorien auszugehen, die inhärent eine graduelle Strukturierung haben. Dass eine eindeutige Definition oft unmöglich bzw. extrem schwierig ist, liegt an der Vagheit von mentalen Kategorien und an ihrer Randbereichsunschärfe. Wodurch erfassen wir das Kirschenhafte der Bedeutung von *Kirsche*? Die Merkmale STEINOBST, ROT, RUND, SÜSS treffen z.B. auch auf rote Mirabellen zu. Wie erklären wir den Unterschied zwischen Freude und Glück? Wenn die Grenzen nicht eindeutig, sondern vielmehr durch fließende Übergänge bzw. ein graduelles Kontinuum gekennzeichnet sind, gibt es oft gar keine strikte Trennung mehr zwischen einer Kategorie X und einer Kategorie Nicht-X. Wo hört die Kategorie Spiel auf und wo fängt die Kategorie Sport oder Kampf an? Was unterscheidet Emotion von Kognition oder Motivation? Wo ist die Grenze zwischen Angst, Furcht, Panik, Entsetzen, Schreck, Grusel, Phobie, Ängstlichkeit, Bangesein, Unsicherheit zu ziehen?

Hinsichtlich der Frage, wie sich Emotionen klassifizieren, d.h. in Gruppen einteilen lassen, und wie man Typen von Emotionen abgrenzen kann, ergeben sich zwei Möglichkeiten: Man kann Emotionen strukturorientiert oder funktionsorientiert typologisieren. Bei der strukturorientierten Klassifikation stehen inhärente Merkmale von Emotionen im Vordergrund, die die Genese und den universalen Status der Kategorien betreffen. Bereits Wilhelm Wundt (1896, 1899) versuchte, die Vielfalt der Gefühle in eine einfache Ordnung zu bringen, indem er drei Gegensatzpaare postulierte: Unlust und Lust, Erregung und Beruhigung, Spannung und Lösung. In der modernen Forschung werden die universellen Grund- oder Basisemotionen auch die primären Emotionen genannt. Diese Emotionen gelten als universal, also bereits angeboren (s. hierzu auch Meyer/Schützwohl/Reisenzein [3]2003). Nach Ekman (1972) sind es Glück, Zorn, Trauer, Furcht, 1988 erweiterte er diese um Ekel, Überraschung und Verachtung. Plutchik (1984) unterschied in seinem phylogenetischen Ansatz die acht Basisemotionen Vertrauen, Ärger, Antizipation, Ekel, Freude, Furcht, Trauer und Überraschung (zu einem Überblick früherer Klassifikationen s. Ortony/Turner 1990: 316). Nach Izard (1992) sind es zehn Emotionen, die in jeder Kultur vorkommen: Interesse, Leid, Widerwillen, Freude, Zorn, Überraschung, Scham, Furcht, Verachtung und Schuldgefühl. Oatley/Johnson-Laird (1987) sehen Freude/Glück, Trauer, Angst/Furcht, Zorn und Ekel als grundlegend an. Für Argyle ([7]1996) sind Glück, Trauer, Furcht, Wut, Ekel, Erstaunen und Interesse primäre Emotionen. Wie an diesen wenigen Vorschlägen schon erkenntlich wird, ist man sich in der Forschung nicht einig darüber, welche Emotionen tatsächlich als primär und damit universal anzusehen sind. Für Damasio (2004, [6]2010) sind primäre Emotionen angeboren, d.h. pränatal im menschlichen Organismus organisiert. Sie beruhen auf Schaltkreisen des limbischen Systems und sind daher bei allen Menschen neuronal verankert in der Struktur des Gehirns.

Als Argument für die Universalität von Basisemotionen wird oft auch angeführt, dass Glück, Zorn, Trauer und Furcht anhand ihres Gesichtsausdrucks von Menschen aller Kulturen erkannt werden (s. hierzu bereits Kap. 3.2.1).

Anders als die (an evolutionstheoretischen, phylo- und ontogenetischen Aspekten ausgerichteten) strukturorientierten Einteilungen gehen die funktionsorientierten Klassifikationen nach gemeinsamen Bezugs- oder Referenzgrößen sowie Situationsbedingungen vor (z.B. zielgerichtet, nicht gerichtet, körper- und lustbezogen, umweltbezogen). Man unterscheidet beispielsweise funktional zwischen Emotionen,

- mit denen Menschen ihr Verhältnis zu ihren Mitmenschen definieren (wie Liebe, Hass, Eifersucht, Neid, Sympathie, Mitleid etc.),
- die Menschen auf sich selbst, ihr Inneres und/oder ihr Verhalten beziehen (wie Scham, Reue, Minderwertigkeit, Stolz),
- die durch bestimmte situative Faktoren ausgelöst werden (wie Trauer, Freude, Ärger, Sorge),
- die als Reaktion auf eine Bedrohung entstehen und starke körperliche Symptome bewirken (wie Panik, Erschrecken, Furcht).

Die situationsausgelösten Emotionen Freude und Sorge, die nach dieser Einteilung einer Klasse angehören, unterscheiden sich aber signifikant in Bezug auf die vom Individuum vorgenommene Bewertung. Mees' (1985) Differenzierung unterscheidet positive und negative a) Beziehungsemotionen wie Liebe oder Verachtung, b) Empathie-Emotionen wie Mitleid oder Neid und c) Ziel-Emotionen. Freude, Glück oder Trauer sind für ihn Bewertungsemotionen. Da alle Emotionen eine bewertende Komponente beinhalten, ergibt sich mit diesem Unterscheidungsmerkmal jedoch keine wirklich präzise Abgrenzung. Auch die funktionalen Klassifikationsansätze kommen also nicht umhin, zumindest die inhärente Merkmalsdichotomie positiv/negativ zu berücksichtigen. Grob lassen sich Emotionen nämlich stets in angenehme (als für den Menschen und sein Wohlbefinden sowie seine psychische Stabilität positive) und unangenehme (negative) Typen einteilen (s. hierzu auch Mees 2006 und Holodynski 2006). Furcht, Trauer, Zorn und Ekel stellen die Basisemotionen unangenehmer Art dar, während Liebe und Freude die wesentlichen Emotionen angenehmer Natur sind. Nehmen wir die als Basisemotionen erachteten Emotionskategorien im Sinne der prototypischen Beschreibung als um typische Eigenschaften angeordnete Kategorien, ergeben sich konzeptuelle Emotionsfamilien mit ihren mehr oder weniger typischen Mitgliedern (s. Schmidt-Atzert 1996 und Rost $^{2}$2001; zur semantischen Analyse einzelner Emotionslexeme s. Kap. 5).

Zur positiven Basisemotion FREUDE/GLÜCK lassen sich als ähnliche Kategorien Vergnügen, Zufriedenheit, Seligkeit, Euphorie, Entzücken, Erheiterung, Humor und Witz zuordnen. Der LIEBE verwandt sind Zuneigung, Vertrauen, Güte, Hingabe, Anbetung, Intimität. Als eine Sonderform ist hier die sexuelle, erotische Liebe mit Leidenschaft und Lust zu sehen. Mit der TRAUER sind Leid, Kummer, Verzweiflung, Trübsal, Melancholie, Niedergeschlagenheit, Einsamkeit verbunden. Zur Konzeptfamilie von FURCHT gehören Angst, Besorgnis, Bestürzung, Nervosität, Zaghaftigkeit, Schrecken, Grauen, Entsetzen, Gruseln, Panik. Dem ZORN ähnlich sind Wut, Empörung, Groll, Entrüstung, Verbitterung, Verärgerung. EKEL geht einher mit Abneigung, Aversion, Widerwille, Verachtung, Überdruss.

Problematisch ist aber schon Scham (mit ähnlichen Emotionskategorien wie Schuld, Reue, Bedauern, Verlegenheit). Stellt Scham eine eigene Kategorie dar, oder ist sie eher der Emotionskategorie EKEL, FURCHT oder TRAUER zugehörig? Wo ist Mut einzuordnen? Wie ist es mit Aggression (die als Selbst- und/oder Fremdschädigung auftreten kann)? Ist sie eine Emotion oder vielmehr ein Trieb? Wie verhält es sich mit der Eifersucht? Ist sie eine Form der Trauer oder des Zorns oder der Liebe? Noch schwieriger wird es mit Emotionen, die zwei verschiedene, ambivalente Kategorien involvieren, z. B. Hassliebe. Hier vereinen sich positive und negative Komponenten. Ähnlich ist es mit erotischen Dispositionen bzw. Vorlieben, die auf Lustgewinn ausgerichtet sind, wie Sadismus und Masochismus. Und wo ist die Gleichgültigkeit einzuordnen? Ob Interesse tatsächlich als eine Emotion klassifiziert werden sollte, ist ebenfalls strittig. Unklar ist auch der Status von Erstaunen oder Überraschung. Wenn Realitätsereignisse nicht unseren Vorstellungen entsprechen, unsere Zukunftserwartung nicht bestätigt wird, handelt es sich um eine negative oder positive Erlebenskategorie? Da wir angenehm oder unangenehm überrascht sein können, lässt sich diese Frage immer nur situationsbezogen von Fall zu Fall beantworten. Handelt es sich überhaupt um eine Emotionskategorie? Ist Überraschung nicht eher ein kognitiver Zustand? Diese wenigen Problem- bzw. Grenzfälle zeigen, dass eine eindeutige Einteilung nicht nur innerhalb des emotionalen Kategoriensystems ausgesprochen schwierig ist, sondern auch die Abgrenzung vom kognitiven System nicht immer klar verläuft. Zudem ist die Beurteilung und Zuordnung einzelner Emotionen teilweise nur kontextsensitiv möglich.

Angesichts der enormen Vielfalt emotionaler Zustände, Prozesse und Faktoren und der zahlreichen Überlappungen emotionaler Kategorien ist es schwierig, einen einheitlichen Bestimmungsrahmen anzugeben. Als unabdingbar für die Beschreibung von Emotionen haben sich jedoch einige Dimensionen bzw. Merkmale erwiesen, die im Folgenden erörtert werden sollen.

## 3.3 Bestimmungsmerkmale: Die Parameter

Die wesentlichen Eigenschaften von Emotionen lassen sich durch drei Parameter beschreiben: Intensität, Dauer und Wertigkeit/Qualität (vgl. auch Tomkins 1963, Debus 1977, Birbaumer/Öhman 1993, Schmidt-Atzert 1996, Otto/Euler/Mandl 2000, Rost [2]2001). Mit Qualität ist das bereits erörterte Merkmal gemeint, mit dem Menschen Emotionen polar auf einer Positiv-Negativ-Skala lokalisieren und evaluieren. Die Bewertung bezieht sich allgemein auf eine für das Individuum jeweils konstatierbare Unterscheidung von angenehmen und unangenehmen Erlebenszuständen. Die bereits in Kap. 3.2.2 angesprochenen Problemfälle haben allerdings schon gezeigt, dass in der Aktualgenese nicht immer ganz klar eine Zuordnung vollzogen wird. Zudem wird in den wenigsten Ansätzen das Phänomen der Gleichgültigkeit berücksichtigt. Dieser emotionale Zustand zeichnet sich gerade dadurch aus, dass auf der Positiv-Negativ-Skala keine Festlegung erfolgt. Ein gleichgültiger Mensch kann diese Einstellung entweder gegenüber sich selber oder gegenüber anderen haben. Die Apathie gilt als krankhafte Ausprägung im Sinne der emotionslosen Einstellung gegenüber allen inneren und äußeren Gegebenheiten.

(52) Gleichgültig registrierte er seinen gesellschaftlichen Niedergang.

(53) Gleichgültig gegenüber dem Leiden der anderen betrieb er seine Geschäfte. Er hatte stets nur sein eigenes Wohlbefinden im Kopf.

(54) Apathisch saß sie nun schon wochenlang herum und interessierte sich für nichts.

Der Parameter der Intensität betrifft den Aktivierungsgrad einer Emotion. Der Grad der Aktiviertheit kann variieren (heftig – gemäßigt und erregt – beruhigt stehen hier als polare Gegensätze; vgl. Debus 1977, Mandl/Huber 1983: 5 u. v. a.). Als Aktivierungszustände weisen Emotionen wie kognitive Prozesse auch Ablaufphasen auf, die sich als Auslösezustand, Fokussierung und Auswirkung beschreiben lassen.

(55) Seine Wut über die Erniedrigung wuchs von Minute zu Minute. / Mit sich überschlagender Stimme schrie und tobte er in dem Raum herum.

Intensitätsgrade lassen sich sprachlich auf unterschiedliche Weise kodieren (s. hierzu Kap. 5), z. B. mittels Dimensionsadjektiven, Partikeln oder Vergleichen:

(56) Sie empfand große Wut/Angst/Furcht. / Große Liebe/Freude/Wut kam in ihr hoch.
(57) Sehr wütend/unglaublich wütend/unvorstellbar wütend kam sie herein.
(58) Wie ein wilder Büffel stürmte er in seinem Zorn auf sie zu.

Das Kriterium der Dauer bezieht sich zum einen auf den Sachverhalt, dass Emotionen permanent und nicht-permanent im menschlichen Organismus verankert sein können und zum anderen auf den zeitlichen Verlauf emotionaler Prozesse, der (u.a. je nach Intensität) variabel ist. Die Dauer bei aktuell verlaufenden Emotionsprozessen schwankt zwischen Sekunden und Minuten (z.B. Angstreaktionen bei Umweltreizen oder Mitleidsgefühle beim Lesen eines Textes) und mehreren Stunden (den Stimmungen oder Gestimmtheiten). Im Verlauf einer Gefühlsspanne können sich Intensität und Qualität in Abhängigkeit von einer Vielzahl von inneren und äußeren Bedingungen ändern. So kann Mitleid in Wut oder Gleichgültigkeit umschlagen, Liebe zu Hass werden, Freude in Enttäuschung enden. Intensiv erfahrene Gefühle können im Lauf der Zeit schwächer werden oder ganz verschwinden, wie dies die folgenden Beispielsätze zum Ausdruck bringen:

(59) Er war nicht lange traurig. Seine natürliche Lebensfreude verdrängte den Abschiedsschmerz.
(60) Ihr Mitleid schlug bald in Verachtung um.
(61) Seine Wut ebbte bald ab.
(62) Am Ende blieb von ihren großen Gefühlen nichts mehr übrig.

In der Emotionspsychologie findet sich für zeitlich länger andauernde Gefühlsprozesse der Terminus der *Stimmung* oder *Gestimmtheit.* Stimmungen gelten als länger andauernde emotionale Zustände (positiver wie negativer Qualität), die (oft) ohne klaren Bezug zu einem auslösenden Ereignis stehen.

(63) Sie war einfach schon seit Tagen guter/blendender/schlechter Stimmung.

Die Phrase *die Stimmung haben*[16] (*Stimmung* verwendet ohne attributive Bestimmung mittels eines Adjektivs) drückt im Sprachgebrauch prinzipiell einen negativ bewerteten emotionalen Zustand aus.[17] Insofern würden wir

---

16 Die Verwendung dieser Phrase ist offensichtlich nicht überregional anzutreffen. Einigen Lesern dieses Kapitels war sie jedenfalls so nicht bekannt. Im Kölner Raum dagegen ist dies eine häufig benutzte Redensart.

17 Hiervon zu unterscheiden ist *Stimmung machen*. Vgl. hierzu: „Ich glaube nicht, daß der Alkohol Stimmung macht, ich glaube nicht an die Stimmung, die er macht, ich glaube überhaupt nicht sehr an Stimmung. Was man so nennt, scheint mir etwas ziemlich Dilettantisches zu sein, was mit wirklichem Schöpfertum wenig zu tun hat. Ein Zustand, in dem die Hemmungen ausgeschaltet, die Selbstkritik betäubt, die gute künstlerische Haltung in Frage

bei (64) auch von einer *Laune* (im Sinne einer unmotivierten, nicht kausal erklärbaren und das soziale Zusammenleben negativ beeinträchtigenden ungerichteten Stimmung) sprechen:

(64) Sie hat mal wieder die Stimmung und keiner weiß warum, sie selber auch nicht. / Ohne nachvollziehbaren Grund bekam sie plötzlich die Stimmung, die uns den ganzen Abend ruinierte. Ihre Launen sind wirklich nicht mehr auszuhalten.

Hinsichtlich der Frage, ob Emotionen vorübergehende oder dauerhafte Eigenschaften eines Menschen sind, unterscheidet man Zustands- vs. Eigenschaftsemotionen. Als Grundstimmungen werden in der Persönlichkeit des jeweiligen Menschen permanent verankerte emotionale Repräsentationen gesehen und oft als (tendenzielle) Persönlichkeitsmerkmale[18] betrachtet. In Sätzen wie (65) wird die jeweilige Ausprägung der vorherrschenden emotionalen Basisstruktur (als Eigenschaft) angesprochen:

(65) Er ist ein (eher) ernster/trauriger/fröhlicher/optimistischer/feiger/mutiger Mensch.

Wenn ein Mensch sich eines bestimmten emotionalen Zustandes bewusst wird und ihn damit als ein spezifisches Gefühl introspektiv wahrnimmt, so erlebt er dieses Gefühl mental vor dem allgemeinen Hintergrund seiner psychischen Persönlichkeitsstruktur und der körperlichen Grundbefindlichkeit seines Organismus:

(66) Ich fühle mich heute/jetzt/zurzeit/augenblicklich schlecht/gut/elend/krank/müde/wohl/traurig/glücklich.

Sich gut oder schlecht fühlen bedeutet, sich zeitlich verortet in einem bestimmten Zustand der subjektiven Ich-Bewertung zu erleben. Wird dieser

---

gestellt wäre, ein unbesonnener und hektischer Zustand scheinbaren Allvermögens und trügerischer Leichtigkeit wäre mir höchst verdächtig. Wer ihm traut, wer sich wohl darin fühlt, ist kein Künstler nach meinem Sinne. Stimmung ist nicht Betrunkenheit. Stimmung ist Ausgeschlafenheit, Frische, tägliche Arbeit, Spazierengehen, reine Luft, wenig Menschen, gute Bücher, Friede, Friede…" (Thomas Mann, Über den Alkohol)

18 Auf die allgemeine und komplexe Debatte, was nun generell als die Persönlichkeit eines Menschen zu beschreiben ist und wodurch diese konstituiert wird, werde ich hier nicht eingehen können. Als Hypothese für dieses Buch soll die folgende Annahme zugrundeliegen: Die Persönlichkeit liegt in der Stabilität gewisser, je nach Individuum stärker oder schwächer ausgeprägter emotionaler Grundstrukturen, Motivationstendenzen sowie kognitiver Fähigkeiten und Einstellungen. Die Persönlichkeitsstruktur eines Menschen ergibt sich somit aus seiner ihm spezifischen, inhärent verankerten Interaktion von Fühlen, Wollen und Denken. S. hierzu u.a. auch Arnold (1960) und Ekman/Davidson (1994).

Zustand als permanent empfunden, gehört diese Bewertung zum kontinuierlichen Ich-Zustand des jeweiligen Menschen:

(67) Ich fühle mich einfach immer nur gut/schlecht/elend/traurig.

Arbeitet man mit der Figur-Grund-Metapher der Gestaltpsychologie, so lassen sich die zeitlich begrenzten Emotionen als Figur vor dem permanenten (Hinter-)Grund der emotionalen Persönlichkeitsstruktur eines Menschen beschreiben (s. auch Schimmack 1993). Zu dieser Grund-Struktur gehören Dispositionen, die sich im Sprachgebrauch in Phrasen wie *ängstlicher Typ, ängstlich von Natur aus, mutiger Mensch, Feigling, Sensibelchen, Trauerkloß, Frohnatur* etc. widerspiegeln. Diesbezüglich besteht ein erheblicher Unterschied zwischen ängstlich sein (im Sinne einer Eigenschaftsemotion) und sich ängstlich fühlen (im Sinne einer Zustandsemotion). Die seelische Grundbefindlichkeit eines Individuums konstituiert sich über die Eigenschaftsemotionen, und als Zustandsemotion erfahren diese dann jeweils eine zeitlich begrenzte Fokussierung auf einem bestimmten Aktivationsniveau.

Als Fazit kann festgehalten werden: Jede Emotion lässt sich prinzipiell als ein bestimmter Typ T (Primär- oder Sekundäremotion) mit den Qualitätseigenschaften positiv (+) oder negativ (–) auf einer Skala zwischen intensiv (+) oder nicht-intensiv (–) sowie hinsichtlich der Dauer (permanent) oder (nicht-permanent) beschreiben.

## 3.4 Emotionen als Kenntnis- und Bewertungssysteme

„Man begehrt ja, was Lust gewährt, und flieht, was schmerzlich ist." (Aristoteles)

„Gut ist dasjenige, was geeignet ist, Lust in uns hervorzubringen und zu vermehren, oder Schmerz zu vermindern und abzukürzen." (Gottfried Wilhelm Leibniz)

Aus den bisherigen Überlegungen und Ausführungen ergibt sich hinsichtlich der komplexen Syndromkategorie Emotion das folgende Bild:

Emotionen stellen permanent verankerte, interne Kenntniszustände im menschlichen Organismus und der Persönlichkeitsstruktur dar, die repräsentationale und prozedurale Aspekte involvieren und die als Bewertungsinstanzen sowohl auf die eigene Ich-Befindlichkeit als auch auf externe Befindlichkeiten im Gesamtkomplex menschlichen Lebens und Erlebens bezogen sind. Emotionale Zustände sind mehrdimensional verankert und können regulativ bewusst oder unbewusst auf den Menschen einwirken. Sie involvieren körperliche Wahrnehmungen, seelische Empfindungen und ausdrucksbezogene Manifestationsformen. Emotionen sind als Ausdruckskomponenten auf der verbalen und der nonverbalen Ebene wahrnehmbar. So kann z. B. die Emotion Furcht (als Schutzmechanismus des Organismus, um sich vor riskanten Situationen zu schützen) in einer bestimmten Situation spezifisch aktiviert werden und zu Reaktionen auf verschiedenen Ebenen des Erlebens und Verhaltens führen: Wir sehen einen großen, zähnefletschenden Hund und der Körper reagiert mit Zittern, beschleunigtem Pulsschlag etc. Wir wechseln die Straßenseite. Gleichzeitig haben wir das Gefühl der Furcht als angstvolles Antizipieren des Gebissenwerdens.

Zwei grundlegende Funktionsebenen von EMOTION lassen sich unterscheiden: Als Kenntnissysteme speichern Emotionskategorien teils universale, angeborene Empfindens- und Verhaltensmuster, teils sozial gesteuerte und individuelle Erlebens- und Erfahrungswerte (s. hierzu auch Kap. 4). Als Bewertungssysteme werden sie (teils bewusst, teils unbewusst) benutzt, um innere und äußere Sachverhalte je nach Situation einzuschätzen und Urteile zu treffen. Zugleich erfüllen sie Regulationsfunktionen hinsichtlich der Homöostase im menschlichen Organismus. Auf bestimmte situative Umweltreize oder innere Empfindungen reagiert der Mensch mit emotionalen Ausgleichstendenzen.

Emotionale Kenntnissysteme interagieren mit kognitiven, motivationalen und sensomotorischen Komponenten, begleiten und determinieren geistige Prozesse der Einschätzung oder Schlussfolgerung. Unsere sogenannte Intuition (und das Aus-dem-Bauch-heraus-Entscheiden; s. Busch 2002) beruht auf emotionalen Prozessen. Neueste Forschungen haben gezeigt, dass intuitiv entschiedene Handlungen oft zu besseren Resultaten führen als Handlungen, die auf langen, kognitiv gesteuerten Überlegungen beruhen (s. Gladwell 2005, Glöckner 2006, Seifert/Seifert 2006, Kahneman 2011).

Als primäre Eigenschaft (insbesondere in Abgrenzung zur Kognition) ist zu betrachten, dass Emotionen Werte und Werteerfahrungen konstituieren. Emotionen sind intern repräsentierte und subjektiv erfahrbare Evaluationskategorien, die sich vom Individuum ich-bezogen introspektiv-geistig (als Gefühle) sowie körperlich registrieren lassen, deren Erfahrenswerte an eine positive oder negative Bewertung gekoppelt sind. Die Prozesse der Bewertung betreffen Einschätzungen, mit denen ein Individuum entweder sein eigenes Körperbefinden, seine Handlungsimpulse, seine kognitiven Denkinhalte oder allgemein Umweltsituationen (im weitesten Sinne) beurteilt. Emotionale Zustände bzw. Prozesse können hinsichtlich ihres zeitlichen Verlaufs sowie hinsichtlich des Grads ihrer Aktiviertheit im Sinne der Intensität variieren. Sie können bewusst oder unbewusst auf den Organismus einwirken.

Damit ist auch das Problem der kognitiven Kontrollierbarkeit von Emotionen verbunden. Dass emotionale Reaktionen und erlebte Gefühle resistent gegenüber allen Überlegungen und „Überredungskünsten" des reflektierenden Verstandes sein können, haben wir alle in unserem Leben bereits auf die eine oder andere Weise (zumeist leidvoll) erlebt (sei es als Liebeskummer, sexuelle Attraktion, Heimweh, Panikattacke, Prüfungsangst oder Schreibblockade). Wir schluchzen bei der Schlussszene von „Vom Winde verweht" und fürchten uns beim „Schweigen der Lämmer", obgleich unser kognitiv arbeitendes Bewusstsein doch genau weiß, dass es für uns persönlich nichts zu weinen und nichts zu befürchten gibt.

Da emotionale Zustände zu einem großen Teil sub-kognitiv verankert sind, d.h. sich der bewussten Kontrolle der rational zweckorientiert ausgerichteten Kognitionsstrategien entziehen können, sind sie oft kaum oder nur sehr schwer zu beeinflussen und zu verändern. Sie weisen somit eine wesentliche Eigenschaft der in den Kognitionswissenschaften identifizierten sensorischen und kognitiven Modulsysteme[19] auf (s. Schwarz ³2008: 48ff.): Sie zeigen eine gewisse Autonomie gegenüber willentlichen, d.h. bewusst eingesetzten Reflexions- und Verarbeitungsstrategien. Dies lässt sich erklären als Resultat der stärkeren Kopplung der Emotionen an die körperlichen Erregungen und angeborenen Instinktprogramme und neurophysiologisch durch die stärkere Verankerung und Verortung der Emotionen im limbischen System, d.h. in subkortikalen Gehirnarealen, deren Funktionen weniger kontrollierbar bzw. bewusst erreichbar sind als bestimmte Leistungen des die kognitiven Prozesse bestimmenden Kortex (s. ausführlicher Kap. 4). Emotionen (im Sinne komplexer, mehrdimensionaler Syndrome) lassen sich nicht gänzlich unterdrücken, sondern stets nur Teile von ihnen. Dabei sind die an das vegeta-

---

19 Um der Vielschichtigkeit des Phänomens „Emotion" gerecht zu werden, postulieren viele Forscher drei Module emotionaler Verarbeitung: ein frühes, subkortikal in Strukturen des limbischen Systems verankertes Modul grundlegender Bewertungs- und Regulationsmechanismen (z.B. LeDoux/Hirst 1986, 1989, Roth ⁸2002, Damasio ⁶2010), das als affektiv-regulatives System für schnelle emotionale Reaktionen verantwortlich ist; ein Modul expliziter Wissensrepräsentation (z.B. Teasdale/Barnard 1993, die dieses System etwas verwirrend das „Implikationale Bedeutungssystem" nennen), das mit dem bewussten, subjektiven Erleben von Emotionen zu tun hat (hot emotion); schließlich ein Modul, das „propositionale Bedeutungssystem", das für sprachliches Wissen über Emotionen und für konnotative Bewertungen zuständig ist (cold emotion). Die terminologische Verwendung ist jedoch wenig hilfreich, da sie auf Begrifflichkeiten bereits existierender Theorien zurückgreift, die nicht deckungsgleich mit den Konzepten der Emotionstheorie sind.

tive Nervensystem gekoppelten Vorgänge kaum oder gar nicht zu beeinflussen, die unbewussten seelischen Repräsentationen schwer zu kontrollieren, und die bewussten Gefühlszustände lassen sich nur mit großer kognitiver Anstrengung mental verschieben (in dem Sinne, dass man sie aus dem Fokus der Aufmerksamkeit verbannt). Da Gefühle aber nur die „Spitze des Eisbergs" einer Emotion oder, um eine passendere Metapher zu benutzen, nur der Krater des Emotionsvulkans sind und diese zu einem großen Teil subkognitiv verankert ist, erweist sich diese Unterdrückung oft als ausgesprochen schwierig. Gefühle (die ich als die subjektive Erlebenskomponente von Emotionen definiert habe) zu unterdrücken, bedeutet somit entweder, ihre bewusste Repräsentation, ihren Aktivierungsgrad im Ich-Erlebnis kognitiv zu verschieben, oder ihren nach außen tragbaren Ausdruck zu unterlassen.

Umgekehrt lassen sich emotionale Zustände oder Prozesse nicht eigenständig und willentlich aktivieren, wie wir dies mit Gedanken, also kognitiven Repräsentationen, tun können. Wir können uns intentional „Gedanken machen" derart, dass wir mittels gezielter kognitiver Aktivität unsere Aufmerksamkeit auf eine mentale Konstruktion (z.B. auf den Gedanken EMOTIONEN SIND MEHRDIMENSIONALE SYNDROME) lenken und diese strategisch manipulieren, verändern, erweitern etc. (z.B. EMOTIONEN SIND MEHRDIMENSIONALE SYNDROME IM MENSCHLICHEN ORGANISMUS). Wir können mentale Repräsentationen bewusst aktivieren und de-aktivieren. Wir können aber nicht gezielt Emotionen oder Gefühle „machen"[20] oder als subjektive Erlebensformen konstruieren[21] (s. auch Kap. 4).

Hiervon abzugrenzen sind natürlich zum einen reaktive Gefühlskomponenten, die durch emotionsauslösende Reize (z.B. blutige Gewaltvideos) ausgelöst werden (können), und Gefühle, die an im Gedächtnis gespeicherte Repräsentationen von Ereignissen geknüpft sind und aktuell reaktiviert werden (können).

(68) Die Bilder des Grauens lösten in ihr Angst und Unruhe aus.

---

20 Über bewusst herbeigeführte Gesichtsausdrucksmuster lassen sich Menschen allerdings (zu einem bestimmten Ausmaß) in positive oder negative Stimmung versetzen: So führt ein kontinuierliches Lächeln zu positiven emotionalen Empfindungen. S. hierzu die kritische Abhandlung zur „Facial Feedback Hypothesis" bei Cornelius (1996: 106ff.).

21 Vgl. hierzu: „Gefühlsdruck. Harald Martenstein sucht nach der Weihnachtsstimmung: Ich hasse es, zu bestimmten Anlässen bestimmte Stimmungen produzieren zu müssen, also Besinnlichkeit zu Weihnachten, Partylaune zu Silvester und Frohsinn an Karneval. Zu allen drei Stimmungen bin ich in der Lage. Aber das ist so ein emotionaler Druck. Ich bekomme dann innere Blockaden. ... Man denkt, alle anderen schaffen es, die für diesen Tag rituell vorgesehene Stimmung hervorzubringen, bloß ich nicht, ich Monstrum." (DIE ZEIT 52, 20.12.2006, 59)

(69) Sie erinnerte sich an den Moment, in dem Wolfgang sie zum ersten Mal in seine Arme geschlossen hatte, und sofort war in ihr das Gefühl von Wärme und überströmender Liebe.

Wir sind jedoch nicht in der Lage, uns selber zielorientiert (nicht-reaktiv) dazu zu bringen, genuine Freude, Liebe, Furcht oder Hass zu empfinden. Konstruierte Gefühle sind nicht authentisch, sie entsprechen nicht wirklichen Gefühlen.

(70) Sie konnte sich über ihren großen Erfolg einfach nicht freuen.
(71) Sie versuchte, Glück zu empfinden, aber sie fühlte sich nur leer.
(72) Trotz allerlei Spannungseffekte blieb der Grusel aus.
(73) Er war nicht in der Lage, sie weiter zu lieben.
(74) Sie wollte ihn hassen, verachten, aber sie konnte es nicht.

Es gibt keine intentional aktivierbaren, bewusst und situativ passend einsetzbaren Gefühle. Hierin liegt ein bedeutsamer Unterschied zwischen aktuellen kognitiven und emotionalen Zuständen.[22]

Die bislang skizzierte Konzeptualisierung von EMOTION sollte nicht zu der Auffassung führen, dass Emotionen völlig unveränderbare Komponenten darstellen. Holodynski (2006: 11, 35, 171 f.) weist zu Recht darauf hin, dass Teile von Emotionen hochgradig kulturell beeinflusst sind und von den jeweiligen Wertvorstellungen und Normen einer Gesellschaft[23] abhängen. Diese Annahme vertreten auch Grau/Keil (2005b: 14), denen zufolge es sich bei Emotionen um „komplexe Kulturprozesse, die vielfältigen gesellschaftlichen und medientechnischen Innovationen unterliegen", handelt. Die Frage, inwieweit Emotionen durch massenmediale Kommunikation inszeniert oder theatralisiert werden oder wie in medialen Formen Gefühle gesteuert werden, erörtert Schützeichel (2006b: 20) (s. hierzu Kap. 6).

22 Neuere und neueste Ansätze zur emotionalen Intelligenz vertreten allerdings die These, dass emotionale Fähigkeiten durch bestimmte Strategien modifiziert werden können (s. Kap. 4.7). Zudem versucht man in der empirischen Emotionsforschung, näheren Aufschluss über Auslösebedingungen (Umweltreize etc.) sowie Verstärkungsfaktoren für emotionale Prozesse zu erlangen (s. Holodynski 2006).

23 S. diesbezüglich Elias ([1939] 2005: 111): „Sicher ist die Möglichkeit, Angst zu empfinden, genau wie die Möglichkeit, Lust zu empfinden, eine unwandelbare Mitgift der Menschennatur. Aber die Stärke, die Art und Struktur der Ängste, die in dem Einzelnen schwellen oder aufflammen, sie hängen niemals allein von seiner Natur ab, und, zumindest in differenzierteren Gesellschaften, auch niemals von der Natur, in deren Mitte er lebt; sie werden letzten Endes immer durch die Geschichte und den aktuellen Aufbau seiner Beziehungen zu anderen Menschen, durch die Struktur seiner Gesellschaft bestimmt; und sie wandeln sich mit dieser."

Bei den für soziokulturelle Faktoren beeinflussbaren emotionalen Phänomenen handelt es sich allerdings nicht um alle Ebenen des Syndromkomplexes EMOTION, sondern im Wesentlichen um die Gefühle, d.h. die subjektiv erfahrbare Komponente von Emotionen (s. den nachfolgenden Abschnitt).

## 3.5 Gefühle als erlebte Emotionen: Eine kognitive Bestimmung

> „Feeling is our subjective awareness of our own emotional state." (Willard Gaylin)

> „Jedes Erlebnis, jeder Bewusstseinsinhalt ist von vornherein immer auch angenehm oder unangenehm, interessant oder langweilig, erfreulich oder unerfreulich, mit anderen Worten: durch unsere Gefühle gefärbt." (Ernst Pöppel)

Sind *Emotion* und *Gefühl* zwei Wörter, mit denen man auf dieselbe Kategorie referiert? In vielen Abhandlungen wird, wie bereits erwähnt, weder konzeptuell theoretisch noch terminologisch eine Unterscheidung getroffen, die beiden Wörter werden somit vielfach auch in der Fachliteratur als Synonyme benutzt (vgl. Kap. 3.1.1). Dies entspricht auch dem alltäglichen Sprachgebrauch: Die Verwendung der beiden Termini weist (auf den ersten Blick betrachtet) distributiv keine wesentlichen Unterschiede auf. Ich werde im Folgenden jedoch für eine theoretische Differenzierung argumentieren (und in Kap. 5 auf einige Unterschiede im Sprachgebrauch eingehen). Insgesamt zeigt sich auch bei dieser Frage wiederum, wie bei allen Diskussionen um den Status von Emotionen, ein von Kontroversen geprägtes, ausgesprochen heterogenes Bild:

> „Hier kann man gleich anmerken, dass sich zwischen ‚Gefühl' und ‚Emotion' in der Alltagssprache kein nennenswerter Unterschied ausmachen lässt. Die Begriffe werden im Deutschen in ihrer substantivischen Form synonym verwendet." (Hartmann [2]2010: 30)

Bei den Wissenschaftlern, die einen Unterschied machen, finden sich vielfältige, teils entgegengesetzte Differenzierungen (s. Manstead/Frijda/Fischer 2004, Lenzen 2004). Damasio ([6]2010) beispielsweise bestimmt Gefühle (*feelings*) als Wahrnehmungen von Emotionen (*emotions*), d.h. Wahrnehmungen von Körperzustandsveränderungen. Er unterscheidet zwischen Gefühlen und Hintergrundgefühlen (die ich Empfindungen genannt habe). Damasio

([8]2009) modifiziert seine Konzeption wie folgt: Gefühle sind nicht notwendigerweise bewusste Wahrnehmungen von Emotionen (bzw. von Körperzustandsveränderungen), bewusste Gefühle entstehen erst, wenn sich an die Vorgänge der Emotion und des Gefühls noch nachträglich der „Prozess des Bewusstseins“ anschließt. Damasios Trennung von Emotionen, Gefühlen und „gefühlten Gefühlen“ ist jedoch unnötig. Es reicht völlig aus, zwischen dem bewussten Gefühl und der damit einher- bzw. vorausgehenden Emotion zu unterscheiden (s. hierzu auch Lenzen 2004).

Fries (2003b, 2004) ist einer der wenigen Linguisten, die sich um eine Differenzierung in Bezug auf die Konzepte EMOTION und GEFÜHL bemühen. Er unterscheidet u.a. die Dimensionen der körperlichen Wahrnehmungen und der seelischen Empfindungen, und kommt dann zu dem Schluss, dass Gefühle eine Kombination dreier Verhaltensebenen darstellen, „der subjektiv-psychologischen, der motorisch-verhaltensmäßigen und der physiologisch-humoralen Ebene“ (Fries 2003b: 267, 2004: 1). Emotion ist für den Bereich der seelischen Empfindungen reserviert. Anders als Fries, der geradezu in direktem Gegensatz zu meiner Bestimmung von Emotion und Gefühl, Emotionen als „sprachlich kodierte Gefühle“ bestimmt, sehe ich Gefühle als bewusst und subjektiv erfahrene Emotionen und damit sprachlich kodierbar an. Die Kategorie EMOTION ist somit konzeptuell betrachtet Type und das GEFÜHL Token (s. Kap. 2.3.3), also die spezifische Realisierung auf genau einer Dimension der zugrundeliegenden mehrdimensionalen Syndromkategorie, nämlich der Dimension des subjektiven Erlebens.

Nach meinem Verständnis sind Gefühle spezifische Bewusstseinszustände einer Emotion, oder anders ausgedrückt: Gefühle sind subjektiv erlebte Bewusstseinszustände mit einem emotionalen, bewertenden Inhalt. Gefühle stellen die Ebene von Emotionen dar, die die subjektiv erfahrenen Inhalte des auf den eigenen Zustand bezogenen Bewusstseins darstellt. Gefühle sind somit erlebte Emotionen, d.h. bewusst empfundene Zustände der inneren Befindlichkeit, die subjektive Erfahrung des eigenen emotionalen Zustandes. Durch diese Bewusstheit erfolgt das Gefühl im Rahmen einer kognitiven Aktivität: die durch die Sprache fassbare und ausdrückbare Selbstbeschreibung und wertende Einschätzung des eigenen emotionalen Zustandes.

(75) Ich fühle mich traurig/glücklich.
(76) Ich bin wütend/böse.
(77) Ich fühle Mitleid/Zorn/Ekel/Furcht.

Das in den Beispielen ausgedrückte Selbsterleben und die damit verbundene Selbstbeschreibung enthält stets eine (be)wertende Komponente. Gefühle sind somit dafür verantwortlich, dass auch unsere kognitiven Erlebenszustände nie „neutral", sondern subjektiv bezogen auf unseren Ich-Zustand empfunden werden. Gefühle beinhalten somit, wenn sie kodiert werden, ein Urteil, eine Beurteilung. Sehr ähnlich argumentieren[24] auch Zentner/ Scherer (2000) und Scherer (2004) im Rahmen ihres Komponenten-Prozess-Modells, das mehrere Ebenen emotionaler Verarbeitung berücksichtigt (s. hierzu auch Fußnote 19 und Kap. 4.3):

> „Während in der Literatur die Begriffe Emotion und Gefühl oft synonym verwandt werden, ist es ein wichtiger Aspekt des Komponenten-Prozess-Modells, scharf zwischen dem multikomponentialen Emotionssprozess einerseits und dem subjektiven Gefühlszustand als einer einzelnen Komponente dieses Prozesses zu unterscheiden." (Zentner/Scherer 2000: 159)

Bewusstsein habe ich als ein spezifisches Aktivitätsniveau der sensorischen und kognitiven Informationsverarbeitung beschrieben. Wie kognitive Zustände und Prozesse zeichnen sich Gefühle durch Aktivierungsvorgänge aus. Gefühle involvieren folglich die Rolle des Bewusstseins, ihre Genese jedoch ist nicht immer bewusst rekonstruierbar oder erklärbar:

> „Gefühle haben durchaus einen bewussten Inhalt, aber zu den Prozessen, die den Inhalt produzieren, haben wir nicht unbedingt bewussten Zugang." (LeDoux $^{6}$2012: 321)

Gibt es also die „unbewussten Gefühle", die Freud als so relevant für das menschliche Seelenleben ansah, gar nicht? Schon Freud sah hier einen Widerspruch, da es „zum Wesen eines Gefühls gehört ..., daß es verspürt, also dem Bewusstsein bekannt wird" (Freud [1915] $^{8}$1991: 276). Dennoch sprechen wir durchaus öfter von unbewusster Liebe oder von unbewusster Angst. Freud hält es für möglich, dass Gefühle oder Triebe durch systematische Verdrängungsmechanismen daran gehindert werden, sich zu entwickeln. Dass z. B. eine bestimmte Furcht nicht bewusst wahrgenommen wird, heißt dann, dass sie sich auf einer nicht-bewussten emotionalen Dimension manifestiert. Freud spricht hier von einer „Ansatzmöglichkeit, die nicht zur Entfaltung kommen durfte" (Freud [1915] $^{8}$1991: 277). „Unbewusste Gefühle" sind somit ein emotionales Potenzial, das durchaus Einfluss auf unser Verhalten nehmen kann (z. B. durch Ausweichprozesse; vgl. auch Deigh 2001: 1251). Die „unbewussten Gefühle" sind folglich aber keine Gefühle (im Sinne meiner Definition), sondern Komponenten unseres Emotionssystems.

24 Auch Mees (2006: 116) betont die Relevanz des subjektiven Erlebens einer Emotion.

Hinsichtlich des Verhältnisses von Sprache und Gefühl ist zu berücksichtigen, dass zwei Ebenen involviert sind: die innere, rein subjektive Gefühlswelt und die nach außen wahrnehmbaren Verbalisierungsmanifestationen dieser Gefühlswelt. Beide Ebenen stehen in interaktiver Relation, da Gefühle die Sprachverwendung beeinflussen, anderseits die sprachlichen Kodierungsformen dem gefühlten Zustand oder Prozess eine Klassifizierung zuordnen. Sie dürfen jedoch nicht gleichgesetzt werden. Die empfundenen Gefühle sind mentale Repräsentationen interner Zustände; die sprachlich ausgedrückten, damit spezifisch formgebundenen Manifestationen von Gefühlen sind kodifizierte, extern wahrnehmbare Ausdrucksrepräsentationen.[25]

Ich fasse kurz zusammen: Gefühle stellen die introspektiv erfahrbare Ebene dar, die das subjektive Erleben von Emotionen betrifft. Gefühle sind subjektive Bewertungen bewusst wahrgenommener Emotionszustände. Damit diese Zustände subjektiv überhaupt erfasst werden können, müssen sie bewusst als Repräsentationen erlebbar sein. Die bewusste Repräsentation setzt wiederum voraus, dass eine Form der Konzeptualisierung stattgefunden hat, und damit handelt es sich bei Gefühlen zwangsläufig um kognitiv beeinflusste Zustände. Wenn wir dann über unsere Gefühle wie Angst, Freude, Liebe oder Sehnsucht sprechen, kodifizieren wir subjektiv und bewusst empfundene Gefühlszustände mittels verbaler Ausdrucksrepräsentationen und vermitteln somit das intern Gefühlte als extern wahrnehmbar für Andere. Die seelischen Empfindungszustände existieren aber unabhängig von den Ausdrucksformen: Nicht immer und nicht notwendigerweise drücken wir den Schmerz oder die Freude, die wir empfinden, auch mittels Sprache aus. Die für die Sprache und Sprachverwendung relevanten emotionalen Funktionen sind genau die Bewertungen, die sich in den sprachlichen Äußerungen als Gefühle widerspiegeln (s. hierzu ausführlicher Kap. 5). Die mittels Sprache ausgedrückten Bewertungen sind das Resultat einer Interaktion von konzeptuellen und sprachlichen Prozessen in der Sprachverarbeitung. Die (der Formulierung vorgeschaltete) Konzeptualisierung, die in Kap. 2 kurz als Prozessebene der Sprachproduktion erläutert wurde, wird maßgeblich von emotionalen Faktoren (als Teilen des emotionalen Gesamtsystems) beeinflusst. Die Faktoren, die sich repräsentational auf die Welt beziehen und damit an

[25] Für die Kennzeichnung und Differenzierung von Emotionen verfügen die jeweiligen Sprachen über eine Vielzahl von Lexemen: Die Gefühlswörter beziehen sich auf Bewusstseinszustände wie Angst, Ärger, Furcht, Wut, Zorn, Traurigkeit, Freude. Für die meisten Bewusstseinszustände lassen sich in allen Sprachen Lexeme finden, so dass eine weitgehende Sprachunabhängigkeit der meisten Gefühlskategorien angenommen werden kann (s. aber Kap. 5).

spezifische Referenzprozeduren gekoppelt sind, werden von mir emotionale Einstellungen genannt und im Folgenden näher hinsichtlich ihrer Funktion erörtert.

## 3.6 Emotionale Einstellungen

> „Hinter den Gefühlen stehen Urteile und Wertschätzungen, welche in der Form von Gefühlen (Neigungen, Abneigungen) uns vererbt sind." (Friedrich Nietzsche)

> „Gefühle sind wertende (oder ‚normative') Urteile: über meine Lage sowie über mich und/oder alle anderen." (Robert C. Solomon)

Emotionale Einstellungen stellen konzeptuelle Bewertungsrepräsentationen hinsichtlich bestimmter Referenzbereiche dar. Diese Referenzbereiche können einzelne Menschen, soziale oder ethnische Gruppen, Länder, Sachverhalte oder Vorgänge sein. Die emotionale Einstellung kann je nach Referenzdomäne positiv oder negativ sein.

(78) Ich hasse Knoblauch.
(79) Ich liebe Kirschen.
(80) Mir sind alle Juden zuwider.
(81) Ich mag die Italiener mit ihrer leichten Lebensart.
(82) Griechenland ist ein Traum als Urlaubsland, einfach spitze.
(83) Nie wieder Türkei! Ein Albtraum – einfach ein furchtbares Land.

So kann ein Mensch z.B. in Bezug auf seine Familie eine positive Einstellung haben, die von den Emotionen der Liebe, des Vertrauens, des Stolzes etc. geprägt ist, während seine Einstellung gegenüber Fremden negativ von den Emotionen Furcht, Misstrauen und Zweifel bestimmt wird. Selbsthass ist eine emotionale Einstellung, die das eigene Ich bzw. das eigene Selbstkonzept betrifft. Emotionale Einstellungen stellen somit Teile bzw. Subsysteme des emotionalen Bewertungssystems dar, deren Werte heterogen und qualitativ durchaus in extrem polaren Gegensätzen verteilt sein können, z.B. Stolz in Bezug auf sich und die eigene gesellschaftliche Gruppe, Verachtung in Bezug auf die, die dieser Gruppe nicht angehören. Sie gehen mit spezifischen Konzeptualisierungsmustern der betroffenen Referenzbereiche einher, deren Basis (Furcht kann zu einer negativen Konzeptualisierung des gefürchteten Referenzbereichs führen) oder Resultat (eine negative, kognitiv und sozial geprägte Konzeptualisierung kann zu einer emotionalen Negativeinstellung führen) sie sein können. Emotionale Einstellungen sind sozial geprägt (und zwar entweder durch individuelle Erfahrungswerte oder aber – weitaus häufiger – durch gruppenspezifische Kommunikationsprozesse, die auch ohne konkrete Erfahrungswerte stereotype Referenzrepräsentationen und -bewertungen vermitteln können) und damit prinzipiell veränderbar. Sie erweisen sich jedoch hinsichtlich ihrer Veränderbarkeit oder Permeabilität als ausgesprochen „autonome" Systemkomponenten. In der Regel widersetzen sie sich Informationen, die den Gehalt ihrer Repräsentationen falsifizieren können. Emotionale Einstellungen determinieren Kategorisierungs-, Entscheidungs- und Handlungsprozesse, da sie restringierend und selektiv auf alle mentalen Repräsentationen einwirken können (s. hierzu Kap. 11). Sprachlich spiegelt sich die Selektionsfunktion z. B. in bestimmten Fokussierungen wider (s. Kap. 5).

Wie extrem diese Bewertungszustände innerhalb eines Menschen variieren können, sieht man z. B. an (der Ideologie verfallenen) Personen[26] in der NS-Zeit, die einerseits liebevolle Briefe an ihre Familienangehörigen schrieben und gleichzeitig (ohne erkennbare emotionale Beteiligung) am Mord unzähliger Menschen beteiligt waren (vgl. hierzu u. a. Goldhagen 1996, Friedländer 2006, Welzer [5]2011).

Psychologisch erklärbar sind solche Phänomene nur, wenn man berücksichtigt, dass die entgegengesetzten Bewertungssysteme hinsichtlich der unterschiedlichen Referenzbereiche im Konzeptualisierungsrahmen der NS-Ideologie als absolut und verbindlich internalisiert waren (s. hierzu auch Welzer [5]2011). Das Töten von Juden oder anderen als nicht lebenswert erachteten Menschen war in diesem Rahmen für die wirklichen (ideologieverblendeten) Überzeugungstäter kein Verbrechen und daher ohne jedwede moralische Skrupel vollziehbar, sondern vielmehr eine notwendige, für das eigene Wohl wichtige Angelegenheit. In ihrer Konzeptualisierung war JUDE gleichzusetzen mit FEIND oder LEBENSUNWÜRDIGE KREATUR. Die totale Akzeptanz der NS-Ideologie und ihrer kognitiven Stereotyprepräsentationen mit der emotionalen Negativbewertung waren das Fundament des eliminatorischen Antisemitismus (s. Kap. 11).

Die folgenden Textstellen aus dem Tagebuch des NS-Arztes Johann Kremer[27] (s. Feuchert 2000) belegen die Selbstverständlichkeit, mit der Menschen,

---

[26] Von den überzeugten Tätern abzugrenzen sind die „Mitläufer", die sich entweder aus Gleichgültigkeit oder aber aus Angst um das eigene Leben an den Grausamkeiten und Morden beteiligten.

[27] Johann Kremer war als SS-Arzt vom 30. August bis zum 17. November 1942 in Auschwitz. Ein einziges Mal, kurz nach seiner Ankunft, am 2. September 1942 erfolgt eine bewer-

die als menschlich nicht wertvoll bewertet wurden, ohne eine erkennbare Gefühlsregung auf Seiten des ausführenden Täters, als Un-Menschen behandelt wurden. Die Tötungsaktionen werden im Tagebuch neben Einträgen zu alltäglichen und banalen Dingen so vermerkt, als handele es sich um normale Arbeitstätigkeiten (und machen die „Banalität des Bösen" transparent).

(84) „Es gab gebackenen Hecht, soviel jeder wünschte, echten Bohnenkaffee, ausgezeichnetes Bier und belegte Brötchen." (23.09.1942)

(85) „Lebendfrisches Material von Leber, Milz und Pankreas entnommen und fixiert." (10.10.1942)

(86) „Heute Sonntag gab's zu Mittag Hasenbraten – eine ganz dicke Keule – mit Mehlklößen und Rotkohl für 1,25 RM." (11.10.1942)

(87) „Heute, Sonnabend, Varietevorstellung im Gemeinschaftshause (ganz groß!). Besondere Freude erregten die tanzenden Hunde und die beiden auf Kommando krähenden Zwerghähne, der verpackte Mensch und die Radfahrgruppe." (14.11.1942)

Mord und Misshandlung wurden taten- und kommentarlos akzeptiert, der Missbrauch von Menschen in medizinischen Experimenten war eine pflichtbewusst zu erfüllende Handlung. Emotionsbezeichnende und -ausdrückende Lexeme werden primär benutzt, um auf Unterhaltung, Banalitäten und gutes Essen zu referieren. Signifikant ist auch (88): Die Perspektive des offensichtlich verzweifelten Menschen, der von ihm Hilfe erhofft, wird nicht berücksichtigt, vielmehr rückt Kremer das Erlebnis als für ihn peinliche und unangenehme Situation hervor und macht sich zugleich über die Hilfesuchenden lustig.

(88) „Prügelstrafe an 8 Häftlingen und bei einer Erschießung durch Kleinkaliber zugegen. Seifenflocken und 2 Stück Seife erhalten. Mittags springt vor dem SS-Revier ein Civilist mein Rad wie ein Attentäter an, läuft neben mir her und bittet mich, ihm doch zu sagen, ob ich nicht Regierungsrat Heuner aus Breslau sei, mit dem ich eine ganz unglaubliche Ähnlichkeit habe. Er sei mit diesem Herrn im 1. Weltkriege im Felde zusammen gewesen. Wie viele Doppelgänger habe ich eigentlich in der Welt?! Abends bei einer Sonderaktion zugegen (4. Mal)." (09.09.1942)

---

tende Thematisierung der Tötungsaktionen: „Zum 1. Male draußen um 3 Uhr früh bei einer Sonderaktion zugegen. Im Vergleich hierzu erscheint mir das Dante'sche Inferno fast wie eine Komödie. Umsonst wird Auschwitz nicht das Lager der Vernichtung genannt!" Mitleid, Entsetzen oder sonstige starke Gefühle sind jedoch weder hier noch an anderen Stellen im Tagebuch erkennbar. *Sonderaktion* war die Bezeichnung der SS für die Selektion von ankommenden Menschentransporten. Arbeitsfähige wurden ins Lager, der Rest sofort in die Gaskammern geschickt. Vgl. auch *Sonderbehandlung*, die euphemistische Bezeichnung der SS für das Töten, speziell Vergasen von Menschen.

Emotionale Einstellungen lassen sich somit als Bewertungsrepräsentationen charakterisieren, die oft auf ausgesprochen stereotypen Repräsentationen hinsichtlich ihrer Referenzbereiche beruhen (s. zu Stereotypen und Vorurteilen Kap. 11). Sie determinieren somit entscheidend die Sicht bzw. das gesamte Weltbild des jeweiligen Menschen. Permanent gespeicherte, über Jahre hinweg erhaltene Einstellungen erweisen sich als resistent gegenüber Erfahrungswerten und rationalen Argumenten (s. hierzu Schwarz-Friesel/Reinharz 2013: Kap. 9).

Nicht jede emotionale Einstellung kulminiert jedoch in einer ideologieverankerten Stereotyprepräsentation oder einem konzeptuell geschlossenen Weltbild. Bei den oben erläuterten Extrembeispielen handelt es sich um besondere Formen, die u.a. typisch für die mentale Einstellung des Fanatismus sind. Alle Menschen haben emotionale Einstellungen[28] und sie artikulieren sich im alltäglichen Sprachgebrauch primär als Präferenzurteile (d.h. Abneigungen oder Vorlieben), die je nach Ausprägung der Intensität unterschiedlich kodiert werden:

(89) Ich mag Rosen. / Meine Lieblingsblumen sind Rosen. / Ich liebe Rosen.

(90) Überhaupt nicht leiden kann ich Spinat. / Spinat ist mir zuwider. / Spinat finde ich zum Kotzen.

(91) Ich mag keine Spinnen. / Ich ekele mich vor Spinnen. / Spinnen sind für mich das Schrecklichste des Schreckens.

(92) Hunde sind mir nicht ganz geheuer. / Ich habe große Angst vor Hunden.

Emotionale Einstellungen[29] lassen sich mittels der drei Emotionsparameter Wertigkeit, Dauer und Intensität beschreiben: Jede emotionale Einstellung hat einen Positiv- oder Negativ-Wert,[30] kann in der Intensität variieren und ist als permanent oder nicht-permanent zu charakterisieren (s. die nachfolgenden Erläuterungen).

Inwiefern beeinflussen sie die Sprachverwendung? Eine emotionale Einstellung kann sowohl den Konzeptualisierungs- als auch den Verbalisierungsprozess in der Sprachproduktion maßgeblich beeinflussen (s. hierzu auch

---

[28] Somit gehören spezifische emotionale Bewertungsrepräsentationen zur Persönlichkeit eines Menschen und bestimmen damit auch einen Teil seiner Individualität.

[29] Wird eine emotionale Einstellung gekoppelt an ein Kategorienkonzept mit spezifischen Attribuierungen zu einem Referenzbereich, liegt ein auf einem Stereotyp basierendes Vorurteil vor. Emotionale Bewertung und kognitive Überzeugungskomponente werden dabei verknüpft (s. auch Quasthoff 1973: 23 sowie Kap. 11).

[30] Als dritter Typ lässt sich NEUTRAL angeben. Eine solche Einstellung manifestiert sich in Äußerungen wie *X ist mir egal/gleich. Ich bin neutral gegenüber X. Ich habe keine Meinung zu diesem Thema.* etc. Forscher wie Pöppel (s. sein Zitat in 4.1) gehen allerdings davon aus, dass es eine „reine“ Gleichgültigkeit oder Neutralität nicht wirklich gibt.

Kap. 4.9). Dabei ist zwischen den gerade beschriebenen permanenten Einstellungen und den aktuellen Einstellungen[31] zu unterscheiden. Permanente emotionale Einstellungen sind im LZG des Produzenten gespeichert und determinieren kontinuierlich alle Wahrnehmungs-, Denk- und Handlungsprozesse, während es sich bei aktuellen Einstellungen um situationsspezifisch geprägte Zustände handelt, die unter Umständen von ihrer zeitlichen Dauer her nur sehr kurz anhalten. Aktuelle Einstellungen können kurzfristig (re-) aktivierte, ins Bewusstsein gerufene Teile von permanenten Einstellungen sein oder neue, durch situative Faktoren ausgelöste Einstellungen. So kann z. B. das Lesen eines stark emotionalisierenden, einseitig perspektivenhaften Textes beim Rezipienten eine bestimmte emotionale Einstellung aktivieren bzw. konstituieren. Hierin liegt u. a. die Gefahr massenmedialer Beeinflussung.[32]

Permanent verankerte Einstellungen sind Teil des Kenntnissystems, das im LZG langfristig gespeichert ist. Sie sind Bestandteil unseres allgemeinen Bewertungssystems, mit dem wir die Welt, unsere Mitmenschen, ihre Handlungen etc. beurteilen. Das Phänomen der emotionalen Einstellungen zeigt auch die untrennbare Interaktion von emotionalem und kognitivem Kenntnissystem (vgl. Kap. 4.4). Emotionale Einstellungen basieren auf kognitiven Repräsentationen und aufgrund dieser gebildeten Urteilen. Ein Vorurteil gegenüber einer bestimmten Menschengruppe ist somit eine im LZG gespeicherte kognitive Stereotyprepräsentation, die an eine emotionale Negativeinstellung gekoppelt ist. Zeichnet sich eine ideologisch determinierte Stereotyprepräsentation durch extrem negative Merkmale aus und ist in striktem Kontrast zum eigenen Selbstkonzept ausgerichtet, stellt sie also eine Feindbildkonstruktion dar, kann diese kognitive Repräsentation dazu führen, dass grundlegende Gefühle wie Mitleid und Mitgefühl sowie moralische Empfindungen komplett ausgeblendet oder dem „höheren Ziel" untergeordnet werden. Nur so kann man etwa erklären, dass Selbstmordterroristen unschuldige Menschen mit in den Tod reißen.

---

31 Fries (1996, 2004) geht davon aus, dass bei jeder Äußerung eine emotionale Einstellung des Sprechers vermittelt wird. Diese lässt sich durch die bereits erörterten Parameter Qualität/Wertigkeit sowie Intensität näher charakterisieren. Fries nimmt zudem als dritte Dimension die Proximität an. S. hierzu Kap. 5.2. Emotionale Einstellung ist bei Fries als das zu verstehen, was ich nicht-permanente bzw. aktuelle Einstellung nenne.

32 Massenmedial verbreitete Informationstexte zu Krisensituationen im Weltgeschehen können, wenn sie über längere Zeit hinweg emotionalisierend und monodimensional berichten, d. h. einseitig Täter-Opfer-Profile fokussieren, zu dauerhaften Negativ-Emotionen in Bezug auf einen Referenzbereich bei den Lesern führen (s. hierzu Kap. 6).

Es gibt somit keine wirklich objektive Welt,[33] keine objektiven Situationen, sondern Menschen handeln und denken in konstruierten Welten, die sich je nach Konzeptualisierungsmuster und emotionalem Bewertungssystem erheblich von der Welt anderer unterscheiden können. Normative, emotional geprägte Referenzrahmen bestimmen unsere Wahrnehmungen, Einschätzungen, Bewertungen, Reaktionen und Handlungen. Heute macht uns dies die Konfrontation mit den Denk- und Handlungsmustern religiöser Fundamentalisten auf drastische Weise klar. Die Ethik des Handelns richtet sich nach der konzeptuellen Weltsicht der Betrachter.

> „Unsere Wirklichkeitsbestimmung vollzieht sich vor dem Hintergrund einer Welt, die stillschweigend für gewiss gehalten wird." (Berger/Luckmann [24]2012: 128)

Da emotionale Einstellungen und mentale Bewertungssysteme nicht beobachtbare innere Zustände sind, die sich aber in den Kodifizierungsformen sprachlicher Äußerungen widerspiegeln, bietet die Sprachanalyse methodisch die Möglichkeit, über die Verbal-Manifestationen Einblick in die zugrundeliegenden Konzeptualisierungen zu erhalten (s. hierzu Kap. 5).

Ich fasse die wichtigsten Aspekte meiner Überlegungen zusammen: Emotion ist die komplexe, mehrdimensionale Kategorie im menschlichen Organismus, die als entscheidende Kenntnis- und Bewertungsinstanz fungiert, während Gefühl die seelisch-subjektiv und geistig introspektiv empfundene Realisierung dieser Kategorie ist. Das Gefühl ist zwar Teil der Emotion, nicht aber die komplette Emotion selbst. Gefühle können sich als bewusst erfahrene emotionale Zustände verändern;[34] Emotionen sind dagegen permanenter im menschlichen Organismus verankert (als in der Persönlichkeitsstruktur verankerte Basiszustände). In vielen Fällen meinen wir also Gefühle, auch wenn wir von Emotionen sprechen und umgekehrt. Emotionale Einstellungen sind auf referenzielle Sachverhalte bezogene Bewertungsrepräsentationen, die die Wahrnehmung und Urteilsleistungen von Menschen erheblich determinieren können.

Was unterscheidet nun emotionale Einstellungen von kognitiv gesteuerten Zuständen? Dass kognitive Repräsentationen und Prozesse nicht subjektiv bewertend sind? Wie ich in meinen weiteren Ausführungen noch zeigen werde, lassen sich kognitive und emotionale Zustände oft nicht klar

---

[33] Auf ontologische und epistemische Aspekte und Differenzierungen diesbezüglich werde ich nicht näher eingehen.

[34] Z. B. durch therapeutisch evozierte Um-Konzeptualisierungen von Reizen bzw. Reizsituationen, wie dies bei Angstpatienten der Fall sein kann (mündliche Mitteilung von Wolfgang Höbelt).

voneinander abgrenzen. Vielmehr stoßen wir auf ein Kontinuum der Erlebenszustände und Prozessabläufe.

Dieses Kapitel hat mit seiner Bestimmung, was unter Emotion und Gefühl zu verstehen ist, die Grundlage für alle weiteren Überlegungen und Untersuchungen geschaffen. Vor dem Hintergrund der hier getroffenen Modellvorstellungen erfolgen die theoretischen und empirisch-textwissenschaftlichen Analysen zu den Manifestationen von Emotionen in Texten. Im folgenden Kapitel werde ich nun detaillierter zeigen, dass Emotion und Kognition sich nicht strikt trennen lassen.

**Denkanregungen:**

Auf welcher Ebene menschlicher Erfahrungs- bzw. Erlebensebenen sind die Eigenschaften gut und böse, positiv und negativ zu lokalisieren? Sind es moralische, emotionale oder kognitive Kategorien?

Wo liegt in der Persönlichkeit eines Menschen die Moral verankert? Hat sie emotionale oder kognitive Wurzeln oder wird ihre Genese von eigenen Prinzipien geleitet?

Versuchen Sie, die geistigen Kategorien Verstand und Vernunft eindeutig, rein rational zu definieren und voneinander abzugrenzen.

Können Sie klar und eindeutig die kategorialen Grenzen zwischen Emotion, Motivation und Kognition (die Trias von fühlen, wollen, denken) ziehen? Welche Wesensmerkmale erachten Sie jeweils als charakteristisch oder typisch für jedes Phänomen?

Wie bestimmen Sie das Verhältnis von Emotionen und gesellschaftlichen Normen? Wovon sind ästhetische Beurteilungen abhängig?

Welche Beziehungen sehen Sie zwischen Gefühlen und anderen Erlebens- und Verhaltenskategorien (wie Wahrnehmung, Gedächtnis, Lernen)?

Wie beschreiben Sie die Besonderheit der emotionalen Zustände von Missgunst und Schadenfreude?

Als Vorbereitung für das folgende Kapitel: Überlegen Sie, was Sachsse mit der Aussage in (93) meint.

(93) „Das Denken ist keine speziell geistige Funktion, sondern eine menschlich ganzheitliche.“ (Sachsse [4]1990: 80)

Überlegen Sie, ob Sie der Feststellung von Izard (1984: 24) zustimmen: „emotion has no cognitive component“!

Lesen Sie vor dem Hintergrund Ihrer Überlegungen nun die folgende Ausführung:

> „Dauer gewinnen die Gefühle und Gedanken nur an einander, in ihrem Ganzen, sie müssen irgendwie gleichgerichtet sein und sich gegenseitig mitreißen. Und mit allen Mitteln, Rauschmitteln, Einbildungen, Suggestion, Glauben, Überzeugung, oft auch nur mit Hilfe der vereinfachenden Wirkung der Dummheit, trachtet ja der Mensch, einen Zustand zu schaffen, der dem ähnlich ist. Er glaubt an Ideen, nicht weil sie manchmal wahr sind, sondern weil er glauben muß. Weil er seine Affekte in Ordnung halten muß. Weil er durch eine Täuschung das Loch zwischen seinen Lebenswänden verstopfen muß, durch das seine Gefühle sonst in alle vier Winde gingen. Das richtige wäre wohl, statt sich vergänglichen Scheinzuständen hinzugeben, die Bedingungen der echten Begeisterung wenigstens zu suchen.
>
> Aber obwohl alles in allem die Zahl der Entscheidungen, die vom Gefühl abhängen, unendlich viel größer ist als die jener, die sich mit der blanken Vernunft treffen lassen, … erweisen sich nur die Verstandesfragen überpersönlich geordnet, und für das andere ist nichts geschehn, was den Namen einer gemeinsamen Anstrengung verdiente oder auch nur die Einsicht in ihre verzweifelte Notwendigkeit andeutete.“ (Robert Musil, Der Mann ohne Eigenschaften, 1037)

Versuchen Sie, Gemeinsamkeiten und Abgrenzungskriterien für Gefühle und Gedanken anzugeben.

**Literatur:**

Scherer (1984, 2004), Ulich/Mayring ($^{2}$2003), Reisenzein/Meyer/Schützwohl (2003), Hülshoff ($^{4}$2012), Otto/Euler/Mandl (2000), Herding (2004), Manstead/Frijda/Fischer (2004), Hartmann ($^{2}$2010), Lewis/Haviland ($^{3}$2011), Sonderausgabe von Emotion Review (2012, 4) „On Defining Emotion“.

# 4 Zur Interaktion von Emotion und Kognition

„Vernunft und Gefühl sind die Sonne und der Mond am moralischen Firmament. Immer nur in der heißen Sonne würden wir verbrennen; immer nur im kühlen Mond würden wir erstarren." (Friedrich Maximilian von Klinger)

## 4.1 Zur Dominanz der Kognition: Der Mensch, das vernunftbegabte Wesen?

„Das Widermenschliche, das Tierische besteht darin, im Gefühle stehen zu bleiben." (Friedrich Hegel)

Welchen Stellenwert besitzen Emotionen bei unseren kognitiven Verarbeitungs-, Denk- und Entscheidungsprozessen? Interagieren sie mit geistigen Aktivitäten, begleiten und/oder determinieren sie diese? Hinsichtlich der Frage, ob emotionale Faktoren Einfluss auf kognitive Strukturen und Prozesse haben, gab es in den letzten Jahrzehnten in den Kognitionswissenschaften die eindeutig formulierte Antwort, dass mentale Verarbeitungsprozesse wie Sprachverstehen, Denken, Kategorisierungen und Schlussfolgerungen autonome Informationsverarbeitungsvorgänge darstellen (s. hierzu auch Stainton 2006). In Kap. 1 und 2 wurde die marginale Rolle von Emotionen in den Theorien und Modellen der bisherigen Kognitionswissenschaft bereits erwähnt.

Die Trennung von Denken und Fühlen hat eine sehr lange Tradition: Das neuzeitliche, abendländische Menschenbild ist durch einen tiefgreifenden Dualismus hinsichtlich Geist und Körper sowie Verstand und Gefühl geprägt. Auch in der alltagsweltlichen und sprachlichen Konzeptualisierung von Emotion und Kognition spiegelt sich diese Auffassung noch heute wider:

(1) „Sind Sie denn noch beim Fühlen oder schon beim Denken?" (Sandra Maischberger, ntv, 16.09.2001, Frage an Richard von Weizsäcker zu den Terroranschlägen des 11. September in den USA)

Gefühle werden in (1) offensichtlich als elementare Basisreaktionen betrachtet (die quasi aus dem Bauch heraus entstehen), während Denkprozesse als dem Fühlen übergeordnete, reflektierende und bewusste Komponenten enthaltende Vorgänge gesehen werden.

In der antiken Philosophie fanden Gefühle durchaus Beachtung. Schon in Platons Dreiteilung der Seele des Menschen in die Bereiche Denken, Wollen und Fühlen findet sich die Unterscheidung von kognitiven, motivationalen und emotionalen Ebenen. Doch die fühlende Komponente rangiert im Vergleich zur denkenden Komponente eher auf einer niedrigen Ebene. Gefühl, Affekt, Pathos sind Charakteristika der menschlichen Seele, die dem Verstand oft gegenüber stehen und schädliche Einflüsse haben können. In diesem Sinne bezeichnet Chrysippos Affekte als „Krankheiten der Seele" und kommt zu dem Schluss: „Der Weise ist ohne Affekte" (zu antiken Gefühlsauffassungen s. Hatzimoysis 2003). Insbesondere seit der Aufklärung wird der Mensch primär als vernunftbegabtes Wesen charakterisiert, wobei die kognitive Ratio(nalität) als dominante und wesentliche Eigenschaft des Menschen betrachtet wird. Die Bestimmung des Menschen als *animal rationale*, als das denkende Wesen, spiegelt sich insbesondere in Descartes' berühmtem *cogito, ergo sum* wider. Das sich im Denken bewusst werdende Erlebens- und Reflexionselement ist das für den Menschen Bestimmende, Relevante, Unumstößliche. An allem lässt sich zweifeln, nur nicht daran, dass man (kognitiv) zweifelt. Und ganz im Sinne der antiken Philosophie und des Rationalitätsprimats der Aufklärung schreibt Descartes in seinem Traktat über die Leidenschaften:

(2) „Unzweifelhaft haben Menschen, deren Wille die Leidenschaften am leichtesten besiegen und die sie begleitenden Bewegungen des Körpers hemmen kann, die stärksten Seelen." (zit. n. Steiner 2004: 81)

Die Vervollkommnung des Menschen, seine sittliche Bestimmung liegt allein im Kognitiven. Gefühle (als instinkthafte Affekte konzeptualisiert) stehen dem strikt entgegen.

Emotionen verhindern nach Ansicht vieler Philosophen die rationale Bewältigung der Umwelt. Daher muss der Mensch sie unterdrücken und insbesondere ihre der Ratio entgegenarbeitenden Eigenschaften hemmen, damit er den Prinzipien der Vernunft folgen kann und somit seine ethische Vollendung erreicht (vgl. Vogel 1996: 54).

Bis heute sind noch viele philosophische, aber auch sozial- und politikwissenschaftliche Theorien sowie Alltagskonzeptualisierungen dieser Denktradition verhaftet.

Auch in der Weltliteratur und in vielen philologischen Abhandlungen finden sich zahlreiche Aussagen, die dem Gefühl eine dem Verstand untergeordnete Funktion[1] einräumen und/oder die Trennung bzw. prinzipielle Unterschiedlichkeit von beiden betonen.

(3) „Die Hälfte aller Fehler entsteht dadurch, daß wir denken sollten, wo wir fühlen, und daß wir fühlen sollten, wo wir denken." (John Churton Collins)

(4) „‚Wenn mein Herz nicht spricht, dann schweigt auch mein Verstand', sagt die Frau. ‚Schweige, Herz, damit der Verstand zu Worte kommt', sagt der Mann." (Marie von Ebner-Eschenbach)

(5) „Wohl wär' es besser, überall dem Herzen zu folgen, doch darüber würde man sich manchen guten Zweck versagen müssen." (Octavio; Friedrich Schiller, Die Piccolomini V, 1)

(6) „Dort war ein gewiß hübsches Fachwerk-Dorfhaus zu sehen, und darunter stand als Ausspruch Rosenbergs, ein altdeutsches Bauernhaus enthalte ‚mehr geistige Freiheit und schöpferische Kraft als alle Wolkenkratzerstädte und Wellblechbuden zusammengenommen'. Ich habe umsonst nach einer möglichen Begründung dieses Satzes gesucht; sie kann allein in der nazistisch-nordischen Hybris und ihrem Ersetzen des Denkens durch das Gefühl liegen." (Victor Klemperer, LTI, 310)

Mit der kognitiven Wende Mitte des letzten Jahrhunderts und der Etablierung der modernen Kognitionswissenschaft, die den Fokus auf die Erforschung der mentalen Repräsentationen und Prozeduren menschlicher Kenntnissysteme legen, bleibt die dualistische Konzeption von Kognition und Emotion erhalten. Zwar beschreibt Gardner das Anliegen der Kognitionswissenschaft zunächst sehr allgemein,

> „Kognitionswissenschaft ist der Versuch, uralte philosophische Fragen der Menschheit mit den modernen Mitteln und Methoden der Forschung zu beantworten" (Gardner 1989: 18),

grenzt dann aber die Emotionen des Menschen aus den kognitionswissenschaftlichen Untersuchungen aus:

> „Der typische Kognitionswissenschaftler hegt nicht zwingend eine Abneigung gegen den affektiven Bereich ..., in der Praxis aber bemüht er sich, diese Elemente ... auszuschalten ..." (Gardner 1989: 53)

---

1 S. aber an anderer Stelle „Wenn ihr's nicht fühlt, ihr werdet's nicht erjagen" (Johann Wolfgang von Goethe, Faust, V534). Vgl. auch die Aussagen von Vertretern der Romantik, für die das Gefühl einen besonders wichtigen Stellenwert hatte. Auch Rousseau zufolge führen Verstand und Vernunft den Menschen vom Naturzustand in die Dekadenz, man soll vielmehr dem unschuldigen Herz folgen.

So beschränken sich die „uralten Fragen der Menschheit"[2] in der Kognitionswissenschaft auf die rationale Komponente, den emotionslosen Geist, die informationsverarbeitende Kognition (vgl. auch Stillings et al. 1987, Gold/Engel 1998, Stainton 2006). Auch in der traditionellen Kognitionspsychologie werden Emotionen (ganz im Sinne der Vernunftphilosophie) als temporär affektive Zustände verstanden, die die gerade ablaufenden kognitiven Prozesse unterbrechen oder behindern (vgl. Mandler 1979, Strube/Wender 1993).

> „Emotionen beeinträchtigen danach die rationale Auseinandersetzung mit der Umwelt" (Mandl/Huber 1983: 2).

Die Kognitive Linguistik, die die Sprache als kognitives Subsystem beschreibt, hat bislang ebenfalls gemäß dem mentalistischen, cartesianischen Programm alle emotionalen Faktoren aus ihren Modellen ausgeklammert und sich auf rein geistige Aspekte konzentriert (s. z. B. noch Schwarz 1992b, 2000a).

Dem rational geprägten Menschenbild setzt die neueste Forschung aber seit einigen Jahren ein „Ich fühle, also bin ich!" entgegen und betont die Relevanz der Emotion nicht nur allgemein für ein umfassendes Verständnis von der menschlichen Wesensart, sondern auch für die kognitiven Leistungen und rationalen Handlungen (s. de Sousa 1987, Damasio 2003, [8]2009, [6]2010, Roth [8]2002, [5]2009 2009).

Um die Diskussion über die Autonomie der mentalen Fähigkeiten des Menschen besser zu verstehen, bedarf es einer kurzen Erläuterung, was in der modernen Wissenschaft unter Kognition verstanden wird. Ich werde daher zunächst kurz das kognitionswissenschaftliche Konzept von KOGNITION erläutern und dann erörtern, inwiefern diese Konzeptualisierung revidiert werden muss zugunsten eines integrativen Ansatzes, der nicht nur die prozedurale Interaktion von Emotion und Kognition berücksichtigt, sondern auch die strikte Trennung zwischen beiden Komplexen aufgibt.

---

2 Was ist der Mensch für eine Spezies? Wie denkt, spricht und fühlt er? Wie nimmt er die Welt wahr? Woher kommt unser Wissen über die Welt? Welche Rolle spielen Bewusstsein und Sprache bei der Wahrnehmung von Welt, bei dem Nachdenken über die Welt? Wie können wir überhaupt sicher sein, etwas zuverlässig zu wissen? Gibt es erkenntnistheoretische Probleme, die wir nicht lösen können? Gibt es Aporien des Verstandes?

**Denkanregungen:**

Welche Auffassung zu Denken, Fühlen und Bewusstsein spiegelt sich in (7) wider?

(7) „So etwas wie Gleichgültigkeit ist nach meiner Auffassung etwas Unnatürliches und dem eigentlichen Wesen unseres seelischen Lebens fremd. Ob wir etwas betrachten, hören, betasten, riechen oder schmecken, ob wir etwas bedenken, planen, erörtern oder auch erforschen, stets ist das subjektive Erlebnis mehr als eine objektive Auskunft über die reale Welt oder ein Geschehen in uns selbst. Jedes Erlebnis ist von vornherein immer auch angenehm oder unangenehm, schön oder häßlich, lustvoll oder schmerzhaft, und im äußersten Fall berauschend oder ekelhaft." (Ernst Pöppel)

## 4.2 Die Architektur des Geistes: Kognition und Modularität

„Die ‚kognitive Wende' hat ein paradoxes Menschenbild geschaffen. Einerseits wird das Bewusstsein voll rehabilitiert ...; andererseits und gleichzeitig wird die Person-Umwelt-Beziehung um eine wesentliche Dimension beschnitten, nämlich die ... des Erlebens von Gefühlen." (Dieter Ulich)

In Anlehnung an die weite Definition Neissers (1974) wird Kognition aufgefasst als die Menge aller Prozesse, mit denen Informationen aufgenommen, gespeichert und verändert werden (s. hierzu auch Strube et al. [2]1995 und Eysenck/Keane [6]2010).

„Kognition meint ... alle jene Prozesse, durch die der sensorische Input umgesetzt, reduziert, weiter verarbeitet, gespeichert, wieder hervorgeholt und schließlich benutzt werden kann. Er meint diese Prozesse auch dann, wenn sie ohne das Vorhandensein entsprechender Stimulation verlaufen wie bei Vorstellungen und Halluzinationen. Begriffe wie Empfindung, Wahrnehmung, Vorstellung, Behalten, Erinnerung, Problemlösen und Denken nebst vielen anderen beziehen sich auf hypothetische Stadien oder Aspekte der Kognition." (Neisser 1974: 19)

Dieser Definition zufolge fallen ganz unterschiedliche Typen von mentalen Zuständen und Prozessen unter den Begriff der Kognition: alle sensorisch basierten Vorgänge wie visuelle Wahrnehmungen, Vorstellungen mit mentalen Bildern oder abstrakten Konzeptrepräsentationen, Kategorisierungs- und Gedächtnisleistungen, Problemlösungs- und Schlussfolgerungsprozesse. Diesen Prozessen kann das Bewusstsein zugeschaltet sein oder nicht.

Bewusste Wahrnehmungserlebnisse betreffen das Körpererleben und die diversen sensorischen Empfindungen ebenso wie die mentalen Denk-, Vorstellungs- und Erinnerungsprozesse.

Gemeinsam ist diesen Vorgängen, dass sie Prozesse der Informationsverarbeitung darstellen. Kognition ist somit als die Menge aller Prozesse zu verstehen, die mit der mentalen Aufnahme, Verarbeitung und Speicherung von Informationen[3] zu tun haben. In Bezug auf die globale Architektur bzw. Strukturierung des menschlichen Geistes dominiert die seit Jahren vertretene Modularitätshypothese, der zufolge unsere Kognition aus verschiedenen mentalen Subsystemen (den sogenannten Modulen) besteht, die nach spezifischen Prinzipien aufgebaut sind und mit modalitätsspezifischen Repräsentationen (visuelles, motorisches, taktiles, olfaktorisches und gustatorisches Wissen usw.) operieren:[4] Diese Module arbeiten weitestgehend autonom, d.h. unabhängig voneinander sowie unabhängig von allgemeinen Weltwissens- und Bewusstseinsprozessen, nach eigenen Gesetzmäßigkeiten. In unseren perzeptuellen und kognitiven Prozessen beziehen wir aber Informationen aus diesen verschiedenen Kenntnissystemen aufeinander, d.h. wir integrieren Informationen zu holistischen Einheiten und Wahrnehmungserlebnissen.

Diese Vorgänge laufen in der Regel unbewusst ab. Einer Hypothese der Kognitionsforschung zufolge wird dieser Prozess durch die abstrakte Ebene des konzeptuellen Systems, die Informationen amodal oder zumindest intermodal speichert, ermöglicht. Das konzeptuelle System speichert zugleich unser gesamtes Weltwissen (zur allgemeinen Konzept-Problematik vgl. u.a. Schwarz ³2008, Murphy 2002). Allgemeines Konzeptwissen untermauert jeden Aspekt unserer Erfahrung (s. hierzu Kap. 3.2.2). Ohne Rückgriff auf dieses Wissen könnten wir unsere Erfahrungen nicht sinnvoll einordnen oder interpretieren.

Mentale Repräsentationen[5] – als eine definierende Eigenschaft der menschlichen Kognition aufgefasst – speichern dieses Wissen. Mit ihnen arbeiten wir bei allen Verarbeitungs- und Denkprozessen. Eine grundlegende

---

[3] Kognition im engeren Sinne betrifft dagegen nur die abstrakten Denkprozesse, die u.a. logische Schlussfolgerungsprozesse beinhalten (s. hierzu u.a. Wedgwood 2006 und Williamson 2006).

Der Term *Information* ist natürlich sehr vage und eigentlich selber erklärungsbedürftig. Informationen können bewusst oder unbewusst sein, sensorisch von außen oder mental von innen kommen; sie können analog-bildhaft oder abstrakt-propositional sein etc.

[4] Hier ist anzumerken, dass die strikte Modularitätskonzeption im Sinne Fodors (1983) durch die Ergebnisse der empirischen Kognitions- und Neurowissenschaften zugunsten einer Konzeption aufgegeben wurde, die zwar die strukturellen und funktionalen Eigengesetzmäßigkeiten der Module berücksichtigt, deren repräsentationale Überschneidung und prozedurale Interaktion mit anderen Subsystemen aber wesentlich stärker betont; vgl. z.B. Jackendoff (2002), Samuels (2006); s. aber auch Prinz (2006), der die Modularitätshypothese komplett ablehnt und Carruthers (2006), der für die Annahme massiver Modularität plädiert.

[5] Es besteht in der Forschung kein Konsens darüber, wie die mentale Repräsentation kognitiver Strukturen zu modellieren ist (s. Engelkamp/Pechmann 1988, Jorna 1990, Engelkamp

Annahme der Kognitionswissenschaft ist, dass der menschliche Organismus bedeutungsvolles, zielorientiertes Verhalten produzieren kann, weil er über geistige Repräsentationen verfügt, die er mittels bestimmter kognitiver Strategien aktualisieren und/oder bewusst manipulieren kann. Mentale Repräsentationen stellen systeminterne, d.h. im Kognitionssystem verankerte, informationelle Zustände dar, die (zu einem großen Teil) systemexterne, d.h. der Umwelt entnommene Zustände in einer bestimmten Art und Weise abbilden. Diese informationellen Zustände sind als kognitive Symbolstrukturen im Langzeitgedächtnis (LZG) abgespeichert und ermöglichen spezifische geistige Leistungen wie z.B. Kategorisieren, Sprache verstehen, Problemlösen. Eine besondere Rolle kommt dabei dem Bewusstsein[6] zu: Es ermöglicht uns, kontrolliert und selbstreflexiv Bezug auf Bewusstseinsinhalte zu nehmen.

Die wesentlichen Grundannahmen zur menschlichen Kognition lassen sich somit folgendermaßen zusammenfassen:

Makrostrukturell lassen sich verschiedene Kenntnissysteme voneinander abgrenzen, die jeweils zuständig für bestimmte sensorische Reize und deren Weiterverarbeitung sind. Kognitives Verhalten basiert auf den mentalen Repräsentationen dieser modularen Kenntnissysteme, die im LZG permanent gespeichert sind. Es existieren sowohl modalitätsspezifische als auch modalitätsunspezifische konzeptuelle Repräsentationen, die je nach Anforderung selektiv aktiviert und abgerufen werden können. Aktivierungen können bewusst oder unbewusst ablaufen. Kognitive Prozesse lassen sich in automatische und kontrollierte Vorgänge einteilen. Emotionale Faktoren haben keinen Einfluss auf die mikro- oder makrostrukturellen Komponenten und Prozeduren der Kognition.

Vorausgesetzt wird, dass es keine wirklich relevante Interaktion zwischen Emotion und Kognition gibt, denn sonst könnte man nicht in der Modell-

---

1994, Abrahamsen/Bechtel 2006). Entsprechend findet sich eine Vielzahl unterschiedlicher Repräsentationsweisen: abstrakt-propositionale, schematische, sprachliche, analogbildliche, deklarative, prozedurale usw. Von besonderer Relevanz ist aber, dass die mentale Repräsentationsebene als eine von der physiologischen Basis unabhängig zu beschreibende Ebene postuliert wird. Des Weiteren geht man davon aus, dass neben den abstrakten Konzepten auch modalitätsspezifische Informationen repräsentiert werden.

6 So verschieden die Auffassungen über das menschliche Bewusstsein auch sind, es gibt zumindest zwei Merkmale, über deren Relevanz weitgehend Einigkeit besteht: die Zielgerichtetheit und die Kontrollierbarkeit. Bewusstseinsprozesse stellen demnach intentional und kontrolliert ausgeführte Handlungen oder kognitive Vorgänge dar. Automatisch ablaufende Aktivierungen, die von uns nicht beeinflusst werden können, wie z.B. Basisprozesse der Wahrnehmung oder vegetative Prozesse, sind keine Bewusstseinsprozesse (s. u.a. Klimesch 1988, Metzinger 2000, Roth [5]2009).

und Theoriebildung darauf verzichten.[7] Als für die Sprachverarbeitungs- und Denkprozesse zentral betrachtet werden nur kognitive Faktoren wie Kategorisierungen, abstrakte logische Operationen, Schlussfolgerungs- und Problemlöseprozesse sowie Gedächtniskapazität.

**Denkanregungen:**

> „Hierzu gehört vor allem das sensorische Erlebnisbewusstsein, das unsere sinnliche Welt einschließlich des Körpererlebens in unendlicher Vielfalt zum Inhalt hat: Wir sehen, hören, ertasten, riechen und schmecken etwas und fühlen die Zustände und Bewegungen unseres Körpers. Diese Inhalte sind meist detailreich und lebhaft, und wir empfinden sie als verschieden von unserem Ich, das diese Wahrnehmungserlebnisse *hat*. Davon in eigentümlicher Weise verschieden ist das Erleben der eigenen Affekte, Gefühle, und Wünsche. Sie sind einerseits eine Art von Wahrnehmung, andererseits aber ganz anders beschaffen, nämlich inhaltsarm, und in der Regel mit unserem Körper verbunden. So pocht uns das Herz bei großer Aufregung, schlottern uns die Knie und zittern unsere Hände bei großer Furcht. Schließlich gibt es die ‚rein geistigen' Tätigkeiten wie Denken, Vorstellen und Erinnern, die einerseits ebenfalls viel inhaltsärmer sind als die Wahrnehmungen, andererseits aber völlig unkörperlich erscheinen. Diese Unterschiede im Erleben sind wichtig, denn wir dürfen im täglichen Leben keineswegs Wahrnehmungen mit Gedanken und Vorstellungen verwechseln und beide nicht mit Gefühlen. Zweifellos gibt es aber Übergänge, und in der Regel treten Wahrnehmungen zusammen mit Gefühlen und Vorstellungen auf." (Roth 2009: 132)

Inwiefern findet sich auch bei Roth (2009) noch die traditionelle Abgrenzung von Gefühlen und Gedanken, obgleich er auf das gemeinsame Auftreten beider Bewusstseinskomponenten hinweist?

Sind Gefühle wirklich „inhaltsarm"?

Lassen sich Gefühle als Informationen klassifizieren? Welchen Informationsgehalt können Gefühle unter Umständen dann haben?

---

7 Ein Indikator für die Dominanz einer solchen Kognitionsauffassung sind die (bereits von vielen Wissenschaftlern als zu einseitig und eng kritisierten) Intelligenztests; und das klassische Konzept des IQ steht entsprechend für ein auf die analytischen, kategorialen Leistungen begrenztes Fähigkeitspotenzial.

## 4.3 Gedanken und Gefühle: Gemeinsamkeiten und Unterschiede

> „Alles, was man denkt, ist entweder Zuneigung oder Abneigung! dachte Ulrich. Das kam ihm in diesem Augenblick so lebhaft als richtig vor, daß er es wie einen körperlichen Zwang empfand." (Robert Musil)

Lässt man sich nun vor dem Hintergrund der skizzierten Annahmen zur Kognition auf eine vergleichende Betrachtung der Emotion ein, so fallen zunächst vor allem die Gemeinsamkeiten dieser beiden Komponenten auf: Beide lassen sich als Kenntnissysteme, die intern im Menschen verankert sind, beschreiben, beide sind mehrdimensional strukturiert, beide weisen verschiedene Prozessebenen (von automatisch ablaufenden Prozessen bis bewusst erfahrbaren und reflektierbaren Vorgängen) auf.

Insbesondere die beiden bewusst erfahrbaren Komponenten beider Systeme, Gedanken und Gefühle, sind auf den ersten Blick kaum auseinanderzuhalten:

Ein Gedanke ist eine mentale, bewusst erfahrbare Repräsentation,[8] also ein systeminterner, subjektiv erlebter Bewusstseinsinhalt im Kopf eines Menschen.

(8) ?? Er dachte an sie, aber er war sich dessen nicht bewusst.

Dadurch sind sie prinzipiell kognitiv kontrollierbar: Wir können Teile von Gedanken selektiv fokussieren und sie verändern.

Gedanken können aber auch wie Reflexe unkontrolliert in unser Bewusstsein kommen. Die folgenden Beispielsätze beschreiben dieses prozedurale Phänomen:

(9) Ein seltsamer Gedanke tauchte plötzlich in ihm auf.
(10) Wie ein Blitz durchzuckte ihn ein furchtbarer Gedanke.

Trotz aller Willenskraft und kognitiven Fokussierung können Gedanken manchmal auch nur schwer beiseite gedrängt werden:

(11) Der Gedanke verfolgte ihn.
(12) Die quälenden Gedanken ließen sich nicht verdrängen/beiseite schieben.

[8] Nicht alle mentalen Repräsentationen sind dem Bewusstsein zugänglich oder werden, wenngleich in einem kognitiven Prozess involviert, bewusst aktiviert. Die Ergebnisse der Priming-Experimente zur multiplen Aktivierung mentaler Einheiten beim Verstehen ambiger Wörter und Sätze zeigen dies sehr deutlich (zu einer kurzen Übersicht s. Schwarz 1992a und [3]2008). Auch beim Textverstehen laufen die meisten Teilprozesse sowie die in 2.3.2 erwähnten Inferenzen parallel und weitgehend unbewusst ab (s. z. B. Rickheit et al. 2003, Schwarz-Friesel 2006).

(13) Er unterdrückt diesen Gedanken nur mit Mühe.
(14) Er zwang sich, an etwas anderes zu denken.

Viele Gedanken enthalten zudem bewertende Inhalte, die emotional als angenehm oder unangenehm empfunden werden.

(15) Er konnte den Gedanken daran einfach nicht ertragen.
(16) Dieser Gedanke erfüllte ihn mit unsagbarem Glück.
(17) Dieser unangenehme Gedanke verfolgte ihn den ganzen Tag.

Ein Gefühl ist ebenfalls intern gespeichert und subjektiv erfahrbar, also auch eine mentale,[9] bewusst erlebte[10] Repräsentationseinheit.

(18) ?? Er fühlte etwas, war sich dessen aber nicht bewusst.
(19) ?? Er fühlte sich schlecht/gut etc., war sich dessen aber nicht bewusst.

Ist ein Gefühl damit nicht auch kognitiv? Worin besteht überhaupt der Unterschied zwischen Gedanke und Gefühl?

Gedanken lassen sich propositional repräsentieren (s. hierzu Kap. 5.2.1), sie basieren auf Inhalten, die wir semantisch beschreiben und analytisch zerlegen können. Der sprachlich kodierte Gedanke in (20)

(20) Ich beabsichtige, intensiv zu lernen.

lässt sich in die Komponenten (BEABSICHTIGEN (ICH, LERNEN, INTENSIV)) aufteilen und unter Umständen weiter in elementare Merkmale dekomponieren (z.B. LERNEN in GEISTIGE HANDLUNG MIT DEM ZIEL WISSENSERWERB).

Dies ist bei Gefühlen nur schwer möglich: Wir können mittels der Emotionsparameter bestimmte Dimensionen angeben (z.B. Liebe +intensiv, +angenehm, +dauerhaft), aber dies sind nur relative Wertangaben in Bezug auf das Gefühl selber und keine eigenen Inhalte. Haben also Gefühle keine Inhalte? Sind Gefühle leer, wo wir sie doch als so erfüllend empfinden? Leere

9 Die Termini mental und kognitiv werden in der kognitionswissenschaftlichen Literatur durchgängig wie Synonyme benutzt. Streng genommen aber sollte oder könnte eine Differenzierung getroffen werden, um den Unterschied zwischen sensorisch basierten, aber dennoch systeminternen (also mentalen) Repräsentationen und systeminternen, nicht sensorisch basierten (also kognitiven) Repräsentationen besser fassen und erklären zu können. Mentale Bilder beispielsweise sind Abbildungen von systemexternen Objekten, stellen aber keine kognitiven, abstrakt gebildeten Entitäten (ohne Anschauungsdaten) dar wie Kategorienkonzepte (s. Kap. 3.2.2).

10 Wie Gedanken können Gefühle unerwartet aktiv werden und sich als resistent gegenüber willentlichen Anstrengungen erweisen. Vgl. *Ein seltsames Gefühl kam plötzlich in ihm hoch. / Er konnte das Gefühl einfach nicht loswerden. / Die Gefühle ließen sich nicht verdrängen/beiseite schieben.* etc.

Bewusstseinsinhalte anzunehmen, ergibt einen Widerspruch, der sich aus den Eigenschaften des Bewusstseins ergibt: Bewusstes ist immer bezogen auf etwas, eine Körperempfindung, eine Vorstellung, einen konkreten oder abstrakten Gedanken oder ein Gefühl. Ein Gefühl, als bewussten emotionalen Zustand oder Prozess, zu erleben, bedeutet, die Emotion zu empfinden und gleichzeitig diese Emotion als konzeptuell klassifizierte Emotion zu erfahren (s. hierzu die Ausführung in Kap. 3.5). Wenn ich Liebe empfinde, ist automatisch das Gefühl als LIEBE kategorisiert. So ist es auch bei Gedanken, da diese als sprachliche Repräsentationen[11] in unserem Bewusstsein fokussiert werden und durch die sprachliche Form eine Kategorisierung erhalten haben. Gedanken aber lassen sich zusätzlich in spezifische konzeptuelle Bausteine zerlegen, was bei Gefühlen in dieser Form nicht möglich ist. Gefühle analytisch beschreiben kann man nur auf einer Meta-Gefühlsebene.[12]

Nicht immer aber sind nun Gedanken als mentale Repräsentationen klar strukturiert und eindeutig als Verbalmanifestationen beschreibbar:

(21) Der noch vage Gedanke spukte in seinem Hinterkopf herum.
(22) Nur langsam konturierte sich aus dem Wust von Gedanken eine klare Vorstellung.
(23) Er konnte keinen klaren Gedanken fassen.
(24) Er versuchte, in das Chaos seiner Gedanken Ordnung zu bringen.

Kognitive Repräsentationen lassen sich auf einem Kontinuum von deaktivierten über nur latent aktivierte bis hin zu fokussierten Komponenten anordnen (s. hierzu ausführlicher Schwarz 2000a: 137f.).

Die Nicht-Kontrollierbarkeit bzw. nicht intentionale Evozierbarkeit von Gefühlen ist ein zweites Unterscheidungskriterium. Wir können uns intentional „Gedanken machen“ derart, dass wir mittels gezielter kognitiver Aktivität unsere Aufmerksamkeit auf eine mentale Konstruktion (z.B. auf den Gedanken GEDANKEN STELLEN BEWUSSTE MENTALE REPRÄSENTATIONEN DAR) lenken und diese kontrolliert verändern, erweitern, eingrenzen etc. (z.B. GEDANKEN SIND MENTALE REPRÄSENTATIONEN, DIE DAS ERGEBNIS KOGNITIVER AKTIVITÄTSPROZESSE SIND). Wir können mentale Repräsentationen nicht nur bewusst aktivieren und de-aktivieren,[13] sondern

11 Ob es eine sprachunabhängige „Sprache der Gedanken“, eine sogenannte Mentalese gibt, ist umstritten. Bewusst wahrnehmen und analysieren jedenfalls lassen sich Gedanken immer nur modalitätsspezifisch, also sprachlich kodiert. Es gibt keine amodalen Bewusstseinsinhalte.

12 Z.B. als *Das Gefühl der Liebe empfinde ich als berauschend, erfüllend, atemraubend* etc.

13 Vgl. aber die Beispiele (11)ff. Prinzipiell lassen sich kognitive Bewusstseinsinhalte intentional verändern.

sie auch gezielt und intentional manipulieren. Die umgangssprachlich als *Gedankenspiele* bezeichneten Prozesse verdeutlichen dies sehr gut.

Wir können aber nicht gezielt genuine Gefühle „machen“ oder als subjektive Erlebensformen konstruieren (s. hierzu bereits die Ausführungen in Kap. 3.5). Es gibt keine intentional aktivierbaren,[14] bewusst und situativ passend einsetzbaren Gefühle. Emotionale Zustände oder Prozesse lassen sich nicht eigenständig und kontrolliert aktivieren, wie wir dies mit Gedanken, also bewussten kognitiven Repräsentationen, tun können. Hierin liegt ein bedeutsamer Unterschied zwischen Gefühlen und Gedanken. Wie ich bereits in Kap. 3.5 erläutert habe, ist zudem bei einem Gefühl eine Bewertung konstitutiv. Es gibt keine neutralen Gefühle. Gefühle lassen sich gemäß dem Emotionsparameter der Wertung/Qualität stets als angenehm oder unangenehm klassifizieren.[15] Dieses Merkmal wird von einigen Wissenschaftlern aber allen Bewusstseininhalten zugesprochen (s. das Zitat von Pöppel in den Denkanregungen zu Kap. 4.1).

Somit bleibt festzuhalten, dass es bei einer genauen Betrachtung zwischen den Bewusstseinsinhalten Gedanke und Gefühl keine scharfen Trennlinien[16]

---

14 Man kann über körperliche Vorgänge in begrenztem Ausmaß positive oder negative Stimmungen evozieren (vgl. Kap. 3.), nicht aber auf der kognitiven Bewusstseinsebene intentional und kontrolliert genuine Gefühle erzeugen.

15 S. hierzu allerdings die Ausführungen in Kap. 3.2.2 zum Phänomen schwer einzuordnender Gefühle wie in *ein unbestimmtes Gefühl haben.* Der Parameter der Wertigkeit ist hier mit „unentschieden“ belegt.

16 Japaner benutzen das Verb *omou*, im Sinne von „denken an“ bzw. „denken über“. Allerdings ist *omou* nicht auf rein kognitiv-rationale Überlegungen zu beziehen: Den Satz *Denken über eine Formel* bildet man nicht mit *omou*, sondern mit *kangaeru*, da hier frei von Emotionen über ein theoretisches Problem, im Sinne des „cartesianischen cogito“ nachgedacht wird. *Omou* ist das Denken (Erinnern) an eine Person oder einen Gegenstand, wobei sich im Moment des Denkens gleichzeitig ein Gefühl einstellt, das das Objekt des Denkens betrifft. *Omou* umfasst immer das Vorliegen eines Gefühls, das man demjenigen, an den gedacht wird, entgegenbringt, ist also ein „Denkfühlen“. Im Deutschen könnte man dies etwa als „liebevolles/herzbewegendes/hassendes etc. Erinnern“ ausdrücken.

*Omou* benutzen Japaner auch, wenn sie auf einen bewusst an sich wahrgenommenen emotionalen Zustand referieren möchten. Es deckt sich die Bedeutung hier mit dem deutschen Lexem „empfinden“. In Sätzen wie *Ich empfinde Hass!, Ich empfinde Liebe* nutzt man *omou.* Darüber hinaus ähnelt dem deutschen Satz *Ich habe dich lieb* der japanische Satz *Itoshiku omou,* welcher bedeutet: „Ich denke/fühle, dass ich dich liebe.“ Zugleich verwendet man aber dieses Verb, wenn man über einen Sachverhalt genaues Wissen besitzt und sagen will „Ich weiß, dass X.“ *Omou* ist dabei etwas schwächer als das deutsche Lexem *wissen* und differenzierter in der Bedeutung, denn es bedeutet eher, dass man sich in Bezug auf X sehr sicher ist, dem Gesprächspartner, der eine konträre Meinung hat, aber Raum lässt, für dessen Meinung. Auf Deutsch hieße dies ungefähr: „Ich weiß, dass wahrscheinlich/möglicherweise X.“ Es ist die Person, die *omou* benutzt, sich also der Richtigkeit ihres Wissens sicher, schwächt aber die Äußerung aus Höflichkeit ab.

gibt (s. hierzu auch Schwarz-Friesel 2008). Bedenkt man, mit welcher Selbstverständlichkeit seit Jahrhunderten die prinzipiellen Unterschiede sowie die oppositionelle Kontrastrelation der beiden Komponenten unterstellt und in allen wissenschaftlichen und alltäglichen Diskursen impliziert werden, ist dies ein erstaunliches Fazit.

Hinsichtlich der Frage, in welcher Relation Denken und Fühlen stehen, hat zumindest Shaw als Schriftsteller und Denker eine eindeutige Position bezogen (zur wissenschaftlichen Diskussion s. z. B. Ellis/Thomas/Rodriguez 1984, Isen 2004, Ciompi [3]2005):

(25) „Das Gefühl ist es, das den Menschen zum Denken anregt ...“ (George Bernard Shaw)

In Beispielsätzen wie den folgenden manifestiert sich die destruktive wie konstruktive Kraft der Gefühle auf unsere kognitiven Leistungen (s. hierzu auch Kap. 4.9):

(26) Er konnte vor Wut keinen klaren Gedanken fassen.
(27) In seiner Angst konnte er nicht mehr klar denken.
(28) Die Liebe beflügelte ihn auf eine noch nie erfahrene Weise.
(29) Die Trauer inspirierte ihn zu seinen schönsten Gedichten.

Werfen wir nun aber einen Blick auf die folgenden Beispiele

(30) Dieser Gedanke löste bei ihm heftige Gefühle aus.
(31) Die Gedanken machten sie traurig.
(32) Der Gedanke an ihn war so schmerzhaft, dass sie anfing zu weinen.

zeigt sich, dass in diesen der Einfluss kognitiver Bewusstseinsinhalte auf Gefühle kodiert wird.

### Denkanregungen:

Pöppel (1987) zufolge gibt es keine „neutralen“ Gedanken, keine rein kognitiven Bewusstseinsinhalte, die nicht durch emotionale Bewertungen affiziert sind:

> „... jeder Bewusstseinsinhalt ist von vornherein immer auch angenehm oder unangenehm, interessant oder langweilig, erfreulich oder unerfreulich, mit anderen Worten: durch unsere Gefühle gefärbt.“ (Pöppel 1987: 126)

Stimmen Sie dieser Aussage zu? Gibt es keine Bewusstseinsinhalte ohne emotional gefärbte Bewertungen? Welche emotionalen Elemente enthalten dann z. B. Schluss-

---

Bildet man aus omou ein Substantiv – *omoi* – so bedeutet dieses soviel wie der deutsche Oberbegriff „Gefühl“, nicht Emotion. Liebe, Hass, Trauer, Angst – sie alle sind *omoi*. Zugleich aber bedeutet es auch „Wille, Ziel, Planung, Wunsch“, je nach Kontext (Yuka Morikawa).

folgerungsprozesse wie Syllogismen, das Erschließen von Kausalitätsrelationen, mathematische Formeln?

Vergleichen Sie (33) und (34) miteinander. Warum ist (34) nicht akzeptabel?

(33) Er fühlte/hatte das Gefühl, dass etwas nicht stimmte, aber begründen oder erklären konnte er es nicht.
(34) ?? Er dachte/hatte den Gedanken, dass etwas nicht stimmte, aber begründen oder erklären konnte er es nicht.

Welches Phänomen beschreibt der folgende Satz:

(35) Er hatte einen wichtigen Gedanken im Hinterkopf, aber er konnte ihn nicht klar artikulieren.

Sind Gefühle Informationen? Wenn diese Frage positiv beantwortet wird (und vieles spricht dafür), dann muss geklärt werden, welcher Art diese Information ist, welchen Informationsgehalt und welches Repräsentationsformat sie haben.

Kann man Gefühl auch unter den für die Definition von Kognition zentralen Informationsbegriff fassen? Oder ist er für eine erweiterte Definition der Kognition (inklusive Gefühl) nicht geeignet?

## 4.4 Kognitive Gefühle: Kein Widerspruch

„Glück des Schriftstellers ist der Gedanke, der ganz Gefühl, ist das Gefühl, das ganz Gedanke zu werden vermag." (Thomas Mann)

Der von mir vertretene Ansatz charakterisiert Gefühle als kognitive Phänomene mit emotionaler Information. In den letzten Jahren[17] sind mehrere Theorien entwickelt worden, die man als kognitivistische Gefühlstheorien bezeichnen kann. Diesen Ansätzen zufolge sind Überzeugungen, Urteile oder Wertungen als kognitive Elemente wesentliche Bestandteile von Gefühlen (vgl. insbesondere Solomon $^{3}$2001 und Nussbaum 2001). Damit findet die von mir in Kap. 3.5 vertretene Annahme Unterstützung, dass Gefühle, definiert als die subjektiv erlebbaren Komponenten von Emotionen, kognitive Bewusstseinsinhalte enthalten bzw. als kognitive Bewusstseinsinhalte mit wertender Komponente aufzufassen sind.

17 Bereits Lazarus, Kanner und Folkman haben (1980) darauf hingewiesen. Vgl.: „Emotions not only involve an action impulse and somatic disturbances, but include as part of the emotional process and experience the cognitive appraisal on which they are based. Emotions and cognitions are thus inseparable, since appraisal comprises a part of the emotional reaction" (Lazarus/Kanner/Folkman 1980: 198); s. auch Lazarus (1982 und 1991).

> „Was sind Gefühle? Als fundamentale Urteile oder Urteilskomplexe bilden sie existentielle Initiativen, die … uns und unsere Stellung in der Welt bestimmen, Werte, Ideale, Strukturen und Mythologien entwerfen, nach denen wir uns richten und in deren Rahmen wir leben. Insofern hängen Gefühle stark von Meinungen und Überzeugungen ab. … Ärgern können wir uns nur in der Annahme, daß jemand uns Unrecht getan oder geschadet hat. … Gefühle sind wertende (oder ‚normative') Urteile: über meine Lage sowie über mich und/oder alle anderen.“ (Solomon ³2001: 172f.)

Entsprechend findet sich bei Nussbaum (2001) die folgende Beschreibung für Gefühle:

> „Gefühle … involvieren Urteile über wichtige Dinge, Urteile, die einen äußeren Gegenstand als relevant für unser Wohlbefinden einschätzen (*appraise*) …“ (Nussbaum 2001: 19)

Den kognitivistischen Gefühlstheorien liegen die folgenden wesentlichen Annahmen[18] zu Grunde: 1. Gefühle sind intentional auf ihre jeweiligen Gegenstände ausgerichtet. Sie werden damit von Affekten und Stimmungen unterschieden, die nicht-intentional sind. 2. Gefühle sind wesentlich mit einem kognitiven Element (Gedanke oder Urteil) verbunden. 3. Gefühle besitzen stets eine evaluative Dimension, das heißt sie bewerten Gegenstände oder Sachverhalte entweder positiv oder negativ. 4. Gefühle sind in einem sehr allgemeinen Sinne rational, sie können, je nach Situation, korrekt oder inkorrekt, angemessen oder unangemessen, wahr oder falsch sein (s. hierzu auch Ekman 2004, Elster 2004).

In der Alltagssprache spiegelt sich diese Konzeptualisierung in Äußerungen wie den folgenden wider:

(36) „… vielleicht stimmt mit deinem Gefühl etwas nicht?“ (Loriot, Szenen einer Ehe)
(37) Er spürte, dass seine Gefühle bei dieser Frau fehl am Platze waren.
(38) Deine Gefühle sind nicht echt!

Vertreter der bisherigen kognitivistischen Gefühlstheorie treffen jedoch in der Regel keine Unterscheidung zwischen Emotion und Gefühl und nehmen somit auch nicht an, dass sich der fühlende Mensch der für das Gefühl wesentlichen Überzeugungen oder Wertungen bewusst sein muss. Hier liegt ein wesentlicher Unterschied zwischen den bisherigen Ansätzen und der von mir dargestellten Position: Gefühle zeichnen sich dieser zufolge dadurch

---

18 Die körperliche Verankerung von Gefühlen wird in den verschiedenen Ansätzen allerdings kontrovers diskutiert (vgl. Hartmann ²2010).

aus, dass sie bewusst als emotionale Zustände oder Prozesse erlebt werden (s. hierzu Kap. 3.5).

Bei der Selbstwahrnehmung und Beschreibung eines bestimmten Gefühls muss man somit zwangsläufig auf kognitive Repräsentationen, die dem Bewusstsein zugänglich sind, zurückgreifen.

(39) Ich bin traurig. ?? Aber ich habe kein Bewusstsein davon.
(40) Ich hasse dich. ?? Mir ist das aber nicht bewusst.

Ein Mensch, der ein Gefühl empfindet, es wahrnimmt, es sprachlich benennen kann und damit automatisch eine klassifizierende Bewertung vollzieht, befindet sich im Zustand des Bewusstseins. Die Beispiele in (39) und (40) belegen durch die Anwendung des Streichbarkeitstests, dass sich ein logischer Widerspruch ergibt, wenn man diese notwendige Komponente annullieren will.

Das für bewusste kognitive Aktivitäten unumstrittene Prinzip der Reflexivität, also der Bezug des erkennenden Subjektes auf den Erkenntnisakt und auf sich selbst, hat ebenfalls eine Entsprechung im emotionalen Bereich, und zwar nicht nur derart, dass die eigenen Gefühle ebenso wie Gedanken zum Gegenstand eigener Erkenntnis gemacht werden können, sondern auch derart, dass Menschen emotional selbstreflexiv auf Gefühle reagieren. Beispielsweise kann man Scham empfinden als Reaktion auf die Schadenfreude oder Missgunst, die man in einer Situation empfand oder über das Nicht-Empfinden, das Ausbleiben von Gefühlen reflektieren.

(41) Ich schäme mich, weil ich Schadenfreude empfand, als ich ihn am Boden sah.
(42) Ich gönne ihm das nicht. Ich fühle mich deshalb ziemlich mies.
(43) Ich empfinde gar keine Trauer/Freude etc. Bin ich gefühlskalt?

Wie bereits in Kap. 3.5 erörtert, schließt diese Gefühlskonzeption in keiner Weise aus, dass es auch emotionale Zustände und Prozesse gibt, die unbewusst ablaufen. Dies ist ebenfalls kompatibel mit der Vorstellung, dass es eine Ebene von automatischen Reaktionen auf gefühlsrelevante Reize gibt, die ohne Vermittlung kognitiver Elemente[19] auskommt. Eine automatisch ablaufende Furchtreaktion etwa hat alle Charakteristika einer programmierten Reflexreaktion.[20]

---

19 S. hierzu auch Zajonc (1980: 151): „Affective reactions to stimuli are often the very first reactions of the organism ... Affective reactions can occur without extensive perceptual and cognitive encoding, are made with greater confidence than cognitive judgements, and can be made sooner."

20 Die Unbeeinflussbarkeit bzw. Unkontrollierbarkeit bestimmter emotionaler Prozesse zeigt sich nicht nur bei Affekten, sondern auch bei den bewusst erlebten Gefühlen: Obgleich wir

Modelle von Affektprogrammen stellen diese automatischen Emotionsreaktionen systematisch dar (s. z.B. Birbaumer/Öhman 1993, Ciompi ³2005).

Gefühle aber, so das Fazit meiner Überlegungen, lassen sich nicht ohne Bezug auf kognitive bzw. als kognitiv erachtete Komponenten[21] beschreiben und erklären. Welchen Stellenwert haben nun Emotionen (als komplexe Syndrome) allgemein im Kognitionsgefüge? In diesem Zusammenhang ist es sinnvoll, kurz auf den (in der Philosophie getroffenen) Unterschied zwischen den kognitiven Komponenten Vernunft und Verstand einzugehen.

**Literatur:**

Schwarz-Friesel (2008), De Houwer/Hermanns (2010).

## 4.5 Exkurs: Verstand und Vernunft

> „Die Vernunft formt den Menschen, das Gefühl leitet ihn." (Jean-Jacques Rousseau)

> „Wer über gewisse Dinge nicht den Verstand verliert, der hat keinen zu verlieren." (Gotthold Ephraim Lessing, Emilia Galotti)

> „Verstand ist das Vermögen diskursiver Erkenntnis durch Begriffe. Vernunft ist die Wahrnehmung eines Ganzen." (Carl Friedrich von Weizsäcker)

Allgemein gilt der Verstand[22] als das geistige Vermögen zu denken, zu erkennen und zu urteilen. In der Philosophie bezieht sich diese Fähigkeit auf die sinnliche Anschauung, die der Verstand mittels der Begriffe zu einer Einheit

---

kognitiv wissen, dass etwas schädlich für uns ist etc., tun wir es (wider alle Vernunft). Wir ängstigen uns bei Horrorfilmen, obwohl wir sicher auf dem Sofa sitzen, wir verlieben uns, obgleich wir wissen, dass das Objekt der Begierde unerreichbar ist, wir fahren über den Bürgersteig, obwohl wir wissen, dass es verboten ist, in der Wut sagen wir Abscheulichkeiten zu Menschen, die wir lieben, deren Artikulation wir im Moment der Äußerung bereits bedauern. Auch bewusst erfahrbare emotionale Prozesse laufen oft wie Reflexe ab, wir stehen quasi neben uns, reflektieren unser Verhalten und sind oft doch weitgehend hilflos.

**21** Da Gefühle, als emotionale Komponenten, Elemente kognitiver Repräsentations- und Prozesseigenschaften aufweisen, ist kritisch zu hinterfragen, ob diese Eigenschaften nicht Merkmale des menschlichen Erlebens sind, die sowohl Emotion und Kognition zukommen und damit allgemeiner Natur sind.

**22** In der Alltagssprache wird das Wort *Verstand* oft als Synonym zu *Geist* oder *Kognition* benutzt, als die „Fähigkeit zu verstehen, Begriffe zu bilden, Schlüsse zu ziehen, zu urteilen, zu denken" (Duden ⁷2011).

zu ordnen versucht. Verstand wird also als das denkende Organ charakterisiert, das Sinneswahrnehmungen unter kategoriale Begriffe bringt. Die Zweiteilung in Vernunft und Verstand geht auf Platon zurück. Er unterscheidet in *Nous* (Vernunft), von der die *Ideen* „erkannt" werden, und in *Dianoia*, die sinnliche Verstandeserkenntnis, die analytisch, also Schritt für Schritt vorgeht, von einer Vorstellung zur anderen logisch fortschreitet, das Ganze aus seinen Teilen aufbaut und sich auf die sinnlich wahrnehmbare Erfahrung bezieht. Die Vernunft hingegen ist ein Vermögen, das den Verstand leitet. Seit Kant wird Vernunft als die übergeordnete Fähigkeit verstanden, Verstandeshandlungen zu regulieren und auf einen Zweck zu beziehen (vgl. Metzler Lexikon Philosophie ³2008: 650f., 655, Philosophisches Wörterbuch ²³2009: 739ff., s. auch Steinvorth 2002, Kern 2006).

Der Verstand wird als das entscheidende abgrenzende Charakteristikum bei der Unterscheidung von Mensch und Tier genannt. Vernunft und Verstand erzeugen im Gegensatz zum Gefühl Erkenntnis. Gegen diese Auffassung gab es allerdings stets Widerspruch:

(44) „Was auch behaupte die Philosophie,
Trau dem Gefühl! Es täuscht dich nie,
Es ist das Rechte wie das Beste;
Nur halt am rechten Gefühl auch feste!"
(Friedrich von Sallet, Epigrammatisches und Lehrhaftes)

Vernunft und Verstand bezeichnen zusammen jene Vermögen des Menschen, sich rational, also logisch und kausal von der Welt und von sich selbst ein Bild machen zu können: und zwar genau dasjenige, das wir das rationale Weltbild nennen. Rationales Denken ist demzufolge ein Denken, das vom Verstand geleitet wird (s. hierzu auch Gigerenzer 2006 und Kern 2006). Es betrifft das geistige Erkenntnisvermögen des Menschen als Fähigkeit zur unanschaulichen Seins- und Beziehungseinsicht und Erfassung von Kategorien sowie logischen Zusammenhängen. Dazu gehört die Einsicht in allgemeine Prinzipien, die der Vernunft zugeordnet werden.

Interessant ist, dass die Einteilung der kognitiven Fähigkeiten des Menschen in Vernunft und Verstand allein in der Philosophie eine wichtige Rolle spielt. In der kognitionswissenschaftlichen Diskussion ist dagegen diese Unterscheidung und terminologische Differenzierung nicht von Bedeutung (vgl. Gardner 1989, Stillings et al. 1987, Thagard 1999, Stainton 2006).

In der alltagssprachlichen Verwendung findet sich zu *Verstand* im Wesentlichen die Lesart GEIST/GEISTIGE FÄHIGKEITEN, zu Vernunft dagegen MIT ÜBERLEGUNG oder EINSICHTIGKEIT.

(45) Dem fehlt jeder Verstand. (im Sinne von kognitiven Leistungen)
(46) Dazu reicht sein Verstand nicht aus. (s. o.)
(47) Dem fehlt jede Vernunft. (im Sinne von Einsicht)

Vernünftig ist ein Mensch, der nicht nur über Verstand verfügt, sondern dessen Leistungen von übergeordneten Prinzipien determinieren lässt. In der alltagssprachlichen Verwendung spiegelt sich dieser Unterschied[23] wider:

(48) Das ist nicht vernünftig, wenngleich messerscharf durchdacht.
(49) Er ist sehr intelligent, aber er handelt immer so unvernünftig.
(50) Er ist ungeheuer schlau, hört aber zu wenig auf die Stimme der Vernunft.
(51) Er ist nicht mehr bei klarem Verstand.
(52) ?? Er ist nicht mehr bei klarer Vernunft.
(53) Er verlor darüber seinen Verstand.
(54) ?? Er verlor darüber seine Vernunft.
(55) Die Gefühle brachten ihn um den Verstand. / Vor Liebe den Verstand verlieren.

Als ein unvernünftiges Handeln wird nun alltagssprachlich nicht ein Verhalten bezeichnet, das den Axiomen der Vernunft widerspricht, sondern entweder ein Verhalten, das den Interessen des jeweiligen Handelnden zuwiderläuft oder nicht von als rational, sondern emotional erachteten Faktoren geleitet wird.

(56) Er schadet sich damit nur selber. Wie unvernünftig er ist.
(57) Bar jeder Vernunft heiratete sie ihn.
(58) Sie lässt sich nur vom Gefühl leiten. Wie unvernünftig sie ist.

Wie vernünftig die zur Unvernunft verführenden Gefühle jedoch sind bzw. zu welch richtigen Entscheidungen sie oft führen können, wird in den folgenden Abschnitten erörtert.

### Denkanregungen:

Was versteht Kant unter „reiner Vernunft"? Wie hat man sich dieses Konzept (vor dem kognitionswissenschaftlichen Hintergrund) bezogen auf die geistigen Fähigkeiten des Menschen repräsentational und/oder prozedural vorzustellen?
Vgl. Sie hierzu auch die folgende Passage:[24]

---

23 Manchmal werden die beiden Lexeme allerdings auch wie Synonyme benutzt und verstanden: *Du bist ja nicht bei Verstand/Vernunft. / Dir ist ja jegliche Vernunft/jeglicher Verstand abhanden gekommen! / Der Mensch ist das einzige Lebewesen, das über Vernunft/Verstand verfügt.*

24 Den Hinweis auf diese Textstelle verdanke ich Gottfried Meinhold.

„Die Empfänglichkeit einer Lust aus der Reflexion über die Formen der Sachen (der Natur sowohl als der Kunst) bezeichnet aber nicht allein eine Zweckmäßigkeit der Objekte im Verhältnis auf die reflektierende Urteilskraft, gemäß dem Naturbegriffe am Subjekt, sondern auch umgekehrt des Subjekts in Ansehung der Gegenstände ihrer Form, ja selbst ihrer Unform nach, zufolge dem Freiheitsbegriffe; und dadurch geschieht es: daß das ästhetische Urteil, nicht bloß als Geschmacksurteil, auf das Schöne, sondern auch, als aus einem Geistesgefühl entsprungenes, auf das Erhabene bezogen wird, und so jene Kritik der ästhetischen Urteilskraft in zwei diesen gemäße Hauptteile zerfallen muß." (Immanuel Kant, Kritik der Urteilskraft, 53)

Was meint Kant mit *Geistesgefühl*? Inwiefern ist dieses Kompositum auch ohne den entsprechenden Kontext des Kant-Textes bemerkenswert, insbesondere wenn man die oben erörterte Autonomiehypothese bezüglich des menschlichen Geistes in Betracht zieht?

Welche Konzeptualisierungen von Verstand und Vernunft manifestieren sich in (59) und (60)?

(59) „Verstand und Vernunft sind ein formelles Vermögen. Das Herz liefert den Gehalt, den Stoff." (Johann Wolfgang von Goethe zu Friedrich Wilhelm Riemer, 15.01.1810)

(60) „Die Vernunft ist nur der durch Phantasie erweiterte Verstand." (Franz Grillparzer)

Vergleichen Sie die Phraseologismen in (61) miteinander, die (lexikalisierte) Metaphern sind, die den Zustand bzw. Prozess des „Verstandesverlustes" bezeichnen:

(61) den Kopf verlieren, durchdrehen, durchgeknallt sein, von Sinnen sein, nicht mehr richtig ticken, irre werden/sein, eine Schraube locker haben, ausrasten, überschnappen, nicht mehr alle Tassen im Schrank haben

Welche Konzeptrelationen spiegeln sich in diesen Kodierungen wider? Sind diese identisch mit *eine/n Meise/Vogel haben*?

Vgl. *Verstandesmensch* und *Verstandesschärfe*. Welche semantische Lesart haben diese Lexeme? Vgl. auch *Kunst-, Laien-, Menschen-, Sachverstand*.

Wie beurteilen Sie die Komposita *Vernunftsmensch* und *Vernunftesschärfe*?

Inwiefern ist in (62) auf den ersten Blick eine widersprüchliche Aussage?

(62) „Widerwille und Sympathie sind die grundlegenden Haltungen des Verstandes." (Nicolás Gómez Dávila)

Durch welche interpretative Konzeptualisierung löst sich dieser Widerspruch auf?

Erörtern Sie die folgenden Beispielsätze hinsichtlich der semantischen Lesart von *Verstand* und *Vernunft*:

(63) Die Liebe hat ihn unvernünftig handeln lassen.
(64) Vor lauter Verzweiflung verlor sie ihren Verstand.
(65) Wider alle Vernunft gab er ihr das Geld.
(66) Wo ist dein gesunder Menschenverstand geblieben?

Lassen sich die Lexeme austauschen?

Welche Konzeptualisierung zum Verhältnis von Gefühl und Verstand bzw. Gefühl und Vernunft manifestiert sich in den folgenden Beispielen?

(67) Sie ist sehr gefühlvoll, viel Verstand besitzt sie nicht.
(68) Er reagiert immer emotional, immer aus dem Bauch heraus, nie rational.
(69) Ihr Verhalten ist völlig irrational. Pure Emotionalität.
(70) Das ist unvernünftig. vs.
(71) ?? Das ist nicht verstandesgemäß.

Welche semantische Lesart hat *unvernünftig*? Mittels welcher Adjektive drücken wir die Eigenschaft des Nicht-intelligent-, des Nicht-kognitiv-Seins aus?

## 4.6 Zur Interaktion: Emotionale Kognition und kognitive Emotion

„Gefühle – Klebstoff des Denkens“ (Ernst Pöppel)

„Emotionen – Elixiere des Lebens.“ (Wolfgang Rost)

Sind Emotionen lediglich Reaktionen von kognitiven Prozessen oder können sie Auslöser für kognitive Prozesse sein? Sind sie prä- oder postkognitiv? Die Beziehungen zwischen kognitiven und emotionalen Prozessen sind Gegenstand einer andauernden Debatte[25] (vgl. hierzu insbesondere die Arbeiten in der Zeitschrift Cognition & Emotion; s. auch Lang 1984, Oatley/Johnson-Laird 1987, LeDoux 1989, Isen 2004, Salovey et al. 2004). Je nach Ansatz werden Kognition und Emotion in unterschiedlichen Relationen dargestellt:

25 Andererseits ist es auffällig (und entspricht genau der traditionellen Autonomiehypothese in Bezug auf die Kognition), dass sich in einem aktuellen Sammelband zu Fragen der Kognitionswissenschaft nicht ein einziger Beitrag mit der Emotion-Kognition-Relation beschäftigt und im Index nicht einmal ein Eintrag für *Emotion* zu finden ist (s. Stainton 2006).

Kognition wird als konstitutive oder antagonistische Bedingung, als Parallelzustand, als integrativer Bestandteil, als Interaktionsfunktion oder als bloßer Folgezustand von Emotionen betrachtet (s. hierzu z.B. die Diskussion in Leventhal/Scherer 1987 sowie Manstead/Frijda/Fischer 2004; s. auch Kap. 3.1.1).

Als kognitionsunabhängig beschreiben dualistische Kognitions-Emotions-Modelle Emotionen (s. z.B. Zajonc 1980 und die Ausführung in Cornelius 1996). Emotionen werden als autonome Orientierungs- und Kontrollsysteme charakterisiert, die in allen Entwicklungs-, Interaktions- und Informationsverarbeitungsprozessen eine Rolle spielen. Für Mandl/Huber (1983: 7) dagegen sind kognitive Prozesse unabhängige Variablen und entscheiden über emotionale Erlebnisse als abhängige Variablen. Ohne kognitive Prozesse gibt es keine Emotionen. Jeder Emotion geht ein Erregungszustand voraus, der in Abhängigkeit von der Situation durch das Individuum subjektiv interpretiert wird. Emotionen sind demnach kognitive Interpretationen von Erregungszuständen. Auch von Kuhl (1983a, b) werden Gefühle als Ergebnisse kognitiver Operationen beschrieben, also als kognitionsabhängige Prozessgrößen. Emotionale Prozesse sind keine eigenständigen, primären Einheiten, sondern werden als sekundäre bzw. metakognitive (da bewertende) Komponenten erörtert (s. hierzu auch die Untersuchungen von Schachter/Singer 1979).

Izard (1977, 1984, 1992) vertritt diesbezüglich genau die Gegenposition: Primär ist bei ihm das Emotionssystem; kognitive Zustände und Prozesse sind diesem als dependente Variablen nachgeordnet. Izard sieht Emotion dabei als ein autonomes System an, das keine kognitiven Elemente enthält.[26]

In Modellen interaktiver Kognition-Emotion-Relationen wird das Zusammenspiel der beiden (jeweils autonomen) Komponenten betont. Emotionen sind hier komplementäre Prozesse kognitiver Abläufe, die auf unterschiedliche Weise ausgeformt sind und bei Prozessen wie Identitätsbildung, Wahrnehmung, Kommunikation und sensorischer Informationsverarbeitung zusammenwirken (s. z.B. Scherer 1984, der Emotionen in seinem Komponenten-Prozess-Modell verschiedene kognitive, neurophysiologische, motivationale, expressive, subjektive Funktionen zuordnet; s. hierzu auch Isen 2004 und Salovey et al. 2004, in deren interaktiven Modellen die Autonomiehypothese aufgegeben wird).

Prinzipiell sind also folgende Positionen zur Emotion-Kognition-Relation möglich:

---

26 Eine Annahme, die sich, wie unsere Ausführungen zu Gedanken und Gefühlen gezeigt haben, nicht aufrecht halten lässt.

- Emotion und Kognition stellen zwei autonome Systeme dar, die unabhängig voneinander funktionieren. Es gibt keine Interaktionen.
- Emotion und Kognition stellen zwei autonome Systeme dar, die jedoch nicht unabhängig voneinander arbeiten, sondern zahlreiche, wechselseitige Interaktionen aufweisen.
- Kognition und Emotion stehen in einem Abhängigkeitsverhältnis derart, dass kognitive Komponenten emotionale Zustände und Prozesse determinieren, also auslösen und modulieren.
- Kognition und Emotion stehen in einem Abhängigkeitsverhältnis derart, dass emotionale Komponenten kognitive Zustände und Prozesse determinieren, also auslösen und modulieren.
- Emotion und Kognition basieren auf gemeinsamen Prinzipien, sind also nicht strikt zu trennen.

Dass die Kognition völlig unabhängig von der Emotion und als solche ohne Bezug zur emotionalen Disposition des menschlichen Wesens erklärbar ist (wie es lange in weiten Teilen der Kognitions- und Sprachwissenschaft angenommen wurde), wird in den letzten Jahren nicht nur von der Emotionspsychologie, sondern vor allem von Vertretern der Neurowissenschaften in Frage gestellt.

Insbesondere die von Damasio (2003, [8]2009, [6]2010) erörterte These, wonach rationale Entscheidungen oft ganz maßgeblich auf Gefühlen beruhen, hat die Diskussion nachhaltig stimuliert.

Bevor ich auf den gehirnphysiologisch betrachteten Zusammenhang von Kognitions- und Emotionsabläufen eingehe, ist es notwendig, sich dem in diesem Zusammenhang äußerst wichtigen Phänomen Gedächtnis zuzuwenden. Gedächtnis ist hierbei ein Sammelbegriff, der für die Funktion des Gehirns steht, Informationen lang-, mittel- und kurzfristig speichern zu können. Unser gesamtes Wissen ist im Langzeitgedächtnis[27] permanent gespeichert und determiniert nicht nur alle unsere Aktivitäten, sondern auch unser Selbst- und Weltbild. Erinnern bedeutet, sich auf im Gedächtnis gespeichertes Erfahrenes beziehen zu können.

> „Die Erinnerung ... ist eine schöpferische Rekonstruktion oder Konstruktion, die sich aus dem Verhältnis unserer Einstellungen gegenüber einer aktiven Menge organisierter früherer Reaktionen oder Erfahrungen heraus bildet ...“ (Bartlett 1932: 213)

---

27 Dabei unterscheidet man in der Gedächtnispsychologie zwei Typen von Kenntnissen bzw. Kenntnissystemen, das konzeptuell-semantische/enzyklopädische und das episodische Gedächtnis: allgemeines kategoriales Weltwissen (Type-Konzepte; s. Kap. 2.3.3) sowie spezifische, individuelle, an die Lebensgeschichte des Menschen gebundene Erfahrungswerte (in Token-Konzepten).

Die intakten Gedächtnisfunktionen von Langzeitgedächtnis (LZG), Arbeitsgedächtnis (AG) und Kurzzeitgedächtnis (KZG) sind fundamentale Voraussetzung für alle komplexen kognitiven Leistungen (s. u.a. Goldman-Rakic 1993, Markowitsch 1999, Baddeley 2002, 2006).

Ich habe Emotionen als im Organismus dauerhaft verankerte Kenntnis- und Bewertungssysteme des Menschen beschrieben. Diese Systeme müssen im Gedächtnis gespeichert sein. Entsprechen die memorialen emotionalen Kenntniskomponenten den kognitiven Repräsentationsformen? Schematheoretischen Konzeptionen liegt genau diese Annahme zugrunde. In Anlehnung an die in der Kognitionswissenschaft entwickelten Vorstellungen geht Isen (1984, 2004) davon aus, dass Emotionen eigenständig im LZG abgespeichert und schematisch integriert werden (zum Konzept des Schemas/Skripts s. 2.3.3 sowie Schwarz [3]2008: 115 ff.).

Kognitive Schemata beinhalten emotionale Strukturen als Informationen, die teils abstrakt als Konzeptwissen, teils motorisch-expressiv und erregungsspezifisch-reaktiv gespeichert sind, sie wirken somit als spezifische Abruf- und Speichermodalitäten (s. Kap. 3). Dabei handelt es sich sowohl um angeborene (Affektprogramme, Mimik) als auch kulturell erworbene Komponenten (d.h. spezifische Konzeptualisierungen und verbale Manifestationsformen sowie soziale Manifestationsregeln für emotionales Verhalten).

Die in Kap. 3.2.1 dargestellten Ausdrucks- und Realisierungsformen von Emotionen (verbaler wie nonverbaler Art) sind repräsentiert ebenso wie Kenntnisse über Erregungszustände und typische Körpersymptome. Dabei handelt es sich teils um bewusste, teils um unbewusste Komponenten.

Jeder Mensch erwirbt im Verlaufe seiner Entwicklung Wissen darüber, was es bedeutet, wenn er sagt, er habe und zeige Angst, oder er empfinde und zeige Liebe; er lernt also Manifestations- und Kodierungsformen für seine Gefühle. Diese Kenntnisse sind als konzeptuelle und sprachliche Repräsentationen gespeichert und zu einem großen Teil kulturspezifisch (und/oder von massenmedialen Kodes) geprägt (s. hierzu Kap. 6). Zudem werden für bestimmte Emotionen typische Körperreaktionen und Körperausdrucksformen erworben (wie z.B. Zittern, schneller Atem, angespannte Gesichtsmuskulatur bei Angst). Schließlich sind spezifische Erlebensformen von emotionalen Zuständen und Prozessen aufgrund individueller Erfahrungen als Teil des episodischen Gedächtnisses zu berücksichtigen.

Dieses Wissen kann formal wie kognitives Wissen dargestellt werden in Form konzeptueller Netzwerke, deren Knoten verschiedene Arten von Konzepten sind und deren Grenzen verschiedene Arten von Relationen darstellen. In einem solchen Schema repräsentiert ein Individuum sein Bild von sich selbst und seiner Welt, einschließlich ihrer Bewertung. Dieses Bild ist also bestimmt durch die gesamte Lerngeschichte des Individuums. Hier fügen sich auch die in Kap 3.6 erörterten emotionalen Einstellungen ein, als dauerhaft gespeicherte Bewertungen gegenüber bestimmten Personen(gruppen) und Dingen, die bei allen aktuellen Prozessen eine entscheidende Rolle spielen.

Auf der Grundlage dieser Modellvorstellung erscheint es naheliegend anzunehmen, dass kognitive und emotionale Kenntnissysteme nicht komplett autonome und voneinander isolierte Phänomene, sondern verschiedene Aspekte ein und desselben Phänomens, des menschlichen Geistes und seiner Speicherfunktionen (in einem sehr umfassenden Sinne), sind (s. hierzu aber Fußnote 31).

Ein Emotionsschema umfasst neben den Speicherinhalten des lexikalisch-semantischen und episodischen Gedächtnisses auch ein bestimmtes emotionstypisches Erleben wie SICH GUT FÜHLEN. Die in Kap. 3 beschriebenen Parameter spielen hier ebenfalls eine Rolle. Emotionen sind somit „konzentrierte Erfahrungen“, die vernünftiges Handeln begleiten und steuern.

Es gibt eigenständige emotionale Schemata, die ausschließlich aus affektiven Körperempfindungen und Reaktionsmustern bestehen und mit anderen affektiven/kognitiven Schemata verbunden sind. Es ist plausibel anzunehmen, dass die verschiedenen Komponenten des Emotionskomplexes in unterschiedlichen Modalitäten (taktil-sensorisch, perzeptuell, verbal etc. sowie abstrakt konzeptuell) gespeichert, untereinander aber verknüpft und interaktiv aktivierbar sind: Konzeptuelle Informationen über Emotionen können somit über verbale oder nonverbale Ausdrucks- und Erlebensformen evoziert werden und umgekehrt.

Entsprechend ordnen Teasdale/Barnard (1993) und Teasdale (1999) emotionales Erleben und Reagieren in ihrem Modell keinem einzelnen Modul zu, sondern gehen von verteilten Mustern auf verschiedenen Verarbeitungsebenen mit jeweils spezifischen Aktivierungsmustern in den verschiedenen relevanten Modulen aus. Kognitions-Emotions-Interaktionen werden repräsentiert durch Relationen zwischen den Komponenten der jeweiligen Verarbeitungsprozesse (z.B. bei der Sprachverarbeitung die Interaktion zwischen denotativem Informationsgehalt und emotionaler Bewertung auf der lexikalischen Ebene; s. hierzu Battacchi/Suslow/Renna [2]1997). Emotionales Erleben wird nach Teasdale/Barnard durch bestimmte Aktivierungsmuster im episodischen System (die Autoren benutzen hier den verwirrenden Terminus implikationales System) eines Menschen ausgelöst. Erfährt z.B. ein Mensch durch einen Fehlschlag, dass er sein avisiertes Ziel nicht erreicht hat, kann dies Depressivität, Wut, Ärger etc. auslösen. An das Gefühl der Wut ist dann ein expressives Muster gekoppelt, das aktiviert wird. Dieser Zustand korrespondiert mit Bedeutungen im semantisch-konzeptuellen System und kann zu bestimmten Ausdrucksvarianten verbaler und nonverbaler Art führen.

Auch Christianson und Engelberg (1999) gehen davon aus, dass hinsichtlich der Organisation emotionaler Gedächtnisinhalte eine „interconnected representation of an affective experience at different memory levels" besteht.

> „The implication that perceptual details of the original context can trigger and enhance verbal retrieval of detailed event information suggests the existence of a certain interactive connection between levels or systems of memory." (Christianson/Engelberg 1999: 218)

Als Bewertungssystemen kommen Emotionskonzepten prä-, post- und metakognitive evaluative Funktionen zu: Emotionen können Denkprozesse initiieren oder durch kognitive Prozesse ausgelöst werden. Zudem werden kognitive Aktivitäten oft (metakognitiv) von bewertenden emotionalen Prozessen begleitet. Bei der Produktion, Aufnahme und Verarbeitung von Wissen sind neben den kognitiven Strukturelementen also auch emotionale Gedächtniselemente zu berücksichtigen, die die Strategien und Regulationen kognitiver Vorgänge begleiten und/oder determinieren.

Über die Wirkungsweise von Emotionen auf das Gedächtnis bzw. die kognitiven Funktionen der gedächtnisgetragenen Informationsverarbeitung legen neuere und neueste Untersuchungen (s. u.a. Schürer-Necker 1994, Dalgleish/Power 1999, Dahl 2003, Kenny $^{2}$2003, Isen 2004) die Annahmen nahe,

- dass emotionale Bewertungen die Aufmerksamkeit beeinflussen und dadurch auch die Gedächtnisleistung affizieren,
- dass subjektiv Bedeutsames, also emotional Evaluiertes, tiefer verarbeitet wird,
- dass über als subjektiv relevant Bewertetes ein besser ausgearbeitetes Vorwissen vorhanden ist,
- und dass Kenntnisse, die metakognitiv eine emotionale Bewertung erhalten haben, leichter verknüpft und integriert sowie aktiviert werden.

In der Psychologie gelten emotionale Faktoren seit längerem als relevante Einflussgrößen hinsichtlich memorialer Prozesse (s. z.B. Doan 2010, Derakhshan/Eysenck 2010):

> „Das Gefühl selektiert das ‚für uns Wichtige' nicht bloß in der Wahrnehmung, es hat zudem ein zweites Selektionssystem. Es ‚wirft' von den in das kurzfristige Gedächtnis aufgenommenen Wahrnehmungen ... diejenigen heraus, in die wir nicht involviert sind. ... Dies ist eine der wichtigsten homöostatischen Funktionen des Gefühls: *Vergessen können ist genauso wichtig wie sich erinnern können.*" (Heller 1980: 202)

Haben emotionale Kenntnisse neben der bewertenden und damit selektiven Funktion den gleichen Einfluss[28] auf unsere Informationsverarbeitungsprozesse wie kognitive Kenntnisse?

Dass Emotionen geistige (und auch körperliche Prozesse) erheblich beeinflussen können, erlebt nicht nur jeder Mensch in seinem Leben individuell auf die eine oder andere sehr überzeugende Weise, man weiß es auch seit langem aus der Lernpsychologie und der psychosomatischen Medizin.[29] Die Furcht vor einer Prüfung beispielsweise kann physiologische Prozesse auslösen und die kognitiven Denkleistungen erheblich beeinträchtigen (z.B. das bekannte „Blackout", ein kognitives Versagen als Ergebnis einer Ausschüttung von Stresshormonen; s. hierzu auch Dietrich 2002). Andererseits kann eine positive emotionale Einstellung kognitive Lernprozesse wesentlich verbessern (wie insbesondere die Motivationspsychologie und die Selbstkonzeptforschung[30] deutlich gezeigt haben, s. z.B. Dahl 2003, Isen 2004, Heckhausen/Heckhausen [4]2010).

Emotionen spielen aber auch bei kognitiven Prozessen wie Beurteilungen und Schlussfolgerungen eine wichtige Rolle. Gefühle können bei der Organisation der Informationsverarbeitung offensichtlich wesentliche strategische Funktionen einnehmen (s. Dietz 1998 und Schäfer 2010, der die Relevanz von Emotionen im Mathematikunterricht diskutiert). In der neuesten Psychologie geht man davon aus, dass Emotionen in besonderem Maße die Steuerung intuitiver Denk- und Kognitionsprozesse leiten[31] (LeDoux 1989, Gladwell 2005, Glöckner 2006, Seifert/Seifert 2006).

---

28 Im LZG gespeicherte kognitive Wissensformen determinieren aktuelle Wahrnehmungs- und Denkleistungen auf die verschiedensten Weisen (s. hierzu Schwarz [3]2008: 99ff.).

29 Die psychosomatisch ausgerichtete Medizin zeigt, dass eine optimistische Grundhaltung und Vertrauen von gesundheitlichem Vorteil sein können. Zahlreiche Untersuchungen und Beobachtungen in der Medizin belegen zudem den Einfluss positiver Emotionseinstellungen in Bezug auf Heilungsverläufe kranker Menschen (s. z.B. Zautra 2003).

30 Hier sind insbesondere die selbsterfüllenden Prophezeiungen bedeutsam: Je nach emotionaler Bewertung der eigenen Gedächtnisleistungen alter Menschen oder Einschätzung der schulischen Leistung von Schülern, kann dies die tatsächlichen Leistungen determinieren. S. hierzu allgemein Dahl (2003).

31 Emotionale Bewertungen zeigen in der Regel eine Wirkung, bevor kognitive Einschätzungen möglich sind.

> „... emotions often serve adaptive, purposeful, and helpful functions ... It is the emotional system, in this view, that focuses attention, organizes memory, helps us to interpret social situations, and motivates relevant behavior. Accordingly, it makes little sense to place emotions in opposition to reason and rationality ..." (Salovey et al. 2004: 321)

Positive Emotionen erleichtern, beschleunigen und optimieren Lern- und Denkprozesse, insbesondere Problemlöseprozesse, fördern, verbessern den flexiblen und kreativen Umgang mit Situationen und erleichtern Gedächtnisleistungen durch effektivere Wissensorganisation und schnellere Aktivierungen. Interessant ist hierbei, dass dieselben neuronalen Gebiete[32] aktiv bei positiven Emotionen und kognitiven Denkprozessen wie z. B. Kategorisierungsleistungen und Wortassoziationsprozessen sind (s. Clark/Fiske 1982, Isen 2004, Salovey et al. 2004, Arnold 2011). So konnten Hänze und Hesse (1993) beispielsweise in ihrer spezifischen Untersuchung zeigen, dass es offensichtlich emotionale Einflüsse auf semantisches Priming[33] (einen wichtigen kognitiven Aktivierungs(ausbreitungs)prozess) gibt und zwar derart, dass die Aktivierungsausbreitung im mentalen Lexikon durch gute Stimmung vereinfacht wird (s. hierzu auch Gerrig/Bower 1982, Clark et al. 1983, Small 1985, Isen et al. 1982). Die Untersuchungen von Bock (1997) stützen zudem die Annahme, dass emotionale Informationen von Wortbedeutungen aktiviert werden können, bevor die Identifizierung semantisch-konzeptueller Informationen abgeschlossen worden ist. Emotionale Gedächtniskomponenten von Lexikoneinträgen werden offenbar sehr schnell und automatisch aktiviert. Hierfür sprechen auch neurophysiologische Befunde, die zeigen, dass Sinnesreize vom limbischen System verarbeitet werden können, bevor sie im Kortex klassifiziert worden sind (s. z. B. Niedenthal/Kitayama 1994, Langenmayr 1997, Damasio 2003, LeDoux $^{6}$2012).

---

32 Unbewusste Signale werden vom emotionalen Gedächtnis, das neurophysiologisch betrachtet u. a. im Stirnhirn lokalisierbar ist, bei kognitiven Prozessen miterzeugt und beeinflussen wesentlich die Entscheidungsfindung in komplexen Situationen. Im Stirnhirn werden auch Vorstellungen erzeugt, „Als-ob-Simulationen", welche eine emotionale Bewertung fiktiver bzw. hypothetischer Situationen erlauben, was für weitreichende Planungen hilfreich ist. Je mehr eine Entscheidung von intuitiven Einschätzungen abhängt, desto aktiver ist das Stirnhirn (s. LeDoux/Hirst 1986, Panksepp 1998, 2004).

33 Es handelt sich hierbei um die gegenseitige Aktivierung bzw. die latente Voraktivierung von im mentalen Lexikon gespeicherten Wortbedeutungen. Gibt man z. B. zuerst *Apfel* als Prime-Wort, werden die semantisch ähnlichen Lexeme wie *Birne* etc. mitaktiviert, nicht aber Lexeme wie *Stuhl* oder *Garage*. Daher werden die ähnlichen Lexeme entsprechend schneller rezipiert als feldfremde Lexeme.

Darüber hinaus zeigen neue Untersuchungen, dass positive Emotionen auch Motivationsebenen und soziale Interaktionen beeinflussen (s. z. B. Lantermann 1983, Isen et al. 1982 und Isen 2004).

> „Thus, it is important to recognize that affect, cognition, and motivation occur together and have mutual influence on one another." (Isen 2004: 265)

Diese Ergebnisse bestätigen Damasios neurowissenschaftlich basierte These, dass Emotionen nicht nur maßgeblich für kognitive Entscheidungsprozesse, sondern auch für die soziale Intelligenz sind, d. h. den rationalen, konfliktfreien Umgang mit seinen Mitmenschen sowie dem adäquaten Verhalten in sozialen Situationen (s. u. a. Damasio [6]2010: 74 ff., 227 f.).

Allgemein sprechen alle hier genannten Ergebnisse gegen die traditionelle Auffassung, dass Emotion und Kognition, Gefühl und Verstand sich konträr gegenüber stehen und ausschließen. Vielmehr bestehen offensichtlich vielfältige interaktive Relationen sowohl auf repräsentationaler als auch auf prozeduraler Ebene. Kein theoretischer Ansatz, der sich mit (rationalen) Denk- und Entscheidungsprozessen beschäftigt, sollte daher die emotionale Komponente ausklammern:

> „In fact, it could be argued that not paying attention to feeling-related aspects of the decision alternatives (e. g., how one will feel about it later) is the less rational course of action." (Isen 2004: 264)

Hinsichtlich der Positionen zur Emotion-Kognition-Relation wird entsprechend von mir ein interaktiver theoretischer Ansatz vertreten mit der Annahme, dass beide Komponenten zwei verschiedene Systeme darstellen, die jedoch nicht unabhängig voneinander arbeiten, sondern zahlreiche, wechselseitige Interaktionen aufweisen und bei ihren Aktivierungs-, Bewusstseins- und Strategieprozessen auf denselben fundamentalen Prinzipien der Gedächtnisspeicherung und der Aufmerksamkeitssteuerung beruhen.

## 4.7 Kurzer Exkurs: Das Konzept der „Emotionalen Intelligenz"

> „Gedanken machen groß, Gefühle reich." (Marcus Fabius Quintilian)

> „Gefühl wird von der Zeit immer gerechtfertigt, Gedanken fast nie. Sie können uns bloß an das Gefühl zurückführen." (William Butler Yeats)

Die wichtige Rolle und den Einfluss von Emotionen für den einzelnen Menschen und das menschliche Zusammenleben hebt der Ansatz der emotionalen Intelligenz hervor. Das Konzept der „Emotionalen Intelligenz“ führten die amerikanischen Psychologen Peter Salovey und John Mayer (1990) ein. Von der Öffentlichkeit zur Kenntnis genommen wurde es aber erst 1995, als der Psychologe und Journalist Daniel Goleman das Thema in seinem populärwissenschaftlichen Buch „EQ – Emotionale Intelligenz“ aufgriff, wodurch Aspekte emotionaler Denkleistungen in den Mittelpunkt der wissenschaftlichen und auch gesellschaftlichen Diskussion gerieten. Nach der Devise „Richtig sieht man nur mit dem Herzen …“ und „Was nützt ein hoher IQ, wenn man ein emotionaler Trottel ist“ erörtert Goleman ([22]2011) anhand zahlreicher Einzelfälle, inwiefern „rein kognitive“ Fähigkeiten nicht ausreichen, um Probleme zu lösen, Konflikte abzubauen und Disharmonien zu beseitigen.

Emotion definiert Goleman als Gefühl mit den ihm eigenen Gedanken, psychologischen und biologischen Zuständen sowie den ihm entsprechenden Handlungsbereitschaften. Unter Emotionaler Intelligenz, einem bis heute recht vage gehaltenen Konzept, versteht er ein ganzes Bündel von Fähigkeiten, die allesamt irgendetwas mit Gefühlen zu tun haben:

- Emotionale Selbstwahrnehmung, d. h. besseres Erkennen und Benennen der eigenen Emotionen,
- Umgang mit Emotionen, d. h. weniger aggressiv sein, besser mit Stress umgehen,
- Emotionen produktiv nutzen, d. h. mehr Selbstbeherrschung, mehr Verantwortungsbewusstsein,
- Empathie im Sinne des Deutens von Emotionen; besseres sich in einen anderen Hineinversetzen; Perspektive des anderen berücksichtigen,
- Umgang mit Beziehungen, d. h. besser im Lösen von Problemen und Konflikten; offener und zugänglicher im Umgang mit Mitmenschen; Konfliktlösungen statt Konfrontationen suchen; nicht einzeln gegen etwas, sondern gemeinsam für etwas sein.

Wer emotional intelligent ist, kann Emotionen bei sich selbst und bei anderen gut wahrnehmen, er kann seine eigenen Gefühle ausdrücken,[34] aber auch regulieren und kontrollieren – vor allem, wenn es darum geht, Probleme zu lösen. Es geht bei der Emotionalen Intelligenz also darum, die

[34] Hier sind aber natürlich die teilweise gravierenden interkulturellen Unterschiede hinsichtlich der in 3.2.1 angesprochenen Regeln der Manifestation von Emotionen zu berücksichtigen. Ein Mensch, der seine Gefühle stark zum Ausdruck bringt, kann in Westeuropa oder den USA als offen und charismatisch aufgeschlossen wirken, in asiatischen Ländern dagegen nur tabu- und regelverletzend als unhöflich gelten.

Informationen, die uns Gefühle vermitteln, zu erkennen und richtig zu nutzen.

**Denkanregungen:**

Psychogramme von fundamentalistischen Terroristen zeigen, dass diese oft über eine hohe kognitive Intelligenz verfügen, aber ohne Empathie für ihre (tatsächlichen oder potenziellen Opfer) sind (vgl. z. B. Reuter 2002). Inwiefern kann man hier von einer Dissoziation zwischen kognitiver und emotionaler Intelligenz sprechen? Oder liegt vielmehr eine Dissoziation innerhalb der gesamten „Intelligenz" vor?

**Literatur:**

Zur emotionalen Intelligenz s. Härtel/Kibby/Pizer (2004), Salovey et al. (2004), Zeidner/Matthews/Roberts (2009) und Ben-Ze'ev (2009).

## 4.8 Emotionen und ihre neuronale Basis im Gehirn

### 4.8.1 Zur Relevanz des limbischen Systems

> „Nach meiner Auffassung sind Emotionen biologische Funktionen des Nervensystems, und eine Untersuchung der Art und Weise, wie die Emotionen in unserem Gehirn repräsentiert werden, verhilft uns zu einem besseren Verständnis. Dieser Zugang steht in scharfem Gegensatz zu dem traditionellen Vorgehen, bei dem Emotionen – unabhängig von den zugrunde liegenden Mechanismen des Gehirns – als psychologische Zustände untersucht werden. Die psychologische Forschung hat sich als äußerst wertvoll erwiesen, doch der Ansatz, Emotionen als Hirnfunktionen zu betrachten, ist noch viel stärker." (Joseph LeDoux)

Geist, Sprache, Emotion und Bewusstsein sind zum einen als mentale Eigenschaften gekennzeichnet, die wir als zu uns zugehörig empfinden und auf einer bestimmten Beschreibungs- und Erkenntnisebene zum Gegenstand unserer Reflexionen machen können, zum anderen als das Resultat neurobiologischer Vorgänge, denn letztendlich basieren die von uns als psychische und geistige Phänomene erlebten Eigenschaften auf den Prozessen und Aktivitätsmustern von Nerven und Nervenverbindungen im Gehirn. Dass jedes körperliche, geistige und emotionale Phänomen von Vorgängen im Gehirn verursacht ist und ohne ein funktionierendes Gehirn der Mensch nicht in der ihm spezifischen Weise existieren kann, ist heute unumstritten (s. z. B.

Pauen/Roth 2001, Damasio 2003, Das Manifest 2004, Karnath/Thier ²2006, Roth 2009).

In neurobiologischen Ansätzen werden alle geistigen Fähigkeiten des Menschen als im Gehirn lokalisierbar und auf neuronale Musteraktivitäten zurückführbar erklärt. Unsere gesamten kognitiven Kenntnisse und Fähigkeiten sowie emotionalen Zustände sind neuronal verankert und repräsentiert: Die Leistungen unserer Sinne (Hören, Sehen, Riechen, Schmecken, Tasten) werden durch bestimmte neuronale Areale bestimmt, unsere Denkleistungen, unser Erinnerungsvermögen, unsere gesamte Sprachfähigkeit rezeptiver wie produktiver Art, unsere Gefühle, unsere Motorik. Das Gehirn ist es, das uns ermöglicht, bewusst zu leben und uns selbst als Lebewesen zu erleben. Störungen im Gehirn durch äußere Verletzungen, Durchblutungsstörungen oder chemische Einflüsse führen daher zu gravierenden Veränderungen bzw. Ausfallerscheinungen (die tragisch für die Betroffenen, jedoch höchst aufschlussreich für die Wissenschaft sind; vgl. Blanken 1991, Ellis/Young ²1996, Friederici ²2006, Karnath/Thier ²2006).

Eine strikte Funktionsverteilung, die charakteristisch für die frühe Gehirnforschung war und der zufolge bestimmte Areale spezifische Funktionen erfüllen, ist heute nicht mehr aufrecht zu erhalten, da die neuere Forschung (insbesondere durch bildgebende Verfahren) gezeigt hat, dass bei den meisten komplexen Leistungen mehrere Areale gleichzeitig beteiligt sind und die neuronalen Verknüpfungen nicht nur interkortikal, sondern auch intersubkortikal anzutreffen sind. Damasio (2003, ⁶2010) sieht das Gehirn dementsprechend als ein Supersystem aus Systemen; lokale Schaltkreise, subkortikale Kerne und Rindenregionen, komplexe Kolumnen und mikrostrukturelle Neuronenverbände arbeiten einander zu (s. hierzu auch Roth 2004).

Wie sich die „neuronale Kommunikation" untereinander genau abspielt, ist noch nicht auf allen Ebenen erforscht und erklärt. Die Neurowissenschaft weiß heute viel über die großen Areale und über die kleinen Neuronenverbände,[35] aber wenig über die mittlere Ebene, die mikro- und makrostrukturelle Aktivitäten koordiniert.

---

[35] Chemische Prozesse, die durch Transmittersubstanzen gesteuert werden, spielen dabei eine entscheidende Rolle: Je nach Transmitter wird z. B. die neuronale Aktivität blockiert oder ausgelöst. Unsere Empfindungen sind buchstäblich an die Chemie der Nervenzellen gebunden: Euphorie, Lust oder Unlust hängen z. B. maßgeblich von der Ausschüttung von Dopaminen (insbesondere dem Serotonin) ab. Die Pharmaindustrie nutzt seit langem dieses Wissen und produziert Medikamente zur Luststeigerung sowie Gemütsaufhellung bei Depressionen (vgl. z. B. Rauland 2001).

Gibt es bestimmte Areale und/oder bestimmte Aktivitätsabläufe unseres Gehirns, die besonders für Emotionen wichtig sind, die verantwortlich für emotionale Zustände und Prozesse sind?

Heute weiß man mit Sicherheit, dass das limbische System primär für emotionale und motivationale Funktionen verantwortlich ist (vgl. dazu z.B. Rolls 1999, Adolphs/Tranel/Damasio 2003, Panksepp 2004; Roth $^{5}$2009). Limbisches System nennt man in der Neurowissenschaft diejenigen subkortikalen Strukturen des Gehirns wie Amygdala, Hippocampus, thalamische Kerne sowie Kerne der formatio reticularis (vgl. die Ausführungen zu den neuroanatomischen und neurophysiologischen Grundlagen bei Adolphs/Tranel/Damasio 2003, Damasio 2004, Roth 2004). Patienten mit beidseitiger Zerstörung der Amygdala beispielsweise sind unfähig, bestimmte angsteinflößende Situationen mit Furcht zu verbinden. Manche Patienten mit Schädigungen von Teilen des limbischen Systems[36] sind ohne Schmerzempfindungen, andere neigen zu extremen Negativbewertungen. Patienten ohne Hippocampus (der auch relevant für die Repräsentation und Verarbeitung von Gedächtnisinhalten ist) haben dagegen Angst- und Schreckreaktionen, wissen aber nicht, warum, d.h. ihnen fehlt die bewusste Erfahrenskomponente (zu weiteren Syndrombeschreibungen s. u.a. Roth $^{5}$2009: 290f., Panksepp 2004).

Die Areale, die primär für die emotionale Verarbeitung verantwortlich sind, sind jedoch nicht unabhängig von den Bereichen des Gehirns zu betrachten, die für die kognitiven Fähigkeiten zuständig sind. So zeigen Roth ($^{8}$2002: 178ff.) und Damasio (2003, $^{6}$2010), dass assoziativer Kortex, der „Sitz" der kognitiven Fähigkeiten, und limbisches System durch zahlreiche neuronale Querverbindungen und Interaktionen eine unauflösliche Funktionseinheit bilden. Der sogenannte orbitofrontale (präfrontale) Kortex gilt als das wichtigste Bindeglied zwischen Kortex und limbischem System. Ist die Interaktion zwischen den Aktivitäten beider gestört, kommt es zu gravierenden Ausfällen im emotionalen Erleben und Bewerten, die erheblichen Einfluss auf kognitives Verhalten nehmen können. Das limbische System ist in diesem Sinne das Bewertungssystem des Gehirns.

---

36 Schon Roth ($^{3}$1996: 135) weist daraufhin, dass das limbische System auch maßgeblich die Wahrnehmungs- und Speicherleistungen determiniert: „Hippocampus und Amygdala sind offenbar an der *Auswahl* und *Bewertung* sensorischer Erregung hinsichtlich von Gedächtnisspeicherung beteiligt."

Damasio zeigt an Fallstudien,[37] welche Auswirkungen Störungen des präfrontalen Kortex haben können. Elliot, ein kluger, vernünftiger Mensch, einfühlsamer Vater und Ehemann, ein geschätzter, verantwortungsbewusster Kollege im Berufsleben, musste sich einer operativen Entfernung eines Gehirntumors unterziehen, bei der Gewebe des Stirnlappens in Mitleidenschaft gezogen wurde. Trotz seiner intakt gebliebenen intellektuellen Fähigkeiten war Elliot nach dieser Operation nicht mehr Elliot (s. Damasio [6]2010: 66). Motorik, Wahrnehmung und Kognition (im Sinne von Informationsverarbeitung und Kategorisierung) waren intakt,[38] aber Elliot war bei hoher Intelligenz unfähig, sich nach sozialen Regeln zu richten, Handlungsabläufe zu planen und zu bewerten. Sein Entscheidungsvermögen erwies sich als so beeinträchtigt, dass er nicht mehr rational handeln konnte und weder zu moralischer Bewertung, noch zu Einfühlungsvermögen fähig war. Eine „reine Vernunft" ohne Emotionen führt also keinesfalls zu besseren oder vernünftigeren Entscheidungen, sondern, wie das Verhalten von Menschen mit bestimmten Stirnhirnschädigungen zeigt, zu psychischer und sozialer Auffälligkeit.

So zeigt sich auch von neurowissenschaftlicher Seite eine enge Beziehung zwischen Kognitions- und Emotionsprozessen. Die enge Wechselwirkung zwischen Kognition und Emotion ist nicht nur aufgrund unserer Alltagserfahrung und kognitionslinguistischen Reflexionen plausibel, sie ergibt sich auch als Konsequenz aus der Beobachtung, dass das limbische System bei rationalen Prozessen eine entscheidende Rolle spielt.

Die Emotionen sind also, wie es der Hirnforscher Joseph LeDoux formuliert hat, „die Fäden, die das mentale Geschehen zusammenhalten." Ihm zufolge wird „das ganze Selbst von der Emotion absorbiert" (LeDoux [6]2012: 14f., 322ff.). Gefühle beschreibt er als biologische Funktionen des Nervensystems, als von Hirnmechanismen abhängige psychische Zustände und sieht die Zukunft der Emotionsforschung voll und ganz in den Neurowissenschaften (s. das Zitat am Anfang des Kapitels).

Hinsichtlich der Relation von Kognition und Emotion bleibt als Fazit, dass Kognition und Emotion keine strikt voneinander zu unterscheidenden

---

37 S. hierzu die Rekonstruktion des (historischen) Falles Phineas P. Gage. Gage (ein zuverlässiger, verantwortungsbewusster Vorarbeiter) erlitt in Vermont 1848 durch einen Unfall die Zerstörung von Teilen des präfrontalen Kortex. Durch diese Schädigung wurde er zu einem unkontrollierbaren, unzuverlässigen, vulgären Menschen.

38 Diese Dissoziation spricht für die Modularitätshypothese in Bezug auf bestimmte kognitive und emotionale Fähigkeiten. Beide interagieren normalerweise, sind aber als Kenntnis- und Verarbeitungssysteme durch eigene Gesetzmäßigkeiten und unabhängige Verarbeitungsabläufe gekennzeichnet. Diese Hypothese bedarf aber noch weiterer Fallstudien.

Einflussgrößen darstellen. Zwar ist es sinnvoll, weiterhin von zwei Kenntnissystemen auszugehen, aber auf der Prozessebene müssen wechselseitige Interaktionen angenommen werden. Eine Differenzierung der zwei Komponenten scheint nach neueren Erkenntnissen der neurobiologischen Humanforschung, aber auch der neuropsychologischen und psychophysiologischen Forschung jedenfalls schwieriger zu sein, als dies bislang angenommen wurde.

### 4.8.2 Emergenz und Qualia: Gefühle als mentale Phänomene!

> „What is matter? – Never mind! What is mind? – Never matter!" (Punch, 1855)

> „Die Wege der Seele sind unendlich". (Heraklit)

Nach LeDoux und Hirst (1986) sowie LeDoux ([6]2012) ist der neurowissenschaftliche Ansatz derjenige, der zum besten Verständnis von Emotionen führt. Viele Gehirnforscher und insbesondere Vertreter der Position des Physikalismus wie Churchland (1999) sehen es als unnötig an, eine von den physikalischen Strukturen abstrahierende mentale Ebene zu postulieren, da sich kognitive Strukturen und Prozesse, die im Gehirn verankert und auf neuronale Verknüpfungen und Aktivitätsmuster zurückführbar sind, prinzipiell durch neurobiologische Prinzipien erklären lassen (s. auch Lycan 2006).

Hier stoßen wir auf das uralte Geist-Körper-Problem und die daran geknüpften Fragen nach der Identität des Menschen, seinem Geist, seiner Seele, seiner Willensfreiheit. Sind Denken, Sprechen, Fühlen, Sehen, Erinnern, Träumen – von uns als geistig-seelische Vorgänge erfahren – in Wirklichkeit nur das Resultat physischer Ereignisse, elektrochemischer Prozesse im menschlichen Gehirn? Ist die immaterielle Erfahrungsdimension im menschlichen Leben letztendlich nichts als ein Erzeugnis von Gehirnfunktionen und damit Gegenstand der Molekularbiologie? Ist Lieben als biochemischer Aktivierungsprozess von Neuronenverbänden in einer Ecke des Großhirns zu erklären? Sind unsere vermeintlich freien Willensentscheidungen als automatisch ablaufende Zustandsveränderung von Synapsen bzw. Transmittersubstanzen zu charakterisieren? Ist der Mensch demnach eine biologische Maschine, ist er der „neuronale Mensch" (s. Changeux 1984)?

Manche Gehirnforscher gehen davon aus, dass die Neurowissenschaften die Geistes-Wissenschaften langfristig ersetzen werden. Alle geistigen Fähigkeiten sind demzufolge Gehirnleistungen und als solche zu beschreiben.

Diese Position hat weitreichende Konsequenzen: Wir definieren, identifizieren uns als Individuen über die Summe von Ideen, Gedanken und Gefühlen, über die Vorstellung eines freien Willens (dessen begrenzte Reichweite wir übrigens alle schon im Leben gespürt haben bei emotionalen Prozessen wie Angst und Liebe, gegen die wir „machtlos" sind). Die physiologischen und biochemischen Prozesse sind stärker als unser Wollen. Verletzungen des Gehirns führen zu Verwirrung, Sprachstörungen, dem Verlust unterschiedlicher Fähigkeiten wie Sehen, Schmecken, Hören, ohne dass wir dies willentlich in irgendeiner Weise beeinflussen können. Ist die Vorstellung vom körperlosen Geist und dem freien Willen des Menschen somit eine Illusion? Sind wir Menschen „von Göttern wie Marionetten gezogen" (wie Büchner seinen Danton mutmaßen lässt) – und diese Götter sind unsere Neuronen?

2004 äußerten sich elf führende Neurowissenschaftler (u.a. Singer, Roth, Friederici) in einem „Manifest" über Gegenwart und Zukunft der Hirnforschung, über die heute bereits vorliegenden Erkenntnisse und die zukünftigen Möglichkeiten der Neurowissenschaften. Das Geist-Körper-Problem ist für sie prinzipiell gelöst: Es gibt keinen Geist ohne Körper (d.h. ohne Gehirn). Jedem geistigen Erlebnis geht ein neuronales Erlebnis voraus. Seelisch-geistiges Erleben ist untrennbar gekoppelt an neuronale Vorgänge und nicht unabhängig von diesen zu erklären.

> „Geist und Bewusstsein … fügen sich … in das Naturgeschehen ein und übersteigen dieses nicht. Und: Geist und Bewusstsein sind nicht vom Himmel gefallen, sondern haben sich in der Evolution der Nervensysteme allmählich heraus gebildet." (Das Manifest 2004)[39]

Die Ergebnisse der Hirnforschung, so die Autoren, werden zu einer Veränderung des Menschenbildes führen: Das dualistische Modell wird verwischt. Natur- und Geisteswissenschaft müssen in Dialog treten, um gemeinsam ein neues Menschenbild zu entwerfen. Die Eigenständigkeit der Innenperspektive im menschlichen Erleben bleibt erhalten: Es gehört zu den Leistungen des Hirns, dass es interne Repräsentationen und subjektive Erlebnisse erzeugt.

Die materielle Gehirnebene ist unzweifelhaft Basis des Geistes, sie reicht aber zur Erklärung des Geistigen nicht aus, da mentale Phänomene emergente Eigenschaften darstellen, d.h. sie lassen sich nicht vollständig durch die Prinzipien der neuronalen Strukturen und Aktivitäten, die ihre materielle Trägerebene darstellen, beschreiben und erklären. Jeder Versuch, die Erlebniseinheiten der immateriellen Ebene des Geistes komplett zurückzu-

39 S. hierzu bereits das Buch von Ditfurth (1976): „Der Geist fiel nicht vom Himmel".

führen auf ihre materiellen Trägersubstanzen, ist bislang gescheitert bzw. offenbart stets die Erklärungslücke[40] hinsichtlich des „Sprunges" von Materie zu Geist. Eine einfache Korrelation neuronaler und mentaler Prinzipien ist daher nicht möglich. Kognitive Fähigkeiten sind an die materielle Struktur des Gehirns kausal gebunden, lassen sich aber durch die Prinzipien dieser Struktur weder vollständig noch adäquat erklären. Neuronale Modelle können Aspekte der erlebten Subjektivität nicht einmal mit ihrer derzeit gängigen Terminologie beschreiben und erklären. Insbesondere die sogenannten Qualia-Eigenschaften des menschlichen Geistes wie Bewusstsein, Subjektivität des Erlebens und Intentionalität lassen sich in keiner Weise durch die Angabe von axonalen Aktivitätsmustern und Nervenzellverknüpfungen erfassen (vgl. auch Metzinger [2]1996 und Gertler 2006). Wie soll ich jemandem erklären, was *hasserfüllt* oder *lieblich* oder *süß* oder *schön* bedeutet, wenn ich nur neuronale Modelle verwenden kann? Bei einem Ausflug in das Gehirn[41] finden wir weder das Gefühl der Liebe, noch das Bild eines blauen Himmels mit Wolken, nicht die Erinnerung an unsere Kindheit, nicht die Zeilen des Gedichts über Heidelberg von Hölderlin. Angesichts der gräulichen Masse von Nervenzellen ist von den geistigen Repräsentationen, die für uns subjektiv erlebt so wahr und real existent sind wie extern erfahrene Gegenstände, keine Spur.

Die Beschreibung unserer emotionalen und kognitiven Systeme mit physiologischen Begriffen bleibt deshalb immer unvollständig und die Relevanz mentaler Repräsentationen erklärt sich gerade aus den Eigenschaften menschlicher Kognition und Emotion sowie der Subjektivität des Bewusstseins. Bislang gibt es jedenfalls trotz aller immensen Fortschritte kein einziges neurowissenschaftliches Modell, das in der Lage ist, deskriptiv wie explanativ, die Erklärungsansätze der geisteswissenschaftlichen Forschung zu ersetzen. Geistige und emotionale Fähigkeiten lassen sich nach wie vor auf der mentalen Ebene besser erfassen.

Die bislang getrennt voneinander arbeitenden Disziplinen zusammenzubringen und eine gemeinsame psychoneuronale Begriffs- und Erklärungssprache zu finden, ist die zukünftige Herausforderung an Neuro-, Emotions- und Kognitionswissenschaften.

---

40 1993 hielt ich zu diesem Thema auf Einladung des Bochumer Graduiertenkollegs KogNet auf einem Symposium einen Vortrag. In der Diskussion zeigte sich der Neurowissenschaftler Christoph von der Malsburg optimistisch, dass dieses Problem in naher Zukunft von der Gehirnforschung gelöst sein würde. Von einer Lösung sind wir heute jedoch noch genauso weit entfernt wie vor 14 Jahren.

41 Ein ähnliches Gedankenspiel findet sich bereits bei Leibniz.

## 4.9 Sprachverarbeitungsprozesse und Emotionen

### 4.9.1 Emotion und Sprachproduktion

> „Zu erwarten ist, dass nicht der gesamte Außenbereich eines Subjektes gleichmäßig differenziert abgebildet ist, sondern dass Gegenstände mit hoher Relevanz eine besondere Ausprägung im kognitiven Struktursystem erfahren." (Hans Schiefele, Manfred Prenzel)

In der psycholinguistischen Forschung werden bislang die Prozesse der Sprachverarbeitung, also Sprachrezeption und Sprachproduktion, als rein kognitive Informationsverarbeitungsprozesse betrachtet und empirisch-experimentell untersucht. Emotionen werden daher in den einschlägigen Sprachproduktions- und Sprachrezeptionsmodellen gar nicht oder nur am Rande als bloße Begleitphänomene berücksichtigt, die keinen wesentlichen Einfluss auf sprachliche (kompetenzgesteuerte) Leistungen haben, d.h. Sprachverstehen und Sprachproduktion laufen autonom von emotionalen Faktoren ab.

Dies steht in offensichtlichem Widerspruch zu den vorwissenschaftlichen Alltagsbeobachtungen, die dokumentieren, dass alle Ebenen des Sprachverarbeitungsvorgangs erheblich von emotionalen Zuständen beeinflusst werden können: Wir stottern und verhaspeln uns, wenn wir aufgeregt sind, verschlucken Laute, nuscheln oder sprechen so leise und unklar, dass uns niemand mehr versteht, Erregungszustände bringen uns zum Schreien, Kreischen und Zischen. Wir produzieren fälschlicherweise Lexeme,[42] die nicht gemeint waren und artikulieren grammatisch unrichtige Sätze. Auch Verdoppelungen, Auslassungen, Fehlstellungen sind das Resultat innerer Erregung. Emotionale Zustände können dazu führen, dass wir buchstäblich Unsinn reden, d.h. unsere semantischen Repräsentationen können unter Umständen Inkompatibilitäten aufweisen und in längeren Diskurssequenzen können Inkohärenzen auftreten (s. Fußnote 1 in Kap. 7 zu den Schreibblockaden).

[42] Versprecher, d.h. die unabsichtliche Produktion eines falschen, nicht-intendierten Wortes, unterliegen (so hat die linguistische Forschung der letzten Jahrzehnte gezeigt) vor allem sprachstrukturimmanenten Faktoren (s. hierzu z.B. Aitchison [4]2012). Es gibt aber auch situative oder konzeptuelle Versprecher, die durch externe, d.h. perzeptuelle oder interne, d.h. emotionale Faktoren initiiert werden (s. Schwarz 1999, Marx 2002; vgl. auch Dziwirek/Lewandowska-Tomaszcyk 2010).

Augenscheinlich gibt es systematische Beziehungen zwischen Emotionen und Sprachproduktionsprozessen, die nicht kontrollierbar[43] und regulierbar sind. Die in 4.9.3 aufgeführten Beispiele kodieren alltagssprachlich diese Interaktionen. Bevor man exakte wissenschaftliche Aussagen treffen kann, müssen jedoch in der Psycholinguistik diese Aspekte systematisch empirisch-experimentell untersucht werden.

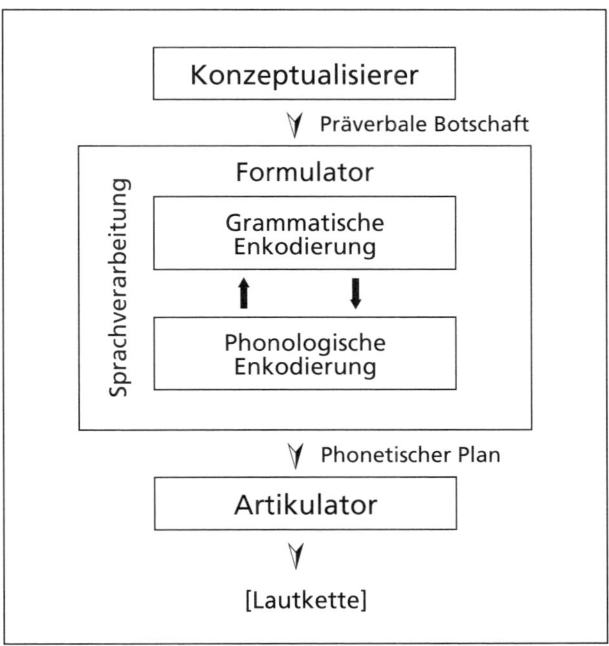


Abb. 3: Äußerungsproduktionsmodell nach Levelt (1989)

In Anlehnung an das in der Forschung be- und anerkannteste Sprachproduktionsmodell von Levelt (1989) lässt sich der Vorgang in verschiedene Prozessphasen einteilen (wobei diese nicht strikt sequenziell, sondern inkrementell, d. h. weitgehend parallel ablaufen).

Bei der Konzeptualisierung trifft der Sprecher eine thematische Auswahl. Er legt fest, worüber er sprechen will. Eine mentale Repräsentation wird aktiviert bzw. konstruiert (vgl. hierzu auch Kap. 6.1). In die Konzeptualisierung fließen referenzielle und kommunikative Aspekte mit ein. Berücksich-

43 Es besteht ein gravierender Unterschied zwischen dem bewussten Prozess, in dem Sprecher ihre Gefühlszustände und -vorgänge intentional, zielorientiert ausdrücken und dem unbewussten Vorgang, in dem Emotionen zu bestimmten Ausdrucksvarianten führen.

tigt werden der aktuelle situative Hintergrund, sein Weltwissen, seine Motive und Interessen. Hier sind auch emotionale Einflüsse einzubeziehen: die permanent gespeicherten emotionalen Einstellungen sowie die aktuelle Gefühlslage des Sprechers, die selektiv bestimmte Gedächtnisinhalte präferieren lassen (Perspektivierung und Evaluierung sind auf dieser Stufe zu lokalisieren; vgl. Kap. 6). Das Resultat der Konzeptualisierung stellt die präverbale Botschaft dar, also eine konzeptuelle Repräsentation als Planungseinheit, zu der eine entsprechende sprachliche Form zu erstellen ist. Dies geschieht auf der Verbalisierungsebene (Formulatorkomponente): Die grammatische Kodierung und deren phonologische Repräsentation ist hier zu verankern.

Im Modell Levelts (1989) wird die lexikalische Auswahl durch die konzeptuelle Repräsentation der präverbalen Botschaft determiniert. Die zu verwendenden syntaktischen Formen werden dann hauptsächlich durch die aktivierten lexikalischen Einheiten bestimmt. Mittels der phonetischen Realisierung schließlich kommt es zur Artikulation (s. hierzu auch Herrmann/Grabowski 1994).

Battacchi/Suslow/Renna ([2]1997), die sich an dem Modell Levelts orientieren, halten eine emotionale Beeinflussung der lexikalischen und phonologischen Enkodiermechanismen für denkbar, einen Einfluss auf die syntaktisch-grammatischen Enkodierprozesse schließen sie aus.

Es lässt sich vermuten, dass emotional positiv konnotierte Wörter schneller und leichter verfügbar sind, emotional negative, tabuisierte Items dagegen einen höheren Schwellenwert haben.

Teasdale und Barnard (1999) sehen emotionale Komponenten in ihrem Modell als determinierende Größen und beschreiben den Einfluss folgendermaßen: Ist eine bestimmte Emotion beim Sprachproduzenten aktiviert, die aktuell intensiv erlebt wird („hot emotion") und mit entsprechenden konzeptuellen und physiologischen Mustern korrespondiert, so wird eine sprachliche Äußerung sowohl hinsichtlich ihres konzeptuellen Inhalts, ihrer propositionalen Aspekte, wie auch ihrer prosodischen und stimmlichen Form direkt beeinflusst.

Dass die Wortwahl durch spezifische emotionale Zustände und Prozesse auf eine bestimmte Weise beeinflusst wird, lässt sich auch im Rahmen kognitionslinguistischer Textanalysen rekonstruieren. Wie die Satzstruktur in spezifischer Weise durch Emotionen verändert wird, ist bislang gar nicht geklärt.[44]

---

44 Auch ist bislang die Rückkopplung sprachlicher Äußerungen auf emotionales Erleben und Bewerten kaum untersucht worden, z. B. emotionale Wirkungen, die mit dem Aussprechen von Tabu-Wörtern/Anal- oder Fäkalwörtern verbunden sind. Vgl. aber Guillet/Arndt (2009).

Psycho- und neurolinguistische Experimente müssen diese Aspekte untersuchen (vgl. Kousta/Vinson/Vigliocco 2009). Hier öffnet sich ein weites Feld.

### 4.9.2 Sprachrezeption: Textverstehen und emotionale Prozesse

> Baum, Frau, Idee, Liebesleid, Gewerkschaft, Meinung, Saft, Vergewaltigung, Nomen, Diskette, Schaufel, Strom, Heft, Gurke, Massenmörder, Geschäft, Nadel, Brot, Absatz, Bank.

> „Emotional relevante Informationen werden in der kommunikativen Situation durch sehr unterschiedliche verbale, paraverbale und nonverbale Mittel transportiert, deren Wahrnehmung und Verrechnung leider bislang in keinem umfassenden Sprachverarbeitungsmodell dargestellt werden kann." (Martina Hielscher)

Sprachverstehen ist nie nur kognitiv bestimmt, ist nie nur „Extraktion" von Informationen. Je nach Information und Rezipientensituation löst eine sprachliche Äußerung[45] Freude oder Ärger, Wut, Angst und Empörung, Glück oder Mitleid aus.

(72) „Vom Winde verweht" kommt heute Abend im Fernsehen.
(73) Frauen gehören an den Kochtopf.
(74) Ausländer raus!
(75) Schlagt alle Juden tot.
(76) Es herrscht ab 7 Uhr Feuerpause.
(77) Der Dalai-Lama hat sich ein Bein gebrochen.

So kann selbst ein harmloser Wetterberichtstext wie (78) Enttäuschung hervorrufen (wenn z.B. ein Ausflug oder eine Gartenparty geplant war).

(78) Morgen verändert sich das Wetter. Es wird regnen.

Das Rezipieren von Texten ist entsprechend kein neutraler Verarbeitungsvorgang, kein bloßer Informationsverarbeitungsprozess im Sinne eines sequenziellen Kodierungsprozesses, sondern involviert je nach Textthema und Textgestaltung mehr oder weniger stark emotional gesteuerte Prozesse. Bereits vor dem Rezeptionsprozess liegen emotionale Einstellungen beim Leser

---

[45] Man kann davon ausgehen, dass alle wesentlichen Prozessphasen des Sprachverstehens von emotionalen Zuständen und Prozessen on-line beeinflusst werden können. Schon die perzeptuelle Kodierung von sprachlichen Informationen kann emotional blockiert bzw. affiziert sein (s. hierzu die sprachlichen Beispiele in Kap. 4.9.3).

vor und diese werden zusätzlich von dem jeweiligen Text aktiviert, verstärkt oder verändert (s. hierzu ausführlich Kap. 6).

Sowohl die allgemeinen als auch die spezifischen emotionsgesteuerten Rezeptionsprozesse, die textuelle Mittel als Auslöser emotionaler Inhalte involvieren, sind aus psycholinguistischer und kognitionspsychologischer Perspektive sehr viel seltener untersucht worden als die rein kognitiven Prozessaspekte, obwohl wesentliche Einflusskomponenten anzunehmen sind (vgl. z. B. Früh 1980, Caffi/Janney 1994). Dass emotionale bzw. stark konnotative Bedeutungsaspekte (aufgrund ihrer hohen Relevanz) anders rezipiert (z. B. schneller oder hinsichtlich des Aktivierungsniveaus intensiver) sowie besser behalten werden als neutrale Informationen, hat Schürer-Necker (1994) in ihrer Studie zur Wirkungsweise von Emotionen auf das Gedächtnis und insbesondere auf das Behalten von Texten gezeigt. Dies lässt sich bereits für das Behalten einzelner Wörter anhand der Wortliste unter der Kapitelüberschrift überprüfen. Wenn Sie in diesem Moment diese Liste memorieren, werden mit Sicherheit vor allem die beiden stark an Emotionsaktivierungen gekoppelten Wörter *Vergewaltigung* und *Massenmörder* gut abrufbar sein.

Die Textrezeptionsforschung der letzten Jahre hat gezeigt, dass es vom Vorwissen des Rezipienten (seiner kognitiven Ausstattung) und von seinem Aktivationsniveau (Interesse, Motivation) abhängt, wie viel von einem Text verstanden und behalten wird. Vermutet wird seit Jahren, dass Emotionen die Aufmerksamkeit und dadurch die Gedächtnisleistung beim Textverstehen wesentlich beeinflussen, dass durch die besondere Aktivierung subjektiv Bedeutsames intensiver und damit tiefer verarbeitet wird und dadurch emotionale Textinhalte leichter verknüpft und in bereits gespeicherte Kenntnissysteme des Lesers integriert werden können. Bis heute haben wir jedoch nur wenig empirisch fundierte Kenntnisse zu den emotionalen Prozessen beim Lesen von komplexen Texten und im Vergleich zu den kognitiven Aktivierungs- und Inferenzstudien sind die experimentellen Untersuchungen zur Emotionalisierung beim Textverstehen eher spärlich geblieben. So stellte Mandl (1981: 30 f.) fest:

> „Aufgrund der Isolierung der Textforschung vom sozialen Kontext wurde auch die motivationale und emotionale Seite des Lesens zu wenig berücksichtigt. Es besteht kein Zweifel daran, dass die Verarbeitung von Texten durch emotionale Prozesse beeinflusst werden kann und solche Prozesse auch auslöst."

Und auch Groeben (1982: 303) konstatierte: „Über die affektiv-motivationalen Rezeptionsprozesse fehlt (gemessen an den Notwendigkeiten) fast jegliches Wissen". Hielscher (2003a: 677 f.) zieht zwanzig Jahre später noch immer ein ganz ähnliches Fazit (s. das Zitat unter der Überschrift). Aber nicht nur die empirisch-experimentell zu erforschenden emotionalen Prozesse sind wenig untersucht worden (s. hierzu aber Altmann et al. 2012 und Bohrn 2013). Auch die textuellen, linguistisch beschreibbaren Manifestationsformen von Emotionen in Texten sind bislang kaum berücksichtigt worden (vgl. aber Winko 2003, Bednarek 2006 und 2008). Textlinguistische Studien konzentrieren sich vor allem auf die propositionalen Informationsstrukturen von Texten, ihre grammatischen Verknüpfungen und semantisch-konzeptuellen Relationen. Auf welcher Ebene das textuelle Emotionspotenzial zu verankern ist, wurde bisher nicht untersucht, obgleich zahlreiche Untersuchungen belegen, dass emotionale Texte für Leser am interessantesten sind und auch besonders gerne gelesen werden (vgl. u.a. Anderson/McMaster 1986, Iran-Nejad 1987, Miall 1988, Duffy et al. 1989). Die Gedächtnispsychologie hat zudem gezeigt, dass solche Texte auch effizienter und schneller gelernt werden (vgl. Rubin/Friendly 1986, Garner/Gillingham 1991). Offensichtlich spielen hier die Identifikationsprozesse eine Rolle, die nachweislich im Leseprozess stattfinden: Viele Leser erleben die im Text geschilderten Emotionen der Protagonisten und haben aktiv an ihren Gefühlen teil, oft identifizieren sie sich während der Lektüre mit den einzelnen Personen (vgl. van Peer/Chatman 2001: 331, Oatley 2004a: 111). Die psychologischen und psycholinguistischen Prozesse, die zu dieser Identifikation führen, wurden bislang jedoch kaum empirisch untersucht.

Tsiknaki (2005), die auf diesen Forschungsmangel hinweist, hat daher anhand zweier empirischer Untersuchungen eine Verfahrensweise entwickelt, die es ermöglichen soll, das „emotionale Profil eines Textes" zu bestimmen und dadurch auch Leser-Emotionen zu prognostizieren. Dabei benutzt die Autorin allerdings als einzige Informationsquelle das emotionale Potenzial der Wörter eines Textes. Auf der Basis des „Affektiven Lexikons München" (ALM), einer Liste von ca. 1.000 Wörtern und ihrer semantischen differenzialen Profile, wird der Versuch unternommen, eine „Emotionsprognose" (d.h. eine Verfahrensweise zur Vorhersage von Leser-Emotionen) zu erarbeiten (vgl. hierzu auch Berth 2000 zum Dresdner Wörterbuch und der „Affektmessung" anhand von Texten, die Rückschlüsse[46] über den emotionalen

[46] Die theoretische Grundannahme des psychologischen Gottschalk-Gleser-Verfahrens ist, dass sich Emotionen auf das Denken und die Sprache eines Individuums auswirken und sich durch die Erfassung des Rede- und Schreibverhaltens messen lassen. Es sind im Gottschalk-Gleser-Verfahren mehrere inhaltsanalytische Skalen definiert, z.B. für Angst, Aggressivität, Depressivität oder Schizophrenie. Mit dem Verfahren können prinzipiell alle Arten von Texten hinsichtlich ihres lexikalischen Emotionsausdrucks untersucht werden.

Zustand der Sprachproduzenten geben soll und Schröder 2009 zur Affektsteuerungstheorie).

Da aber das „Emotionsprofil“ (bzw. das Emotionspotenzial) eines Textes[47] nie nur durch bestimmte Wörter determiniert wird, sondern sich maßgeblich durch textuelle Mittel und Strategien, die die Informationsstrukturierung und das gesamte Inferenzpotenzial betreffen, konstituiert, erfasst eine solche Studie bzw. Vorgehensweise immer nur rudimentär und singulär einzelne lexikalische Aspekte, nie jedoch den Text als Ganzes bzw. das Textweltmodell und sein Emotionspotenzial (s. hierzu ausführlich Kap. 6).

### 4.9.3 Konzeptualisierungen: Wie Emotion Sprachverarbeitung beeinflusst

In unseren sprachlichen Äußerungen spiegeln sich konzeptuelle Repräsentationen wider, die den Einfluss emotionaler Zustände auf die Sprachverwendung und -verarbeitung darstellen. Alle Beispiele haben somit eine kausale Richtung. Im Wesentlichen lassen sich für die Sprachproduktion die folgenden Typen unterscheiden:

- Emotion → Abnahme der Äußerungs-Quantität:

Eine positive oder negative Emotion kann dazu führen, dass die sprachliche Verarbeitung quantitativ abnimmt oder zu einem vollständigen Verstummen führt.

(82) Sie brachte nur noch ein Stammeln hervor.
(83) Er verhaspelte sich andauernd.
(84) Er verstummte.
(85) Vor Schreck wusste er nichts mehr zu sagen.
(86) Es verschlug ihm die Sprache.
(87) Sie bekam keinen Ton heraus.
(88) Ihm blieb vor Aufregung die Sprache weg.

Eine andere Möglichkeit ist:

- Emotion → Zunahme der Äußerungs-Quantität:

(89) Sie war so glücklich, dass sie munter drauf los plapperte.
(90) Überwältigt von ihrer Liebe redete sie wie ein Wasserfall.
(91) Ihr Redefluss war nicht zu stoppen. Aufgeregt sprudelte sie weiter.
(92) Vor lauter Angst redete er wie um sein Leben.

---

[47] Ich unterscheide Emotionspotenzial (d.h. das im Text durch Referenz- und Inferenzpotenzial angelegte und linguistisch beschreibbare Potenzial für emotionale Prozesse) und Emotionalisierung (d.h. den tatsächlich im Leser ablaufenden Prozess, der durch das Emotionspotenzial maßgeblich beeinflusst werden kann, s. hierzu Kap. 6).

Ein emotionaler Zustand kann also auch dazu führen, dass der Betroffene in seiner Redetätigkeit angeregt wird und quantitativ mehr als üblicherweise produziert.

Hinsichtlich der Qualität sprachlicher Äußerungen lassen sich entsprechend die beiden folgenden Varianten feststellen:

- Emotion → Abnahme von Äußerungs-Qualität:

(93) Vor Glück redete sie nur noch Unsinn.
(94) Er war so nervös, dass er nur falsche Antworten zustande brachte.
(95) In ihrer Wut schrie sie ihm widersinnige Gehässigkeiten entgegen.
(96) Sie fand vor Schreck nicht die richtigen Worte und brachte nur unsinniges Zeug hervor.
(97) Die Aufregung brachte ihn aus dem Konzept/der Fassung.
(98) Er brachte keinen vernünftigen Satz mehr hervor.

Umgekehrt kann ein emotionaler Zustand aber auch zu einer qualitativen Verbesserung der Äußerung führen:

- Emotion → Zunahme von Äußerungs-Qualität

(99) Die Liebe ließ ihn genau die richtigen Worte finden.
(100) Beflügelt von seinen Gefühlen sprach er zu ihr wie ein großer Dichter.
(101) Unter emotionalem Druck wird er zu einem begnadeten Rhetoriker.

In Bezug auf die mündliche und schriftliche Sprachrezeption finden wir insbesondere die beiden folgenden Relationen ausgedrückt:

- Emotion → Abnahme von semantischer Qualität

(102) Er konnte sich nicht darauf konzentrieren, was sie sagte.
(103) Er las und las doch nicht. Nach 10 Minuten hatte er noch nichts begriffen.
(104) Er las den Text immer wieder, aber in seiner Angst verstand er nur die Hälfte.

- Emotion → Abnahme von phonologischer/graphemischer Qualität

(105) Entsetzt sah er sie an. Sie öffnete den Mund. Er hörte sie wie aus weiter Ferne sprechen. / Ihre Worte waren wie ein leises Rauschen in seinen Ohren.
(106) Er stand unter Schock. Wie durch Watte hörte er sie etwas sagen.
(107) Er war so aufgeregt. Er las die Passage, aber die Buchstaben tanzten/verschwammen vor seinen Augen.

**Literatur:**

Battacchi/Suslow/Renna ([2]1997), Dalgleish/Power (1999), Ike (2004), Damasio ([6]2010), Solomon (2003), Roth (2009), Manstead/Frijda/Fischer (2004), Power/Dalgleish ([2]2008), Hartmann ([2]2010), Schwarz-Friesel (2008), De Houwer/Hermans (2010), Grimm et al. (2012).

# 5 Gefühle sprachlich mitteilen: Referenz auf Emotionen und verbale Ausdrucksmöglichkeiten der emotionalen Einstellung

## 5.1 Wörter: Lexikalische Ausdrucksvarianten von Emotionen

### 5.1.1 Wörter als Symbole

> „Worte ... Sie brauchen nur die Schwingen zu öffnen und Jahrtausende entfallen ihrem Flug ...“ (Gottfried Benn)

Welche Ausdrucksmöglichkeiten für Gefühle bietet die Sprache lexikalisch, syntaktisch und textuell? Mit welchen Wörtern und Sätzen drücken wir Liebe oder Hass, Freude oder Trauer aus? Welche Rolle spielen dabei Vergleiche und Metaphern? Mit diesen Fragen wird sich das vorliegende Kapitel anhand von zahlreichen Beispielen und Textanalysen beschäftigen.

Die wichtigsten lexikalischen Emotionsausdrücke einer Sprache, also die Wörter des Deutschen, mit denen wir in der Kommunikation auf Emotionen referieren, sollen zuerst dargestellt werden. Dabei ist es sinnvoll, sich zunächst allgemein den Status von Wörtern als sprachlichen Symbolen zu vergegenwärtigen.

Sprachliche Kommunikation haben wir als informationellen Übertragungsprozess, als Austausch von Informationen durch Zeichen beschrieben. Jedes Wort unserer Sprache ist ein sprachliches Zeichen. Generell stehen Zeichen für etwas, sie repräsentieren etwas und haben als Symbole sozusagen eine Stellvertreterfunktion, da sie uns etwas präsent machen können, ohne selbst dieses etwas zu sein. So kann ich über meine Mutter sprechen, über ihre Liebe und Fürsorge, ohne dass sie als Person anwesend ist. In diesem Sinne sind Wörter sprachliche Symbole. Sie bestehen aus zwei Komponenten, Ausdruck (Form) und Inhalt (Bedeutung). Die Ausdrucksrepräsentation kann je nach Modalität entweder eine phonologische oder eine graphematische Repräsentation sein. Der Inhalt lässt sich als die konventionell dazugehörige Bedeutung mittels semantischer Merkmale paraphrasieren (z.B.

BAUM mittels PFLANZE, HAT STAMM, HAT ÄSTE oder LIEBE sehr allgemein mittels EMOTION, POSITIV, INTENSIV, BEZOGEN AUF MENSCHEN). Jedes Wort hat im mentalen Lexikon eine Grundbedeutung (die Denotation[1] oder Intension), die das Referenzpotenzial (die Extension) des Zeichens festlegt: Da ich das Lexem *Baum* mental in meinem Gedächtnis repräsentiert habe, kann ich prinzipiell auf alle Bäume, die es in der Welt gibt, referieren. In einer bestimmten Äußerungssituation benutze ich dann jeweils das Wort *Baum,* um auf ein bestimmtes Exemplar Baum der Kategorie BAUM Bezug zu nehmen.

Wörter sind die wichtigsten Bausteine[2] unserer Äußerungen, sie sind integraler Bestandteil unserer Kommunikation. Ohne sie ist präzise, eindeutige Verständigung nicht möglich. Erst mittels sprachlicher Repräsentationen können wir das Hier und Jetzt der Gesprächssituation mental überschreiten, unsere Handlungsziele klar artikulieren, abstrakte und interne Sachverhalte repräsentieren. Mit Wörtern können wir auf außersprachliche Objekte Bezug nehmen und unsere inneren Gefühle beschreiben. Im klassischen funktionalen Zeichenmodell Bühlers (1934), dem Organon-Modell, bestehen die drei wichtigsten Funktionen von sprachlichen Zeichen darin, dass wir mit ihnen Außersprachliches darstellen (Darstellungsfunktion), etwas von uns ausdrücken (Ausdrucksfunktion) und andere zu etwas bewegen können (Appellfunktion). Zeichen (im Modell als Z) fungieren also je nach Intention als Symbole, Symptome oder Signale.

---

1 Neben der denotativen, referenzfestlegenden Bedeutung besitzen viele Wörter zusätzlich eine emotional gefärbte Nebenbedeutung (die Konnotation), die das Referenzpotenzial nicht tangiert, aber unter Umständen wesentlich für die Äußerungsbedeutung oder den kommunikativen Sinn ist (s. hierzu Kap. 5.2.1). Konnotation meint die emotive Neben- oder Zusatzbedeutung eines Wortes. So ist das Wort *Bulle* (als Bezeichnung für Polizisten) im Deutschen negativ konnotiert, das Wort *entschlafen* dagegen hat positive Konnotationen (vgl. dagegen neutral *sterben* und negativ *abkratzen;* s. hierzu ausführlicher Kap. 5.1.5). Negativ konnotierte Wörter nennt man Pejorativa und positiv konnotierte Meliorativa.

2 Wir können sie zu Sätzen und Texten (d.h. satzübergreifenden Strukturen) verbinden und komplexe Sachverhalte ausdrücken. Zeichen dienen aber auch der Formulierung von kommunikativen Funktionen und Zielen wie Bitten, Versprechen (s. hierzu bereits Kap. 2).

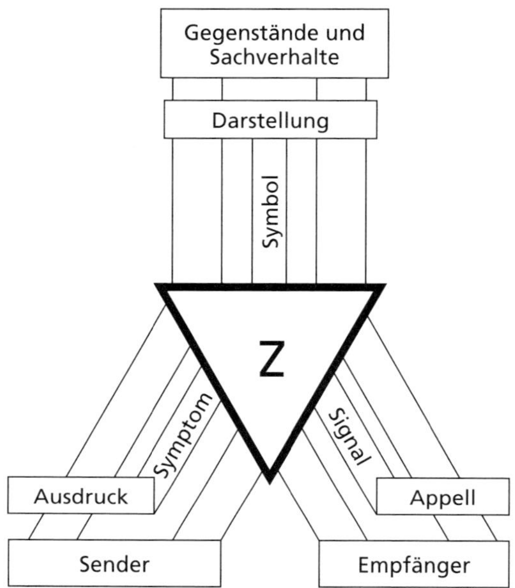


Abb. 4: Organon-Modell (nach Bühler 1934)

Die Ausdrucksfunktion[3] spielt für die Emotionsthematik eine besondere Rolle: Der Sprecher/Schreiber drückt auf diese Weise[4] etwas über seine innere Befindlichkeit, seine emotionale Einstellung aus.

> „It is the emotional feeling of the speaker that is expressed and communicated in the expressive function." (Foolen 1997: 15)

Die Analyse von Zeicheninhalten, also den Bedeutungen von Wörtern, ist für die Sprache-und-Emotion-Thematik besonders wichtig. In der Linguistik geht man davon aus, dass im LZG, genauer im mentalen Lexikon,[5] die Wörter als sogenannte Lexeme abgespeichert sind (s. hierzu auch Schwarz 1992a, b, 1995a, b, Schwarz/Chur [5]2007).

---

3 Jakobson (1972: 119) nennt sie die expressive, die emotive Funktion von Zeichen.

4 Für die Analyse mündlicher Sprachverwendung sind zudem die Aspekte der nonverbalen bzw. paraverbalen Kommunikation ausgesprochen relevant: Gestik, Mimik sowie Prosodie verraten dem Hörer unter Umständen sehr viel über die emotionale Lage des Sprechers (vgl. Karabalić 1994, Argyle [7]1996; zu Prosodie und Emotion s. Tischer 1993 und Kehrein 2002). Da sich dieses Buch jedoch auf die schriftlichen Manifestationen von Emotionen konzentriert, lassen wir diese Aspekte unberücksichtigt.

5 Das mentale Lexikon ist ein sprachliches Kenntnissystem im LZG, in dem Informationen über die Wörter in Form von Lexikoneinträgen gespeichert sind (s. z. B. Aitchison [4]2012).

Bedeutungen sind nichts Atomares. Die „Bausteine" von Bedeutungen lassen sich als semantische Merkmale beschreiben. Die lexikalische Bedeutung (also die Denotation) von *Wut* lässt sich somit sehr allgemein als (EMOTION, NEGATIV, INTENSIV) angeben. Eine Abgrenzung von anderen negativen Emotionskategorien wie Zorn, Angst, Furcht, Hass ist damit jedoch noch nicht gegeben (s. hierzu in Kap. 5.1.3.1 die „emotionalen Szenen"). Neben den kategorialen Merkmalen müssen relationale Merkmale hinzugezogen werden, die spezifizieren, wie emotionale Zustände gerichtet in Bezug auf etwas (z.B. Personen oder Sachverhalte) beschrieben werden können. *Wut* involviert zusätzlich (REAKTION AUF X) und unterscheidet sich von Angst und Furcht durch (ERWARTUNG HINSICHTLICH X).

Die in Kap. 3 erläuterten Parameter spielen ebenfalls eine wichtige Rolle. Jede Emotion lässt sich prinzipiell als ein bestimmter Typ T (Primär- oder Sekundäremotion) mit den Eigenschaften positiv (+) oder negativ (–) auf einer Skala zwischen intensiv (+) oder nicht-intensiv (–) sowie hinsichtlich der Dauer (permanent) und (nicht-permanent) beschreiben.[6]

Bedeutungen sind im mentalen Lexikon nicht isoliert abgespeichert, sondern stehen in bestimmten Relationen zueinander und lassen sich semantischen Feldern oder Netzen zuordnen. Die Gefühlswörter des Deutschen konstituieren für sich ein globales Netz und lassen sich zudem in Subfelder unterteilen (s. Kap. 5.1.2). *Zufriedenheit, Glück, Freude, Seligkeit, Entzücken, Euphorie* bilden z.B. das Feld für die emotionsbezeichnenden Ausdrücke zur Basisemotion FREUDE. Zum lexikalischen Feld von FURCHT gehören *Angst, Besorgnis, Bestürzung, Nervosität, Zaghaftigkeit, Schrecken, Grauen, Entsetzen, Gruseln, Panik*. Zu ZORN lassen sich *Wut, Empörung, Groll, Entrüstung, Verbitterung, Verärgerung* zuordnen, zu EKEL gehören *Abneigung, Aversion, Widerwille, Verachtung, Überdruss*. In Diskursen und Texten finden zudem die Wörter in der Regel nicht isoliert und einzeln Verwendung, sondern werden in größere syntaktische Äußerungseinheiten eingebettet. Die Bedeutungsanalyse involviert aber nicht nur unterschiedlich komplexe Einheiten wie Wort, Satz und Text, sondern, wie ich in den nachfolgenden Abschnitten zeigen werde, auch unterschiedliche Ebenen (lexikalische, aktuelle, konversationale Bedeutungen) sowie unterschiedliche Einflusskomponenten (sprachlicher Kontext, situativer Kontext, kognitionsinhärenter Kontext).

Ich werfe zuerst einen Blick auf die beiden Wörter *Emotion* und *Gefühl*, die Hyperonyme (Oberbegriffe) zu *Liebe, Angst, Ekel* etc. sind. Das unterschied-

6 Allerdings sind die Beschreibungsmerkmale PERMANENT/NICHT-PERMANENT sowie INTENSIV/NICHT-INTENSIV für die Erklärung aktueller Bedeutungen relevanter als für die lexikalischen Bedeutungen (s. hierzu Kap. 5.2.1).

liche Referenzpotenzial der beiden Lexeme habe ich bereits im Rahmen der Emotionstheorie erörtert. Die alltagssprachliche Verwendung der oft synonym benutzten Wörter ist nun linguistisch kurz zu betrachten.

**Denkanregungen:**

Haben Interjektionen wie *ih, ah* und *oh* Zeichenstatus? Lassen sich ihnen Bedeutungen zuordnen? Welche kommunikativen Funktionen erfüllen sie?

Inwiefern lässt sich das Referenzpotenzial von Konkreta wie *Baum, Kirsche* und *Stuhl* generell präziser bestimmen als von Abstrakta wie *Demokratie, Neid, Sozialismus, Güte* und *Moral*?

Worin unterscheiden sich die Lexeme *Putzfrau, Putzhilfe, Putze* bzw. *flennen, heulen, weinen* bzw. *wunderbar, chic, toll, super*?

Die folgenden drei Textausschnitte sind Beispiele für die nicht-synonyme Verwendung der Wörter *Gefühl* und *Emotion*. Können Sie beschreiben, worauf sich beide jeweils beziehen?

(1) „BRAVO.de – Dr. Sommer – HELP! – Seele, Gefühle, Emotionen." (2005)

(2) „Ein Roman voll Emotion und Gefühl, niemals langweilig, aber stets präsent." (Kundenrezension zu „Der englische Patient", amazon.de, 15.12.2005)

(3) „Atmosphärische Songs voller Gefühl und Emotion, mit treibenden Rhythmen und hohem Mitklatschfaktor bestimmen die Stücke des am 12. September erscheinenden Albums. … Comeback der Erfolgsband Simple Minds." (mopo.de, Hamburger Morgenpost, 28.10.2005)

**Literatur:**

Kap. II und VI in Cruse et al. (2002), Schwarz/Chur ([5]2007), Schwarz ([3]2008: Kap. 3.5).

### 5.1.2 *Gefühl* und *Emotion*: Zur distributiven Semantik der beiden Wörter – Überschneidungen und Unterscheidungen

„What feelings *really* are, apart from their descriptions, seems to me an odd question. What a living system experiences as feeling or emotion results from a selfdescription in a *cognitive* domain. … As internal observers we are completely sure about what we feel. I suppose that this sureness as well as our ‚feelings' are, in some way or other, ‚influenced' by our socialization, including its verbal components. We can try to communicate our feelings via (intersubjective) linguistic instruments, intending (or pretending) to relate our ‚feelings' to emotion-expressions." (Siegfried J. Schmidt, Norbert Groeben)

In der alltagsweltlichen Konzeptualisierung sowie ihrer sprachlichen Verwendung werden die Wörter *Emotion* und *Gefühl* weitgehend als Synonyme verstanden und benutzt. Dies zeigt nicht nur die Alltagssprache, sondern auch die vielfach anzutreffende, bereits erwähnte Gleichsetzung der beiden Termini in der emotionspsychologischen Fachliteratur (s. Kap. 3.1), in der „die Begriffe Emotion und Gefühl oft synonym verwandt werden" (Zentner/Scherer 2000: 159).

In vielen linguistischen Arbeiten zur Sprache-und-Emotion-Thematik wird gar keine Unterscheidung getroffen (vgl. Jäger 1988, Fiehler 1990, Hermanns 1995, Heringer 1999, Stoeva-Holm 2005), und die Linguisten, die für eine Differenzierung plädieren, formulieren teilweise sehr unterschiedliche Sichtweisen. Nach Tischer (1993) referieren Gefühlswörter auf die Komponente des subjektiven Erlebens und nur unter dem Aspekt des subjektiven Erlebens sind Emotionen Gefühle. Wierzbicka (1999: 9) gibt die folgende semantische Erklärung: Das englische Wort *emotion* kombiniert in seiner Bedeutung drei Aspekte, den Bezug auf Gefühle (im Sinne seelischer Empfindungen), auf Gedanken (also kognitive Phänomene) und auf den Körper. Bei dem Wort *Gefühl* (*feeling*) dagegen besteht keine Referenz auf Körperliches bzw. auf Gedanken, sondern nur auf die seelischen Empfindungen. Diese Erklärung ist wenig überzeugend, da wir bereits gesehen haben, dass Gefühle als erlebte Bewusstseinszustände von der kognitiven Ebene der Gedanken nicht strikt zu trennen sind. Fries (2003b, 2004, 2009), der 2000 die Wörter *Emotion* und *Gefühl* noch synonym verwendet, grenzt ebenfalls verschiedene Aspekte von Emotion und Gefühl voneinander ab: Er unterscheidet wie Wierzbicka die Dimensionen der körperlichen Wahrnehmungen und der seelischen Empfindungen, legt dann aber fest, dass *Gefühle* auf eine Kombination dreier Verhaltensebenen referieren, „der subjektiv-psychologischen, der motorisch-verhaltensmäßigen und der physiologisch-humoralen Ebene" (Fries 2004: 1). *Emotion* ist bei ihm für den Bereich der seelischen Empfindungen reserviert und Emotionen werden als „sprachlich kodierte Gefühle" charakterisiert (was im Widerspruch zu der in diesem Buch vorgelegten Definition steht).

Ich habe Emotion als komplexes, mehrdimensionales Kenntnis- und Bewertungssystem und Gefühl als die subjektive, interne Erlebenskomponente einer Emotion beschrieben. Das Lexem *Emotion* hat somit ein weiteres Referenzpotenzial als *Gefühl*. Auch in der Emotionspsychologie findet sich zunehmend diese Festlegung. So bemerken Otto/Euler/Mandl (2000: 13f.), dass

> „der Begriff ‚Gefühl' (engl. *feeling*) ... im Deutschen für eine enge Definition von Emotion [steht], die die subjektive Erlebnisqualität als ein Teil der Emotion in den

> Mittelpunkt rückt ... Üblicherweise steht die Bezeichnung ‚Emotion' im Deutschen aber für eine weitere Auffassung und den Oberbegriff, der den körperlichen Zustand und das Ausdrucksverhalten mit einschließt."

Hinsichtlich der semantischen Analyse von Emotionswörtern haben wir bereits allgemein die Methode der Dekomposition beschrieben, die jedoch bezüglich der Frage nach der Synonymie von *Gefühl* und *Emotion* nicht wesentlich weiterhilft. Aspekte der Verwendungsmöglichkeiten (also die distributive Semantik) der beiden Wörter müssen hier berücksichtigt werden (zur distributiven Semantik von Gefühlswörtern vgl. Heringer 1999).

Auf der Konzeptualisierungsebene innerhalb der wissenschaftlichen Auseinandersetzung habe ich für eine konzeptuelle und terminologische Unterscheidung plädiert. Wie sehen aber die Verwendung und das rezeptive Verständnis im Alltagssprachgebrauch aus? Handelt es sich bei den beiden Wörtern *Emotion* und *Gefühl* im alltäglichen Sprachgebrauch tatsächlich um Synonyme, also bedeutungsgleiche Lexeme, die prinzipiell austauschbar und in jedem Kontext äquivalent einsetzbar sind?

Dass beide Wörter trotz ihrer semantischen Ähnlichkeit nur sehr bedingt als Synonyme verwendet werden können und bei dem Lexem *Gefühl* konzeptuell das Merkmal DIE BEWUSSTE ERFAHRUNG EINER EMOTIONALEN KOMPONENTE fokussiert wird, wird durch die folgenden sprachlichen Daten gestützt:

(4) Mein Gefühl sagt mir, dass er lügt. / Mein Gefühl betrügt mich nicht. / Meine Gefühle dir gegenüber sind echt. / Ich habe ein ungutes Gefühl.
(5) Ich habe ein Hungergefühl/Angstgefühl/Schamgefühl.
(6) Das Gefühl der Einsamkeit kroch in ihr hoch. / Aus dem Gefühl der Angst heraus log sie.
(7) ?? Meine Emotion sagt mir, dass er lügt. / ?? Meine Emotion betrügt mich nicht. / ?? Meine Emotionen dir gegenüber sind echt. / ?? Ich habe eine ungute Emotion.
(8) ?? Ich habe eine Hungeremotion/Angstemotion/Schamemotion.
(9) ?? Die Emotion der Einsamkeit kroch in ihr hoch. / ?? Aus der Emotion der Angst heraus log sie.

Das Wort *Emotion* kann in diesen Kontexten nicht benutzt werden: Der Sprecher drückt spezifische, subjektive Erlebensformen aus, nicht mehrdimensional verlaufende Prozesse wie in (10) und (11), wo körperliche und seelische Aspekte gleichermaßen involviert sind.

(10) Ihre Emotionen überfluteten sie. Zitternd und schluchzend gestand sie ihre Angst.

(11) Dieser starke Emotionen auslösende Gewaltstreifen war zuviel für sie. Ihr wurde übel und sie verließ panikartig den Raum.

Von ihrer Distribution im Sprachgebrauch her zeigen sich somit deutliche Unterschiede. Signifikant ist auch, dass es von dem Nomen *Emotion* kein abgeleitetes Verb gibt, das den Prozess der individuellen Emotionsempfindung ausdrücken könnte.

(12) Ich fühle mich traurig/elend/glücklich.
(13) ?? Ich emotionalisiere mich traurig/elend/glücklich.

Das Wort *Emotionalisierung* (bzw. *emotionalisieren*) bezieht sich nicht auf den ich-bezogenen Erlebensprozess (wie bei *fühlen*), sondern auf den durch äußere Reize ausgelösten, reaktiven Vorgang der Emotionsauslösung.

(14) Der Leser wird durch diesen stark emotionalisierenden Text beeinflusst.
(15) Die Emotionalisierung des Zuschauers ist klar intendiert.

Die Wörter *emotional* und *gefühlvoll* sind auch keine synonymen Adjektive, sondern bezeichnen jeweils verschiedene Ebenen von Referenzbereichen bzw. Eigenschaften von Personen. *Gefühlvoll* bezieht sich auf die psychisch-mentale Erlebensebene und *emotional* auf alle Ebenen (auch körperliche Reaktionen einschließend).

(16) Er ist ein sehr gefühlvoller Mensch. (im Sinne, dass er tief empfindet)
(17) Er ist ein sehr gefühlvoller Mensch, aber im Alltagsleben lässt er sich von seinem Verstand leiten.
(18) Er ist ein sehr emotionaler Mensch. (im Sinne, dass er sich eher von seinen Emotionen als von seinem Verstand leiten lässt)
(19) ?? Er ist ein sehr emotionaler Mensch, aber im Alltagsleben lässt er sich von seinem Verstand leiten.
(20) Er ist ein sehr schnell emotional reagierender Mensch.
(21) Sie reagierte stark emotional.
(22) Er hielt eine sehr emotionale Rede, die immer wieder von heftigem Schluchzen unterbrochen wurde.
(23) Er hielt eine sehr gefühlvolle Rede, die alle tief bewegte. Er blieb jedoch selber ganz ruhig dabei.

Als *emotional* bezeichnen wir im Alltagssprachgebrauch Personen, die sich durch „irrationale" Handlungsmuster auszeichnen, deren Reaktionen nicht verstandesmäßig gelenkt und wohlüberlegt sind. Mit dem Adjektiv *gefühlvoll* dagegen bezeichnet man eher einen sensiblen, tief seelisch empfindenden Menschen.

Stilistisch unterscheiden sich die beiden Lexeme derart, dass *Gefühl* eher als allgemeinsprachlich und *Emotion* eher als fachsprachlich beurteilt wird. Dies liegt daran, dass Emotion (trotz seiner frequenten und massenmedial inflationären Verwendung) noch seinen Fremdwortcharakter erhalten hat.

Obgleich die beiden Wörter oft wie Synonyme gehandhabt werden (und entsprechend das eine Wort bei der Erklärung des anderen herhalten muss), findet sich im alltäglichen Sprachgebrauch auch recht häufig eine scheinbar nicht-synonyme Verwendung wie in den folgenden Beispielen:

(24) „Tränen, Emotionen und ganz große Gefühle – die Nacht der Grammy-Verleihungen …" (RTL-Exclusiv, 14.02.2005)

(25) „Seele, Gefühle, Emotionen" (Rubrik bei „Dr. Sommer" auf der BRAVO-Homepage)

(26) „Kino, das sind große Gefühle, die einen emotional bei der Hand nehmen und einen auf eine Reise schicken. … Ohne Gefühle und Emotionen sind wir alle nur leblose Seelen, wie die rumschlurfenden Zombies in den oft geforderten Werken. … Wir wollen mehr Gefühle und Emotionen." (dramaking.de/archiv/1152)

Würde man die Produzenten dieser Äußerungen um eine Differenzierung bitten, erhielten wir jedoch sicherlich keine überzeugenden Definitionen. Vermutlich sind beide Wörter stilistisch als Hendiadyoin (d. h. als Verbindung zweier synonymer Ausdrücke wie in *Er verbreitete Angst und Furcht;* zur Unterscheidung von *Angst* und *Furcht* s. Wierzbicka 1999, Fries 2003a, b sowie Kap. 8) benutzt worden, um das Wirkungspotenzial und die Aussagekraft der Äußerungen zu erhöhen.

Dass sowohl Emotionen als auch Gefühle wie eine fremde Macht, die uns beherrscht und nicht willentlich kontrollierbar ist, konzeptualisiert werden, spiegelt sich in bestimmten Floskeln und Redewendungen wider:

(27) Sie konnte nichts gegen ihre Gefühle/ihre Emotionen tun.

(28) Hilflos war sie ihren Emotionen/Gefühlen ausgeliefert.

(29) Sie empfand sich als Spielball ihrer Emotionen/Gefühle.

Wenn jedoch die individuelle, ich-bezogene und bewusste Erlebenskomponente einer spezifischen Emotion angesprochen wird, kann *Emotion* nicht benutzt werden.

(30) Das Gefühl der Mutlosigkeit war nicht zu unterdrücken.

(31) ?? Die Emotion der Mutlosigkeit war nicht zu unterdrücken.

(32) Das Gefühl der Angst kroch in ihr hoch.

(33) ?? Die Emotion der Angst kroch in ihr hoch.

(34) Das Gefühl der Liebe erfüllte sie ganz und gar.
(35) ?? Die Emotion der Liebe erfüllte sie ganz und gar.

Ich habe in diesem Abschnitt gezeigt, dass trotz einiger Gemeinsamkeiten bezüglich ihrer alltagsprachlichen Verwendung, die beiden Wörter *Emotion* und *Gefühl* nicht als Synonyme betrachtet werden können, da eine prinzipielle Austauschbarkeit in allen Verwendungskontexten nicht gegeben ist. Die sich teilweise ausschließenden Verwendungsweisen stützen zudem meine Differenzierung von *Emotion* als Bezeichnung für einen mehrdimensionalen Syndromkomplex und *Gefühl* als Terminus für die subjektiv erlebte, bewusste Komponente dieses Komplexes.

So kann man nun die lexikalische Bedeutung des Wortes *Emotion* dekomponieren in (MENSCHLICH, SYNDROMKOMPLEX, MEHRDIMENSIONAL, BEWERTUNGSSYSTEM), die Bedeutung von *Gefühl* in (MENSCHLICH, ERLEBENSKOMPONENTE VON EMOTION, BEWUSST, SUBJEKTIV).

**Denkanregungen:**

Mit welchen lexikalischen Mitteln drücken wir unterschiedliche Intensitätsgrade von Gefühlen und Emotionen aus?

Besteht ein wesentlicher semantischer Unterschied zwischen:

(36) Ihr Gefühl (be)trügt sie nicht.
(37) Ihre Gefühle (be)trügen sie nicht.
(38) Sie hat viel Gefühl.
(39) Sie hat viele Gefühle. ?

Vergleichen Sie:

(40) Ich bin traurig.
(41) Ich fühle mich traurig.
(42) Ich empfinde Traurigkeit.

Handelt es sich um synonyme Sätze? Werden identische Gefühlszustände ausgedrückt?

Drücken (43) bis (46) dieselbe Proposition und dieselbe emotionale Einstellung aus?

(43) Leider hat Susanne abgesagt.
(44) Ich bin traurig, dass Susanne abgesagt hat.
(45) Bedauerlicherweise hat Susanne abgesagt.
(46) Wie schade, dass Susanne abgesagt hat.

### 5.1.3 Darstellung und Ausdruck von Emotionen

#### *5.1.3.1 „Gefühlswörter" des Deutschen: Emotionsbezeichnende Wörter*

> „Aber Worte sind stark, nicht ungestraft spricht man Worte, sie lassen eine Spur im Gemüt, gesprochen ohne Gefühl, sprechen sie zum Gefühl doch des, der sie spricht, lügst du mit ihnen, ihr Zauber verändert dich etwas nach ihrem Sinn, daß sie nicht ganz mehr Lüge sind, da du sie gesprochen." (Thomas Mann)

Ich konzentriere mich nun auf die sogenannten Gefühlswörter des Deutschen, also die Lexeme, mit denen wir explizit auf einzelne Emotionen referieren. Im Deutschen bezeichnen z. B. die Wörter *Angst* und *Furcht* die negative Emotionskategorie ANGST. Die übergeordnete Frage ist, welche lexikalischen Mittel es generell im Deutschen gibt, um Emotionskategorien zu bezeichnen. Mit welchen lexikalischen Mitteln benennen Sprecher/Schreiber explizit ihre spezifischen Gefühle und Emotionen? Es geht also um Emotionskonzepte und ihre sprachliche Repräsentation.[7] Von „Gefühlswörtern" sprechen u. a. Jäger (1988: 37) und Hermanns (1995: 167, 2002). Gemeint sind die Lexeme, deren referenzielle Funktion in der Bezeichnung von emotionalen Zuständen und Erlebensformen besteht. Es sind diejenigen sprachlichen Zeichen, die den „Gefühls- oder Emotionswortschatz", das Lexikon „emotionsbezeichnender Wörter" (Fiehler 1990: 17, 40; vgl. hierzu auch die „emotion concepts" bei Kövecses 1990), bilden, wie *Freude, Liebe, Glück, Ärger, Trauer, Wut, Zorn, Angst, Furcht, Verzweiflung, Neid, Eifersucht, Missgunst* usw. Diese Lexeme benennen eine Emotion explizit. Der Gefühls- oder Emotionswortschatz ist der Teil des Wortschatzes, dessen Lexeme sich deskriptiv auf emotionale Zustände und Prozesse beziehen (neben den Nomina auch die entsprechenden Verben wie *hassen, lieben, freuen, trauern, zürnen* und die Adjektive wie *traurig, neidisch, glücklich, wütend* etc.; vgl. hierzu z. B. Plum 1992, Wehrle/Eggers [17]1993: 279 ff., Dornseiff [8]2004: 301 ff., Duden [7]2011).

Bühlers Unterscheidung in Darstellungs- und Ausdrucksfunktion aufgreifend (s. hierzu das Organon-Modell in Kap. 5.1.1), handelt es sich um emotionsbezeichnende Sprachausdrücke, deren deskriptiver Symbolwert in der Referenz auf außersprachliche Zustände liegt. In diesem Fall handelt es sich bei den außersprachlichen Zuständen um Emotionen, also innere Vorgänge.

---

7 Des Weiteren ist von Interesse, wie sich die Bedeutungen der Emotionslexeme im Rahmen einer semantischen Theorie beschreiben lassen. Wortfelderhebungen haben gezeigt, dass unsere Sprache mehr als vierhundert Lexeme bereithält, die emotionale Zustände benennen (s. auch Wehrle/Eggers [17]1993, Dornseiff [8]2004).

In (47) und (48) werden allgemeine Aussagen über die emotionale Basisemotion LIEBE (als Type-Konzept) und den Prozess des LIEBENS getroffen, in (49) erfolgt eine spezifische Referenz auf den emotionalen Prozess, der in einem Individuum stattfindet und in (50) auf eine bestimmte Realisierung von LIEBE (als Token-Konzept), d.h. die Liebe einer bestimmten Person.

(47) Die Liebe ist eine Himmelsmacht.
(48) Wenn wir lieben, sind wir nach der Platonischen Auffassung göttlich.
(49) Sie liebt ihn auf eine selbstzerstörende Art und Weise.
(50) Ihre Liebe war größer als ihre Furcht.

Die bisherigen linguistischen Untersuchungen zum Gefühls- bzw. Emotionswortschatz des Deutschen haben sich zum einen auf die Bestandsaufnahme und Klassifizierung von Gefühlswörtern, zum anderen auf Wortfeldanalysen und (kontrastive) Einzellexembeschreibungen konzentriert (vgl. u.a. Johnson-Laird/Oatley 1989, Niemeier/Dirven 1997, Athanasiadou/Tabakowska 1998, Wierzbicka 1999, Harkins/Wierzbicka 2001).

Fiehler (1990: 115ff.) unterscheidet die „begriffliche Emotionsbenennung" durch Wörter wie *Ekel, ekeln, eklig*; die „Erlebens- und Emotionsbeschreibung" mittels erlebensdeklarierender Formeln (*ich empfand, verspürte…, als ob, wie*) und die metaphorischen Verwendungen (*Es kocht in mir* etc.). Des Weiteren berücksichtigt er die Benennung von erlebensrelevanten Ereignissen wie in *Meine Oma ist gestern gestorben* (bei der inferiert wird, dass ein emotionaler Zustand daran gekoppelt ist) sowie die Beschreibung der situativen Umstände eines Erlebens (*Der Regen setzte uns zu*). Interjektionen wie *oh, ah, ih, igitt, au, pfui* gelten als Affektlaute und „spontane Reaktionen" in der Kommunikation.

Auch Hermanns (1995: 147f.) grenzt die „Empfindungswörter" wie Schimpf- und Kosenamen (*Liebling, Rüpel, Widerling*) sowie Interjektionen (*pfui, igitt, aua, ach, oh*) von den Gefühlswörtern ab, die er auch als „quasipsychologische Vokabeln" bezeichnet (s. auch Schippan $^{2}$2002: 148f., 159, Konstantinidou 1997: 53). Wie bereits ausgeführt, verfügen wir im Deutschen über die folgenden Nominalausdrücke für grundlegende Emotionen: *Liebe, Freude, Glück, Hass, Wut, Zorn, Angst, Trauer* sowie die dazugehörigen Verben (*lieben, freuen, hassen, zürnen, trauern, ängstigen, fürchten* usw.) und Adjektive (*glücklich, fröhlich, wütend, zornig, traurig, ängstlich* usw.). Diese dienen der deskriptiven Benennung von emotionalen Zuständen. Der Sprecher vollzieht mit der Verwendung solcher Wörter eine direkte Referenz auf das von ihm wahrgenommene Gefühl.

Nach Hermanns sind diese Wörter „selber aber gar nicht emotiv und expressiv“ (1995: 145). Ein Satz wie (51) oder (52)

(51) Ich bin eifersüchtig auf Marlene.
(52) Ich habe Angst.

„bezeichnet eine Emotion, doch bringt er selber keine Emotion zum Ausdruck“ (Hermanns 1995:145).

Dem unmittelbaren und genuinen Ausdruck[8] von Emotionen dienen ihm zufolge die „Empfindungswörter“ (vgl. Kap. 5.1.3.2). Nach der Wortart unterscheidet er affektive Substantive (*Scheusal, Ekel, Goldschatz, Mistkerl, Liebling*), affektive Adjektive (*lieb, goldig, süß* etc.) und affektive Verben (*sich freuen, ärgern, ekeln*; die aber natürlich durch ihre Referenz auf Emotionen zu den emotionsbezeichnenden Gefühlswörtern gehören!). Da Sprecher in Äußerungen, die solche affektiven Wörter enthalten, immer eine bestimmte emotionale Einstellung in Bezug auf den jeweiligen Referenten oder Referenzbereich ausdrücken (vgl. (53), wo *niedlich* anzeigt, dass der Sprecher eine positive Bewertung des Referenzobjektes vornimmt), schlägt Hermanns als alternative Bezeichnung „attitudinale Substantive, Verben und Adjektive“ vor (1995: 152).

(53) Du bist aber niedlich!

Nach Hermanns (1995: 144f.) drücken die emotionsbezeichnenden Wörter die benannten Gefühle oder Gemütszustände gar nicht aus, „allenfalls nur sekundär“ (1995: 145). Sie dienen primär der „distanzierten, deskriptiven Benennung“ (vgl. hierzu auch Rössler 2001: 10f.).

Die Äußerung *Ich freue mich* beispielsweise ist „der Form nach deskriptiv“. Durch den kognitiven Informationsanteil wird ausgesagt, dass ich das Gefühl der Freude habe, ohne dass der benannte Gefühls- oder Gemütszustand eo ipso zum Ausdruck gebracht wird (z.B. als spontaner Jubelausbruch). Demnach ist die Äußerung kognitiv[9] und nicht expressiv. Auf die sprechakttheoretische Unterscheidung zwischen Ausdruck und Beschreibung des eigenen Gefühls des Sprechers zurückgreifend, sind Hermanns (1995) zufolge Äußerungen wie (54), (55) und (56)

---

8 Er berücksichtigt zudem wie Fiehler den impliziten Emotionsausdruck durch konnotativ markierte Wörter (vgl. *Er säuft.* vs. *Er trinkt.*; s. hierzu Kap. 5.1.5).

9 Hier sei angemerkt, dass natürlich jede sprachliche Äußerung eine kognitive Repräsentation ist. Hermanns Einteilung in kognitiv-darstellende und emotiv-ausdrückende Äußerungen ist daher wenig hilfreich.

(54) Ich liebe dich.
(55) Ich hasse das.
(56) Mein Ärger ist groß.

nicht eine wirklich genuine Liebes-, Hass- oder Ärgerbekundung, da sie nicht spontan und unmittelbar das empfundene Gefühl zum Ausdruck bringt (wie dies emotionsausdrückende Interjektionen, Schimpfwörter und Kosenamen tun), sondern stellen mit dem benennenden Moment eine emotionsthematisierende Äußerung dar (vgl. auch Fiehler 1990: 96f.). Explizit auf Emotionen referierende Äußerungen wären demnach keine „echten" Emotionsausdrücke.

Hermanns spricht hier die Unterscheidung zwischen „(Be-)Nennen von Haltungen/Einstellungen" (über die der Sprecher etwas sagt) und „Zum-Ausdruck-Bringen-von-Haltungen/Einstellungen" (mit der der Sprecher etwas sagt) an (vgl. auch Keller 1977, Lang 1983, Rössler 2001 und Wagner 2001b).

Bezogen auf den Ausdruck von emotionalen Zuständen, Prozessen und Einstellungen jedoch führt dieser Unterschied zu einer artifiziellen, nicht nachzuvollziehenden Abgrenzung der expressiven Funktion emotionsbezeichnender und emotionsausdrückender Lexeme. Auch Äußerungen mit emotionsbezeichnenden Wörtern drücken selbstreferenziell den inneren Zustand des Sprechers aus. Wirkungsvolle expressive Äußerungen beinhalten meist kombiniert beide Formen (vgl. Kap. 5.2).

Der Auffassung Hermanns kann man sich also schwerlich anschließen: Auch auf Emotionen explizit referierende Selbstaussagen wie *Ich hasse dich, Ich ängstige mich, Ich bin glücklich* etc. drücken expressiv etwas über den Sprecher und seine emotionale Einstellung, seinen Gefühlszustand aus. Sie enthalten zwar eine bewusste, reflektierende Komponente, da der Sprecher sich des Zustandes gewahr[10] ist, den er sprachlich benennt, doch mindert dies nicht ihren expressiven, emotionsausdrückenden Gehalt.

Ob eine „spontane" Liebesbekundung wie (57) eine expressivere, emotional effektivere Äußerung als (58) ist, muss jedenfalls entschieden bezweifelt werden (vgl. Kap. 9 zur Verbalisierung von LIEBE).

(57) Oh mein süßer Hase!
(58) Ich liebe dich mehr als alles andere auf der Welt.

Fries (1995, 1996, 2000, 2003a, b und 2004) geht es vor allem um die semantische Beschreibung einzelner Emotionsausdrücke sowie um die allge-

10 Auch bei der Äußerung emotionsausdrückender Wörter und Sätze ist sich aber natürlich der Sprecher bewusst, in welchem Zustand er sich befindet. *Ih, pfui Spinne!* drückt unmittelbar Ekel oder Unbehagen aus. Diese emotionale Empfindung ist dem Sprecher kognitiv bewusst.

meine Einordnung und Integration emotionaler Komponenten in die linguistische Theorie- und Modellbildung. Seine grammatisch-lexikalischen und semantischen Analysen stellen für den deutschsprachigen Raum die differenziertesten Untersuchungen im Bereich der Linguistik dar. Um die sprachlich determinierten emotionalen Bedeutungsaspekte in den Griff zu bekommen, nimmt Fries entsprechend den in der Emotionspsychologie konstatierten Parametern ein dreidimensionales Bedeutungsgefüge an, welches aus den Komponenten positiver/negativer Affekt ($EM_{\pm}$), Intensität des Affekts ($EM_{INT}$) und emotionale Nähe (proximity/PROX) besteht.

($EM_{\pm}$) bezeichnet einen positiven bzw. negativen Affekt, der von einem menschlichen Individuum gegenüber einem Ding oder einem Sachverhalt zum Ausdruck gebracht wird. ($EM_{INT}$) benennt die Intensität eines Affektes, welche ein Individuum bezüglich des Erlebens seiner Beziehung zu einem Ding oder Sachverhalt zum Ausdruck bringt. (PROX) bezeichnet die emotionale Nähe, die ein Individuum bezüglich des Erlebens seiner Beziehung zu einem Ding oder Sachverhalt zum Ausdruck bringt.

Diese Aspekte kann man sich als auf Skalen dimensioniert vorstellen, wobei ($EM_{\pm}$) eine Plus-Minus-Skala darstellt, ($EM_{INT}$) eine Skala, welche den Erregungszustand von nicht-intensiv bis intensiv betrifft und (PROX) eine Skala, welche geringe bis große emotionale Nähe umfasst. Mit diesen Komponenten berücksichtigt Fries (anders als die meisten anderen Linguisten, die sich mit der Emotion-Sprache-Thematik beschäftigen) emotionspsychologische Dimensionen, die wichtig für eine adäquate Erklärung emotionaler Sprachaspekte sind.

In Anlehnung an Wierzbicka (1999), die alle wesentlichen Emotionskategorien mittels elementarer Bedeutungskomponenten analysiert, beschreibt er die Bedeutung von Emotionslexemen mit Hilfe von „emotionalen Szenen". So zerlegt er die mentale Repräsentation von ZORN in die folgenden Basiskomponenten (s. auch Wierzbicka 1999: 90ff. und 2009):

(59) Emotionale Szene ZORN:
X fühlt Zorn genau dann wenn (1)–(7):
(1) X denkt, dass Y negative Ereignisse Z $\{EM_-\}$ verursacht
(2) Z $\{EM_-\}$ betrifft normative Werte
(3) X will nicht, dass Y Z $\{EM_-\}$ verursacht
(4) X will deshalb etwas tun, damit Y Z $\{EM_-\}$ nicht verursacht
(5) X weiß nicht, was er tun kann, damit Y Z $\{EM_-\}$ nicht verursacht
(6) X will deshalb etwas für Y Negatives $\{EM_-\}$ tun
(7) X ist deshalb im introspektiv wahrnehmbaren Zustand der Wertschätzung $\{EM_-\}$, $\{EM_{INT}>0\}$

Bei dieser Form der Beschreibung besteht zum einen immer die Gefahr einer gewissen Zirkularität, d.h. wir erläutern einen Emotionsbegriff mit genau den Elementen, die wir als selbstverständlich voraussetzen und greifen dabei auf Merkmale zurück, die wiederum erklärungsbedürftig sind. Dies allerdings ist seit Jahrzehnten ein allgemeines Problem der Semantik (s. Schwarz/ Chur [5]2007: 34f.). Zum anderen zeigt uns diese Analysemethode, dass wir nicht umhin können, emotionale Kategorien mittels kognitiver Komponenten zu erfassen und zu beschreiben. Damit handelt es sich streng genommen (und unsere Unterscheidung zwischen Emotion und Gefühl aufgreifend) gar nicht um Emotionskategorien, die erfasst werden, sondern um Gefühle, die durch ihre bewusst erfahrbare Ebene kognitiv kodierbar und entsprechend beschreibbar sind.

Die Methode, Emotions- bzw. Gefühlswörter mittels emotionaler Szenen zu beschreiben, basiert einerseits auf dem Grundprinzip der Dekomposition, Lexembedeutungen in elementarere Bestandteile zu zerlegen, andererseits berücksichtigt sie Aspekte der Prototypen- und Skriptanalyse (vgl. hierzu bereits Kap. 2.3.3 und 3.2.2), da besonders die typischen Charakteristika emotionalen Erlebens fokussiert werden. Wierzbicka (1980, 1995, 1999, 2009) arbeitet entsprechend seit vielen Jahren mit einer Menge semantischer Primitiva als Basiskomponenten (good, bad, believe, think, want) für die Bedeutungsanalyse aller Emotionsbegriffe, mit deren Hilfe komplexe Begriffe (z.B. *regret, fear, love*) auf elementare Komponenten zurückgeführt werden sollen. Vgl. z.B.:

> „X feels angry = X feels as one does when one thinks that someone has something bad and when one wants to cause this person to do something he does not want to do". (vgl. Wierzbicka 1980)

Hier wird somit eine prototypische Standard-Situation für den Zustand von angry gegeben (s. hierzu auch Durst 2001).

Johnson-Laird und Oatley (1989) kritisieren diesen Ansatz hinsichtlich der rekursiven Definition der Basisemotionen, deren semantische Bedeutung nicht weiter zerlegt werden kann, sondern allein durch Referenz auf den korrespondierenden internen Zustand definiert wird. Sie postulieren fünf Basisemotionen (HAPPINESS, SADNESS, FEAR, ANGER und DISGUST) und geben als Kriterium für Basisemotionen die Verwendbarkeit eines Wortes im Satz „I am X" gegenüber „I feel X" an. Nur bei Wörtern, die auch im erstgenannten Kontext eine Emotion bezeichnen, handelt es sich nach der Auffassung der Autoren um Basis- oder Primäremotionen. Eine Konstruktion wie *I feel X but I do not know why.* ist für sie nur möglich und akzeptabel, wenn auf eine Basisemotion referiert wird. Vgl.:

(60) I feel angry but I do not know why.
(61) ?? I feel glad but I do not know why.

ANGER ist demnach eine Basisemotion. Dieser Ansatz (und das Beispielpaar) ist wenig überzeugend: Bei nahezu jeder Emotion können wir Grundlosigkeit/nicht-bewusste Motivation benennen (s. hierzu bereits kritisch Ortony/Clore 1989). Zudem erfasst dieser Ansatz emotionale Basiseinheiten ebenfalls ausschließlich über die sprachlichen Manifestationen und nicht über das zugrundeliegende konzeptuelle System.

Generell kann man Emotionswörter auch vor dem Hintergrund der Prototypentheorie analysieren (vgl. z. B. Mees/Schmitt 2003: 221 ff.): Man benennt die Attribute, die typisch für eine bestimmte Kategorie sind (z. B. ANGST als NEGATIVE EMOTION, ANTIZIPATION VON GEFAHR ODER KONTROLLVERLUST). Man bestimmt (mithilfe von empirischen Erhebungen in Form von Umfragen und Bewertungsskalen) den Prototypen als das typischste Exemplar der jeweiligen Kategorie (bei ANGST z. B. wären Todesangst oder Höhenangst typischere Vertreter als Grusel oder Phobie, bei LIEBE ist die erotische Liebe typischer als Nächstenliebe). Schließlich lassen sich Familienähnlichkeiten (im Sinne von semantischen Beziehungen) zwischen den Exemplaren einer Kategorie (z. B. PHOBIE, PANIK, ÄNGSTLICHKEIT, FURCHT, HYPOCHONDRIE, GRUSEL) sowie zwischen den Basiskategorien (LIEBE, FREUDE, GLÜCK; HASS, WUT, ZORN etc.) beschreiben (s. hierzu auch Fehr/Russell 1984, Kövecses 1990, Schimmack 1993, Schmidt-Atzert 1996). Dabei ist stets im Hinterkopf zu behalten, dass die semantischen Analysen nur die sprachlich ausgedrückten Gefühlskonzepte erfassen und nicht auch notwendigerweise etwas über die Emotionen als Syndromkomplexe im menschlichen Organismus aussagen. Da sich aber die emotionalen Erlebensformen als Gefühle in den sprachlichen Einheiten manifestieren, erhält man zumindest Aufschluss über diese wichtige Ebene der Emotionalität des Menschen. So kommt Wierzbicka aufgrund ihrer kontrastiven Untersuchungen zu den Thesen, dass alle Sprachen ein Wort für *fühlen* (*feel*) haben sowie Wörter wie *weinen* (*cry*) und *lächeln* (*smile*), die körperliche Symptome für positive bzw. negative Emotionen benennen. In allen Sprachen gibt es einzelne Lexeme für Emotionen sowie Interjektionen für emotionale Zustände. In allen Kulturen lassen sich kognitiv empfundene Gefühle mittels Referenz auf Körpersymptome und -empfindungen beschreiben (s. Wierzbicka 1999: 275 ff.).

**Denkanregungen:**

Welche emotionsbezeichnenden Mittel finden sich in (62) bis (66)?

(62) „Es ist Unglück
sagt die Berechnung
Es ist nichts als Schmerz
sagt die Angst
Es ist aussichtslos
sagt die Einsicht
Es ist was es ist
sagt die Liebe“ (Ausschnitt aus Erich Fried, Was es ist)
(63) „Liebe ist, wenn es Landliebe ist.“ (Landliebe Pudding)
(64) „Wer sein Kind liebt, gibt ihm Nimm2.“ (Nimm2)
(65) „Es ist Zeit für Gefühle.“ (Baileys)
(66) „McDonalds – Ich liebe es!“ (McDonalds)

### *5.1.3.2 Emotionsausdrückende Wörter*

„Worte sind Flöten! Worte sind Geigen!
Worte können vieles verschweigen!
Worte sind lustiger, grüner Lauch!
Worte sind Schall! Worte sind Rauch!
...
Worte sind kunstreiche Präparate!
Worte verschmitzte Surrogate!
Worte sind List! Worte sind Lug!
Worte gibt's über und über genug!
Worte sind bunte, bemalte Kulissen!
Worte sind unser letztes Wissen!“
(Arno Holz)

Von den emotionsbezeichnenden Wörtern sind, wie bereits kurz erläutert, die emotionsausdrückenden zu unterscheiden. Emotionsausdrückende Wörter referieren nicht auf Emotionen, sondern vermitteln über ihre semantische Information primär emotionale Eindrücke und Einstellungen, fokussieren also die expressive Ausdrucksfunktion und fungieren (nach Bühlers Unterscheidung) eher als Symptome denn als Symbole. Nicht die deskriptive, referenzielle Funktion steht hier im Vordergrund, sondern der expressive Ausdruck der emotiven Einstellung des Sprachproduzenten.

(67) Ih, wie ist das ekelig!
(68) Sie flennt schon wieder.
(69) Scheißbuch/Superbuch.
(70) Kindchen/Babylein/Sigile.
(71) Endlich! Gottseidank! Leider!
(72) Was der Sigi wieder viel geleistet hat!
(73) Wäre er nur hier. Hätte sie doch auf ihn gehört!
(74) Schauer laufen mir über den Rücken, wenn ich ihn nur sehe.
(75) Dieser goldige Schatz hat mir das Regal aufgebaut.
(76) Der Aasgeier wartete nur auf meine Geschäftsaufgabe.

In (67) drückt der Sprachproduzent mittels der Interjektion *Ih* sowie des emotiven Adjektivs seine persönliche emotionale Einstellung zu etwas unmittelbar aus. Dabei bezeichnet *ekelig* gleichzeitig explizit die Emotion, die involviert ist. An diesem Beispiel sieht man, wie emotionsbezeichnende Wörter dazu beitragen, emotionsausdrückende Zeichenfunktionen zu unterstützen. Oft werden in emotiven Äußerungen emotionsbezeichnende und emotionsausdrückende Wörter kombiniert. Der Satz in (68) bezeichnet den Vorgang des Weinens. Durch die pejorative Konnotation, die *flennen* hat, drückt der Produzent jedoch seine negative, mitleidlose, genervte Einstellung zu diesem Vorgang und der involvierten Person aus. Mittels bestimmter Wortbildungen mit Diminutivsuffixen oder Bewertungspräfixen wie in (69) und (70) drücken Sprachproduzenten ebenfalls emotionale Einstellungen zu Dingen oder Personen aus. In (71) bringen die Modalwörter *endlich* und *leider* jeweils Erleichterung und Bedauern zum Ausdruck (vgl. hierzu Kap. 5.2). Auch Exklamativ- und Optativsätze wie (72) und (73) drücken emotionale Einstellungen aus (zu den syntaktischen Emotionsdarstellungen s. Kap. 5.2.1).

In (74) erfolgt die Beschreibung eines Erlebens mittels einer spezifischen Phrase und wir schlussfolgern aus dieser Beschreibung die Emotion der Furcht. Schließlich drücken wir mit Kose- und Schimpfwörtern wie in (75) und (76) unsere positiven oder negativen emotionalen Einstellungen gegenüber den bezeichneten Referenten aus (s. zu Kraftausdrücken Enell-Nilsson 2010).

Der folgende Text enthält zahlreiche emotionsausdrückende Wörter (affektive Substantive, Verben und Adjektive, Modalpartikeln, Schimpfwörter, Interjektionen), die alle dazu dienen, dem Leser den emotionalen Zustand des Protagonisten zu vermitteln. Ein Textweltmodell entsteht, in dem der Referent als ein Mensch in Schmerz, Wut und Einsamkeit repräsentiert wird. Sein emotionaler Zustand steigert sich zur Agonie. Die vielen Wiederholungen einiger Phrasen und Sätze verstärken diesen Eindruck.

(77) „Von wo tut mir die Schulter so weh, mir haben sie den Arm abgehauen.

Von was tut mir die Schulter so weh, mir tut die Schulter so weh. Wo ist Mieze hin. Die hat mir allein hier liegenlassen.

Mir haben sie den Arm abgehauen, weg damit, Schulter weh, Schulter. Verfluchte Hunde, mein Arm ist ab, die habens gemacht, die Hunde, die sinds gewesen, Hunde, Arm ab, und mir haben sie liegengelassen. Die Schulter, die Schulter tut mir weh, die haben sie mir drangelassen, wenn sie gekonnt hätten, hätten sie mir ooch die Schulter abgerissen. Hätten sie mir ooch die Schulter abgerissen. Hätten sie mir ooch die Schulter abgerissen, tät sie mir nicht so weh, verflucht. Sie haben mir nich umgebracht, die Hunde, det is ihnen vorbeigelungen, damit haben sie bei mir keen Glück gehabt, die Aasstücker, aber nu is es ooch nicht gut, nu kann ick liegen und keen Mensch is da und wer soll denn det Gebrüll anhören: mir tut der Arm so weh, die Schulter, die Hunde hätten mich lieber überfahren sollen. Jetzt bin ich ein halber Mensch. Meine Schulter, meine Schulter, ick kanns nich mehr aushalten. Die verfluchten Aasstücker, die Aasstücker, mir haben sie ruiniert, wat soll ick machen, wo is bloß Mieze, hier lassen sie mir liegen. Au, au weih, au, auh, auh." (Alfred Döblin, Berlin Alexanderplatz, 261)

Texte können aber auch ohne die typischen expressiven Mittel die Emotion(en) von Protagonisten vermitteln:

(78) „... der Garten war ohne Duft, der Wald lockte nicht, die Welt stand um mich her wie ein Ausverkauf alter Sachen, fad und reizlos, die Bücher waren Papier, die Musik war ein Geräusch." (Hermann Hesse, Demian, 80)

In (78) erschließt der Leser aus der Perspektivierung, d.h. aus dem Blickwinkel des Protagonisten auf die Welt seine emotionale Verfassung. Kein emotionsbezeichnendes Lexem benennt den emotionalen Zustand, kein affektives Lexem drückt ihn expressiv aus. Sprachlich kodiert ist nur eine spezifische Situationsbeschreibung: Die alltäglichen Dinge des Lebens, die ganze Welt wird negiert und als uninteressant, desolat und fade dargestellt. Aufgrund dieser referenziellen Sachverhaltsrepräsentation kommt der Leser zu dem Schluss, dass sich der Referent in (78) in einem Zustand der Langeweile, der Melancholie oder gar der Depression befindet.

Als prototypische expressive Mittel, die rein emotionsausdrückend fungieren, ohne dass sie referenziell sind, gelten die Interjektionen (vgl. *au, au weih*; die am Ende des Textabschnitts aus „Berlin Alexanderplatz" reduplizierend den Schmerz ausdrücken), denen wir uns nun zuwenden werden.

**Denkanregungen:**

Grenzen Sie *Schuld, Scham, Reue* voneinander ab. Lässt sich ein Hyperonym zu diesen drei Lexemen finden?

Mit welchen Unterscheidungsmerkmalen grenzen Sie die folgenden Lexeme voneinander ab:
*Phobie, Panik, Schock, Ängstlichkeit, Furcht, Hypochondrie, Grusel, Grauen, Sorge, Unruhe, Verzweiflung.*

Unterscheiden Sie in (79) emotionsbezeichnende und emotionsausdrückende Mittel:

(79) Ih! Aua! Nein, nein! Scheiße. Super. Ich fürchte mich so. Oh, wie gruselig. Sie flennt. Verrecken soll er. Diese Schnalle/Kuh/dieses Schwein etc. Der Bulle kam. Endlich! Gottseidank, der ersehnte Brief kam heute an! Ein scheußlicher/lieblicher Geruch. Das ist ja wie im Himmel! Wogen der Liebe überfluten mich. Mistkerl! Liebling. Ich fühle mich gut. Ich liebe ihn so sehr. Seine Wut war groß. Er erzitterte bei dem furchtbaren Anblick.

Stellen die Lexeme *Angst* und *Furcht* Synonyme dar? Welche emotionalen Zustände drücken *angstlos* und *furchtlos* aus?

Erstellen Sie in Anlehnung an Wierzbicka (1999) und Fries emotionale Szenen zu *Angst* und *Furcht*. Vergleichen Sie Ihre Darstellungen mit Fries (2003a, b, 2004).

Gibt es prototypische Instanzen der Basisemotionen? Gibt es also z. B. eine prototypische Angst oder Liebe? Ist Todesangst typischer als Höhenangst?

*Missgunst* und *Schadenfreude*. Analysieren Sie die beiden emotionsbezeichnenden Lexeme hinsichtlich ihrer Semantik und der Spezifik ihrer Kompositionalität.

### 5.1.4 „Oh, wie so trügerisch…" Interjektionen und ihre expressive Funktion

„Ihr habt das Recht, gesittet ‚Pfui' zu rufen." (Mephistopheles, Johann Wolfgang von Goethe, Faust)

„Ach könntest du das wieder ausdrücken, könntest du dem Papiere das einhauchen, was so voll und warm in dir lebt." (Werther, Johann Wolfgang von Goethe, Die Leiden des jungen Werthers)

„Oh, eines Pulses Dauer nur Allwissenheit!" (König, Friedrich Schiller, Don Carlos)

„‚Ah, Decken, Liegekur', sagte Settembrini." (Thomas Mann, Der Zauberberg)

„The gestures which we sometimes call empty are perhaps in fact the fullest things of all." (Erving Goffman)

Interjektionen[11] sind häufig gebrauchte Mittel, um Emotionen unmittelbar zum Ausdruck zu bringen, ohne diese auch explizit, d.h. deskriptiv zu benennen. Idealtypische Interjektionen dienen primär dem spontanen Ausdruck starker, subjektiver Emotionalität und haben keine referenzielle (nominative) Funktion, d.h. mit Interjektionen verweisen wir nicht auf Gegenstände (im weitesten Sinne) in der Welt, sondern sie dienen ausschließlich der Expressivität des emotionalen Empfindens. Sie stellen in der Regel eine spontane, unmittelbare Reaktion auf ein nonverbales Ereignis oder eine Äußerung dar, zum Beispiel *au* als Reaktion auf einen Schlag an den Ellbogen, *ih* als Ausdruck des Ekels über einen faulen Geschmack auf der Zunge oder *Ach?* als Ausdruck des zweifelnden Staunens auf eine vorhergegangene Äußerung. In der mündlichen Kommunikation werden sie oft von nichtsprachlichen Phänomenen wie Mimik und Gestik verstärkt.

Fries (2000: 105ff.) unterscheidet vor allem zwei grundlegende, in allen Sprachen zu findende Klassen von Interjektionen: expressive (empfindungsausdrückende) und appellative (hörerbeeinflussende). Bei den expressiven Interjektionen lassen sich drei Klassen abgrenzen: unangenehme Empfindungen ausdrückende (wie *pfui, ih, au*), angenehme Empfindungen kodierende (wie *hurra, juhu*) sowie neutrale, nur „eine Erregung artikulierende" (wie *ah, oh, boh*). Als neutral würde ich solche Interjektionen allerdings nicht bezeichnen, da sie je nach Situation starke, positive wie negative Emotionen ausdrücken können und eine Erregung an sich ist wohl nie als neutral zu bezeichnen (s. hierzu auch die nachfolgenden Beispiele).

11 Der Begriff „Interjektion" bleibt in der Linguistik bis heute oft vage und die Wortart „Interjektion" wird teilweise heterogen definiert (vgl. Kowal/O'Connell 2004). Grammatisch betrachtet dient diese Wortart oft als eine Rest- und Sammelklasse für viele linguistisch unsichere (d.h. wortklassenmäßig schwer einzuordnende) Elemente innerhalb der Klasse „Partikeln" (vgl. Ehlich 1986). Sie wird jedenfalls deutlich abgegrenzt von den Modalpartikeln (wie *leider, nur*) und von den Gesprächspartikeln (wie *äh, ne, was, gell*), die gesprächsstrukturierende Funktionen haben. In allen Definitionen in Wörterbüchern, Lexika und Grammatiken wird ihre Funktion als Ausdruck einer Empfindung oder Emotion herausgestellt (Fries 2000: 101, Fries 2002). Daher werden Interjektionen auch häufig „Empfindungswörter" genannt. Der lateinische Terminus *Interjektion* mit der Bedeutung „Dazwischengeworfenes" (inter iactum) fokussiert dagegen den syntaktischen Aspekt der fehlenden Satzintegration als Eigenschaft. Viele Linguisten betonen zudem die morphologische Unveränderbarkeit und das Fehlen lexikalischer Bedeutung (Bußmann [4]2008, Fries 2000, Nübling 2004).

Prototypische Charakteristika von Interjektionen sind nach Nübling (2004: 13) expressiver Ausdruck einer spontanen Emotion, Abwesenheit referenzieller Bedeutung, Unflektierbarkeit, syntaktische Autonomie sowie onomatopoetische Nähe. Hieraus ergibt sich die folgende Liste prototypischer Interjektionen:

| | |
|---|---|
| *ach!* | (Erstaunen, Verwunderung, aber auch Enttäuschung, Ablehnung) |
| *aha!* | (Überraschung, Genugtuung) |
| *au(a)! autsch!* | (Schmerz) |
| *bäh!* | (Ekel) |
| *brrr!* | (Kälte, Abscheu) |
| *hm!* | (Skepsis, aber auch Zustimmung; viele Funktionen, vielseitig einsetzbar) |
| *hihi!* | (Freude oder Schadenfreude) |
| *hoppla!* | (Überraschung) |
| *hu(ch)!* | (Erschrecken) |
| *hui!* | (Bewunderung, Überraschung) |
| *hurra!* | (Sieg, Freude) |
| *ih!* | (Ekel, Abscheu, Entsetzen) |
| *igitt!* | (Ekel) |
| *juhu!* | (Freude) |
| *na!* | (Ungeduld, Ärger) |
| *na ja!* | (Skepsis oder Ratlosigkeit) |
| *nanu!* | (Verwunderung, Überraschung, Befremden) |
| *oi!* | (Überraschung, Bewunderung) |
| *oh!* | (Betroffenheit, Enttäuschung, Bewunderung, Freude, Ärger; viele Funktionen) |
| *oho!* | (Ver-/Bewunderung, Erstaunen) |
| *oje!* | (Enttäuschung, Mitleid) |
| *pah!* | (Verachtung, Geringschätzung) |
| *pfui!* | (Ekel, Abscheu) |
| *phh!* | (Gleichgültigkeit, Verachtung) |
| *puh!* | (Erleichterung, Erschöpfung, auch Ekel bei Gestank) |
| *tja!* | (Ratlosigkeit, Gleichgültigkeit) |
| *uff!* | (Erleichterung) |
| *uh!* | (Angst, Überraschung) |
| *ui!* | (Überraschung, Bewunderung) |

Von diesen idealtypischen, eindeutigen Primärinterjektionen sind die sekundären Interjektionen abzugrenzen wie *meine Güte!, au Backe!, mein Gott!, Herrgott!, Mensch!, Donnerwetter!, Verdammt noch mal,* die denotative Bedeutungskomponenten beinhalten, aber auch Inflektive wie *stöhn!, brech!, würg!*

und die schallnachahmenden, lautmalerischen Onomatopoetika wie *wauwau, miau, piep, peng, platsch, plumps, ticktack* sowie Gruß- und Glücksformeln wie *hallo!, tschüss!, toi toi toi!*.

Primäre Interjektionen sind Wörter, die unsere Gefühle, Gemütsbewegungen und Willenserklärungen unmittelbar ausdrücken, ohne sie zu benennen. Das Besondere an ihnen ist also die komplette Abwesenheit der Darstellungsfunktion (der denotativen Funktion). Dabei gibt es bestimmte typische Korrelationen von Interjektionen und Emotionsausdrücken: *Ih* drückt Ekel aus, *au* Schmerz, *oh* Überraschung, *pfui* Entrüstung oder Abscheu, *juhu* Freude, *ach* Erstaunen etc. Eine Eins-zu-eins-Entsprechung gibt es jedoch nicht. *Oh* kann je nach Situation Verwunderung, Überraschung oder Freude ausdrücken. *Au* drückt in Wendungen wie *Au, Backe!* nicht ein Schmerzgefühl, sondern Verwunderung oder Überraschung aus. *Ach* kann positives Erstaunen (*Ach, wie toll!*) oder negative Verwunderung (*Ach, wie schrecklich!*) meinen. *Hm* kann je nach Situation Zweifel, Zustimmung, Gleichgültigkeit oder Ratlosigkeit ausdrücken. Selbst eine Interjektion wie *Ih*, die vor allem für den Ausdruck des Ekels benutzt wird (*Ih, wie ekelhaft/eklig!*), kann benutzt werden, um andere Gefühle auszudrücken bzw. deren Darstellung zu verstärken.

(80) Ih, kitzelt das schön!

(81) „‚Schreibt sie Ihnen denn auch nie zwischendurch, von ihren Aufenthaltsorten?' ‚I, Gott bewahre', antwortete Behrens. ‚Das fällt doch der nicht ein. Erstens aus Faulheit nicht, und dann, wie soll sie denn schreiben? …'" (Hans Castorp und Hofrat Behrens, Thomas Mann, Der Zauberberg, 466)

Emotionale Interjektionen sind demnach in ihrer Funktion und Interpretation absolut kontextbedingt, da ihr semantisches Potenzial sehr groß ist.

Am Anfang eines Satzes (also linksperipher) signalisieren sie den emotionalen Wert der darauffolgenden Proposition, am Ende (rechtsperipher) summieren sie komprimiert die emotionale Einstellung des Produzenten, fassen den Gefühlswert der vorangegangenen Aussage zusammen. Die Interjektion fungiert hier als Komplexausdruck, der kurz und kondensiert eine emotionale Einstellung vermittelt. Je nach Interjektion erhält somit ein Satz einen spezifischen emotionalen Kommentar und damit jeweils einen bestimmten kommunikativen Sinn (s. hierzu auch Kap. 5.2.1): In (82) drückt der Sprecher Erstaunen, in (83) erschreckendes Entsetzen, in (84) Bewunderung und in (85) ungläubiges Entsetzen und Bedauern aus. In der mündlichen Kommunikation spielt die Prosodie eine zusätzliche, wichtige Rolle, da durch Akzentsetzungen bestimmte Teile der Proposition (z. B. das *das* oder das *ihr*) besonders fokussiert werden können.

(82) Ach, das habt ihr also gemacht.
(83) Oh Gott, das habt ihr also gemacht.
(84) Das habt ihr gemacht, meine Güte, toll.
(85) Das habt ihr gemacht, oh nein.

Ob Interjektionen eher linksversetzt oder rechtsversetzt stehen, hängt auch von der Art und der Intensität der Emotion ab. Reflexartige Reaktionen wie spontane Freude, sexuelle Euphorie, Überraschung, Schreck und Körperempfindungen treten eher linksperipher auf, andere Emotionen wie Unmut und Ekel oder Mitleid können ein reflektierendes Moment voraussetzen und einem Satz folgen.

(86) „‚Holé! Heho! Ahé!' rief sie mit mächtigem Jubel." (Thomas Mann, Bekenntnisse des Hochstaplers Felix Krull)
(87) „Oh – o wie er sie liebte! –" (Thomas Mann, Gefallen, 21)
(88) Brr, ist das kalt.
(89) Au, das tut weh.
(90) Hui, das ist ja wirklich erstaunlich!
(91) Juhu, ich habe eine Eins in der Linguistik-Prüfung!
(92) Du bist ein Ferkel. Pfui!
(93) Das ist aber unangenehm. Oje.

Mit Interjektionen werden komplette, wenn auch extrem kurze Sprechakte gebildet, denen bestimmte Illokutionen zugeordnet werden: Mit *Oh?* wird z. B. eine etwas bezweifelnde Frage, mit *Pfui!* eine Rüge bzw. ein Tadel, mit *He!* ein Vorwurf ausgedrückt. Sie kodieren nicht nur eine emotionale Einstellung, sondern auch den mentalen Zustand, in dem sich der Sprecher befindet. Mit der Illokutionalität korreliert auf syntaktischer Ebene die Satzwertigkeit: Interjektionen werden oft als Satzwörter bezeichnet, da sie eine eigen- und vollständige Äußerung (eine sogenannte Holophrase) mit eigenem Interpunktionszeichen bilden und damit syntaktisch autonom sind.

(94) „‚Pah!' rief Baldini…" (Patrick Süskind, Das Parfum, 99)
(95) „‚Aha.' sagte Baldini." (Patrick Süskind, Das Parfum, 100)
(96) „‚Ach?' fragte sie ungläubig" (Bergdoktor, 33)

Interjektionen sind, wie andere syntaktische Konstruktionen, als Parenthesen einschiebbar:

(97) „Spricht die Seele, so spricht, ach! schon die Seele nicht mehr." (Friedrich Schillers Distichon „Sprache")
(98) „Zürne mir nicht, o!, zürne nicht …" (Sophie an Clemens Brentano)
(99) „… und o wie wollte ich's …" (Johann Gottfried Herder an Caroline)

Interjektionen lassen sich in Kombination mit Eigennamen und deiktischen Anredeformen verbinden:

(100) „O Sophie verstehe, liebe, folge meinem Herzen …“ (Clemens Brentano an Sophie)
(101) „… ach Clemens, in diesem Augenblick überfällt mich eine Sehnsucht …“ (Sophie an Clemens Brentano)
(102) „‚Ach du! ach du!‘ fuhr er in die Höhe, ‚du alter Zyniker! Mit dir ist ja nicht zu reden! …‘“ (Thomas Mann, Gefallen, 10)

Interjektionen werden oft in Reduplikationen, Aneinanderreihungen und Kombinationen benutzt, um den emotionalen Ausdruck noch zu intensivieren. Primäre Interjektionen treten dabei in der Regel immer vor sekundären auf. Es gibt aber auch Konstruktionen wie (111):

(103) „Hm, Hm, Hm, sagte Baldini …“ (Patrick Süskind, Das Parfum, 109)
(104) Auweiah!
(105) Herrjemine.
(106) Ih, bah, pfui!
(107) Spuck, brech, würg.
(108) „‚So, so, so. Ei, ei, ei. In der Tat: Placet experiri!‘“ (Thomas Mann, Der Zauberberg, 133)
(109) Oh Gott. Pfui Teufel. (?? Teufel pfui; ?? Gott oh)
(110) Oh pfui.
(111) Gott oh Gott! Mensch ach Mensch.

Sie können des Weiteren in Komposita-Verbindungen (vgl. auch *Aha-Erlebnis*) benutzt werden, um besonders unmittelbar und drastisch Bewertungen hinsichtlich des Referenten auszudrücken:

(112) „Die Pfui-Liga stinkt allen!“ (Bild.de, April 2006)
(113) „Das Igitt-Fleisch …“ (Bild.de, 2005)

Und obgleich sie sich in der Regel weder flektieren noch derivieren, wohl aber kombinieren lassen, können sie metasprachlich benutzt u. a. Pluralmarkierungen erhalten:

(114) „Deine vielen Ihs und Ohs beeindrucken mich überhaupt nicht.“ (Hörbeleg)
(115) „Wir oywehen aber viel heute!“ (Hörbeleg)

Syntaktische Operationen wie Negier- oder Erfragbarkeit von Interjektionen (die z. B. Nübling 2004 kategorisch ausschließt) betreffen ebenfalls die Meta-Ebene der Kommunikation.

(116) Nicht einmal ein „Oh“ der Überraschung?
(117) Kein „igitt“ diesmal von dir?

Die Mehrheit der Interjektionen des Deutschen findet weitgehend identische Analogien in anderen Sprachen (vgl. z. B. *pfui* im Deutschen und *fuya* im Hebräischen). In jeder Sprache gibt es aber auch spezifische, nur für sie typische Interjektionen. So wird *ua* (mit Betonung auf dem *a*) im modernen Hebräisch (Ivrit) benutzt, um Überraschung auszudrücken. Unterschiedlich ist auch oft die Frequenz des Gebrauchs. Die formale Parallelität setzt nicht immer die funktionale voraus: Es gibt formal identische Interjektionen mit unterschiedlichen Bedeutungen (z. B. im Griechischen und Schwedischen; s. zum Schwedischen Aijmer 2004). Bei formal unterschiedlichen Interjektionen gibt es oft funktionale Überschneidungen. Dem *ach* im Deutschen z. B. entspricht im Hebräischen am ehesten das *oy weh*. Eine sekundäre Interjektion wie *Donnerwetter* wird dort als *jabaje* (eine onomatopoetische Einheit) realisiert.[12]

Die Verwendung von Interjektionen findet sich einerseits besonders in der mündlichen Spontansprache, andererseits bewusst eingesetzt in den Schlagzeilen der massenmedialen Boulevardpresse, die sich allgemein durch verschriftete Mündlichkeit und Alltagssprachlichkeit auszeichnen.

(118) „Oje, hat die Gsell etwa noch eine Schwester?" (Bild.de, April 2006)
(119) „Hoppla, Boris!" (BILD, Mai 2006)
(120) „Iiiiiiiih! Kakerlaken als Halskette." (BZ, 11.08.2006)

Die permanente oder sehr frequente Verwendung von Interjektionen wird aber im Schriftdeutsch sowohl in der Literatur als auch in der Pressesprache negativ angesehen, da sie einerseits der rudimentären Comic-Figuren-Sprache (*Würg, Seufz, Stöhn*) nahe kommt und zum anderen an den als kitschig und schwülstig empfundenen Courths-Mahler-Stil des Groschenromans (*„Ach" seufzte sie und schlug die blauen Augen nieder*) erinnert. Zu einer angemessenen Ausdrucksweise gehört es, seine Gefühle verbal differenziert(er) auszudrücken. Hinzu kommt, dass der (übermäßige) Einsatz von Interjektionen in der Presse als primitives Emotionalisierungsmittel angesehen wird, das symptomatisch für den (bei seriösen Journalisten verpönten) BILD-Zeitungs-Stil geworden ist.

---

12 Aus religiösen Gründen (im Judentum verbietet sich die explizite Referenz auf Gott) findet sich zu *Gottseidank* kein wörtliches Pendant, sondern *baruch hashem* (wörtlich: gelobt sei der Name) in ähnlicher Funktion.

**Denkanregungen:**

Onomatopoetika (*brrr, husch, piep, platsch*) kontrastieren mit der primären Interjektion vor allem in funktionaler Hinsicht, indem sie Schallereignisse kodieren. Inwiefern kommt ihnen dadurch eine referenzielle Funktion zu?

Stimmen Sie Nübling zu, dass Interjektionen nur geringe Mitteilungsfunktion haben und nicht auf den Hörer bezogen sind?:

„Interjektionen haben nur geringe Mitteilungsfunktion. Vielmehr dienen sie primär dem spontanen, subjektiven Ausdruck von Emotionen (Expressivität), der Affektentladung. Damit sind sie mehr auf das ego als auf das alter ego bezogen und in kommunikativer Hinsicht extrem reduziert." (Nübling 2004: 15)

Macht es nicht einen großen kommunikativen Unterschied, ob jemand, der gerade über seinen (schlechten) emotionalen Zustand oder eine negative Erfahrung gesprochen hat, von seinem Zuhörer entweder nur Schweigen oder aber ein mitfühlendes *Oje* oder ein gelangweiltes *Tja* oder ein schadenfreudiges *Hehe* erhält?

Interjektionen treten nicht nur in der gesprochenen Sprache und in Comics, sondern auch in der Werbung (*Hmmm, Exquisa*) und auch in der Internet-Kommunikation auf (vgl. Schmauks 2004). Zu beobachten ist weiterhin, dass die bildhaften Emoticons mittlerweile häufig anstelle von (oder in Kombination mit) Interjektionen benutzt werden. Sind die Emoticons mittlerweile die „Interjektionen des Internets"?

Welcher (semantisch beschreibbare) Unterschied besteht zwischen den folgenden Arten, Schmerz auszudrücken:

(121) Au!
(122) Das tut weh. Au!
(123) Ich habe Schmerzen im rechten Backenzahn.

Welchen emotionalen Zustand drückt die Interjektion *ach* in den beiden Texten jeweils aus?

(124) „... und dann, wenn das Orchester, lange schon spielend, wie eine Brandung zu ihren Füßen tönt, jetzt in voller Stärke seines Klanges, ach, wie ein Bannkreis ist diese Musik, ein Bannkreis um Julika ..." (Max Frisch, Stiller)
(125) „Ach! da kocht der Kessel über,
Und das nasse Kätzchen heult." (Heinrich Heine, Altes Kaminstück)

Gibt es in der Alltagssprache weitere Komposita wie das (lexikalisierte) *Aha-Erlebnis*, die Interjektionen als einen morphologischen Bestandteil mit Lexemen kombinieren? Welchen emotionalen (oder kognitiven) Zustand drückt das *aha* im *Aha-Erlebnis* aus? S. hierzu das Bühlerzitat und die Ausführung bei Fries (2000: 105, 107).

Was fällt Ihnen hinsichtlich des Gebrauchs von Interjektionen in dem folgenden Text auf?

(126) „Heda! Wer schleicht da? Holla! – Wenn der Tag
Anbräche, wär mirs lieb;
...
So will ich in den finstern Orkus fahren.
Ei, hols der Henker!"
(Heinrich von Kleist, Amphitryon)

**Literatur:**

Ehlich (1986), Fries (2000: 101–110 u. 2002), Aijmer (2004), Nübling (2004).

### 5.1.5 Konnotationen: die emotionalen Begleiter von Wörtern?

„Wenn wir den wirklichen Gebrauch eines Wortes betrachten, so sehen wir etwas Fluktuierendes. Wir stellen diesem Fluktuierenden in unseren Betrachtungen etwas Festeres entgegen. Ähnlich, wie wenn man von dem sich stets veränderlichen Bild einer Landschaft ein ruhendes Abbild malt." (Ludwig Wittgenstein)

„Eine Rose ist eine Rose ist eine Rose ist..." (Gertrude Stein) ... ist eine Rose? (MSF)

„Der Begriff ‚Unterschicht' ist diskriminierend. Er sollte im allgemeinen Sprachgebrauch unbedingt vermieden werden." (I. W., Leserbrief in DIE ZEIT)

Die Denotation eines Wortes, die im mentalen Lexikon die Grundbedeutung eines Lexems repräsentiert und das Referenzpotenzial eines sprachlichen Ausdrucks festlegt (s. hierzu Kap. 5.1.1), ist nicht die einzige semantische Information, die wir im Gedächtnis gespeichert haben und beim Verstehen von sprachlichen Äußerungen aktivieren. An viele Wörter sind auch konnotative Bedeutungsmerkmale geknüpft. Konnotation bezeichnet generell die emotive Neben- oder Zusatzbedeutung eines Lexems. So ist das Wort *Knast* (im Vergleich zu *Gefängnis*) beispielsweise negativ konnotiert, ebenso *Penner* (vs. *Obdachloser*), *Bulle* (vs. *Polizist*), *Säufer* (vs. *Alkoholiker*), *Birne* (vs. *Kopf*), *Fresse* (vs. *Gesicht*), *Balg* oder *Göre* (vs. *Kind*), *Klepper, Gaul* (vs. *Pferd*), *Köter* (vs. *Hund*), *fressen* (vs. *essen* vs. *speisen*).

Die Konnotation eines Wortes kann positiv oder negativ sein: In (127) sind das pejorativ besetzte Lexem *Karre* und das meliorativ assoziierte Lexem

*Kutsche* als Bezeichnungen für ein und dasselbe Referenzobjekt benutzt worden, um kontrastiv den Wandel hervorzuheben, der sich vollzogen hat.

(127) Der Opel Corsa ist von der Studenten-Karre zur kleinen Edel-Kutsche gereift. (SZ, 28.09.2006)

Wie diese wenigen Beispiele[13] schon zeigen, lassen sich konnotative Bedeutungsunterschiede besonders bei (stilistisch verschiedenen Stilebenen angehörigen) Synonymen erkennen und als lexikalische Eigenschaften beschreiben. Es gibt aber auch Wörter ohne solche semantischen Relationsgefüge, denen wir semantisch und/oder pragmatisch emotive Bedeutungsmerkmale zuordnen (vgl. *Unkraut, Parasit, Nazi, Konzentrationslager, Auschwitz*). Bestimmte Morpheme können negative Bewertungen bei Personenbezeichnungen aktivieren: Suffigierungen mit *-ler* (wie z.B. *Abweichler, Gewinnler, Umstürzler*) und deadjektivische Personenbezeichnungen mit *-ling* sind häufig pejorativ (*Du Süßling, Du Zärtling, Du Schönling!* mit der Analogie zu *Fiesling;* vgl. dagegen positiv *Du Süßer, Du Schöner, Du Zärtlicher!*; s. auch Fries 1996).

Das Phänomen der konnotativen Bedeutungsmerkmale ist ein in der Linguistik bislang ausgesprochen heterogen, vage und stiefmütterlich behandeltes Feld (vgl. Rössler 1979, Konstantinidou 1997: 54, Hermanns 2002). Der Terminus Konnotation ist zudem umstritten: Er dient mehr oder weniger als ein Sammelbecken für alle nicht systematisch erfassten Bedeutungskomponenten (s. Hermanns 1995: 166, 2002: 361). Zudem hat sich an dem von Dieckmann (1981) als „schlicht chaotisch“ bezeichneten Diskussionsstand bis heute nicht wesentlich etwas verändert. Wenn man jedoch die Facetten der emotionalen und emotionalisierenden Sprache erfassen will, kommt man an den Konnotationen nicht vorbei.

Erdmann ([1900] [4]1925: 107) spricht in der Linguistik als erster vom „Gefühlswert“ oder Stimmungsgehalt des Wortes[14] als Teil von dessen Be-

13 Vgl. auch die folgenden Adjektive: *vollschlank – dick, hochpreisig – teuer, romantisch – kitschig, traditionell – altbacken, zeitgemäß – neumodisch, alt – verkalkt, füllig – fett, langsam – lahm, jung – grün, unbedarft – naiv,* die Verben*: trinken – saufen, schauen – glotzen, gehen – latschen/trampeln, vortragen – leiern, lachen – gackern, weinen – heulen, sprechen – labern, fahren – kutschieren, sitzen – fläzen* und die Substantive*: ältere Dame – alte Schabracke, Mädchen – Tussi, Apotheker – Pillendreher, Arzt – Quacksalber, Journalist – Schreiberling, Frauenrechtlerin – Emanze, Getränk – Gesöff, Essen – Fraß, Auto – Karre, Fernseher – Glotze.*

14 Erdmann unterscheidet insgesamt zwischen Bedeutungskern, Neben-Begleitvorstellungen und Gefühlswert, Pike zwischen zentraler Bedeutung und Nebenbedeutung. Ähnliche Beschreibungen finden sich bei Sperber (1923), Kronasser (1952) und Ullmann ([2]1959): Sie unterscheiden eine gefühlsmäßige Komponente der Bedeutung von der Kernbedeutung und definieren diese ähnlich als „Begleitgefühle“, „den Worten anhaftende Gefühle“, „Gefühlswerte“ (ausgelöste Gefühle und Empfindungen sowie auch die in den Worten steckenden Wertungen; „gefühlsmäßige Bedeutung“, zu Gefühlswert und Evokationsvermögen vgl. Ullmann [2]1959).

deutung und definiert ihn als „alle reaktiven Gefühle und Stimmungen, die erzeugt werden". Wertungen/Werte, die am Wort haften, werden in den Gefühlswert mit einbezogen. Bei Osgood/Suci/Tannenbaum (1957) sind Konnotationen emotionale Bedeutungen als vom semantischen Potenzial gemessene Valenz, d. h. evaluative Aspekte. Leech (1974: 26) unterscheidet sieben Bedeutungsaspekte und nennt „affective meaning", „what is communicated of the feelings and attitudes of the speaker". Lyons (1977: 50f.) nennt expressive Bedeutung das, was der Sprecher über sich ausdrückt, was mit seinen Einstellungen korreliert. Blumenthal (1983) verwendet den Begriff *Konnotationen* für paradigmatische Assoziationen, die nicht individueller Natur sind und für klischeehafte Vorstellungen, die durch den Kontext auftreten (vgl. Konstantinidou 1997: 65).

> „A study of the problem of connotation takes one into the vast and complex domain of meaning. Precisely this vastness and complexity have made it the subject of many a dispute and controversy ... and it is for this reason that linguistics tended to leave the question of meaning aside as it became a scientific discipline." (Garza-Cuarón 1991: 1)

Dieckmann konstatiert (1981: 112), dass die Konnotationen „nicht oder nur am Rande zum Gegenstandsbereich der lexikalischen Semantik gehörig" sind. Wenn Konnotationen nicht zur lexikalischen Bedeutung gehören, wo sind sie dann zu verankern?

Um das Phänomen der Konnotation im Kontext semantischer Phänomene sowie im Rahmen moderner Theorien besser verstehen und einordnen zu können, bedarf es einer kurzen, vertiefenden Erörterung der linguistischen Bedeutungsproblematik.

Bedeutungen stellen als mentale Repräsentationen, die konventionell an bestimmte sprachliche Ausdrücke (im Sinne von phonologischen und/oder graphemischen Formrepräsentationen) gekoppelt sind, verbale Konzepte, d. h. systeminterne, also im Kognitionssystem verankerte, informationelle Zustände[15] dar, die (zu einem großen Teil) systemexterne, d. h. der Umwelt entnommene Zustände in einer bestimmten Art und Weise abbilden und damit Symbolstrukturen darstellen (s. hierzu bereits allgemein Kap. 5.1.1). Die

---

15 Sprachliche Bedeutungen werden somit als Denotate, also geistige Inhalte definiert, die konventionell an sprachliche Formen geknüpft sind. Sie enthalten die wesentlichen Informationen, die für die Kommunikation relevant sind und sie ermöglichen es uns, mittels Sprache Bezug auf die Welt zu nehmen, da sie das Referenzpotenzial bestimmen. Aufgrund der Verfügbarkeit der Bedeutung von Vogel (TIER, HAT FLÜGEL, LEGT EIER) etwa können wir uns mit einem Satz wie *Ein Vogel sitzt im Baum* in allen vorstellbaren Situationen auf ein Exemplar der Kategorie Vogel beziehen.

Bedeutungsproblematik involviert stets zwei grundlegende Aspekte: die intensionale Basis der Denotationen, d. h. die interne Repräsentation von Bedeutungen im mentalen Lexikon der kompetenten Sprachverwender und die extensionale Anwendung, d. h. die referenzielle Bezugnahme auf die externe Welt. Bedeutungen sind versprachlichte Konzepte, d. h. mentale Inhalte mit einer verbalen Formrepräsentation versehen (s. hierzu auch Schwarz 1992b und 1995a, b):

(128) $\mathrm{Kon}(x_1 - x_n) \leftrightarrow \mathrm{Sem}_{syn}(x_2 - x_5) \leftrightarrow R_{phon}$

Eine Bedeutung (Sem) entsteht aus einer selektiven Lexikalisierung ($x_2$–$x_5$) von Konzeptinformationen Kon($x_1$–$x_n$) und der Bindung an eine phonologische/graphemische Repräsentation ($R_{phon}$) sowie ein syntaktisches Subkategorisierungsraster (syn).

Bedeutungen werden somit von enzyklopädischen Wissenselementen abgegrenzt. Die Semantik bezieht ihre Inhalte aus dem konzeptuellen System, ihre Formen aus dem sprachlichen System. Konzeptuelle Inhalte werden also sprachspezifisch durch phonologische Repräsentationen und syntaktische Raster gebunden. In diesem Sinne ist das semantische Kenntnissystem Schnittstelle zwischen zwei kognitiven Subsystemen. Das Besondere des semantischen Systems liegt dabei im Formalen, d. h. in der Gebundenheit an sprachliche Einheiten und Strukturen. Konzept- und Bedeutungsinformationen stehen dabei nicht notwendigerweise in einer 1:1-Relation. Semantische Lexikoneinträge repräsentieren vielmehr Teile aus Konzepten.[16]

Der semantische Lexikoneintrag zu *Wasser* beispielsweise kann folgendermaßen dargestellt werden:

*Wasser:* sem = X ((Substanz XS); S = FLÜSSIGKEIT, DURCHSICHTIG, KANN ZUM TRINKEN ODER WASCHEN ETC. BENUTZT WERDEN)

---

16 Kontrastive lexikalische Analysen zeigen, dass verschiedene Sprachen konzeptuelle Inhalte (die wahrscheinlich zu einem großen Maß durch universale Prinzipien determiniert werden) unterschiedlich lexikalisieren. Bedeutungen entstehen also aus einer selektiven Lexikalisierung von Konzeptinformationen. Das Lexem *Amae* z. B. bezeichnet im Japanischen das Gefühl der sozialen Akzeptanz (vgl. hierzu Fußnote 11 in Kap. 3). Wir verfügen ebenfalls über diese konzeptuelle Repräsentation, haben aber kein Lexem mit eigener Bedeutung dafür. Dass konzeptuelle und semantische Einheiten nicht identisch sind, zeigt sich auch in der Ontogenese: Im Spracherwerb verlaufen konzeptuelle und semantische Entwicklung nicht notwendigerweise simultan. Das Kind kann bereits über konzeptuelle Einheiten verfügen, die entsprechenden sprachlichen Einheiten im mentalen Lexikon aber noch nicht haben. In der Aktualgenese demonstriert das Phänomen der lexikalischen Lücken (vgl. als prominentes Beispiel durstig/nicht-mehr-durstig-sein vs. hungrig/satt) zudem deutlich, dass nicht alle verfügbaren Konzepte auch als Lexikoneinträge Bestandteil unseres semantisch-lexikalischen Systems werden. Entsprechend verfügen wir über mehr Konzepte als Lexeme.

Wasser stellt als Referenzmenge einen bestimmten ontologischen Typ X (SUBSTANZ) dar und lässt sich spezifisch als FLÜSSIGKEIT bestimmen. Als typische Merkmale sind weiterhin die (normale) Farbbeschaffenheit und die Hauptfunktion(en) aufgeführt. Enzyklopädische Komponenten, die im Konzept WASSER zusätzlich gespeichert sein können, sind z.B. WASSERSTOFF-SAUERSTOFF-VERBINDUNG, $H_2O$, gefriert bei 0° C und siedet bei 100° C. Diese Informationen hängen jedoch vom individuellen Wissen ab und gehören nicht zum konventionell in einer Sprachgemeinschaft als verbindlich erachteten Wortwissen, welches für die Referenz, die Wahrheitswertfestlegung und die Verständlichkeit der Kommunikation unabdingbar ist. Die Grenze zwischen semantischem und konzeptuell-enzyklopädischem Wissen wird jedoch in der kognitiven Semantik als fließend angesehen: Eine strikte Trennung der beiden Komponenten ist oft kaum möglich. Im mentalen Lexikon sind semantische und konzeptuelle Repräsentationen über prozedurale Routen miteinander verknüpft (s. Schwarz 1995a, 2000a). In der Sprachverwendung aktiviert man mit einem bestimmten Wort nicht nur seine denotative, deskriptive Bedeutung als konzeptuelle Repräsentation, die das Referenzpotenzial festlegt, sondern auch stets eine Reihe von mentalen Informationen, die zum einen enzyklopädisch und zum anderen emotional, bewertend geprägt sind. Sind diese bewertenden Informationen kulturell geprägt, d.h. gesellschaftlich auf breiter Basis verankert, sind sie Bestandteil der lexikalischen Bedeutung, also Konnotationen. Sind sie persönlich, nur das Individuum und sein enzyklopädisches Wissen betreffend, handelt es sich um konzeptuelle Assoziationen. Wie bereits in Kap. 3.2.2 erläutert, kann man sowohl Konzepte als auch Bedeutungen als mentale Kategorien mittels Dekomposition in Merkmale oder mittels der Prototypenanalysen durch Angabe eines prototypischen Vertreters bzw. durch Attribute, die typisch für die Kategorie sind, bestimmen. ANGST ist demnach (NEGATIVE EMOTION, ANTIZIPATION VON GEFAHR ODER KONTROLLVERLUST). *Penner* lässt sich entsprechend zerlegen in (MENSCH OHNE ARBEIT UND WOHNSITZ). Dieselbe Information ist auch bei *Obdachloser* bestimmend. Um den semantischen Unterschied zwischen beiden erklären und beschreiben zu können, muss man angeben, dass *Penner* eine zusätzliche Bedeutungskomponente enthält (z.B. NEGATIV BEWERTEND, ABWERTEND, GERINGSCHÄTZIG o.Ä.). Dies ist kein Merkmal, das den kognitiven, referenzfestlegenden Merkmalen entspricht, dennoch gehört es zum Informationsgehalt von *Penner*. Zudem handelt es sich nicht um individuell, von Sprecher zu Sprecher variierende Konzeptmerkmale enzyklopädischer Natur, sondern um eine konventionell an den Ausdruck *Penner* gekoppelte

Information.[17] Demzufolge ist das Pejorative gar kein Zusatz, sondern integraler Bestandteil der Bedeutung von *Penner*. Das extrem negativ konnotierte Wort *Nigger* hat ebenfalls eine Grundbedeutung, die an sich schon pejorativ ist. Die semantische Repräsentation[18] des Lexikoneintrags zu *Nigger* lässt sich ohne diese wertende Komponente nicht adäquat darstellen. Die Termini Bedeutung und Denotation sollten daher nicht synonym benutzt werden: Die Denotation legt das Referenzpotenzial fest, die Bedeutung gibt den kompletten Informationsgehalt an.

Von den gesellschaftlich verankerten und im mentalen Lexikon repräsentierten Konnotationen abzugrenzen sind die Assoziationen, die jeder Sprachbenutzer individuell (und durch persönliche Erfahrungen geprägt) mit bestimmten Wörtern verknüpft. Das Wort *Liebe* mit der Denotation (POSITIVE BASISEMOTION, BEZIEHUNGSEMOTION) erhält generell die positive Bewertung (HÖCHSTE UND SCHÖNSTE FORM DER BEZIEHUNG ZWISCHEN MENSCHEN), kann aber je nach Person ganz unterschiedliche (positive oder negative) Assoziationen evozieren (MEINE GROSSE LIEBE EF) oder (GESCHEITERTE BEZIEHUNG MIT XY) oder (EROTISCHE HANDLUNG MIT XZ). Abzugrenzen von Wörtern mit Konnotationen sind Lexeme, die aufgrund ihrer Referenz für viele Menschen ein hohes Emotionspotenzial haben: So wirken Wörter wie *Massenmord, Vergewaltigung, Blutbad, Gewaltexzess, Amoklauf* etc. unter Umständen stark affektiv, weil die Sachverhalte, auf die sie referieren, im Wertesystem unserer Gesellschaft stark negativ bewertet werden und an Gefühle wie Angst, Entsetzen und Abscheu gekoppelt sind (entsprechend ist es mit Wörtern wie *Sonnenschein, Sommereis, Frühlingsdüfte*, die sich auf generell positiv bewertete Sachverhalte beziehen). Diese Wörter haben aber keine Konnotationen. Streng genommen haben relativ wenige Wörter unseres Wortschatzes Konnotationen (und sie zeigen sich in der Regel nur bei Quasi-Synonymen unterschiedlicher Stilebenen wie *Gesicht, Antlitz* (positiv konnotiert), *Visage* (negativ konnotiert)).

Betrachten wir vor dem Hintergrund dieser Überlegungen noch einmal unsere Ausgangsdefinition, der zufolge Konnotationen gesellschaftlich ver-

---

17 Daher ergibt sich bei der Streichbarkeitsprobe ein Widerspruch, wenn man die negative Bewertung zurücknimmt: *Du Penner! ?? Ich meine das aber nicht geringschätzig.* Vgl. auch: *Der Nigger da will was von uns. ?? Ich meine Nigger jetzt aber nicht böse oder abwertend.* S. auch ?? *lieber Nigger,* ?? *wunderbarer Penner.* Da die Lexeme *Penner* und *Nigger* negativ konnotiert sind, ergibt sich ein Widerspruch, wenn man sie mit positiven Adjektiven kombiniert.

18 Die Termini semantische Repräsentation, Bedeutung und Denotation sollten daher nicht synonym benutzt werden: Die Denotation (als referenzfestlegende Merkmalsmenge) ist bei *Penner* und *Obdachloser* identisch, nicht aber die Grundbedeutung im Sinne der semantischen Repräsentation im mentalen Lexikon.

ankerte Zusatzbedeutungen mit emotionalem Gehalt sind, zeigt sich, dass es nicht so sehr die Zugehörigkeit zur Bedeutung eines Wortes ist, die problematisch für eine linguistische Konnotationsanalyse ist, sondern vielmehr der Status der konnotativen Bedeutungsmerkmale.

Sie repräsentieren nicht referenzkonstituierende Eigenschaften, sondern eine spezifische Wertung, die sich bei Synonymen zudem als stilistische Unterschiede beschreiben lassen. So zählt (129) zur Alltagssprache, (130) zur gehobenen und (131) zur niedrigen, vulgären Stilebene.

(129) Er ist am Montag gestorben.
(130) Er ist am Montag entschlafen.
(131) Er ist am Montag abgekratzt.

An dem Referenzpotenzial verändert die Verwendung eines konnotativ bewerteten Wortes ebenso wenig wie an der Proposition und dem Wahrheitswert des Satzes: Alle drei Varianten können sich auf dasselbe Ereignis beziehen. Die konzeptuellen Repräsentationen jedoch, die sie beim Hörer aktivieren, unterscheiden sich jeweils erheblich.

In (132) wirkt das stilistisch auf einer niederen Ebene lokalisierte Lexem *Glotzen* unangemessen, es hat geradezu einen Verfremdungseffekt angesichts der gehobenen Stilebene des übrigen Textes. Nachvollziehbar wird seine Verwendung nur, wenn man die Perspektive und sprachliche Ausdrucksweise der Person annimmt, über die der Textproduzent berichtet.

(132) „Die Dauer seines Fernsehkonsums ist das Ergebnis seines Rationalkalküls und damit per se optimal. Ein schlechtes Gewissen nach übermäßigem Glotzen oder die Selbsteinschätzung, man sehe mehr fern, als angemessen sei, passen nicht in dieses Schema." (FAZ, 23.10.2006)

Stark negativ konnotierte Wörter wie *Penner, Nigger* oder *Kanake* drücken, wenn sie in der Kommunikation benutzt werden, notwendig eine negative emotionale und/oder kognitive Einstellung des Sprachverwenders zu der Person bzw. dem jeweiligen Personenbereich aus (vgl. zu den Einstellungen Kap. 3.6). Sie haben damit den Status von diskriminierenden Schimpfwörtern. In bestimmten politischen Kreisen werden sie bewusst als Mittel zur Diskriminierung geäußert. Die politische Korrektheit verbietet es daher, solche Wörter in der Öffentlichkeit zu verwenden. In der kommunikativen Praxis kann sich das inoffizielle Benennverhalten schnell verändern,[19] wie von Hensel für die Nach-Wende-Zeit beschrieben:

[19] Ein Beispiel hierfür ist das Wort *Bulle* als Bezeichnung für *Polizist*. Im privaten Diskurs findet sich die Verwendung dieses Wortes mittlerweile häufig ohne negative Konnotationen,

(133) „Zu den Fidschis durfte ich nicht länger Fidschis sagen, sondern musste sie Ausländer oder Asylbewerber nennen, was irgendwie sonderbar klang, waren sie doch immer da und zwischendurch nie weg gewesen ... Assis zu sagen, habe ich mir schnell abgewöhnt...“ (Jana Hensel, Zonenkinder, 22)

Einige der in Ost- und Westdeutschland unterschiedlich konnotierten Wörter weisen noch heute Differenzierungen auf: Das Wort *intellektuell* und *Intellektueller*[20] wird von Westdeutschen als neutral oder als positiv konnotiert bewertet, dagegen von vielen Ostdeutschen eher als negativ konnotiert aufgefasst (Ergebnis einer Umfrage in vier Seminaren der Friedrich-Schiller-Universität Jena 2002–2004).

Auffällig ist, dass es wesentlich mehr expressive Pejorativa als Meliorativa gibt (vgl. aber Kap. 9). Für tabuisierte und/oder negativ bewertete Referenzbereiche werden allerdings insbesondere im öffentlichen Diskurs Euphemismen benutzt. Sie dienen der „Verschleierung“ an sich unangenehmer oder ethisch zu verurteilender Vorgänge. Die Liste der „Unwörter des Jahres“ des Instituts für deutsche Sprache enthält eine Reihe solcher (zumeist als zynisch empfundener) Euphemismen:

(134) „Ethnische Säuberung“ (referiert tatsächlich auf Völkermord; 1992)

(135) „sozialverträgliches Frühableben“ (in einer öffentlichen Erklärung zynisch wirkende Ironisierung; Karsten Vilmar 1998)

(136) „Kollateralschaden“ (Verharmlosung der Tötung Unschuldiger als Nebensächlichkeit; NATO-offizieller Terminus im Kosovo-Krieg, 1999)

(137) „Humankapital“ (Referenz auf Menschen als nur noch ökonomisch interessante Größen, 2004)

Kommen wir zurück zu der Ausgangsfrage, wo die Konnotationen zu verankern sind. Hieraus ergeben sich zahlreiche Teilfragen: Sind sie tatsächlich bloß Nebenbedeutungen oder vielmehr in der Denotation integrativ verankert? Wäre dann nicht der Denotationsbegriff zu revidieren bzw. zu erweitern und zwar derart, dass Denotation als semantische Lexikonrepräsentation auch nicht strikt referenzfestlegende Merkmale beinhaltet? Sind Konnotationen rein emotional oder auch kognitiv bestimmbar und zu charakterisieren? Haben alle Wörter konnotative Bedeutungsmerkmale oder

---

sondern vielmehr als saloppe Form der Referenz. Teilweise benutzen Polizisten selbst das Wort, um selbstreferenziell auf ihre Gruppe Bezug zu nehmen. In der öffentlichen bzw. offiziellen Kommunikation dagegen ist die Verwendung nach wie vor eher verpönt. Auf der Straße sollte man daher nicht unbedingt einen (fremden) Polizisten mit *Tag, Herr Bulle!* begrüßen. S. aber den Titel einer Fernsehsendung „Der Bulle von Tölz“.

20 Zu den Variationen der Bedeutung und Konnotation von *Intellektueller* s. das Buch von Bering (1982).

nur ein Teil der Lexeme unseres Wortschatzes? Zeigen sich Konnotationen prinzipiell vielleicht nur bei Synonymen, d.h. wenn Alternativen hinsichtlich der Benennungsfunktion bestehen (*weinen, heulen, flennen; Schwarzer, Neger, Nigger*)? Sind Konnotationen als Bestandteil lexikalischer Bedeutungen und/oder bzw. vielmehr aktueller Bedeutungen zu sehen? Sind Konnotationen also situationsunabhängig oder entstehen sie auch ko- und kontextbedingt? Haben nur Wörter oder auch Sätze und Texte Konnotationen?

Es ist augenscheinlich, dass es emotive Bedeutungsbestandteile über die Wortgrenze hinaus gibt: Wenn wir Sätze wie (138) und (139) lesen oder hören, aktivieren wir über die wortwörtliche Bedeutung hinaus mentale Informationen, die auf unserem historischen Wissen über die Verwendung dieser Sätze in der NS-Zeit beruhen.

(138) Jedem das Seine.
(139) Arbeit macht frei.

Somit sind diese syntaktischen Konstruktionen für uns überindividuell extrem negativ konnotiert. Diese negativen Konnotationen ergeben sich aber nicht aus den einzelnen Lexemen, aus denen die Sätze zusammengesetzt sind, sondern aus der spezifischen Kombination und dem (kollektiven) Wissen um ihre situationsspezifische zynische Verwendung. An diesen Beispielen zeigt sich erneut die Problematik einer eindeutigen Abgrenzung von Konnotationen, die der Semantik zugeordnet werden, und individuellen Assoziationen: Für einen Teil der Bevölkerung gehören die Wissensaktivierungen zum gesellschaftlich verankerten semantischen Wissen, für einen anderen Teil der Bevölkerung, deren historische Kenntnisse weniger ausgeprägt sind, gehören sie zum enzyklopädischen bzw. episodischen Wissen.[21]

Die Kontextabhängigkeit von Bedeutungsmerkmalen und Assoziationen zeigt sich auch bei einer Äußerung wie (140):

(140) „Es werden auch blonde, blauäugige Menschen Opfer von Gewalttaten, zum Teil sogar von Tätern, die möglicherweise nicht die deutsche Staatsangehörigkeit haben." (Wolfgang Schäuble, Bundesinnenminister (CDU), in einem Rundfunkinterview zum Angriff auf den Deutschäthiopier Ermyas M. in Potsdam, 2006)

---

21 So zeigt ein Umfrage in einem linguistischen Proseminar an der Friedrich-Schiller-Universität Jena (2005), dass nur knapp die Hälfte der Teilnehmer über das Wissen zur Verwendung von (138) und (139) in der NS-Zeit verfügte. Aus Mangel an enzyklopädischen und intertextuellen Kenntnissen konnten dementsprechend bestimmte Andeutungen, Implikaturen bzw. textuelle Inferenzen gar nicht aktiviert werden.

Da es in diesem Ko- und Kontext um Opfer- und Tätertypen sowie die Abgrenzung von Deutschen und Ausländern geht, hat die Verwendung von *blonde, blauäugige Menschen* eine Brisanz, die sich aus dem Wissen über das Arier-Konzept der Nationalsozialisten ergibt: Dieses beinhaltet die rassistische Abgrenzung und Höherbewertung des „germanischen, typischerweise blonden und blauäugigen Menschen". Dieses Beispiel zeigt, dass semantisch-konzeptuelle Repräsentationen[22] beim Rezipienten evoziert werden können, auch wenn diese nicht vom Produzenten der Äußerung intendiert waren.

Kontextunabhängig und in einem Ko- und Kontext, der keine Assoziationen an die Nazi-Ideologie evoziert, ist *blond und blauäugig* jedoch in keiner Weise negativ oder emotional brisant konnotiert.

(141) Das Baby war blond und blauäugig und lachte mich an.

Viele Wörter entfalten also ihr emotionales Potenzial erst in der Interaktion von spezifischer Verwendung und kontextueller Einbettung.

Die Probleme der Abgrenzung sowie der kontextsensitiven Modellierung, die wir bei Konnotationen transparent gemacht haben, lassen sich im Rahmen dieser Einführung nicht lösen und die gestellten Fragen nicht alle beantworten. Konnotative Bedeutungsbestandteile müssen noch sehr intensiv untersucht werden. Erfolgversprechend wäre besonders eine Analyse im Rahmen kognitiver Semantiktheorien, da diese auch prozedurale Aspekte und insbesondere die Schnittstellen zwischen Semantik, Pragmatik und Konzeptsystem berücksichtigen.

Die Relevanz für die Sprache-und-Emotion-Thematik ist jedenfalls offensichtlich. Garza-Cuarón hat eine schöne Analogie für das Denotation-Konnotation-Problem geprägt:

> „... *denotation* is like the first wave that forms when a pebble is thrown into the water and *connotation* is all the ensuing waves. Any all-embracing description of meaning must take not only one wave but all the waves into account." (Garza-Cuarón 1991: 242)

Allerdings ist das hier dargestellte Bedeutungspotenzial von Wörtern und seine Aktivierung als Prozess wohl genau umgekehrt zu sehen! Achten Sie auf den ersten Eindruck, die „erste Welle" beim Lesen von (142):

(142) „Nigger und Kanaken sollten hier verschwinden." (Zeile aus einem rechtsradikalen Text 2003)

---

22 Schon John Locke wusste in seinen Untersuchung über den menschlichen Verstand (1690) um die Gefahr von Wortbedeutungen: „Wie viele Trugschlüsse und Irrtümer ... gehen auf Kosten der Wörter und ihrer unsicheren oder missverstandenen Bedeutung".

Bei Wörtern mit expressiver Bedeutung ist der erste Bewusstseinsinhalt, der beim Rezipienten aktiviert wird bzw. für ihn wahrnehmbar ist, die Konnotation. Die Wertung,[23] die stark konnotative Wörter zum Ausdruck bringen, wird als erstes evoziert, nicht die referenzfestlegende Denotation.

**Denkanregungen:**

Vergleichen Sie *Irrenanstalt, psychiatrische Anstalt, Institution für die Gesundheit der Seele* und beschreiben Sie jeweils Denotation und mögliche Konnotation bzw. affektive Bewertung.

Inwiefern lassen sich *Haararchitekt* und *Haardesigner* (als Bezeichnungen für Friseur) als Meliorativa einstufen?

Vermittelt der Sprecher in (143) eine bestimmte emotionale Einstellung oder ist *Glotze* lediglich salopp verwendet worden?

(143) „TV fürs Handy: Glotze To-Go immer beliebter" (SZ, 20.10.2006)

Inwiefern spiegeln die folgenden Bezeichnungsvarianten für jeweils denselben referenziellen Sachverhalt bzw. dieselben Referenten verschiedene Perspektiven und emotionale Einstellungen wider?

(144) Terrorist, Mörder, Widerstandskämpfer, Märtyrer, Gotteskrieger
(145) Widerstandsaktionen, Selbstmordattentate, terroristische Morde
(146) Mauer, Zaun, Schutzwall, Schutzzaun, Sicherheitszaun
(147) Ausländische Mitbürger, Ausländer, Fremde, Eindringlinge, Parasiten

Vgl. *Asylant, Asylbewerber, Flüchtling, Ausländer, Fremder, Gastarbeiter, Migrant, Einwanderer, Illegaler*. Haben diese Wörter unterschiedliche Konnotationen? Handelt es sich durchweg um Synonyme?

Welche Wissenskomponenten und unter Umständen welche Gefühle aktivieren die Wörter *Tätervolk* und *Ehrenmord* sowie die Phrase *deutsche Leitkultur* bei Ihnen?

Inwiefern wurde das Kompositum *Ehrenmord* von bestimmten Gruppen als Euphemismus geprägt und ist durch seinen medialen Verwendungskontext mittlerweile negativ konnotiert?

2001 wurde *Gotteskrieger* (als Selbstbezeichnung der Taliban- und Al Qaida-Terroristen) zum Unwort des Jahres gekürt. Warum?

---

23 Experimentelle Untersuchungen unterstützen diese These: Bock (1997) konnte zeigen, dass der emotionale Informationsgehalt von Wörtern schneller verfügbar ist als die kognitiven Informationen (s. hierzu Kap. 4.6). S. hierzu auch Kousta/Vinson/Vigliocco (2009).

Inwiefern ist *Saftschubse* als umgangssprachlicher Ausdruck für Stewardess ein Pejorativum? Ist der Ausdruck negativ konnotiert oder von der Denotation her bereits pejorativ?
Hat das Lexem *Fräulein* positive oder negative Konnotation?

*Menschen, Personen, Leute*? Denotative oder konnotative Unterschiede?

Evoziert das Wort *Konzentrationslager* negative Konnotationen oder Assoziationen oder beides?

Welche Euphemismen fallen Ihnen zu den klassischen Tabuthemen wie Tod und Sexualität, Gewalt und Krieg ein?

(148) „Kinder statt Inder!"

Inwiefern drückt dieser Wahlslogan semantisch eine Präferenz aus, die stark negativ bewertet und „politisch nicht korrekt" ist?

Vgl. die folgenden Komposita (Quelle: die Klatschsendung Exclusiv von RTL im Juni 2006): *Horror-Crash, Schreckensmeldung, Koks-Skandal, Trennungsgerüchte-Entwarnung, Jette-Joop-Nachfolgerin, Benimm-Supernanny, Zusatz-Fanequipment, Zwei-Millionen-Eheabfindungskampf. Busenblondine, Komponisten-Töchterlein, Drogeriemarktkönig, Jahrhundertmodel*. Inwiefern weisen derartige Komposita pejorative oder meliorative Bedeutungsmerkmale auf?

**Literatur:**

Rössler (1979), Konstantinidou (1997), Hermanns (2002), Schwarz/Chur ([5]2007), Allan (2007).

## 5.2 Emotionsdarstellungen auf der Satzebene

### 5.2.1 Emotive Satzbedeutungen: Propositionen, Doppelpropositionen und Einstellungsvermittlungen

> „Die meisten der Sätze, die wir verwenden, um unsere Gefühle auszudrücken, sind mit ungedeckten Schecks zu vergleichen. Doch nimmt derjenige sie gerne an, der nicht besser dran ist als der andere." (André Gide)

In der Satzsemantik hat man sich vor allem mit den situationsunabhängigen Inhalten von Sätzen (den Propositionen) beschäftigt und sich auf die kognitiven Informationsbestandteile[24] (sowie deren Wahrheitswerte) konzentriert. Sätze werden hierbei als kognitive Informationsträger betrachtet. Da Propositionen aus verschiedenen Perspektiven analysiert werden und auf verschiedenen Verarbeitungsebenen eine Rolle spielen, muss der Bedeutungsbegriff hinsichtlich der Satzsemantik differenziert werden.

Traditionell sehen Semantiker es als ihre Aufgabe an, die kontextinvarianten, situationsunabhängigen Bedeutungen[25] der sprachlichen Ausdrücke (einfacher wie komplexer Art) einer Sprache zu beschreiben (vgl. u. a. Schwarz/Chur [5]2007, Steinbach [2]2007). Als wesentliches Prinzip gilt das der Kompositionalität nach Frege: Die Satzbedeutung lässt sich nach Maßgabe der Lexembedeutungen und ihrer syntaktischen Kombination Schritt für Schritt erschließen und aufbauen, d. h. die Bedeutung eines Satzes ergibt sich aus der Bedeutung seiner Bestandteile und deren Relation untereinander. Die Relevanz der grammatischen Relationen zeigt sich in (149) und (150):

(149) Der Junge liebt das Mädchen. vs.
(150) Das Mädchen liebt den Jungen.

Als Propositionen lassen sich entsprechend die Satzbedeutungen wie in (151) und (152) darstellen:

(151) (Lieben (Junge$_{\text{Agens}}$, Mädchen$_{\text{Patiens}}$))
(152) (Lieben (Mädchen$_{\text{Agens}}$, Junge$_{\text{Patiens}}$))

Die Sätze (149) und (150) bezeichnen referenzielle Sachverhalte ohne eine wertende, emotive Komponente. Es gibt aber auch Sätze, bei denen die Proposition von einem emotiven Ausdruck, der die emotionale Einstellung des Produzenten und damit zugleich eine Bewertung ausdrückt, determiniert wird.

(153) Ich befürchte, dass der Junge das Mädchen liebt.
(154) Ich hoffe, dass der Junge das Mädchen liebt.
(155) Ich bin unglücklich darüber, dass der Junge das Mädchen liebt.

---

24 „Alles, was wir wissen, glauben, vermuten, etc. entspricht kognitiven Sachverhaltsrepräsentationen mit einer propositionalen Struktur. Die durch die Sätze ausgedrückte Proposition ist somit etwas, was – in den verschiedenen epistemischen Abwandlungen, von denen ich jetzt einmal absehe – *gewusst werden kann.*" (Lang 1983: 312 f.)

25 Dadurch grenzt sich die Semantik als Disziplin innerhalb der Linguistik von der Pragmatik ab, die sich mit den kontextabhängigen Äußerungsbedeutungen, den aktuellen Bedeutungen beschäftigt. Während die Semantik die wörtlichen Bedeutungen von Ausdrücken untersucht, analysiert die Pragmatik die Bedeutung von Äußerungen, also Ausdrücken in einer bestimmten Verwendung(ssituation). Dabei geht es der Satzsemantik um die lexikalische, die abstrakte, kontextinvariante Satzbedeutung (die als Proposition die referenziellen Identifikationsbedingungen für den grammatisch ausgedrückten Sachverhalt liefert).

(156) Es ist furchtbar, dass der Junge das Mädchen liebt.
(157) Es ist wunderbar, dass der Junge das Mädchen liebt.

Die lexikalische Bedeutung eines solchen Satzes beinhaltet einerseits die spezifische Einstellung, andererseits die Sachverhaltsproposition, auf die sich der Einstellungsausdruck bezieht. Semantisch haben wir somit eine Doppelproposition: eine Proposition in einer Einstellungsproposition, EP (P). Der bewertende Ausdruck kann den Status der Proposition festlegen: Bei (155), (156) und (157) gilt der in der Proposition dargestellt referenzielle Sachverhalt als Fakt, in (153) und (154) als Lesart. Die Faktizität des in P Dargestellten wird erhofft oder befürchtet.

(158) EP (Hoffen, dass ((P) (Lieben, Junge, Mädchen))

Die für Semantik und Pragmatik einflussreiche Unterscheidung von Bierwisch (1979) aufgreifend, muss neben der lexikalischen Bedeutung die aktuelle Bedeutung, d. h. die Äußerungsbedeutung sowie der kommunikative Sinn beschreibbar sein. In einer bestimmten Situation referiert ein Sprecher mit (149) auf zwei Individuen (z. B. Susanne S. und Peter R.) und lieben bezieht sich auf die erotische, sexuelle Liebe. In einer anderen Situation beziehen sich die Wörter Junge und Mädchen dagegen auf Petra P. und Robert R. und lieben referiert auf geschwisterliche Liebe. Die aktuelle Bedeutung ist somit dadurch gekennzeichnet, dass den lexikalischen Einheiten spezifische referenzielle Werte zugeordnet werden. Betrachten wir diesbezüglich noch (159):

(159) Er liebt sie.

Die lexikalische Bedeutung dieses Satzes lässt sich nur mittels semantischer Variablen und einer vagen Repräsentation angeben: EINE MÄNNLICHE PERSON EMPFINDET DIE EMOTION LIEBE FÜR EINE WEIBLICHE PERSON.

Ohne konkreten Kontext, nur für sich betrachtet, ist die wörtliche Satzbedeutung[26] also sehr allgemein, indem nur das Referenzpotenzial erfasst und damit abstrahiert wird. Offen bleibt, wer er und wer sie ist, auf welche Zeit sich der Satz bezieht, auf welche Art er sie liebt. In einer konkreten Situation, in der (159) tatsächlich geäußert wird, erhalten diese Variablen eine spezifische Lesart, d. h. die Referenz wird festgelegt.

Situation 1, in der fiktiven Textwelt von Goethes „Werther“: Werther liebt (auf leidenschaftliche, erotische Art) Lotte.

---

**26** Somit ist die wörtliche Bedeutung eines Ausdrucks letztlich ein Konstrukt, aber als solches wichtig, da dadurch die Basisprinzipien unserer semantischen Kompetenz erfasst werden.

Situation 2, in der fiktiven Textwelt von Thomas Manns „Zauberberg": Hans Castorp liebt (auf leidenschaftliche, erotische Art) Madame Chauchat.

Situation 3, in der realen Welt: Sigi liebt (auf leidenschaftliche, erotische Art) Monika.

Situation 4, in der realen Welt: Wolfgang liebt (auf freundschaftliche, brüderliche, unerotische Art) Monika.

Die Äußerungsbedeutung basiert einerseits immer auf der lexikalischen Bedeutung, andererseits auf kontextuellen Informationen. Hierzu gehören Produzent, Rezipient, Ort, Zeit, Fakten wie soziale Stellung und emotionale Einstellung, gemeinsames Wissen.

Der kommunikative Sinn schließlich, d.h. die intendierte Sprecherbedeutung ergibt sich für den Rezipienten aus der aktuellen Bedeutung, der spezifischen Situation sowie seiner pragmatischen Kompetenz, die Intention des Produzenten und damit den Handlungswert, die spezifische Funktion der Äußerung zu erkennen. (159) kann ein Sprechakt der Bestätigung, der Beteuerung oder des Bedauerns sein. Entsprechend kann eine Äußerung wie *Er kommt!* je nach situativer Konstellation als Warnung, Drohung oder Versprechen gemeint sein.

Der kommunikative Sinn ist somit der funktionale Wert der Äußerung und an die Illokution des Sprechaktes geknüpft. In vielen Fällen muss der Rezipient Implikaturen ziehen, um zum kommunikativen Sinn einer Äußerung zu gelangen, insbesondere bei indirekten Sprechakten, die etwas nicht explizit sagen, sondern andeuten (vgl. hierzu die Ausführungen in Kap. 2). Betrachten wir (160) mit den semantischen Implikaturen „Fred wurde geküsst. Fred wurde von Natascha geküsst. Natascha hat Fred mit ihren Lippen berührt".

(160) Auf der Party hat Natascha Fred leidenschaftlich geküsst.

Im situativen Kontext 1 (Natascha und ihr Freund Fred hatten sich vor vier Wochen getrennt) ergibt sich die pragmatische, konversationale Implikatur, dass die beiden wieder ein Paar sind. Der Sprecher informiert somit auf diese indirekte Weise über den Beziehungs-Status-quo. Im situativen Kontext 2 (Natascha ist mit Oliver liiert) dagegen wäre eine mögliche Implikatur, dass Natascha Oliver betrügt oder dass Natascha jetzt mit Fred zusammen ist. Der Sprecher drückt mit (160) entweder eine Vermutung oder die Bestätigung aus, dass Natascha und Oliver nicht länger ein Paar sind. Betrachten wir einen Satz wie (161):

(161) Ich fühle mich gut.

Die (lexikalisch determinierte) Satzbedeutung enthält nicht die Information, wie das *gut* (das als Variable für einen positiven Emotionszustand steht) in seiner konzeptuellen Lesart GUT zu spezifizieren ist. Emotional kann es sich hierbei um einen Zustand der innerlichen Zufriedenheit, des körperlichen Wohlbefindens, der Erleichterung, des Glücks, der sozialen Akzeptanz o.Ä. handeln. Der kommunikative Sinn[27] der Äußerung kann je nach Situation als Beruhigung (*Keine Angst, ich bin Ordnung…*) oder als (indirekte) Aufforderung (*Wir können also etwas unternehmen…*) gemeint sein.

Charakteristisch für alle satzsemantischen Ansätze war bislang, dass nur die wahrheitswertfestlegende Information[28] (als kognitive Repräsentation) analysiert wurde und der emotiven Komponente so gut wie keine Berücksichtigung geschenkt wurde. Fries hat jedoch bereits 1996 auf die Relevanz von Emotionalität für die aktuelle Bedeutung von Sätzen als theoretische Beschreibungsgröße hingewiesen (1996: 40). Fries (1995, 1996) inkludiert die Komponente der Emotion (mit den Parametern +/–positiv sowie Intensität und Proximität[29]) in die interne Struktur des kommunikativen Sinns (CS)

---

27 Während der kommunikative Sinn, von manchen Linguisten auch illokutionäre Bedeutung genannt, als Untersuchungsgegenstand der Pragmatik betrachtet wird, war lange umstritten, ob die aktuelle Bedeutung eher in den Bereich der Semantik oder der Pragmatik fällt (s. hierzu Schwarz 1992b, 2002, Schwarz/Chur [5]2007). Im Rahmen der Schnittstellenproblematik wird die Bedeutungskonstitution (d.h. der Prozess, wie der Rezipient von der lexikalischen Bedeutung zur aktuellen Bedeutung kommt) näher untersucht. Hinsichtlich der Beschreibung lexikalischer und aktueller Bedeutungen haben sich im Wesentlichen drei verschiedene Erklärungsansätze etabliert (s. Schwarz 2002 zu Ein-, Zwei- und Drei-Stufen-Semantik).

28 Obgleich schon Platon darauf hinweist, dass nicht nur Gedanken, sondern auch Gefühle mit sprachlichen Äußerungen vermittelt werden, wurden und werden Sätze aber immer noch fast ausschließlich als „Gedankenträger" in ihrer deskriptiven, referenzfestlegenden Funktion und damit rein propositional betrachtet. Dieser Umstand hängt u.a. mit dem bereits in Kap. 1 und 4 erörterten Urteil zusammen, dass die Kognition etwas Autonomes und der Emotion Überlegenes, Wichtigeres sei.

29 Mit Proximität ist die Komponente der Nähe bzw. Distanz angesprochen, die ein Sprecher zu einem Referenzobjekt oder -bereich hat. Für die Annahme einer dritten Komponente *emotionaler* Bedeutungen, die Caffi/Janney (1994) und Fries (1996) *proximity* (*Nähe*) nennen, sprechen einige Daten aus Bereichen der Sprachverwendung. So kodieren beispielsweise unterschiedliche Anredeformen in vielen Sprachen bzw. Kulturen einen unterschiedlichen Grad von *sozialer Nähe* (*social proximity*); Vgl. die unterschiedlichen Pronomina für die 2. Person (deutsch *du* vs. *Sie*) oder für die 3. Person (englisch *this / these* vs. *that / those*), sowie die Verwendung von Vornamen, Nachnamen und Titeln bei der Referenz auf Personen. Die Äußerung von *Sigi, das ist Tom.* bringt eine größere *soziale Nähe des Sprechers* zum jeweiligen Referenzobjekt zum Ausdruck als die Äußerung *Sigi, lass mich dir Dr. Thomas Frei vorstellen.*; s. Fries (1996). Hier handelt es sich aber primär um eine sozial und nicht notwendigerweise emotional gesteuerte Komponente. Familiarisierung (und nicht Emotionalisierung) wird hier kodiert. Vgl. dagegen die emotiv gesteuerte Verwendung von Demonstrativa wie in *Da war plötzlich diese Mutter neben mir.*

einer Äußerungsbedeutung (angemessener wäre aber, hier einen kognitiven Gefühlswert einzusetzen):

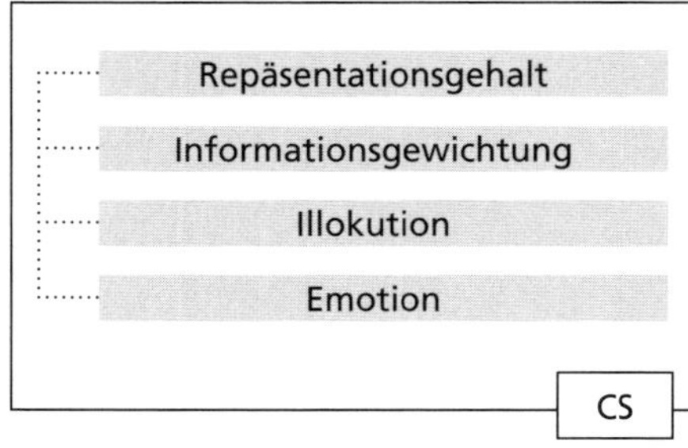


{(EM±), ($EM_{INT}$), (PROX)} (REPRÄSENTATIONSGEHALT)

Bei einer Äußerung wie (162) ist nicht nur durch die Interjektion die Komponente der Emotionalität ausgedrückt, auch der Repräsentationsgehalt enthält durch das emotionsbezeichnende Lexem *eklig* eine emotive, bewertende Information.

(162) Ach, du bist eklig!

Es stellt sich hier natürlich die Frage, wo die emotive Komponente in der lexikalischen Repräsentation eines solchen Satzes zu verankern ist. Bei der Analyse von Sätzen, die Doppelpropositionen der Art EP(P) enthalten, spielt die Komponente der Emotion jedenfalls bereits auf der abstrakten, situationsunabhängigen Ebene der Satzsemantik eine entscheidende Rolle.

Im Folgenden werde ich die wichtigsten Aspekte der syntaktischen Emotionsdarstellung erörtern. Es muss dabei beachtet werden, welche grammatischen Strukturen generell eine emotionale Beteiligung bzw. Bewertung des Sprachproduzenten ausdrücken und ob es Strukturen mit einem unmittelbar expressiven Charakter gibt (vgl. Foolen 1997). Weiter ist zu fragen, ob es typische grammatische Strukturen gibt, die auf die Qualität der zugrundeliegenden Emotionen des Sprechers schließen lassen. Schließlich ist zu betrachten, wie der Parameter der Intensität auf Satzebene grammatisch kodiert wird (s. hierzu auch Schwarz-Friesel 2013d).

Emotionen können direkt das Thema der Äußerung darstellen und deskriptiv benannt werden:

(163) Ich habe Angst vor der Linguistik-Prüfung!

Emotionen können aber auch als Inhalte einer bewertenden Stellungnahme oder einer Situationsbeschreibung kommuniziert werden. Hierbei kann die

Bewertung wiederum direkt wie in (164) und (165) oder indirekt wie in (166) formuliert sein:

(164) Ich wünschte, die Linguistik-Prüfung wäre schon vorbei!
(165) Ich sehne den Abschluss der Prüfung herbei.
(166) Ich habe eine Sechs in der Prüfung bekommen.

oder sie muss aus der Form der Äußerung erschlossen werden (vgl. z.B. Foolen 1997; Hübler 1998).

(167) Wäre doch die Prüfung schon vorbei!

Mittels expressiver Verben (*wünschen, hoffen, erflehen, sehnen* etc.) erhält die Proposition explizit kodiert und übergeordnet (wie durch ein performatives Verb) die emotionale Einstellung des Produzenten zugesprochen:

(168) Ich bedaure/befürchte/hoffe etc., dass er das tut.

Um emotionale Zustände und Prozesse referenziell explizit darzustellen, können emotionsbezeichnende Lexeme unterschiedlicher Wortklassen in verschiedenen syntaktischen Konstruktionen benutzt werden (s. hierzu bereits Kap. 5.1).

(169) Sie hatte Angst.
(170) Sie ängstigte sich.
(171) Ängstlich saß sie da.
(172) Sie liebte ihn. / Sie empfand große Liebe für ihn. / Sie war verliebt (s. hierzu Kap. 9)

Dabei gibt es verschiedene grammatische Variationsmöglichkeiten, selbstreferenziell auf einen emotionalen Zustand Bezug zu nehmen:

(173) Ich bin traurig.
(174) Ich fühle mich traurig.
(175) Ich empfinde Traurigkeit.
(176) Ich fühle Traurigkeit in mir.

(173) ist von diesen Varianten die im Alltagssprachgebrauch frequenteste und drückt weitgehend unmittelbar den Zustand des Traurigseins aus; (174), (175) und (176) dagegen vermitteln stärker die Komponente der Selbstreflexion. Obgleich alle emotionsbezeichnend sind, steht bei (173) der Emotionsausdruck im Vordergrund.

Mit der Verwendung von Verben, die die kognitive und/oder emotionale Einstellung und Bewertung des Sprachproduzenten[30] zum propositionalen

---

30 Vgl. hierzu die Fußnote 16 in Kap. 4.

Gehalt bezeichnen, entsteht (wie oben bereits erörtert) eine propositionale Doppelstruktur, d.h. zwei Ebenen, auf die man sich in Folgeäußerungen (s. (179) und (180)) entsprechend beziehen kann:

(177) Er glaubt, vermutet, denkt, dass p. Das (sein Glauben, Vermuten etc.) ist ein Irrsinn. Das (p) ist natürlich nicht wahr.
(178) Er befürchtet, hofft, erfleht, dass p. Das sollte er lieber nicht tun (das Hoffen). Das (p) sollte aber bloß niemals eintreten.
(179) Er glaubt, dass sie ihn betrügt. Das (dieser kognitive Prozess des Misstrauens/Befürchtens) macht ihn langsam kaputt.
(180) Er glaubt, dass sie ihn betrügt. Das (der Betrug der Frau) ist aber gar nicht wahr.

In (177) ist es ein kognitiver Prozess und in (178) eine emotionale Einstellung, die von dem jeweiligen Verb bezeichnet wird. An beide ist der kognitive Zustand/Prozess des bewussten Wissens gekoppelt.

(181) Er befürchtet, hofft, wünscht, dass p. ?? Er weiß aber nichts davon. ?? Er ist sich dessen aber nicht bewusst.
(182) Er erfleht, dass p. ?? Er ist sich dessen aber nicht bewusst.
(183) Er glaubt, vermutet, denkt, dass p. ?? Er ist sich dessen aber nicht bewusst.

Bei (179) sieht man, dass epistemische Verben, für die Referenz auf eine mentale Aktivität charakteristisch ist, eine emotive Lesart erhalten können. Der kognitive Prozess des Glaubens/Vermutens ist untrennbar an den emotionalen Prozess gekoppelt bzw. auf diesem gegründet.

Daher sind auch grammatisch und semantisch Doppelkonstruktionen möglich:

(184) Er glaubt und hofft, dass sie seine Liebe erwidert.
(185) Er vermutet und befürchtet, dass sie ihn betrügt.

Zudem sind Spezifikationen des zunächst als kognitiven Vorgang Dargestellten möglich:

(186) Er vermutet, dass sie ihn betrügt und er leidet unsagbar darunter.
(187) Er weiß, dass er versagt hat und er leidet darunter.

In (188) wird die Sachverhaltsproposition (das Betrügen von X durch Y) zuerst eingebettet in einer epistemischen Einstellungsproposition präsentiert, erhält dann aber zusätzlich durch eine dritte Proposition eine emotive Bewertung. Diese Bewertung kann sich auf die Einstellungsproposition wie in (a) und/oder die Sachverhaltsrepräsentation (b) beziehen.

(188) Er vermutet, dass seine Frau ihn betrügt, und das frisst ihn buchstäblich auf. / (a) Er kann den Gedanken nicht ertragen, dass ein anderer Mann sie berühren könnte. / (b) Ihre Untreue ist für ihn unerträglich. / (c) Ihre Untreue ist für ihn ein unerträglicher Gedanke.

Oft werden syntaktische Strukturen mit einer einzigen Proposition gebildet, die expressive Ausdrücke (Interjektionen, affektive Adjektive, Modalpartikeln) enthalten, um die deskriptive Referenz der emotionsbezeichnenden Ausdrücke um eine emotionale Komponente zu erweitern. Satzinterne Expressiva fügen der Proposition somit eine zusätzliche emotionale Bedeutungsrepräsentation hinzu und geben eine spezifische Bewertung,[31] die als Einstellung des Sprachproduzenten gegenüber dem ausgedrückten Sachverhalt beschrieben werden kann.[32]

(189) Er ist leider sehr deprimiert heute. (Bedauern)
(190) Es geht ihm gottseidank/erfreulicherweise/glücklicherweise heute wieder gut. (Freude und Erleichterung)
(191) Endlich ist sie wieder froh. (Erleichterung)
(192) Sie ist hoffentlich nicht traurig. (Hoffen)

Die emotive Lesart von Modalpartikeln ist allerdings kontextabhängig und variiert in der Äußerungsbedeutung:

(193) Endlich kommt er! (nach einer langen Wartezeit drückt Sprecher Erleichterung aus; positiver emotionaler Aspekt im Vordergrund)
(194) Können wir jetzt endlich gehen? (Sprecher drückt ärgerliche Ungeduld aus; negativer emotionaler Aspekt im Vordergrund)
(195) Und als er dann endlich mal kam, hatte er noch schlechte Laune. (Sprecher drückt ärgerliche Kritik aus; negativer emotionaler Aspekt im Vordergrund)

Durch *leider, gottseidank, hoffentlich* etc. werden emotionale Einstellungen nicht-propositional, sondern komprimiert durch ein Expressivum repräsentiert. Es existiert eine Proposition, deren Status jedoch durch das expressive Lexem spezifisch festgelegt wird. Entsprechend können einfache Propositionen dieser Art mittels komplexer Doppelpropositionen dargestellt werden:

(196) Ich bedaure, dass er heute deprimiert ist.
(197) Ich freue mich, dass es Mutti wieder besser geht.

---

**31** Entsprechend wird der propositionale Gehalt auch durch epistemische Partikeln bestimmt: *Wahrscheinlich/Vermutlich/Sicherlich geht es ihm heute wieder gut.*

**32** Lang (1983: 314) geht davon aus, „daß die solcherart repräsentierten Einstellungen als nicht-propositionale Komponenten der semantischen Struktur dieser Sätze figurieren, d.h. sie figurieren in der Satzbedeutung nicht als Propositionen, sondern als Spezifikationen – um … mit FREGE zu reden – der ‚Art des Gegebenseins' einer Proposition."

In (196) und (197) ist die emotionale Einstellung propositional repräsentiert. Der propositionale Inhalt von (197) P ist eingebettet in die Einstellungsproposition EP: EP (P), (EP = Freuen, Ich (P = Besser Gehen, Mutti)).

Dagegen muss für die semantische Repräsentation von Sätzen wie (189) bis (192) eine Struktur wie E (P) angesetzt werden. Ein Einstellungsausdruck determiniert die Proposition: (Leider = BEDAUERN (deprimiert sein, er, heute)).

Einem emotionsbezeichnend oder emotionsausdrückend gebrauchten Satz kann auch, wie bereits in Kap. 5.1.4 erörtert, eine Interjektion folgen oder vorangehen, die unmittelbar und ohne eigene Referenz die emotionale Einstellung des Sprechers ausdrückt.

(198) Pfui. Du bist ekelhaft. (Ekel, Ärger)
(199) Das ist ekelhaft. Igitt! (Ekel)
(200) Oyweh. Was für ein Pech. (Mitleid)
(201) O, das ist ja wunderbar. (Erstaunen, Verwunderung)
(202) Ach. Das ist ja schrecklich! Ach herrje. (Unglück, Verzweiflung)

Eine Aussage kann je nach Interjektion mit einer ganz unterschiedlichen Bewertung versehen werden.

(203) Das habt ihr gemacht, doll. (Anerkennung, Lob)
(204) Das habt ihr gemacht, pah! (Geringschätzung)

Expressive Ausdrücke in Sätzen, die die persönliche emotionale Einstellung des Sprechers hinsichtlich eines Gegenstands oder Sachverhalts ausdrücken, ändern oft nichts am propositionalen Grundgehalt des Satzes (wenn wir Referenz und Prädikation als Grundlage annehmen).

(205) A: Leider reist Sigi morgen schon wieder ab.
B: Ehrlich/wirklich/ach?

Die Hörerreaktion von B bezieht sich auf die Aussage und ihren Wahrheitswert, nicht auf den emotionalen Wert bzw. Gehalt der Äußerung.

Cruse (1986) u.a. grenzen daher die propositionale Bedeutung („propositional meaning") von der expressiven, emotiven Bedeutung („expressive meaning") strikt ab: Die emotive Bedeutung trägt zur propositionalen Deskriptivbedeutung[33] eines Satzes nichts Eigenes bei. Sie verändert nicht die Basisaussage, den kognitiven Gehalt und hat keinen Einfluss auf den Wahr-

33 „Ebenso gilt, daß sich die Bedeutung eines kompletten, selbständigen Satzes aus propositionalen und nicht-propositionalen Komponenten oder Bestandteilen zusammensetzt. Die semantische Struktur eines Satzes umfaßt die Spezifizierung des propositionalen Inhalts und der zugehörigen Einstellung. Der propositionale Inhalt ist die von dem betreffenden Satz ausgedrückte (einfache oder komplexe) Proposition." (Lang 1983: 313)

heitswert der Proposition, sondern bringt nur zusätzlich eine Einstellung („attitude“) zum propositionalen Gehalt zum Ausdruck.

Wenn man jedoch die Satzbedeutung nicht primär in Bezug auf die Proposition und ihren Wahrheitswert betrachtet, sondern in Bezug auf die gesamte mentale Repräsentation, die evoziert wird, wird ersichtlich, dass Expressiva die Satzbedeutung als Ganzes entscheidend verändern und zudem hinsichtlich der Hörerreaktionen ein weiteres Potenzial eröffnen. So könnte B auf A's Äußerung mit (206) reagieren und bezieht sich damit nicht auf den referenziellen Sachverhalt der Kernaussage, sondern auf die durch das *leider* ausgedrückte emotionale Bewertung.

(206) Die Trennung ist wohl sehr schmerzhaft für dich?

Expressive Ausdrücke und ihre emotive Bedeutung beeinflussen zudem die Art und Weise, wie plausible und sinnvolle Folgeäußerungen benutzt werden können:

(207) A. N. ist zurückgetreten. Mir ist das total egal.
(208) A. N. ist leider zurückgetreten. ?? Mir ist das aber total egal.
(209) A. N. ist endlich zurückgetreten. ?? Mir ist das aber total egal.
(210) Gottseidank ist A. N. zurückgetreten. ?? Mir ist das aber total egal.
(211) Ich bin froh, dass A. N. zurückgetreten ist. ?? Mir ist das aber total egal.

Auch expressive Adjektive und Adverbien drücken eine emotionale Einstellung des Sprechers aus, und zwar über eine Eigenschaft eines bekannten Referenzobjektes oder Sachverhaltes. Auch hier besitzt die emotionale Interpretation systematischen Einfluss auf die semantische Gestaltung möglicher Folgeäußerungen (vgl. hierzu auch Fries 1996).

(212) Dein Geschenk ist wunderbar/toll/fantastisch/super/herrlich! Wie ich mich freue!
(213) Wunderbar/Toll/Fantastisch/Super/Herrlich! ?? Aber mich berührt das nicht. / ?? Mir ist das völlig gleichgültig. / ?? Wie mich das überhaupt nicht freut. / ?? Kannst es gleich wieder einpacken.

Lexeme, die spezifische Vorgänge oder Handlungen bezeichnen, drücken (insbesondere durch ihre konnotativen Komponenten) den referenziellen Sachverhalt ebenfalls als solchen nicht neutral, sondern emotional bewertend aus und vermitteln innerhalb der Proposition die Einstellung des Produzenten:

(214) Er brüllte sie an. / Sie giftete herum. / Er nörgelte nur herum. / Die laberten den ganzen Abend nur rum.
(215) Hör doch auf zu flennen! / Er säuft wieder. / Er soll krepieren.

Die sprechaktbezeichnenden Verben in (214) vermitteln die kritische, genervte, unzufriedene Haltung des Sprechers gegenüber dem geschilderten Sachverhalt. In (216) drückt die Verwendung von *schludern* kognitiv Kritik und emotional Unzufriedenheit aus.

(216) Sie schluderte herum.
(217) Sie haben schlampige/elendig schlechte/miserable Arbeit abgeliefert.
(218) Die öde Stimmung nervte uns.
(219) Deine wunderbare/herrliche/schöne/bezaubernde etc. Party.

In (217), (218) und (219) fungieren die Adjektive als Indikatoren für die positive bzw. negative Bewertung. Mittels bestimmter affektiver Adjektive wird aber nicht nur die emotionale Einstellung (in (220) positiv Zuneigung bzw. negativ Furcht) des Sprechers zum Ausdruck gebracht, es verändert sich auch die konzeptuelle Repräsentation des referenziellen Sachverhalts.

(220) Ein niedlicher Hund/Ein grauenvoller Hund kam plötzlich auf mich zu.
(221) Der Hund war niedlich.
(222) Der Hund war grauenvoll.

Durch die Information des jeweiligen Adjektivs in (220) bzw. Adverbials in (221) und (222) wird auch die konzeptuelle Repräsentation der aktuellen Satzbedeutung verändert. Die mentalen Repräsentationen zu dem Lexem *Hund,* die der Rezipient bei der Erstellung der Äußerungsbedeutung einsetzt, sind nicht identisch. Bei (221) wird aus der Kategorie HUND eher ein mentales Exemplar wie Pudel, Dackel o.Ä. aktiviert, bei (222) dagegen eher ein Pitbull oder ein ähnlicher Kampfhund.

Optativsätze (Wunschsätze) kodieren systematisch eine positive emotionale Bewertung des durch die Proposition des Satzes denotierten Sachverhaltes und daher würde eine anschließende negative Bewertung zu einem Widerspruch führen (vgl. Fries 1996).

(223) Hätte ich doch Linguistik studiert!
(224) Wenn ich doch nur Linguistik studiert hätte!
(225) Hätte ich doch Linguistik studiert! ?? Aber ich finde Linguistik ziemlich blöd. (s. Fries 1996 zu einem analogen Beispiel)

Solche Optativsätze[34] entsprechen illokutionär Sätzen wie (226), in denen das Verb die emotionale Einstellung explizit bezeichnet:

---

[34] Foolen (1997) unterscheidet hier „konzeptuelle" Formen des emotiven Ausdrucks („I wish he were here!", „I fear he won't go!") und entsprechende „expressive" Formen („If only he were here!", „If only he would go!"), die in ihrer primären grammatischen Funktion als Konditionalsätze verwendet wurden, heute aber emotional bewertenden Charakter haben (zu Satztypen und pragmatischen Funktionen s. auch Reis 1999, Meibauer ²2001).

(226) Ich wünschte, ich hätte Psychologie studiert.

Im Vordergrund steht bei Optativsätzen m. E. jedoch nicht die positive Bewertung des Referenten/Referenzbereichs,[35] sondern die negative Emotion des Bedauerns.

(227) Ich bedauere, dass ich nicht Linguistik studiert habe.

Vgl. auch:

(228) „Ach, ich elendes Geschöpf, sagte die Prinzessin, hätte ich doch den schönen Prinzen genommen. Ach, wie unglücklich ich bin." (Der Schweinehirt)
(229) „Hätte ich doch nur den König Drosselbart geheiratet." (König Drosselbart)

In den meisten Verwendungssituationen wird durch Optativsätze die negative Emotion BEDAUERN ausgedrückt. Die positive Bewertung des Referenten ist darin explizit wie in (228) oder (229) implizit enthalten, steht aber nicht im Vordergrund der Äußerungsbedeutung (vgl. (228), wo explizit im Folgesatz der negative emotionale Zustand bezeichnet wird). Der Parameter +/–positiv ist hier also eindeutig mit –positiv festgelegt.

Exklamativsätze bringen ebenfalls eine emotionale Bewertung des Sprechers zum Ausdruck:

(230) Die sind aber dick!
(231) Wie dick der Mann da ist!

Das in der Proposition Denotierte wird dabei als etwas Besonderes, Auffälliges oder Ungewöhnliches, Bemerkenswertes bewertet. Oft werden solche Konstruktionen benutzt, um auf exzeptionelle emotionale Sachverhalte Bezug zu nehmen. Der Parameter der Intensität wird hier fokussiert.

(232) Hat die ein Glück!
(233) Der hat aber ein Pech!
(234) Wie die leidet!
(235) Der freut sich aber auch!

Variieren kann die Direktheit sowie das Ausmaß der Intensität, mit der komplexe Ausdrücke benutzt werden, um Gefühle bzw. emotionale Einstellungen auszudrücken: In (236) bis (240) wird die Explizitheit des Ausdrucks

---

35 So ist bei (223) durchaus vorstellbar, dass der Referenzbereich subjektiv vom Sprecher aus nicht positiv bewertet wird, sondern nur pragmatische Gründe für die Wahl sprechen. Vorstellbar ist dann ohne weiteres eine Sequenz wie *Hätte ich doch Linguistik studiert! Dann hätte ich jetzt bessere Berufschancen. Aber ich fand und finde Linguistik halt immer ziemlich blöd.*

der emotionalen Einstellung von Beispiel zu Beispiel deutlicher und entsprechend sprachlich fokussiert.

(236) Toll finde ich ihn nicht.
(237) Ich mag ihn nicht.
(238) Ich finde ihn zum Würgen.
(239) Ich könnte den Mistkerl erwürgen!
(240) Wie ich den schleimigen Widerling hasse!

Die Kombination von emotionsausdrückenden (*schleimig, Widerling*) und emotionsbezeichnenden (*hassen*) Lexemen sowie deren syntaktische Anordnung in einem Exklamativsatz ist dabei die expressivste Variante und hat hinsichtlich des Parameters Intensität den höchsten Wert.

Generell lässt sich konstatieren, dass die hyperbolische Beschreibung bei der Referenz auf die eigenen Gefühle dominant ist. Menschen tendieren dazu, in ihren sprachlichen Äußerungen über emotionale Zustände und Prozesse geradezu inflationär mit emotionsausdrückenden Hyperbeln, Vergleichen, Metaphern umzugehen: Bei Prüfungen, Gesprächen, Begegnungen mit Spinnen und Hunden hat man *entsetzliche Todesangst*, bei Ärger, Wut und Zorn *öffnen sich die Hölle und andere Abgründe*. Den sprachlichen Manifestationsformen zufolge sind negative Gefühle immer *das Schlimmste, ganz furchtbar, entsetzlich, grauenhaft* und selbst die Langeweile ist *zum Sterben* (s. hierzu ausführlich Kap. 8.3). Bei positiven Gefühlen ist der Himmel nahe, denn es ist *wie auf Wolke 7, himmlisch, göttlich, ewig und das Wunderbarste aller Zeiten* (s. Kap. 5.2.2 und Kap. 9).

Hinsichtlich der Direktheit des sprachlichen Ausdrucks von Emotionalität muss zwischen expliziten und impliziten Emotionsthematisierungen bzw. direkten und indirekten Sprechakten unterschieden werden. Äußerungen enthalten generell fast nie alle Informationen, die zum Aufbau des Textweltmodells und zum Verständnis des Textsinns notwendig wären und sind daher in der Regel unterspezifiziert (s. hierzu ausführlich Kapitel 2.3.2). Diese referenzielle Unterspezifikation findet sich oft auch bei der Darstellung und Vermittlung von emotionalen Einstellungen und spezifischen Bewertungen. Entsprechend können Gefühle und Urteile indirekt vermittelt werden. Die affektiv geprägte Einstellung des Sprachproduzenten zu Personen, Objekten oder Situationen kommt in diesen Fällen allein über referenzielle Sachverhaltsdarstellungen zum Ausdruck (s. die Beispiele (42) bis (46) in Kap. 2.3.2 und (78) in 5.1.3.2). Implizite Evaluationen müssen dann mittels Implikaturen inferiert werden, die auf Kenntnissen des emotionalen Bewertungssystems basieren. Ich habe in Schwarz-Friesel (2009a und 2010c) für dieses

Phänomen den Terminus der E-Implikatur eingeführt (s. auch Schwarz-Friesel 2013d).

In (241) und (242) beschreibt der Sprachproduzent expressis verbis seinen Gefühlszustand als Folge des Sachverhalts Todesfall bzw. als Resultat einer verhauenen Klausur.

(241) Ich trauere furchtbar um meine gerade verstorbene Großmutter.
(242) Ich bin todunglücklich über die Sechs in Linguistik!

In (243) wird dagegen lediglich ein Sachverhalt dargestellt, der jedoch normalerweise mit bestimmten Emotionen verbunden erlebt wird, und es liegt somit an der Schlussfolgerungsfähigkeit des Rezipienten, den emotionalen Zustand des Produzenten (über die Inferenz BEIM TODESFALL EINES NAHEN VERWANDTEN IST DIE EMOTION TRAUER EIN FOLGEZUSTAND) mental zu rekonstruieren.

(243) Meine Großmutter ist gestorben.

Entsprechend ist aus der Äußerung von (244) die nicht genannte emotionale Verfassung des Sprechers zu erschließen:

(244) Ich habe eine Sechs in der Linguistik-Klausur!

Aufgrund der Weltwissensaktivierung über Noten und deren Relevanz für die beruflichen Chancen inferiert der Leser von (244), dass der Sprecher sich emotional in einem Zustand der Enttäuschung, des Schocks und/oder der Verzweiflung befindet.

E-Implikaturen basieren auf im LZG gespeicherten Kenntnissen über die Bewertung von Sachverhalten, Zuständen und Prozessen (s. Kap. 3.4 und 4.6) und geben (kultur-)spezifische Gefühlswerte an. So sind z.B. Krankheit und Verluste jeder Art generell negativ, Gesundheit und Gewinne positiv bewertet. Eine Äußerung wie *Ich habe gerade 7 Millionen im Lotto gewonnen!* evoziert demgemäß ohne sonstige Informationen zunächst die E-Implikatur DER SPRECHER IST GLÜCKLICH (zur Rekonstruktion von E-und I-Implikaturen s. Schwarz-Friesel 2009a und 2010c). E-Implikaturen ergänzen die Lücken in der sprachlichen Äußerung nach dem gleichen Top-down-Elaborationsprinzip wie die Inferenzen, die referenzielle Standardwerte in die mentale Repräsentation des Textweltmodells einsetzen (s. hierzu die Beispiele (42) bis (46), wo der Leser jeweils inferiert, dass die Protagonisten entweder aufgeregt, entsetzt, besorgt oder gelangweilt, euphorisch-entzückt oder angeekelt sind).

E-Implikaturen sind generell pragmatisch, d.h. sie lassen sich zurücknehmen (nach der Äußerung von (243) könnte der Sprecher z.B. sagen, dass er aber nicht traurig sei, da er keinen Kontakt zur Großmutter gehabt habe, nach (244), dass es ihm egal sei, da er ohnehin das Studium aufgebe). In manchen Kontexten jedoch würde das Zurückziehen der E-Implikatur zu einer konzeptuellen Unplausibilität führen (z.B. bei Äußerungen, die auf Sinnesempfindungen und Bedürfnisse referieren wie *Ich habe Durst/Hunger*: Hier wäre eine Folgeäußerung wie *Aber das finde ich angenehm* sehr seltsam; s. hierzu ausführlicher Schwarz-Friesel 2010c).

In (245) schlussfolgert der Leser aufgrund der Situationsdarstellung, die typische Verhaltensweisen und körperliche Reaktionen bei einer gefährlichen, bedrohlichen Lage repräsentiert (*beten, zitternde Hände, verstummt*) und des kotextuellen Wissens (Fahrt über eine alte Eisenbahnbrücke), dass die geschilderten Personen Angst haben.

(245) „Am Gesicht einer blassen, stummen Bauernfrau sah ich, daß sie betete, andere steckten sich mit zitternden Händen Zigaretten an; sogar die Skatspieler in der Ecke waren verstummt ..." (Heinrich Böll, Über die Brücke)

Emotionale Einstellungen, Zustände und Prozesse (positiver wie negativer Art) können, wie in Kap. 3 erörtert wurde, erheblich hinsichtlich ihrer Intensität (d.h. der Ausprägung ihres Erlebens) variieren und entsprechend ausgedrückt werden.

(246) „Nicht schreiben und dabei Lust, Lust, eine schreiende Lust zum Schreiben in sich haben!" (Franz Kafka im Brief an Felice Bauer)

(247) „Es brennt alsdann in mir eine wilde Begierde nach starken Gefühlen, nach Sensationen, eine Wut auf dies abgetönte, flache, normierte und sterilisierte Leben und eine rasende Lust, irgend etwas kaputt zu schlagen ..." (Hermann Hesse, Der Steppenwolf)

(248) „Es ist einer dieser heißen, himmelblauen Tage, die nach Vanilleeis und Sommer und Zukunft schmecken, einer der Tage, an denen das Herz ohne vernünftigen Grund höher schlägt und an denen man jeden Eid schwören würde, dass Freundschaften nie enden." (Andreas Steinhöfel, Die Mitte der Welt)

Intensitätsgrade lassen sich (neben den expliziten Vergleichen und Metaphern) sprachlich auf unterschiedliche Weise kodieren, z.B. mittels Dimensionsadjektiven oder Partikeln:

(249) Sie empfand große Wut/Angst/Furcht. / Ihre große Liebe/Freude/Trauer... / Sein extremer Hass/Zorn...

(250) Sehr wütend/unglaublich wütend/unvorstellbar wütend/ungeheuer wütend stürmte sie herein.

Die Kombination von Modalpartikeln[36] und emotiven Adjektiven dient ebenfalls der Intensitätssteigerung:

(251) Das war eine ganz/echt/super tolle/schöne/wilde Party.
(252) Diese wirklich überzeugende Rede. / Diese höchst angenehme Räumlichkeit. / Dieser abgrundtief verachtungswürdige Mensch. / Dieser überaus widerliche Mann etc.

Auch bestimmte Morpheme können als emotionsausdrucksverstärkende Mittel eingesetzt werden: So bewirkt *scheiß-* bei negativen Adjektiven systematisch eine Intensivierung (*scheißkalt, scheißteuer, scheißegal*), bei positiven eine Pejorisierung[37] (*scheißfreundlich, scheißnett, scheißreich, scheißlieb*) und bei Substantiven eine negative emotionale Bewertung des Substantivdenotats (*Scheißklausur, Scheißfußball, Scheißfilm, Scheißessen*; vgl. hierzu auch Fries 1996; vgl. entsprechend *Mistwetter, Mistessen, Mistvortrag* und *superreich, supergut, spitzenmäßig* etc.).

(253) Das war ein scheißteures Essen.
(254) Das war ein supergutes Essen.

Wenn es um schwache oder abgeschwächte emotionale Erlebenszustände oder -prozesse geht, finden sich keine Konstruktionen mit Dimensionsadjektiven:

(255) ?? Ihr kleiner Zorn / ?? Ihre kleine Liebe / ?? Ihre kleine Angst …
(256) ?? Sie empfand kleine Angst/Furcht/Wut.

Nicht-intensive emotionale Zustände werden bevorzugt mit Konstruktionen wie in (257) ausgedrückt.

(257) Ich hatte fast keine Angst/kaum Angst/wenig Angst/ein bisschen Angst.
(258) Willst du dich nicht ein klein wenig freuen?
(259) Empfindest du denn gar kein bisschen Dankbarkeit?

Die persönliche Involviertheit des Sprechers kann direkt durch deiktische Selbstreferenz oder indirekt und unpersönlich in Form von generischen Aussagen oder Fragen ausgedrückt werden:

---

36 Modalwörter spielen hier auch eine wichtige Rolle bei der Bewertung von Sachverhaltsrepräsentationen, s.: *Djenin ist eine Hochburg für Terroristen* (Fakt), *Djenin gilt als eine Hochburg für Terroristen* (allgemeine Meinung), *Djenin gilt in Israel als eine Hochburg für Terroristen* (spezifische Meinung). Vgl. auch die Funktion des Modalpartikels *angeblich* in *Angeblich soll hier eine Waffenfabrik gewesen sein* (s. hierzu auch Kap. 6).

37 Diese Beispiele zeigen, wie bestimmte Lexeme/Morpheme je nach Kombination benutzt werden, um den Parameter der Intensität oder des Parameters Positiv-/Negativ-Bewertung zu kodieren.

(260) Ich könnte ihn erwürgen!
(261) Ich leide so sehr unter Liebeskummer.
(262) Man sollte ihn erwürgen!
(263) Warum leidet man so sehr unter Liebeskummer?

Wie die Beispiele gezeigt haben, werden im Deutschen emotionale Zustände und emotionale Einstellungen syntaktisch direkt oder indirekt kodiert und die beiden emotionalen Komponenten Intensität und Positiv-/Negativ-Bewertung durch verschiedene grammatische Konstruktionen[38] ausgedrückt.

Im folgenden Kapitel betrachten wir mit komplexen, d. h. satzübergreifenden Sprachstrukturen, wie sich Gefühle als textuelle Phänomene manifestieren.

**Denkanregungen:**

Beschreiben Sie die Struktur(en) der komplexen Proposition in (264):

(264) „Ich war mir kostbar und liebte mich – auf jene gesellschaftlich nur ersprießliche Art, welche die Liebe zu sich selbst als Liebenswürdigkeit gegen andere nach außen schlagen läßt." (Thomas Mann, Bekenntnisse des Hochstaplers Felix Krull)

Inwiefern erschließt der Leser in (265) aufgrund der Sachverhaltsrepräsentation die (negative) emotionale Verfassung des Sprechers? Kann diese Inferenz auch bei (266) gezogen werden?

(265) „... achtlos in Pfützen tretend, schritt ich immer hastiger der fernen, zerrissenen Silhouette der Stadt zu, die in schmutzigen Dämmerwolken am Horizont hingestreckt lag wie ein Labyrinth der Trübsal." (Heinrich Böll, Die Essenholer)
(266) „Kaum sah ich ihn, so zuckte ich zusammen." (Hermann Hesse, Demian)

Auf welche Weise drückt der zweite Satz in (267) den emotionalen Zustand der Sprecherin aus?

(267) „Am Telephon, seine Stimme! Sie möchte am ganzen Körper Ohren haben!" (Martin Walser)

Inwiefern drücken die sprechaktbezeichnenden Verben wie *flüstern, zischen* und *quatschen* eine bewertende Einstellung aus?

---

38 Zu einigen grammatischen Kodierungen des Parameters Dauer s. bereits Kap. 3.3.

Durch welche Mittel wird in (268) eine spöttische, wertende Einstellung vermittelt?

(268) „Adriano: Pummelchen No. 2. Auf den Spuren von Ronaldo: Der einst als Über-Brasilianer gefeierte Stürmer von Inter Mailand ist seit 200 Tagen torlos und wiegt inzwischen 100 Kilogramm." (SZ, 23.10.2006)

Welche Parameter sind in (269) bis (273) jeweils grammatisch kodiert?

(269) Sein Zorn verrauchte langsam.
(270) Der Schock saß tief.
(271) Mit sich überschlagender Stimme schrie und tobte er in dem Raum herum.
(272) Er zuckte vor Schreck kurz zusammen, fasste sich dann aber sofort wieder.
(273) „Es ist einer dieser heißen, himmelblauen Tage, die nach Vanilleeis und Sommer und Zukunft schmecken, einer der Tage, an denen das Herz ohne vernünftigen Grund höher schlägt und an denen man jeden Eid schwören würde, dass Freundschaften nie enden." (Andreas Steinhöfel, Die Mitte der Welt)

### 5.2.2 Vergleiche

„Shall I compare thee to a summer's day?" (William Shakespeare)

„Viel ärger als Kaspar Hauser. Ich bin einsam – wie Franz Kafka." (Franz Kafka)

„Ich liege
in deinen Armen, Liebster
wie der Mandelkern in der Mandel."
(Hilde Domin)

Wenn Menschen ihre Gefühle anderen mitteilen wollen, greifen sie häufig auf die *Wie*-Strategie (analog zum Sprechen über Farben wie in *blau wie das Meer, kirschrot* etc.) und setzen ihren internen Gefühlszustand in direkte Analogie zu einem anderen Referenten oder Referenzbereich.

„It ... appears that the main universal mode for describing cognitively based feelings is in terms of a comparison, that is via LIKE ..." (Wierzbicka 1999: 305)

In einem solchen Vergleich kann der Referenzbereich konkreter (anschaulicher), aber auch abstrakter Natur sein.

(274) Ich fühle mich wie im Himmel/im Paradies/im Märchen/in der Hölle/im Gefängnis/in der Wüste/in einem Albtraum/in einem Käfig.

Des Weiteren können Eigenschaften wie auch Objektidentifikationen und Ortsangaben (realer wie fiktiver Natur) sowie körperbezogene Prozesse involviert sein:

(275) „Denn wir sind wie Baumstämme im Schnee." (Franz Kafka)
(276) Ich fühle mich wie erstarrt/wie betäubt/wie tot/wie neugeboren/wie eingesalbt.
(277) Ich fühle mich wie ein Schwein/wie ein hypnotisiertes Kaninchen/wie eine lahme Ente/wie eine Märchenprinzessin/wie ein Schmetterling/wie eine geknackte Nuss.
(278) Wie ein wilder Büffel stürmte er in seinem Zorn auf sie zu.
(279) Sie fühlte sich wie in der Karibik.
(280) Es war wie im Märchen vom Schlaraffenland.
(281) Ihr war es, als sei sie im Dornröschenschloss.
(282) „Ihm war, als würde er zum zweiten Mal geboren, nein ... zum ersten Mal..." (Patrick Süskind, Das Parfum)
(283) Sie fühlte sich wie durchgeschleudert.
(284) „Ihr war, als sei ein Faden, an dem ein Gewicht hing, gerissen." (Nadia Kouteva, Die Kerbe im Schuh)

Die Analogierelation kann auch verkürzt ohne Vergleichspartikel ausgedrückt werden (s. zu Metaphern Kap. 5.2.4). Eine direkte Identitätsrelation wird in den folgenden Beispielsätzen etabliert.

(285) Ich bin doch ein Idiot/Volltrottel/Narr/Rindvieh/Esel/Blödmann/Glückspilz.

Gibt es hierbei generelle Ausdrucksregularitäten und spezifische Konzeptkorrelationen? Drücken also Sprecher negative Gefühle wie Hass, Wut, Ärger bzw. positive Gefühle wie Liebe, Zufriedenheit, Hoffnung im Rahmen eines bestimmten Referenzrepertoires von Vergleichsausdrucksvarianten aus? Und gibt es Korrelationen ganz bestimmter konzeptueller Kategorien mit bestimmten Gefühlen?

Wie bereits angesprochen, finden sich zahlreiche Wendungen, die das enge Verhältnis von Gefühlen und Körperempfindungen bzw. -symptomen widerspiegeln.

(286) Ihr war, als ob ihr Herz brach.
(287) Sie schluckte den Zorn herunter.
(288) Es sitzt mir im Nacken.
(289) Das Herz ist mir schwer vor Kummer.
(290) „... ich versinke ... lotrecht ... durch einen Schacht, der genau den Durchmesser meines Körpers, aber eine endlose Tiefe hat." (Franz Kafka, Tagebuch)

In vielen Vergleichskonstruktionen werden entsprechend Gefühlszustände kodiert in Bezug auf körperliche Zustände und räumlich verankerte Konstellationen.

(291) „Frieling platzte nun bald aus der Wut, die ihm eng wurde wie ein Korsett beim Schnüren." (Kathrin Schmidt, Koenigs Kinder)
(292) Sie fühlte sich wie unter einer Glocke.
(293) Sie fühlte sich wie eine Ertrinkende.
(294) Ihr war, als ob sie ihre Wut herausspucken müsse.
(295) Sie fühlte die Angst wie eine würgende Hand um ihren Hals.
(296) Sie spürte, wie die Furcht in ihr hochkroch wie eine Schlingpflanze.
(297) „Ich hatte wieder jenes Gefühl wie nach der Unterredung mit Sabine: als kaue ich Wolle, schlänge Bissen um Bissen der ekelhaften Speise hinunter – – Annas frisches Gesicht kam mir vor, Grets Weisheit und Beas Raffinement, die Ambitionen des ‚Eidechs' und mein eigenes Leben – Es kroch in mich hinein wie eine schlüpfrige Schnecke, naßkalt, klebrig, und es wurde ein Satz, ein Seufzer beinahe, der sich als ein großer Überdruß hinzog durch Wochen und Monate meines Lebens. Ich wußte, mit den Worten meiner längst verkauften Lateingrammatik: Nunc taedet me vitae." (Lore Berger, Der barmherzige Hügel)

Bei negativen Emotionen bzw. negativen emotionalen Einstellungen wie Wut, Zorn, Trauer, Angst und Verzweiflung dominieren sowohl bei expliziten als auch impliziten Vergleichen auffällig konzeptuelle Inhalte der Domänen TOD und STERBEN (s. hierzu auch Kap. 8).

(298) „Dem Teufel ich gefangen lag
im Tod ich war verloren,
mein Sünd mich quälte Nacht und Tag." (Martin Luther, Hymnenbuch)
(299) „Ich brauche zu meinem Schreiben Abgeschiedenheit, nicht ‚wie ein Einsiedler', das wäre nicht genug, sondern wie ein Toter. Schreiben in diesem Sinne ist ein tieferer Schlaf, also Tod, und so wie man einen Toten nicht aus seinem Grabe ziehen wird und kann, so auch mich nicht vom Schreibtisch in der Nacht. Das hat nichts Unmittelbares mit dem Verhältnis zu Menschen zu tun, ich kann eben nur auf diese systematische, zusammenhängende und strenge Art schreiben und infolgedessen auch nur so leben." (Franz Kafka, Tagebuch)
(300) „Ich aber schwanke dort oben, es ist leider kein Tod, aber die ewigen Qualen des Sterbens." (Franz Kafka)
(301) Ich fühle mich/sehe aus wie eine Leiche.
(302) „Ich roch mich selbst wie eine Leiche…" (Heinrich Böll, Die Essenholer)
(303) Ich fühle mich wie tot. / Ich bin wie tot.
(304) Das bringt mich jetzt um.

(305) Sie macht gerade die Hölle durch.
(306) Sie fühlte sich wie in einem Sarg gefangen.
(307) Ich könnte ihn umbringen! Er soll doch krepieren.
(308) In mir ist alles wie abgestorben.
(309) „Seine Mutter ist eine sehr unglückliche Frau. Ihre Einsamkeit umgibt sie wie der Gestank von Verwesung.“ (Andreas Steinhöfel, Die Mitte der Welt)

Des Weiteren lässt sich die Korrelation der konzeptuellen Farbkategorie DUNKLE FARBE bzw. SCHWARZ mit negativen Gefühlen feststellen:

(310) Sie war in einer schwarzen Stimmung. Ihr Gemüt verdunkelte sich. Ich sehe schwarz. Düstere Gedanken bedrückten ihn. Seine Seele ist schwarz wie die Nacht. Seine düstere Stimmung bedrückte alle. Die dunklen Abgründe seiner Seele verbarg er. Trüber Stimmung sein etc.
(311) Ohne dich sind alle Tage grau/dunkel.
(312) „Es wäre eine liebenswürdige Zeit gewesen, wenn nicht die Angst mit grossen, schwarzen, würgenden Fingern dazwischengegriffen und alles erstickt hätte.“ (Lore Berger, Tagebuch, 08.05.1938)

Sind wir in Wut oder Zorn, greifen wir bevorzugt auf die konzeptuelle Domäne des negativen Jenseits zurück und aktivieren den „Protagonisten“ dieses Referenzbereichs[39] (vgl. auch das Kompositum *Höllenangst*; s. hierzu auch die Verwendung des Lexems *Teufel* in Flüchen und Beleidigungen im Polnischen bei Tabakowska 1998).

(313) Ach, geh zum Teufel. / Der Teufel soll dich holen.
(314) Fahr doch zur Hölle. / In der Hölle soll er schmoren.
(315) Verdammt soll er sein. / Verdammt noch einmal.
(316) Du mieser, kleiner Satansbraten. / Du Teufel, Du. / Du Satan.

Dagegen korrelieren die Konzepte LICHT und HELLIGKEIT/HELLE FARBE bei positiven Gefühlen wie Glück, Freude und Liebe häufig in sprachlichen Ausdrucksvarianten:

(317) „Du allerliebstes, du mein Mondgesicht!
O du mein Phosphor, meine Kerze,
Du meine Sonne, du mein Licht.“ (Johann Wolfgang von Goethe, Nachklang)
(318) „überall Tag, wo Liebe lacht“ (Franz Grillparzer, Melusina)
(319) „so ist wohl manches dunkel, bis unsere Sonne wieder scheint“ (Susette Gontard an Friedrich Hölderlin)

---

39 Wir finden diese Korrelation allerdings auch bei emotionalen Zuständen der Bewunderung und Anerkennung, wenn wir uns auf den Wagemut eines Menschen beziehen: Vgl. *Er ist aber auch ein Teufelskerl* und *Teufel auch, das hat er gut gemacht.*

(320) „Ich will dir auch einmal des Morgens schreiben, und zwar an einem trüben, regnenden Morgen will ich die Sonne wenigstens in mir scheinen lassen, indem ich nur an dich denke." (Otto von Bismarck an seine Braut Johanna von Puttkamer)
(321) Ich schwebe wie auf rosaroten Wolken!
(322) Er glühte nur so vor Glück.
(323) Du bist mein Sonnenschein, mein Lebenslicht.
(324) Sie strahlte vor Freude.
(325) In ihr leuchtet hell das Licht der Liebe.
(326) Sie war glänzender Laune.
(327) Ihre heitere Stimmung erhellte sein Gemüt.
(328) Ihr Glück zauberte ein Leuchtfeuer auf ihr Gesicht.

Positive Emotionen werden analog dazu mit dem Konzept WÄRME assoziiert und entsprechend kodiert. Erotik und Sexualität erfahren diesbezüglich eine Steigerung zum Konzept HITZE:

(329) „Ich war von *warmem* Glück durchströmt" (Ricarda Huch an Richard Huch)
(330) Mir wurde ganz warm ums Herz.
(331) Glühendheiß spürte er sein Verlangen.
(332) Glühend vor Verlangen griff er nach ihr.
(333) Heiße Küsse gab er ihr.

Dagegen spüren wir „eiskalt" Enttäuschung, Wut, Furcht und Trauer im Rahmen der KÄLTE-Konzeptualisierungen:

(334) Kalt griff die Angst nach ihrem Herzen.
(335) Es erwischte ihn eiskalt.
(336) Es lief ihm eiskalt über den Rücken.
(337) Kalt und lieblos behandelte er sie.
(338) Sie litt unter seiner Gefühlskälte.

Auch räumliche Konzeptualisierungsmuster spielen eine Rolle: Positive Emotionen werden bevorzugt in der Höhe und negative in der Tiefe verankert. Dies schlägt sich sprachlich dann folgendermaßen nieder:

(339) Auf dem Tiefpunkt ihres Lebens kam sie wieder zu sich.
(340) Niedergedrückt saß sie am Fenster.
(341) In den Tiefen ihrer Verzweiflung versank sie.
(342) Bodenlos schien ihr Fall zu sein.
(343) Sie fühlte sich am Boden zerstört.
(344) Auf der Höhe seines Erfolgs sein.
(345) Sie fühlte sich wie im Himmel.
(346) Seine Liebe erhöhte sie.

(347) Hoch hinaus wollte sie in ihrem Glück.
(348) Himmelhochjauchzend rief sie ihn an.
(349) Den Kopf in den Wolken schwebte sie heran.

Es finden sich auffallend häufig Tierbezeichnungen als auch Eigenschaften von Tieren, wenn negative emotionale Einstellungen über eine Person ausgedrückt werden:

(350) Die Kuh/Ziege/Der Ochse/Das Schwein/Die Ratte/Die Natter...
(351) Wie eine Natter an meinem Busen.
(352) Du isst wie ein Schwein.
(353) Wie eine gereizte Hornisse griff sie ihn an.
(354) Wie ein Büffel trampelte er herum.
(355) Einem tollwütigen Hund gleich kam er auf ihn zu.
(356) Sie knüpfte ihr Netz wie eine Spinne.
(357) Sie spann ihre intriganten Fäden immer weiter.
(358) Sie träufelte ihr verleumderisches Gift in sein Ohr.
(359) Diese linke Bazille nutzt ihr Mitleid nur aus.

Aber auch bei positiven Gefühlen werden Tierbezeichnungen benutzt, jedoch als Kosenamen (*Hase, Bär* etc.) und zumeist in der Form von Diminutiva (*Schäfchen, Lämmlein, Vögelchen*). Hierbei werden präferiert die Exemplare einer konzeptuellen Tier-Kategorie ausgewählt, bei denen das sogenannte Kindchen-Schema (*Mäuslein, Rehlein*) stark ausgeprägt ist. Vgl. für die Kategorie VOGEL:

(360) Mein Spatz/mein Goldkehlchen!
(361) ?? Mein Aasgeier! ?? Mein Flamingo!

**Denkanregungen:**

Welche konzeptuelle Korrelation zwischen Emotionen und bestimmten Referenzdomänen ist in den folgenden Beispielsätzen kodiert?

(362) Er hätte laut jubeln wollen vor Glück. vs. Schweigend saß er in einer Ecke. Stumm vor Angst.
(363) Noch nie hatte er das Leben so intensiv gespürt. vs. Er fühlte sich wie tot.
(364) Die Bäume, die Erde, das Gras: die Erde war voller Wunder. vs. Die Erde war wüst und leer.
(365) Vor ihm lag die weite Welt und wollte von ihm erobert werden. vs. Er fühlte sich in seinem eigenen Körper eingeengt, hatte Angst, zu ersticken.

### 5.2.3 Exkurs: „Sie sind der schlimmste Hetzer seit Goebbels" – NS-Vergleiche und ihre expressive Funktion

Ein besonderer Typ des Vergleichs, der neben der kognitiv basierten Analogierelation auch eine emotionale Einstellung ausdrückt bzw. beim geschichtsbewussten und sprachsensiblen Rezipienten eine emotionale Reaktion (der Empörung) auslöst, ist der in öffentlichen Diskursen nicht selten zu konstatierende NS-Vergleich.

Hierbei werden Personen des aktuellen Zeitgeschehens mit Personen der NS-Zeit (bevorzugt Hitler, Goebbels, Mengele, Göring) bzw. aktuelle Handlungen oder Zustände mit Institutionen, Sachverhalten und Prozessen (Auschwitz, KZ, Shoah) verglichen. Dies kann explizit mit dem Vergleichspartikel *wie* oder implizit ausgedrückt werden. Betrachten wir zwei prominente Beispiele aus den 1980er Jahren (s. hierzu auch Stötzel 1989):

(366) „Ein Hetzer ist er, seit Goebbels der schlimmste Hetzer in unserem Land" (Willy Brandt über Heiner Geißler in der ZDF-Sendung „Bonner Runde", Frühjahr 1985)

Helmut Kohl nahm seinen Generalsekretär damals mit den Worten in Schutz: „Schon allein Ihre Wortwahl verrät, wes Geistes Kind Sie sind". Ein Jahr später äußerte er selber (367):

(367) „Er ist ein moderner kommunistischer Führer, der sich auf Public Relations versteht. Goebbels, einer von jenen, die für die Verbrechen der Hitler-Ära verantwortlich waren, war auch ein Experte für Public Relations." (Helmut Kohl über den sowjetischen Parteichef Gorbatschow im US-Nachrichtenmagazin „Newsweek", 1986)

In beiden Fällen wird eine Analogierelation etabliert. In (366) ist dies durch das *seit*, in (367) durch das *auch* kodiert. Bei einer Analogie werden zwei Dinge/Personen/Sachverhalte durch die Relation der Ähnlichkeit in Verbindung gesetzt: A ist wie B, weil A Eigenschaften von B aufweist. Relevant dabei ist, dass es ein Tertium Comparationis als konzeptuellen Bezugspunkt gibt, als gemeinsames Attribut, welches den Vergleich legitimieren soll. Die gemeinsame Basis für den Vergleich ist in (366), dass Goebbels und Geißler beides Politiker sind, die besonders aggressiv Propaganda machen und scharfe Rhetorik benutzen, und in (367), dass Gorbatschow und Goebbels Experten für Partei-Propaganda sind.

Durch die zugrundeliegende, semantisch implikatierte Konzeptualisierung GOEBBELS UND GEISSLER (bzw. Gorbatschow) SIND SICH ÄHNLICH erfahren die emotionalen Komponenten NEGATIV-BEWERTUNG und INTENSITÄT höchstmögliche Werte.

Je geringer das erkennbare Tertium Comparationis, je kleiner die gemeinsame Schnittmenge ist, desto schwerer wiegt übrigens der Vergleich in seiner politisch-kommunikativen Dimension und desto unverhältnismäßiger erscheint uns die konzeptuelle Analogie:

(368) Ahmadinejad ist der Hitler des Nahen Ostens.
(369) Saddam Hussein ist der Hitler des Nahen Ostens.
(370) Nasrallah ist der Hitler des Nahen Ostens.
(371) Mubarak ist der Hitler des Nahen Ostens.
(372) Olmert ist der Hitler des Nahen Ostens.
(373) Der Papst ist der Hitler des Nahen Ostens.
(374) Der Dalai-Lama ist der Hitler des Nahen Ostens.

Die Diskussion um eine Reichensteuer und die Veröffentlichung von Großverdienern mit der Judendiskriminierung in der NS-Zeit zu vergleichen, ist ein Beispiel für eine solch unverhältnismäßige Analogierelation:

(375) „Dass er (Bsirske, MSF) anfängt, Namen zu nennen – mit so einer neuen Form von Stern an der Brust: Das sind die Menschen, die bezahlen sollen ... dann ist das gesellschaftspolitisch unverantwortlich und eine schlimme Parallele zu anderen Zeiten." (Roland Koch im hessischen Landtag, 2002)

NS-Vergleiche werden als Äußerungen in der öffentlichen Kommunikation bevorzugt als Entgleisungen im Sinne von „affektiven Ausrutschern" behandelt und in der Regel vor allem von den Produzenten selber so (verharmlosend und entschuldigend) klassifiziert. Handelt es sich aber tatsächlich um eine besondere Form der emotional basierten Entgleisung?

Eine Entgleisung ist kommunikativ betrachtet ein Verstoß gegen Regeln unserer pragmatischen Kompetenz (vgl. Kap. 2). Eine Entgleisung liegt vor, wenn (ähnlich wie bei einem Freudschen Versprecher) der Sprachproduzent unbeabsichtigterweise eine inadäquate Äußerung (z. B. einen Kraftausdruck) von sich gibt, die nicht wirklich intendiert war, d. h. auf der Konzeptualisierungsebene nicht bewusst geplant war (s. das Sprachproduktionsmodell in Kap. 4).

Eine Entgleisung kommt also zustande, wenn eine nicht-intentionale Formulierung geäußert wird. Die kognitive Planung wird durch einen emotionalen Zustand der Erregung affiziert, beim Übergang von der Konzeptualisierungs- zur Verbalisierungsebene entgleist der Sprecher und eine nicht-adäquate Äußerung wird produziert:

(376) Scheiße! Oh pardon.
(377) Du Idiot. Verzeihung, das ist mir so rausgerutscht.

(378) Verdammt! Entschuldigung, ich wollte nicht fluchen.
(379) Das ist aber ein Dreck, ich meine, das ist aber sehr unangenehm.

Entgleisungen werden in der Regel sofort nach ihrer Produktion als solche bemerkt und oft vom Sprecher umgehend entschuldigt und/oder korrigiert. Umgangssprachlich sind es „Ausrutscher". Die Ent-Gleisung passiert bei dem Übergang von Konzeptualisierung zu Verbalisierung durch situative Faktoren (Bedrohung, Stresssituation) oder innere, emotionale Zustände (Wut, Zorn). Sie ähneln diesbezüglich den konzeptuell motivierten Versprechern (den Freudschen Fehlleistungen im verbalen Bereich; vgl. Marx 2002).

NS-Vergleiche sind dagegen intentional geplante, bewusst eingesetzte Sprachäußerungen, die die Sprachsensibilität und das historische Bewusstsein ihrer Zuhörer sowie deren emotionale Reaktion antizipieren und bewusst in das persuasive Perlokutionspotenzial mit einbeziehen. Bereits auf der Konzeptualisierungsebene wird festgelegt, was vermittelt werden soll. Sie sind somit das Resultat kommunikativer Strategien. Kommunikative Strategien sind Planungsprozesse, die auf bestimmten illokutiven Handlungsmustern basieren und der Realisierung bestimmter sprachlicher Handlungsziele dienen. Die globale Kommunikationsabsicht (die der Verwendung kommunikativer Strategien zugrundeliegt) ist das Hervorrufen von bestimmten Wirkungen beim Hörer (s. Searle 1997: 33).

NS-Vergleiche basieren auf Kalkül und sind keineswegs als Ausrutscher zu charakterisieren. Illokution (Intention, Handlungsabsicht) und Perlokution (intendierte Wirkung) lassen sich klar benennen: die Aufmerksamkeit zu erlangen und dem zu Kritisierenden das höchstmögliche Maß an negativer Bewertung zukommen zu lassen.

Damit sind NS-Vergleiche persuasiv, d.h. intentional adressatenbeeinflussend (zu den persuasiven Strategien s. Kap. 6). Ihre Funktion besteht neben der Aufmerksamkeitserlangung darin, den Gegner zu diffamieren, indem man ihn mit den moralisch verwerflichsten Personen und schlimmsten Zuständen der deutschen Geschichte gleichsetzt bzw. in Verbindung bringt. Bei objektbezogenen NS-Vergleichen soll das Ausmaß des zu Kritisierenden verdeutlicht werden und der Vergleich dient der Intensivierung des Ausdrucks der emotionalen Betroffenheit des Sprachproduzenten.

Unverhältnismäßige NS-Vergleiche werden übrigens nicht nur von Deutschen benutzt:

(380) „Das dritte Reich ist zurückgekehrt – und zwar in die Schweiz!" (Ruth Singer von der „IG gegen die Diskriminierung von Hunden bestimmter Rassen" auf einer Homepage im Dezember 2005)

(381) „Der Holocaust auf ihrem Teller“ (Aufschrift auf einem Plakat der Tierschutzorganisation Peta bei einer Standaktion am 19.03.2004 in Zürich. Auf dem Plakat sind Leichen aus dem KZ Auschwitz und Kadaver geschlachteter Säue zu sehen.)

(382) „Über Ramallah weht der Geist von Auschwitz“ (José Saramago, portugiesischer Schriftsteller 2003)

Einher geht eine Relativierung der NS-Zeit durch inflationären Sprachgebrauch sowie die Beleidigung der Opfer, die diese Zeit erleiden mussten. Es handelt sich um einen Sprachgebrauch, der letztendlich das Leid der Holocaust-Opfer immer wieder verhöhnt, indem er das Emotionalisierungspotenzial der Rezipienten schamlos instrumentalisiert (s. auch Schwarz-Friesel/Reinharz 2013: 177 f. und 182 f.).

Keinesfalls sind es Entgleisungen, sondern intentional inszenierte, sorgfältig geplante Verbalattacken, welche die Empörung, die diese als Reaktion erzwingt, bewusst einkalkulieren.

### 5.2.4 Metaphern

> „Die ungeheuere Welt, die ich im Kopfe habe. Aber wie mich befreien und sie befreien, ohne zu zerreißen.“ (Franz Kafka)

> „Das metaphorische ‚ist‘ bedeutet zugleich ‚ist nicht‘ und ‚ist wie‘.“ (Paul Ricœur)

> „Metaphern sind diese flachen Steine, die man aufs offne Meer  
> Schleudert vom Ufer aus. Die tippelnd die Wasseroberfläche berühren,  
> Drei, vier, fünf, sechs Mal im Glücksfall, bevor sie bleischwer  
> Den Spiegel durchbrechen als Lot. Risse, die durch die Zeiten führen.  
> Philosophie in Metren, Musik der Freudensprünge von Wort zu Ding.“  
> (Durs Grünbein)

Da Emotionen und Gefühle interne, subjektive Phänomene sind und es oft schwierig ist, über diese zu sprechen, finden sich verstärkt metaphorische Konstruktionen, um auf emotionale Zustände und Prozesse zu referieren. Metaphern können emotionsbezeichnend und/oder emotionsausdrückend sein.

(383) Mein Hass ist ein Ungeheuer mit 7 Köpfen.

(384) In mir tost das wilde Meer des Verlangens.

(385) Die Ungeheuer meiner inneren Ekelabgründe verschlingen mich.

Bei der Bestimmung von Emotionen und Gefühlen, aber auch bei der Charakterisierung von Sprache bzw. Sprachfunktionen finden sich zahlreiche metaphorische Konstruktionen:

(386) „Gefühle als Antennen" (Hogrebe 2004)
(387) „Emotionen – Elixiere des Lebens" (Rost [2]2001)
(388) „Gefühle – der Klebstoff des Denkens" (Pöppel 2004)
(389) „Die Sprache ist eine Waffe. Haltet sie scharf." (Kurt Tucholsky)
(390) „Die wartende Mine: Wort." (Karl Krolow)

Metaphern stellen sprachliche Phänomene dar, die in der Linguistik dem Phänomen der übertragenen, nicht wörtlich zu verstehenden Bedeutung zugeordnet werden (s. ausführlich zum Phänomen der Metapher Skirl 2009 sowie Skirl/Schwarz-Friesel [2]2013). Paradigmatisch sind Äußerungen der Form „X ist ein Y":

(391) Die Frau ist eine wahre Atomrakete!
(392) Der Mann ist ein Hochdruckreiniger!

Wörtlich verstanden kann die Aussage der Äußerung in (391) nur als falsch bewertet werden. Eine Frau ist eine belebte, humane Entität, eine Atomrakete ein unbelebtes Artefakt. Die Aussage erhält im normalen Rahmen unserer Alltagswelt keinen Wahrheitswert, da unser konzeptuelles Weltwissen die Unmöglichkeit, die Unplausibilität der im Satz ausgedrückten Ist-Relation feststellt. In der semantischen Theorie wurden Metaphern daher lange als Deviationen, auf Selektionsrestriktionsverletzungen beruhende Konstruktionen betrachtet, als defektive, inkongruente Äußerungen, da sie nicht unserem enzyklopädischen Wissen entsprechende Konzeptkonstellationen bezeichnen.

Hat der Sprecher von (391) und (392) Unsinn geredet oder verhält er sich kommunikativ nicht kooperativ? Von der grundlegenden Kooperation des Sprachproduzenten ausgehend, nehmen wir an, dass der Sprecher eine sinnvolle und relevante Äußerung geliefert hat und gerade diese Form gewählt hat, um etwas Bestimmtes auszudrücken. Also kann bei (391) nur eine nichtwörtliche, übertragene Bedeutung angenommen werden. Metaphern wie in (391) sind des Öfteren als „verkürzte Vergleiche" bezeichnet worden, da eine Analogierelation der Art „X ist wie (ein) Y" zugrunde liegt. Der Zielbereich (Konzept 1: Individuum Frau) ist wie der Ursprungsbereich (Konzept 2: Typ Atomrakete) bzw. hat Attribute wie der Ursprungsbereich. Eigenschaften der Atomrakete bzw. des Konzeptes der Atomrakete werden übertragen auf die Frau. Als Ergebnis ergibt sich die Lesart, dass die Frau aggressiv, energisch oder impulsiv ist, dass sie zu Ausbrüchen neigt, unkontrollierbar oder dynamisch ist. Es entsteht also eine spezifische mentale Repräsentation dadurch, dass eine verbindende Relation zwischen den Konzepten Frau und Atomrakete gebildet wird. Die Metapher erzeugt somit eine geistige Repräsentation, die eine bestimmte Konzeptkonfiguration abbildet: Metaphern sind somit – metaphorisch ausgedrückt – geistige Brücken für den menschlichen Verstand, sie zwingen den menschlichen Geist[40] dazu, eine höhere Verbindung zwischen den involvierten Konzept-Entitäten zu konstruieren.

Wir dürfen Metaphern daher auch keineswegs nur als stilistisch-rhetorische Mittel betrachten, sondern als Ausdrucksvarianten unserer Sprache, mit denen wir insbesondere das schwer-fassbare, schwer-beschreibbare unserer Gefühls- und Erlebenswelt konzeptuell greifbar machen und benennen, mit denen wir komplexe abstrakte Sachverhalte komprimiert und mental-bildhaft wiedergeben (s. Weber 1995).

Paradigmatisch für Theorien, die diese Grundannahme[41] vertreten, sind die Arbeiten von Lakoff/Johnson ([1980] 2003), Lakoff/Turner (1989) und Kövecses (1990, 1998, 1999).

> „The essence of metaphor is understanding and experiencing one kind of thing in terms of another." (Lakoff/Johnson [1980] 2003: 5)

Metaphern sind alltägliche Formen der Konzeptualisierung, verankert in den grundlegenden (Körper- und Umwelt-)Erfahrungen der Menschen.[42] Nicht

---

**40** Der besondere Status von Metaphern spielt insbesondere in der Dichtung eine wichtige, wenn auch nicht immer unproblematische Rolle: „Die Metaphern sind eines in dem vielen, was mich am Schreiben verzweifeln läßt." (Franz Kafka, Tagebuch 550)

**41** Bei Lakoff und Johnson ([1980] 2003) ist die Metapher als geistiges Phänomen nicht auf der sprachlichen, sondern primär auf der konzeptuellen Ebene verankert. Mit konzeptueller Metapher meinen sie dementsprechend nicht einen bestimmten sprachlichen Manifestationstyp, sondern generell die konzeptuelle Struktur der Art X IST EIN Y. Die sprachlichen Realisierungen sind nur der explizite Ausdruck einer konzeptuellen Metapher. Ich folge dieser Bestimmung nicht, sondern benutze den Terminus Metapher nur für die sprachlichen Manifestationsformen und Konzeptualisierungen für die zugrundeliegenden Konzeptstrukturen. Somit bleibt der Unterschied zwischen Sprach- und Konzeptebene auch terminologisch transparent. Vgl. Skirl/Schwarz-Friesel ([2]2013).

**42** Vgl. hierzu bereits die Ausführungen in Hermann Pauls „Prinzipien der Sprachgeschichte" (1880). Paul hat u.a. gezeigt, wie produktiv der Bereich der räumlichen Dimensionen und Vorgänge herangezogen wird für die Beschreibung schwer zugänglicher Referenzbereiche. Paul (1880: 96f.) nennt Beispiele für die Übertragung von Raumrelationen auf die für die Empfindungs- und Emotionsbeschreibung relevanten Parameter Intensität und Bewertung: z.B. *„grosse Hitze, Kälte* etc., *ein hoher Grad, die Hitze, Begeisterung steigt";* sowie für die Übertragung der „Verhältnisse und Vorgänge im Raume ... auf das Gebiet des Unräumlichen": „So wird alles Seelische als in unserm Innern ruhend oder sich bewegend vorgestellt, entweder in bestimmte Teile des Körpers verlegt oder in die Seele hinein, der dann Attribute des Raumes beigelegt werden", z.B. *„ein Gedanke geht mir im Kopfe herum", „das will mir nicht in den Kopf", „das liegt mir am Herzen", „das kommt mir nicht in den Sinn"*. Zur Relevanz des Konzepts des Körpers s. u.a. Hübler (2001), Gibbs (2005) und Schmidt (2011).

die sprachlichen Manifestationen sind das Primäre, sondern die zugrundeliegenden konzeptuellen Schemata (vgl. hierzu auch Croft/Cruse 2004: 204). Metaphern beziehen sich insbesondere auf schwer erfassbare, abstrakte Sachverhalte, Wahrnehmungen oder Zustände, die wörtlich schwer oder nur umständlich zu benennen sind (s. hierzu Schwarz-Friesel/Skirl 2011 und Schwarz-Friesel/Kromminga 2013).

(393) Terrorismus ist die Medusa des 21. Jahrhunderts.
(394) Der globale Terror ist eine Krake mit tausend Armen.

Sie kodieren den referenziellen Zustand (den Zielbereich, der spezifisch dargestellt werden soll) in kondensierter Form durch den Bezug auf einen Ursprungsbereich. Dies betrifft jedoch auch konkrete Referenten und ihre (psychisch-emotionalen oder kognitiven Eigenschaften): So wird z.B. die Person in (395) als fleischfressender Dinosaurier kodiert. Dadurch wird das brutale Durchsetzungsvermögen besonders anschaulich benannt.

(395) Klaus ist ein Raptosaurus, wenn es um seine Interessen geht.

Es werden alltagssprachlich mehr metaphorische Ausdrücke bei Emotionsdarstellungen eingesetzt als in Beschreibungen von anderen Referenzdomänen; zudem werden mehr Metaphern verwendet, wenn auf sehr intensive Emotionen Bezug genommen wird, als wenn über schwache Emotionen referiert wird (vgl. hierzu die Liebes- und Todesmetaphern in Kap. 8.2 und 9.4).

Differenziert betrachtet müssen Metaphern in verschiedene Typen eingeteilt werden (s. hierzu Skirl/Schwarz-Friesel ²2013):

- Konventionalisierte (usuelle) Metaphern wie *Er ist ein Schatz* oder *Sie ist eine dumme Kuh* sind lexikalisiert und fallen im Sprachgebrauch nicht (mehr) auf (s. hierzu auch Burger ⁴2010).
- Kreative Metaphern wie *Er ist ein Platinring* oder *Sie ist der Kolibri des Instituts* basieren auf bekannten Konzeptmustern (MENSCHEN ALS KOSTBARES GUT; MENSCHEN ALS TIERE), für die es bereits metaphorische Manifestationen in der Sprache gibt, weisen aber neue lexikalische Mittel auf. Kreativ (und somit neu) ist die sprachliche Realisierung.
- Dagegen lassen sich innovative[43] Metaphern nicht auf bereits bekannte Konzeptualisierungen zurückführen, sondern aktivieren neue Konzept-

43 Absolute Metaphern schließlich (als ein Subtyp innovativer Metaphern) lassen sich nicht, nur sehr schwer oder nur unter Berücksichtigung ko- und kontextueller Informationen hinsichtlich einer Konzeptualisierung deuten.

verbindungen) wie in *Sie ist das Wüstenmeer unserer Universität* (MENSCHEN ALS FLÜSSIGKEITEN) oder *Er ist der I-Pod meiner Seele* (MENSCHEN ALS KOSTBARE DATENTRÄGER). Diese Äußerungen lassen sich nicht als Instanziierungen schon bekannter Konzeptualisierungen identifizieren. Innovativ ist nicht nur die sprachliche Realisierung, sondern auch die zugrundeliegende Semantik, die neue Konzeptkombination. Der Unterschied zwischen kreativen und innovativen Metaphern liegt also in ihrer mentalen Verankerung. Oft ist es jedoch schwierig bzw. problematisch, eine strikte Abgrenzung vorzunehmen (u.a., weil Sprachteilnehmer über sehr unterschiedliche Wissensbestände verfügen und entsprechend abweichende Klassifikationen abgeben können).

Kreative und innovative Metaphern kombinieren häufig konzeptuelle Komponenten völlig verschiedener Referenzdomänen:

(396) „Der Mensch ist ein Abgrund …" (Georg Büchner, Woyzeck)

(397) „Der Mensch ist ein Seil… – ein Seil über einem Abgrunde." (Friedrich Nietzsche, Also sprach Zarathustra)

Hinsichtlich der Emotionskategorien haben Lakoff/Johnson ([1980] 2003), Kövecses (1999) u.a. zeigen können, dass die BEHÄLTER-Metapher eine zentrale Rolle bei der Konzeptualisierung und Benennung von Emotionen aller Art spielt. Allgemein kann man die zugrundeliegende Konzeptualisierung folgendermaßen umschreiben: EMOTIONEN SIND FLÜSSIGKEITEN IN EINEM BEHÄLTER. Die entsprechenden sprachlichen Manifestationen dieses konzeptuellen Typs sind in (398) aufgeführt:

(398) Sie war erfüllt mit Liebe. / Er war voller Hass. / Es ist viel Sehnsucht in ihr. / Die Freude in ihr war lauter Sonnenschein. / Liebe und Glück füllten ihn ganz aus. / Die Gefühle ihrer Kindheit tauchten auf. / Sie versank in ihrer Angst. / Die Wut stieg in ihm auf etc.

Die Kodierung der Intensitätsverstärkung korreliert mit der HITZE- und KOCHEN-Konzeptualisierung: INTENSIVIERUNG LÄSST DIE TEMPERATUR DER FLÜSSIGKEIT STEIGEN.

(399) Ihre Erregung stieg von Minute zu Minute. / Ihre Spannung steigerte sich erheblich. / Sie fühlte sich zum Platzen. / Ihre Wut stieg. / Die Wut in ihr kochte. / Es kochte in ihr. / Sie kochte. / Es brodelte nur so in ihrem Inneren. / Siedendheiß stieg die Scham in ihr auf.

Bei Intensivierung der Gefühle gelangt das Fluidum entsprechend aus dem Behälter:

(400) Sie kochte über. / Sie ließ ihren Tränen und Gefühlen freien Lauf. / Endlich konnte er Druck ablassen. / Überströmende Freude/Überkochende Wut erfüllte ihn. / Es brach aus ihr heraus. / Sie platzte vor Wut.

(401) Der Damm brach. / Ihr Herz zerbrach. / Es strömte aus ihr heraus. / Sie explodierte. / Wie Lava strömte es aus ihrem Inneren. / Er ist ein wahrer Vulkan als Liebhaber.

Analog wird die Maskierung und Unterdrückung von Gefühlen als VERSCHLUSS IM BEHÄLTER konzeptualisiert und entsprechend kodiert:

(402) Sie unterdrückte ihre Gefühle. / Sie schloss ihre Gefühle tief ein. / Er hielt seine Ängste unter Verschluss. / Es war nichts aus ihm herauszubekommen. / Wir bewahrten das brennende Geheimnis tief in uns. / Verschlossen saß er da. / Erdrückt von seiner Schuld. / Unterdrückt fühlte er sich. Vgl. auch: Gedrückt/Bedrückt hörte sie ihm zu. / Niedergeschlagen wartete sie auf ihn.

Ähnliche konzeptuelle Konfigurationen finden sich in (403) und (404), wobei die Konzeptualisierung dem Bild entspricht EMOTIONEN SIND FLÜSSIGKEITEN bzw. spezifisch EMOTIONEN SIND MEER:

(403) Wogen der Liebe/Wellen der Sehnsucht/der Angst überrollten/überfluteten sie. / Im Ozean/Meer der Gefühle ertrank sie.

(404) Die Angst schlug über ihr zusammen. / Die Liebe überflutete sie. / Er wurde von einem Gefühl des Glücks durchflutet. / Wie eine Ertrinkende klammerte sie sich in ihrer Not an ihn.

Das Gefühl des Mangels oder Verlustes korreliert entsprechend konzeptuell mit einem Mangel an Flüssigkeit (oder Luft):

(405) Ich fühle mich leer/emotional ausgebrannt/vertrocknet. / Ich dürste nach dir. / Sie dürstete nach Anerkennung. / Ein Gefühl der Leere breitete sich in ihr aus.

(406) Die Furcht erstickte sie. / Angst würgte ihr die Stimme ab. / Die Angst drohte sie zu ersticken. / Die Wut saß ihr im Hals und drückte ihr die Kehle zu.

Neben der Behälter-Metapher finden sich auch die Konzeptualisierungen EMOTION IST TEMPERATUR, EMOTION IST BEWEGUNG sowie (besonders bei negativen Emotionen) EMOTION IST KRANKHEIT (s. hierzu aber auch LIEBE IST KRANKHEIT/WAHNSINN in Kap. 9.4).

(407) Es wurde ihr eiskalt ums Herz. / Heiß stieg die Scham in ihm auf. / Glühendheiß fühlte er das Verlangen in sich. / Kalt griff die Angst nach ihrem Herzen. / Seine Leidenschaft versengte ihn. / Die Glut ihrer Gefühle erschreckte ihn. / Hitzig antwortete sie ihm. / Seine Gefühlskälte war furchtbar.

(408) Rasend vor Eifersucht. / Wie in Zeitlupe erlebte sie das Unglück. / Stürmisch warb er um sie. / Im Sturm eroberte sie ihn. / Ihr Gefühl fegte sie davon. / Es nagte an ihm. / Die Hoffnung kletterte in ihm empor. / Der Neid fraß ihn auf. / Seine Gefühle überrumpelten ihn. / Er wurde von seinen Emotionen überrollt. / Die Gefühle wirbeln, fegen, tosen, toben etc.

(409) Sie erholte sich nur langsam von der Enttäuschung. / Ihr Misstrauen schmerzte ihn. / Die Angst verpestete ihm das Leben. / Sein Hass vergiftete ihn. / Er war liebeskrank. / Sein Verlangen tat ihm weh. / Bis in die Eingeweide brannte sein Schmerz. / Er war toll vor Wut. / Sie war irre vor Angst. / Das Krebsgeschwür seines Hasses fraß ihn auf.

Vertreter der kognitiven Metapherntheorie haben schon zahlreiche Konzeptualisierungsmuster und deren Manifestationsformen in den verschiedenen Sprachen beschrieben (vgl. auch Fauconnier/Turner [2]2010). Was sie allerdings nicht erklären, ist, wie Rezipienten innovative metaphorische Äußerungen verstehen, d. h. wie die spezifischen konzeptuellen Repräsentationen mental entstehen und welche kognitiven Schritte zur aktuellen Konzeptualisierungslesart führen. Sie berücksichtigen zudem nicht die Kontextabhängigkeit vieler Metaphernlesarten. Metaphorische Äußerungen stellen für jede kognitive Verstehenstheorie eine besondere Herausforderung dar, da sie sich mit Hilfe des Kompositionalitätsprinzips nicht erklären lassen (s. hierzu die ausführliche Erörterung bei Skirl 2009).

Werfen wir daher noch einmal einen Blick auf die zu Beginn des Kapitels erörterten Beispiele:

(410) Die Frau ist eine Atomrakete!

(411) Der Mann ist ein Hochdruckreiniger!

Die Anwendung des Kompositionalitätsprinzips (demzufolge die Satzbedeutung sich aus der Summe der Lexembedeutungen und ihrer spezifischen Anordnung ergibt) führt vor dem Hintergrund unseres Standardweltwissens zu einem anomalen „X ist ein Y" (da die Konzepte von MENSCH und ARTEFAKT inkompatibel sind). Unter der Annahme, dass der Produzent eine relevante und sinnvolle Äußerung gemacht hat, versucht der Rezipient beim Aufbau seines Textweltmodells eine plausible und akzeptable Lesart zu erzeugen. Die Standarderklärung wäre hier, dass die Frau (als näher zu charakterisierendes Referenzobjekt) Eigenschaften von Atomrakete zugeordnet bekommt. Dieser Zuordnungs- oder Transferprozess allerdings führt bei den Beispielen (410) und (411) nicht zu der intendierten Repräsentation der Äußerungsbedeutung.

Die metaphorische Interpretation ist nämlich, dass die Frau Eigenschaften wie impulsiv, unbeherrscht, energisch etc. hat und entsprechend der Mann die Eigenschaften kalt, gefühllos, gleichgültig, ohne Mitgefühl, herzlos etc.

Nun sind aber Atomraketen weder impulsiv noch energisch oder emotional. Ein bloßer Transferprozess von Konzept 2 (ATOMRAKETE als Ursprungsbereich) zu Konzept 1 (FRAU als Zielbereich) erklärt nicht die Entstehung der relevanten Merkmale.

Ein Vergleichs- und Übertragungs-Ansatz kann also nicht erklären, wie die metaphorischen Bedeutungen entstehen, die sich nicht allein aus den Bestandteilen der involvierten Lexembedeutungen ableiten lassen. Bei (410) sind IMPULSIV, UNBEHERRSCHT, ENERGISCH keine Eigenschaften von Atomraketen. Es sind Eigenschaften, die einer Rakete nur über den mentalen Prozess der Personifizierung zugesprochen werden. Die Attribute sind weder in der lexikalischen Bedeutung noch in dem (enzyklopädischen) Konzept von ATOMRAKETE (ARTEFAKT, WAFFE, MIT ATOMARSPRENGSTOFF BESTÜCKTES KRIEGSINSTRUMENT, EXPLOSIV, GEFÄHRLICH) enthalten. Es handelt sich in dem Sinne um emergente Merkmale, da sie sich nicht direkt und unmittelbar aus den einzelnen Basisbedeutungen herleiten lassen, sondern erst durch die spezifische, vom Kontext induzierte Relation konstruieren lassen. Es sind konzeptuelle Merkmale einer höheren Ebene, welche die reine Satzsemantik elaborieren (vgl. Schwarz-Friesel 2004 und Skirl 2009, Skirl/Schwarz-Friesel [2]2013).

Die semantischen und/oder konzeptuellen Merkmale der Bedeutungen/Konzepte von Frau/Mann und Atomrakete/Hochdruckreiniger sind nicht entscheidend, sondern die durch die gesamte Repräsentation erzeugten Merkmale. Konzeptuelles Weltwissen lässt uns eine kognitive Repräsentation erstellen, in die Bedeutung und Weltwissen über Inferenzen eingehen und ein plausibles mentales Modell für den metaphorischen Satz erstellen.

Des Weiteren ist zu berücksichtigen, dass der jeweilige situative Kontext entscheidet, ob der Frau positive oder negative Eigenschaften zugeordnet werden.

Situation 1: Der Satz (410) wird geäußert als Antwort auf die Frage, ob die Frau als Führungskraft auch kreativ genug für eine bestimmte Position ist. Die Bewertung ist positiv und die emotionale Einstellung involviert Bewunderung. Die konzeptuellen Merkmale VOLLER ELAN, ENERGISCH, KRAFTVOLL, MITREISSEND, ZIEHT ANDERE MIT etc. werden evoziert.

Situation 2: Der Satz (410) wird als Kritik geäußert und die emotionale Einstellung ist negativ. Konzeptuell ergeben sich die Merkmale AGGRESSIV, UNKONTROLLIERBAR, UNBEHERRSCHT, HITZKÖPFIG. Diese personifizierenden Merkmale ergeben sich nicht aus einem einfachen Merkmalstransfer vom Konzept ATOMRAKETE auf FRAU, sondern aus einer ko- und kontextgesteuerten, konzeptuellen Elaboration der semantischen Satzrepräsentation. Vgl. die entsprechenden Kotexte:

(412) Die Frau ist einfach toll. / Sie ist mitreißend und voller Elan. / Sie ist eine wahre Atomrakete.
(413) Die Frau ist einfach furchtbar. / Sie ist unbeherrscht und aggressiv. / Sie ist eine wahre Atomrakete.

Welche emotionale Einstellung durch (410) vermittelt wird (und welcher kommunikative Sinn intendiert ist), hängt also entscheidend von kontextuellen Faktoren ab.

Aus der sprachlichen Form der Äußerung allein können wir Metaphorizität oft gar nicht ableiten. So kann der Satz

(414) Die alte Knorreiche kippt gleich um.

sowohl wörtlich (mit Referenz auf konkrete Objekte) als auch metaphorisch verstanden werden (im übertragenen Sinne steht *Eiche* dann z. B. für einen älteren Menschen, der zuviel getrunken hat o. Ä.). Vgl. die Kotexte (415) und (416):

(415) Onkel Karl hat zu viel getrunken. / Die alte Knorreiche kippt gleich um.
(416) Die Gärtner bearbeiten zurzeit mehrere Bäume im Park mit der Kettensäge. / Die alte Knorreiche kippt gleich um.

In den neuesten Ansätzen zum Metaphernverstehen wird daher zum einen die Rolle des Ko- und Kontextes starker berücksichtigt und zum anderen die Konstruktion emergenter konzeptueller Merkmale vor dem Hintergrund der Etablierung mentaler Textweltmodelle hervorgehoben (Schwarz-Friesel 2004, Skirl 2009, Skirl/Schwarz-Friesel [2]2013). Metaphernverstehen ist als kognitiver Prozess zu beschreiben, der über die expliziten Bestandteile der Äußerung hinausgeht und durch konzeptuelle Elaboration eine Repräsentation emergenter, d. h. konzeptuell innovativer Art kreiert. Neuartige Strukturen entstehen, die zwar semantisch durch die Bedeutungsrepräsentation des Satzes instanziiert, aber nicht auf diese reduziert oder durch diese erklärt werden können.

Die exemplarische Textanalyse in (417) zeigt, die detaillierten Erörterungen des Kapitels 5 komprimiert aufgreifend, wie sich das Emotionspotenzial auf lexikalischer und syntaktischer Ebene bestimmen lässt [Analyseanmerkungen in eckigen Klammern].

(417) Er empfand [bewusste Wahrnehmung eines emotionalen Zustandes] seinen Hass [spezifische Kategorisierung des Gefühls durch emotionsbezeichnendes Lexem] wie ein glühendes Messer in sich [Konzeptualisierungsverbalisierung des Gefühls mittels Vergleich]. Er brannte vor Wut und Ekel [Kodierung eines hohen Wertes des Intensitätsparameters durch metaphorische Wen-

dung und explizite Referenz auf weitere negative Emotionen]. Das Scheusal [Einstellungsvermittlung des Wertes ,negativ' durch die Semantik des emotionsausdrückenden Schimpfwortes], das er so lange [hoher Wert für den Parameter der Dauer] verehrt und geliebt hatte [Intensivierung der Darstellung durch Kontrastierung mittels Bezeichnungen für positive Emotionen], verursachte jetzt Übelkeit und Schüttelfrost [indirekte Emotionskodierung durch Nennung physischer Reaktionen; E-Implikatur: Gefühle von Ekel, Hass und Wut bewirken Körperreaktionen]. Oh, wie er sie hasste! [Intensitätskodierung durch Interjektion, Eklamativsatz und emotionsbezeichnendes Lexem]. Er verbrannte fluchend und heftig stöhnend alle Fotos, die er von ihr besaß [indirekte Emotionskodierung durch Darstellung eines referenziellen Sachverhalts; E-Implikatur: Er will Erinnerung an Frau aufgrund seiner tiefen Enttäuschung und Hassgefühle auslöschen].

Das nun folgende Kapitel beschäftigt sich mit der Frage, welche textuellen Konstruktionen und Strategien explizit und/oder implizit bestimmte emotionale Zustände und Prozesse vermitteln und wie ein Text bewirkt, dass ein Leser emotional angesprochen wird.

**Denkanregungen:**

Was drückt Sartre mittels der Metapher in (418) konzeptuell aus?

(418) „Die Hölle sind die Anderen." (Jean-Paul Sartre)

Handelt es sich um eine konventionelle, kreative oder eine innovative Metapher?

(419) „... ein Buch muß die Axt sein für das gefrorene Meer in uns." (Franz Kafka)

Welche Konzeptualisierung liegt (419) zugrunde? Welche Analogie wird dabei evoziert?

Um was für eine Kodierung handelt es sich bei (420)? Welcher emotionale Zustand wird ausgedrückt? Inwieweit muss der Hörer/Leser eine E-Implikatur ziehen?

(420) „O wie fad das Leben schmeckte!" (Hermann Hesse)

Welche Lesarten sind bei (421) und (422) als Äußerungsbedeutungen möglich?

(421) Ihre Herzkranzgefäße sind verengt.
(422) Er fraß alles in sich hinein.

Handelt es sich bei (423) um eine konventionelle oder kreative Metapher?

(423) „Die Ehe von Paul McCartney ist ein Scherbenhaufen, in dem jeder rumkehren darf" (RTL-Exclusiv, 08.06.2006)

Inwiefern zeichnet sich (424) durch mehrere innovative bzw. absolute Metaphern aus? Lässt sich eine bestimmte emotionale Einstellung des lyrischen Ichs erkennen?

(424) „Stimmen ins Grün
der Wasserfläche geritzt.
Wenn der Eisvogel taucht,
sirrt die Sekunde:
Was zu dir stand
An jedem der Ufer,
es tritt
gemäht in ein anderes Bild.“ (Paul Celan)

Um was für einen Metapherntyp handelt es sich bei (425)? Welche Konzeptualisierung liegt der metaphorischen Äußerung von Kroetz zugrunde?

(425) „Ich habe den letzten Kieselstein aus meinem Steinbruch rausgeholt.“ (Franz Xaver Kroetz im ZEIT-Interview 2006 über seine literarische Arbeit)

Welche Analogie wird bei den folgenden Metaphern (aus dem politischen Migrationsdiskurs) evoziert: *Menschenlawinen, Bevölkerungsexplosionen, Ansturm, Fluten von Asylanten, Asylantenflut, Welle der Einwanderung, explosionsartiger Anstieg.*

Welche Emotionskonzeptualisierung(en) liegt der verbalen Manifestation von (426) zugrunde? Sind die Metaphern in den drei Sätzen derselben konzeptuellen Domäne zuzuordnen?

(426) „Wenn ich seinen Namen flüstere, spüre ich Scherben im Mund. Wenn ich sein Bild vor mich befehle, legt sich Eis auf meine Gedanken. Wenn ich mir vorstelle ihn zu streicheln, öffnen Skalpelle mir Finger und Hände.“ (Andreas Steinhöfel, Die Mitte der Welt)

Inwieweit ist das Verständnis der metaphorischen Konstruktion *die Erregung alter Männer, die durch den Durchlauferhitzer der Presse gejagt wurde* vom Kotext in (427) (un)abhängig?

(427) „Was denkt er über seine Podiumskollegen, über Grass, der sich an seine Zeit in SS-Uniform erinnerte? Über Fest, der uns eine Debatte über einen Zettel vermacht hat, den Habermas vor den Augen Wehlers verschluckt haben soll? Kurz: über diesen Herbst, den die Feuilletons wie seit Jahren nicht mehr mit der NS-Vergangenheit füllen? Mommsen winkt ab: ‚Das war nur die Erregung alter Männer, die durch den Durchlauferhitzer der Presse gejagt wurde.‘“ (Katarina Bader, DIE ZEIT, 16.11.2006)

Welche metaphorischen Manifestationsformen fallen Ihnen zu dem Konzept TERRORISMUS ein? (s. die Beispiele (393) und (394) und z.B. *die vielen Köpfe des Terrors*). S. auch:

(428) „Der Terror ist zur Discount-Waffe gegen eine liberale Weltordnung geworden, die vom globalen Handel und Wandel lebt, aber auch von den Bürgerfreiheiten im Inneren." (Josef Joffe, DIE ZEIT 1, 28.12.2006)

Bestimmen Sie lexikalische und aktuelle Bedeutung sowie kommunikativen Sinn von (429).

(429) Wenn man Frau von der Leyen reden hört, gewinnt man den Eindruck, dass der Bundesadler demnächst durch einen Storch ersetzt werden soll." (Guido Westerwelle 2006)

Wie ist die metaphorische Kodierung zu beschreiben?

## Literatur:

Einen komprimierten Überblick zu emotionsbeschreibenden und -ausdrückenden Mitteln auf Wort-, Satz- und Textebene sowie zu E-Implikaturen gibt Schwarz-Friesel (2013d). Zu E-Implikaturen s. Schwarz-Friesel (2009a, 2010c). Zum Emotionspotenzial von Metaphern s. Schwarz-Friesel (2004), Crawford (2009), Skirl (2009), Skirl/Schwarz-Friesel ([2]2013). Zur neuronalen Verarbeitung von Metaphern und figurativer Sprache s. Schrott/Jacobs (2011) sowie Bohrn/Altmann/Jacobs (2012). Zum Emotionspotenzial von Metaphern im Israel-Korpus s. Thüne/Leonardi (2011) und im massenmedialen Terrorismus-Diskurs s. Schwarz-Friesel/Skirl (2011) und Schwarz-Friesel/Kromminga (2013).

# 6 Texte und ihr Emotionspotenzial

„Abscheuliche Reise in überfülltem Zuge gestern mit schlechtem, weit entferntem Speisewagen, zu dem man sich durch unendliches, die Gänge füll[end]es Volk durchzukämpfen hatte. Platz-Reklamationen, Ärgernisse. Großer Fehler, nicht mit eigenem Lunch I. Klasse gefahren zu sein. Wie ich es hasse, mich zwischen Menschen herumdrücken zu müssen, ist nicht zu sagen. Erschöpft, wütend und angewidert." (Thomas Mann)

„... Bilder, die weh tun. Eine Trauermasse wälzt sich durch enge Straßen, und über den Köpfen der Menschen werden die Leichen balanciert, nicht in Särgen, auf offenen Bahren, in bunten Gewändern, die Kinder, die Frauen, die Männer. Im israelischen Granathagel wurde eine Großfamilie ausgerottet, und die Araber rufen nach Vergeltung. Für die Israelis war das Massaker ein ‚bedauerliches technisches Versagen'. Diese Trauerszenen fügen sich nahtlos in das Mosaik des Todes, der Gewalt, der Wut und des Elends vom unendlichen Konflikt zwischen Juden und Arabern." (Kronen Zeitung, 2006)

## 6.1 Textuelles Emotionspotenzial und kognitive Emotionalisierung

Welche Mittel und Strukturen in Texten sind es, die Emotionen darstellen und ausdrücken? Da sich Texte aus Sätzen mit lexikalischen Einheiten zusammensetzen, finden sich auf der textuellen Ebene alle lexikalischen und syntaktischen Phänomene der Emotionskodierung (bezogen auf die Kohärenzstruktur) wieder, die ich bereits in Kap. 5.2 erörtert habe. Es gibt aber darüber hinaus auch textspezifische, d.h. satzübergreifende[1] Phänomene, die

1 Nach der hier zugrundegelegten Textdefinition wird Text (in Abgrenzung zur Beschreibungsgröße Satz) als komplexe, d.h. mindestens zwei Sätze umfassende sprachliche Äußerung betrachtet. Dies trägt der Tatsache Rechnung, dass sich die Textlinguistik besonders für die satzübergreifenden Phänomene, die Kohäsion und Kohärenz betreffen, interessiert (s. hierzu z.B. Schwarz 2000a, Schwarz-Friesel 2007). Diese Festlegung ist nicht als absolut zu betrachten: In einem komplexen Satz, der mehrere Propositionen enthält, können sich ebenfalls kohäsive Mittel und Kohärenzrelationen zeigen. Ein Beispiel hierfür ist der folgende Textabschnitt, der aus einem Satz besteht: „Wovon wir reden, ist unerforscht, wir leben nicht,

besonders wichtig bei der textuellen Emotionsdarstellung und dem Emotionsausdruck sowie der Emotionalisierung des Lesers sind. Im Rahmen der kognitiven Textlinguistik, die nicht nur strukturorientierte, textinterne Aspekte untersucht, sondern auch prozedurale, textexterne Faktoren, die bei Kohärenzetablierung und Textsinnkonstruktion eine Rolle spielen, sind diesbezüglich zwei Fragen von besonderem Interesse: Wie werden emotionale Zustände und Prozesse in Texten satzübergreifend (explizit und implizit) dargestellt und ausgedrückt? Es geht also um die textuellen Emotionsmanifestationen. Die zweite Frage betrifft den Prozess der (möglichen) Emotionalisierung des Lesers beim Textverstehen. Durch welche Mittel und Strategien wird dieser textexterne (aber durch den Text und sein Emotionspotenzial stimulierte) Vorgang[2] besonders beeinflusst (s. hierzu auch die Ausführungen in Kap. 4.9.3)?

Wie in Kap. 2.3.2 erörtert wurde, etabliert der Rezipient im Leseprozess zu jedem Text ein bestimmtes Textweltmodell (TWM), d.h. eine komplexe Konzeptualisierung der im Text dargestellten Sachverhalte. Er rekonstruiert damit aufgrund der Textinformationen auch die Konzeptualisierung des Textproduzenten. Aus Produzentenperspektive liegt jeder Versprachlichung eine mentale Repräsentation eines Objektes, einer Person oder Sachverhaltes zugrunde z.B. AUSLÄNDER ALS FEINDE oder AUSLÄNDER ALS FREUNDE, KRIEG ALS NOTWENDIGE STRATEGIE oder KRIEG ALS UNNÖTIGE AGGRESSION etc. Auf der Ebene der Konzeptualisierung steuern nicht nur kognitive, sondern auch emotionale Komponenten maßgeblich die mentale Repräsentation eines Sachverhalts (vgl. das Produktionsmodell in Kap. 4.9.1). Die Referenzialisierung betrifft die (spezifische) Darstellung von Sachverhalten mittels Sprache. Hier wird die jeweilige Konzeptualisierung verbal kodiert.

(1) Die Einbürgerung von ausländischen Mitbürgern ist eine Bereicherung für unser Land.
(2) Zu viele Ausländer schaden dem deutschen Volk.

---

vermuten und existieren aber als Heuchler, vor den Kopf Gestoßene, in dem fatalen, letzten Endes letalen Mißverständnis der Natur, … die Erscheinungen sind uns tödliche und die Wörter, mit welchen wir aus Verlassenheit im Gehirn hantieren, mit Tausenden und Hunderttausenden von ausgeleierten, uns durch infame Wahrheit als infame Lüge, umgekehrt durch infame Lüge als infame Wahrheit erkennbare in allen Sprachen, in allen Verhältnissen …" (Thomas Bernhard, Dankesrede zur Verleihung des Büchner-Preises 1970).

2 Die Frage lautet also, welche textuellen Phänomene die Gefühle der Rezipienten beeinflussen können. Hierbei muss es in den Texten gar nicht um emotionale Zustände gehen. Die Referenzialisierung von Objekten, Prozessen und Zuständen der außersprachlichen Welt kann aber so gestaltet sein, dass spezifische Perspektiven und Wertungen kodiert werden, die für den Rezipienten ein starkes Emotionspotenzial besitzen (s. Kap. 5.2.1).

Dabei wird oft eine Perspektivierung erzielt, d.h. der Produzent lässt eine bestimmte Perspektive in die verbale Sachverhaltsrepräsentation einfließen, er stellt Sachverhalte aus einem Blickwinkel dar.

(3) Wir Deutschen wollen uns nicht länger alles gefallen lassen.
(4) Ali H. spricht leise, als er erzählt, wie man ihn überfallen hat.

Eine perspektivierte Referenzialisierung lässt eine Evaluierung erkennen: Eine bestimmte Bewertung wird (implizit oder explizit) sprachlich angezeigt. Bewertungen manifestieren sich oft über explizite Attribuierungen, d.h. es werden den Referenten bestimmte Eigenschaften zugesprochen. Dies kann mittels pejorativer und diskriminierender Nomina (wie *Niggerbrut, Zigeunerpack, Ausländerabschaum*), Adjektiven (*dämlich, schamlos, gerissen, schmutzig*) und Verben (*beuten aus, nutzen aus, verschwenden, überfluten*) geschehen oder implizit kodiert werden (*Sie ist Ausländerin, aber sehr sauber. Er ist Israeli, aber nicht unfreundlich*). In rassistischen Texten finden sich häufig Kollektiv-Attribuierungen mittels generischer Sätze wie *Alle Ausländer sind kriminell. Türken riechen nach Knoblauch. Südländer greifen schnell zum Messer. Juden sind geldgierig.* Die Emotionalisierung betrifft aus Produzentensicht die gezielte Aktivierung von bestimmten Gefühlswerten beim Leser. In der referenziellen Darstellung werden emotionale Aspekte in den Vordergrund gestellt. Spezifische Gefühle wie Wut, Trauer, Freude, Hass, Neid sollen aktiviert werden. Der Prozess der Emotionalisierung darf aber nicht isoliert betrachtet werden, da er maßgeblich durch die Art der Referenzialisierung determiniert wird.

Das Emotionspotenzial ist nicht mit der Emotionalisierung gleichzusetzen. Emotionalisierung ist ein Prozess, das Emotionspotenzial eines Textes dagegen ist etwas im Text, in seiner Informationsstruktur Verankertes, und als solches als inhärente Eigenschaft des Textes zu beschreiben. Eine präzise linguistische Analyse kann alle emotiven und evaluativen Aspekte von Textstruktur und -inhalt erfassen und beschreiben (s. die Analyse zu Bsp. (417) in Kap. 5). Der Vorgang der Emotionalisierung,[3] d.h. die Aktivierung eines emotionalen Zustandes, wird durch die kognitiven Informationseinheiten ausgelöst (und kann nur in empirischen Rezeptionsstudien untersucht werden). Der Rezipient aktiviert aufgrund der spezifischen Textinformation und -struktur bestimmte Gefühle und evoziert spezifische Be-

[3] Voss (1999: 20): „Unter Emotionalisierung wird der Prozess des Nachempfindens von Gefühlen verstanden, der bei der Lektüre einsetzt. Dem Rezipienten soll eine gefühlsmäßige Teilnahme am präsentierten Geschehnen ermöglicht, in ihm sollen eigene Emotionen geweckt werden durch die in die Artikel eingebauten Emotionen." Diese Definition ist aber zu eng gefasst. Emotionalisierung betrifft nicht nur das Nachempfinden von Gefühlen, sondern unter Umständen auch die Aktivierung eigener Gefühle auf Rezipientenseite.

wertungen. Emotionalisierung, die durch Texte ausgelöst wird, ist nie nur ein emotionaler Prozess, sondern verläuft immer über kognitive Repräsentationen: Das Emotionspotenzial eines Textes[4] wird von seinem Referenz- und Inferenzpotenzial determiniert (vgl. Kap. 2.3). Dieses wiederum hängt von der spezifischen Kodierung ab. In (5), (6) und (7) ist derselbe referenzielle Sachverhalt auf jeweils unterschiedliche Weise dargestellt:

(5) Wer kann sich dem unsagbaren Elend dieser armen, hungernden Kreaturen gefühlsmäßig entziehen?

(6) Die zerlumpten, ausgemergelten Kinder blicken unendlich traurig in die Kamera.

(7) In Afrika sind Unterernährung und Armut die beherrschenden Probleme der Landbevölkerung, insbesondere der Kinder.

Nicht nur die emotiven Lexeme (wie *arm, hungernd, Kreaturen, traurig* etc.) mit ihren jeweiligen Bedeutungen sind für das Emotionspotenzial wichtig. Auch die Fokussierung und Perspektivierung, die durch die syntaktische Strukturierung sowie die (rhetorische) Frage(form) bewirkt werden, determinieren die mögliche Wirkung auf den Leser. Durch die spezifische Gestaltung des Textes können emotionale Reaktionen beim Leser ausgelöst werden, die zu einer emotionalen Einstellung gegenüber den dargestellten Sachverhalten führen. Die Emotionalisierung beinhaltet eine Gefühlsrepräsentation und etabliert Beziehungen zwischen Leser und Textweltperson(en): die Empathie (im Sinne von Mitfühlen) und die Identifikation (das eigene Erleben von Gefühlen). Der einfühlende Leser sieht die Ereignisse mit den Augen der Protagonisten,[5] und erlebt deren Gefühle als seine eigenen.

Viele massenmediale Texte sind in diesem Sinne nicht nur informationsvermittelnd, sondern auch meinungsbildend[6] und emotionsaktivierend bzw. -etablierend (s. hierzu Kap. 6.3 und 6.4).

4 Das Thema „Texte und Emotionen" ist bislang kaum analysiert worden und wenn, als Rezeptionsphänomen eingestuft worden (s. Kap. 4.9). So konstatiert Wegener (2001: 106): „es bleibt schwer, eindeutige Kriterien und Indikatoren emotionalisierender Berichterstattung zu bestimmen."

5 So fühlt sich z. B. ein Fan eines Stars persönlich beleidigt, wenn dieser in der Presse angegriffen wird. Der Todesfall Diana, der in England zu einer massenhaft auftretenden Trauer (mit allen emotionalen Symptomen) führte, verdeutlicht dieses Phänomen.

6 Foucault ([1972] 1997, 1999) hat im Rahmen seiner Diskurstheorie betont, dass Medien niemals nur informieren (in-formieren), sondern auch formieren. Sie formen mit ihrer spezifischen Berichterstattung Bewusstseinsinhalte im Kopf der Rezipienten, steuern Meinungen und erzeugen Perspektiven auf Sachverhalte. Es ist nicht die Realität, die möglichst neutral und objektiv abgebildet wird, sondern jeweils eine Symbolwelt, die sehr spezifisch geformt ist durch die Einstellung des Produzenten. Sprache ist kein Abbild der Realität, der Wirklichkeit per se, sondern Sprache konstruiert Realität. Entsprechend verweist Searle (1997) darauf, dass mittels sprachlicher Symbolwelten nicht nur Vorstellungswelten, sondern ganze „institutionelle Tatsachen" geschaffen werden (s. hierzu auch Schmitz 2004: 20f.).

Ob es tatsächlich zu einer Emotionalisierung des Lesers kommt, und welche Emotion dabei primär aktiviert wird, hängt jedoch nicht nur von der Absicht des Sprechers und seiner textuellen Kompetenz ab, sondern auch von der Äußerungssituation sowie den Kenntnissen und Interessen der Leser. In jedem Fall muss zwischen den im Text dargestellten und ausgedrückten Emotionen und dem emotionalen Erleben des Rezipienten unterschieden werden. So kann der Produzent von (5) und (6) eine starke Emotionalisierung des Rezipienten beabsichtigt haben; dieser Effekt muss aber nicht notwendigerweise beim Rezipienten eintreten. Ein Text wie (82) in Kap. 9 mag einerseits Millionen von Lesern „zu Herzen gehen" und den emotionalen Zustand des Mitfühlens auslösen, vermag aber andererseits bei ebenso vielen Lesern allenfalls Belustigung angesichts der klischeehaften und formelhaft-kitschigen Darstellung hervorzurufen.

Zu den wesentlichen textuellen Kohärenzphänomenen, die nicht nur thematische Kontinuität (durch referenzielle Wiederaufnahme) gewährleisten, sondern auch emotive Bewertungen in das Textweltmodell einfließen lassen, gehören die Anaphern (s. hierzu ausführlich Schwarz 2000a und Consten 2004). Wie in (8) bis (9) zu sehen ist, drücken anaphorische Nominalphrasen (NPs) oft komprimiert Evaluationen über einen zuvor eingeführten Referenten aus:

(8) Gestern hat Klaus mir sein neues Haus gezeigt. Diese Bruchbude/Diesen Palast/Diese Hundehütte/Dieses Prachtstück hat er geerbt.

(9) Adrian gab gestern seine Einweihungsparty. Der Geizkragen/Der arme Schlucker/Der überzeugte Anti-Alkoholiker hatte nicht mal Sekt hingestellt.

Bei (8) wird der im ersten Satz genannte Referent Haus je nach NP näher spezifiziert: Der Leser erstellt eine spezifischere Repräsentation.[7] Zudem erfährt er etwas über die positive oder negative Einstellung des Produzenten über das Referenzobjekt.[8] Dies wird über die Bedeutungsmerkmale und

---

7 Es handelt sich um „Spezifikationsanaphern". Zu den verschiedenen Typen anaphorischer Wiederaufnahme s. Schwarz (2000a, b sowie Schwarz-Friesel 2011b). Die bereits etablierten Referenz-Knoten im TWM werden insgesamt informationell erweitert. Die für die erfolgreiche Anapherninterpretation erforderliche Relationsetablierung R2 IST IDENTISCH MIT R1 erfolgt mittels einer Strategie, welche die Spezifizierung (R1 HAT DIE EIGENSCHAFT VON R2) involviert. Der Resultatsknoten des Textreferenten von (9) beispielsweise umfasst die Informationen (Adrian > IST EIN GEIZKRAGEN). Die Spezifikationsanaphern gewährleisten aus kognitiver Perspektive somit im Textverlauf sowohl Kontinuität (sind also THEMATISCH) als auch Progression (fungieren somit auch als RHEMATISCH).

8 Bei indirekten Anaphern drückt der Produzent allein durch die Verwendung des demonstrativen Artikels, der bei dieser Referenzart normalerweise nicht benutzt wird, eine negative Einstellung aus: *Das Essen war schlecht, die Tische schmutzig. Und dann wagte dieser Kellner es auch noch…*

Konnotationen der Lexeme erreicht. Bei (9) erhält nicht nur der Referent des ersten Satzes je nach NP eine spezifische Bewertung, sondern auch der referenzielle Sachverhalt des zweiten Satzes. Mittels der semantischen NP-Information wird sowohl eine Erklärung für den fehlenden Sekt gegeben, als auch eine emotionale Einstellung dazu vermittelt.

Komplexanaphern stellen einen besonderen Subtyp der textuellen Anaphorik dar (s. Schwarz-Friesel/Consten/Marx 2004, Marx 2011). Sie nehmen Bezug auf referenzielle Sachverhalte einer komplexen Textstruktur und fassen diese (informationell komprimiert und zusätzlich oft mit einer spezifischen Evaluation) zu einem einheitlichen abstrakten Referenten zusammen:

(10) „Es gab viele Zusammenstöße (Ereignis 1) – immer mit Todesopfern, fürchte ich –, und manche Autos gerieten völlig außer Kontrolle und prallten gegen Absperrungen (Ereignis 2), sie wurden aus dem Wasser geschleudert (Ereignis 3) und fielen in leuchtenden Kaskaden klatschend wieder hinein (Ereignis 4). Ich betrachtete dieses Chaos wie jemand, der vom Heißluftballon aus auf eine Stadt hinabschaut." (Yann Martel, Schiffbruch mit Tiger, 217)

Der Antezedent besteht in (10) aus mehreren Sätzen, die sich auf mehrere Sachverhalte beziehen, die alle dieselbe ontologische Kategorie[9] EREIGNIS haben. Die Komplexanapher *dieses Chaos* nimmt alle diese Ereignisse wieder auf und enthält zudem eine spezifische Klassifikation. Der abstrakte Textreferent „Chaos" entsteht (auf der Basis der Proposition(en) des Antezedens-Satzes) als ein neuer Knoten[10] durch konstruktive Komplexbildung. Komplexanaphern prädizieren und klassifizieren (in der Art (X ← [ist ein] Y; DER VORFALL IST EIN CHAOS)) (s. Schwarz 2000b: 123; Consten/Knees/Schwarz-Friesel 2007, Marx 2011).

Spezifische Bewertungen und emotionale Einstellungen werden mittels Komplexanaphern komprimiert ausgedrückt. Dabei kann die Perspektive der Figur der Textwelt wie in (11) ausgedrückt werden oder übergeordnet (auktorial) die des Erzählers/Berichterstatters.

9 Komplexanaphern beziehen sich also nicht auf singuläre Entitäten, sondern auf referenzielle Sachverhalte, die vorher im Text propositional vermittelt wurden. Sie benennen keine wahrnehmbaren Referenten, sondern abstrakte Textreferenten des Typs ZUSTAND, VORGANG, HANDLUNG. Zu Typen, bei denen verschiedene ontologische Kategorien involviert sind, vgl. Schwarz-Friesel/Consten/Marx (2004), Consten/Knees/Schwarz-Friesel (2007).

10 Semantisch ist der Ausdruck wie eine kondensierte Proposition mit evaluierender Klassifikation zu beschreiben. Komplexanaphern, die sich auf mentale Hypostasierungen der abstrakten Referenzebene beziehen, etablieren einen neuen Knoten im Textweltmodell. Ein abstrakter Referent wird repräsentiert, der seinerseits auch auf der sprachlichen Textstrukturebene als ein spezifischer Thema-Ausdruck zugleich als Antezedens für Wiederaufnahmeformen in Folgesätzen (*Es veränderte.../Es war...*) fungieren kann.

(11) „Der Lehrer schluckte einmal und sagte dann: ‚Na, da komm mal rein.' Sie folgte ihm, und sie kamen in ein großes Zimmer mit vielen Stühlen. Auf jedem der vielen Stühle saß ein Lehrer, und Pünktchen kriegte bei diesem schauerlich schönen Anblick Herzklopfen." (Erich Kästner, Pünktchen und Anton, 79)

In (12) drückt der Produzent seine positive oder negative Einstellung jeweils in der NP aus:

(12) Drei Häuser von Selbstmordattentätern wurden von Bulldozern geräumt. Dieser brutale Zerstörungsakt/Diese notwendige Maßnahme stößt auf Widerspruch. (Vgl. dagegen die nicht bewertende NP Diese Handlung...)

Mittels bestimmter Komplexanaphern können zuvor dargestellte Sachverhalte zudem unterschiedliche ontologische Lesarten zugeordnet bekommen: So wird in (13) der Sachverhalt des ersten Satzes als Fakt und in (14) als Lesart/Meinung dargestellt.

(13) Drei Palästinenser sollen vorher geschossen haben. Dieses Ereignis/Dieser Vorgang...

(14) Drei Palästinenser sollen vorher geschossen haben. Diese vom israelischen Militär verbreitete Darstellung/Behauptung...

Neben den Anaphern als textspezifische Mittel, emotionale Bewertungen auszudrücken, ist auch die Informationsstrukturierung[11] (d.h. die Art und Weise der Informationsentfaltung und -verteilung) relevant (vgl. hierzu die verwandten Konzepte von Thema/Rhema, Fokus/Hintergrund und Topik/Kommentar).

Die spezifische Anordnung sowie Platzierung und damit Fokussierung, aber auch die Weglassung von (Hintergrund-)Informationen kann entscheidend dazu beitragen, dass bestimmte Perspektivierungen und Evaluierungen ausgedrückt werden. Die folgenden Schlagzeilentexte[12] zum Nahostkonflikt sind exemplarisch für solche bewertungszuordnenden Fokussierungen:

---

11 Steube (1997: 1): „Unter Informationsstrukturierung wird ... die Situations- oder Texteingepaßtheit von Äußerungen in kohärenten Äußerungsfolgen verstanden."

12 Schlagzeilen sind das Erste, was der Leser wahrnimmt und liest, sie sind der Aufhänger für die Aufmerksamkeitslenkung, der Einstieg in den detaillierten Leseprozess, sie geben bereits eine bestimmte Perspektive, eine Bewertung vor. Mittelberg ($^{3}$1981: 15) beschreibt ihre Funktion wie folgt: Sie seien „wie ein Lasso um den Hals des Lesers". Viele Leser rezipieren zudem oft nur die Schlagzeile, ohne den weiteren Fließtext zu beachten (vgl. Büscher 1996).

(15) „Israelischer Raketenangriff" (Schlagzeile der Thüringer Allgemeinen am 11.04.2003, 5)

(Erst im vierten Satz des kleingedruckten Fließtextes wird der Leser über den Auslöser dieser Aktion informiert: „... Zuvor waren zwei Palästinenser im Westjordanland in ein israelisches Militärgelände eingedrungen und erschossen zwei Soldaten.")

(16) „Israel bereitet neue Schläge vor" (Schlagzeile der Thüringischen Landeszeitung, 08.02.2002)

„Jerusalem/Ramallah/Washington (dpa/tlz)
Der jüngste Terroranschlag eines palästinensischen Extremisten im Westjordanland hat die Lage im Nahen Osten weiter aufgeheizt. Nur Stunden nach dem tödlichen Überfall des schwer bewaffneten Palästinensers vom Mittwochabend auf die jüdische Siedlung Chamra im Westjordanland kündigten israelische Regierungssprecher neue militärische Schläge gegen die Autonomiebehörde an."

(17) „Israel lehnt Offerte ab." (Schlagzeile der Thüringischen Landeszeitung, 08.12.2003)
„Palästinenser bieten Ende des Angriffs auf Zivilisten an"

(Im dritten Satz erst erfährt der Leser etwas über die unannehmbaren Bedingungen der Offerte: „... auch seien Angriffe auf Soldaten und Siedler in den besetzten Gebieten von der Waffenruhe ausgenommen."

Die sprachliche Ereignisdarstellung entspricht nicht der in der Realität stattgefundenen Ereignisabfolge, Ursache und Folge werden durch die Informationsstrukturierung umgekehrt. So entsteht über die Textsemantik ISRAEL IST AGENS die Konzeptualisierung ISRAEL IST AGGRESSOR BZW. ISRAEL IST FRIEDENSVERWEIGERER (s. hierzu Kap. 6.3).

**Denkanregungen:**

Worauf beziehen sich die unterstrichenen NPs in (18), (19), (20) und (21)? Aus welcher Perspektive wird evaluiert? Inwiefern verändert sich die TWM-Repräsentation?

(18) „Wir lebten in den Neunzigern. Sämtliche Tante-Emma-Läden waren bereits von Schlecker, Ihr Platz und Aldi eliminiert gewesen. Auf dem Friedhof trafen sich die älteren Herrschaften und diskutierten über diese skandalösen Erneuerungen." (Gerald Gries, Am blauen Himmel, Literatur-Nachwuchs-Preis Holzhäuser Heckethaler)

(19) „Der Fall Grass: Was bleibt von den ‚Flakhelfern' und ‚Schülersoldaten'? ... Einige aus jenen Jahrgängen, die man als Generation der Flakhelfer zu be-

zeichnen pflegt, scheint das Stillhalten und Abseitsstehen notorisch schwer zu fallen. Der Moraltrompeter Günter Grass befindet sich in prominenter Gesellschaft. ... Walser sah wieder einmal seine Lieblingsthese vom Meinungsterror bestätigt. So kocht im Falle Grass jeder sein Süppchen – Hauptsache, es brodelt möglichst lange ... Den Gipfel des Grotesken erklomm der Soziologe Heinz Bude, der ... Es ist nun wirklich genug. Der elende Streit fügt unserem Bild von Grass nichts wesentlich Neues hinzu." (Ulrich Greiner, Der Fall Grass, DIE ZEIT 35, 24.08.2006)

(20) „‚Selbstüberschätzung und unreflektierte Emanzipationsgläubigkeit der Frauen', schrieb Eva Herman in einem Aufsatz für das Monatsmagazin *Cicero*, ‚haben die Frauen in widersprüchlichen Rollenanforderungen zerrieben und für die Mutterrolle unbrauchbar gemacht'. Zum Knochenkotzen." (Karen Duve, „Das einstige Wohlwollen hat sich in etwas Hartes verwandelt", DIE ZEIT 35, 24.08.2006)

(21) „... Ein israelischer Panzerangriff im Gazastreifen hat gestern 18 Mitglieder einer palästinensischen Großfamilie in den Tod gerissen. Etwa 60 weitere wurden verletzt. Unter den Opfern des Blutbads sind nach Klinikangaben auch acht Kinder ... Israel sprach von einem Versehen. Die EU äusserte sich entsetzt über das Massaker." (Panzerangriff Israels in Gaza, Der Bund, 09.11.2006, 1)

## 6.2 Literarische Texte: Explizite und implizite Gefühlsthematisierung

> „Ich wollte aber keinerlei Sentimentalität aufkommen lassen und unterdrückte einen plötzlichen Weinkrampf, als ich den Hörer aufgelegt hatte. Wie zerbrechlich wir sind, habe ich gedacht, wir führen alle so große Wörter im Mund und pochen tagtäglich und fortwährend auf unsere Härte und unseren Verstand und kippen von einem Augenblick auf den andern um und müssen ein Weinen in uns erdrücken."
> (Thomas Bernhard)

In vielen literarischen Texten stellen Gefühle ein wesentliches Charakteristikum des jeweiligen Textweltmodells dar, und von vielen Dichtern,[13] Schriftstellern und Wissenschaftlern werden Gefühle bzw. Gefühlsmanifestationen als zentrales Bestimmungsmerkmal von Literatur angesehen. Nicht nur in Liebesgedichten oder -romanen spielt die Kodierung von Emotionen und Gefühlen eine wichtigere Rolle. Langer (1953: 40) bestimmt Kunst allgemein

[13] Wordsworth ([1800] 1967: 157) definiert die gesamte Gattung der Dichtung als „spontaneous overflow of powerful feelings".

als Symbolisierung von menschlichen Gefühlen: „Art is the creation of forms symbolic of human feeling". Vgl. entsprechend:

> „Poetry is characteristically a discourse about both emotions and objects – or about the emotive quality of objects. The emotions correlative to the objects of poetry become a part of the matter dealt with – not communicated to the reader like an infection or disease, not inflicted mechanically like a bullet or knife wound, not administered like a poison, not simply expressed as by expletives or grimaces or rhythms, but presented in their objects and contemplated as a pattern of knowledge." (Wimsatt/Beardsley 1970: 959)

Oatley (2004a: 98) konstatiert: „Fiction contributes to the building of characters by means of emotions" (s. auch Bestgen 1994, Konstantinidou 1997: 105f. und Herding/Stumpfhaus 2004).

Es ist eine Grundannahme der literarischen Rezeptionsforschung, dass der Leser sich während der Lektüre mit den einzelnen fiktiven Personen oder der Perspektive des Erzählers identifiziert bzw. sich davon distanziert: „One of the most remarkable capacities is our ability to adopt the point of view of other persons" (Turner 1991: 74). Das während des Leseprozesses aktive Mitfühlen[14] basiert darauf, dass der Leser die emotionalen Zustände der Figuren ebenfalls erlebt bzw. nachempfindet (vgl. Gernsbacher/Goldsmith/Robertson 1992, van Peer/Chatman 2001: 331, Komeda et al. 2009; zur Empathie s. Breithaupt $^{3}$2012).

Wie bereits in Kap. 5.2.1 erörtert, können Emotionen sprachlich explizit oder implizit kodiert[15] werden. Im ersten Fall werden Emotionen mit-

---

14 Die kognitiven und emotionalen Prozesse, die zu dieser Identifikation führen, wurden allerdings bislang kaum empirisch untersucht. Zum Leseprozess bei literarischen Texten s. Schrott/Jacobs (2011: 492ff.). S. auch Altmann et al. (2012).

15 Alfes (1995: 115f.) geht in ihrer Arbeit zu Literatur und Gefühl davon aus, dass Texte bestimmte Emotionen in Lesern hervorrufen können, nicht aber solche enthalten. Gemäß der konstruktivistischen Textverstehenstheorie, der zufolge Texte primär als Stimuli von Rezeptionshandlungen angesehen werden, bezweifelt sie die Existenz emotionstragender Textmerkmale. Folgt man diesem Ansatz, gibt es keine Möglichkeit, Unterschiede wie in (22) bis (25) oder zwischen BILD-Zeitungstexten und ZEIT-Texten, Groschenromanen oder anspruchsvoller Literatur wissenschaftlich beschreiben zu können. Dass Emotionen in literarischen Texten nicht nur als Rezeptions-, sondern auch als Textphänomene wissenschaftlich erforschbar sind, hat besonders Winko (2003) betont (s. auch Hillebrandt 2011 und Hillebrandt/Fenner 2010, Kezba-Chundadse 2011). Für die Analyse der Thematisierung von Emotionen in literarischen Texten ist zu fragen, welche Emotionen in einem Text bezeichnet werden und wie diese Kodierung vollzogen wird. „Nimmt man beide Typen von Informationen, die inhaltlichen und die formalen, zusammen, so läßt sich die thematisierende Gestaltung von Emotionen zu einer Zeit rekonstruieren" (Winko 2003: 112). Grau und Keil (2005b: 12) weisen darauf hin, dass Emotionen als „Interaktion von Werk, Schaffendem und Rezipienten" zustande kommen und innerhalb dieses Zusammenhangs analysiert werden sollten.

tels emotionsbezeichnender Lexeme benannt, d.h. Emotionen werden direkt thematisiert, so dass keine inferenziellen Leistungen erbracht werden müssen. Die fiktiven Personen wie in (22) und (23) oder die auktoriale Erzählinstanz wie in (24) und (25) sprechen oder reflektieren über emotionale Zustände und Prozesse:

(22) „Es brennt alsdann in mir eine wilde Begierde nach starken Gefühlen, nach Sensationen, eine Wut auf dies abgetönte, flache, normierte und sterilisierte Leben und eine rasende Lust, irgend etwas kaputt zu schlagen …" (Hermann Hesse, Der Steppenwolf, 35)

(23) „Warum macht es mich so traurig, wenn ich an damals denke? … Warum? Warum wird uns, was schön war, im Rückblick dadurch brüchig, daß es häßliche Wahrheiten verbarg? … Manchmal hält die Erinnerung dem Glück schon dann die Treue nicht, wenn das Ende schmerzlich war. Weil Glück nur stimmt, wenn es ewig hält? Weil schmerzlich nur enden kann, was schmerzlich gewesen ist, unbewußt und unerkannt? Aber was ist unbewußter und unerkannter Schmerz?" (Bernhard Schlink, Der Vorleser, 38)

(24) „Sie war so starr vor Schreck…" (Patrick Süskind, Das Parfum, 56)

(25) „Er kannte allenfalls sehr seltene Zustände von dumpfer Zufriedenheit. Jetzt aber zitterte er vor Glück und konnte vor lauter Glückseligkeit nicht schlafen." (Patrick Süskind, Das Parfum, 57)

Im zweiten Fall werden Emotionen indirekt entweder mittels emotionsausdrückender Lexeme dargestellt oder werden über die Zustands-, Verhaltens-, Handlungsbeschreibungen der Figuren sowie über Situationsdarstellungen (insbesondere Landschaftsschilderungen) vermittelt.

(26) „Der Atem ging mir aus. Tausend Dinge hätten jetzt in zehn Worten gesagt werden müssen, ich begann an der Stirn zu schwitzen." (Hermann Hesse, Demian, 126)

(27) „Es war naßkalt, das Wasser rieselte die Felsen hinunter und sprang über den Weg. Die Äste der Tannen hingen schwer herab in die feuchte Luft. Am Himmel zogen graue Wolken, aber alles so dicht, und dann dampfte der Nebel herauf und strich schwer und feucht durch das Gesträuch, so träg, so plump." (Georg Büchner, Lenz, 5)

(28) „Es war spät abends, als K. ankam. Das Dorf lag in tiefem Schnee. Vom Schloßberg war nichts zu sehen, Nebel und Finsternis umgaben ihn, auch nicht der schwächste Lichtschein deutete das große Schloß an. Lange stand K. auf der Holzbrücke, die von der Landstraße zum Dorf führte, und blickte in die scheinbare Leere empor." (Franz Kafka, Das Schloß)

(29) „… der Garten war ohne Duft, der Wald lockte nicht, die Welt stand um mich her wie ein Ausverkauf alter Sachen, fad und reizlos, die Bücher waren Papier, die Musik war ein Geräusch." (Hermann Hesse, Demian, 80)

Die emotionale Einstellung der Person wird vermittelt, indem ihr Blick auf die Welt (im weitesten Sinne) zum Spiegelbild ihrer Gefühle wird. Bei der Erschließung des jeweiligen emotionalen Zustandes muss der Leser Inferenzen ziehen. Diese basieren auf dem im LZG gespeicherten enzyklopädischen Wissen über den Zusammenhang bestimmter Handlungen, Körpersymptome etc. mit bestimmten Emotionen (s. Kap. 3.4 und 4.6). In Text (30) erschließt der Leser allein aufgrund einer Inferenz über den Grund der Handlung der Protagonistin, dass diese für den Prinzen Liebe empfinden muss. Nur über diese Inferenzziehung bleibt die Kohärenzstruktur plausibel.

(30) „Da lag er, in seinen weißen Hosen und seinem blau und roten Rock mit den Majorsraupen auf den schmalen Schultern. ‚Kleine Schwester …', sagte er. ‚Kleine Schwester …'. Sie antwortete mit vorgeschobenen Lippen: ‚Haltung, Prinz. Ich bin der Meinung, daß es nicht erlaubt ist, sich gehen zu lassen, sondern daß man unter allen Umständen Haltung bewahren muß.'

Aber hingegeben und mit blinden Augen das Gesicht zu ihr emporgewandt, sagte er nichts als: ‚Imma … kleine Imma …'

Da nahm sie seine Hand, die linke, verkümmerte, das Gebrechen, die Hemmung bei seinem hohen Beruf, die er von Jugend auf mit Kunst und Wachsinn zu verbergen gewöhnt war, – nahm sie und küßte sie." (Thomas Mann, Königliche Hoheit, 282)

**Denkanregungen:**

Wie lässt sich das Emotionspotenzial von (31) beschreiben?

(31) „Ein ersoffener Bierfahrer wurde auf den Tisch gestemmt.
Irgendeiner hatte ihm eine dunkelhellila Aster
zwischen die Zähne geklemmt.
Als ich von der Brust aus
unter der Haut
mit einem langen Messer
Zunge und Gaumen herausschnitt,
muß ich sie angestoßen haben, denn sie glitt
in das nebenliegende Gehirn.
Ich packte sie in die Bauchhöhle
zwischen die Holzwolle,
als man zunähte.
Trinke dich satt in deiner Vase!
Ruhe sanft,
kleine Aster!"
(Gottfried Benn, Kleine Aster)

Vergleichen Sie (31) mit (32). Welche Unterschiede lassen sich hinsichtlich des Emotionspotenzials feststellen?

(32) „Er streckt ins Dunkel seine Fleischerfaust.
Er schüttelt sie. Ein Meer von Feuer jagt
Durch eine Straße. Und der Glutqualm braust
Und frißt sie auf, bis spät der Morgen tagt."
(Georg Heym, Gott der Stadt, letzte Strophe)

Welche Emotion wird in (33) durch die Situations- und Landschaftsbeschreibung kodiert? Welche Rolle spielen hierbei die elliptischen Konstruktionen sowie die semantischen Deviationen?

(33) „Patrouille

Die Steine feinden
Fenster grinst Verrat
Äste würgen
Berge Sträucher blättern raschlig
Gellen
Tod"
(August Stramm)

## 6.3 Emotionalisierung als persuasive Strategie: Massenmediale Krisenberichterstattung

> „Was wir über unsere Gesellschaft, ja über die Welt, in der wir leben, wissen, wissen wir durch die Massenmedien. Andererseits wissen wir so viel über die Massenmedien, dass wir diesen Quellen nicht trauen können." (Niklas Luhmann)

Das Emotionspotenzial eines Textes betrifft nicht nur die kodierten Gefühle und Emotionen der fiktiven (oder realen) Personen der Textwelt, sondern auch die antizipierten Gefühle des Rezipienten. Emotionalisierung involviert nicht nur die Rekonstruktion der emotionalen Befindlichkeit der Textweltreferenten, sondern auch die Aktivierung bzw. Konstruktion der Gefühle des Lesers. Diese Gefühlskonstruktion wird von den textuellen Manifestationsformen gesteuert. Dabei muss es nicht notwendigerweise um Emotionen und Gefühle in der Textwelt gehen: Sachverhaltsdarstellungen können (je nach sprachlicher Gestaltung) eine Perspektivierung, die mit Emotionalisierung einhergeht, evozieren (s. auch Schwarz-Friesel 2013d).

Die auf Emotionalisierung abzielende Darbietung von Informationen findet sich mittlerweile in fast allen Bereichen der massenmedialen Kommunikation.[16] Exemplarisch soll dies anhand von einigen Texten der Nahostkonfliktberichterstattung verdeutlicht werden. Die meisten Menschen erhalten ihre Informationen über ferne Länder aus den Berichten der Massenmedien. Worüber, wie oft und auf welche Weise berichtet wird, setzt daher entscheidende Akzente bei der Beurteilung bestimmter Sachverhalte. Sachverhalte werden mittels sprachlicher Strukturen so repräsentiert, dass bestimmte Perspektiven und Bewertungen vermittelt werden. Je nach Textgestaltung und -information entsteht eine kognitive Zwischenebene, die den Weltausschnitt auf eine sehr spezifische Weise repräsentiert. Diese Darstellung entspricht nicht dem Kriterium der Objektivität und erfüllt selten das Informationsgebot der Neutralität: Vielmehr wird Realität (scheinbar objektiv) mittels Sprache bezeichnet, tatsächlich aber über bestimmte Strategien aus einem eingeengten, spezifisch emotional und damit (be)wertend unterlegten Blickwinkel referenzialisiert (s. hierzu besonders Text (40)). Die Berichterstattung begrenzt sich nicht auf Auswahl und Darstellung von Information (vgl. auch Ungerer 1997). Molotch und Lester (1974: 111) schlagen daher vor, „to look not for reality, but for purposes, which underlie the strategies of creating one reality instead of another" (s. hierzu auch Bucher 1992: 262f. und van Dijk 2005).

Eine intensivere Wirkung auf den Rezipienten soll erreicht werden: Empathie und Identifikation gelten als Garant für wirkungsvolle Persuasion. Somit lässt sich die über das Emotionspotenzial realisierte, vom Textproduzenten antizipierte und intendierte Emotionalisierung als persuasive Strategie beschreiben. Persuasive Strategien sind kommunikative Verfahrensweisen, die spezifisch rezipientenbeeinflussend, d. h. intentional auf eine bestimmte Wirkung ausgerichtet sind (zur Persuasion als Gegenstand der Linguistik s. Hoffmann/Kessler 1998). Die wichtigsten persuasiven Strategien[17] der massenmedialen Berichterstattung sind:

---

16 „Massenkommunikation ist der von massenhaft hergestellten u. verbreiteten Kulturprodukten eingeleitete Prozess der Vermittlung von Bewusstseinsinhalten, die zugleich Einstellungen und Verhaltensweisen prägen" (Koszyk/Pruys 1981; s. auch Schmitz 2004). Massenmedien sind das effektivste Globalisierungsinstrument der modernen Welt, indem sie Fernes gegenwärtig, Fremdes bekannt machen, und umfassend Welt-Wissen vermitteln. Dabei werden aber zugleich Meinungen zu den spezifischen Referenzobjekten weitergegeben, die von vielen Rezipienten als verbindlich angesehen werden. S. hierzu auch Ruhrmann ([2]1998), Schenk ([3]2004), Burger ([3]2005).

17 Vgl. hierzu z. B. Klein (1994). Der Unterscheidung in argumentative und suggestive Strategien schließe ich mich hier nicht an, da alle aufgeführten Strategien hinsichtlich der Emotionalisierung Anwendung finden und die argumentativen Strategien pseudo-rational sind. Zu den verschiedenen Typen von Kommunikationsstrategien in der politischen Berichterstattung s. Bucher (1992: 265).

- auf Autoritäten berufen (z.B. *der UN-Sicherheitsrat..., wie der bekannte Politikwissenschaftler...*),
- auf regelhafte Beziehungen (*naturgemäß..., traditionell...*) und auf kausale Faktoren (*als Ursache, zwangsläufig...*) referieren,
- auf Authentizität berufen (z.B. *unsere Augenzeugen vor Ort...*),
- Sympathieträger präsentieren (*die kleinen Kinder..., die junge Mutter...*),
- Atmosphäre über Analogien präsentieren (*Wie im Schlaraffenland..., Wie Dantes Inferno...*),
- hervorheben (im positiven oder negativen Sinn) (z.B. *besonders brutal..., mit besonderer Vorsicht...*),
- kontrastieren (*die Armen ... die Reichen, die mächtige Armee ... das schwache Volk*).

Verbindet man einige dieser persuasiven Strategien mit einer spezifischen Grundform der textuellen Ereignisdarstellung, entsteht jeweils eine distanzierende oder personalisierende Berichterstattung.

Man kann die folgenden Grundformen der Ereignisdarstellung unterscheiden (s. hierzu Bucher 1992: 268):

- die Augenzeugendarstellung (*Miriam sagt „...“*),
- die faktizierende Ereignisdarstellung ohne Kennzeichnung der Quellenperspektive (*In Ramallah gingen ca. 5 000 Menschen auf die Straße*),
- die distanzierte Ereignisdarstellung mit Kennzeichnung der Quellenperspektive (*Angeblich sollen Demonstranten auf den Präsidentenpalast gefeuert haben*),
- die distanzierte Ereignisdarstellung mit Quellenangabe (*Nach Angaben der israelischen Armee eröffneten die Jugendlichen das Feuer*),
- die indirekte Ereignisdarstellung aus der Perspektive Dritter (*EU-Politiker verurteilten diese Handlung als unnötig brutal*).

In den meisten aktuellen Texten[18] zur Nahostberichterstattung finden sich Kopplungen von (palästinensischer) Augenzeugendarstellung und den drei Formen der distanzierten Ereignisdarstellung (meist zu Ungunsten der israelischen Seite). Selten findet sich eine Kombination von distanzierter Ereignisdarstellung, die bei einem Konflikt beide Parteien zu Wort kommen lässt und zugleich beide Versionen mittels der Anführungszeichen als Lesart kennzeichnet:

(34) „‚Massaker' im ‚Terrornest'
Israelischer Angriff im Gaza-Streifen fordert mindestens 13 Tote, darunter viele Zivilisten. General spricht von ‚unabdingbarer Operation' gegen Hamas,

[18] S. hierzu Beyer (2013 und in Arbeit) und Schwarz-Friesel (2013c).

für palästinensischen Unterhändler zielt dieses ‚Massaker' auf die Friedensmission von Solana. ..." (Susanne Knaul, „Massaker" im „Terrornest", taz, 08.10.2002, 10)

In der referenziellen Darstellung vieler Texte zum Nahostkonflikt werden emotionale Aspekte in den Vordergrund gestellt bzw. beim Rezipienten angesprochen. Durch die Strategie „Erzählen durch Einzelschicksal" wird der Leser unmittelbar in das Geschilderte einbezogen. Die Konfrontation mit einem identifizierbaren, konkret beschriebenen Individuum ermöglicht eine wesentlich größere Einfühlung als mit einer anonym und generisch benannten Menge.

(35) „Manal ist eine freundliche, kleine Frau mit spitzem Gesicht und traurigen Augen. Kann sie sich vorstellen, dass Dalia einmal in einem Orchester mit Israelis spielt? ‚Die Juden sind unsere Feinde, wie können wir da mit ihnen zusammen spielen?'" (Angelika Ohland, Nur ein sauberer, klarer, langer Ton, Chrismon 2, 2006, 21)

(36) „Vom Frieden mit Israel träumt Maiada nicht. Den Frieden kann sie sich nicht vorstellen. ‚Wir werden immer schwach sein und die Israelis stark', sagt sie ..." (Angelika Ohland, Nur ein sauberer, klarer, langer Ton, Chrismon 2, 2006, 19)

In (35) und (36) erfolgt zudem die unmittelbare Anknüpfung an die Gefühlswelt der Betroffenen. Die direkte Rede verstärkt den Eindruck der emotionalen Authentizität. Somit entsteht eine Identifikationsbasis für den Rezipienten, die durch keinen argumentativen Kommentar relativiert wird. Unkommentiert werden selbst in sich völlig widersprüchliche Aussagen wiedergegeben:

(37) „Ein wenig Land besitzt er noch ... ‚Ich habe nichts gegen Israelis. Ich hasse nur die jüdische Kultur! Die Juden glauben immer, dass sie was Besseres sind. Sie lehren ihre Kinder den Hass. Wir Araber, wir hassen nicht.'" (Richard Chaim Schneider, Zaun der Zwietracht, DIE ZEIT 2, 04.01.2005, 11)

In (38) erzeugt die mittels des direkten Vergleichs gezogene Analogie ein negatives Szenario und durch den letzten Satz dieses Abschnitts wird dem Leser qua Implikatur suggeriert, dass Israelis normalerweise ruppig sind.

(38) „Kalkilija ist an der Westseite von Mauern umgeben und wirkt wie ein großes Gefängnis. Captain Ischai David begleitet uns, um den Standpunkt der Armee zu erklären. Er hat nichts von der üblichen israelischen Ruppigkeit." (Richard Chaim Schneider, Zaun der Zwietracht, DIE ZEIT 2, 04.01.2005, 11)

In dem folgenden Text entsteht ein Textweltmodell, welches das geradezu märchenhaft[19] friedvolle, urbane Leben der Palästinenser kontrastiert mit der durch die mutwillige Zerstörung verursachten Trost- und Hoffnungslosigkeit.

(39) „Sie hat eine Schwester, die Geige lernt, und einen Vater, der einmal 40 Schafe hütete. Doch die Schafe wurden krank und die Israelis haben nicht erlaubt, die nötigen Medikamente nach Ramallah zu bringen, so erzählt er es. Sechs Wochen war Ramallah besetzt. ‚Das hat mich gebrochen', sagt der Vater und schweigt zusammen mit seiner Frau. Wird es einmal Frieden geben? ‚Nein', sagt die Mutter. ‚Das weiß nur Gott', sagt der Vater." (Angelika Ohland, Nur ein sauberer, klarer, langer Ton, Chrismon 2, 2006, 16)

Der syntaktische Parallelismus am Ende des Abschnitts verstärkt den Eindruck der emotionalen Monotonie, der Resignation des Schweigens und Leidens. Nicht erwähnt wird, warum die Israelis es nicht erlaubten, Medikamente zu besorgen und warum Ramallah besetzt war. Durch diese Strategie des Auslassens von Informationen[20] wird beim Leser die Aktion als nicht nachvollziehbar, brutal, mutwillig, unmotiviert evaluiert.

Komplexe Sachverhalte werden einseitig reduziert und in brisante, emotionale Einzelereignisse fragmentiert. Die textuelle Referenzfunktion wird vom Emotionspotenzial[21] verdrängt.

Auch der folgende Text (40) stützt sich auf die subjektive Darstellung eines einzelnen Informanten und besteht kontinuierlich aus Mutmaßungen und Spekulationen. Dem Leser wird ein konzeptuell komplett geschlossenes Textweltmodell präsentiert; das Emotionspotenzial basiert auf dem Gefühl Mitleid einerseits und Wut/Empörung andererseits.

(40) „In Kölns Partnerstadt Bethlehem herrschte an den Feiertagen vor allem eines vor: Angst und Wut.

Bis zur letzten Minute blieb unklar, ob er den Gottesdienst am Heiligen Abend abhalten konnte oder nicht. Mitri Raheb ... wusste nicht, ob eine Ausgangssperre gilt. ‚Sie wird je nach Lust und Laune der israelischen Soldaten verhängt.' Ob die israelischen Besatzer Freunde aus Jerusalemer Gemeinden einreisen lassen würden ... war ebenso ein Glücksspiel ... Briefe werden seit dem Jahr 2001 so gut wie gar nicht mehr befördert. ‚Vor 14 Tagen habe ich

19 Vgl. *der einmal...* und den für Märchen typischen Anfang *Es war einmal.*

20 Der Produzent des Textes hätte den Grund nennen können: z.B. wegen wiederholter Terroranschläge/als Schutzmaßnahme etc.

21 Diese „Zurückstellung von Informationen zugunsten der Emotion" und die „Vermittlung von Gefühlswelten" ist eigentlich ein typisches Kennzeichen der Boulevardpresse (vgl. Voss 1999: 73ff.), findet sich aber auch in weiten Teilen der politischen Berichterstattung.

die Post vom März gekriegt.' Weihnachtsbäume wurden in diesem Jahr nicht geschmückt – eine symbolische Geste, ‚weil uns die Besatzung den Lebensschmuck genommen hat'.

... Plötzlich ist die telefonische Verbindung mit dem Pfarrer unterbrochen. ‚Die Israelis haben wahrscheinlich den Strom abgeschaltet', erklärt Raheb später, als er von einem anderen Apparat aus spricht. ‚Ich hoffe, das dauert nicht zu lange. Das wird sonst ungemütlich ohne Heizung.' Auch in Bethlehem war es gestern verregnet und fünf Grad Celsius kalt." (Anja Katzmarzik, Die Post aus Köln kommt selten an, Kölner Stadt-Anzeiger, 27.12.2002)

Alle Aktionen der Israelis werden als mutwillig und unmotiviert dargestellt, da entsprechende Informationen, die Motive benennen könnten, ausgelassen werden. Aufgrund der Informationsstrukturierung und referenziellen Unterspezifikation muss der Leser die Inferenz ziehen, dass die Post wegen der israelischen Besatzung (und nicht wegen der chaotischen Zustände des unter palästinensischer Selbstverwaltung stehenden Bethlehem) nicht ankommt. Reine Spekulation ist auch die durch das Modalwort *wahrscheinlich* als Lesart gekennzeichnete (für den Leser aber als Fakt suggerierte) Telefonunterbrechung und Stromabschaltung, die als willkürliche israelische Handlung dargestellt wird.

Die extreme Kontrastierung und Polarisierung zwischen Palästinensern und Israelis ist typisch für viele Texte zum Nahostkonflikt: Die Palästinenser werden als schwach, unterlegen und hilflos dargestellt; es überwiegen urbane Landschaftsschilderungen. Im Kontrast dazu werden die Israelis (stets vertreten durch Militärangehörige) als überlegen, stark und als High-Tech-Macht mit absoluter Kontrollgewalt kodiert. Lexematische Analysen zeigen, dass bei der Darstellung der Israelis die Verben *kontrollieren, zerstören, angreifen, schicken, befehlen, konfiszieren* dominant sind, bei der Beschreibung der Palästinenser dagegen die Verben *leiden, träumen, vertrieben worden sein, sterben*; nominale Lexeme stammen vor allem aus den Wortfeldern *Familie* sowie *Felder/Bauern*, emotionsbezeichnende und -ausdrückende Adjektive sind *schwach, traurig, ohnmächtig, wütend, unerträglich, hoffnungslos.* Allgemein wird die passive Opferrolle betont, ohne dass hinreichend Hintergrundinformationen geliefert werden oder die Perspektive der anderen Partei genannt wird (wie in (42); vgl. Jäger/Jäger 2003, Behrens 2003, Schwarz-Friesel 2013c; s. hierzu auch die Relevanz der Informationsstrukturierung in Kap. 6.1).

(41) „Die Menschen hinter der Mauer sind tagtäglich der Willkür der Armee ausgesetzt." (Harald Biskup, Die Mauer von Bethlehem, Kölner Stadt-Anzeiger, 20.12.2004, 3)

(42) „Israel errichtet eine Barriere mitten durch das Land. Wo sie schon steht, ging die Zahl der Anschläge stark zurück. Bei den Palästinensern hingegen schafft sie Leid und Not." (Richard Chaim Schneider, Zaun der Zwietracht, DIE ZEIT 2, 04.01.2005, 11)

In (43a) und (43b) wird die israelische Schutzmauer nicht nur durch emotive Adjektive mit stark pejorativen Lesarten beschrieben, sondern zudem durch den Vergleich mit der innerdeutschen Mauer als Unrechtsobjekt klassifiziert.

(43a) „Mit den integrierten Wachtürmen wirkt sie gewaltig, perfekt, abstoßend. Wie eine überdimensionale High Tech Version des Berliner Monstrums ..." (Harald Biskup, Die Mauer von Bethlehem, Kölner Stadt-Anzeiger, 20.12.2004, 3)

(43b) „Die Mauer ist Kalkiyas Horizont. Wo die Bauern früher auf ihre Felder sahen, steht jetzt dieser Keil. Die Sonne geht nicht mehr unter in Kalkilya, die Mauer stiehlt sie. Stellt man sich nahe an den Beton, ist der Verkehr auf der anderen Seite zu hören, das Geräusch der Freiheit." (Christian Schmidt, Grenzland, NZZ, 10./11.01.2004)

Hier wird insbesondere für die deutschen Leser mittels der Analogie ein besonderer textueller Ansatzpunkt für die Übertragung negativer Gefühle auf den neuen Sachverhalt geschaffen. Die dramatischen Personifikationen (*die Mauer stiehlt die Sonne*) und Kontrastierungen (*auf der anderen Seite...*) verstärken noch zusätzlich das Emotionspotenzial des Textes.

Die Betonung der emotionalen Aspekte eines Sachverhalts löst in der Regel Gefühlsregungen, d.h. emotionale Zustände von kurzer Dauer aus. Das Lesen von (39) löst z.B. Mitleid aus, dieses hält jedoch nicht Jahre oder Monate an, sondern begleitet zeitlich parallel den Leseprozess. Die kontinuierliche Rezeption von emotionalisierenden Texten zu einem bestimmten Referenzbereich oder Thema kann jedoch dazu führen, dass sich beim Leser eine stabile emotionale Grundhaltung im Sinne einer allgemeinen Einstellung etabliert (s. hierzu Kap. 11). Die einseitige und zudem stark emotionalisierende Berichterstattung zum Nahostkonflikt in den letzten Jahren hat anti-israelische Bewertungen bei vielen Rezipienten[22] etabliert und zu einem verzerrten Israel-Bild geführt (s. Schapira/Hafner 2010, vgl. zur Berichterstattung vor 2000 Margalit 2002). Negative Gefühle wie Wut und Entrüstung werden kontinuierlich evoziert und zu emotionalen Einstellungen verfestigt. Dabei kann eine linguistische Analyse von Texten, die kritisch über

22 Die zahlreichen Briefe und E-Mails, die kontinuierlich bei der israelischen Botschaft in Berlin eintreffen, belegen den Zusammenhang zwischen Pressemeldungen und emotionaler Erregung auf auffällige Weise. S. hierzu auch Kap. 11.6 und Schwarz-Friesel/Reinharz (2013: Kap. 7.3 und 9.2).

die israelische Politik berichten, ohne in verzerrte, einseitige Perspektivierungen und stereotype Referenzialisierungen zu verfallen, und Texten, die ebendiese Eigenschaften haben, deutlich transparent machen, wann ein israelfeindlicher Text vorliegt. Es bleibt auf jeden Fall zu konstatieren, dass extrem israel-kritische (und emotionalisierte) Nahostberichterstattungen insbesondere dann sogar das Potenzial bieten, kognitive und emotionale Verstärkung für (latenten) Antisemitismus zu sein, wenn diese Kritik undifferenziert den gesamten Staat Israel und seine jüdischen Bürger, seine prinzipielle Existenz(berechtigung) und nicht vereinzelte, kritisierfähige Ereignisse betrifft, wenn diese Kritik in pauschalisierender Weise mit tradierten judenfeindlichen Stereotypen und entsprechenden Lexemen verknüpft ist, wenn diese Kritik israelische und jüdische Belange (zumal in feindseliger Weise) gleichsetzt, wenn dieser Kritik generell eine einseitige, verzerrte Perspektive zugrunde liegt, in der Israel als Judenstaat prinzipiell als der übermächtige, willkürliche Aggressor erscheint, dem unterstellt wird, mit brutalen, unmotivierten Methoden zu arbeiten (s. hierzu auch Gessler 2004: 10 ff. sowie Kap. 11.5; s. auch Beyer 2013 und in Arbeit, Schwarz-Friesel/Reinharz 2013: Kap. 7.2).

**Denkanregungen:**

Generell lassen sich Texte zum Nahostkonflikt mittels der folgenden Fragen analysieren:

- Von welchem Blickwinkel aus wird berichtet? Finden Perspektivenwechsel statt?
- Wie werden die Israelis bezeichnet? Mit welchen sprachlichen Mitteln wird auf sie referiert? Wie erfolgt die Referenz auf die Palästinenser?
- Welche Eigenschaften werden jeweils Israelis und Palästinensern zugesprochen?
- Werden Negativzuschreibungen, Abwertungen, Präferenzurteile und (emotive) Evaluationen offen und explizit ausgesprochen und/oder implizit vermittelt, d. h. sind sie über Inferenzen zu ziehen?
- Inwiefern finden sich persuasive Strategien und Mittel der Emotionalisierung realisiert?

Welche bewertende Personenbeschreibung findet sich in (44)?

(44) „Ariel Sharon, der mit allen Wassern gewaschene israelische Premier, nutzt die Gunst der Stunde und lässt in 24-Stunden-Schichten historische Fakten schaffen.“ (Claus Lutterbeck, Die Mauer von Jerusalem, stern.de, 29.01.2004)

Welche Ereignisdarstellung ist in (45) dominant? Mittels welcher emotionsausdrückenden Mittel und persuasiven Strategien wird der Leser „informiert"?

(45) „Wie kleine Rambos lümmeln die jungen Männer in ihren schlammverspritzten Isuzu-Pickups und kosten das Machtgefühl aus, eine echte Maschinenpistole in der Hand zu halten. Sie sind meist arme Beduinensöhne aus der Negev-Wüste, sie tragen viel Gel im Haar, knappe, schwarze T-Shirts, verspiegelte Sonnenbrillen und sehen aus wie arabische Terroristen in einem schlechten Hollywood-Film. Viele können nicht einmal lesen, berichten die Palästinenser, ‚wenn sie unsere Passierscheine kontrollieren, halten sie die meist verkehrt herum'." (Claus Lutterbeck, Die Mauer von Jerusalem, stern.de, 29.01.2004)

Aktivieren Sie als Leser ein bestimmtes Gefühl beim Lesen von (46)?

(46) „Mit erschreckender Brutalität ging die israelische Armee vor: Ambulanzwagen wurden bei dem Versuch, Verwundete zu bergen, beschossen, Leichen zunächst auf den Straßen liegen gelassen, später in Massengräbern mit Bulldozern verscharrt, Wohnhäuser unterschiedslos dem Erdboden gleich gemacht, Wasser- und Stromzufuhr zerstört. Das in Dschenin angerichtete Massaker ist ein neuer Meilenstein in der Blutspur des israelischen Staatsterrors und wird dem israelischen Ministerpräsidenten Scharon nicht verziehen werden, der sich schon 1982 mit Massakern in den Palästinenserlagern Saba und Shatila im Südlibanon einen Namen als Kriegsverbrecher gemacht hat." (Anna Bartholomé, Israel richtet Massaker in Palästinenser-Lager Dschenin an, Rote Fahne 16, 18.04.2002)

Welche persuasiven Strategien sind in (46) und (47) benutzt worden? Inwiefern steht nicht die Informationsvermittlung, sondern allein die Emotionalisierung im Vordergrund? Welche Bewertung wird mit welchen textuellen Mitteln vorgenommen?

(47) „‚Man muss Gott mehr gehorchen als den Menschen.' Und das Leben lehrte ihn: ‚... und mit Sicherheit noch mehr als den Israelis.' ... Oft denke er an Köln und ‚all unsere Freunde dort', sagt Raheb, der zuletzt im Januar hier war. Eine Vortragsreise musste er absagen – keine Ausreisegenehmigung. ... Ein Stück Kölner Dom, das als Zeichen der Verbundenheit vor drei Jahren auf dem Platz vor der Weihnachtskirche aufgestellt wurde, sprengte die israelische Armee im April in die Luft. Nur etwa 15 kleine Teile konnte Raheb retten. Raheb erinnert sich an ‚diesen alten, deutschen Schlager' mit ‚Stein' und ‚Marmor'. Dieser drücke seine Gefühle am ehesten aus. ‚Die Israelis können zwar diesen 700 Jahre alten Stein zerstören, aber nicht unsere Liebe zu den Leuten in Köln.'" (Anja Katzmarzik, Die Post aus Köln kommt selten an, Kölner Stadt-Anzeiger, 27.12.2002)

## 6.4 Werbung, Boulevard und Gefühlskultur: Die Konzeptualisierung SCHÖN IST FALTENLOS UND JUNG

„Wenn die Sonne der Kultur niedrig hängt, werfen auch Zwerge lange Schatten." (Karl Kraus)

„So privat und intim sie uns auch erscheinen mögen: Gefühle sind in ihrer Erscheinungsform weitgehend kulturell geprägt. Indem wir fühlen, konstituieren wir uns immer wieder aufs Neue als Kinder unserer Zeit, ob wir dies nun wollen oder nicht." (Ernst-Dieter Lantermann)

Die Rezeption massenmedialer Texte kann dazu führen, dass globale Einstellungen in Form von stereotypen Pauschalurteilen, aber auch bestimmte Wertevorstellungen (z. B. hinsichtlich des Konzepts der Attraktivität) sowie Erwartungen evoziert bzw. verfestigt werden (s. auch Woll 1997, Hochschild 1990, 2003, Goldonov 2005).

Exemplarisch lässt sich dies an der Anti-Falten-Kampagne der Werbung[23] und der globalen Botschaft des Boulevards zeigen, die zusammen genommen ein massenmediales Wertesystem erzeugen, dass das Konzept SCHÖNHEIT/ ATTRAKTIVITÄT auf die einfache Konzeptualisierung SCHÖN IST FALTENLOS UND JUNG reduziert.

Die in allen Printmedien der Boulevardpresse (insbesondere in Frauenzeitschriften) überdimensional platzierten Werbetexte für Anti-Falten-Kosmetik lassen für die Rezipienten keinen Zweifel aufkommen: Falten (und Pigmentierungen) werden mittels negativ bewertender Lexeme und Paraphrasen als extrem negativ zu bewertende Alterskennzeichen dargestellt, die unter allen Umständen zu verhindern sind.

(48) „Bekämpfen Sie die Furchen in Ihrem Gesicht!" (Nivea Anti-Falten-Kosmetika-Werbung)
(49) „Pigmentflecken verraten das Alter." (Biotherm)
(50) „Emotionen – ich liebe sie! Falten – auf keinen Fall ..." (L'Oréal-Anti-Falten-Kosmetika-Werbung mit Claudia Schiffer)

Die strikte Ablehnung von Falten wird durch die persuasive Strategie des Kontrastierens durch den Sympathie- bzw. Autoritätsträger (erfolgreiches Fotomodell) noch intensiviert. Durch die Negation (*auf keinen Fall*) entsteht

[23] Es gibt mittlerweile so viele allgemeine, medienwissenschaftliche wie linguistische, Analysen zu den persuasiven Strategien von Werbung und Boulevard (vgl. z. B. Janich [5]2010, Voss 1999), dass ich auf eine allgemeine Erörterung dieser Charakteristika verzichte. Zu spezifischen Emotionalisierungsstrategien s. z. B. Schwarz-Friesel (2003) und Pawlitzki (2004).

über die kognitiv vermittelte Gefühlsrepräsentation (FALTEN SIND NEGATIV) ein Emotionspotenzial. Die Werbetexte der Kosmetikindustrie greifen den Wunsch vieler Frauen, möglichst lange attraktiv sein zu wollen, gezielt auf und verbinden die Präsentation ihrer Produktangebote mit spezifischen Wertevorstellungen und Gefühlen (insbesondere mit der (vorher und parallel inszenierten) Angst vor Attraktivitätsverlust).

Die Werbebotschaften werden von den Werturteilen der Boulevardpresse und -sendungen signifikant unterstützt: Die Klatsch-Berichterstattung über die „Welt der Schönen und Prominenten" (s. z. B. RTL-Exclusiv) erzeugt ein Wertesystem, das auf bestimmten Stereotypen aufbaut und diese gleichzeitig ständig als Legitimation wiederholt und aktualisiert. In diesem Wertesystem sind die drei als positiv dargestellten Grundpfeiler Geld, gutes Aussehen (nach der gängigen Norm faltenlos) und Bekanntheit/Medienpräsenz. Alle drei Werte werden als absolut verbindlich und den Rezipienten mittels generisch gestalteter rhetorischer Fragen als erstrebenswert dargestellt.

(51) „Wollen wir nicht alle nur das Eine – erfolgreich und attraktiv sein?!" (RTL-Exclusiv, 17.01.2002)

(52) „Wer träumt nicht davon, einmal in der Welt der Schönen und Reichen dabei zu sein?" (RTL-Exclusiv, 16.03.2003)

Viele Bewertungen sind aber auch über Implikaturen zu rekonstruieren. Das Emotionspotenzial liegt in der implizit kodierten Konzeptualisierung. Vgl. das folgende Beispiel:

(53) „Wie schafft es Madonna nur, mit 45 noch so gut auszusehen?" (RTL-Exclusiv, 26.05.2004)

Die konzeptuellen Werte, die hier qua Implikaturen vermittelt werden, sind: Normalerweise sieht man mit 45 nicht mehr gut aus. Gutes Aussehen ist also an Alter gekoppelt. Gutes Aussehen ist also junges Aussehen. Die Bestätigung dieses Implikaturenprozesses erfolgt am Ende des Beitrags:

(54) „Mit 45 sieht Madonna erstaunlich jung und faltenlos aus." (RTL-Exclusiv, 26.05.2004)

Eine noch stärkere und mit Vorurteilen behaftete Bewertung liegt bei (55) vor:

(55) „Dass Werner Böhm den Körper seiner jungen und schönen Frau begehrt, ist verständlich. Weniger nachvollziehbar ist die Vorstellung, dass seine Frau den Körper des 62-Jährigen attraktiv findet." (RTL-Exclusiv, 12.02.2004)

Das gängige Wertesystem der Boulevardsendungen und der Klatschpresse wird hier vom auktorial und autoritär evaluierenden Kommentator bestätigt: Äußeres ist nur schön und attraktiv, wenn es jung ist. Der Körper eines 62-Jährigen kann nicht schön und attraktiv sein. Dass die junge Frau den Körper ihres Mannes nicht wirklich attraktiv finden kann, ist die notwendige Schlussfolgerung. Der Rezipient wird dabei mit unausgesprochener Selbstverständlichkeit als affirmativer Teilnehmer einbezogen. Dass dieses konzeptuelle, massenmedial verbreitete Wertesystem in der Tat Auswirkungen auf die konsumierenden Individuen hat, sieht man z.B. an den zunehmenden Schönheitsoperationen: Menschen lassen ihre individuellen Eigenschaften zugunsten des normierten Schönheitsideals angleichen und auf ein einheitliches Niveau bringen.

Die Analyse der massenmedialen Texte zeigt die Wechselwirkung von kognitiver und emotionaler Informationsvermittlung: Über die sprachlich kodierten kognitiven Repräsentationen werden spezifische Konzeptualisierungen und Gefühle als Bewertungen vermittelt. Diese Gefühle können, wenn sie internalisiert werden, zur Konstruktion bzw. zur Stabilisierung bestimmter emotionaler Einstellungen führen.

### Denkanregungen:

Welche (Be-)Wertung wird in (56) und (57) vermittelt? Über welche Inferenzen ist diese Bewertung zu ziehen?

(56) „Ich bin 43. [Bild einer attraktiven Frau] – Schenken Sie Ihrer Haut 10 Jahre!“ (Roc-Anti-Falten-Kosmetika-Werbung)

(57) „Es ist toll, 40 zu sein. Vor allem, wenn man wie 30 aussieht.“ (Roc-Anti-Falten-Kosmetika-Werbung)

Wie lässt sich das Emotionspotenzial dieser Texte beschreiben?

### Literatur:

Zum Emotionspotenzial literarischer Texte s. Alfes (1995), Winko (2003), Hillebrandt (2011) und Kezba-Chundadse (2011); zur Rolle von Emotionen im massenmedialen Diskurs s. Bucher (1992), Woll (1997), Schmitz (2004), Nabi/Wirth (2008) und Früh (2010). Der Appraisal-Ansatz versucht, die emotive und evaluierende Dimension von (medialen) Texten/Diskursen linguistisch zu erfassen: s. hierzu Martin/White (2005) und Bednarek (2006, 2008). Zu Perspektivierung und Evaluierung in Texten s. Schwarz ([3]2008: Kap. 6.5), Skirl (2012) und Schwarz-Friesel (2013c, d). Das Emotionspotenzial von Gesprächsbeiträgen in Talkshows erörtern Schwarz-Friesel/Marx/Damisch (2012).

# 7 „Worte, Worte, nichts als Worte“ – Von der Unaussprechlichkeit der Gefühle … und einem kurzen Exkurs zu den Sprachkrisen in der Literatur

> „Wo man am meisten fühlt, weiß man nicht viel zu sagen.“ (Annette von Droste-Hülshoff)

> „Heute versagt das Wort …“ (Stefan George)

> „In silence we must wrap much of our life, because it is too fine for speech, because also we cannot explain it to others, and because somewhat we cannot yet understand.“ (Ralph Waldo Emerson)

Die Sprache dient als kommunikatives Instrument der Informationsübermittlung und dem Ausdruck innerer Einstellungen: Mit sprachlichen Einheiten und Strukturen vollziehen wir Referenz auf externe Objekte und Zustände sowie interne, subjektive Zustände und Prozesse (s. Kap. 2 und 5). Wir teilen anderen unsere Gedanken und Gefühle mit, indem wir sie mittels verbaler Symbolrepräsentationen kodieren. Dieser Prozess der Verbalisierung, d. h. die Umsetzung konzeptueller Inhalte in verbale Einheiten und Strukturen verläuft jedoch nicht immer automatisch wie ein Reflex, sondern kann blockiert sein. Die Empfindung eines Gefühls ist nicht gleichzusetzen mit seiner Ausdrückbarkeit. Tief und intensiv zu fühlen bedeutet nicht notwendigerweise auch, in der Lage zu sein, dies adäquat mittels Sprache darstellen zu können.[1]

(1) „Empfindsam zu schreiben, dazu ist mehr nötig als Tränen und Mondschein.“ (Georg Christoph Lichtenberg, Einfälle und Bemerkungen, Heft F, 159)

---

[1] Dieses Problem zeigt sich im alltäglichen Leben besonders intensiv auch bei den Schreibblockaden, unter denen viele Studierende, aber auch Wissenschaftler zu leiden haben. Hierbei geht es um die Ausdrückbarkeit kognitiver Repräsentationen. Auf der Konzeptualisierungsebene sind reichhaltig Informationen und Ideen vorhanden, die Umsetzung dieser Ideen, d. h. der Transfer von der Konzeptualisierungs- zur Formulierungsebene, funktioniert aber nicht. Die Hauptgründe für solche Schreibprobleme sind emotionale Faktoren wie Stress durch Zeitdruck oder eine perfektionistische Anspruchshaltung.

In unserem Sprachgebrauch spiegelt sich entsprechend das Bewusstsein wider, dass sprachliche Repräsentationen nicht immer angemessene und ausreichende Formen sind, um innere Zustände auszudrücken.

(2) „… sie gaben … dem Geist in Deutschland einen Namen: ‚Neo-Patriotismus', ‚entspannter Patriotismus', ‚neues Wir-Gefühl'. Aber drücken sie auch aus, was man spürte? Nein. Genau benennen konnte es niemand, nur fühlen." (Der Geist von Deutschland. Zur Euphorie während der WM im Akrützel 230, Juli 2006, 15)

Als ein Problem wird insbesondere erachtet, Gefühle als subjektive und individuelle Erlebenszustände sprachlich wirklich treffend mitteilbar machen zu können. Zahlreiche Wendungen in der Alltagssprache belegen dies:

(3) Mir fehlen die Worte!
(4) Ich bin sprachlos.
(5) Ich kann mein Gefühl nicht in Worte fassen.
(6) Wie soll ich meinen Schmerz nur ausdrücken?
(7) Wie können Worte ausdrücken, was ich empfinde?
(8) Ich habe keinen Namen für das, was ich empfinde.
(9) Es fällt mir schwer zu sagen, wie ich fühle.
(10) Ich kann dir nicht sagen, was das für mich bedeutet.
(11) „Words don't come easy." (Zeile eines Popsongs)

Die Sprache wird hierbei als ungenügend erachtet, um Gefühle in ihrer Wesensart sowie in all ihrer Intensität auszudrücken (ein Problem, das sich einerseits bei Liebenden zeigt, die ihre als einmalig erlebten Gefühle vermitteln möchten, vgl. Kap. 9, andererseits bei verzweifelten und trauernden, vom Schmerz überwältigten Menschen,[2] die keine Worte für ihre Trauer oder ihr Leid finden, vgl. Kap. 10).

Dass intensiv empfundene Gefühle sich der Ausdrückbarkeit mittels Sprache entziehen, findet sich in der Dichtung häufig als konzeptuelles und/oder ästhetisches Problem thematisiert:

(12) „Wenn ich empfinde,
Und dem Gefühl
Und dem Gewühl
Vergebens Namen such und keine Namen finde.
Nenn es dann, wie du willst,
Nenn's Glück! Herz! Liebe! Gott!
Ich habe keinen Namen
Dafür!"
(Johann Wolfgang von Goethe, Faust I)

2 „Und wenn der Mensch in seiner Qual verstummt …" (Johann Wolfgang von Goethe, Tasso)

Der Grund hierfür liegt in dem Umwandlungs- und Kodierungsprozess, der stets involviert ist, wenn innere, subjektive Erlebenseigenschaften in extern wahrnehmbare, kommunikativ übertragbare Eigenschaften übersetzt werden sollen (vgl. das Sprachproduktionsmodell in Kap. 4 mit den Stufen der Konzeptualisierung, Formulierung und Artikulation). Es sind zwei unterschiedliche Ebenen involviert: die rein subjektive Gefühlswelt und die nach außen getragene, wahrnehmbare Verbalisierungsmanifestation dieser Gefühlswelt.

(13) „Denn in das Innre kann kein Glücklicher mir schaun." (Friedrich Schiller, Braut von Messina)

(14) „Aber da, da (er deutet ihr auf die Stirn und Augen), was liegt hinter dem? Geh, wir haben grobe Sinne. Wir müßten uns die Schädeldecken aufbrechen und die Gedanken einander aus den Hirnfasern zerren." (Danton, Georg Büchner, Dantons Tod)

Die empfundenen Gefühle sind mentale Repräsentationen interner Zustände des jeweiligen Individuums, die sprachlich ausgedrückten, spezifisch formgebundenen Manifestationen von Gefühlen sind dagegen kodifizierte, extern wahrnehmbare und intersubjektive Ausdrucksrepräsentationen. Die sprachlichen Kodierungsformen ordnen dem gefühlten Zustand oder Prozess stets eine spezifische Klassifizierung zu. Schon in einem einfachen Satz wie

(15) Ich liebe dich.

wird das von einem individuellen Menschen Gefühlte kategorisiert. Der subjektive Gefühlszustand erhält im Prozess der Verbalisierung eine Token-zu-Type-Zuordnung: Das individuelle Gefühl wird subsumiert unter die Emotionskategorie LIEBE und damit gesellschaftlich konventionalisiert.

Mit der Versprachlichung von Gefühlen geht ein Prozess der Objektivierung einher, ein Transfer von innen nach außen, vom individuellen zum sozialen Phänomen, vom einmaligen zum intersubjektiven Zustand. Wenn das individuell Erlebte, für den Menschen Einmalige zum sozial Mitteilbaren wird, liegt darin dessen Reproduzierbarkeit und damit auch prinzipiell die Gefahr der Stereotypisierung[3]. Es widerstrebt intensiv fühlenden Menschen, auf die als abgedroschen geltenden Mittel der Sprache zurückzugreifen. Deshalb verwenden viele Menschen in künstlerischen Bereichen zusätzlich andere Repräsentationsformen, wenn sie sich individuell und kreativ und jenseits der auf sozialen Regeln basierenden Kommunikationsform der Sprache ausdrücken möchten: Bilder, Skulpturen und Musik sollen das sprachlich Unsagbare darstellbar machen.

[3] „How every fool can play upon the word!" (Lorenzo, William Shakespeare, Der Kaufmann von Venedig)

(16) „Die Musik drückt das aus, was nicht gesagt werden kann und worüber Schweigen unmöglich ist.“ (Victor Hugo)

Zudem offenbart sich bei der Benennung innerer Zustände die für das Individuum empfundene fundamentale Differenz zwischen innerer Gefühlswelt und sprachlicher Manifestation. Schaltet sich die Sprache zwischen das Gefühl und den Fühlenden, so ist schon nicht mehr das „reine“ Gefühl gegeben:

(17) „Warum kann der lebendige Geist dem Geist nicht erscheinen? Spricht die Seele, so spricht, ach! schon die Seele nicht mehr.“ (Friedrich Schiller, Distichon „Sprache“)

Die Gründe für die Sprachskepsis liegen somit auch in der Natur der Gefühle. Viele emotionale Zustände und Prozesse entziehen sich einer eindeutigen Klassifikation (s. hierzu Kap. 3):

(18) „Ich denke dies und denke das,
Ich sehne mich und weiß nicht recht, nach was:
Halb ist es Lust, halb ist es Klage;
Mein Herz, o sage,
Was webst du für Erinnerung
In golden grüner Zweige Dämmerung?
– Alte unnennbare Tage!“
(Eduard Mörike)

Sprachkritik und -skepsis findet sich schon in der antiken Philosophie bei Platon, der im „Kratylos“ über die „Kraftlosigkeit der Worte“ klagte: „Die Wörter sind ohnmächtig“. Ausgeprägte Tendenzen von Sprachskepsis finden sich in der Literatur um 1800 (s. Bartl 2005): Goethe spricht von der „Unzulänglichkeit der Sprache“, Schiller von den „Fesseln der Sprache“, Kleist vom „Gräuelsystem von Worten“. Die Skepsis gegenüber der Sprache ist hier allerdings existenziell und zeitkritisch motiviert. Sie betrifft nicht das Sprachsystem selber (ist also nicht wirklich Sprachkritik), sondern das Verhältnis des Subjekts zu sich selbst und der Welt. Die Grenzen des Sagbaren erfährt der Mensch im Überschwang des Gefühls als Ausdruck der Unzulänglichkeit oder der Unmöglichkeit seiner Selbstverwirklichung.

So drückt Goethes Werther sein (Sturm-und-Drang-)Leiden an sich und der Gesellschaft als Zweifel und Verzweiflung an der sprachlichen Ausdrucksfähigkeit aus: Das Papier wird nicht zum „Spiegel der Seele“ und der „kalte, tote Buchstabe“ gibt nicht die „himmlische Blüte des Geistes“ wider (s. hierzu auch Steiner 2004). Die innere Gefühlswelt findet nicht ihren Ausdruck:

(19) „Ach könntest du das wieder ausdrücken, könntest du dem Papiere das einhauchen, was so voll und warm in dir lebt."

Als „empfindsame Seele" leidet Werther zudem an den „Gemeinsprüchen" und „Kunstworten der Gesellschaft", fühlt sich als Außenseiter in einer von starren Konventionen geprägten Gemeinschaft. Seine Gefühlswelt wird zum absoluten Maßstab und aufgrund der schmerzhaften Erfahrung der Unmöglichkeit ihrer Umsetzung in die Realität eine „Krankheit zum Tode". Der Totalität seiner Empfindungen entspricht kein Lebensraum, kein Darstellungsraum für den „Spiegel (s)einer Seele". Der Intensität des Gefühls steht nichts gegenüber, was Halt geben könnte, sei es als künstlerischer Ausdruck oder individuelle Selbstverwirklichung im Rahmen der vorgegebenen Gesellschaft. Werthers emotionaler und existenzieller Abgrund liegt in seinem Selbst:

(20) „Mein Freund – Aber ich gehe darüber zugrunde, ich erliege unter der Gewalt der Herrlichkeit dieser Erscheinungen."

Für den Dichter selber stellt sich stets das Problem, mit der Sprache, die Allgemeingut der Gesellschaft ist, so Poesie zu kreieren, dass seine Werke nicht nur Nachahmung, sondern innovative Schöpfung sind. Im Spielraum zwischen Imitation und Kreation entsteht ein innerer Widerstand gegen das Gefühl, nur ein Epigone zu sein:

(21) „Man spricht immer von Originalität ... Sowie wir geboren werden, fängt die Welt an, auf uns zu wirken, und das geht so fort bis ans Ende." (Johann Wolfgang von Goethe zu Johann Peter Eckermann, 12.05.1825)

(22) „Ist es möglich, ... daß man noch nichts Wirkliches und Wichtiges gesehen, erkannt und gesagt hat?" (Rainer Maria Rilke)

Dieses Bewusstsein ist symptomatisch für viele Dichter des beginnenden 20. Jahrhunderts:

(23) „Das Wort ... ist eine öffentliche Angelegenheit ersten Ranges." (Hugo Ball)

(24) „Ich will keine Worte, die andere erfunden haben." (Hugo Ball)

Um die Jahrhundertwende entsteht auch eine wirkliche Sprachkrise verbunden mit fundamentaler Kritik an der Sprache selbst, dem Sprachsystem und seinen Eigenschaften (s. Alt 1993, Fähnders 2004).

Es geht nicht nur um die Frage nach den Möglichkeiten und Grenzen poetischen Gestaltens sowie nach Konzepten eines neuen, innovativen Sprechens und Schreibens,

(25) „Worte zu machen für Dinge, die gut sind. Für Menschliches, das kommen soll.
Worte zu machen gegen Schändung des Geistes,
Worte zu machen gegen Verrat am göttlichen Menschen, Worte zu machen!"
(Ludwig Rubiner 1916)

sondern allgemein und fundamental um die Bestimmung der Relation zwischen Sprache und Realität. Hinsichtlich der Frage, ob Sprache die Welt wirklich abbildet, ob verbale Symbolstrukturen das Essenzielle der Realität genuin wiedergeben, entsteht ein Bewusstsein des tiefen Misstrauens und der Skepsis. Die Sprache wird als Hindernis bei der Wirklichkeitserfassung gesehen:

(26) „Die Worte haben sich vor die Dinge gestellt." (Hugo von Hofmannsthal)

(27) „Es ist unmöglich, den Begriffsinhalt der Worte auf die Dauer festzuhalten; darum ist Welterkenntnis durch Sprache unmöglich. Es ist möglich, den Stimmungsgehalt der Worte festzuhalten; darum ist eine Kunst durch Sprache möglich, eine Wortkunst, die Poesie." (Fritz Mauthner 1901/02)

(28) „Das Wort" ... „So lernt ich traurig den verzicht: / Kein ding sei wo das wort gebricht." (Stefan George 1919)

Als Inbegriff dieser Sprachskepsis gilt bis heute Hofmannsthals Chandos-Brief (1902 in der Zeitung „Der Tag" veröffentlicht), der für die epochale Orientierungskrise der Moderne steht und stets als exemplarisch für die Sprachkrisen in der Literatur zitiert wird.

In dem fiktiven Brief des jungen Dichters Lord Chandos entschuldigt sich dieser bei Francis Bacon (1561–1626) „wegen gänzlichen Verzichtes auf literarische Betätigung" und versucht, sein dichterisches Verstummen zu erklären. Chandos schildert sein Verstummen als dreistufigen Prozess: von einer „andauernden Trunkenheit" und literarischen Produktivität, in welcher er „unter dem Prunk ihrer Worte hintaumelnden" Schäferspiele und Traktate schrieb, zu Zweifel und Skepsis und schließlich dem totalen Verstummen und Versinken im Schweigen.

(29) „Mein Fall ist, in Kürze, dieser: Es ist mir völlig die Fähigkeit abhanden gekommen, über irgend etwas zusammenhängend zu denken oder zu sprechen." (Hugo von Hofmannsthal, Brief des Lord Chandos)

Chandos schildert die geistige und emotionale Situation eines Menschen, der an der Sprache (ver)zweifelt, der die Differenz von Sprache und Wirklichkeit schmerzlich als Erkenntnis und Wahrheit verhinderndes Problem erfährt, der ein Bewusstsein der Leere hinter den Worten entwickelt. Die Begriffe „zerfallen wie modrige Pilze". Mit dem durch tiefes Misstrauen an der Abbild- und Kategorisierungsleistung sprachlicher Strukturen geprägten Verlust der Sprache geht der Verlust der Urteilsfähigkeit einher. Der Zweifel am Medium Sprache und an der Wahrhaftigkeit ihrer Abbildfunktion äußert sich im Chandos-Brief in der Unmöglichkeit, eine Lüge der Tochter zu bestrafen. Wenn Lügen ein Akt ist, der das Verhältnis von Wort und Welt betrifft, der das Konzept der Wahrheit voraussetzt, wie kann dann einer, der die Fundamente der darstellenden Symbolfunktion generell in Frage stellt, eine Lüge als Lüge evaluieren?

Hier zeigt sich im wörtlichen Sinne die Bedeutung der Aussage Wittgensteins: „Die Grenzen meiner Sprache bedeuten die Grenzen meiner Welt." Die Entfremdung von der Sprache geht einher mit einer Entfremdung von der bislang als selbstverständlich hingenommenen Realität: Worte führen als „Wirbel" ins Leere, der „Blick der Gewohnheit" geht verloren. Die Wirklichkeit zerfällt dissoziativ in drei Teile: die Welt der Phänomene, die Welt der Sprache und die des zwischen beiden vermittelnden Subjekts. Das Resultat ist eine weltanschauliche Desorientierung.[4] In der Entdeckung verschütteter Wirklichkeitsdimensionen findet Chandos sich wieder: Die einfachen Gegenstände in der „Welt der stummen Dinge" werden zum Zufluchtsort für einen Menschen, der im „Anstand des Schweigens" eine Existenzform sieht.

Die dem Chandos-Brief vorausgehenden Sprachreflexionen Hofmannsthals thematisieren bereits das Problem, für die Welt-, Selbst- und Sinnerfahrung einen authentischen Ausdruck und eine existenzielle Lage zu finden: Vor der Sprache und „Macht der Worte im allgemeinen" (1896) gibt es kein Entrinnen, denn die Sprache ist Hort der Erinnerung, der Kultur und Tradition. Sie steht stets zwischen dem denkenden, fühlenden Ich und der Welt:

(30) „Aber man kann nie etwas ganz so sagen wie es ist." (Brief Hofmannsthals an Bebenburg 1895)

(31) „Wir sind im Besitz eines entsetzlichen Verfahrens, das Denken völlig unter den Begriffen zu ersticken." (Hugo von Hofmannsthal, Reden und Aufsätze I, 479)

4 Die Zweifel der Moderne kulminieren im absurden Theater, in dem sich formal und inhaltlich die zerrissene Grunderfahrung des modernen Daseins und das Gefühl der sinnentleerten Existenzform des Menschen widerspiegeln. Stillstand, Banalität der Kommunikation sowie Schweigen kennzeichnen die Dialoge, Kreislauf der Kommunikation und Leerlauf des menschlichen Lebens finden ihr Pendant im Stillstand von Handlungs- und Sprachformen. Sprachzweifel und Entfremdungsgefühle sind kennzeichnend: „Ich hatte mich seit langem der Sprache so entfremdet … Es ist schwer auszudrücken, schwer für mich." (Samuel Beckett, Molloy, 203)

Der „Ekel vor den Worten“ und das Bewusstsein der „totalen Herrschaft“ der Sprache über den Geist kollidieren allerdings mit der Tatsache, dass die Sprache nach wie vor das Material des Schreibenden, sein Medium ist. Der Brief hat die Sprachfähigkeit des Autors notwendigerweise zur Voraussetzung; und die Paradoxie des Briefes besteht darin, dass über Sprachlosigkeit mit einer ungeheuren sprachlichen Ausdruckskraft geschrieben wird.

Hofmannsthal selber ist nach dem „Chandos-Brief“ bekanntlich nicht verstummt, und selbst radikale Sprachskeptiker wie Mauthner (und nach ihm Wittgenstein) plädieren nicht für das Schweigen oder die Konstruktion einer völlig neuen Sprache (s. auch Göttsche 1987).

Die Sprache kann als geistiges Medium nicht ersetzt werden, sie ist als Teil des Menschen sowohl als Instrument als auch Manifestation seiner kognitiven sowie kommunikativen Fähigkeiten untrennbar an die menschliche Wesensart gekoppelt. Dennoch finden sich in der Dichtung immer wieder künstlerische Versuche, den traditionellen Sprachgebrauch radikal zu verändern, zu erweitern oder durch spielerische Modifikationen innovativ zu gestalten.

Balls berühmtestes Lautgedicht „Karawane“ beispielsweise verzichtet auf die üblichen Symbolstrukturen mit ihren konventionell festgelegten Form-Bedeutung-Kopplungen und setzt allein auf die Wirkung der phonetischen Klanggestalt:

(32) „jolifanto bambla o falli bambola
großiga m'pfa habla horem
egiga goramen
higo bloiko russula huju
hollaka hollala
anlogo bung
…“

Die Dichter der Konkreten Poesie verwenden das Wortmaterial in spezifischen Konstellationen, um neue Sinnstrukturen über Formeigenschaften zu evozieren:

(33) Eugen Gomringer

SCHWEIGEN

schweigen schweigen schweigen
schweigen schweigen schweigen
schweigen           schweigen
schweigen schweigen schweigen
schweigen schweigen schweigen

(34) Ernst Jandl

die tränen

| | |
|---|---|
| Die tränen | |
| sind | d<br>er |
| die tränen | ind |
| sind | erin<br>derfr |
| die tränen | anzösi |
| sind | ndesmäd<br>chensaus |
| die tränen | kölndersc |
| sind | hwarzengöt<br>tinvomunter |
| die tränen | ennil |

Nahezu alle modernen Schriftsteller stehen mit ihren Sprach- und Literaturreflexionen in der Tradition der Sprachskepsis. So findet sich bei Ingeborg Bachmann stets das Ringen um eine neue ausdrucksfähige Sprache (vgl. auch die Sprachproblematik in „Malina"). Und in den Frankfurter Vorlesungen schreibt sie über den Zusammenhang von Sprachproblematik und Literaturbegriff:

(35) „Das Vertrauensverhältnis zwischen Ich und Sprache und Ding ist schwer erschüttert." (Ingeborg Bachmann, IV, 188)

In Anlehnung an Wittgensteins „Die Grenzen meiner Sprache bedeuten die Grenzen meiner Welt" kommt sie allerdings in „Wozu Gedichte?" zu dem Schluss:

(36) „Das Spielfeld ist die Sprache, und seine Grenzen sind die Grenzen der fraglos geschauten, ... der im Schmerz erfahrenen und im Glück gelobten ... Welt."

Was am Ende aller Reflexionen bleibt, ist die Sprache, die Sprache als das wichtigste Mittel, unsere Gedanken, Gefühle, Träume und Wünsche anderen nachvollziehbar mitzuteilen. Einzig die Sprache ermöglicht, das existenzielle Schweigen, in dem letztlich jeder Mensch existiert, zu durchbrechen und Kontakt sowie Austausch mit anderen zu finden. Trotz aller Skepsis und Zweifel gegenüber der Sprache als Abbildungs- und Ausdrucksmedium verfügen wir über eine reichhaltige Palette an Ausdrucksmöglichkeiten für unsere Gefühle, die sich insbesondere durch die Möglichkeit innovativer metaphorischer Konstruktionen stets individuell erweitern lässt (vgl. Kap. 5.2.4 und 9.4).

(37) „Wir werden, trotz aller Sprachkritik, die Worte nicht abschaffen." (Gustav Landauer)

**Denkanregungen:**

Worauf nimmt Wittgenstein in der folgenden Aussage Bezug?
„Wovon man nicht sprechen kann, darüber muss man schweigen." (Ludwig Wittgenstein)

Überlegen Sie, inwieweit literarische Gefühlsdarstellungen eine wichtige Quellenbasis darstellen, um Aufschlüsse über die kulturelle Bedingtheit und den historischen Wandel von Emotionsausdrucksformen zu erhalten.

Welche Denk- und Sprachauffassung verbirgt sich hinter der Bestimmung von Kreativität als einem „Denken ohne Geländer" (Hannah Arendt)?

Inwiefern stößt die Abbild- bzw. Darstellungsfunktion von Sprache bei Konzepten wie Tod, Gott, Unendlichkeit, Seele und Universum an ihre Grenzen?

Adorno (1942: 236f.) spricht bei den Ästheten vom „Trotz gegen die Gesellschaft", der „einer gegen deren Sprache" ist. „Die anderen teilen die Sprache der Menschen. Sie sind ‚sozial'. Die Ästheten sind ihnen um so weit voraus, wie sie asozial sind. Ihre Werke messen sich an der Erkenntnis, daß die Sprache der Menschen die Sprache ihrer Entwürdigung ist." Was meint Adorno in diesem Kontext mit asozial?

„Man frage nicht, was all die Zeit ich machte.
Ich bleibe stumm;
Und sage nicht, warum.
Und Stille gibt es, da die Erde krachte.
Kein Wort, das traf;
Man spricht nur aus dem Schlaf.
Und träumt von einer Sonne, welche lachte.
Es geht vorbei;
Nachher war's einerlei.
Das Wort entschlief, als jene Welt erwachte." (Karl Kraus 1933)

Worauf bezieht sich Kraus mit *jene Welt*? Inwiefern *entschlief* das Wort?

„Wovon wir reden, ist unerforscht, wir leben nicht, vermuten und existieren aber als Heuchler, vor den Kopf Gestoßene, in dem fatalen, letzten Endes letalen Mißverständnis der Natur, in welchem wir heute durch Wissenschaft verloren sind;

die Erscheinungen sind uns tödliche und die Wörter, mit welchen wir aus Verlassenheit im Gehirn hantieren, mit Tausenden und Hunderttausenden von ausgeleierten, uns durch infame Wahrheit als infame Lüge, umgekehrt durch infame Lüge als infame Wahrheit erkennbare in allen Sprachen, in allen Verhältnissen, die Wörter, die wir uns zu reden und zu schreiben und die wir uns als Sprecher zu verschweigen getrauen, die Wörter, die aus nichts sind und die zu nichts sind und die für nichts sind, wie wir wissen und was wir verheimlichen, die Wörter, an die wir uns anklammern, weil wir aus Ohnmacht verrückt und aus Verrücktheit verzweifelt sind, die Wörter infizieren und ignorieren, verwischen und verschlimmern, beschämen und verfälschen und verkrüppeln und verdüstern und verfinstern nur; aus dem Mund und auf dem Papier mißbrauchen sie durch ihre Mißbraucher; das Charakterbild der Wörter ist das unverschämte, der Geisteszustand der Wörter und ihrer Mißbraucher ist der hilflose, glücklose, katastrophale …" (Thomas Bernhard, Dankesrede zur Verleihung des Büchner-Preises, 1970)

Welche Auffassung zu Sprache und Welt, Sprache und Wahrheit wird von Bernhard vertreten?

## Literatur:

Heinrich von Kleist „Über die allmähliche Verfertigung der Gedanken beim Reden", Friedrich Nietzsche „Über das Pathos der Wahrheit: Über Wahrheit und Lüge im aussermoralischen Sinne", Kacianka/Zima (2004), Bartl (2005), Heinz (2004), Matsaberidse (2011).

# 8 Trauer und Angst: Konfrontation mit dem Tod

## 8.0 Vorbemerkungen

> „Cicero sagt das Philosophiren sey nichts anders, als eine Vorbereitung zum Tode." (Michel de Montaigne)

> „Vielleicht ist die wesentlichste Geschichte des Menschen als eine Geschichte seiner Wiegenlieder gegen den Tod zu schreiben." (Ludwig Marcuse)

Bei der Erfahrung und Auseinandersetzung mit dem Tod sind zwei wesentliche Emotionen des Menschen involviert: Angst und Trauer. In dem folgenden Kapitel werde ich zunächst allgemein auf die Vorstellung(en) eingehen, die wir vom Tod haben. Wie lässt sich diese Konzeptualisierung beschreiben und welche Gefühle sind an diese geistige Repräsentation gekoppelt? Wie werden diese Gefühle sprachlich kodiert? Es wird dabei auch um die Frage gehen, welche emotionale Einstellung zum Tod, diesem unerfahrbaren Bereich menschlicher Wesensart, in der öffentlichen Kommunikation zum Ausdruck kommt und mit welchen sprachspezifischen Mitteln wir über unser Lebensende und das mutmaßliche „Danach" reden.

Die Analyse von ausgewählten Todesanzeigen als Texten, die private Trauer öffentlich zum Thema machen, verdeutlicht schließlich das Problem, aus der sprachlichen Realisierung der individuellen, aber massenmedial veröffentlichten Gefühle Einstellungen zu Tod und Trauer zu erschließen.

## 8.1 Todesangst: Konzeptualisierung und Verbalisierung des antizipierten Lebensendes

„Terror mortis est ipsa mors.
Der Tod ist eigentlich nur die Angst vor dem Tode." (Martin Luther)

Jedem Menschen ist gewiss, dass das eigene Leben eines Tages endet: Der Tod ist das sicherste Ereignis im Leben eines jeden Menschen. Die Gewissheit der Sterblichkeit ist eine Erkenntniskonfrontation, die uns an die Grenzen unserer kognitiven und emotionalen Fassbarkeit stößt.

(1) „Der Tod bleibt *der* Skandal allen Lebens. Nichts, nichts, nichts ist unverstehbarer als der Tod." (Urs Widmer)

Leben ist Sein zum Tode: Unausweichlich und unvermeidlich wird jeder von uns eines Tages sterben und damit als lebende Existenzform aufhören.[1]

(2) „Dieses ganze Leben ist nichts anderes als ein Lauf – und erst noch ein kurzer – zum Tod ..." (Erasmus von Rotterdam)

(3) „Freilich, für Sie ist sogar das Wort nur ein Schall: der Tod. ... Mit jedem Schritt komme ich ihm näher ... Leben ist Sterben." (Norbert de Varenne über das Ende des Lebens, Guy de Maupassant, Bel Ami)

Unser Ende ist real und gewiss in unserer Existenzform verankert und dennoch unvorstellbar, besonders, solange wir jung und so sehr mit dem Leben beschäftigt sind, dass wir kaum Gedanken an den Tod verschwenden. Der Tod wird aus dem Leben und dem Bewusstsein verdrängt.[2]

(4) „Da die Menschen unfähig waren, Tod, Elend, Unwissenheit zu überwinden, sind sie, um glücklich zu sein, übereingekommen, nicht daran zu denken ... Die Zerstreuungen aber vergnügen uns und geleiten uns unmerklich bis zum Tode." (Blaise Pascal)

Betrachten wir die Kommunikation über den Tod per se sowie über konkrete Todesereignisse, so fällt auf, dass entsprechende Abwehr- und Tabuisierungs-

1 Wenn wir innehalten und unsere Lebensbegrenztheit bedenken, sollte dieses Bewusstsein eigentlich viele unserer Aktivitäten in ihrem Wert relativieren: Wozu sich plagen und sorgen, ärgern, bemühen, sammeln, sparen, lernen, wenn der Tod doch allem ein Ende bereitet? Das Bewusstsein unserer Endlichkeit sollte uns zudem nicht nur davor bewahren, kleinere Probleme des Lebens zu wichtig zu nehmen, sondern allgemein verhindern, dass man sich selbst zu ernst nimmt. Im Alltagsleben ist jedoch nicht viel davon zu spüren: Wir streben und trachten und mühen uns, als sei unser Leben unbegrenzt. Wir ärgern uns über Kleinigkeiten, regen uns über Nichtigkeiten auf.

2 Diese Verdrängung hat aber Auswirkungen auf kognitive, emotionale und kommunikative Prozesse (s. Kap. 8.4, vgl. hierzu auch Drewermann [5]1986 und Wittkowski 1990).

tendenzen zu beobachten sind (s. Kap. 8.4). Der Tod gehört nicht zu den alltäglichen Diskursthemen, obgleich er zentraler, sogar inhärenter Bestandteil unseres Lebens ist. Diese Todesinhärenz wird aber im Alltagsleben nicht wirklich bewusst wahrgenommen. Verbalisierungen zum Konzept des Todes finden sich weniger in den Alltagsdiskursen als vielmehr in philosophischen Abhandlungen und literarischen Werken. Somit ist es auch schwierig, eindeutige Bestimmungen der emotionalen Einstellungen zum Tod zu erfassen (s. Kap. 8.5).

Die Erkenntnis der eigenen Endlichkeit führt uns zu einem unauflösbaren Widerspruch der menschlichen Existenz: Wir werden geboren, um zu sterben. Wie erleben, konzeptualisieren und verbalisieren wir diese Paradoxie? Welche Gefühle sind an die Vorstellung unseres Endes geknüpft? Worüber sprechen wir eigentlich, wenn wir vom Tod sprechen?

Heidegger hat die Befindlichkeit des „Vorlaufes in den Tod“, in der sich die „Sorge“ zur „Eigentlichkeit“ des Daseins entwickelt, als *Angst* bezeichnet. „Das Sein zum Tode ist wesenhaft Angst.“ Aus dieser Angst wird die „Freiheit zum Tode“ abgeleitet; in der Angst wird der Tod als Möglichkeit erfahren, ohne doch als bestimmte Möglichkeit des faktischen Todes zugänglich zu werden. In der Angst wird die „Unbestimmtheit“ emotional erlebt. Denn die Angst hat kein „Wovor“, im Gegensatz zur „Furcht“, die sich aus der spezifischen Erwartung von etwas Bestimmtem ergibt.

Alltagssprachlich spielt die von Heidegger, Freud und anderen getroffene Unterscheidung keine wesentliche Rolle hinsichtlich der Konzeptualisierung und Verbalisierung[3] von Angstzuständen.

Unser alltäglicher Sprachgebrauch zeigt sogar oft genau das Gegenteil:

(5) Ich habe Angst vor Zahnarztbesuchen/großen Hunden/Spinnen etc.
(6) ?? Ich habe Furcht vor Zahnarztbesuchen/großen Hunden/Spinnen etc.
(7) Ich fürchte mich einfach im Dunkeln.
(8) ?? Ich ängstige mich einfach im Dunkeln.

Das Lexem *Angst* wird in (5) und (6) gerichtet, objektbezogen benutzt (und *Furcht* klingt in diesen Satzkontexten seltsam, da weniger frequent verwendet), während *fürchten* in (7) ein ungerichtetes, unspezifisches Gefühl be-

[3] *Angst* ist ein zentrales Lexem des Deutschen, das sich in zahlreichen Konstruktionen und Variationen findet. Vgl. Bergenholtz (1980) zum Wortfeld *Angst*. Die Wörter, mit denen auf Zustände und Prozesse der Emotion ANGST Bezug genommen wird, stellen den umfangreichsten Teilbereich des deutschen Gefühlswortschatzes dar (s. auch Fries 2003b). Vgl. auch die Abhandlung von Bode ([2]2007).

zeichnet. Bei der Verbalisierung der emotionalen Einstellung gegenüber dem Tod jedoch findet sich primär die Verwendung des Lexems *Angst*:

(9) Ich habe Angst vor dem Tod.
(10) ?? Ich habe Furcht vor dem Tod.

Psychologisch betrachtet ist die Angst vor dem Tode nämlich tatsächlich keine auf konkrete Dinge oder Sachverhalte bezogene Realangst (im Sinne von Furcht), sondern eine Existenzangst.[4] In diesem Sinne ist Furcht eine besondere Form der Angst.[5] Existenzangst entsteht durch die Antizipation von ungewissem Zukünftigem (vgl. Hülshoff [4]2012: 60), denn diese Antizipation von Zukünftigem führt zwangsläufig zur Erkenntnis der eigenen Vergänglichkeit und der Antizipation des eigenen Endes durch den Tod (s. hierzu die Thanatopsychologie; vgl. Ochsmann 1993). Die Emotion ANGST (ANTIZIPATION VON GEFAHR) gehört zu den Basisemotionen des Menschen, ist also universal und nicht wesentlich kulturell geprägt (vgl. Plutchik 1994 und 2003).

Wierzbicka (1999: 137 ff.) weist darauf hin, dass nahezu alle Sprachen ein Basiskonzept aufweisen, das dem von Furcht (englisch FEAR, mit der kognitiven Komponente ETWAS SCHLECHTES KANN/KÖNNTE MIR GESCHEHEN) ähnlich ist. Das im Deutschen anzutreffende Lexem *Angst* mit dem Konzept ANGST ALS DIFFUSES URGEFÜHL dagegen findet in anderen (europäischen) Sprachen kein Äquivalent und die Unterscheidung zwischen *Furcht* und *Angst* auf der lexikalischen Ebene ist sprachspezifisch für das Deutsche. Sie vertritt die These, dass das deutsche ANGST-Konzept ein kulturelles Konstrukt ist, das wesentlich durch die theologischen Schriften Luthers konstituiert wurde.

---

4 Vgl. den Eintrag im Pschyrembel ([261]2007: 90): „Angst: (engl.) anxiety, fear; unangenehm empfundener, eine unbestimmte Bedrohung od. Gefahr signalisierender emotionaler Gefühlszustand …“. S. auch Pschyrembel ([261]2007: 645): „Furcht (engl.) *fear;* sog. Realangst; objektbezogene Angst*, die sich z. B. als Reaktion auf eine konkrete Bedrohung bzw. Gefahr einstellt; vgl. Angststörung.“

5 In der Psychologie werden verschiedene Angstformen unterschieden: Todesangst (Tod, Zerstörung, Sterben), Verletzungsangst (physische Verletzung), Trennungsangst (Angst vor Objektverlusten und die Angst vor Liebesverlust), Schuldangst (Kritik, Beleidigung, Misshandlung, Verurteilung, Missbilligung), soziale Angst vor Scham/Schande (Spott, Unzulänglichkeit, Verlegenheit, Demütigung) und diffuse Angst (ohne Charakterisierung der Art oder der Quelle), vgl. Schöfer (1980), Schöfer/Koch (1986), s. auch Vaas (2000a, 2004). S. auch Kierkegaard ([3]2003).

Nach Fries (2003a, b) weisen die Wörter *Furcht*[6] und *Angst* nicht nur morphologische Unterschiede[7] auf, sondern haben auch unterschiedliche semantisch-pragmatische Eigenschaften. *Angst* fokussiert ihm zufolge den „spezifischen seelischen Zustand des Bedrohtseins", *Furcht* hingegen den „Gedanken an den Auslöser des seelischen Zustandes des Bedrohtseins". Er verdeutlicht dies an den beiden Sätzen (a) und (b)

(11) (a) Herbert hat Furcht vor der Prüfung/vor dem Verleger.
(b) Herbert hat Angst vor der Prüfung/vor dem Verleger.

Beide Sätze können z.B. als sinnvolle Antwort auf eine Frage verwendet werden wie *Was fühlt Herbert in Bezug auf die Prüfung/auf den Verleger?*, allerdings nur (a) kann Fries zufolge als sinnvolle Antwort auf eine Frage wie *Was denkt Herbert in Bezug auf die Prüfung/auf den Verleger?* dienen.

(a) drückt demzufolge aus, dass Herbert daran denkt, durch die Prüfung könne ihm etwas Schlimmes passieren. (b) drückt aus, dass Herbert sich in einem Zustand der Angst befindet, die durch den Gedanken an die Prüfung hervorgerufen wurde.

Durchgängig lässt sich diese Lesarten-Zuordnung allerdings wohl nicht aufrechterhalten. Auf die Frage *Was denkst du in Bezug auf die Linguistik-Prüfung?* kann z.B. ohne Weiteres (12) geantwortet werden.

(12) Dass ich Angst habe.

Die semantisch-konzeptuelle Differenzierung von *Angst* und *Furcht* korreliert nicht immer mit ihrer pragmatisch determinierten distributiven Verwendung, wie bereits die Beispiele (5) und (6) gezeigt haben. Die in diesem Buch getroffene Unterscheidung zwischen Emotion und Gefühl aufgreifend

---

6 Im Duden ([7]2011) finden sich die folgenden Einträge: „Furcht, die; - [mhd. vorhte, ahd. for(a)hta, mit fürchten zu einem untergegangenen Adj. mit der Bed. ‚Furcht empfindend' (noch im ahd. foraht bewahrt)]: 1. *Angst angesichts einer Bedrohung oder Gefahr* (in der Allgemeinsprache wird ‚Furcht' meist als gehobener Ausdruck für ‚Angst' verwendet) … 2. (veraltend) *Scheu, Ehrfurcht* …"; „Angst, die; –, Ängste (mhd. angest, ahd. angust, eigtl. = Enge, verw. mit eng]: mit Beklemmung, Bedrückung, Erregung einhergehender Gefühlszustand [angesichts einer Gefahr]; undeutliches Gefühl des Bedrohtseins / in der Fachsprache der Psychologie u. Philosophie wird [öfter] zwischen ‚Angst' als unbegründet, nicht objektbezogen und ‚Furcht' als objektbezogen differenziert; in der Allgemeinsprache ist diese Differenzierung nicht üblich …"

7 *Furcht* ist im heutigen Deutsch ein Singularetantum, während Pluralformen von *Angst* gebräuchlich sind. Vgl. *Anna und ihre Ängste/?? Fürchte! / Mit ihren vielen Ängsten/?? Fürchten macht sie sich das Leben schwer.* Die morphologischen Stämme *furcht* und *angst* haben außerdem unterschiedliche Wortbildungseigenschaften bei der Bildung von Komposita (vgl. ?? *Furchtneurose* vs. *Angstneurose*, ?? *Prüfungsfurcht* vs. *Prüfungsangst*) und bei der Derivation (s. z.B. *ängstlich* vs. **fürchtlich*). S. hierzu auch die Denkanregungen und Übungen am Ende dieses Abschnitts.

(s. Kap. 3.5), fokussiert das Lexem *Furcht* semantisch primär den kognitiven Gefühlszustand (ist also an das Bewusstsein gekoppelt), *Angst* dagegen die umfassendere, zugrundeliegende Emotion (mit ihren vegetativen und körperlichen Ebenen und Begleitumständen).

(13) Sie hat Angst vor der Heirat, aber es ist ihr nicht bewusst.
(14) ?? Sie hat Furcht vor der Heirat, aber es ist ihr nicht bewusst.
(15) Sie zitterte und bebte in ihrer Angst/vor Angst.
(16) ?? Sie zitterte und bebte in ihrer Furcht/vor Furcht.

Diese semantische Charakterisierung ist aber prototypenorientiert, es handelt sich nicht um notwendige, sondern um typische Merkmale. Vgl. nämlich:

(17) Angst/Furcht ist ein Gefühl, das er nicht kennt.[8]

Neben den Basislexemen *Angst* und *Furcht* verfügen wir im Deutschen über eine große Palette an emotionsbezeichnenden Wörtern, die auf diverse emotionale Zustände und Prozesse der Primäremotion ANGST referieren. Vgl. u.a.

(18) Alb, ängstigen, ängstlich, Bange, bange, bangen, bänglich, befürchten, Befürchtung, Besorgnis, bestürzt, Bestürzung, Entsetzen, entsetzlich, erschrecken, fürchten, furchtsam, Grauen, grauen, graulen, Graus, grausen, gruseln, Horror, Lampenfieber, Panik, panisch, Phobie, Schauder, schaudern, Scheu, scheu, Schock, schocken, schockieren, Schreck, Schrecken, schreckhaft, schüchtern, Sorge, sorgen, Terror, Zaghaftigkeit, zaudernd.

Mit diesen Ausdrücken werden Typen von Angstzuständen benannt, die sich mittels der (in Kap. 3.3 erörterten) Emotionsparameter Wertigkeit, Dauer und Intensität beschreiben und voneinander abgrenzen lassen. Die Bewertung ist bei allen Angstformen negativ.[9] Hinsichtlich des Parameters Dauer gibt es erhebliche Unterschiede: So zeichnet sich *Phobie* durch eine längere Zeiterstreckung aus, *Schreck* dagegen eher durch eine kurze Zeitspanne. Entsprechend variieren die Werte des Parameters Intensität: *Zaghaftigkeit* erhält z.B. einen schwächeren Intensitätswert als *Schock* oder *Grauen*.

---

8 Die Adjektive *angstlos* und *furchtlos* sind allerdings nicht als Synonyme zu bewerten. Das im Sprachgebrauch häufiger anzutreffende *furchtlos* bezieht sich auf einen mutigen Menschen, der z.B. trotz Gefahr etwas tut. Die Verwendung ist situationsbezogen. *Angstlos* dagegen bezieht sich eher auf die psychische Eigenschaft eines Menschen, kein Bewusstsein mehr von Gefahr zu haben.

9 S. aber die mögliche positive Lesart bei *Grusel*: *Ich liebe Thriller. Da gruselt man sich so schön.* Vgl. hierzu auch das Märchen „Von einem der auszog, das Fürchten zu lernen.“

Bei allen semantischen Unterschieden haben die Wörter dieses Wortfeldes jedoch als konzeptuellen Kern gemeinsam, dass der Bewertungsparameter einen Negativ-Wert hat und die Antizipation[10] von etwas Schlechtem, Gefährlichem, Bedrohlichem involviert ist.

Wie lässt sich nun die Todesangst, die Antizipation des zukünftigen Lebensendes als (sprachlich ausdrückbares) Gefühl beschreiben? Welche Vorstellung, genauer, welche konzeptuelle Repräsentation von TOD ist hierbei involviert?

TOD ist ein Konzept für etwas im menschlichen Leben Unerfahrbares, das Wort *Tod* hat daher keine Extension, keine Referenz für uns, da es sich auf etwas außerhalb unserer erfahrbaren Welt bezieht. Es ist ein absolutes Abstraktum, das in seiner Verwendung keinen Wahrheitswert erhalten kann. Die Überzeugung, dass man über den Tod nichts wissen kann, findet sich bereits bei den antiken Denkern. Epikur kommt etwa zu dem Schluss, „wenn wir da sind, ist der Tod nicht da, aber wenn der Tod da ist, sind wir nicht mehr".

Es gibt keine Möglichkeit, unsere Vorstellungen vom Tod zu verifizieren, da diese Referenzdomäne prinzipiell nicht falsifizierbar ist. Es gibt keine „Informanten", die Auskunft geben könnten über das „Danach":

(19) „Zweimal sieht kein Mensch die Todesufer." (Phädra, Friedrich Schiller, Phädra 2,5)

Es gibt keinerlei Anschauungsbasis[11] und es gibt keinerlei Erfahrungswerte für TOD. Somit ist die mentale Repräsentation des Lexems *Tod* im strengen Sinne ein „leeres Konzept".

> „Was meint das Zeichen ‚Tod'? Ist der Tod die *Grenze* aller Bedeutung? Ist das Zeichen ‚Tod' eine Metapher für das radikal Unverständliche? Eine Chiffre für ein dunkles Rätsel, für ein schreckliches Paradoxon? Worüber sprechen wir, wenn wir vom Tod sprechen? – Vom ‚Nicht ist es und nirgends'?" (Macho 1987: 27)

Wir verwenden jedoch Bilder, Symbole, Allegorien und sprachlich insbesondere metaphorische Wendungen, um das Unerfahrbare für uns vorstellbar

10 *Schock* scheint auf den ersten Blick nicht dadurch beschreibbar zu sein, da der Schock-Zustand erst nach einem Ereignis eintritt und wahrgenommen wird. Vgl. aber: *Unbedingt vermeiden. Das könnte zu einem Schock führen.*

11 Vgl. entsprechend das Konzept GOTT. Wenn wir über Gott sprechen, evozieren wir jeweils unsere spezifischen Vorstellungen. Einen Beweis für seine Existenz bzw. eine Verifikationsbasis gibt es nicht. Aus semantischer Perspektive ergibt sich somit das Problem der sogenannten möglichen Welten. Eine mögliche Welt (in unserer kognitiven Sicht als Textweltmodell, s. Kap. 2.3.2, repräsentierbar) ist eine Referenzdomäne (z.B. eine fiktive Welt oder eine Traumwelt), die nicht der realen Welt entspricht, sondern vielmehr eine Parallelwelt darstellt.

bzw. denkbar zu machen und dem Konzept TOD eine Intension zu geben (s. zu den Todes-Metaphern den nachfolgenden Abschnitt 8.2). Merkmalssemantisch ergibt sich zunächst einfach nur sehr banal die Bestimmung mittels ENDE DES LEBENS. Eine prototypische Beschreibung führt nicht wesentlich weiter: Was sollte ein typischer Tod sein?

(20) „Tod ist der Stiefbruder des Schlafes…“ (Georg Christoph Lichtenberg)?
(21) „Der Tod ist ein Meister aus Deutschland.“ (Paul Celan)?
(22) „Der Tod ist groß.“ (Rainer Maria Rilke)?
(23) „Der Tod in Venedig.“ (Thomas Mann)?
(24) „Der Tod in Rom.“ (Wolfgang Koeppen)?

Diese kodierten Konzeptualisierungen sind individuelle Lesarten, kontextspezifische aktuelle Bedeutungen von *Tod*. Unzweifelhaft und unkontrovers lässt TOD sich nur mit einem wesentlichen Merkmal beschreiben: LEBENSENDE.

(25) „Der Tod ist die äußerste Grenze alles Irdischen.“ (Horaz)

Damit ist die Bestimmung von Tod immer an das Konzept von LEBEN gekoppelt. Die Denotation von Tod lässt sich sehr allgemein als Zustand des Nicht-mehr-lebendig-Seins beschreiben. Die semantische Repräsentation von TOD beinhaltet notwendigerweise das VORHER LEBENDIG als semantische Implikatur.

(26) ?? Sie ist tot, hat vorher aber nicht gelebt. (vgl. das Streichbarkeitskriterium für Implikaturen in Kap. 2.2)
(27) Sein Tod war eine Tragödie. Er beendete ein reiches, wertvolles Leben. / ?? Er beendete kein Leben.

Lebendig und tot stehen in der semantischen Relation der Kontradiktion. Die Bedeutung von tot entspricht der Negation von lebendig und umgekehrt: Tot ist nicht lebendig. Lebendig ist nicht tot.

(28) Er ist tot. # Aber er lebt noch.
(29) Er lebt. # Aber er ist tot.

Die semantische Paradoxie in (30) löst sich nur in der Lesart auf, in der Tod im übertragenen Sinne als DAS LEBEN NICHT BEWUSST ERFAHREN/ERLEBEN verstanden wird.

(30) „Tod ist, wenn einer lebt
und es nicht weiß.“ (Rainer Maria Rilke, Die weiße Fürstin)
(31) „Tod heißt Leben.“ (Grabinschrift)

(31) dagegen muss vor dem Hintergrund der religiösen Überzeugung gelesen werden, dass der Tod nicht ein Ende, sondern Erlösung und damit nur der Übergang in ein anderes, nicht-irdisches Leben darstellt.

In der Sprachverwendung findet sich auch die Variante Tod als Übergang von lebend zu nicht-mehr-lebend: TOD als Zeitpunkt des Übergangs, als Augenblick des Eintretens in den Zustand des Nicht-mehr-am-Leben-Seins. Damit entspricht Tod hierbei dem Konzept des Sterbens. Die Denotation von Sterben kann man umschreiben als Prozess des Übergangs von der Existenzform LEBEND zur Form NICHT-LEBEND.

(32) Der Tod trat um acht Uhr ein. / Sie starb um acht.
(33) Der Tod kam schnell. / Sie starb schnell. / Das Ende kam schnell.
(34) Der Tod kam unerwartet. / Sie starb unerwartet.
(35) Einfach einzuschlafen ist ein schöner Tod. / Ertrinken muss ein furchtbarer Tod sein.
(36) Nach ihrem Tod waren alle erleichtert. / Nachdem sie gestorben war, waren alle erleichtert.
(37) Der Tod beendete ein langes Leiden. ?? Das Sterben beendete ein langes Leiden.
(38) Der Tod war eine Erlösung für sie. ?? Das Sterben war eine Erlösung für sie.

Die Beispiele zeigen, dass Tod und (das) Sterben oft, aber nicht immer (s. (37) und (38)) mit der Bedeutung LEBENSENDE wie Synonyme bzw. mit synonymen Lesarten (wenn auch in unterschiedlichen grammatischen Konstruktionen) benutzt werden können, um den Übergang von LEBENDIG zu NICHT-LEBENDIG zu benennen.

In (39) findet sich eine Konzeptualisierung von TOD, die einerseits den persönlichen Sterbeprozess, andererseits den Tod als unausweichliches Schicksal des Menschen beinhaltet.

(39) „Meinem Großvater noch, dem alten Kammerherrn Brigge, sah man es an, daß er einen Tod in sich trug. Und was war das für einer: zwei Monate lang und so laut, daß man ihn hörte bis aufs Vorwerk hinaus.“ (Rainer Maria Rilke, Die Aufzeichnungen des Malte Laurids Brigge, 12)

Das Lexem *Tod* ist ambig und bedeutet zweierlei: den Sterbevorgang und das Totsein. Tod als Sterben lässt sich als ein zeitlich begrenzter Vorgang definieren, der in den zeitlich unbegrenzten Zustand des Todes als Totsein führt.

So findet sich entsprechend im Duden ($^{7}$2011) zu Tod die primäre Lesart „Aufhören, Ende des Lebens; Augenblick des Aufhörens aller Lebensfunktionen eines Lebewesens“, und zum Adjektiv tot „als Mensch, Lebewesen nicht mehr existierend; gestorben". Bei sterben[12] „aufhören zu leben, sein Leben beschließen" sowie „einen bestimmten Tod erleiden". Eine konzeptuelle oder semantische Differenzierung zwischen Tod und Sterben ergibt sich hiermit nicht.

Das Lexem Tod wird in substantivischer Form offensichtlich primär in der Sterben-Variante benutzt und verstanden, als Adjektiv dagegen benennt es den Zustand nach dem abgeschlossenen Sterbeprozess. Vgl. auch:

(40) Wir können uns ein Leben nach dem Tode (allgemeine Lesart: LEBENSENDE) nicht vorstellen.
(41) Sein Tod (spezifische, Zeitreferenz inkludierende Lesart: Moment des LEBENSENDES) vor drei Jahren kam für uns alle so plötzlich.
(42) Er ist schon seit drei Jahren tot.
(43) Tot zu sein, das ist so unvorstellbar.

Tod hat aber auch (abstrakt und ohne spezifische Zeitreferenz) die semantische Repräsentation NACH-DEM-LEBEN(SENDE), genauer: Zustand nach dem Sterben.

(44) Ist der Tod eine andere Existenzform oder einfach nur das Nichts?
(45) Über den Tod wissen wir nichts.
(46) Über den Tod kann niemand Auskunft geben.

Über die Art dieses Zustandes kann allerdings, wie bereits erwähnt, nichts ausgesagt werden. Betrachten wir kurz die Möglichkeit einer Abgrenzung und Differenzierung der beiden (letztlich untrennbar aneinander gebundenen) Konzepte TOD und STERBEN.

Sowohl mit dem antizipierten Tod als auch mit dem Sterben sind das Gefühl und das Bewusstsein der Endlichkeit, der Begrenztheit des Lebens und der eigenen Person verbunden, das unausweichliche Schicksal des Menschen als finiter Existenzform.

(47) „Incerta omnia, sola mors certa". („Alles ist ungewiss, nur der Tod ist gewiss"; Augustinus)
(48) „Laßt euch nicht verführen
Zu Fron und Ausgezehr!

---

[12] Der Ausdruck *X verstarb, starb* rührt ursprünglich von *starr werden* her, ist also eine Metaphorisierung für STERBEN ALS STARR WERDEN. Das westgerm. Verb mhd. *sterben*, ahd. *sterban*, niederl. *sterven*, aengl. *steorfan* „sterben" (engl. *to starve* „verhungern, erfrieren") war ursprünglich ein Ausdruck, der „erstarren, steif werden" bedeutete (s. auch Fuchs [3]1985: 86 und den Eintrag in Kluge [25]2011). Etymologisch haben hier offenbar die Übertragungen STERBEN IST MÜHE/KAMPF und STERBEN IST STARR WERDEN für die Bedeutungsentstehung von *sterben* gesorgt.

Was kann euch Angst noch rühren?
Ihr sterbt mit allen Tieren
Und es kommt nichts nachher."
(Bertolt Brecht, Gegen Verführung, vierte Strophe)

TOD ist ein Konzept, das die Spezifik des Menschen beinhaltet, seine spezifische Ontologie mit dem Attribut STERBLICHKEIT.[13] Allen Menschen gemeinsam ist somit ihre kognitive und soziale Todesgewissheit (s. auch Apel 1978 und Brauner 2005). Die Richtigkeit des Satzes

(49) Alle Menschen sind sterblich.

ist für uns gewiss. Die Wahrheit der Aussage dieses Satzes kann ebenso wenig bezweifelt werden wie die Aussage in (50):

(50) Der Tod beendet jedes menschliche Leben.

Wie Macho (1987: 26) feststellt, müssen wir jedoch in der Rede vom Tod die eigene Erfahrung vorwegnehmen, die wir noch nicht gemacht haben, und von der wir nicht genau wissen, wie wir sie jemals machen werden. Darin unterscheidet sich der Tod von allen anderen Erfahrungen des Menschen. Der Tod steht für eine Erkenntnisgrenze, eine Aporie, er kann nicht mental repräsentiert werden, ein Problem, das sich besonders in der Thanatologie zeigt.

„Wir sprechen nicht aus Erfahrung. Wer seinen Tod erfahren hat, kann überhaupt nicht mehr sprechen: wir wissen also nicht einmal, ob sich der Tod erfahren läßt. Unser Begriff vom Tod ist gleichsam durch die Erfahrung bestimmt, daß von der Erfahrung des Todes nicht gesprochen werden kann." (Macho 1987: 26)

Der Tod ist damit nicht nur das Ende des Lebens, sondern auch die Negation des Lebens, er ist das Nichts, das Un-Erfahrbare, das Un-Vorstellbare und als Nichts lässt er sich trotz aller Einbildungskraft nicht wirklich konzeptualisieren.

(51) „Der eigene Tod ist ja auch unvorstellbar, und sooft wir den Versuch dazu machen, können wir bemerken, daß wir eigentlich als Zuschauer weiter dabeibleiben." (Sigmund Freud)

(52) „Mein eigener Tod kann mir überhaupt nie Gegenstand der Erfahrung werden. Erfahren hätte ihn nur, wer schon gestorben ist und dennoch lebte. Nur er wüsste, was das Sterben und was der Tod ist." (Georg Scherer)

13 Das Konzept UNSTERBLICHKEIT ist eine rein fiktionale Kategorie (bzw. im Rahmen religiöser Überzeugungen eine Glaubenskategorie). Ein Satz wie *Und wenn sie nicht gestorben sind, so leben sie noch heute* ist daher nur in (Märchen-)Texten angebracht, in denen es um fiktive Welten geht.

Der Tod ist „als Thema für das Denken undurchdringlich", wie Fink (1969: 28) schreibt. „Er ist nicht etwas, was wir verstehen", sondern ein „Weltuntergang des Verstehens, der nicht mehr vom Verstandenen her bestimmt werden kann". Entsprechend kommt Kamlah (1976: 12) in der „Meditatio Mortis" in Bezug auf die Frage ‚Können wir den Tod verstehen?' zu der Antwort: „Diese Frage findet keine positive Antwort".

Das Wissen um den eigenen Tod ist ein rein konzeptuelles Wissen der Art Wissen, ‚dass (man sterben wird)', das über keine Ergänzung durch ein praktisches, erfahrungsbezogenes Wissen, ‚was und wie (man sterben wird und wie man tot sein wird)' verfügt. Der Gewissheit des Todes steht zudem die Ungewissheit des Zeitpunktes entgegen. Wann wir sterben, ist nicht bekannt.

So wie wir den Tod nicht erfahren können, so können wir auch das Sterben anderer nicht erfahren, nicht er-leben, sondern nur beobachten.

(53) „Das Sterben kann kein Mensch an sich selbst erfahren (denn eine Erfahrung zu machen, dazu gehört Leben), sondern nur an andern wahrnehmen." (Immanuel Kant)

Das Konzept des Sterbens betrifft den Prozess, der den Übergang vom Leben zum Tode markiert, das Nachlassen aller lebenswichtigen Funktionen.

Sterben ist somit an den körperlichen Vorgang gekoppelt. Dieser Prozess ist beobachtbar und als (sowohl für den Erleidenden als auch die Beobachtenden emotional erlebbare) Zeitspanne definierbar, er kann kurz oder lang sein, Intensitätsgrade aufweisen und als positiv oder negativ bewertet werden (vgl. die Parameter zur Bestimmung von Emotionen in Kap. 3.3). Der körperliche Prozess selber kann von außen beeinflusst werden (vgl. (60) und (61)).

(54) Die ganze Familie sah sozusagen beim Sterben zu.
(55) Sie saß an seinem Bett und sah zu, wie er starb.
(56) Er wollte und wollte nicht sterben. / Sein Kampf währte die ganze Nacht.
(57) Das Ende kam ganz schnell: Er starb am frühen Morgen.
(58) Er starb qualvoll.
(59) Er starb friedlich.
(60) Der Arzt erleichterte ihm das Sterben mit einer Spritze gegen die Schmerzen.
(61) Die Anwesenheit seiner Familie half ihm beim Sterben.

Seelische und geistige Zustände können das Erleben des eigenen Sterbeprozesses offensichtlich determinieren:

(62) Sein tiefer Glaube half ihm beim Sterben.
(63) Er sah seinem Ende mit großer Gelassenheit entgegen.
(64) Sein schlechtes Gewissen belastete seinen Sterbeprozess erheblich.

Tod dagegen weist diesen Aspekt der Zeitspanne nicht auf, sondern referenzialisiert genau den Zeitpunkt, an dem das Leben endet.

(65) ?? Der Tod war kurz/lang.[14]
(66) Der Tod trat um acht ein.

Zudem ist die körperliche Komponente nicht fokussiert.

(67) ?? Der Arzt half beim Tod. / ?? Die Medikamente erleichterten den Tod.

Während der Sterbeprozess beeinflussbar und unter Umständen aufhaltbar ist, weist der Tod eine unumstößliche Irreversibilität[15] auf:

(68) Wie durch ein Wunder erholte sich der bereits im Sterben liegende wieder.
(69) Die Ärzte kämpften drei Stunden lang um sein Leben.
(70) Die Medikamente schlugen endlich an und retteten ihm das Leben.
(71) ?? Er war tot. Wie durch ein Wunder schlugen die Medikamente an.
(72) ?? Er starb um acht. Um zehn schlugen die Medikamente an.

Der Tod als finales, irreversibles Ende, als Aufhören des eigenen Bewusstseins, ist mit keinem anderen Prozess oder Zustand für uns vergleichbar, da danach nichts mehr ist, was erlebbar ist:

(73) Das Ende des Films, das Ende des Sturms, am Ende des Weges etc.

Das sind finale Zustände, die konzeptuell aber an etwas Weiteres (am Ende des Weges kommt eine Wiese etc.) gekoppelt sind. Es handelt sich um ein Aufhören in der Lesart Nicht-mehr-vorhanden-sein (*Der Sturm hörte auf*) oder Mit-einem-Ende-vorhanden-sein (*Der Film hörte auf*) oder Fertigwerden, Vollenden (*Das Buch ist fertig. Das Requiem ist vollendet*). Beim Tod ist nichts Fortführbares (was auf unserer empirisch basierten Vorstellungskraft mental repräsentiert werden kann). Tod ist (intensional wie extensional) NICHTS.

Die Angst vor dem Tod und vor dem Sterben ist daher auch nicht gleichzusetzen. Todesangst in Bezug auf den eigenen Tod ist bezogen auf das LEBEN DANACH und involviert die Angst vor dem Unbekannten.

---

**14** S. hierzu aber den bei Rilke geschilderten „langen Tod". In der literarischen Umsetzung finden sich verschiedene *Todes*-Kodierungen und Konzeptualisierungen, die nicht immer dem alltäglichen Sprachgebrauch entsprechen.

**15** Entsprechend gilt das Merkmal der Irreversibilität in der Medizin als wesentliches Merkmal des Todes. Der Hirntod wird definiert als „Tod des Individuums durch Organtod des Gehirns; Zustand der irreversibel erloschenen Gesamtfunktion des Großhirns, Kleinhirns u. Hirnstamms bei durch kontrollierte Beatmung noch aufrechterhaltener Herz- u. Kreislauffunktion" (Pschyrembel [261]2007: 811).

(74) „Ach, und was wird der Tod aus unserer Seele machen? Welche Natur läßt er ihr? Was hat er ihr zu nehmen oder zu geben! Wohin versetzt er sie? Verleiht er ihr bisweilen Augen aus Fleisch und Blut, um auf die Erde zu schauen und zu weinen?“ (Victor Hugo, Der letzte Tag eines Verurteilten)

Als Existenzangst manifestiert sich hier die Konfrontation mit dem antizipierten Ende. Je nach geistiger Konstellation und religiöser Einstellung[16] kann sich diese Angst dann jeweils auf die Bestrafung im Jenseits oder auf die Vorstellung des Verbleibs der eigenen Identität[17] bzw. den Erhalt des Bewusstseins beziehen.

(75) Ich habe Angst, dass der Tod das Bewusstsein nicht ausschaltet, dass ich womöglich hilflos erlebe, wie mein Körper verrottet.

(76) Ich habe Angst, dass der Tod kein finales Ende ist, das wirklich Ruhe bringt.

Die Angst vor dem Sterben[18] dagegen ist eine Realangst, bei der einkalkulierbare, konkrete und/oder potenzielle Erfahrungswerte eine Rolle spielen. Die Angst in Bezug auf das eigene Sterben manifestiert sich hier als Erwar-

---

16 Kübler-Ross ([7]1996 und [22]1999), die sich seit Jahrzehnten mit sozialen und psychologischen Aspekten zu Tod und Sterben beschäftigt, hat die folgende Korrelation zwischen Angst und Religiosität festgestellt: Personen mit mittlerem Intensitätsgrad religiöser Überzeugung haben die stärkste Angst, schwach und stark Gläubige dagegen weisen geringe Todesangst auf.

17 Die Angst vor lebendigem Begrabensein, wie sie besonders eindrucksvoll in den Schriften Edgar Allen Poes thematisiert wird, ist dagegen keine Existenz-, sondern eine Realangst, da sie sich auf einen konkreten Zustand des Noch-Lebenden bezieht. Auch die Angst vor dem Tode anderer Menschen, die sich auf den Verlust wichtiger Bezugspersonen bezieht, ist als Realangst einzustufen. Diese Angst antizipiert den Schmerz, die Trauer und die Einsamkeit, die mit dem Verlust geliebter Menschen einhergeht.

18 Kübler-Ross beschreibt den Sterbeprozess bei todkranken Menschen als einen Vorgang, der verschiedene Phasen aufweist: Die erste Phase ist oft gekennzeichnet durch das Nichtwahrnehmen-Wollen (Patienten glauben, Ärzte haben Befunde vertauscht etc.). Das Leugnen hat Schutzfunktion und schafft Zeit, sich an den Gedanken des bevorstehenden Endes zu gewöhnen. Die zweite Phase ist emotional durch Zorn und Auflehnung gegen das Schicksal gekennzeichnet (Neid auf andere, Wut). In der dritten Phase findet häufig ein Verhandeln mit dem Schicksal statt (Spenden, Beten). Die vierte Phase zeichnet sich durch Angst und Verzweiflung, Depressivität angesichts des bevorstehenden Abschieds von der Welt aus. In der letzten Phase verändert sich die emotionale Einstellung wieder: Eine Art Akzeptanz, die nahezu frei von Gefühlen ist, setzt ein. Der Rückzug von der Welt wird eingeleitet. In jeder Phase jedoch ist bei den Betroffenen immer ein Rest von Hoffnung vorhanden (z.B. Hoffen auf neue Medikamente, auf ein Wunder etc.). Diese von Kübler-Ross beschriebenen Phasen variieren natürlich von Mensch zu Mensch, es handelt sich keineswegs um allgemeine oder gar universal anzutreffende Sterbensphasen und die Reihenfolge ist ebenfalls nicht notwendigerweise so wie prototypisch angegeben. Nach Kübler-Ross ([7]1996 und [22]1999) kann man prinzipiell drei emotionale Einstellungen zum Tod haben: Akzeptanz (d.h. den Tod neutral als Realität ansehen), vermeidungsorientierte Haltung (Tod als Erlösung), annäherungsorientierte Haltung (als Übergang zu einem besseren Dasein). Vgl. hierzu auch die linguistische Analyse von Pittam/Gallois (2002).

tung von körperlichem Leiden, von Hilflosigkeit, Abhängigkeit, Einsamkeit, Erniedrigung und dem Verlust der Würde. Die in unserer Gesellschaft primär negative Konzeptualisierung von ALTER (KÖRPERLICHE SCHWÄCHE, MANGELNDE ATTRAKTIVITÄT, NACHLASSENDE SOZIALE RELEVANZ, EINSAMKEIT) spielt hierbei eine wichtige Rolle (s. hierzu auch Kap. 6.4).

(77) Ich will auf keinen Fall lebensverlängernde Maßnahmen.
(78) Für mich ist die Vorstellung ein Grauen, hilflos im Krankenhaus oder Altenheim dahinzuvegetieren.
(79) Werde ich im Alter allein und ohne einen vertrauten Menschen meinem Ende entgegen gehen?

Bezogen auf den Sterbeprozess anderer Personen ist der emotionale Zustand vor allem geprägt durch Hilflosigkeit angesichts des Sterbeprozesses sowie die Angst vor Toten (Leichen).

**Denkanregungen:**

Viele Dichter und Denker haben die Unvorstellbarkeit des Konzeptes TOD thematisiert. Vgl. z.B. die folgenden Aussagen:

(80) „Es ist nicht möglich, sich den eigenen Tod auch nur vorzustellen." (Elias Canetti)
(81) „Es ist schlechterdings nichts zu denken über den Tod ... Der Tod ist nichts, ein Nichts, eine Nichtigkeit". (Jean Améry)

Mit welcher Metapher beschreibt Rilke den unausweichlichen persönlichen Tod eines jeden Menschen?

(82) „Wenn ich an zu Hause denke, wo nun niemand mehr ist, dann glaube ich, das muß früher anders gewesen sein. Früher wußte man (oder vielleicht man ahnte es), daß man den Tod in sich hatte wie die Frucht den Kern. Die Kinder hatten einen kleinen in sich und die Erwachsenen einen großen. Die Frauen hatten ihn im Schoß und die Männer in der Brust. Den hatte man, und das gab einem eine eigentümliche Würde und einen stillen Stolz." (Rainer Maria Rilke, Die Aufzeichnungen des Malte Laurids Brigge, 12)

Welche Konzeptualisierung von Tod findet sich in (83)?

(83) „Das war nicht der Tod irgendeines Wassersüchtigen, das war der böse, fürstliche Tod, den der Kammerherr sein ganzes Leben lang in sich getragen und aus sich genährt hatte. Alles Übermaß an Stolz, Willen und Herrenkraft, das er selbst in seinen ruhigen Tagen nicht hatte verbrauchen können, war in seinen Tod eingegangen, in den Tod, der nun auf Ulsgaard saß und vergeudete. Wie

hätte der Kammerherr Brigge den angesehen, der von ihm verlangt hätte, er solle einen anderen Tod sterben als diesen. Er starb seinen schweren Tod." (Rainer Maria Rilke, Die Aufzeichnungen des Malte Laurids Brigge, 16f.)

Welche mentalen Repräsentationen, welche mentalen Bilder kommen Ihnen zu Bewusstsein, wenn Sie versuchen, sich das Konzept TOD vorzustellen? Und wie spiegelt sich diese Konzeptualisierung in der Sprache wider?

Welche in der Literatur und Kunst vorherrschenden Symbole und Allegorien zum Tod fallen Ihnen ein?

Welche Konzeptualisierung von TOD liegt der folgenden Aussage zugrunde?

(84) „Wen die Götter lieben, stirbt jung." (Menander)

Inwiefern kann man generell die Entstehung von Religion(en) als Versuch erklären, eine Form der Bewältigung mit dem antizipierten Tod zu finden? Vgl. z.B. Dawkins (2006).

Inwiefern liegt dieser Auffassung die Erkenntnis zugrunde, dass Ich-Bewusstsein und emotionale Einstellung zum Ich wesentlicher sind als alle empirischen Fakten?

Überlegen Sie, wie viele Nominalkomposita es mit *Angst* als Erstkonstituente gibt, bei denen keine Austauschbarkeit durch *Furcht* möglich ist.

Vgl. z.B. *Angsthase* vs. ?? *Furchthase*, *Angstneurose* vs. ?? *Furchtneurose*, *Angsttraum* vs. ?? *Furchttraum*, *Angstzustand* vs. ?? *Furchtzustand*.
Wie sieht es mit Komposita aus, bei denen *-angst* als Zweitglied den Kopf bildet?

Vgl. *Urangst* vs. ?? *Urfurcht*. Warum existiert hier kein Kompositum mit *Furcht* als Zweitglied? Welche Konzeptualisierung von ANGST steht hinter dem Lexem *Urangst*?

Welcher Unterschied besteht zwischen (85) und (86)? Ist (86) akzeptabel?

(85) Ich fürchte mich vor dem Tod.
(86) Ich ängstige mich vor dem Tod.

Vgl. *Tote(r)* vs. *Leiche*. Beide Lexeme haben dasselbe Referenzpotenzial. Dennoch besteht in der Verwendung der beiden Ausdrücke ein wesentlicher Unterschied. Vgl. z.B.:

(87) Der Tote war mein Freund.
(88) ?? Die Leiche war mein Freund.

Wie kann man diesen Unterschied semantisch erklären?

## 8.2 Todesmetaphern: Verbale Manifestationen der Unerfahrbarkeit

> „Man denkt nicht den Tod, die Leere, das Nicht-Seiende, Das Nichts; sondern deren unzählbare Metaphern: eine Art und Weise, das Ungedachte zu umreißen." (Edmond Jabès)

> „Der Tod ist kein Ereignis des Lebens. Den Tod erlebt man nicht" (Ludwig Wittgenstein)

Die verbalen Referenzialisierungsformen zum Konzept TOD, die sich vor allem als Metaphern manifestieren, spiegeln den Versuch des menschlichen Geistes wider, für das Nichtvorstellbare eine Vorstellungsrepräsentation zu entwickeln. Hinsichtlich der Vorstellung vom Tod lassen sich im Wesentlichen zwei grundlegende Konzeptualisierungen voneinander abgrenzen: TOD als finales Ende, als NICHTS und TOD als Fortführung der Existenz auf anderer (metaphysischer) Ebene.

(89) „Eins von beiden muss der Tod sein: entweder er ist wie ein Nichts-Sein, und der Gestorbene hat keine Empfindung weiter von irgend etwas, oder, nach der gewöhnlichen Annahme, ist er eine Verwandlung und eine Versetzung der Seele aus diesem in einen andern Ort." (Platon)

(90) „Daß der Tod eine Grenze ist, wird gewiß niemand bezweifeln, und kaum jemand wird bestreiten, daß er eine letzte Grenze ist. Die Meinungen gehen darüber auseinander, ob er auch eine endgültige Grenze ist, hinter der nichts mehr liegt, und darüber, wie diese beschaffen sein könnte, falls man annimmt, daß hinter der Grenze doch noch eine andere Wirklichkeit wartet." (Alfred Schütz, Thomas Luckmann)

Die zuletzt genannte Form der Konzeptualisierung ist die Basis der Religionen dieser Welt: Religionen basieren im Wesentlichen auf der Vorstellung, dass die Phase des Erdenlebens nur eine Phase in der menschlichen Existenz[19] darstellt (s. z.B. Dawkins 2006). Die Konzeptualisierung von TOD ALS EXISTENZFORM sowie die konzeptuelle Relation zwischen Tod und Gott spiegelt sich in sprachlichen Phrasen wie den folgenden wider:

---

19 Daran geknüpft ist die Konzeption der Wiederauferstehung und einer himmlischen Existenz. Leben und Tod sind Übergänge zu einer anderen, je nach Lebensweise besseren oder schlechteren Existenzform. Die Konzepte PARADIES und HÖLLE stehen für diese Nach-Todes-Existenzformen. Der Glaube an einen überirdischen Gott und die Möglichkeit metaphysischen Weiterlebens überwindet daher bei vielen religiösen Menschen die Todesangst. Dawkins (2006) sieht entsprechend als eine zentrale Rolle von Religion für den Menschen, in seiner kognitiven und emotionalen Auseinandersetzung mit sich und der Welt, die des Trostes; daneben erwähnt er die Funktionen Erklärung, (moralisch-ethische) Ermahnung und Inspiration.

(91) Gott ruft, holt den Menschen zu sich; eingehen in Gottes Reich; in die ewige Geborgenheit Gottes kommen; Sterben als Weg zu Gott; Gott hat genommen; heimkehren zu dem Schöpfer; in den Himmel kommen; Gott hat es gefallen, XY zu sich zu nehmen etc.

Diese für den Menschen offensichtlich emotional tröstliche Konzeptualisierung vom TOD ist uralt:

(92) „Wer im Jenseits ist

Der Tod steht mir heute so verlockend vor Augen
wie die Genesung von einer Krankheit.
Wie der erste Gang ins Freie nach dem Siechtum.

Wer im Jenseits ist,
wird ein Weiser sein, für den es keine Schranke gibt.
Und er wird bei Re Gehör finden, sooft er spricht.“
(Altägyptisch ca. 2100–1800 v. Chr.)

Religiöse Menschen finden emotional Trost und Halt in der Vorstellung, dass der Tod nicht das Ende sei, sondern der Übergang in eine andere Existenzform. Dem Unvorstellbaren mit einer Konzeptualisierung zu begegnen, die dem antizipierten Nichts ein weiteres Leben entgegenhält, bedeutet emotional eine ungeheure Stabilisierung.

(93) „… Tod, ich fürcht dich nicht … Wird ich nur verletzet
So wird ich versetzet
In den himmlischen Garten,
Auf den wir alle warten
Freu dich, o schöns Blümelein!“
(Erntelied, 18. Jh.)

Menschen mit einer säkularen Lebenseinstellung dagegen sehen die Lebensspanne dem Prinzip des „Carpe diem“ unterstellt: Genieße dein Leben, koste jeden Tag aus, nutze die Zeit, die du hast. Der Tod beendet das Leben, setzt ein finales Ende und mündet im Aufgehen. Vgl.:

(94) „Freut Euch des Lebens
Weil noch das Lämpchen glüht
Pflücket die Rose,
Eh sie verblüht“
(Johann Martin Usteri, 18. Jh.)

Werfen wir nun einen Blick auf die Metaphern, mit denen der Tod konkret benannt wird. Hier lassen sich primär die folgenden Konzeptkonstellationen als zugrundeliegende Repräsentationen (der Form ZIELBEREICH IST

URSPRUNGSBEREICH im Sinne der in Kap. 5.2.4 skizzierten kognitiven Metapherntheorie) für die metaphorischen Wendungen erkennen: TOD IST SCHLAF, TOD IST EINE REISE, TOD IST VERLUST, TOD IST TRANSFORMATION, TOD IST ERLÖSUNG, TOD IST WEITERLEBEN.

Einer der populärsten Vergleiche sieht den Tod als Schlaf,[20] den Schlaf als „Stiefbruder des Todes“ (Lichtenberg; vgl. auch Freud, der den Schlaf als „Abkehrung von der Außenwelt“ beschrieben hat). Wenn der Tod „keine Empfindung weiter“ wäre, sondern „gleichsam ein Schlaf, in dem der Schlafende nicht einmal einen Traum sieht, so wäre der Tod ein überschwänglicher Gewinn“ (Platon); vgl. Macho (1987: 87 ff.).

(95) „Der Schlaf ist ein Abbild des Todes.“ (Cicero, Gespräche in Tusculum)

(96) „Sterben – schlafen –
Nichts weiter! – und zu wissen, daß ein Schlaf
Das Herzweh und die tausend Stöße endet,
Die unsers Fleisches Erbteil sind – s'ist ein Ziel
Aufs innigste zu wünschen. Sterben – schlafen –
Schlafen! Vielleicht auch träumen! – Ja, da liegt's:
Was in dem Schlaf für Träume kommen mögen,
Wenn wir den Drang des Ird'schen abgeschüttelt,
Das zwingt uns stillzustehn. Das ist die Rücksicht,
Die Elend lässt zu hohen Jahren kommen.“ (Hamlet, William Shakespeare)

(97) „Wer den Tod nicht kennt, muß sich den Schlaf ansehen.“ (Gotthold Ephraim Lessing)

(98) „Wenn der Schlaf ein Stiefbruder des Todes ist, so ist der Tod ein Stiefbruder des Teufels.“ (Georg Christoph Lichtenberg)

(99) „Der Tod ist ein Schlaf, in welchem die Individualität vergessen wird: Alles andere erwacht wieder oder vielmehr ist wach geblieben.“ (Arthur Schopenhauer)

(100) „Tod ist ein langer Schlaf.“ (Friedrich von Logau)

(101) „Des Schlafes dunkler Bruder.“ (Titel eines Kriminalromans von Jeff Lindsay)

In der Alltagssprache spiegelt sich die Konzeptualisierung TOD IST SCHLAF in zahlreichen Lexemen und Wendungen wie

(102) entschlafen, einschlafen, zur Ruhe betten, Ruhe finden, entschlummern, einschläfern (in Bezug auf Tiere), hat die Augen für immer geschlossen, Todesschlaf, ewiger Schlaf, ewige Ruhe usw.

---

20 Die Metapher *Der Schlaf ist der Bruder des Todes* geht auf die griechische Mythologie zurück: In der griechischen Sagenwelt sind der sanfte Schlaf, Hypnos, und der mitleidlose Tod, Thanatos, beide Söhne der Nachtgöttin Nyx.

wider (s. hierzu auch die Texte der Todesanzeigen in Kap. 8.5). *Wir nehmen Abschied von X, X hat uns verlassen, X ist von uns gegangen, X ist heimgegangen, die letzte Reise antreten*, aber auch das stilistisch saloppe *für immer die Kurve kratzen* steht für die Konzeptualisierung TOD IST EINE REISE,[21] wobei das Heimgehen gleichzeitig das Konzept eines metaphysischen Ursprungs inkludiert. Hinter *X wurde aus unserer Mitte genommen, X wurde aus dem Leben genommen, wir haben X für immer verloren, wir mussten uns von X trennen* steht die Konzeptualisierung TOD IST VERLUST, d.h. Wegnahme aus dem Leben, aus der Mitte der Mitmenschen. Der TOD IST ERLÖSUNG und TOD IST WEITERLEBEN ist konzeptualisiert in den Ausdrücken

(103) X fand Erlösung, X wurde erlöst, seine Qualen fanden ein Ende, X hat nun Frieden gefunden, X ist nun in einer besseren Welt, X hat nun seinen Platz im Himmel, ist nun bei seinem Schöpfer etc.

Vgl. auch:

(104) „Der Tod ist kein Abschnitt des Daseins, sondern nur ein Zwischenereignis, ein Übergang aus einer Form des endlichen Wesens in eine andere." (Wilhelm von Humboldt, Briefe an eine Freundin)

Die Grundlage für die Metaphorisierung[22] TOD IST ERLÖSUNG ist das Konzept der Transformation: Tod ist Übergang vom Irdischen, Körperlichen zum Überirdischen, Metaphysischen, ist Reise zum göttlichen Schöpfer. Wir sehen, wie die verschiedenen konzeptuellen Repräsentationen (REISE, TRANSFORMATION, ERLÖSUNG, WEITERLEBEN) auf das Engste miteinander verknüpft sind.

(105) „Sehnsucht nach dem Tode

Wir kommen in dem engen Kahn
Geschwind am Himmelsufer an.

Gelobt sei uns die ew'ge Nacht,
Gelobt der ew'ge Schlummer."
(Novalis)

---

21 Diese metaphorische Kodierung findet sich oft in Todesanzeigen: Vgl. „Ich glaub' ganz fest, dass du nicht fortgegangen bist für ewig – nein du bist verreist auf großer Fahrt ganz allein." (TLZ, 04.07.2006)

22 Aus Sicht der diachronischen Sprachbetrachtung sind die Ausdrücke *X starb* oder *X verstarb* auch Metaphorisierungen, denn die Ausgangsbedeutung ist „starr werden" (s. Fußnote 12). Synchron betrachtet stellen die Ausdrücke *sterben* und *versterben* jedoch direkte, nichtmetaphorische Bezeichnungen für den Todeseintritt dar (da die etymologische Herkunft den wenigsten Sprechern bekannt ist).

Auffällig sind die Personalisierungen, die sich bei der Referenzialisierung des Todes finden: Der Tod erscheint in Kunst und Literatur als Sensenmann, der den Menschen holt, oder als Todesengel, in Anlehnung an die antike Mythologie als Fährmann, der über den Todesfluss kommt (vgl. Novalis, Sehnsucht), der Tod streckt als Knochenmann bzw. als Skelett seine Hand aus etc.:

(106) „Das Schicksal setzt den Hobel an und hobelt alle gleich … Zeigt sich der Tod einst mit Verlaub und zupft mich: Brüderl, kumm …“ (Ferdinand Raimund, Hobellied, 18./19. Jh.)

(107) „Geh wilder Knochenmann … rühre mich nicht an“ (Mathias Claudius, Der Tod und das Mädchen)

(108) „Es ist ein Schnitter, der heißt Tod,
hat Gewalt vom höchsten Gott,
heut wetzt er das Messer …“
(Erntelied; 18. Jh.)

Dementsprechend basieren die lexikalisierten Mittel des sprachlichen Gebrauchs auf dem Konzept TOD ALS GESTALT: *der Tod klopft an, er lauert auf der Straße, er fasst uns an, er nimmt uns die Feder aus der Hand, wir sehen ihm ins Auge, wir ringen mit dem Tod, wir springen ihm von der Schippe* etc.

(109) „Wohin der Tod, der Ruhebringer,
Sich scheuen wird zu greifen,
Wenn endlich seine sanften Finger
Mein Welkes niederstreifen.“
(Nikolaus Lenau, An meine Rose)

In zahlreichen Märchen tritt der Tod als konkrete Gestalt auf: bevorzugt als alter Mann (Gevatter Tod) oder als Teufel. Der Teufel wird oft als grausame Gestalt, die den Tod verkörpert, oder als todbringende bzw. den Tod fordernde Gestalt referenzialisiert.[23] Der Teufel als Inkarnation des Bösen, als Gottes Antipode, der die Seelen der Menschen bei Todeseintritt einfangen will, steht für die Konzeptualisierung TOD ALS TRANSFORMATION. Die Transformation weist hierbei mit den Parameterwerten GUT und BÖSE eine Alternative zu TOD ALS ERLÖSUNG auf. Alle diese Metaphern, die sich fest in der Sprache etabliert haben, schließen aber die Möglichkeit der radikalen Andersartigkeit des Todes mit ein, denn es handelt sich um die absolutesten der „absoluten Metaphern“ (vgl. Skirl/Schwarz-Friesel [2]2013), die kein Re-

---

**23** In den Wendungen *weder Tod noch Teufel / sich nicht vor Tod und Teufel fürchten* findet diese konzeptuelle Nähe ebenfalls ihren Ausdruck (s. hierzu Kap. 5.2.2). In Flüchen wird dem Verfluchten eine extreme Negativsituation gewünscht. Vgl. *Der Teufel soll dich holen!* oder *Zur Hölle mit dir.*

ferenzobjekt[24] haben und keine Verifikationsmöglichkeit, keinen Wahrheitswert erhalten können, die sich nicht zurückführen lassen auf empirische Werte oder Konzeptkonstellationen und deren Semantik das Resultat eines Konstruktionsprozesses ohne Weltbezug ist.

In ihnen manifestiert sich das Sagbare des eigentlich Unsagbaren[25] und die Referenz auf etwas völlig Unbekanntes.

(110) „Stammbuchblatt für einen Unbekannten

Es erschreckt uns,
Unser Retter, der Tod. Sanft kommt er
Leis im Gewölke des Schlafs.

Aber er bleibt fürchterlich, und wir sehen nur
Nieder ins Grab, ob er gleich uns zur Vollendung
Führt aus Hüllen der Nacht hinüber
In der Erkenntnisse Land."
(Friedrich Hölderlin)

**Denkanregungen:**

Zeigt sich beim Todesdiskurs schlichtweg als Bedeutungs- und Referenzpotenzial ein ‚Nichts', über das wir (in Anlehnung an Wittgensteins Aussage „Wovon man nicht sprechen kann, darüber muss man schweigen") nur noch schweigen können?

Welche Konzeptualisierung liegt dem Phraseologismus *den Löffel abgeben* zugrunde, welche in *aus dem Leben gerissen*? Was wird durch *der kalte Hauch des Todes* kodiert?

Sterben und Tod haben als existenzielle Gegebenheiten des Menschen immer schon ein zentrales Thema der Literatur gebildet. In welchen Werken der Weltliteratur spielt die Todesthematik eine besondere Rolle?

In Kap. 2.3.2 haben wir Literatur als sprachliche Textweltmodell-Konstruktion beschrieben, die auf den Schemata unserer Erfahrungswelt operiert. Da der Tod keine Anknüpfung an unsere Erfahrungswelt hat, kann er eigentlich nicht dargestellt werden. Auf welche Probleme der literarischen Darstellung stößt die Literatur also generell beim Topos „Tod"? Wie begegnet die Kunst dieser Herausforderung durch Ästhetisierung?

---

24 Referiert wird auf kulturell determinierte Type-Konzepte.

25 Vgl. hierzu auch „Auschwitz ist der Tod, der totale, absolute Tod – des Menschen, der Sprache und der Vorstellungskraft, der Zeit und des Geistes ..." (Arnoni 1992: 7). S. Kap. 10.

Inwiefern beziehen sich alle Texte, die sich mit dem Tod (in der Lesart TOD ALS NACH DEM STERBEN) beschäftigen, immer auf mögliche Welten und evozieren mental entsprechend Textweltmodelle, die denen fiktiver Welten ähnlich sind? Inwiefern sind diese Textweltmodelle radikal anders als die von literarischen Werken?

Welche emotionsausdrückenden Wörter finden sich in dem folgenden Text(abschnitt)? Welches Gefühl löst der Text bei Ihnen aus?

„Wer hätte nicht einen flüchtigen Schauder, eine geheime Scheu und Beklommenheit zu bekämpfen gehabt, wenn es zum ersten Male oder nach langer Entwöhnung galt, eine venezianische Gondel zu besteigen? Das seltsame Fahrzeug, aus balladesken Zeiten ganz unverändert überkommen und so eigentümlich schwarz, wie sonst unter allen Dingen nur Särge es sind, – es erinnert an lautlose und verbrecherische Abenteuer in plätschernder Nacht, es erinnert noch mehr an den Tod selbst, an Bahre und düsteres Begängnis und letzte, schweigsame Fahrt." (Thomas Mann, Der Tod in Venedig)

In welcher Relation werden Tod und Liebe oft in der Weltliteratur gesehen?

## 8.3 *Todunglücklich* und *sterbenslangweilig* – *Tod* als emotionsausdrückendes Lexem

Dafür, dass sich das Wort *Tod* auf keine erfahrbare Größe im menschlichen Dasein bezieht, ist seine Verwendung in der Sprache ausgesprochen produktiv. Das Lexem *Tod* findet sich in verschiedenen morphologischen Variationen, in zahlreichen Komposita sowie syntaktischen Konstruktionen wie Redensarten und Phraseologismen. Es spielt besonders als emotionsausdrückendes Mittel eine wichtige Rolle bei der Verbalisierung verschiedener emotionaler Zustände und Prozesse, die vor allem eine negative Bewertung haben. Als Erstglied in Zusammensetzungen mit emotionsbezeichnenden Lexemen dient es dem Ausdruck der Intensivierung (mit der Bedeutung „sehr", „überaus") eines Wahrnehmungs-, Empfindungs- oder Emotionszustandes:

(111) Totenblass, totenstill, todmüde, todtraurig, todunglücklich, todlangweilig, todübel, todkrank, todernst, todelend, etc. (vgl. auch sterbensmüde, sterbensübel, sterbenskrank, sterbenslangweilig).

Diese Komposita folgen dem Wortbildungsmuster, nach dem im Deutschen Konstruktionen wie *eiskalt, zitronengelb, kochendheiß, staubtrocken* gebildet werden, sind aber in ihrer semantischen Transparenz anders zu beschreiben, da das Kriterium der Paraphrasierbarkeit (*gelb wie Zitronen*) nicht mit der wörtlichen Bedeutung von *tot* gegeben ist. *Todlangweilig* ist nicht „langweilig wie der Tod" (der unter Umständen sehr spannend sein kann, wir wissen nichts über den Tod), sondern außergewöhnlich, sehr langweilig. Die Konzeptualisierung TOD IST SCHLAF stellt aber mit Sicherheit eine Motivation für eine solche Sprachkonstruktion dar (vgl. *Er ist zum Einschlafen. Das ist so langweilig, dass man einschläft*).

Bei der Beschreibung emotionaler Zustände finden sich daher (trotz fehlender Verifizierbarkeit der Aussagen) ebenfalls eine Reihe von sprachlichen Wendungen, die implizit oder explizit Vergleiche ausdrücken und eine Analogierelation zwischen Gefühlszustand und Todeszustand beinhalten.

(112) Ich bin tot!
(113) Ich bin wie tot.
(114) Ich fühle mich wie tot.
(115) Ich war halb tot vor Angst/Schrecken/Furcht.
(116) Ich fühlte mich tot und begraben.
(117) Am Ende war ich mehr tot als lebendig.
(118) Ich starb tausend Tode in dieser Prüfung.

In vielen Redensarten und idiomatischen Konstruktionen sind konzeptuelle Anleihen an die Todesdomäne enthalten:

(119) Sie ist zu Tode betrübt. / Er langweilt sich zu Tode. / Sie erschrak sich zu Tode. / Sie war einfach nur tödlich. / Er war tödlich beleidigt. / Sie tötete uns den letzten Nerv. (vgl. auch nervtötend) / Sie schlug die Zeit tot. / Die Idee gerät auf ein totes Gleis. / Du kannst mich totschlagen (aber ich weiß es nicht). / Er schwätzte uns alle tot. / Sie konnte ihn auf den Tod nicht ausstehen.

*Tod* wird in all diesen Konstruktionen in nicht wörtlicher, übertragener Bedeutung benutzt. Auf die Problematik einer Festlegung der referenziellen Funktion des Lexems bin ich in Kap. 8.1 bereits eingegangen. Wörtlich gemeint ist (120):

(120) Er befand sich in tödlicher Gefahr. vs.
(121) Er langweilte sich tödlich.

Als Adjektiv in (120) bezieht sich *tödlich* tatsächlich auf die Referenzdomäne von Tod (vgl. auch *totschießen, totschlagen*): Die Gefahr kann zum Tode führen, es besteht reell die Möglichkeit, zu Tode zu kommen; in (121) dagegen drückt *tödlich* als Adverb nur eine Intensivierung aus. Die Langeweile war sehr groß, im übertragenen Sinne tödlich. Entsprechend ist es bei einigen (der oben aufgeführten) Komposita, die *tod-* als Determinativmorphem haben:

(122) Sie ist todkrank. (wörtlich gemeint: sie wird sterben)
(123) Sie fühlt sich todkrank. (intensivierend: sehr krank); vgl.:
(124) Ich habe zwar nur einen grippalen Infekt, fühle mich aber todkrank und sterbenselend.

Bei (122) wird tatsächlich die Nähe zum Tod ausgedrückt: Die Krankheit bzw. der Krankheitszustand ist so ernst, dass die Gefahr besteht, die Kranke überlebt nicht. In (123) und (124) dagegen drückt der Sprecher sein subjektives Krankheitsgefühl aus.

Eine Analogie zum Todeszustand wird also nicht immer ausgedrückt. Entsprechend wird nicht notwendigerweise der Parameter der Negativ-Bewertung fokussiert: Die Verwendung von *Tod* dient vielmehr häufig der Intensivierung von emotionsbezeichnenden und -ausdrückenden Wörtern und Konstruktionen. So vermittelt der Sprecher in (125) und (126) insgesamt eine positive Bewertung des Sachverhalts.

(125) Wir fuhren todmüde, aber sehr glücklich nach Hause.
(126) Ich hatte wirklich Todesangst vor dieser Prüfung, aber es lief klasse.

Und nicht immer wird das Lexem *Tod* als Mittel zum Ausdruck einer Negativemotion eingesetzt: In (127) hat die aktuelle Bedeutung von *totenstill* hinsichtlich der emotionalen Einstellung einen positiven Wert.

(127) Es war totenstill in der Wüste, so wundervoll still.
(128) todchic, todsicher, todesmutig, zum Totlachen, zum Sterben schön, schön wie der Tod

Die Wörter in (128) drücken generell eine positive emotionale Einstellung des Sprechers zum jeweiligen Referenten bzw. Referenzbereich aus. Die Motivation für die Konstruktion ist dabei unterschiedlich: *todchic* (besonders chic, Konzeptualisierung: TOD ALS ETWAS BESONDERES, EINZIGARTIGES), *todsicher* (tritt so gewiss ein wie der Tod, ist so verlässlich, TOD ALS GEWISSHEIT), *todesmutig* (sehr mutig, selbst den Tod nicht fürchtend, TOD ALS GEFAHR, ALS ENDE). In *zum Totlachen* steht die Intensitätsmarkierung im Vordergrund (sehr, extrem lustig; die Todesanalogie spielt keine Rolle). Dagegen spiegelt sich in der Phrase *schön wie der Tod* die Konzeptualisierung einer Ästhetik des Todes[26] (die an das Konzept der Todessehnsucht geknüpft ist) wider.

Generell lässt sich konstatieren, dass Menschen dazu neigen, in ihren sprachlichen Äußerungen über emotionale Zustände und Prozesse, „infla-

26 Eine Art Todeskult findet sich manchmal bei Jugendlichen. Zu den Typen dieser Jugendsubkulturen vgl. Schmidt/Neumann-Braun (²2008).

tionär" mit dem Lexem *Tod* umzugehen: Die *Todesangst* findet sich bei Prüfungen, Gesprächen, Begegnungen mit Spinnen und Hunden, die *Hölle öffnet sich* bei Ärger, Wut und Angst, überhaupt ist generell hyperbolisch alles immer ganz *tödlich, furchtbar, entsetzlich, grauenhaft* und *zum Sterben* (selbst die Langeweile), wenn man den sprachlichen Manifestationsformen Glauben schenkt.

**Denkanregungen:**

Welche konzeptuelle Motivierung lässt sich für (129) angeben?

(129) Sie sah aus wie der Tod. Sie war bleich wie der Tod.

Lassen sich die folgenden Komposita alle auf eine gemeinsame Konzeptualisierung von TOD zurückführen?

(130) Totgeburt, Totgeglaubter, Totgesagter, Totpunkt, Totschlag
(131) Todesstoß, Todesverachtung, Todfeind, Todsünde, Todkranker

Sind alle Analogien in (132) gebräuchlich und nachvollziehbar?

(132) schön/kalt wie der Tod / krank wie/traurig wie/elend/einsam wie der Tod

Vgl. das Lexem *Todsünden*. Worin liegt die Besonderheit dieses Kompositums?

Welche emotionale Bewertung ist in den Lexembedeutungen enthalten?

(133) himmlische Ruhe, tödliche Stille, Grabesruhe, Totenstille (?? Todesruhe)

Verändert sich diese Bewertung unter Umständen in bestimmten Satz- oder Textkontexten? Überprüfen Sie dies mit der Annullierbarkeits-/Streichbarkeitsprobe für Implikaturen.

Welche Denotation haben *gruftig* und *Grufti*? Für welche Gruppe ist die Benutzung dieser Wörter typisch?

Welche Emotionsparameter werden in den folgenden Beispielsätzen kodiert?

(134) Ich bin verschwiegen wie ein Grab.
(135) Wir können uns begraben lassen.
(136) Ich schweige wie ein Grab.
(137) Das können wir jetzt ja wohl begraben.

Welche Lesart hat die Redensart *daran/davon stirbt man nicht gleich*? Welche emotionale Einstellung drückt ein Sprecher aus, der dies zu jemandem sagt?

In welchen der folgenden Komposita und Wendungen ist *tod-* (als Lexem) wörtlich, in welchen im übertragenen Sinn gemeint?

todbereit, todgeweiht, todblass, todelend, todernst, todkrank, todmüde, todchic, todsicher, todtraurig, todunglücklich; totarbeiten, totschweigen, totfahren, totkriegen, totlaufen, totsagen, totstürzen, tot treten; weder Tod noch Teufel fürchten, jmdm. den Tod an den Hals wünschen, den Tod finden, zu Tode kommen, in den Tod gehen, dem Tod/des Todes sein, auf den Tod krank; jmdn./etw. auf den Tod hassen/nicht leiden können/nicht ausstehen können, gegen den Tod ist kein Kraut gewachsen, mit dem Tode ringen, vom Tode gezeichnet sein, es geht um Leben und Tod, ein Kind des Todes sein, der schwarze Tod, ein nasser Tod, umsonst ist der Tod, und der kostet das Leben; tote Hose, totes Kapital, totes Wissen, tote Zeit, der tote Punkt, der tote Winkel, toten Mann machen, ein toter Mann sein (vgl. Duden [7]2011)

## 8.4 Reden über den Tod: *Mein Beileid* und das große Schweigen – Tabuisierung und emotionale Abwehr in der Alltagskommunikation

> „Vielleicht sollte man doch offener und klarer über den Tod sprechen, sei es auch dadurch, daß man aufhört, ihn als Geheimnis hinzustellen. Der Tod verbirgt kein Geheimnis, er öffnet keine Tür." Er ist bloß „das Ende eines Menschen". Und sonst gar nichts. „Der Tod ist nichts Schreckliches." Schrecklich sind allein „die kollektiven und individuellen Phantasien, die den Tod umgeben. Sie zu entgiften, ihnen die einfache Realität des endlichen Lebens gegenüberzustellen, ist eine Aufgabe, die noch vor uns liegt." (Norbert Elias)

> „Worüber sprechen wir, wenn wir vom Tod sprechen? Diese Frage ist nicht beantwortet. Wie kann man vom *Schweigen reden*? Wie läßt sich der Stummheit Gehör verschaffen? Wie soll man die mörderische Stille in den Bezirk der Sprache treiben?" (Thomas Macho)

Auffällig ist, dass es für den Ausdruck des Mitgefühls Menschen gegenüber, die gerade durch den Tod eines nahen Menschen einen Verlust erlitten haben, nur wenige Lexeme und Konstruktionen gibt: Im Wesentlichen reduziert sich dieser auf die Floskel *mein Beileid* und die Varianten *Sie haben mein Mitgefühl, meine Anteilnahme*. Auf Beileidskarten finden sich oft Bibelsprüche und Gedichtzeilen, also keine genuinen, individuellen Mitleidsbekundungen, sondern intertextuelle Anleihen. Macht die Trauersituation sprachlos?

Mitmenschen reagieren mit emotionaler und verbaler Hilflosigkeit auf Trauernde, mit einem Unbehagen auf die Trauersituation, mit der Tendenz, das Thema schnellstmöglich wieder aus dem Diskurs zu streichen. Gespräche über den Tod finden (wenn sie nicht öffentlich, d.h. massenmedial geführt werden und eine philosophische, medizinische oder psychologische Ausrichtung haben) nicht alltäglich statt, sie sind kein integraler Bestandteil der normalen Kommunikation, sondern werden, wenn überhaupt, in kleinen privaten Kreisen vertrauter Personen geführt. Das Thema TOD ist tabuisiert.[27]

Ariès (1980) hat bereits in seiner Geschichte des Todes gezeigt, dass das Konzept vom Tod sich über die Jahrhunderte grundlegend verändert hat. Nach Ariès hat eine fundamentale Todesverdrängung aufgrund der Modifikation des sozialen Sterbens stattgefunden. Der Tod war in früheren Gesellschaftsformen immer gegenwärtig, er durchbrach den Alltag der Gemeinschaft auf eine drastische und dadurch nicht zu verdrängende Weise. Tote waren allgegenwärtig: im Haus, auf den Wegen, im Dorf.

(138) „Man starb immer öffentlich." (Philippe Ariès)

Sterben war ein Prozess inmitten der Familie, der Gemeinschaft. Es gab keine Krankenhäuser und Altenheime, in denen abgeschieden gestorben wurde. Durch den sozialen und medizinischen Wandel, der im 18./19. Jahrhundert in Gang gesetzt wurde, veränderte sich der Umgang mit Sterbenden derart, dass er aus der Mitte der Gesellschaft in die Randbereiche verlegt wurde. Durch die Anonymität des Sterbevorgangs findet sich auch ein veränderter Umgang mit dem Tod, da sich unsere Erfahrung vom Tode Anderer minimiert hat. Einen Menschen sterben zu sehen, ist nicht mehr normal, sondern ungewöhnlich. Durch die medizinische Versorgungssituation sind Tod und Sterben aus dem Blickfeld der konkreten Erfahrung verschwunden (und in die virtuelle Domäne massenmedial vermittelter Welten geglitten). Die moderne Gesellschaft hat mittlerweile so viele Abwehrstrategien entwickelt, um den Tod und das Sterben aus dem Leben zu verdrängen, vom Leben abzukoppeln, dass die meisten Menschen das Sterben hautnah nur noch im Fernsehen erleben (und dort auf eine so inflationäre Weise, dass das Konzept STERBEN geradezu den Status eines Abstraktums hat).

Walter (1994) kennzeichnet die Verdrängung des Todes aus dem Leben auch als eine Phase der Säkularisierung von der Religion zur Medizin. Der

[27] Eine Umfrage unter Studierenden in mehreren Seminaren an der Friedrich-Schiller-Universität Jena zwischen 2005 und 2006 zeigte, dass durchaus ein emotionales Bedürfnis besteht, sich reflektiv-abstrakt mit der Todesthematik auseinanderzusetzen, dies jedoch dann eher als Privatangelegenheit in Familien- und Freundesdiskursen angesehen wird. Die Konfrontation mit starken Trauerzuständen aufgrund von Todesereignissen und die damit verbundene Sozialpflicht, Beileid zu bekunden, werden bei wenig(er) vertrauten Bekannten als emotionale Belastung empfunden. Dies bestätigt die in der Forschung seit längerem konstatierte Ausgrenzung und Tabuisierung von Tod und Sterben in der modernen Gesellschaft.

moderne Umgang mit Sterbenden weist keine Metaphysik mehr auf, vielmehr rein pragmatische Rationalisierung. Bürokratisierung und professionelle Routine regeln diesen Vorgang: Vom Eintritt des Todes bis zur Bestattung ist alles kontrolliert und organisiert. Es gibt keine Totenwache an der Leiche, keinen langen Abschied vom Toten, keine Konfrontation mit dem Körper. Stattdessen geschieht in der Regel die sofortige Absonderung der Toten. Durch die Medien ist der Tod zwar noch immer omnipräsent, sein Bild hat sich jedoch gewandelt. In unserer modernen Gesellschaft wird der Tod nicht mehr direkt und tagtäglich erlebt. Er verschwindet mehr und mehr aus dem unmittelbaren Umfeld: Einerseits durch die Tatsache, dass heute selten mehrere Generationen zusammen leben und so mit der Tatsache des Älterwerdens und Sterbens konfrontiert werden. Andererseits kann durch Fortschritte in Technik und Medizin der Tod hinausgezögert werden, viele Menschen sterben im Krankenhaus bzw. Seniorenheim und nicht, wie früher üblich, zu Hause im Kreis der Familie.[28]

Analog ist die Einsamkeit der Trauernden in unserer Gesellschaft: Trauer wird als etwas Privates, nicht nach außen in die Sphäre der Gesellschaft zu Tragendes gesehen. Intensiv ausgelebte Trauer wird daher als Zeichen der emotionalen Labilität gesehen. Die bei tragischen Unfällen oder Unglücken massenmedial initiierte und inszenierte Emotionalisierung mit den verbalen Beileidsbekundungen wie

(139) Sie sind nicht allein mit ihrer Trauer!

(140) Wir alle teilen Ihren großen Schmerz! etc.

hat mit der tatsächlichen Trauersituation, ihrer Kommunikation, nichts gemeinsam. Über den Tod, das Sterben, den Verlust und die Emotion der Trauer spricht man öffentlich wenig und wenn, nur im Rahmen hoch konventionalisierter Formen.

Hierin spiegelt sich einerseits eine kommunikative Hilflosigkeit. Andererseits zeigt sich hier auch ein emotionaler Selbstschutz, der an die eigene Todesangst gekoppelt ist: Das Leben soll durch die Konfrontation mit dem Tod

28 „Die frühzeitige Vereinsamung der Sterbenden gerade in den entwickelteren Gesellschaften zeugt von einer allzu begrenzten Identifizierung der Menschen untereinander", schreibt Elias ([8]1995) in „Über die Einsamkeit der Sterbenden". Und Nölle (1997: 81) konstatiert, dass „moderne Gesellschaften … dem Einzelnen … keine Anweisungen geben [können], wie er den Tod zu deuten hat, sie lassen ihn mit der Deutungsproblematik allein." Der häufige Umgang mit Sterbenden, die frequente Konfrontation mit dem Tod anderer bedingt nicht notwendigerweise eine souveränere emotionale Einstellung: Kübler-Ross ([7]1996, [22]1999) zeigt, dass auch 47 % des medizinischen Pflegepersonals mit Unwohlsein und Angst auf Todesgespräche reagiert. Die Art und der Umgang mit der Berufserfahrung spielt hier eine wichtige Rolle.

nicht belastet werden. Dieser emotionale Selbstschutz jedoch führt zu einer kommunikativen Begrenztheit sowie zu Tabuisierungstendenzen. Das führt dann bei einem Todesereignis für die unmittelbar vom Verlust eines geliebten Menschen Betroffenen neben der Emotion der Trauer auch zu dem Gefühl der Einsamkeit.

Obgleich Tod und Sterben zentral für jeden Menschen sind, sind diese Referenzbereiche als Diskursthemen tabuisiert und mit starken emotionalen Abwehrstrategien[29] belegt. Mangelnde Gesprächsbereitschaft und negative Bewertung sind kennzeichnend.[30] Emotionale Tabuisierungs-, Stigmatisierungs- und Abwehrtendenzen finden sich auch bei der Frage, wie ein Mensch sein individuelles Sterben gestalten kann, soll und darf. Rational betrachtet sollte es in einer aufgeklärten Gesellschaft selbstverständlich sein, dass ein Mensch, als ein Wesen mit einem freien Willen, selbst darüber bestimmt, wann und wie er sein Leben beendet. Dass dies in unserer Gesellschaft nicht der Fall ist, ist bekannt. Aktive Sterbehilfe[31] wird nicht als Hilfestellung zu einem humanen, selbstdeterminierten Sterben betrachtet, sondern vielmehr als Tötungsakt evaluiert, der rechtliche Konsequenzen hat. Sprachlich manifestiert sich die religiöse Auffassung, das Leben sei dem Menschen gegeben, es zu erhalten und nicht eigenmächtig zu beenden in Wendungen wie den folgenden:

(141) gottgegebenes Leben, Gottes Wille, Gott hat gerufen, Gott beendete ein Leben, Gott holt zu sich, Gott holt heim, Gott erlöst, Gott hat es gefallen, XY zu sich zu nehmen …

29 Dies betrifft den Alltagsdiskurs. Der massenmediale Diskurs dagegen zeichnet sich dadurch aus, dass Todesnachrichten geradezu inflationär verbreitet werden. Aufgrund der Allgegenwart von Todesnachrichten haben diese daher auch kaum noch Emotionspotenzial. Der Tabuisierung des individuellen Todes steht die Tatsache gegenüber, dass Ereignisse, bei denen besonders viele Menschen ums Leben kommen, Nachrichtenwert haben. Dies hängt mit den Sensationalismustendenzen des öffentlichen Sprachgebrauchs zusammen. Aufgrund der Anonymität der Toten entsteht aber keine für den Rezipienten schmerzliche oder unerträgliche Trauersituation. Die räumliche und seelische Distanz sichert emotional ab: Daher bestehen im massenmedialen Bereich auch nicht die oben erwähnten Tabuisierungs- und Abwehrstrategien.

30 Zum Teil liegt die Erklärung hierfür sicher im Konzept des Abwehrmechanismus (das der klassischen Psychoanalyse entstammt, aber auch in der Biologie als Homöostase bekannt ist). Es handelt sich um den zumeist unbewussten Prozess, die Funktionsfähigkeit des Individuums (in körperlicher und psychischer Art) zu sichern. Die kommunikative Verweigerung in Bezug auf den Tod dient damit dem Ziel, emotional unbelastet den Alltag zu meistern. Ein Leben mit ständiger Todesangst oder auch nur Todesreflexion wäre kein unbeschwertes Leben.

31 Dass dies nicht vereinbar mit unserer modernen Konzeptualisierung vom Menschen als mündigem Bürger, als Individuum mit Recht auf Selbstbestimmung ist, wurde bereits oft kritisch diskutiert (s. z. B. Merkel 2005). S. Pohl (2012) zur emotionalen Dimension des öffentlichen Diskurses zur Sterbehilfe.

Die negative Emotionalisierung betrifft hierbei nicht nur diejenigen, die Sterbehilfe leisten möchten, sondern auch diejenigen, die selbstbestimmt sterben möchten. Dies spiegelt sich in der verbalen Referenzialisierung wider: Das Wort *Selbstmörder* (s. entsprechend *Selbstmord*) weist durch das Zweitglied des Kompositums denotativ emotional negativ bewertete Merkmale auf. *Mörder* bezeichnet einen Menschen, der einen unrechtmäßigen und ethisch verwerflichen Akt der Tötung an einem anderen Menschen vollzieht. Die moralisch und emotional negative Bewertung dieses Lexems bleibt in der kompositionalen Kombination *Selbstmörder* erhalten. Paraphrasiert ergibt sich die Lesart JEMAND DER SICH UMBRACHTE mit den negativen Bewertungen oder Assoziationen, die aktiviert werden, wenn es sich um Fremdmord handelt.

**Denkanregungen:**

Inwiefern thematisiert Rilke in dem folgenden Text den Wandel im Umgang mit Sterbenden in der Moderne und nimmt damit die gesellschaftliche Entwicklung voraus?

> „Dieses ausgezeichnete Hôtel ist sehr alt, schon zu König Chlodwigs Zeiten starb man darin in einigen Betten. Jetzt wird in 559 Betten gestorben. Natürlich fabrikmäßig. Bei so enormer Produktion ist der einzelne Tod nicht so gut ausgeführt, aber darauf kommt es auch nicht an. Die Masse macht es. Wer gibt heute noch etwas für einen gut ausgearbeiteten Tod? Niemand." (Rainer Maria Rilke, Die Aufzeichnungen des Malte Laurids Brigge, 11)

Inwiefern ist der Sterbehilfe-Diskurs in Deutschland stark von der Euthanasiepolitik in der NS-Zeit beeinflusst?

In welchen Diskursen findet das neutrale Lexem *Selbsttötung* oder *Freitod* Verwendung, in welchen *Selbstmord*?

Kann man die Produktion und Veröffentlichung einer Todesanzeige als Trauerritual oder als Teil der Trauerarbeit der Hinterbliebenen charakterisieren?

Beschreiben Sie den Unterschied zwischen den Lexemen *Traueranzeige* und *Todesanzeige*. Geben Sie die Bedeutung des Lexems *Trauerarbeit* an.

## 8.5 Öffentliche und veröffentlichte Trauer – Gefühle in Todesanzeigen im Konflikt von Intimität und Konventionalität

> „Give sorrow words: the grief that does not speak
> Whispers the o'er fraught heart, and bids it break."
> (Macbeth, William Shakespeare)

> „Dahingegangen? Verschieden? In der Parte schrieben wir: ‚... wurde uns unser einziges Kind ... durch einen Unglücksfall entrissen.' In der Druckerei fragte der Mann, der die Bestellung aufnahm, ob wir nicht ‚unser einziges innigstgeliebtes Kind' schreiben wollten, aber Hanna ... sagte nein, es verstehe sich, geliebt und innigstgeliebt, es komme auch gar nicht mehr darauf an." (Ingeborg Bachmann)

An die Todeserfahrung ist die Emotion der Trauer geknüpft. Trauer entsteht generell als Reaktion auf einen Verlust[32] und ist konzeptuell verbunden mit emotionalen Zuständen wie Elend, Sorge, Ärger, Verzweiflung, Kummer und Einsamkeit, wird also hinsichtlich des Parameters[33] der Qualität/Wertung als NEGATIV konzeptualisiert (vgl. u. a. Hülshoff $^{4}$2012, Wilkening $^{2}$1998: 83 f., Mees 2006: 104; zu semantischen Aspekten s. Wierzbicka 1999: 60 f.).

Trauer ist Wilkening ($^{2}$1998: 83) zufolge eine „natürliche Reaktion auf ein Verlusterlebnis". Der Hinterbliebene hat einen Menschen verloren und muss lernen, mit diesem Verlust umzugehen, von alten Gewohnheiten Abschied zu nehmen und ohne den verstorbenen Menschen zu leben. Diesen Prozess des Realisierens und Abschiednehmens nennt man Trauerarbeit (Wilkening $^{2}$1998: 84). Lammer ($^{5}$2010: 31) lehnt sich bei ihrer Beschreibung von Trauer an Freuds Definition aus „Trauer und Melancholie" (1916) an: „Trauer ist regelmäßig die Reaktion auf einen Verlust, speziell auf den Verlust einer signifikanten Person." Trauer muss nicht zwangsläufig als Reaktion auf einen Todesfall eintreten, sondern nur dann, wenn die Hinterbliebenen das Ableben des Betroffenen als Verlust erfahren. Lammer ($^{5}$2010: 31) weist darauf hin, dass Trauer potenziell auch eine positive Funktion hat, indem sie ermöglichen kann, Verlusterfahrungen zu bewältigen. Zudem können über die

---

32 Das Verlusterlebnis muss nicht notwendigerweise der Tod sein. Man trauert auch, wenn man verlassen wird oder wenn man sich für längere Zeit von einem geliebten Menschen trennen muss.

33 Die Parameter Intensität und Dauer variieren je nach Trauersituation. Verbal und nonverbal manifestiert sich z. B. die Dimension der Dauer in Gedenkanzeigen, die teilweise Jahre nach dem Todesfall noch die Trauer der Hinterbliebenen zum Ausdruck bringen. Die Intensität der Trauer schlägt sich in unterschiedlichen Manifestationen nieder (s. die nachfolgenden Textbeispiele in diesem Abschnitt).

Reaktion auf den Verlust „intra- und interpersonale Aspekte der Trauerphänomenologie“ erschlossen werden (s. Lammer [5]2010: 31; vgl. auch Cahn-Wegmann/Cahn 2003).

Trauer lässt als Gefühl die Leere empfinden durch die Lücke, die im Leben eines Individuums entsteht. Durch den Verlust von einem geliebten Menschen ist eine wichtige Bindung zerrissen, was als intensives Gefühl des seelischen Schmerzes erfahren wird. Wie im vorangegangenen Abschnitt erörtert, ist Trauer jedoch in unserer Gesellschaft eine sehr „private, einsame Emotion“, da der Trauernde mit seinem Schmerz auf eine Diskurssituation stößt, die die Auseinandersetzung und die Kommunikation über den Tod, das Sterben und die Verzweiflung weitgehend in den Privatbereich (ab)schiebt. Öffentlich wird die Trauer nur in einem bislang sehr formell gehaltenen Diskurstyp, der Textsorte Todes- bzw. Traueranzeige, gemacht. Wie artikulieren wir Todeskonfrontation und Trauer in der Öffentlichkeit? Lässt sich der Ausdruck von Gefühlen, die im Trauerfall involviert sind, exemplarisch anhand der Textsorte Todesanzeige erfassen und beschreiben? Offenbaren die öffentlichen und veröffentlichten Trauerbekundungen etwas über die emotionalen Einstellungen der Betroffenen? Sind diese Texte genuine Gefühlsmanifestationen oder bloße, auf Konventionalisierung basierende Textmusterrealisierungen?

In Deutschland wird jeder zweite Todesfall durch eine Todesanzeige[34] bekannt und öffentlich gemacht (s. Zeck 2001: 184). Durch diese Handlung wird das individuelle Ableben eines Menschen zu einem sozialen Ereignis (Hosselmann [2]2003: 2), von dem eine breitere Öffentlichkeit in Kenntnis gesetzt wird (s. hierzu auch Grümer/Helmrich 1994, Linke 1999, Hölscher 2005).

---

[34] Schon im Alten Testament ist belegt, dass der Tod eines Menschen öffentlich bekannt gegeben und gemeinschaftlich betrauert wurde. Geschah dies nicht, so stellte dies eine Herabsetzung des Gestorbenen dar: „Darum spricht der HERR über Jojakim, den Sohn Josias, den König von Juda: Man wird ihn nicht beklagen: ‚Ach, Bruder! Ach, Schwester!‘ Man wird ihn nicht beklagen: ‚Ach, Herr! Ach, Edler!‘“ (Die Bibel 1986: Jer. 22, 18)

Bis ins 17. Jahrhundert erfolgte die Mitteilung eines Todesfalls nach innen (Haus und Hof, Familie) und nach außen (Öffentlichkeit, Gemeinwesen). Nach innen diente sie der Bannung des Toten und geschah durch das Todansagen. Mit der Aufklärung ging dieser Aspekt zurück bzw. wurde unreflektiert tradiert. Stattdessen stieg die Bedeutung der Bekanntmachung des Todes nach außen. Seit der zweiten Hälfte des 18. Jahrhunderts beginnen sich Todesanzeigen zu etablieren (in Frankreich bereits seit Ende des 17. Jahrhunderts). Die älteste bekannte deutsche Todesanzeige erschien 1753 im Ulmer Intelligenzblatt unter „Vermischte Nachrichten“. Todesanzeigen in Tageszeitungen haben als Kommunikationsmedium ältere Formen der öffentlichen Bekanntmachung eines Todesfalls ergänzt oder auch völlig verdrängt (s. Großes Lexikon der Bestattungs- und Friedhofskultur 2002: 40).

Bei der Todesanzeige handelt es sich seit langem um eine traditionelle und besonders stark normierte Textsorte, die bis ins kleinste Detail vorgeprägt ist. Als massenmediale Gebrauchstextsorte dient die Todesanzeige der öffentlichen Bekanntmachung eines Todesfalls. Ihre illokutionäre Rolle lässt sich entsprechend als Vollzug der Handlung „Anzeigen des Todes eines Menschen" beschreiben (von der Lage-Müller 1995: 132, 169; Eckkrammer 1996: 95). Als Textsorte, die stets den gleichen Basisinhalt in einem begrenzten Kontext wiedergibt, ist eine „Herausbildung von sprachlichen Routinen" charakteristisch (vgl. von der Lage-Müller 1995: 267, Zeck 2001, Stoeva-Holm 2001, Sielaff 2003). Diese prototypischen Textelemente, wie Name der verstorbenen Person, Name der Trauernden, Sterbedatum, Datum der Beerdigung, Todesursache, Lebensalter, Beruf, Bestattungsart sowie Ausdruck der Trauer,[35] machen die Todesanzeige zu einer hochgradig standardisierten Textsorte, die in der Regel den vorgegebenen Konventionen entspricht (Eckkrammer 1996: 156). Als konstitutives Textsortenelement gilt der sogenannte schwarze Trauerrand, die räumliche Be- und Abgrenzung jeder Todesanzeige, der eine explizite semiotische Aussagekraft besitzt und als universales Merkmal der Textsorte Todesanzeige[36] gilt (vgl. Eckkrammer 1996: 96–97, Zeck 2001: 185).

Obligatorisch ist auf der Informationshandlungsebene die Bekanntgabe, dass eine Person verstorben ist. Alle weiteren Angaben sind typische, aber fakultative Merkmale. Gefühlsäußerungen oder die Würdigung der Persönlichkeit der verstorbenen Person finden sich somit nicht in allen Todesanzeigen.

Eine negative Bewertung des Verstorbenen findet sich aus Pietätsgründen nicht. Der Verstorbene wird entsprechend immer nur mit positiven Eigenschaften beschrieben und aufgewertet. Geht man nach den veröffentlichten Todesanzeigen, geben nur die Hinterbliebenen von guten Menschen das Ableben bekannt. Eine Todesanzeige wie (142) ist daher exzeptionell. Es war im

---

35 Von der Lage-Müller (1995: 134) weist auf die Doppelbenennung im mündlichen Sprachgebrauch von *Todesanzeige* zum einen und *Traueranzeige* zum anderen und die sich daraus ergebenden Illokutionen hin. Während das Lexem *Todesanzeige* die Bekanntgabe des Todesfalls fokussiert, kodiert *Traueranzeige* die expressive Komponente, d. h. den Ausdruck des Trauergefühls.

36 Dieses textsortenkonstitutive Merkmal ist sonst nur bei Warnhinweisen auf Zigarettenschachteln zu beobachten, wo vor den gesundheitsschädigenden und lebensbedrohenden Auswirkungen des Rauchens auf den Menschen gewarnt wird. Durch den Trauerrand entsteht ein semiotischer Zusammenhang, eine intertextuelle Graphikbeziehung zwischen beiden Textsorten.

Zeitraum von drei Jahren die einzige, die in dieser Explizitheit und Intensität einen Verstorbenen mit negativen Eigenschaften „würdigt".

(142) „Mein Schwiegervater
Josef (Sepp) K.
Dr. phil. – ordentlicher Professor der klassischen Philologie, Magnifizenz der Universität ... 1930/31 und 1945–50
Die Personifizierung geistigen Hochmutes und menschlichen Versagens
starb am 8. März 1980 im 91. Lebensjahr"

Bei den meisten Todesanzeigen findet sich die konventionell festgelegte Informationsdarstellung, da das Layout bereits bis ins kleinste Detail vorgegeben ist. Charakteristisch sind textsortenspezifische Phrasen, die längst den Status von bloßen Floskeln haben (und entsprechend auch beim Leser keine wirklich tiefe Emotionalisierung auslösen), wie (143) bis (145):

(143) In Liebe/Trauer/Dankbarkeit nehmen wir Abschied.
(144) Er/Sie fand Frieden/Ruhe/Erfüllung/Erlösung.
(145) Plötzlich und unerwartet/Unfassbar für uns.

Besonders häufig waren in den letzten drei Jahren (in denen ich systematisch Todesanzeigen als Datenmaterial sichtete) zwei Sprüche zu konstatieren:

(146) „Der Herr ist mein Hirte ... obwohl ich wanderte durch das Tal des Todes, ich fürchte mich nicht, denn du bist bei mir." (Psalm 23)
(147) „Wenn du bei Nacht den Himmel anschaust, wird es dir sein, als lachten alle Sterne, weil ich auf einem von ihnen wohne, weil ich auf einem von ihnen lache." (Antoine de Saint-Exupéry, Der Kleine Prinz)

Während (146) vor allem den im Glauben zu findenden Trost und die damit verbundene Bewältigung der Todesvorstellung fokussiert, steht bei (147) die Erinnerung an den Verstorbenen als kostbarer Besitz der Hinterbliebenen im Vordergrund.

Für den Sterbeprozess und den Zustand des Totseins finden sich zumeist Euphemismen, wie ich sie bereits in Kap. 8.3 beschrieben habe:

(148) „Unsere liebe Mutter hat ihre letzte Reise angetreten." (KSTA, 27.02.2003)
(149) „Hans H. ist von uns gegangen." (TLZ, 03.04.2005)
(150) „Jutta weilt nicht mehr unter uns". (KSTA, 07.04.2004)
(151) „Warum musstest du gehen." (Gedenkanzeige vom 18.03.2006)

Die strikt festgelegte Makrostruktur sowie die floskelhaften Sprachelemente auf der Mikroebene der Textsorte Todesanzeige sind eigentlich inkompatibel mit der persönlichen Trauer, dem individuellen Schmerz. Durch die Veröffentlichung des Todesfalls und der öffentlichen Trauerverbalisierung entsteht zudem ein Spannungsfeld zwischen subjektivem Gefühl und objektivierbarer Kodifizierung. Es zeigt sich eine emotionale Konfliktsituation: Einerseits ist Trauer etwas Persönliches, Individuelles, das an privaten, subjektiven Schmerz geknüpft ist, andererseits ist die Veröffentlichung, die Bekanntmachung hoch konventionell und stellt eine öffentliche Handlung dar.

Da die Textsorte Todesanzeige so stark konventionalisiert ist, erfahren wir oft nur über Floskeln kodierte Stereotype zu Tod und Sterben, die eher der gesellschaftlichen Trauernorm, dem Trauerritual entsprechen als der individuell gefühlten Trauer.

Ob die Todesanzeige tatsächlich die Möglichkeit zur Trauerarbeit, zur Bewältigung bietet, den Schmerz über den Verlust eines geliebten Menschen zu artikulieren und emotionale Prozesse zu kodieren, wie von einigen Autoren angenommen wird (vgl. von der Lage-Müller 1995, Hosselmann $^{2}$2003, Lammer $^{5}$2010), bleibt schwer zu beantworten. Man kann mit Sicherheit annehmen, dass es auch Menschen gibt, die so in ihrer „Qual verstummt" sind, dass sie nicht einmal zum Aufgeben oder Verfassen einer Todesanzeige in der Lage sind. In diesem Sinne ist der Schritt, sich im Rahmen der Trauernormen zu verhalten und eine Anzeige aufzugeben, eventuell tatsächlich eine erste emotionale Bewältigung.

Da die Trauer über den Verlust eines Menschen zu den intensivsten Gefühlen von Menschen gehört, stoßen wir hier auf das in Kap. 7 beschriebene Problem der Ausdrückbarkeit (vgl. hierzu auch Eckers Verweis auf den „Topos der ‚Unsagbarkeit' und ‚Unaussprechlichkeit'" (Ecker 1999: 17); s. hierzu auch von der Lage-Müller 1995: 224): Trauer macht viele Menschen stumm. Die Todesanzeige muss somit den schwierigen Spagat zwischen Sprachlosigkeit und Trauerausdruck schaffen. Für ihren seelischen Schmerz finden die Hinterbliebenen oft keine passenden sprachlichen Ausdrücke, so dass oft gerade die Sprachlosigkeit an sich thematisiert[37] wird.

(152) „Sein Tod erfüllt uns mit sprachloser Trauer und tiefster Anteilnahme für seine Familie." (TLZ, 28.02.2006)

(153) thematisiert explizit und intertextuell auf andere Todesanzeigen Bezug nehmend die Bedeutung der Floskel *plötzlich und unerwartet*:

(154) „Wir haben schmerzlich erfahren müssen, was die Worte ‚plötzlich' und ‚unerwartet' bedeuten." (04.07.2006)

[37] Sprachlosigkeit und Kommunikationshemmung werden daher auch in vielen Todesanzeigen durch einen ausgewählten Spruch aufgehoben (s. (146) und (147)).

Das reflektierende Element ist hier individuell fokussiert. Dieses Beispiel zeigt, dass die Verbalisierung von Trauer und Schmerz in Todesanzeigen oft einen Kompromiss darstellt. Die Produzenten bewegen sich zwischen konventionalisierten Normen und individuellen Verbalisierungen.

Die Diskrepanz zwischen sprachlichem Ausdruck und innerem Gefühl beschreibt die folgende Todesanzeige:

(155) „Abschied – ein Wort, so leicht zu sagen, doch schwer, unsagbar schwer, es zu tragen." (TLZ, 30.08.2006)

In antithetischer Form drücken die Produzenten die Zerrissenheit ihrer Gefühle in der Trauersituation aus. Der Euphemismus *Abschied* (für Todeserfahrung) markiert als Wort lediglich ein bekanntes, oft benutztes Sprachelement mit einer konventionellen Bedeutung. Gefühlter, individueller Schmerz jedoch ist *unsagbar* und auf einer gänzlich anderen Ebene zu bewältigen.

Unverständnis und Fassungslosigkeit gekoppelt mit der tröstenden Konzeptualisierung der bleibenden metaphysischen Präsenz der Verstorbenen in der Erinnerung ist in (156) artikuliert:

(156) „Wir verstehen das nicht. Warum musstest du gehen. Du warst immer für uns da und wir werden dich NIE vergessen. Du wirst immer ein Teil unserer Familie sein. Und als hellster Stern des Himmels über uns leuchten. Danke für alles!" (TLZ, 18.03.2006)

In den letzten Jahren ist eine wachsende Tendenz zu verzeichnen, Todesanzeigen individueller zu gestalten: Dies betrifft sowohl die persönliche Schilderung der Verstorbenen als auch die subjektiven Trauermanifestationen der Hinterbliebenen. Diese Individualität spiegelt sich zum einen in der mikrostrukturellen Gestaltung des Textes, zum anderen im makrostrukturellen Textsortenmuster (z. B. werden manchmal Bilder der Verstorbenen hinzugefügt).

(157) „UNVERGESSEN
Es tut weh, diese Leere zu spüren, es tut so weh, dich nicht mehr zu berühren, dich zu verlieren, war unsagbar schwer, doch ohne dich zu leben, noch viel mehr." (TLZ, 18.03.2006)

In (157) drückt der Schreiber offen seinen Schmerz über den Verlust der geliebten Frau aus und thematisiert das Gefühl der Leere sowie das Problem, alleine zu leben. (158) zeichnet sich durch die direkte Anrede an die Verstorbene und die intimen Benennformen aus. Insgesamt ist der Text im Stil eines persönlich geführten Gesprächs gehalten.

(158) „Liebe Mama, Danke für alles. Du wirst immer da sein. Ich hab dich lieb. Dein Uli." (TLZ, 09.09.2006)

Bei (159) fällt zunächst auf, dass kein Euphemismus für den Zustand des Todes benutzt worden ist. Auch die Todesursache wird explizit benannt. Die (handschriftlich verfasste) Anzeige unterliegt somit nicht den sonst üblichen Tabuisierungs- und Beschönigungstendenzen. Sterbevorgang und die Komponente der Körperlichkeit (*was von ihr sterblich war*) sind fokussiert. Gleichzeitig ist sowohl die persönliche Dimension des Hinterbliebenen (*meine Bärbel*) als auch die der Verstorbenen (*ihres Peters*) ausgedrückt.

(159) „Bärbel ist tot. ... Meine Bärbel.
Nach langem, tapferen Kampf mit dem Krebs ... starb sie an der Hand ‚ihres Peters'.
Wir begraben, was von ihr sterblich war, am Montag ..." (TLZ, 16.03.2006)

(160) thematisiert nicht nur den Schmerz über den Verlust des metaphorisch als kostbares Lichtgeschenk konzeptualisierten Kindes, sondern auch die Angst, die durch die Todeserfahrung ausgelöst wurde und nun das zukünftige Leben überschattet:

(160) „Du warst ein Licht, das hell leuchtete,
weil Gott dich brennen ließ.
Dein Licht hat uns angesteckt,
jetzt bist du nicht mehr,
dein Platz ist leer,
doch dein Licht lebt weiter in uns.

Wir sind voller Klagen, voller Schmerzen, weil der Tod so früh kam.
Unsere geliebte ... durfte nur 8 Jahre alt werden.

Vor der Zukunft haben wir Angst.
Unendlich traurig und fassungslos nehmen wir Abschied."
(KSTA, 31.03.2001)

Bei (161) handelt es sich um eine Anzeige, die sich nicht nur durch den saloppen Stil sowie die persönlichen Anredeformen auszeichnet, sondern auch durch die extrem elliptische Informationsdarstellung:

(161) „Thomas ‚Crümel' Pliverits
6. Mai 1966 – 22. Juli 1984
SCHEISS MOTORRAD
MACH'S GUT, ALTER
Bitte weiße Blumen
HEIDI DANI NORMAN"

Der Leser muss selber die Inferenz ziehen, dass der Verstorbene durch einen Motorradunfall ums Leben gekommen ist.

Im Gegensatz dazu fällt (162) bereits quantitativ durch die vielen Informationen auf, die vermittelt werden:

(162) „Die geliebte Frau zu verlieren, ist ein Drama – 25 Gegenpole zu verlieren, ist eine Katastrophe!!!
Inge war 30 Jahre meine liebe Ehefrau
die immer bescheidene, Freud und Leid mit mir teilende Lebensgefährtin
die schutzsuchende, verschmuste, anhängliche Kuschel-Katze
von Zelt-Camping, Wohnwagen, Wohnmobil bis Schiffsreise mich begleitende, gemeinsam erlebende Urlaubs-Partnerin
geduldig mir lauschende Zuhörerin......
Wer kann mir meine Inge ersetzen??? Niemand!!!
Als Mensch habe ich sie nun verloren, spüre nicht mehr ihren Atem, die Wärme ihrer Lippen, ihres Körpers, rieche nicht mehr den Duft ihrer Haut, ihrer Haare und höre nicht mehr ihre Stimme. Ich vermisse sie überall, suche sie ganz gezielt, weiß wo ich sie finde, denn ich kenne ja ihren Platz! Inge lebt weiter in meiner Erinnerung. Sie war meine große Liebe, die Bereicherung meines Lebens und ich habe ihr so viel zu verdanken!!!"

In dieser Anzeige wird der Versuch unternommen, von der Komplexität der Beziehung wenigstens einen Teil zu vermitteln, damit die Dimension und die Intensität des Verlustes begreifbarer werden.

Individueller gestaltete Todesanzeigen durchbrechen also das gewohnte Textmuster durch ihre emotionsausdrückenden und emotionsbezeichnenden Mittel sowie die Thematisierung des persönlich erlebten Verlustschmerzes. Dadurch haben sie für den Leser ein stärkeres Emotionspotenzial. Das hochgradig Standardisierte und Konventionelle emotionalisiert nicht mehr: Ungewöhnliche Verbalmanifestationen dagegen berühren den Leser, indem sie ihm durch die individuelle Komponente eine Empathie- und Identifikationsbasis geben.

Man kann daraus allerdings nicht notwendigerweise die Schlussfolgerung ziehen, dass standardisierte Todesanzeigen von Menschen mit weniger Trauergefühlen aufgegeben werden und die Art der Verbalisierung von Gefühlen den Betroffenheitsgrad der Hinterbliebenen kenntlich macht, also die Intensität der Emotionen kodiert (vgl. diesbezüglich z. B. Hosselmann [2]2003: 16).

Wie bereits erwähnt, kann das Inserieren einer Standard-Todesanzeige (bzw. der Verzicht, überhaupt eine Anzeige zu veröffentlichen) die Option von verzweifelten Hinterbliebenen sein, die nicht in der Lage sind, ihren Schmerz individuell auszudrücken.

Todesanzeigen stellen nicht nur wichtiges Quellenmaterial dar, das Aufschluss über die Trauererfahrung von Menschen und deren sprachliche Bewältigung sowie über emotionale Einstellungen zum Tod geben kann, sondern sie vermitteln auch als soziokulturell geprägte Phänomene im kontrastiven Vergleich interessante Einblicke in die Konventionen, Vertextungsregeln[38] und Trauermanifestationen anderer Länder (s. Assmann/Maciejewski/Michaels ²2007).

Fischer (2004) untersuchte 450 Todesanzeigen in Spanien, Argentinien und Costa Rica. Diese Länder gehören zwar der gleichen Sprachgemeinschaft an (und sind alle katholisch geprägt), weisen jedoch unterschiedliche Textsortenkonventionen auf. In den spanischen Anzeigen tritt vor allem die religiöse Komponente in den Vordergrund. Auch Informationen, die direkt oder indirekt mit dem Sterben in Zusammenhang stehen, haben in den Inseraten der spanischen Zeitungen eine größere Relevanz als in den beiden lateinamerikanischen Zeitungen. In diesen sind dagegen die Trauernden und deren Gefühle von größerer Bedeutung. Den Annoncen aller drei Länder gemein ist, dass die Angaben zur Person des Verstorbenen und seinem früheren Leben eine marginale Rolle spielen.

Was den Ausdruck von Gefühlen, überwiegend Schmerz und Trauer angesichts des Todes eines geliebten Menschen, betrifft, so äußern sich die Hinterbliebenen in den spanischen Anzeigen sehr zurückhaltend. In den beiden lateinamerikanischen Zeitungen geben die Inserenten den Tod im wörtlichen Sinn durch die performativen Verben *participar* oder *comunicar* bekannt, d.h. die Angehörigen treten aktiv sprachhandelnd in Erscheinung und können dadurch gleichzeitig ihren Gefühlen Ausdruck verleihen: [X] *participan con dolor* … Auch bezüglich des Ausdrucks zum Sterben zeigen sich deutliche Unterschiede zwischen Costa Rica einerseits und Spanien und Argentinien andererseits. In der Mehrzahl der costaricanischen Anzeigen vermeiden die Angehörigen, den Tod direkt zu benennen, indem sie den Euphemismus *descansar en la paz del Señor* (ruhen im Frieden des Herrn) verwenden. Im spanischen und argentinischen Korpus dagegen lassen sich lediglich sechs Exemplare belegen, die einen Euphemismus enthalten. Die Hinterbliebenen verwenden fast ausschließlich das Verb *fallecer* (*sterben*).

Winkler (2005) weist in ihrer kontrastiven Analyse zu deutschen und englischen Todesanzeigen darauf hin, dass in den englischen Todesanzeigen eine ausschließliche Konzentration auf den Verstorbenen zu beobachten ist,

---

[38] Nicht in allen Ländern gibt es die massenmediale Textsorte Todesanzeige. In Italien z.B. gibt es gar keine Todesanzeigen in Zeitungen. Stattdessen werden Plakate, die über das Ableben informieren, im Wohnort des Verstorbenen an Bäume geheftet.

die trauernden Hinterbliebenen bleiben vollkommen ausgeblendet. Es gibt kaum Trauerbekundungen. Die Anzeigen erscheinen einem deutschen Leser daher sehr emotionslos. Dass hängt damit zusammen, dass emotionsausdrückende und -bezeichnende Lexeme weitgehend ausgespart bleiben. Eine strikte Trennung von innerer Trauer und öffentlichem Auftreten ist reflektiert in den Formulierungen über das Sterben. Es sind vorwiegend direkte Ausdrucksformen verwendet, weniger euphemistische, welche entweder die Akzeptanz des Todes ausdrücken oder eine neutrale Haltung vermuten lassen; in keiner der untersuchten Anzeigen von Winkler ist eine Nicht-Akzeptanz des Todes zu erkennen.

In den deutschen Todesanzeigen dagegen wird sehr oft die Fassungslosigkeit der Hinterbliebenen angesichts der Todeserfahrung thematisiert. Persönliche Schmerz-, Verzweiflungs- und Angstgefühle finden trotz der stark konventionalisierten Gestaltung der Todesanzeigen ihren Ausdruck.

**Denkanregungen:**

Nach Jäger (2003: 503) sind Todesanzeigen „zeitlich, räumlich und inhaltlich begrenzte Bestandteile des Trauerrituals". Stimmen Sie dieser Auffassung zu?

Welche Todeskonzeptualisierung manifestiert sich in (163)?

(163) „Geborgen in Gottes Liebe – Du wohnst tief in unseren Herzen!"

Vergleichen Sie (163) mit (164).

(164) „Ich wünschte, es gäbe ein Leben nach dem Tode, wo wir uns wieder finden.
Für Willi von Claudia"

Inwiefern kommen in (164) implizit Trauer und Schmerz zum Ausdruck?

Welche Emotionsparameterkodierungen stehen in (165) im Vordergrund?

(165) „Ein Jahr danach.
Immer wieder habe ich das Gefühl, dich umarmen zu können – aber es sind die Gedanken, die in unendlicher Traurigkeit bei dir sind.
In Liebe deine Mutti und alle, die dich lieben." (KSTA, 31.03.2002)

Mit dem Aufkommen neuer elektronischen Medien wie dem Internet bildete sich eine neue Form der Todesanzeige heraus. Bei zahlreichen Zeitungen kann man in einer Onlineversion eine Todesanzeige aufgeben, ebenso auf der Homepage einiger Bestattungsinstitute oder auf ‚virtuellen Friedhöfen'. Was fällt Ihnen auf, wenn Sie sich solche virtuellen Friedhöfe anschauen?

Welche Konzeptualisierung zu Tod und Liebe findet sich in (166) und in (167)?

(166) „Ralf
Wir lieben Dich über den Tod hinaus und werden Dich nie vergessen. Nach 18 Jahren unserer Ehe nehme ich Abschied von Dir. In tiefer Trauer und vollem Schmerz, doch mit aller Liebe grüßen wir Dich.
Deine Frau Kirsten und Sarah
Wir haben in aller Stille Abschied genommen."

(167) „Albrecht Esser ist tot
Während ich nach Stuttgart gefahren bin, bist du gestorben. Ich wollte dir Kuchen bringen und kam zu spät. Aber Du gingst nicht nach Plan, nach Terminabsprache, sondern leise und dezent, elegant und fein, wie Du immer warst – und ich Dich seit 6 Jahren kannte. Ich liebe Dich – und weiß heute nicht einmal mehr, ob ich es Dir sagte! Angelika Esser"

**Literatur:**

Ariès (1980), Elias ([8]1995), Kamlah (1976), Macho (1987), Anz (2001, 2007, 2011), Assmann/Maciejewski/Michaels ([2]2007), Plotke/Ziem (2013).

„Schlußstück

Der Tod ist groß.
Wir sind die Seinen
lachenden Munds.
Wenn wir uns mitten im Leben meinen,
wagt er zu weinen
mitten in uns."
(Rainer Maria Rilke)

# 9 „How do I love thee?" – Die Sprache der Liebenden

## 9.1 Fragen und Probleme

> „Liebe ist das gesprächigste aller Gefühle und besteht zum großen Teil ganz aus Gesprächigkeit." (Robert Musil)

Wie drücken Menschen das Gefühl der Liebe mittels der Sprache aus? Welche Verbalmanifestationen sind dominant und welche Konzeptualisierungen liegen diesen Kodierungen zugrunde? Ist das Konzept LIEBE kulturabhängig und von spezifischen Kommunikationsprozessen bestimmt?

Mit diesen Fragen wird sich das folgende Kapitel beschäftigen und anhand von zahlreichen Texten aus der Literatur wie auch aus der Alltagssprache erörtern, inwiefern bestimmte konzeptuelle Repräsentationen kontinuierlich erhalten bleiben, jedoch teilweise in veränderten sprachlichen Realisierungsformen auftreten. Ich konzentriere mich dabei ausschließlich auf die erotische, als „romantische Liebe" bezeichnete Liebe,[1] die an das Begehren der geliebten Person, den Wunsch nach Wieder-Geliebt-Werden sowie an Leidenschaft und Sexualität geknüpft ist.

> „Das Leitsymbol, das die Themenstruktur des Mediums Liebe organisiert, heißt zunächst ‚Passion', und Passion drückt aus, daß man etwas erleidet, woran man nichts ändern und wofür man keine Rechenschaft geben kann. Andere Bilder mit zum Teil sehr alter Tradition haben den gleichen Symbolwert – so wenn man sagt, Liebe sei eine Art Krankheit; Liebe sei Wahnsinn, folie à deux; Liebe lege in Ketten. In weiteren Wendungen kann es heißen: Liebe sei ein Mysterium, sei ein Wunder, lasse sich nicht erklären und nicht begründen, usw. All dies verweist auf ein Ausscheren aus der normalen sozialen Kontrolle, das aber von der Gesellschaft nach Art einer Krankheit toleriert und mit der Zuweisung einer Sonderrolle honoriert werden muß." (Luhmann $^{12}$2012: 9)

---

1 Andere Formen der tiefen Zuneigung (Elternliebe, Geschwisterliebe) und des ethisch orientierten Verhaltens (Nächstenliebe) werden nicht berücksichtigt.

## 9.2 Das Konzept der Liebe: Zur Universalität einer Emotion und der Kulturspezifik eines Gefühls

„Eros führt zum Urwesen zurück,
er will aus zweien eins machen
und die Menschennatur heilen"
(Platon, Das Gastmahl)

Liebe, „die innige Zuneigung eines Wesens zu einem andern" (s. Grimms Wörterbuch), bezeichnet die intensivste Empfindung, die ein Mensch für einen anderen Menschen zu fühlen fähig ist. Liebe ist ein Gefühl, das sich als eine innere Einstellung positiver,[2] tiefer Verbundenheit zu einer Person beschreiben lässt, das die funktionale Symbiose, den reinen Zweckwert einer zwischenmenschlichen Beziehung transzendiert, da es nicht ego-, sondern alter-ego-zentriert ist. Generell zählt die Liebe als die stärkste Form der Hinwendung zu einem anderen Lebewesen. Hinsichtlich der Emotionsparameter erhält somit LIEBE konzeptuell auf der Skala der Intensitätsmarkierung den höchsten Wert.

Über alle kulturellen und ethnischen Grenzen hinweg lieben Menschen mit der gleichen Intensität und Verwunderung und das offensichtlich seit über zweitausend Jahren. Die Liebe hat seit Jahrhunderten einen besonderen Stellenwert im menschlichen Gefühlsleben: Platon sah generell in der Liebe das Göttliche walten und hob die besondere Rolle von Liebe in zahlreichen Schriften hervor.

(1) „Unter den seligen Göttern
allein ist Eros,
wenn das zu sagen erlaubt
und nicht zu vermessen ist,
der Seligste,
er, der Schönste und Beste"
(Platon, Das Gastmahl)

Vgl. auch:[3]

(2) „Als ersten von allen Göttern
ersann sie (die Göttin) den Eros"
(Parmenides, Über die Natur)

---

2 Liebesgefühle, die nicht den Parameterwert angenehm/positiv haben, sind z. B. zerstörerische Formen von (unerfüllter) Liebe, Hassliebe, Liebestoben, Liebeswahn.

3 S. entsprechend: „So herrscht denn Eros, der alles begonnen!" (Johann Wolfgang von Goethe, Faust II; Sirenen)

(3) „Nun aber bleiben Glaube, Hoffnung, Liebe, diese drei; aber die Liebe[4] ist die größte unter ihnen.“ (1. Brief des Paulus an die Korinther 13, 13; Lutherübersetzung nach der revidierten Fassung von 1984)

Es gibt in der Moderne im Wesentlichen zwei wissenschaftliche Zugangs- und Erklärungsansätze zum Phänomen der Liebe: Liebe wird je nach Modell entweder als universale Emotion (vgl. z. B. Evans 2003) oder als Kulturmuster,[5] als symbolischer Kommunikationscode beschrieben (z. B. Luhmann [12]2012). So bestimmt Luhmann ([12]2012) in seiner Abhandlung „Liebe als Passion“ die Liebe nicht als genuin emotionale Grundbefindlichkeit, sondern als von kulturellen Kommunikationsmustern determinierte Symbolstruktur (vgl. hierzu auch Harré 1986, Faulstich 2002 und Barthes 2005):

> „Entsprechend wird Liebe hier nicht, oder nur abglanzweise, als Gefühl behandelt, sondern als symbolischer Code, der darüber informiert, wie man in Fällen, wo dies eher unwahrscheinlich ist, dennoch erfolgreich kommunizieren kann. Der Code ermutigt, entsprechende Gefühle zu bilden.“ (Luhmann [12]2012: 71)

Unsere Vorstellung von romantischer Liebe wird demnach entscheidend von bestimmten, kulturell und literaturhistorisch geprägten Konzeptualisierungs- und Kommunikationsmustern[6] bestimmt:

> „Geht man vom Postulat funktionsspezifisch ausdifferenzierter selbstreferentieller Sozialsysteme für Intimbeziehungen zwischen jeweils zwei Personen aus und versteht man Intimität als Interpenetration, kann man rückblickend sondieren, ob und in welchen Hinsichten die semantische Tradition des amour passion und der romantischen Liebe dafür Orientierungsvorlagen geliefert hat.“ (Luhmann [12]2012: 78)

---

[4] Bei Paulus ist es nicht die erotische Liebe, sondern die Liebe als Hinwendung zu seinen Mitmenschen, als ethische Grundhaltung allgemein.

[5] Dass der Begriff der Liebe in seiner Interpretation diversen kulturellen Schwankungen unterlag, ist unbestritten. Das Phänomen wurde in den verschiedenen Epochen und Gesellschaften unterschiedlich gedeutet. Insbesondere die Manifestationsformen, die Ausdrucksmuster für Liebesbekundungen variierten und variieren zum Teil erheblich. Die Verhaltens- und Interpretationsregeln für den Umgang mit der Liebe sowie die semantisch-konzeptuellen Repräsentationen dürfen aber nicht mit der Emotion LIEBE gleichgesetzt werden.

[6] Werfen wir z. B. einen Blick auf den mittelalterlichen Minne-Begriff und die Entwicklung bzw. Veränderung von Liebeskonzeptualisierungen von der standardisierten (höfischen) Minne zur individuellen Liebe. Die höfische Minne wird von Bumke ([11]2005) als Utopie charakterisiert, eine fiktive, ästhetische Vorstellung, deren Darstellung in festen kanonisierten Formeln stilisiert wird: z. B. Frau Minne mit Liebesstrahl oder Cupido/Amor mit Pfeil. Es geht hierbei nicht um subjektive Empfindungen, sondern Verhaltensschemata, um Muster der höfischen Kultur. Das Gefühl der Minne wird durch die Symptome des von ihm ausgelösten Affektes beschrieben, z. B. Minnekrankheit: *si gewan eine wunden* (s. Heinrich von Veldeke, Die Êneide, V. 9880); Minne als *ungemach* (V. 9999), als *hitze* (V. 9970). Zur Metapher Liebe als Krankheit etc. s. Kap. 9.4. Zu diachronen Aspekten des Gefühlswortschatzes s. Kapl-Blume (1988), Wenzel (1988) und Jäger (1988).

Die These, dass die romantische Liebe von Minnesängern oder Dichtern der Romantik „erfunden", also bloß ein kulturelles Konstrukt sei, ist für Evans (2003) schlichtweg eine „lächerliche Idee".

Betrachtet man Texte des alten Testaments und (vor)antike Liebeslyrik, wird offensichtlich, dass Liebe und Leidenschaft, Anbetung und Begierde sowie Lobpreisung der/des Geliebten lange vor den Dichtern der Neuzeit thematisiert wurden (s. z. B. die Lieder Salomons und die Gedichte Sapphos).

Auch Röttger-Rössler (2002 und 2004) und Röttger-Rössler/Engelen (2006), die sich im Rahmen ethnologischer Emotionsforschung empirisch anhand von Fallstudien mit der Frage nach der kulturellen Modellierung von Liebe beschäftigt haben, stellen lediglich kulturspezifische Unterschiede bei den (verbalen und nonverbalen) Manifestationsformen[7] fest. Die drei für die Liebe wesentlichen Bindungssysteme, sexuelle Lust, romantische Anziehung und affektive Verbundenheit, finden sich aber offensichtlich in allen Kulturen (s. hierzu auch Danes 2004 zu universalen und kulturspezifischen Aspekten von Emotionen).

Auf unsere Unterscheidung von Emotion und Gefühl rekurrierend, lässt sich somit konstatieren, dass die Emotion LIEBE ein Universalphänomen ist. Davon zu unterscheiden sind jeweils kulturspezifische, gesellschaftliche Konzeptualisierungen von „Liebe" als Gefühl, die eine kognitive Beurteilung und Klassifikation beinhalten. Von den drei wesentlichen Komponenten von Liebe, sinnliche Begierde, emotionale Zuneigung und kognitive Bewusstseinshaltung, ist demnach nur die zuletzt genannte Komponente soziokulturell determiniert und gesellschaftlichen Kommunikationsprozessen unterworfen.[8]

In der Emotionspsychologie beschreibt Hülshoff ([4]2012) das Phänomen der Liebe als außerordentlich vielschichtig, da mit ihm sexuelle Lust, Bindungs- und Zugehörigkeitsgefühl, körperliche Zärtlichkeit sowie das Glück einer dauerhaften Beziehung und der Ausnahmezustand des Verliebtseins

---

7 So haben z. B. die Makassar auf der indonesischen Insel Sulawesi keinen lexikalischen Ausdruck für romantische Liebe und die sexuelle Leidenschaft wird als eine Krankheit gesehen (vgl. hierzu die Metaphern in Kap. 9.4). Lexikalisch kodiert werden ca. 25 verschiedene Formen der Zuneigung: *rimang* bezieht sich beispielsweise auf die erzieherische, sorgende Liebe von Erwachsenen zu Kindern, *amaling-amaling* dagegen auf die innige Zuneigung unter Eheleuten.

8 Heelas (1986) zeigt in seiner interkulturellen Studie zu Emotionsdiskursen allgemeine Unterschiede hinsichtlich der Kodierung sowie Interpretation von emotionalen Zuständen und Prozessen auf: Bestimmte Komponenten einer Emotion werden je nach Kultur- und Sprachgemeinschaft unterschiedlich fokussiert. „Emotional elements might be universal, emotional experiences are not" (Heelas 1986: 258). S. auch Holodynski (2006: 11) zu kulturellen Einflüssen auf die emotionale Entwicklung.

verbunden werden. Hülshoff ([4]2012: 130f.) sieht in der Liebe die Verknüpfung von Leidenschaft, Intimität und Bindung. Leidenschaft definiert er als die Lust und das Verlangen, die Hingabe und das Glücksgefühl sowie die Erfahrung, dass zumindest im Moment nichts wichtiger als die Liebe ist. Intimität ist dabei das unbewusste und bewusste Preisgeben vom Körper, von den Emotionen und inneren Einstellungen. Die Bindung ist die Beziehung der Liebenden, in der diese miteinander vertraut werden. Emotionspsychologisch wird zwischen Verliebtsein und Liebe unterschieden, wobei ersteres als Vorstufe der Liebe gesehen wird (Hülshoff [4]2012: 130). Dabei wird die Liebe von ihm nicht als eigenständige Emotion betrachtet, sondern es wird davon ausgegangen, dass sie auf der Basis der Sexualität beruht,[9] wodurch die Motivation geschaffen wird, erotische Beziehungen mit Menschen einzugehen. Mit dieser Motivation sind mehrere Gefühle verbunden, wie z.B. Freude, Glück, Interesse, aber auch Angst, Scham, Ärger und Trauer.

In zahlreichen Texten über die Liebe wird dieses Konglomerat von Empfindungen sprachlich kodiert:

(4) „Drauf fühlt ich einen Trieb, vermischt von Lust und Leiden,
den ich bekennen muß, doch nicht zu nennen weiß,
ein Mengsel von Begier, Bedenken, Furcht und Freuden,
bald ward mir wohl, bald weh, bald kalt, bald wieder heiß."
(Hoffmannswaldau, Emma an Eginhard)

(5) „Es ist schwer, die Liebe zu definieren. In der Seele ist sie eine Leidenschaft zu herrschen, im Verstande Sympathie, im Körper ein geheimnisvoller Drang zu besitzen." (La Rochefoucauld, Reflexionen)

In der Kognitiven Linguistik wird bei dem Konzept der Emotion Liebe von einer prototypisch orientierten Kategorisierung ausgegangen, wobei LIEBE als zentraler Punkt in einem Netzwerk verschiedener Kategorien von Konzepten wie FREUDE, GLÜCK, SEXUELLE BEGIERDE etc. gesehen werden kann (s. z.B. Kövecses 1999: 44f.). Es besteht eine Kausalbeziehung zwischen GLÜCK und LIEBE (Kövecses 1999: 141; s. hierzu aber Fußnote 2).

Das Konzept der Liebe ist mit dem Konzept MÖGEN (LIKE) sowie SCHÖNHEIT/ATTRAKTIVITÄT unmittelbar verbunden. Die Metaphern für Schönheit drücken eine Kraft aus, die sich in Anziehung wie durch Magnetismus, Magie und Licht äußert (s. hierzu die metaphorischen Äußerungen in Kap. 5.2.2). Mögen ist eine Reaktion auf Schönheit/Attraktivität und im-

[9] Dies ist eine Auffassung, der ich mich nicht anschließe. Phylogenetisch betrachtet ist es aber sicherlich plausibel, die Sexualität als Basismotivation für die Liebe anzunehmen (s. hierzu z.B. Zimmer 1982: 293f.).

pliziert die Passivität des Erlebenden, denn Schönheit wird erfahren, ohne aktiv in einem Prozess der Handlung beteiligt zu sein. Mit der Anziehungskraft des geliebten Menschen und der Passivität des Liebenden ist der Verlust der Selbstkontrolle verbunden, wobei diese zwei Aspekte über die Schönheit im Konzept der Liebe integriert sind. Das mit dem Konzept SCHÖNHEIT verbundene Konzept MÖGEN bezieht sich nicht nur auf physische Attribute, sondern beinhaltet auch nicht-physische Charakteristika, die im LIEBE-Konzept vereint werden (Kövecses 1999: 130–132). Kövecses' Untersuchungen zur Metaphorisierung des Konzeptes LIEBE fokussieren besonders die Konzeptualisierung EMOTION IST PHYSIOLOGISCHE REAKTION. Dementsprechend sind im Liebesdiskurs metaphorisierende Manifestationen dominant, die Liebesempfindungen als im Körper stattfindende Veränderungen thematisieren (z. B. Veränderung des Herzschlags, des Atmens und der Gesichtsfarbe; Kövecses 1999: 172f.).

Vgl. die folgenden deutschen Beispiele:

(6) Ihr Herz schlug höher, als sie ihn sah.
(7) Ihr Herz fing an, heftig und schnell zu pochen.
(8) Ihr stockte der Atem vor Entzücken.
(9) Sie atmete heftig, als sie vor ihm stand.
(10) Sie wurde rot, als er sie intensiv ansah.
(11) „Das Auge sieht den Himmel offen,
Es schwelgt das Herz in Seligkeit.
O! dass sie ewig grünen bliebe,
Die schöne Zeit der jungen Liebe."
(Friedrich Schiller, Das Lied von der Glocke)

**Denkanregungen:**

In welchem Zusammenhang stehen in (12) Liebe und Schönheit bzw. ästhetische Bewertung?

(12) „GIBT ES EINE WEIBLICHE ÄSTHETIK

Ich sehe deine Augen
mit den hängenden
Lidern am Kinn
Fettfalten die Stirn
gefurcht deine
dünnen spitzen
Ohren überm fahlen
Haar die
kahle Stelle

am Hinterkopf ich
denke du bist
von allen Männern
der schönste"
(Ulla Hahn)

Stimmen Sie den Aussagen in (13) bzw. in (14) zu?

(13) „Ohne irgendwelche positiven, angenehmen Gefühle ist das Leben eines Individuums intrinsisch wertlos." (Lenzen 2004)

(14) „Liebe und Haß sind die großen Triebfedern der Dialektik des Geistes. Unsere Liebe schafft ein System, um das, was sie liebt, zu verteidigen, und der Haß zerstört es, damit er ein System schaffen kann, um zu verteidigen, was er liebt; und die Liebe will nun umgekehrt dieses System mit ihrem Haß zerstören." (Nicolás Gómez Dávila)

## 9.3 Intensitäts- und Unikalitätskodierung: Zur Rolle der Sprache im Liebesdiskurs

„Der Ausdruck der Liebe ist dann nicht ihr *Ableiter*, sondern ihr *Blitz*, und sie will immer mehr sagen, je mehr sie gesagt hat, und sie wächst in sich selber." (Jean Paul an Karoline Mayer)
„Let's talk love." (Yves Montand)

Die Liebe weckt auf eine besondere Art das Bedürfnis,[10] dem anderen die Gefühle mitzuteilen und der/dem Geliebten die gefühlte Liebe zu beteuern. Damit wird gleichzeitig der Wunsch der meisten Liebenden erfüllt, Liebesversicherungen zu erhalten:

(15) „Say over again, and yet once over again,
That thou dost love me."
(Elizabeth Barrett Browning, XXI)

Wir begegnen im Liebesdiskurs[11] einer schier endlosen Palette von Ausdrucksvarianten: von der formelhaften Floskel *Ich liebe dich* bis hin zu *in Dir bete ich das Göttliche an*, s. hierzu (22).

[10] Vgl. hierzu das Zitat von Musil zu Beginn dieses Kapitels.

[11] Zu den typischen Textsorten, die spezifisch an den Ausdruck des Gefühls der Liebe gekoppelt sind, gehören die Liebeserklärung, das Liebesgedicht und der Liebesbrief (s. hierzu Gibbs/Solange 1996, Hansson 1996, Wyss 2002, 2003a, b). S. auch Leisi ([4]1993).

Die in Kap. 3.3 beschriebenen Emotionsparameter Intensität, Dauer und Wertigkeit finden ihren Ausdruck in den Kodierungen des Liebesgefühls derart, dass das Exzeptionelle, das Unikale in den Vordergrund gerückt wird. Liebe wird als die wertvollste, die dauerhafteste und die intensivste Emotion dargestellt:

(16) „How do I love thee? Let me count the ways.
I love thee to the depth and breadth and height
My soul can reach …"
(Elizabeth Barrett Browning, XLIII)

(17) „Dieses Gefühl steht über allen anderen Gefühlen, man ist überströmt von einer riesigen Welle von Geborgenheit, und das Gefühl, nicht allein zu sein, lässt einen Menschen aufleben. Erst in diesem unbeschreiblichen Zustand kommt die wahre Gestalt eines Menschen in seiner ausgeglichensten Form zutage. Man wird zu einem völlig anderen Menschen" (djds.de/liebe/2005)

(18) „Es gibt nur 4 Fragen von Bedeutung. Was ist heilig?
Aus was besteht der Geist? Wofür lohnt es sich zu leben?
Und wofür lohnt es sich zu sterben?
Und die Antwort ist stehts die gleiche – Nur für die LIEBE!!!"
(sms-sprueche-bilder.de, 2005)

Wahre Liebe ist göttlich, metaphysisch, die wertvollste Erlebenskomponente im menschlichen Leben (und entsprechend werden dem/der Geliebten göttliche Eigenschaften zugesprochen):

(19) „Einer allein scheint mir den Göttern vergleichbar
jener Sterbliche ists, der dir nahe sein darf." (Sappho, 612–557 v. Chr., Ode an Atthis)

(20) „Denn es waltet ein Gott in uns." (Hölderlin, Die Liebenden)

(21) „Ich aber achte die Liebe als das höchste und einzige im Menschen, die einzige wahre Himmelsgabe. Wer sie hat, ist herrlicher denn alle, und er ist mächtiger denn alle; was er will, das wird ihm gelingen!" (Bettina an Achim von Arnim, Juli 1810)

(22) „Ja, Clemens, in Dir bete ich das Göttliche an, wo hätte sich die Gottheit mehr verherrlicht." (Sophie Mereau an Clemens Brentano, 11.10.1803)

(23) „Die Liebe, die Liebe ist eine Himmelsmacht." (Der Zigeunerbaron)

(24) „So gewiß ist's, dass nur die Liebe
Und einer den andern erhöht."
(Ingeborg Bachmann, Römisches Nachtbild)

(25) „Nimm meine Hand, und ich entführe Dich
auf eine lange Reise in den siebten Himmel."
(sms-sprueche-bilder.de, 2005)

Wahre Liebe dauert ewig[12] und überwindet sogar den Tod:

(26) „Stark wie der Tod ist die Liebe." (Hohelied Salomons 8,6)

(27) „Doch, doch kann ich nicht glauben,
Daß du sterbest, solang du liebst."
(Friedrich Hölderlin, Der gute Glaube)

(28) „... and, if God choose,
I shall but love thee better after death."
(Elizabeth Barrett Browning, XLIII)

(29) „wo du auch hingehst ...
aufgelöst bist du in jedes Teilchen der Erde
mitgeteilt hast du dich allen
schwebenden Wolken
und die Wälder der Blumen sprechen
in deiner Sprache
nichts kann dich mehr trennen
von meinem Herzen
mit jedem Sonnenstrahl sinkst du in mich
wie ein Same"
(Friederike Mayröcker)

(30) „Wenn Du einmal stirbst,
wird Dein Körper in 1000 Sterne zerfallen,
und jeder, der abends in den Himmel schaut,
wird sich in die Nacht verlieben."
(Tanja F., loveletters4you.de, 09.01.2001)

Wahre Liebe ist als Gefühl für den Liebenden einmalig, nie vorher von anderen gefühlt, nicht vergleichbar mit anderen.

(31) „Ich, die unter allen Mädchen, unter allen Kreaturen am meisten liebt, ich liebe Dich noch zu schwach!" (Meta an Friedrich Gottlieb Klopstock, 19.–22.07.1752)

(32) „Nein! Mädchen, nein! So ist keine Geliebte geliebet worden." (Friedrich Gottlieb Klopstock an Meta, 21.07.1752)

(33) „Wenn Du mir in die Augen schaust, weiß ich,
wie unvergleichlich tief meine Liebe für Dich ist."
(sms-sprueche-bilder.de, 2005)

12 Der Wert der Dauer wird in vielen modernen Texten allerdings auch häufig lebens- und zeitgebunden thematisiert: Vgl. z. B. *Denn dieses Gefühl ist es wert, auch wenn es manchmal nicht lange andauert* (djds.de/liebe/); s. hierzu auch Kap. 9.5.

Liebe füllt den liebenden Menschen ganz und gar aus. Die geistige Symbiose hebt Ego und Alter Ego auf: Der Gedanke an den geliebten Menschen ist allgegenwärtig.

(34) „Wie lebe ich eigentlich gar nicht anders, als in Deiner Nähe und durch sie!“
(Friedrich Schleiermacher an Henriette, 11.09.1808)

(35) „Ich denke Dein, wenn mir der Sonne Schimmer
Vom Meere strahlt;
Ich denke dein, wenn sich des Mondes Flimmer
In Quellen malt …
Ich bin bei dir, du seist auch noch so ferne,
Du bist mir nah!“
(Johann Wolfgang von Goethe, Nähe des Geliebten)

(36) „Wenn die Sonne sich im Meer versenkt,
weisst du wer an dich denkt,
ich bin da für dich zu jeder Zeit
und wenn nötig zum Helfen bereit …“
(loveletters4you.de, 27.11.2002)

Bei der Verbalisierung der Liebesgefühle steht entsprechend der Versuch im Vordergrund, die bisherigen Möglichkeiten des sprachlichen Ausdrucks kreativ auszuweiten, innovativ zu verändern, um das Einmalige und Besondere der Gefühle darstellen zu können, um aus dem konventionellen Sprachgebrauch auszubrechen (vgl. Kap. 7).

> „Jedes symbolisch generalisierte Kommunikationsmedium wird mit Bezug auf ein spezifisches Schwellenproblem ausdifferenziert. Für das Medium Liebe liegt dies Problem in der höchstpersönlichen Kommunikation selbst. Unter höchstpersönlicher Kommunikation wollen wir eine Kommunikation verstehen, mit der der Sprecher sich von anderen Individuen zu unterscheiden sucht.“ (Luhmann [12]2012: 82)

Dies zeigt sich besonders in der Anrede und Benennung des Geliebten bzw. der Geliebten. Zu den verbalen Ausdrucksformen gehören hier besonders die emotionsausdrückenden Kosenamen[13] wie *Häslein, Lämmlein, Schnucki, Zuckermüsli, Putzili, Mutzili, Tierchen, Herzliebchen* etc., die durch Diminutivmorpheme oft eine verniedlichende Komponente oder als Neuschöpfungen kreative Elemente aufweisen: *Schnallerballer* (Wolfgang Amadeus Mozart an Konstanze), *Mähschäflein, Herzgoldiges* etc.

---

13 Selbst konventionelle Kosenamen wie *Schatz, Liebster, Liebling, Süßes* etc. lassen semantisch noch die Aufwertungsfunktion erkennen: Der geliebte Mensch wird als kostbar und wertvoll kategorisiert.

(37) „Yes, call me by my pet-name!“ (Elizabeth Barrett Browning, XXXIII)

Mehrfachbenennungen, die eine referenzielle Überspezifikation erzeugen, dienen ebenfalls der Aufwertung[14] des/der Geliebten sowie der Betonung seiner/ihrer Einzigartigkeit:

(38) „Lebe wohl, meine Seele, meine Meine? Wie soll ich Dich nennen, Holdeste?“ (Jean Paul)

(39) „Liebste, Liebste! Das Wort wollte ich seitenlang aneinanderreihen.“ (Franz Kafka an Felice Bauer)

(40) „Ich nannte Freund und Herr und Leuchtturmwächter
Auf schmalem Inselstrich,
Den Gärtner meines Früchtegartens dich ...“
(Gertrud Kolmar, Die Verlassene)

Je wertvoller ein Wesen ist, desto schwieriger ist es, seine Eigenart mittels sprachlicher Repräsentation darzustellen:

(41) „Was bist Du – – ich habe keine Ausdrücke, ich hab sie nicht. Aber Empfindung habe ich, mein Geliebter. Empfindung hab ich desto mehr. O wie voll ist mein Herz! Wie wallt es!“ (Meta an Friedrich Gottlieb Klopstock, 19./21.11.1752)

(42) „In tausend Formen magst du dich verstecken ...
Und wenn ich Allahs Namen hundert nenne,
Mit jedem klingt ein Name nach für dich.“
(Johann Wolfgang von Goethe, West-östlicher Divan, In tausend Formen ...)

(43) „Wie soll ich es dir nur sagen?
was keine wörter sagen können ...
es ist das schmerz- und glückvollste auf der welt ...“
(pun(k/t), trendmile.de/gedichte/Liebesgedichte1.php, 24.10.2006)

Der Liebende erlebt die Liebe und die geliebte Person daher oft als ein Wunder:

(44) „Bist Du Luftbild oder Leben? Ich wäre auf jedes Wunder gefasst.“ (Eduard Mörike an seine Braut Luise Rau am 09.11.1829)

(45) „Denn, wenn ein Wunder auf der Welt geschieht,
Geschieht's durch liebevolle, treue Herzen.“
(Johann Wolfgang von Goethe, Die natürliche Tochter)

---

14 Daher finden sich zahlreiche Vergleiche und Metaphern, in denen die geliebte Person z. B. mit der Sonne oder dem Licht gleichgesetzt wird (s. Kap. 9.4): „Oh, du mein Phosphor, meine Kerze, / Du meine Sonne, du mein Licht!“ (Johann Wolfgang von Goethe, West-östlicher Divan, Nachklang)

Wir können somit konstatieren, dass sich im Liebesdiskurs bis heute die folgenden Konzeptualisierungen von LIEBE sprachlich manifestieren:

- Die Liebe ist das höchste bzw. tiefste Gefühl, zu dem Menschen fähig sind.
- Die Liebe weist Aspekte emotionaler und kognitiver Grenzüberschreitung auf.
- Die Liebe hat eine transzendierende und metaphysische Kraft.
- Die Liebe bietet die einzige Möglichkeit, die jedem Menschen innewohnende Conditio humana des Ego durch Symbiose mit dem Alter Ego zu überwinden.
- Die Liebe bewirkt beim Liebenden eine Verzauberung bzw. Transformation.[15]
- Die Liebe ist bei jedem Liebenden einzigartig.

**Denkanregungen:**

Welche Konzeptualisierungen von Liebe sind in (46), (47) und (48) kodiert?

(46) „Übrall Nacht ist ohne Liebe,
übrall Tag, wo Liebe lacht;
wenn die Sonne fern auch bliebe,
Lieb' ist Mond in sel'ger Nacht."
(Franz Grillparzer, Melusina I)

(47) „wollen wir mathe üben? Wir können dich und mich addieren, unsere kleider subtrahieren, unsere beine dividieren und uns multiplizieren."
(SMS-Text, bussi.mail.de, 01.11.2006)

(48) „Wenn du eine Träne von mir wärst
dann würde ich nie weinen
nur aus Angst dich zu verlieren"
(Emin A., loveletters4you.de, 20.12.2000)

In Text (49) finden sich mehrere Konzeptmuster zu LIEBE realisiert.

(49) „Ach es ist eine Einheit in Dir bei so viel Mannigfaltigkeit, daß ich's nur bewundern, nicht auszusprechen vermag! Zu leben in Deiner Nähe, umflossen von den reinen Strahlen Deines Geistes, Dich anbetend und liebend, wie man geahndete, höhere Wesen liebt –, ach, das wäre mir ja alles gewesen – und nun durch die heilige Kraft Deiner Liebe hinaufgehoben zu Dir, verwebt in Dein innerstes Sein – das glückliche Geschöpf, dessen ganzes Leben in Dich überströmt, dem Du alles gibst und das alles Dir zurückzugeben strebt – laß mich's denken, was ewig keine Worte ausdrücken, und jeder Moment

[15] Vgl. hierzu auch *Man wird zu einem völlig anderen Menschen* (s. djds.de/liebe/2005).

meines Daseins sage Dir, ob ich's in tiefer Seele fühle, was ich Dir danke, und was Du aus mir gemacht hast …" (Caroline an Wilhelm von Humboldt, Winter 1790)

Inwiefern artikuliert sich in (50) die in Kap. 7 beschriebene Sprachskepsis?

(50) „Über Liebe kann man nicht schreiben.
Man liebt oder läßt es bleiben.

In Worte läßt sich Liebe nicht fassen.
Man kann sie nur leben oder lassen.

Liebe entzieht sich dem Sagen.
Man hat nur die Wahl: Kopf oder Kragen."
(Robert Gernhardt, Lichte Gedichte, 13)

## 9.4 Vergleiche und Metaphern: Konzepte der „Himmelsmacht"

„Shall I compare thee to a summer's day?" (William Shakespeare)

„You fill up my senses like a night in the forest, like the mountains in springtime, like a storm in the desert, like a walk in the rain, like a sleepy blue ocean … you fill up my senses, let me die in your arms …" (John Denver)

Wie in Kap. 5 bereits erörtert wurde, werden Emotionen und Gefühle oft mit Hilfe von Vergleichen und Metaphern ausgedrückt. Den metaphorischen Kodierungen liegen (in der Regel) konzeptuelle Type-Repräsentationen (wie EMOTIONEN SIND WIE BEHÄLTER) zugrunde, die sprachlich jeweils als Token-Repräsentationen unterschiedlich kodiert werden können (s. hierzu bereits Kap. 5.2.4).

Die sprachliche Äußerung *Liebe ist Manna* beispielsweise basiert auf der konzeptuellen Type-Repräsentation LIEBE IST EIN KOSTBARES GUT[16] (die oft mit dem Type DER/DIE GELIEBTE IST EIN KOSTBARES GUT korreliert).

Andere Token-Repräsentationen, die auf diesem Type basieren, sind z. B.:

(51) Liebe ist das Gold des Herzens/das Juwel der Seele/der Edelstein der Gefühle/der Regen in der Wüste des Lebens etc.

(52) Er ist ein Juwel/Diamant/Goldschatz etc.

[16] Hier überschneiden sich eigentlich zwei Konzeptualisierungen, nämlich LIEBE IST NAHRUNG mit LIEBE IST EIN KOSTBARES GUT. Solche Überlappungen und Verschmelzungen sind oft zu beobachten, zumal manche Konzeptmuster in anderen enthalten sind bzw. gemeinsame Merkmale aufweisen.

In vielen Metaphern findet sich die prototypische Grundstruktur der Art A IST B. Damit haben wir auf der konzeptuellen Ebene entweder eine Token-Type- Relation (z. B. kodiert als *Meine Liebe ist Manna*) oder eine Type-Type-Relation (*Liebe* (generell) *ist Manna*). Die Wissensrepräsentation von Ursprungsbereich B wird übertragen auf den Zielbereich A. *Liebe (A) ist Manna (B)*: (Manna, B, die von Gott geschickte Nahrung, um das jüdische Volk in der Wüste zu retten, ist A, Liebe), also ist Liebe eine himmlische, wertvolle Gabe.

Für die Emotion LIEBE gibt es eine Reihe von metaphorischen Manifestationsformen, die sich durch die folgenden Konzeptkonstellationen der Art A IST B beschreiben lassen:

- DAS OBJEKT DER BEGIERDE/LIEBE IST (APPETITANREGENDE) NAHRUNG:

Die sprachlichen Manifestationsformen sind teils Wort- oder Satz-Metaphern, teils einzelne Lexeme oder Vergleiche. Nicht notwendigerweise ist also die konzeptuelle Basisrelation auch sprachlich als *A ist B* kodiert, s. z. B.:

(53) Sie ist das Salz in meiner Suppe. / Er lechzt nach ihren Küssen. / Süße(r)/ Zuckerstück/Honigherz. / Sie ist die Sahne in meinem Kaffee. / Ich hungere nach deinen Küssen. / Ich dürste nach deiner Nähe. / Ihre Küsse waren süßer als Honig. / Du bist mein Honignektar. etc.

- DAS OBJEKT DER LIEBE IST EINE ANZIEHENDE BZW. NIEDERZWINGENDE KRAFT:

(54) Er zieht mich magisch an. / Ihr Anblick schlug mich um. / Er warf mich um. / Ich war hypnotisiert von seiner Stimme. / Sie ist atemberaubend. / Er verzaubert mich. / Du hast mich bezwungen. / Ihr Herz flog ihm zu. / Der Blitz der Liebe schlug ihn nieder. etc.

- DAS OBJEKT DER LIEBE IST ETWAS GÖTTLICHES:

(55) Ich bete dich an. / Sie liebt die Erde, auf der er geht. / Er hebt sie auf ein Podest/einen Altar (Altar meiner Liebe). / Sie himmelt ihn an. / Den Himmel bedeutete sie für ihn. / Er fiel auf die Knie vor ihr. / Er küsst den Boden, auf dem sie geht. / Sie opferte sich für ihn auf. / Ich bin für immer dein Sklave. etc.

Einige Beispiele aus Liebesbriefen:

(56) „Sie sind ein Engel Gottes, mein Engel des Himmels" (Johann Gottfried Herder an Karoline)
(57) „Dein Herz ist mir heilig –" (Caroline an Wilhelm von Humboldt)
(58) „mein Heiliger" (Henriette Vogel an Heinrich von Kleist)
(59) „Ich knie vor dir, meine Freundin, und bete dich an" (Knut Hamsun an Marie)

Weitere Konzeptualisierungsmuster, die sich durch die Jahrhunderte hindurch in Texten, die das Gefühl der Liebe thematisieren, finden, sind LIEBE IST WÄRME/FEUER, LIEBE IST LICHT/HELLIGKEIT, LIEBE IST EINE REISE[17] und LIEBE IST KRANKHEIT/WAHNSINN.[18]

In zahlreichen Liebesbriefen und Liebesgedichten (aus unterschiedlichen Epochen) finden sich diese Konzeptualisierungsmuster textuell realisiert. In (60) bis (67) sind LIEBE IST WÄRME/FEUER und LIEBE IST LICHT/HELLIGKEIT kodiert, in (68) bis (70) LIEBE IST KRANKHEIT/WAHNSINN:

(60) „Feuer erhitzt mich glühend, durchpulst meine Adern.
Heiss und kalt überfallen mich fiebrige Schauer."
(Sappho)

(61) „wie möchte ich mit glühenden Farben ... sie (die Liebe) malen" (Susette Gontard an Friedrich Hölderlin)

(62) „...ich gleich eine brennende Sehnsucht hatte." (Heinrich von Kleist an Wilhelmine von Zenge)

(63) „so ist wohl manches dunkel, bis unsere Sonne wieder scheint" (Susette Gontard an Hölderlin)

(64) „Marie, meine einzige, einzige brennende Liebe in meinem Leben" (Knut Hamsun an Marie)

(65) „Ich war von warmem Glück durchströmt" (Ricarda Huch an Richard Huch)

(66) „Es ist das Gefühl, als schienen Tausende von hellen Sonnenstrahlen bis tief in dein Herz" (djds.de/liebe/2005)

(67) „Der Stern am Firmament!
Vom Haus das Fundament!
Der Schlüssel für meine Tür!
Die Wärme für's Herz von mir!
Der Traum in nächtlicher Ruh'!
Alles das, das bist DU!"
(Andy, loveletters4you.de, 21.02.2002)

17 Vgl. *gemeinsame Wege gehen, Scheideweg der Liebe, falsches Gleis der Beziehung, Sackgasse, Lebensweg* etc.

18 Vgl. hierzu die Lexeme *liebestoll, liebesweh, liebeskrank, liebestrunken, liebeswütig, Liebeswahn, Liebesrausch*. S. auch: „Die Liebe ist eine unheilbare Krankheit. – Aber wer von ihr befallen ist, verlangt nicht nach Genesung, und wer daran leidet, wünscht nicht zu gesunden." (Ibn Hazm al-Andaluzi (994–1064)); „Die Liebe ist wie das Fieber, sie entsteht und erlischt, ohne dass der Wille daran den geringsten Anteil hat." (Stendhal); „Liebe ist durchaus Krankheit." (Novalis); „Die Liebe ist immer eine Art Wahnsinn, mehr oder minder schön." (Heinrich Heine); „Die Liebe ist eine unheilbare Krankheit. – Liebe ist ein wahrer Fieber-Paroxysmus, nur daß dieser mit Kälte anfängt und mit Hitze endigt, die Liebe aber den umgekehrten Weg geht." (Karl Julius Weber)

(68) „Aber dafür liebe ich Dich ja auch, nein, schon gar nicht zu sagen wie, zum Verbluten“ (Ricarda Huch an Richard Huch)
(69) „Mir ist schwindlig von Ihnen“ (Suzanne an Olaf Bull)
(70) „Ich spüre, wie es in mir total kribbelt. Vor lauter Aufregung bekomme ich eine Gänsehaut, wobei meine Hände vom Schwitzen schon ganz nass sind.“ (Erste Liebe: Warten, djds.de/liebe/2005)

**Denkanregungen:**

Welche Konzeptualisierungen von LIEBE sind in den folgenden Texten kodiert?

(71) „Du bist mein, ich bin dein,
dessen sollst du sicher sein.
Du bist verschlossen
In meinem Herzen,
verloren ist der Schlüssel fein –
du mußt für immer drinnen sein.“
(Anonym, ca. 12. Jh.)

(72) „lieben Sie mich … wenigstens mit der Güte, die aus Ihrem liebevollen *überfließenden* Herzen *ausströmt*“ (Johann Gottfried Herder an Karoline)

Vgl. auch: *Sie war erfüllt mit Liebe. Er war voller Liebe. Es ist viel Liebe in ihr. Liebe und Glück füllten ihn ganz aus. Sie versank in ihrer Liebe. Wogen der Liebe/Wellen des Glücks/Im Ozean/Meer der Gefühle/Die Liebe überflutete sie. Er wurde von einem Gefühl des Glücks durchflutet.*

(73) „Liebe ist das Gefühl, eingehüllt in eine große, weiche, warme, weiße Wolke zu sein, über allem schwebend, was uns tagtäglich bekümmert.“ (djds.de/liebe)
(74) „Liebe besteht nicht darin, dass man einander anschaut, sondern darin, dass man in dieselbe Richtung blickt.“ (djds.de/liebe/2005)

Vgl. *Der Liebe ist kein Weg zu weit.* Überlegen Sie sich weitere Beispiele für das Konzeptmuster LIEBE IST EINE REISE.

Welche Relation wird in (75) zwischen Geist und Gefühl angenommen?

(75) „Die liebe

ist eine wilde rose in uns,
unerforschbar vom verstand
und ihm nicht untertan …“
(Reiner Kunze)

Vgl. hierzu auch (76) und Ochs/Schieffelin (1989):

(76) „HERZ UND HIRN

Ist das Herz auf dem Sprung, ist das Hirn auf der Hut
Springt das Herz in die Luft, greift das Hirn nach dem Schirm
Schwebt das Herz himmelwärts, spannt das Hirn seinen Schirm
Stürzt das Herz auf den Schirm, ist das Hirn obenauf:
Siehste, mein Lieber. Immer schön auf dem Teppich bleiben!"
(Robert Gernhardt, Lichte Gedichte, 21)

Am 8. Juli 1736 erschien in Deutschland die erste Heiratsannonce in den Frankfurter „Frag- und Anzeigennachrichten":

(77) „Ein honettes Frauenzimmer ledigen Standes, guter Gestalt, sucht zur Ausmachung einer Erbschaft ... einen guten Doktor oder Advocaten ledigen Standes ..."

Können uns die mittlerweile wesentlich persönlicher verfassten, als Textsorte fest etablierten Anzeigen Aufschluss über aktuelle Liebesvorstellungen geben?

## 9.5 *Ewige Treue* vs. *Dreck*: Liebesdarstellungen in der aktuellen Prosa zwischen klischeeerhaltender Metaphorik und desillusionierender Stereotypzerschlagung

„Unterrichtet in der Liebe
durch zehntausend Bücher,
belehrt durch die Weitergabe
wenig veränderbarer Gesten
und törichter Schwüre –"
(Ingeborg Bachmann)

### 9.5.1 LIEBE als Schwulst und Floskel: Die Konzeptualisierung von Liebe in Trivial- und Heftromanen

„Heute, angesichts der totalen Trivialisierung der Unterhaltung im allgemeinen und der Unterhaltungsliteratur im besonderen, ist der Heftroman höchstens einer esoterischen Kritik ausgesetzt, die in verschiedenen Hochschulseminaren oder in kleinen Zirkeln zu Wort kommt. Eine zahlenmäßig ins Gewicht fallende, kritische Teilnahme der Öffentlichkeit nimmt sie nicht mehr wahr." (Walter Nutz)

Die konventionellen Liebes-Metaphern finden sich vor allem in den Liebesromanen der sogenannten Trivial- und Groschenheftliteratur. Trivialliteratur als „Massenlektüre" (Nutz 1999: 38) lässt sich als Texttyp beschreiben, der einer genau festgelegten inneren und äußeren Form[19] unterliegt. Die handelnden Personen sind mit wenigen Ausnahmen als (austauschbare) Stereotype mit typischen Attributen und kaum differenzierbaren Eigenschaften charakterisierbar (s. hierzu auch die Analysen zur Textsorte Kontaktanzeige von Stolt 1976 und Riemann 1999).

Textuell besonders auffällig ist neben der einfachen Syntax, der durchgängigen kohäsiven Verknüpfung der Sätze und der lokal wie global dichten Kohärenz die referenzielle Überspezifikation: Informationelle Redundanzstrukturen nehmen dem Leser kognitive Eigenleistungen im Leseprozess weitgehend ab. Die für den Rezeptionsprozess anspruchsvoller Literatur typische Inferenzziehung wird auf ein Minimum reduziert. Die Protagonisten und ihre Handlungen sowie ihre Gefühle und Überlegungen werden (über) explizit dargestellt und ausführlich beschrieben. Gleichzeitig werden bestimmte Wertvorstellungen und soziale Muster (wie in (78) z. B. die tradierte Frauenrolle (DIE GUTE FRAU BACKT IN IHRER FREIZEIT), Sozialwerte (z. B. Beruf PFARRER, ARZT) etc.) kodiert:

(78) „Kathrin war zum ersten Mal allein im Pfarrhaus… Also beschloss sie, einen Kuchen zu backen. Einen, wie ihn die Mutter immer buk…. Sie zog gerade das Blech mit dem duftenden Apfelkuchen aus dem Backrohr, als es an der Tür klingelte. Eilig stellte sie das Blech ab und lief zur Tür. … ‚Das ist der Taufpate?', fragte sie etwas atemlos, und Gretl Lugauer stutzte. ‚Ja, das ist mein Bruder Thomas', erklärte sie und schmunzelte, als sie Kathrins Augen aufleuchten sah. ‚Er kommt immer ein bisserl zu spät. Hoffentlich ist er bei der Taufe pünktlich.' Kathrin hörte nicht auf ihre Worte. Sie sah nur Thomas an und hatte plötzlich das Gefühl, als würden ihre Knie weich werden. Thomas Oberlechner erging es nicht anders. Er starrte auf das dunkelblonde, zierliche Madel, und ihre Blicke verfingen sich ineinander. ‚Können wir vielleicht drinnen warten?', fragte die Gretl sanft und stieß ihren Bruder leicht an. ‚Ja, ja, sicher', murmelte Kathrin und errötete prompt. Sie führte die Gäste in die Küche und bat sie, Platz zu nehmen. Thomas setzte sich so, dass er Kathrin nicht aus den Augen verlieren konnte. Himmel, das war vielleicht ein blitzsauberes Madel! Thomas war sechsundzwanzig und ein umschwärmter Junggeselle, doch er hatte sich bisher sehr zurückgehalten. Aber der Anblick dieses Madels traf ihn wie ein Blitz. ‚Wollt ihr Kaffee haben?', fragte Kathrin,

19 „Diese Norm resultiert aus der genauen Kenntnis der Leserschicht, auf die diese Trivialromane zu*geschrieben* werden" (Nutz 1999: 63). „Die durch Illustrierte, Regenbogenpresse, Fernsehen und Filme aufgezeigten Verhaltensweisen solcher Menschen …, werden hier übernommen, weil man weiß, daß sie so bereits in den Köpfen der Konsumentinnen verankert sind." (Nutz 1999: 67)

und ihre Stimme klang ein wenig belegt. Der Blick dieses blonden, feschen Burschen ging ihr unter die Haut. ‚Ich hätt auch einen frischen Apfelkuchen.' ‚Der riecht auch so verlockend', stellte die Gretl schnuppernd fest. ‚Aber pass auf, wenn der Thomas mal zugreift, bleibt net viel übrig.' Kathrin lachte, und in ihrer linken Wange bildete sich ein Grübchen, was Thomas aufs Neue entzückte. ‚Mei, dann back ich halt noch ein Blech voll', meinte Kathrin und ihre Augen blitzten." (Andreas Kufsteiner, Ein Glück ist tausend Tränen wert. Wie zwei Menschen um ihr Glück kämpften, 2006, 35 f.)

Das Gefühl der (sofort aktivierten) Liebe bzw. Verliebtheit wird als LIEBE ALS PHYSIOLOGISCHE REAKTION (*aufleuchtende Augen, erröten, belegte Stimme, blitzende Augen*) und LIEBE ALS KRAFT/NATURGEWALT (*wie ein Blitz treffen*) kodiert.

Das Textweltmodell, das der Leser aufbaut, ist klar strukturiert[20] und seine Konstruktion verlangt weder viel Weltwissensaktivierung noch Inferenzziehung. Bewertungen werden weitgehend vorgegeben. Der vom Textproduzenten antizipierte Leseprozess basiert wesentlich auf dem emotionalen Mit-Erleben des Rezipienten. Das TWM der literarischen Geschichte ist ein Wirklichkeitsmodell, in dem einerseits Elemente des alltäglichen Lebens wieder erkannt werden (und somit eine hinreichende Identifikationsbasis gegeben ist) und andererseits harmonisch in eine Referenzialisierungsstruktur eingefügt werden, die ein „bedürfnisbezogenes Ordnungsganzes" repräsentiert (Kocks/Lange 1979: 158 f.).

Was sind die Inhalte des bedürfnisbezogenen Ordnungsganzen[21] in Hinblick auf die Konzeptualisierung der Liebe in den Heftromanen? Es finden sich prinzipiell alle wesentlichen, in Kap. 9.2 geschilderten Konzepte der universalen romantischen Liebe. Deren Darstellung jedoch erfolgt mittels „abgedroschener, abgegriffener" Phrasen und Floskeln.[22] Die Erwartungshaltung der Leserin geht konform mit den konventionellen Referenzialisierungen.

Auf der sprachlichen Ebene ist hinsichtlich der Referenzialisierung eine ausgeprägte Adjektivredundanz bemerkbar. Die Personen werden insbeson-

20 Entsprechend nennt auch Falck (1992: 11 f.) als typische Kennzeichen von Trivialromanen Klischeehaftigkeit, Einfachheit und Eindeutigkeit.

21 Kocks/Lange (1979: 157) definieren das Lesen eines Trivialromans als „kompensatorische Sinnkonstitution angesichts eines erfahrenen Sinndefizits der Realität." Unterhaltung im Sinne von Eskapismus ist offensichtlich die primäre Motivation für das kontinuierliche Rezeptionsverhalten von Heftchenleserinnen. Das Bedürfnis nach einer „heilen Welt" zeigt sich hier deutlich. Die Lektüre konstituiert Fluchträume aus der Lebenswirklichkeit (s. hierzu auch Nutz 1999: 65 ff.).

22 Nicht notwendigerweise ist die Thematisierung der in Kap. 9.2 erörterten Liebes-Konzeptualisierungen trivial. Die sprachliche Kodierung spielt eine entscheidende Rolle, ob der Text als klischeehaft empfunden wird oder nicht.

dere hinsichtlich ihrer äußeren Gestalt und ihres Wesens eindeutig charakterisiert:

(79) „Schon in dieser Sekunde wurde Benedikt von dem unbezähmbaren Wunsch überwältigt, diesem zauberhaften Wesen mit dem wallenden dunklen Haar und den scheu blickenden dunklen Augen nah sein, und es beschützen zu dürfen.“ (Isabell Rohde, Die feurige Hochstaplerin, 6)

Frauen sind anbetungswürdige, bezaubernde Wesen, die stets als zart und zerbrechlich dargestellt werden. Das Konzept DIE GELIEBTE ALS KOSTBARES GUT wird häufig thematisiert.

(80) „Er kniete vor der Frau, die er mehr liebte als sein Leben, nieder und barg sein Gesicht in ihren Händen.“ (Anneliese Schumann, Frauenherz im Zwiespalt, 4 f.)

Das Konzept der Liebe besteht aus der Vernetzung mehrerer Konzepte. Die Konzeptualisierung von LIEBE ALS HÖHERE MACHT/NATURGEWALT, DIE PHYSIOLOGISCHE REAKTIONEN BEWIRKT ist dominant und wird durch zahlreiche konventionelle Metaphern und Phraseologismen ausgedrückt (vgl. bereits (78)):

Auf das Spezifikum *Liebe* wird mit vielen volkstümlichen Redensarten eingegangen. So finden sich auch veränderte Sprichwörter wie *Liebe ist süßer als Rache*, was mit der Metaphorisierung von LIEBE ALS ESSEN korreliert, oder *jemanden heiß begehren* (LIEBE IST FEUER), *die Woge des Glücks* (LIEBE IST NATURKRAFT), *die Liebe wächst* (LIEBE IST EIN ORGANISMUS). Dominant jedoch ist stets die Konzeptualisierung LIEBE ALS PHYSIOLOGISCHE REAKTION AUF DIE NATURGEWALT. Über diese Metaphorisierung wird die globale Textkohärenz geschaffen, um narrativ eindeutig die Gefühlslagen der Personen zu vermitteln.

Attraktivität kommt in den Liebesromanen eine bedeutungsvolle Funktion zu, um die Liebesgeschichte zu konstruieren. Die sprachliche Realisierung des Konzepts LIEBE und VERLIEBEN vollzieht sich über die Metapher Attraktivität/Schönheit ist Kraft:

(81) „Seine Stimme war tief und klangvoll. Fasziniert blickte sie ihm nach … Er hob die dichten Augenbrauen, und wieder musste Tatjana hilflos feststellen, welche Faszination dieses Gesicht auf sie ausübte … Sie beobachtete seine schmale und kräftige Hand und fand, dass er eine eigentümliche Mischung von Sportsmann und Intellektuellem darstellte. Auf jeden Fall erregte er ihr Interesse auf eine erschreckende Weise. Mein Gott, er ist unwiderstehlich, dachte Tatjana.“ (Patricia Vandenberg, Tatjana und der Herzog, 7 ff.)

Die Metaphorisierungen basieren auf der stereotypischen Konzeptualisierung von Liebe als Emotion im Sinne einer unwiderstehlichen, magischen Macht/Kraft.

Trivial- und Heftromane reproduzieren diejenigen Normen und Wertvorstellungen in Bezug auf LIEBE, die von großen Teilen der Bevölkerung vertreten bzw. erwartet werden (und die zudem kontinuierlich durch die massenmedialen Texte der Boulevardpresse sowie Fernsehsendungen und TV-Filme reaktiviert werden). Als imaginierte Realitätselemente konstruieren sie die Liebe als eine Kraft, die jeden Konflikt überwindet. Die Liebe wird mit einer Traumhochzeit besiegelt: Dadurch wird das Glück vollkommen. Die Konzeptualisierung der Liebe erfolgt damit über eines der Stereotype der gegenseitigen romantischen Liebe.

**Denkanregungen:**

In (82) sehen Sie die Schlussszene des Kufsteiner-Romanes (S. 62–64): Welche referenziellen Redundanzstrukturen in Bezug auf die Emotionsdarstellungen sind darin enthalten? Welche Konzeptualisierung von Liebe ist dominant?

(82) „... Kathrin war sichtlich gerührt. Aber für Rührung war keine Zeit. ... ‚So weit kommts noch', fuhr Kathrin lachend auf. ‚Gib mir schnell ein Busserl, ich hab schon so lang Sehnsucht danach.' Das ließ sich Thomas nicht zwei Mal sagen. Er nahm Kathrin ganz fest in die Arme und küsste sie innig. ‚Bist du glücklich?', fragte er dann und sah ihr zärtlich in die Augen. ‚Sehr', gab sie zurück und zuckte plötzlich zusammen. ‚Also, *das* muss ich dem Hunderl schleunigst abgewöhnen. Der grapscht mich einfach von hinten an!' Thomas lachte erheitert auf und tätschelte dem Welpen den Kopf. ‚Das Frauchen g'hört mir', stellte er fest. ‚Verstanden?' Der wollige Welpe setzte sich auf die Hinterpfoten und gähnte. ‚Verstanden', erwiderte Kathrin an seiner Stelle und hakte sich bei Thomas unter. ‚Komm, wir setzen ihn ins Jägerstüberl, dort hat er seine Ruh.' Thomas nickte, hielt sie aber noch fest. ‚Hast du mich lieb?' Sie streichelte über seine Stirn, wo noch eine kleine Narbe zu sehen war. ‚Ich hab dich sehr lieb, und das wird immer so bleiben.'"

### 9.5.2 Moderne und postmoderne Prosa: Animalische Instinkte

Die Liebesthematisierung in der aktuellen Prosa zeichnet sich in weiten Teilen dadurch aus, dass in direktem Kontrast zu den romantischen Liebeskonzeptualisierungen und -kodierungen die Liebe bzw. die Gefühle der Protagonisten gegenüber der Liebe in schonungsloser, desillusionierender Manier als kurze erotische Episode, als sexueller Zwischenakt dargestellt werden.

Die zugrundeliegende Konzeptualisierung ist oft LIEBE ALS INSTINKT und LIEBE ALS KRANKHEIT. Dadurch wird das Animalische der Emotion in den Vordergrund gerückt.

(83) „Sie befürchtete, dass die Ursache für ihren Zustand in den täglichen Begegnungen mit Alev bestehe, dass seine Nähe sie krank mache, wie die Nähe des verkleideten Teufels einen klugen Hund, der sich winselnd hinter der Tür verkriecht, weil seine Instinkte besser funktionieren als die seines Herrn. Beständig stürzten ihre Gedanken sich auf Alev, als hätte sie nur darauf gewartet, endlich einen Gegenstand zu finden, den sie umkreisen durfte wie ein Fliegenschwarm frischen Kot, begierig, sich niederlassen, zu naschen, zu streiten, wieder aufzusteigen.“ (Juli Zeh, Spieltrieb, 134)

Die emotionsausdrückenden Vergleiche in (83) beziehen sich entsprechend auf Tiere.

Betont werden immer wieder die zerstörerischen Komponenten intensiver Gefühlszustände. Zugleich wird über die Klischeehaftigkeit des Konzeptes LIEBE und seine stereotypen Eigenschaften reflektiert.

(84) „So nicht, so keinesfalls. Jede Große Liebe nahm sich selber ernst, war anders, als es die Vorurteile versprachen, war schädlich, gesundheitsbedrohend oder Schlimmeres. Und Ada wusste, die höchstmögliche Stufe paradoxer Erkenntnisse erklimmend, dass die Große Liebe genau in diesem Anderssein alle Kriterien des Schemas erfüllte.“ (Juli Zeh, Spieltrieb, 136)

Die desillusionierenden Erfahrungen der Figuren in den postmodernen Erzählungen kontrastieren mit dem Stereotypkonzept der romantischen Liebe, wie es von den „großen Liebenden“ (wie Romeo und Julia) der Weltliteratur symbolisiert wird. Die „Idee von der richtigen Liebe“ erweist sich als realitätsfremd:

(85) „Wir haben unsere Unschuld verloren und statt ihrer Ideen entwickelt. Wie Liebe sein müßte, richtige Liebe. Denken wir, muß sein wie fliegen, sich die Sachen vom Leib reißen, sich nie mehr trennen, nicht mehr essen, nicht mehr schlafen, wild muß es sein und seelenverwandt, aufregend, verrückt, und nachts tanzen im Regen, Hütchen tragen und 1000 Kilometer fahren nur für einen Kuß, der nie endet, und halten halten halten. Das ist die Idee, und sie meint, eigentlich wollen wir zurück in die Zeit, als wir eins mit der Mutter waren, Bedingungslosigkeit wollen wir, danach suchen wir und werden immer enttäuscht. Denn so ist es nie. Merken wir alle zwei Jahre, wenn wieder ein Traum zerbricht.“ (Sibylle Berg, Ende gut, 112)

Die Kodierung des Emotionsparameters der Dauer (in Kontrast zum EWIGKEITS-Konzept; vgl. Kap. 9.3) geht einher mit einer schonungslosen Abrechnung, die expressiv in der Beschimpfung der Emotion Liebe als *Dreck* kulminiert:

(86) „Immer kürzer die Halbwertszeit von dem, was wir als Liebe bezeichnen, weil wir nicht wissen, wie man den Dreck nennen soll." (Sybille Berg, Ende gut, 113)

Emotional sind entweder Wut und Aggressivität vorherrschend, wie in (86), oder Enttäuschung, Trauer und Depressivität, wie in (85).

In vielen Erzählungen findet sich eine Reduktion von Liebe auf reine Sexualität und Begierde, als körperliche Empfindung und reine Lust, oft zwischen völlig fremden Menschen.

(87) „...ich spürte Feuchtigkeit auf meiner Haut, klebrige Feuchtigkeit" (Juli Zeh, Do ut des, 9)

(88) „‚...ich bin geil auf dich.' ... ‚Mach keinen Scheiß' ... Das schöne Gefühl zwischen den Beinen war weg." (Heike Prassel, Fluchtversuch, 148 ff.)

(89) „Der Pablo hat einen weichen, warmen Körper ... Er riecht nach Männerschweiß. Ich mag diesen Geruch. Wir pressen unsere Körper aneinander." (Sabine Göttel, Die lustige Witwe, 38)

Der Sprachstil ist grob, es werden Lexeme der niederen Stilebene und stark konnotierte Lexeme eingesetzt. Es handelt sich um provokative oder resignierte Tabubrüche, die insbesondere den totalen Bruch mit den gängigen Liebesdiskurskonventionen widerspiegeln.

Insgesamt fällt bei der Referenzialisierung der Emotionalität in modernen und postmodernen Werken auf, dass wenig emotionsbezeichnende Mittel benutzt werden, wenn es um die eigenen Gefühle der fiktiven Personen geht. Stattdessen werden diese verwendet, wenn es um Reflexionen auf der kognitiven Metaebene geht. Die Konzeptualisierungen der romantischen Liebe sind implizit oder explizit immer vorhanden, bewusst wird die Erwartungshaltung diesbezüglich jedoch durchbrochen. Die kurzen und oft elliptischen Sätze verstärken den Eindruck einer dissoziativen Gefühlswelt, die vom Wunsch, von der Erwartung bestimmt und den spezifischen Erfahrungen überholt wird.

Liebe ist Illusion, das Konzept von ihr besteht nicht angesichts einer Realität, in der die Einsamkeit der Personen nicht erlöst wird, ihre Wünsche nicht erfüllt werden.

**Denkanregungen:**

Welche Konzeptualisierung von Liebe wird in (90) und (91) thematisiert?

(90) „Nichts Besonderes fand Marl an Frieling, nur seine Liebe. Das war genug. Marl wollte ein Kind mit Frieling. Das war vielleicht zu viel, aber es gelang ihm zumindest, Frieling deutlich zu machen, wie er sich selbst vermißte als Kind, wie er sich nicht erinnern konnte daran, ein Kind und klein und ungeschützt gewesen zu sein, wie er überhaupt nicht ahnte, was das sein könnte: ein Kind. Stundenlang hörte er Frieling zu, wenn der unter *der Liebe, der Hur*, in ihrem Schweiß davon flüsterte.“ (Kathrin Schmidt, Koenigs Kinder, 10)

(91) „Liebe schlägt dir tiefe Wunden, aber auf eine ihr eigene Art heilt sie auch deine Narben, vorausgesetzt, du vertraust ihr und gibst ihr Zeit dazu. Meine Narben werde ich nicht anrühren. Ich werde neue Wunden davontragen, noch ehe die alten verheilt sind, und ich werde anderen Menschen Wunden zufügen. Jede von uns trägt ein Messer.“ (Andreas Steinhöfel, Die Mitte der Welt, 414 f.)

## 9.6 Liebe online: Internet-Gefühle und ihr sprachlicher Ausdruck

„Was es ist

Es ist Unsinn
sagt die Vernunft
Es ist was es ist
sagt die Liebe
…“
(Erich Fried)

Im technischen Zeitalter sind auch beim Liebesdiskurs zunehmend Kommunikationsformen entstanden, die von den Spezifika des Internets geprägt werden (s. hierzu Ben Ze'ev 2004 und Döring 2009). Marx (2012c, d) hat aus linguistischer Perspektive korpusbasiert untersucht, inwieweit Aspekte der Online-Kommunikation Einfluss auf kommunikative Strategien und sprachliche Charakteristika nehmen. Sie zeigt anhand sprachlicher Strategien der Liebeskommunikation in sozialen Netzwerken, dass das soziale Netzwerk nicht gänzlich als Online-Kommunikationsraum wahrgenommen wird, sondern durchaus auch Charakteristika der Offline-Kommunikation aufweist. Beschrieben werden von ihr auch die Strategien der Identitätskonstruktion, Illusionskreierung und Herstellen von Verbindlichkeit, die von Online-Kontaktbörsen-Nutzern in Erstkontaktversuchen angewendet werden. Marx (2012a) zeigt, wie (Heirats-)Betrüger (sogenannte Romance Scammer) im

Web 2.0 die in Kap. 3.3 erörterten Emotionsparameter versprachlichen bzw. bei ihren Kommunikationsstrategien berücksichtigen, um bei ihren potenziellen Opfern emotionale Illusionen in Bezug auf Liebe zu kreieren. In Marx (2013b) wird die Relevanz der Strategie des Schweigens beim romantischen Liebesdiskurs im Netz erörtert.

Mit Studierenden des Fachgebietes Linguistik an der Technischen Universität Berlin habe ich in den letzten beiden Jahren anhand von Korpusanalysen zu den verbalen Ausdrucks- und Darstellungsvarianten der Gefühle Liebe und Freundschaft bei Facebook, Youtube und Kontaktbörsen untersucht, inwieweit sich durch die inflationären „Freundschaftsbekundungen" Veränderungen bei der Beschreibung der beiden Konzepte ergeben können. Das bisherige Ergebnis ist, dass auf der sprachlichen Ebene die Unterschiede zwischen Liebe und Freundschaft nivelliert werden: Oft werden die gleichen Metaphern, Hyperbeln und Vergleiche benutzt, um Freundschaft zu kodieren. Die in Kap. 9.3 für den Liebesdikurs als typisch und zentral erörterten semantischen Charakteristika der Unikalität und Intensität finden sich vermehrt auch bei dem Ausdruck und der Thematisierung des Gefühls der Freundschaft. So werden Freunde als „Engel auf Erden", und „einzigartige, wunderbare Wesen" bezeichnet, „die Ewigkeit der Freundschaft" beschworen, Kosenamen mit vielen Emoticons benutzt, Intensitätsmarkierungen vorgenommen wie in „Ich Liebe Dich Soooo Sehr!!!!!" (Facebook 2012). Vielfach lesen sich Sequenzen in Chat-Beiträgen von Freund(inn)en wie romantisches Liebesgeflüster. Freundschafts- und Liebeserklärungen unterscheiden sich vielfach kaum voneinander, sondern weisen bei vielen Usern nahezu identische Sprachgebrauchsmuster auf (s. Schwarz-Friesel/ Marx 2012).

**Literatur:**

Ben Ze'ev (2004), Dewaele (2008), Luhmann ([12]2012), „Love issue" im Emotion Resarcher (Newsletter von ISRE 2010).

# 10 Unfassbares in Worte fassen? Facetten der Holocaustdarstellung und die Sprache der Überlebenden

## 10.1 Zur Thematik

> „Das perennierende Leiden hat soviel Recht auf Ausdruck wie der Gemarterte zu brüllen; darum mag falsch gewesen sein, nach Auschwitz ließe sich kein Gedicht mehr schreiben. Nicht falsch aber ist die minder kulturelle Frage, ob nach Auschwitz noch sich leben lasse, ob vollends es dürfe, wer zufällig entrann und rechtens hätte umgebracht werden müssen. Sein Weiterleben bedarf schon der Kälte, des Grundprinzips der bürgerlichen Subjektivität, ohne das Auschwitz nicht möglich gewesen wäre: drastische Schuld des Verschonten. Zur Vergeltung suchen ihn Träume heim wie der, daß er gar nicht mehr lebte, sondern 1944 vergast worden wäre, und seine ganze Existenz danach lediglich in der Einbildung führte, Emanation des irren Wunsches eines vor zwanzig Jahren Umgebrachten." (Theodor W. Adorno)

Vom Tod bzw. von der Konfrontation mit Tod und Todesangst handelt auch das folgende Kapitel, aber nicht von dem natürlichen Tod, sondern dem organisierten Mord, dem systematischen Massenmord der Nationalsozialisten an den europäischen Juden und seinen emotionalen und sprachlichen Bewältigungsversuchen auf Seiten der betroffenen Opfer. Während es schon zahlreiche linguistische Analysen zur „Sprache der Täter" gibt (s. Kap. 11), mangelt es eklatant an Untersuchungen der sprachlichen Bewusstseins- und Gefühlsmanifestationen der Opfer (s. aber Schwarz-Friesel 2011a). Obgleich in Form von Tagebuchaufzeichnungen, Briefen und anderen Notizen Texte vorliegen, die Dokumente des erlebten Grauens darstellen, sind Sprachanalysen dieser Verbalisierungsformen rar geblieben. Die folgenden Ausführungen[1] konzentrieren sich im Wesentlichen auf zwei Aspekte dieser

1 Dieses kurze Kapitel kann anhand einiger wesentlicher Beispielanalysen nur Denkanstöße geben. Um das Thema adäquat behandeln zu können, bedarf es umfangreicher, detaillierter Untersuchungen.

Thematik: Zum einen werden allgemeine Charakteristika der sprachlichen Bewältigung von Leid und Schmerz in der Ausnahmesituation beschrieben, zum anderen werden einige spezifische Emotionsmetaphern erörtert, die als Manifestationsformen dieser existenziellen Grenzerfahrung zu betrachten sind.

## 10.2 Die Sprache der Er- und Überlebenden:[2] Explizite Referenz und surrealistische Implizitheit

### 10.2.1 Tagebuchaufzeichnungen

> „... Bruchstücke des Wahnsinns, in den wir immerfort getaucht sind." (Victor Klemperer)
>
> „Jude sein, das hieß für mich von diesem Anfang an, ein Toter auf Urlaub zu sein, ein zu Ermordender..." (Jean Améry 1935 nach Bekanntwerden der Nürnberger Rassegesetze)
>
> „Ich zwinge mich zu einer Mischung aus Hoffnung und Nicht-daran-Denken ..." (Victor Klemperer)

Die sogenannte Endlösung der Nazis, die Vernichtung des europäischen Judentums, im Ergebnis 6 Millionen systematisch und geplant umgebrachte Menschen, lässt sich bis heute mit keiner bekannten Erfahrungs- oder Reflexionsgröße[3] der menschlichen Geschichte erfassen. Wenn das damit verbundene Grauen schon als abstrakte Vorstellungsgröße im Bewusstsein der darü-

---

2 Ich danke Nadia Kahan (Yad Vashem, Jerusalem), die sich die Zeit zu einem langen Gespräch über diese Problematik nahm und mir eine umfangreiche Bibliographie zu dem Thema Holocaustliteratur zur Verfügung stellte.

3 Vgl. auch: „Die Vorgänge des Holocaust sind so unfaßlich, daß auch heute, ein halbes Jahrhundert danach, noch immer typische Gegenübertragungsreaktionen zu beobachten sind, die als Abwehr gegen das unfaßliche Geschehen gewertet werden müssen. Die eine typische Reaktion läßt sich als Abwehr durch Einfühlungsverweigerung gegenüber den Opfern charakterisieren. Sie geht mit Gleichgültigkeit und gefühlsmäßiger Erstarrung einher und entspricht damit der Vermeidungs-/Verleugnungsstrategie des allgemeinen psychotraumatischen Syndroms. Auch die andere Seite der postexpositorischen Belastungsreaktion, die Intrusion, das Überwältigtwerden von Bildern, Gedanken und Gefühlen, ist bei der Beschäftigung mit dem Holocaust zu beobachten. Die verantwortliche Auseinandersetzung mit dem unfaßlichen Geschehen eines bürokratisch organisierten Völkermordes verlangt u.a. eine langwierige historische Suche nach Begriffen, die dieses Unfaßliche zu beschreiben und auszudrücken gestatten." (Fischer 1998: 232)

ber Reflektierenden nicht nachvollziehbar ist, wie ungleich schwieriger und problematischer ist es für die unmittelbar Betroffenen, ihre Leiderfahrung zu artikulieren? Unfassbares in Worte fassen? Was den Opfern des Nationalsozialismus widerfahren ist, überschreitet die Grenzen des erfahrbaren und vorstellbaren Leids und konfrontiert uns zugleich mit einer Komponente der menschlichen Inhumanität in einem kaum zu bewältigenden Ausmaß. Das in Kap. 7 erörterte Problem der sprachlichen Ausdrückbarkeit von Gefühlen findet sich hier in seiner intensivsten und schwierigsten Ausprägung. Walter Benjamin (1985: 77) schon nannte „Sprachlosigkeit“ und „Ausdrucksohnmacht“ als „Urerlebnis“ des Leids: „mit der Depotenzierung des Leibes im Grauen fällt auch der Gegenpol der Sprache weg“.

Berühmt geworden sind in diesem Zusammenhang Adornos ästhetische Reflexionen und seine Aussage, dass es eigentlich unvorstellbar sei, nach Auschwitz noch Lyrik zu schreiben (Adorno 1951: 30; s. hierzu auch das Zitat am Anfang des Kapitels).

Bei den Überlebenden, die unmittelbar betroffen waren und sich aus Verstummen und Erstarren lösten, findet sich entsprechend die Erkenntnis, dass es keinerlei adäquate Artikulationsmöglichkeit für die Shoah gibt und geben kann. Primo Levi schrieb über seine Gefangenschaft im Lager:[4]

> „Da merken wir zum ersten Mal, daß unsere Sprache keine Worte hat, diese Schmach zu äußern, diese Vernichtung eines Menschen. In einem einzigen Augenblick und fast mit prophetischer Schau enthüllt sich uns die Wahrheit: Wir sind in der Tiefe angekommen. Noch tiefer geht es nicht; ein noch erbärmlicheres Menschendasein gibt es nicht, ist nicht mehr denkbar. Und nichts ist mehr unser: Man hat uns die Kleidung, die Schuhe und selbst die Haare genommen; werden wir reden, so wird man uns nicht anhören, und wird man uns auch anhören, so wird man uns nicht verstehen. Auch den Namen wird man uns nehmen; wollen

[4] Auf die sprachlichen Charakteristika der Lagersprache (vgl. hierzu Winterfeldt 1968, Oschlies 1986 und Rieke 2001) werde ich nicht näher eingehen. „Die Sprache des Konzentrationslagers war ein eigentümliches Gemisch aus Elementen der deutschen Amts-, Kasernenhof- und SS-Sprache und der Sprache der größten Häftlingsgruppen, vor allem des Polnischen. … Die Lagersprache war direkt, lapidar, vulgär. Wörter für Gefühle fehlten fast vollständig, ebenso Äußerungen für satisfaktive oder retraktive Äußerungen. Es war eine Sprache der Benennung und des Ausrufs, der Drohung und Warnung, des Befehls und der Aufforderung. Andere Sprechakte wie Beschreibungen, Erklärungen, Begründungen, Erlaubnisse oder Versprechen waren schon durch die Verhältnisse an den Rand gedrängt.“ (Sofsky $^{6}$2008: 182f.). S. auch Jean Améry ([1966] $^{6}$2008: 28f.): „Der sogenannte ‚Muselman‘, wie die Lagersprache den sich aufgebenden Häftling nannte, hatte keinen Bewußtseinsraum mehr, in dem Gut oder Böse, Edel oder Gemein, Geistig oder Ungeistig sich gegenüberstehen konnten. Er war ein wankender Leichnam, ein Bündel wandelnder Funktionen in den letzten Zuckungen. Er muß, so schwer es uns fallen möge, aus unseren Erwägungen ausgeschlossen werden.“

wir ihn bewahren, so müssen wir in uns selber die Kraft dazu finden, müssen dafür Sorge tragen, daß über den Namen hinaus etwas von uns verbleibe, von dem, wie wir einmal gewesen." (Levi [1947] $^{5}$1996: 164ff.)

Schreiben ist zu einem emotionalen, teils existenziellen Bewältigungsversuch[5] geworden: Überlebens- bzw. Weiterlebenskampf von Menschen, die alles verloren haben und emotional wie kognitiv in einen Abgrund schauen (s. auch Bewilogua, im Druck).

Und wenn auch der Mensch in größter Qual verstummt,[6] lassen sich doch drei konzeptuelle Komponenten der sprachlichen Manifestation des Leids der Opfer aufzeigen: Dokumentation und Wunsch nach Zeugenschaft, Trauer und Totenklage sowie Mitleid und Schuldgefühl der Überlebenden.

Hierbei sind zwei Gruppen von Dokumentationen zu unterscheiden: zum einen die Texte von Zeitzeugen, die unmittelbar betroffen Zeugnis abgelegt haben in Aufzeichnungen (z.B. das Tagebuch der Anne Frank und die Tagebücher von Victor Klemperer, aber auch die zahlreichen Zettel, auf denen KZ-Insassen ihre Erfahrungen und Gefühle notierten und versteckten), zum anderen Zeitzeugen, die nach der Flucht im Exil oder nach dem Ende der NS-Diktatur versuchten, sprachlich Unausdrückbares auszudrücken[7] (u.a. in poetischer Form, besonders aber in auf Tagebüchern basierender Prosa; vgl. hierzu auch Lorenz 1992, Schwarze 2005, Ziegler 2006).

Bei apolitischen Verfassern von Tagebucheinträgen dominiert in der Referenzialisierung der Geschehnisse das eigene leidvolle Erleben[8] und die sub-

---

5 „Warum schreibe ich? Weil ich, meine Identität suchend, mit mir deutlicher spreche auf dem wortlosen Bogen." (Rose Ausländer) S. auch: „Warum ich schreibe? Weil Wörter diktieren: schreib uns." (Rose Ausländer)

6 „Und wenn der Mensch in seiner Qual verstummt..." (Johann Wolfgang von Goethe, Tasso). Dass die Sprache oft nicht als ausreichend empfunden wird, um extreme Situationen oder intensive Gefühle wiederzugeben, wurde bereits in Kap. 7 erörtert. Zur Bedeutung des Schweigens in literarischen Darstellungen des Holocaust vgl. z.B. Steiner (1967) und Schlant (2001). Vgl. hierzu auch: „Das Schweigen ist selbst ein verbaler Akt, ein Loch, das sich in der Sprache höhlt." (Jean-Paul Sartre)

7 Entsprechend wird von manchen Forschern zwischen Holocaustliteratur und Survivalliteratur unterschieden. Raul Hilberg (2002: 55f.) bezeichnet Texte des Holocaust als „Wortquellen". Diese teilt er in „Dokumente", zeitgenössische Schriftstücke, und „Zeugnisse", Erinnerungen, ein.

8 Dabei ist bei solchen Texten zu berücksichtigen, dass es sich hier sozusagen nur um den „Vorhof der Hölle" handelt (vgl. Sartre: „Die Hölle sind die anderen"). Über die Gefühle von Menschen, die unmittelbar mit dem Tod konfrontiert waren, wissen wir nur wenig. In überfüllten Viehwaggons oder Baracken mit sterbenden Mitmenschen blieb wenig Zeit und Kraft oder Motivation, Aufzeichnungen zu machen. Aufschluss könnten hier die vielen einzelnen Zettel und Papiere von KZ-Insassen geben, die man im Boden und andernorts versteckt nach der Befreiung der KZs fand und die in Yad Vashem aufbewahrt werden. S. hierzu auch Pollak (1988).

jektive Gefühlswelt: Das Tagebuch der Hertha Nathorff[9] ist hierfür ein eindrückliches Beispiel.

Im März 1933 notiert sie Gesprächsereignisse mit nicht-jüdischen Patienten, in denen diese sich prinzipiell antisemitisch äußern, sie jedoch als Ausnahmeerscheinung abgrenzen:

(1) „‚Sie? Jüdin? Aber Frau Doktor. Sie sind doch anders – Sie reizende Dame gehören doch nicht zu denen.' So etwas muss ich mir nun fast täglich anhören."

Am 01.04.1933 drückt Nathorff Unverständnis und Kritik an der Feigheit der Mitmenschen aus, die sich den NS-Maßnahmen zum Boykott-Aufruf nicht widersetzen:

(2) „Vor dem Laden stand ein Posten, der mich daran hindern wollte, einzutreten. Ich schob ihn beiseite mit den Worten ‚Für mein Geld kaufe ich, wo ich will.' Warum machen es nicht alle so? Dann wäre der Boykott schnell erledigt. Aber die Menschen sind ein feiges Gesindel."

Ab 1934 manifestieren sich in den Aufzeichnungen primär die Gefühle der Verbitterung und der Demütigung:

(3) „Meine ehemalige Aushilfe begegnete mir auf der Straße und sah weg. Wenn ich bedenke, wie ich dieser Frau bei ihrer Anstellung geholfen habe." (1934)

(4) „Die arischen Patienten bezahlen einfach nicht mehr. Wozu brauchen sie denn auch einen Juden zu bezahlen?" (28.06.1938)

(5) „Ich, einst Chefin einer großen Klinik – ich muss heute betteln um jede Kleinigkeit." (13.06.1938)

Durch die politischen Entwicklungen dominieren ab 1938 zunehmend Angst und Verzweiflung:

(6) „Ich kann nur noch zittern und tun, als ob ich ruhig wäre. Die anderen haben mich ja noch nie weinen sehn." (13.11.1938)

9 Hertha Nathorff, geb. Einstein 1895 in Württemberg als Tochter einer wohlhabenden Bürgerfamilie, die seit Jahrhunderten als Deutsche in Deutschland lebte, war Ärztin und Chefärztin einer Klinik. Sie verfasste seit 1917 Tagebuchaufzeichnungen, in denen sie bereits über vereinzelte antisemitische Vorkommnisse berichtet wie „mit ihrem Namen kommen sie nicht weit". Nach der Machtübernahme der Nationalsozialisten 1933 musste sie ihre Kassenzulassung abgegeben. Veröffentlicht sind ihre Aufzeichnungen von 1933 bis 1945.

Als ihr Mann verhaftet wird, notiert sie:

(7) „Sie haben meine Seele verbrannt, mein Leben zerstört, meine Jugend, meinen Frohsinn, mein ganzes Ich ausgelöscht wie der Sturm ein brennendes Licht." (14.11.1938)

Angst und Schmerz artikulieren sich hier über Metapher und Vergleich, die beide auf der Konzeptualisierung EMOTIONEN SIND NATURGEWALTEN basieren. Und am 03.02.1939, kurz vor der Ausreise in die USA, hält sie fest:

(8) „Ich habe gelitten nun jegliches Leid, das auf Erden nur möglich ist. Gab Liebe, Heimat, gab Geld und Gut. ... Die Welt, sie will mich nicht mehr. Ich gehe ja schon, ich mache ja Platz. Das ist meine letzte Ehr."

Der pathetische Stil und das für die damalige Zeit typische Von-der-Ehre-Sprechen zeigen die tiefe Verbundenheit der deutschen Schreiberin mit dem gängigen Gedankengut und der Sprache der Zeit. Die Darstellung zeigt aber auch die Verkennung der Tatsachen: Aus der persönlichen Entwürdigung heraus schreibt Nathorff vom „Leid, das auf Erden nur möglich ist" und bezieht sich dabei auf das persönliche Innenleben. Zu diesem Zeitpunkt fehlt die Erkenntnis, dass dieses Leid – so bedrückend es für sie als Individuum persönlich mit Sicherheit ist – nichts ist im Vergleich zu dem Leid, das die nicht entkommenen Juden ereilte: Folter, Verstümmelung, Verseuchung, Vergasung.

In vielen Aufzeichnungen ist belegt, dass ein Nicht-wahrhaben-Wollen kennzeichnend für die geistige und emotionale Haltung vieler Opfer zu Beginn der Hitlerdiktatur war: Trotz aller Schikanen und inhumanen Entwürdigungen konnten sich viele der betroffenen Menschen doch das Unvorstellbare, den systematischen Massenmord, nicht wirklich vorstellen (s. z.B. Friedländer 2006; s. hierzu Fußnote 10).

Diese Haltung entspricht dem menschlichen Abwehrmechanismus gegenüber unerträglichen Gedanken und Gefühlen: Obgleich Schlimmstes zu erwarten war, ließ man den undenkbaren Gedanken an die Vernichtung nicht zu. Das Konzept eines solchen Abwehrmechanismus ist seit langem aus der Freudschen Psychoanalyse bekannt (vgl. Freud 1969). Es ist ein emotionaler Prozess, der die Funktionsfähigkeit des Individuums sichert, die Homöostase bewahrt. So zeigen sich Rationalisierungs- und Selbst-Beruhigungsversuche noch auf dem Gipfel der Vernichtungswelle: So dokumentieren Briefe von KZ-Insassen die Hoffnung auf ein baldiges Wiedersehen mit den Verwandten. Auf der Konzeptualisierung DEUTSCHLAND, DAS LAND DER DICHTER UND DENKER basierend, konnten die potenziellen Opfer und Leidtragenden die Konzeptualisierung DEUTSCHLAND, DAS LAND DER INHUMITÄT lange Zeit weder realisieren noch emotional internalisieren. Dies erklärt das oft lange Zögern[10] vieler jüdischer Deutscher, die Heimat trotz der bedrohlichen und entwürdigenden Umstände zu verlassen.

Dieses Zögern findet sich auch bei Victor Klemperer,[11] obgleich diesem bewusst ist, dass ein extremer, rational und emotional nicht zu fassender Ausnahmezustand vorliegt: Die Metapher *Bruchstücke des Wahnsinns, in den wir immerfort getaucht sind* kodiert sowohl das Bewusstsein des Schreibers für diese Lage als auch dessen komplette Hilflosigkeit.

(9) „Anschlag am Studentenhaus: ‚Wenn der Jude deutsch schreibt, lügt er.', er darf nur noch hebräisch schreiben. Jüdische Bücher in deutscher Sprache müssen als ‚Übersetzungen' gekennzeichnet werden. – Ich notiere nur das Grässlichste, nur Bruchstücke des Wahnsinns, in den wir immerfort getaucht sind. –" (25.04.1933)

Die Notizen und Aufzeichnungen von Klemperer pendeln hin und her zwischen dem krampfhaften Bemühen um Normalität (wissenschaftliche Arbeit, Konzertbesuche, Gesundheitsprobleme, Hausbau) und der bedrückenden Erkenntnis, dass Irrsinniges, kognitiv und emotional nicht zu Begreifendes vor sich geht angesichts der Flucht jüdischer Deutscher, dem Ausschluss aus der Prüfungskommission, den leeren Hörsälen.

(10) „In der Hochschule[12] hat sich meine Lage verschlechtert." (12.12.1933)

Die Reflexionen Klemperers kombinieren auffällig oft emotionale Verzweiflung am Rande des Ertragbaren mit Überlegungen eines normalen Alltags-

---

10 Stellvertretend für viele sei hier Willy Cohn genannt, dessen Tagebücher 2006 veröffentlicht wurden (s. Cohn 2006). Der promovierte Breslauer Historiker notiert am 26.02.1933, einige Wochen nach der Machtergreifung der Nazis: „Es ist trotz all dem sehr schwer, sich die Liebe zu Deutschland ganz aus dem Herzen zu reißen." Und obgleich er 1937 für einige Wochen bei seinem erwachsenen Sohn, der nach Palästina ausgewandert ist, zu Besuch ist, entschließt er sich zur Rückkehr in seine Heimat Deutschland, an der er als Patriot unerschütterlich hängt (vgl. den Eintrag vom 31.12.1938: „Ich hänge trotz alledem an Deutschland."). Dieser Entschluss kostet ihm, seiner Frau und seinen beiden jungen Töchtern 1941 das Leben.

11 Der 1881 in Landsberg geborene Klemperer konvertierte 1912 zum Protestantismus. Er war bis zur Machtübernahme der Nazis Professor für Romanistik an der Universität Dresden. Seine über Jahre geführten Tagebücher zählen zu den umfangreichsten zeitgeschichtlichen Dokumentationen zur Diskriminierung und Ausgrenzung von Juden in Deutschland. Bekannt geworden ist auch seine Abhandlung zum Sprachgebrauch der Nationalsozialisten, die „LTI" (Lingua Tertii Imperii, 1947).

12 Klemperer wird 1935 aus dem Hochschuldienst entlassen. Zwischen 1933 und seiner Entlassung muss er zahlreiche diskriminierende Handlungen der Universitätsleitung über sich ergehen lassen.

lebens, das eigentlich längst nicht mehr existiert, dessen Bestandteile jedoch wie selbstverständlich erhalten bleiben:

(11) „Im letzten starre ich Tag um Tag auf den Tod. Ohne Angst, aber mit Grauen. Ich komme gar nicht zu eigener Arbeit, aber ich habe in letzter Zeit einiges vorgelesen, was mein 18e siècle wichtig ist." (15.12.1933)

Kodiert wird die Konfrontation mit einer Welt, die nicht mehr die begreifbare Welt ist, die nicht mehr den Rahmen für ein normales Menschenleben gibt. Dennoch bleibt das emotionale Erleben geknüpft an die alltäglichen Gegenstände sowie an das Gefühl der Hoffnung:[13]

(12) „Und dann: man freut sich ... am Aufblühen einer Kamelie und an der Gelindheit des Wetters ... Und dann: Die Hoffnung, daß dieser Zustand der maßlosen Tyrannei und Lüge schließlich doch einmal zusammenbrechen muss, hört niemals ganz auf." (15.02.1934)

Es manifestiert sich kontinuierlich ein Balanceakt zwischen dem Gefühl der Todesangst und der Hoffnung auf normales Leben.

(13) „Das Grässliche ist, dass ein europäisches Volk sich solch einer Bande von Geisteskranken und Mördern ausgeliefert hat und sie noch immer erträgt." (14.07.1934)

(14) „Die Belastung der Police soll mich nicht bedrücken. ... Welchen Zweck hat es in dieser Zeit, an nächstes Jahr zu denken? Vielleicht bin ich dann ermordet, vielleicht wieder im Amt, vielleicht ... ich will leichtsinnig sein." (31.12.1935)

(15) „Eine Verordnung für Beamte: Sie dürfen nicht mit Juden ... verkehren ... Wir sind völlig isoliert. ... Die Arbeit am 18. Jahrhundert, Band 1, nähert sich dem Ende." (28.04.1936)

Auch bei Klemperer zeigt sich, trotz seines hochreflektierenden Bewusstseins, in den ersten Jahren des Naziterrors die oben angesprochene Verkennung der Tatsachen, wenn er sich 1935 der Hoffnung hingibt, es bestehe die Möglichkeit, bald wieder im Amt sein zu können. Und die Äußerung vom 14. Juli 1934 dokumentiert seinen (Irr-)Glauben, das deutsche Volk sei nur von einigen wenigen Verbrechern verführt. Erst Jahre später erkennt er für sich, dass Hitler von der Mehrheit der Deutschen getragen wird und dass von den deutschen Mitbürgern keine Empathie oder gar Hilfe zu erwarten ist:

13 Bei Klemperer finden sich durchweg sehr viele emotionsbezeichnende und emotionsausdrückende Äußerungen. Seine Tagebücher stellen daher eine „wahre Fundgrube" für linguistische Analysen dar.

(16) „Und immer mehr glaube ich, dass Hitler wirklich die deutsche Volksseele verkörpert, dass er wirklich ‚Deutschland' bedeutet und dass er sich deshalb halten ... wird." (17.08.1937)

(17) „Die Pogrome im November 38 haben, glaube ich, weniger Eindruck auf das Volk gemacht als der Abstrich der Tafel Schokolade zu Weihnachten." (Silvester 1939)

Gefühle des Ekels und der Lethargie werden in den Aufzeichnungen ab 1940 dominant:

(18) „Ich sollte all diese Kleinigkeiten und Stimmungen des Alltags (was man so Alltag nennt) notieren. Es widert mich immer mehr an ..." (06.07.1940)

### 10.2.2 Literarische Prosa: Appelfelds[14] „Badenheim"

Literarisch in Form von Romanen umgesetzt[15] hat Aharon Appelfeld[16] seine Erfahrungen mit dem Naziterror. In „Badenheim" begegnet der Leser jüdischen Kurgästen im österreichischen Badeort Badenheim im Frühjahr 1939, die gekommen sind, um das Kulturfestival zu erleben, geleitet vom Impresario Dr. Pappenheim. Nach und nach verwandelt sich der mondäne kleine Kurort in einen Sperrbezirk. Das Gesundheitsamt wird allgegenwärtig und wirbt mit Reisen ins „gelobte Land Polen". Alle Anzeichen für die Umwandlung in ein Lager jedoch werden von den Kurgästen und Anwohnern nicht wahrgenommen, bzw. systematisch positiv umgedeutet:

(19) „Die Inspektoren des Gesundheitsamtes ermittelten jetzt an allen Ecken und Enden der Stadt. Sie organisierten Vermessungen, errichteten Zäune und pflanzten Fahnen in das Erdreich. Bedienstete Träger entluden Stacheldrahtrollen, Zementpfeiler und alle möglichen Gerätschaften, und alles sah danach aus, als würden Vorbereitungen für eine große öffentliche Festivität getroffen. ‚Dies Jahr gibt's Jubel, Trubel, Heiterkeit.'" (19)

14 Ich danke Aharon Appelfeld für einen unvergesslichen Abend in seiner Jerusalemer Wohnung, in der ich die Gelegenheit hatte, mit ihm über seine Erinnerungen und seine Romane zu sprechen.

15 Obgleich dies ein Buch über Emotionsmanifestationen in deutscher Sprache ist und die Bücher von Appelfeld in Hebräisch verfasst sind, beziehe ich mich auf sein Buch „Badenheim" in der deutschen Übersetzung. Appelfelds Werke sind besonders geeignet, sprachliche Eigenschaften der Prosa der literarischen Holocaustaufarbeitung transparent zu machen. Dass Appelfelds Schilderungen zudem dem Leser auf besonders anschauliche Weise das Irreale, Nicht-Fassbare der NS-Zeit darbieten, dokumentiert auch die Einladung des französischen Psychoanalytikerverbandes im Jahr 2006 (persönliche Mitteilung von Appelfeld). Es zeigt sich, dass die Schriften Appelfelds eine besonders starke emotionale Wirkung sowohl auf Nachkommen der Opfer als auch der Täter haben.

16 Appelfeld, 1932 in Czernowitz geboren, konnte nach Jahren der Verfolgung, des Lagerlebens und Versteckens in den ukrainischen Wäldern 1946 nach Palästina reisen.

Es entsteht eine surrealistisch anmutende Atmosphäre, in die der Leser mit seinem historischen Hintergrundwissen hineingezogen wird: Grotesk naiv muten ihm die Handlungen und Verhaltensweisen der Personen angesichts dessen an, was sie (aus der antizipierenden Rezipientenperspektive) erwartet. Der Leser ist mit seinem enzyklopädischen Wissen über die historischen Geschehnisse dem Bewusstseins- und Kenntnisstand der Protagonisten der Textwelt immer einen Schritt voraus. Er antizipiert den Ausgang der Geschichte mit tödlicher Gewissheit. Das Textweltmodell des Rezipienten inkludiert das historische Wissen und steht damit in direktem Kontrast zur Textwelt der fiktiven Protagonisten.

Das Emotionspotenzial des gesamten Textes ergibt sich durch diese krasse Inkompatibilität.

In der Textwelt selbst werden Emotionen nur selten explizit thematisiert, sondern indirekt ausgedrückt durch surrealistisch-bildhafte Naturbeschreibungen, die symbolisch für die inneren und äußeren Vorgänge stehen:

(20) „Und wieder spielte der Monat Mai sein verheerendes Spiel mit den Bäumen. Die Bürgersteige bedeckte ein schneeiger Teppich aus Blüten. Die Sonne schien herunter von ihrer Himmelsstraße und verlor sich in den Gassen. Die Schatten des Waldes zogen sich zurück und verließen die Stadt lichtwärts. Der erste giftige Rausch erstarb. Eine Frau entsann sich: In weiter Ferne hatte sie eine Familie verlassen. Was tat sie hier? Wer hatte sie verführt?" (31)

In (20) wird das durch Personifikationsmetaphern dargestellte Naturszenario mit den Bewusstseinsinhalten einer nicht näher identifizierten Frau zu einer Referenzdomäne kombiniert. Dadurch entsteht eine bizarre Kohärenzstruktur.

(21) „Die Tage stahlen sich vorbei. Ein kaltes Licht brach vom Norden herein und breitete sich im langen Korridor aus. Es sah nicht aus wie Licht, sondern wie Nadeln, die den Teppich in Vierecke teilten. Die Menschen klebten an den Wänden wie Schatten." (62)

Dieser Eindruck wird durch (21) weiter fokussiert. Durch die beiden Vergleiche entsteht das mentale Bild von etwas Irrealem: Der Leser glaubt sich in einem Bild von Dalí oder Magritte gefangen. Die Licht-Metaphorik zieht sich kontinuierlich durch den Text, verstärkt durch die Synästhesien, breitet sich konzeptuell im Bewusstsein des Lesers aus als Symbol für das näher kommende Unheil:

(22) „Das Licht stand still. Eine wachsame Stille. Ein nie gesehener orangefarbener Schatten nagte heimlich an den Blättern der Geranien. Die Kletterpflanzen saugten die bittere versteckte Feuchtigkeit auf. Pappenheim ver-

wöhnte seine Musiker und kaufte ihnen Schokolade und Sahnetörtchen. Die Musiker behandelten ihn mit Unterwürfigkeit. So dankbar waren sie. Ende der Streitigkeiten. Und das eigenartige neue Licht sickerte durch die Wolken und schien auf die breite Veranda." (71)

Die mutmaßliche Angst und Verzweiflung der Protagonisten wird nicht explizit thematisiert, sondern implizit über die lebensgierigen Handlungsdarstellungen vermittelt (z. B. im unverhältnismäßigen Süßigkeitenkonsum der Menschen und im Trinkverhalten der Musiker):

(23) „Die Häuser füllten sich langsam mit Schweigen. Die Ranken der Kletterpflanzen schossen wild wuchernd in die Höhe. Die Akazien blühten ohne Unterlaß. Herbst und Frühling verschmolzen auf eigenartige Weise. Nachts gab es keine Luft zum Atmen. Samitzky trank und trank." (77)

Das ominöse Gesundheitsamt steht für die sich immer weiter ausbreitende Macht eines anonym bleibenden Apparates, einer undurchschaubaren Institution, die anfänglich für „Reisen nach Polen" wirbt wie für Urlaubsreisen und schließlich die Aufforderung zum Sammeln ausgibt, die vom Protagonisten Pappenheim völlig in seiner Tragweite verkannt und umgedeutet wird:

(24) „Und da erhielt Dr. Pappenheim einen Brief vom Gesundheitsamt mit der Aufforderung, alle bei ihm gemeldeten Künstler hätten sich unverzüglich zur Verfügung zu halten. Pappenheim war entzückt: ‚Eine längere Konzerttournee erwartet uns!'" (114)

Der Aufbruch zum Abtransport wird wie ein Ausflug dargestellt. Nur ein einziger Satz verrät dem Leser, was wirklich passiert:

(25) „Die Polizisten folgten in einem kleinen Abstand." (149)

Jedem Anflug von banger Erkenntnis und Furcht wird bis zum Schluss eine realitätsverkennende, positive Deutung entgegengesetzt: Was nicht sein darf, kann nicht sein.

(26) „‚Wie seltsam das alles ist', sagte die Kellnerin, und Tränen traten ihr in die Augen.

‚Aber, aber. Was soll das heißen?' sagte der Dirigent. ‚Es ist nur ein Übergang. Bald sind wir in Polen. Neue Umgebung, neue Menschen. Man muß seinen Horizont erweitern, nicht wahr?' ‚Und ich fühl' mich so schlecht, so nach nichts.' ‚Es ist nur ein Übergang, nur ein Übergang. Bald sind wir am Bahnhof, am Kiosk. Ich liebe die hiesige Limonade, sie schmeckt vorzüglich.'" (151 f.)

Signifikant ist der Schluss des Romans, ein naive Anmerkung des bis zuletzt die Realität verdrängenden Pappenheim und eine (An)Deutung für den Leser:

(27) „Wenn die Abteile so schmutzig sind, kann das nur heißen: weit geht sie nicht, unsere Reise."

Durch Implikaturen, die auf dem Weltwissen gezogen werden, ist vom Leser konzeptuell zu erschließen, was sich hinter der nüchtern klingenden Aussage verbirgt: DIE REISE ENDET IN AUSCHWITZ.

### 10.2.3 Metaphern in der Lyrik: „das Material der Qual"

> „Es ist nämlich Sprache in jedem Falle nicht allein Mitteilung des Mitteilbaren, sondern zugleich Symbol des Nicht-Mitteilbaren." (Walter Benjamin)

> „Ein Mund voll Schweigen." (Alvin H. Rosenfeld)

Dominant bei allen Überlebenden der Shoah ist das Gefühl, dass es kein Entrinnen aus dem Schrecken, keine Flucht aus der Erinnerung gibt. Dieses Grundgefühl spiegelt sich in der Literatur, insbesondere in der Lyrik[17] wider:

(28) „Nachts / wenn die Gedanken / einschlagen / treten die Toten / aus ihren Verstecken // Ihre Augen bezwingen mich / ihre bemoosten Stimmen / überzeugen mich // ... Nie ist die Rede davon / daß sie tot sind ..." (Rose Ausländer)

(29) „Auferstanden im Regen / die Toten / fallen über uns her // mit der Kraft Vergangener / lassen uns nicht allein / einen Augenblick // Wir leben mit ihnen / sie waschen uns gründlich... // da wächst unser Haar / da wächst im Haar unser Tod." (Rose Ausländer)

Rose Ausländers Ghettogedichte spiegeln die fundamentale Differenz zwischen der empirischen Realität der Judenausrottung und ihrer künstlerisch-ästhetischen Repräsentation wider (s. hierzu auch Lehmann 1999: 19ff.). Negative Abstrakta wie *Nichts* und *schwarzer Wille* umreißen die Perspektive der Opfer, die sich Unbegreiflichem ausgesetzt sehen, die den konkreten Boden, d.h. den Kontakt zum normalen Leben, unter den Füßen verloren haben und somit keine konkreten Realitätskomponenten als Bezugspunkte mehr haben. Der Leser muss ein Textweltmodell konstruieren, in dem es

17 „Gedichte über den Holocaust sind Gedichte der Erinnerung an oder Klage um Tote." (Lamping 1991: 241). Vgl. auch: „Auschwitz ist der Tod, der totale, absolute Tod – des Menschen, der Sprache und der Vorstellungskraft, der Zeit und des Geistes ... Der Überlebende weiß das. Nur er und niemand sonst. Und deshalb verfolgen ihn Schuld und Hilflosigkeit ..." (Arnoni 1992: 7)

keine Referenzsachverhalte der realen Welt mehr gibt, sondern nur noch abstrakte Bodenlosigkeit.

(30) „Ins Nichts gespannt // Fäden ins Nichts gespannt: wir liegen wund / verwoben in das Material der Qual …“ (Rose Ausländer)

Die Metaphern sind dementsprechend sprachlich manifestierte Brücken im emotionalen und konzeptuellen Nichts, die von einem Abgrund zum nächsten spannen. Die Dichtung ersetzt das zerstörte Gefühlsleben und wird als abstraktes Organ des Lebens kompensatorisch für das Verlorene eingesetzt:

(31) „… Als ich / im Ghetto / erstarrte / erfror mein Herz / im Kellerversteck // Ich Überlebende des Grauens / schreibe aus Worten / Leben.“ (Rose Ausländer)

Für Nelly Sachs ist das Bedürfnis, Leid auszudrücken, ausdrückbar zu machen, zur Motivation und Legitimation ihrer Dichtung geworden. Die Gedankenstriche in ihrer Lyrik indizieren eine Sprache des Verstummens, einen Abbruch des Sag- und Ausdrückbaren, weil Worte fehlen, das Ungeheuerliche wiederzugeben. Diese Metaphern und Topoi des Schweigens und des Verstummens sind allgegenwärtig:

(32) „Vor den Wänden der Worte – Schweigen – Hinter den Wänden der Worte – Schweigen –“ (Nelly Sachs)

(33) „Wer ruft? / Die eigene Stimme! / Wer antwortet? / Tod!“ (Nelly Sachs)

Einerseits wird die Sprachskepsis und -losigkeit beschrieben, das Schweigen als einzige Form dargestellt.

(34) „Ich möchte reden / doch ich kann nicht / ein schwarzer Engel / hält mich fest // Es heißt nun / immer tiefer schweigen / bis in den letzten Erdenrest.“ (Rose Ausländer)

(35) „Gefangen überall / ….Aber Schweigen ist Wohnort der Opfer –“ (Nelly Sachs)

Andererseits ist es oft nur die Sprache, die als einziges formales Gerüst im Nichts bleibt, als Orientierungsbereich, als einzige Referenzdomäne, die aus der alten, verlorenen Normalität mit in die neue, bodenlose Existenz gerettet wurde. Die Sprache[18] wird zur nicht mehr existierenden Heimat, der einzigen geistigen Welt, Schreiben somit zur Existenzform.

---

[18] Dass die deutsche Sprache als Teil der eigenen Identität und als Ausdrucksmittel mit ausgesprochen zwiespältigen Gefühlen betrachtet wurde, ist durch die Äußerungen vieler Exilanten belegt: Die Muttersprache ist Teil der eigenen Identität und doch „beschmutzt“ durch den Gebrauch der Nazis. Aharon Appelfeld (mündliche Mitteilung) berichtet, wie der Klang der als Kind geliebten, geachteten deutschen Sprache in seinem Gedächtnis emotional

(36) „Mutterland // mein Vaterland ist tot / sie haben es begraben / im Feuer / ich lebe / in meinem Mutterland Wort ...“ (Rose Ausländer)

(37) „... Als ich / im Ghetto / erstarrte / erfror mein Herz / im Kellerversteck // Ich Überlebende des Grauens / schreibe aus Worten / Leben.“ (Rose Ausländer)

(38) „... Heute // hat ein Gedicht / mich wieder erschaffen ... / Ich vergaß / das Gedicht zu schreiben / vergaß es // Es hat mich nicht vergessen / kam zurück zu mir / und schrieb sich / in meine Worte.“ (Rose Ausländer)

(39) „Ich habe mich / in mich verwandelt / von Augenblick zu Augenblick / in Stücke zersplittert / auf dem Wortweg / Mutter Sprache / setzt mich zusammen / Menschenmosaik.“ (Rose Ausländer)

In den Gedichten von Nelly Sachs und Rose Ausländer wird der Leser mit einer Textwelt konfrontiert, die als abstrakte Metaphernlandschaft die traumatische Situation des lyrischen Ichs widerspiegelt, eine Textwelt, in der der Sturz durch keinen Boden aufgefangen wird und somit nicht endet. Dominant ist entsprechend die Metaphorik des Abgrundes:

(40) „Wir stürzen / in das Verlies des Abschieds / rückwärts / schattenschwarz schon / Hinausgestreckt / ins Erloschene –“ (Nelly Sachs)

(41) „... Dies ist die Landschaft aus Schreien! / Himmelfahrt aus Schreien / empor aus des Leibes Knochengittern.“ (Rose Ausländer)

Die Emotionen sind inferenziell zu erschließen, werden nicht expressis verbis benannt. Thematisiert wird stattdessen die totale Ablösung vom alltäglichen Lebensgefühl. Es ist keine Normalität möglich: Die einst vertrauten Dinge wie Kalender, Alphabet, Sprache gehören einer Welt vor der Shoah an und können der neuen Situation nicht gerecht werden:

(42) „Herbst sagst du / aber ich sage dir / nicht Oktober nicht November / du musst einen neuen Kalender erfinden / ein anderes Alphabet / eine Sprache die Einhalt gebietet / denn die Zeit fällt / fällt ins Unabsehbare / und wir fallen mit ihr.“ (Nelly Sachs)

Dass innovative und absolute Metaphern die vorherrschende Manifestationsform bei der sprachlichen Bewältigung der Shoah-Erfahrungen sind, ergibt sich geradezu zwangsläufig aus der Einzigartigkeit des zu Beschreibenden und der Intensität der Gefühlsdimensionen sowie der in Kap. 5.2.4 beschriebenen Funktion von Metaphern, besonders schwer fassbare Refe-

gekoppelt an das Gebrüll der Nazi-Schergen ist. Als Hannah Arendt im Exil die Frage gestellt wurde, was geblieben sei, war ihre Antwort: „Was ist geblieben? Die Muttersprache ist geblieben“. Und Stefan Zweig, der sich im Exil das Leben nahm, litt unter der Vorstellung, dass seine Werke nur noch in Übersetzungen und nicht im deutschen Original zu lesen sein würden.

renzbereiche zu kodieren: Die Alltagssprache versagt angesichts dieser Referenzdomäne.

In der literarischen Verarbeitung der Shoah ist das Verschweigen des Grauens, die nicht explizite Thematisierung sowohl der referenziellen Sachverhalte als auch der Emotionen häufig zu konstatieren. Der Leser muss selbst erschließen und sich vorstellen, was und wie etwas mit den Opfern geschah und welche Gefühle[19] dabei involviert waren. Die Texte weisen entsprechend eine referenzielle Unterspezifikation auf, die sowohl die Darstellung des Mordens als auch den Ausdruck der Gefühle der Textproduzenten betrifft. Der Leser muss zwischen den Zeilen lesen und die Gefühle inferenziell evozieren.

In Hamburgers Gedicht etwa thematisiert das lyrische Ich die Ungewissheit, das Nicht-Wissen hinsichtlich des Todes seiner Großmutter, von der er nur weiß, dass sie umgebracht wurde. Die persönliche „Welt der Menschlichkeit" steht in direktem Kontrast zur anonymen Mordbürokratie der Nationalsozialisten. Die Unmenschlichkeit dieses Systems wird durch die Schilderung der Liebenswürdigkeit der Ermordeten entlarvt. Es bleibt dem Leser bei den letzten Zeilen überlassen, ein Textweltmodell zu konstruieren und sich die Konzeptualisierung eines inhumanen Lebensendes vorstellbar zu machen.

---

19 Bei vielen Deutschen jedoch hat es nie eine wirkliche Empathie gegeben (s. hierzu die Abhandlung der Mitscherlichs: „Die Unfähigkeit zu trauern" [1967] 2007). S. hierzu die Ausführungen in Kap. 11. Signifikant ist in diesem Zusammenhang auch zu konstatieren, dass die Notwendigkeit des Erhalts einer Erinnerungskultur meistens von den Opfern bzw. den Nachkommen und Vertretern der Opfer und nicht von den Nachkommen und Vertretern der Täter angemahnt wird. Vgl. „Wir müssen uns erinnern, sonst wird sich alles wiederholen." (Marguerite Duras). Rechtsradikale dagegen sprechen von „Schuldkult" (s. Kap. 11). Und auch in der Mitte der Gesellschaft haben sich längst auf Abwehrmechanismen und mangelnder Empathie basierende Diskurse etabliert, die ein „Ende", einen „Schlussstrich" fordern. Für jeden geschichtssensiblen Menschen sind solche Kommunikationsformen ebenso unerträglich wie das von Martin Walser geprägte Schlagwort von der „Auschwitzkeule", eine Konstruktion, die, macht man sich deren Denotation und Konnotation bewusst, bösartiger nicht hätte ausfallen können. Wie sensibel Opfer auf den oft extrem unsensiblen offiziellen Sprachgebrauch reagieren, sieht man beispielsweise an dem in den Diskurs eingeführten Wort *Wiedergutmachung*. „Wiedergutmachung bekam meine Mutter für die erlittene fünfjährige Haft in verschiedenen Konzentrationslagern. Wiedergutmachung dafür, daß man ihre Familie umgebracht, ihre Gesundheit ruiniert und ihre Seele zerstört hat. Wieder gut Machung. Ich frage mich, was man wieder gut gemacht hat? Hat man ihre Gesundheit wieder gut gemacht? Hat man ihre Familie wieder gut gemacht? Hat man ihr Heim wieder gut gemacht? Wer sich das Wort Wiedergutmachung ausgedacht hat, der hat den Schmerz und das Leid der Opfer nachträglich verhöhnt." (Lea Fleischmann 1980: 70)

(43) „In einer kalten Jahreszeit (IV)

Ich hörte keinen Schrei, sah nicht ihr Sterbe-Antlitz,
Hab nie den Ort, den Tag gewußt,
Ob man mit Gas, mit einer Kugel oder durch Entbehrungen
Sie erledigt hat die alt genug und krank genug war
Alsbald zu sterben zu ihrem eignen rechten Zeitpunkt;
Bloß daß, als man sie abführte aus ihrer Welt des Menschlichen,
Knarrendes Ledersofa, Andenken und Aschenurne,
Sie gezwungen wurde ihrem Sohn in England zu schreiben.
‚Begeb mich auf Reisen'; und daß all die Jahre
Sie es abgelehnt hatte zu reisen selbst um ihr Leben.
Zu wenig von ihrem Leben weiß ich, ihrem Tod,
Weiß wenig vom letzten Besuch bei ihr im Alter von neun,
Vom Lebwohl dem gleichen wie immer und letzten,
Erinnere nur daß sie, fünffache Mutter, Großmutter,
Großzügig ihr winziges Reich teilen konnte mit einem Kind;
Erinnere ihren zittrigen, nach Käse schnappenden Schoßhund –
Hat man ihn auch umgebracht oder verjagt? –
Und davor einen größeren Hund, eine französische Bulldogge.
Ausgestopft ihr Gesellschaft leistend auch nach seinem zeitigen Tod.
An drei Goldfische erinner ich mich, einen mit Buckel
Der jahrelang lebte obgleich sie die Fische Tag für Tag wusch
In der Küche damit sie gesund blieben und rein;
Und wie sie konspirierte mit uns Kindern,
Mit Bonbons uns bestach falls wir versprachen
Vater nichts zu verraten, daß sie – Diabetikerin –
Eine Kapsel Bonbons in der Handtasche hatte
Und wie ein Kind heimlich naschte –
Als keiner es ahnte daß nicht Bonbons ihren Tod verursachen würden.
Ein Radiogerät samt Kopfhörer gehörte zum Zauber
Über den sie gebot und reichlich gewährte,
Ihrerseits kindlich und liebend und wissend …

Zuwenig weiß ich von ihrem Wissen, ihrem Leben,
Nur daß die Liebende starb
Ohne den Schoßhund, die Bulldoggenpuppe und die Kapsel Bonbons."
(Michael Hamburger)

**Literatur:**

Lehmann (1999), Rosenfeld (2000 und 2011), Friedländer (2006), Schwarz-Friesel (2011a), Skirl (2011), Schwarz-Friesel/Skirl (2013).

# 11 Ressentiments und Hass: Die Sprache als Waffe – verbaler Antisemitismus

„Sprache definiert und verdammt den Feind nicht nur, sie erzeugt ihn auch; und dieses Erzeugnis stellt nicht den Feind dar, wie er wirklich ist, sondern vielmehr, wie er sein muß, um seine Funktion für das Establishment zu erfüllen." (Herbert Marcuse)

„Der Spruch, wenn Worte töten könnten, ist längst aus dem Irrealis in den Indikativ geholt worden: Worte können töten ..." (Heinrich Böll)

## 11.1 Zur Problematik

Die repräsentationale Kopplung und prozessuale Interaktion von kognitiver Stereotypisierung und emotionaler Bewertung zeigt sich besonders deutlich, wenn Sprache in diskriminierender, abwertender und ausgrenzender Funktion benutzt wird, wenn Sprache als Handlungsinstrument zur Waffe wird.

Anhand antisemitischer Äußerungen, die als Verbalmanifestationen von stereotypen Konzeptmustern und negativ geprägten Emotionseinstellungen betrachtet werden, sollen einige Aspekte der sprachlichen Diskriminierung erörtert und analysiert werden. Antisemitismus wird hier zum einen als eine Form des Rassismus[1] und der Intoleranz und in seiner verbalen Ausprägung

[1] „Unter Rassismus im engeren Sinne läßt sich eine gesellschaftliche Praxis verstehen, in Wort und Tat Menschengruppen wegen ihrer Herkunft oder Hautfarbe zu diskriminieren" (Claussen 1994: 1). „Rassismus beruht auf dem Willen zur Vorherrschaft, sei es von europäischen Ländern gegenüber außereuropäischen Gebieten, sei es innereuropäisch von Eliten gegenüber dem Volk, sei es eines nationalstaatlich geeinten ‚homogenen' Volkes gegenüber Minderheiten. Ob in Form sedimentierter Vorurteile oder als Rassenideologie, es geht dabei immer um die Behauptung einer fundamentalen Ungleichheit von Menschen" (Priester 2003: 11). Vgl. auch Reisigl/Wodak (2001) und van Dijk (1984). Inwieweit ist die Basis rassistischer Denkmuster die Intoleranz (s. hierzu den Klassiker von Mitscherlich/Mitscherlich [1967] 2007: 63–75)? Alles Fremde und Andersartige bedroht das Selbstideal, erzeugt Zweifel an der uneingeschränkten Rechtmäßigkeit einer bestimmten Wesens- und Lebensart und relativiert somit deren Absolutheitsanspruch. Je höher man sich rangiert, desto tiefer fallen die anderen, desto stärker ist die eigene Aufwertung. Dagegen ist „Die praktizierte Toleranz ... die Vereinigung von Scharfsinn und Großmut." Zu anderen Formen und Typen von Hass-Rede und verbaler Gewalt s. z.B. Kiener (1983), Cherubim (1991), Marx (2012b und 2013a) und Meibauer (2013).

als eine Form der sprachlichen Diskriminierung[2] erörtert, die gekoppelt ist an die kontinuierliche Re-Aktivierung von (teils bewussten, teils unbewussten, zum Teil stark emotional kodierten) Stereotypen. Zum anderen werde ich aber auch zeigen, dass der moderne Antisemitismus nicht ausschließlich als eine Variante des Rassismus erklärt werden kann. Aktuelle Manifestationsformen und kommunikative Latenzen sind vielmehr wesentlich stärker durch emotionale Abwehr- und Verantwortungsverdrängungsmechanismen sowie lang tradierte judenfeindliche Sprachgebrauchsmuster bestimmt.

Ich werde aufzeigen, inwiefern einerseits bestimmte mentale Stereotype über die Epochen hinweg im kulturellen Gedächtnis sowie der kommunikativen Praxis erhalten und sprachlich wiederholt werden und andererseits sprachliche und konzeptuelle Formen des Antisemitismus in neuen Ausdrucksvarianten auftreten.

Nach einer kurzen Charakterisierung judenfeindlicher Äußerungsformen aus dem 19. und 20. Jahrhundert, deren Kenntnis für ein Verständnis des Antisemitismus als einem kontinuierlich auftretenden Phänomen unerlässlich ist, konzentriere ich mich auf aktuelle verbale Realisierungen antisemitischen Gedankengutes der letzten zehn Jahre in Deutschland. Die spezifisch linguistischen Charakteristika der aktuellen antisemitischen Sprachverwendung[3] sind bislang nur unzureichend analysiert und beschrieben worden. Dies liegt u.a. daran, dass sowohl die wesentliche Rolle, die die Sprache bei der Tradierung judenfeindlichen Gedankenguts spielt, als auch die emotionale Dimension in der Antisemitismusforschung zu wenig beachtet wurden (s. aber Schwarz-Friesel/Reinharz 2013). Eine Analyse der lexikalischen, semantischen und kognitiv-konzeptuellen Besonderheiten des antisemitischen Sprachgebrauchs ist jedoch eine notwendige Voraussetzung für ein besseres Verständnis der sprachlich zum Ausdruck kommenden Stereotype und emotional geprägten Ressentiments.

2 Dabei werde ich aber die Unikalität dieser spezifischen Form der Diskriminierung, konzeptuellen Dämonisierung und Feindbildkonstruktion nicht aus dem Blick verlieren. Antisemitismus lässt sich nicht in der allgemeinen Vorurteilsforschung subsumieren, sondern ist als Phänomen einzigartig (s. Schwarz-Friesel/Friesel 2012 und Schwarz-Friesel/Reinharz 2013: Kap. 4).

3 Die letzten detaillierten linguistischen Untersuchungen zum verbalen Nachkriegsantisemitismus liegen über 20 Jahre zurück (s. Wodak 1990, Wodak et al. 1990 für Österreich). Zu den bislang nicht hinreichend erforschten Phänomenen gehören die (zunehmend zu konstatierenden) über inferenzielle Implikaturen erschließbaren Formen des Antisemitismus (s. aber Schwarz-Friesel 2009b und 2010b).

## 11.2 Antisemitismus als kommunikatives Phänomen

### 11.2.1 Der klassische Antisemitismus

> „Was seind aber die Jüden? in warheit keine Bekenner / sondern Lästerer vnd schänder Gottes vnd Christi…“ (Predigt aus dem Jahre 1661)

> „Antisemitismus ist gewissermaßen der gefühlsmäßige Unterbau unserer Bewegung.“ (Gottfried Feder, NSDAP-Gründungsmitglied, 1920)

Das Phänomen des Antisemitismus – in der Forschung meist allgemein als Judenfeindschaft oder Judenhass definiert (vgl. Reinharz 1987, Wistrich 1990, Bauer 1992) – zeigt sich seit zwei Jahrtausenden verbal und nonverbal in den Formen der Diskriminierung, Verfolgung, Einschüchterung, Erniedrigung und Ermordung von Juden, und involviert als komplexes Phänomen religiöse, historische, ökonomische, politische, psychologische, kommunikative und philosophische Aspekte (s. Reinharz 1987, Benz [2]2005, Bergmann [4]2010, Wistrich 2010). Antisemitismus, der älteste Hass der Welt (Wistrich 1991), basiert auf Stereotypen, die Juden negativ als DIE ANDEREN bewerten und stellt ein in sich geschlossenes mentales Modell, ein Glaubenssystem dar, das wesentlichen Einfluss auf die Wahrnehmung und Deutung der Welt hat (s. ausführlich hierzu Schwarz-Friesel/Reinharz 2013: Kap. 4 und 9). Es gibt verschiedene Typen und Ausprägungsvarianten des Antisemitismus: Von unbewussten Ressentiments und stereotypen Denkprozessen, die sich in klischeefestigenden Phrasen in sprachlichen Äußerungen widerspiegeln, über bewusst kritische oder ablehnende Haltungen gegenüber Judentum und Juden bis hin zu Hass und Gewalt in verbaler und nonverbaler Form. In der deutschen Antisemitismusforschung bezeichnet man die Judenfeindschaft bis zum Jahre 1945 als „primären Antisemitismus“,[4]

[4] Die Termini primär (und sekundär) benutze ich nicht, sondern plädiere für eine Ersetzung, da die Semantik dieser Wörter falsche Lesarten evozieren kann (s. Schwarz-Friesel/Reinharz 2013: 26, 96). Es gibt verschiedene Klassifikationen von antisemitischen Ausprägungen. Im Wesentlichen lassen sich jedoch die folgenden historisch bedingten Grundtypen voneinander unterscheiden: Der klassische Antisemitismus, der unterteilt werden kann in den antijudaistischen, religiös motivierten Antisemitismus und den rassistisch-völkischen Antisemitismus, der biologisch begründet wird sowie den auf dieser Rassekonzeption basierenden eliminatorischen Antisemitismus. Der Post-Holocaust-Antisemitismus (nach 1945) lässt sich differenzieren in manifesten (zumeist neonazistischen) und latenten Antisemitismus. Kämper (2006) unterscheidet zudem die Version des populistischen Antisemitismus (d. h. die bewusste Reproduktion antisemitischer Stereotype in der Öffentlichkeit, um bestimmte Gesellschaftsgruppen persuasiv zu erreichen und emotional anzusprechen). Kämper nennt als Beispiele die Tätervolk-Rede von Hohmann, die Äußerungen Möllemanns gegenüber Friedman und Martin Walsers Buch „Tod eines Kritikers“; s. hierzu auch Faber (2002) und Grözinger (2002).

wobei dieser Antisemitismus jedoch nicht rein zeitlich gebunden zu verstehen ist, sondern als spezifisches Konzeptualisierungsmuster, das maßgeblich von religiösem Hass und rassistischer Gesinnung geprägt wurde.

Bis in das späte 18. Jahrhundert bzw. frühe 19. Jahrhundert war der Antisemitismus im Wesentlichen religiös motiviert und ein christlicher Anti-Judaismus (s. Bauer 1992, Weinzierl 1995). Konkrete Auswirkungen dieser religiösen Judenfeindschaft waren Ausgrenzung, Vorenthaltung von Bürgerrechten und Verfolgung, Zwangstaufen sowie die (in sporadischen Pogromen auftretende) Ermordung von Juden. Die vorherrschenden Stereotype, die sich in der Literatur, in anti-jüdischen Predigten, in Pogromaufrufen und Hetzschriften zeigen, waren die der Juden als Jesus-Mörder, als heimatlose Wanderer, als Geldleute, Wucherer, Schacherer und Verschwörer (vgl. hierzu ausführlich Schoeps/Schlör [2]1996):

(1) „Was seind aber die Jüden? in warheit keine Bekenner / sondern Lästerer vnd schänder Gottes vnd Christi…

Seind sie auch hochschädliche Leuth / in dem sie müssige Wucherer seind. Sie seind müssige Faullentzer / haben weder Aecker noch Wiesen / können keine Handwercker treiben / auch sonst kein Hand = Arbeit / sondern gehen müssig / lassen vns arbeiten vnd im sauren Schweiß vnsere Nahrung gewinnen / sie vnter dessen nehren sich alle auß der armen Christen Schweiß vnd Blut / vnd leben wohl von dem / so sie durch Wucher vnd Betrug denselben abschinden" (Balthasar Friedrich Saltzmann: Jüdische Brüderschafft, 1661, Predigt anlässlich der Taufe eines Juden; zit. n. Hortzitz 2005: 66f.)

Auf der Konzeptualisierung, dass die Juden Jesus-Mörder, „Mörder des Heilands" seien, dass Blut an ihnen klebe und dass sie sich schließlich auch noch dem wahren Glauben widersetzen, entwickelten sich zahlreiche weitere Negativbilder, die teils aus wirtschaftlich-sozialen Verhältnissen abgeleitet wurden, teils Erfindungen einer auf Feindbild eingestellten Betrachtungsweise[5] waren (z.B. Ritualmorde und Blut-Verwendung der Juden[6]).

Im 19. Jahrhundert entwickelte sich neben dem religiösen Antisemitismus jedoch ein völkisch-rassistischer Antisemitismus, der die prinzipielle Andersartigkeit der Juden als Rasse bzw. als Volk betonte: Der sogenannte Ariergedanke und das Konzept der Ungleichheit von Menschen wurde in der als

5 Einen Feind grenzt man ab: Man grenzt ab, indem man dem Anderen zumeist negative Eigenschaften zuspricht. Oft geht eine Dämonisierung mit dieser Abgrenzung einher (s. Befu 1999, Wistrich 1999). Einer Feindbildkonstruktion liegt stets das Konzept des ANDEREN zugrunde. So unterscheidet Allport (1971: 43f.) eine „Wir-Gruppe" und eine „Fremdgruppe".

6 Dieses Konzept wird bis zum heutigen Tag beständig re-aktiviert. So lauten Plakattexte auf anti-israelischen Demonstrationen oft folgendermaßen: *Israel tötet Kinder/lässt das Blut der Kinder fließen* etc.

wissenschaftlich propagierten Rassenlehre in den Vordergrund gerückt und motivierte die Ab- und Ausgrenzung von Juden (vgl. u.a. Gobineau 1853). Juden wurden als fremde Rasse, als Fremdkörper, als Parasiten und als Zersetzer nicht-jüdischer Gesellschaften beschrieben (vgl. z.B. den Judenspiegel von Hundt-Radowsky 1819; s. zu den Metaphern des antisemitischen Sprachgebrauchs auch Hortzitz [2]1996 und 2005).

Der Ausdruck „Antisemitismus“ wurde 1879 von dem Journalisten Wilhelm Marr[7] geprägt, um über eine Bezeichnung für die sich als wissenschaftlich motiviert verstandene, säkulare Richtung der Judenablehnung in Abgrenzung zur religiösen Judenfeindschaft zu verfügen. In Marrs Schrift „Der Sieg des Judenthums über das Germanenthum“ finden sich zahlreiche Konzeptualisierungen, die dominant im 19. Jahrhundert waren (Juden als intellektuelle Meinungsbildner in Presse und Finanzpolitik, Juden als Fremde und Andersartige, Juden als Zersetzer christlicher Gesellschaften), versprachlicht (die Beispiele sind alle dieser Schrift entnommen):

(2) die Fremdlinge, die semitischen Fremdlinge, dieses fremde Volk, fremder Volkstamm (Marr 1879: 14).

Es finden sich aber auch die Stereotype des Wucherers, des Demagogen, des Rachsüchtigen und die These von der Weltverschwörung:

(3) Geldmenschen, … vaterlandslos (14), … wuchern, … haben Schacher- und Wuchergeist, … scheuen sich vor wirklicher Arbeit, … hochbegabt, hochtalentiert (13), … feindselig gegenüber anderen, … glatt, … listig, … elastisch (14), dominant, einflussreich (23), … verjudete Tagespresse, … rachsüchtig (50)

Als symptomatisch für das antisemitische Gedankengut des 19. Jahrhunderts sind auch die Pamphlete Wagners und Stöckers zu betrachten (vgl. u.a. Katz [6]1997). Vgl. etwa (4):

(4) „Der Jude, der an sich unfähig ist, weder durch seine äußere Erscheinung, noch durch seine Sprache, am allerwenigsten aber durch seinen Gesang, sich uns künstlerisch kundzugeben, hat nichtsdestoweniger es vermocht, in der verbreitetsten der modernen Kunstarten, der Musik, zur Beherrschung des öffentlichen Geschmacks zu gelangen.“ (Richard Wagner 1850)

[7] Laut Nipperdey und Rürup (2004: 138) findet sich „der erste bisher bekannte Beleg … in der ‚Allgemeinen Zeitung des Judentums‘ vom 2.9.1879.“ Unter dem Absatz „Streitschriften für die Juden“ heißt es: „Wir erhalten von Hamburg eine anonyme Correspondenz, deren Inhalt wir daher in keiner Weise verbürgen. Danach soll Marr's Pamphlet die zehnte Auflage erreicht haben – darauf käme es nun wenig an, vielmehr auf die Höhe der Auflagen – er will es als Tractätchen in 150.000 Exemplaren verbreiten – wir wollen abwarten, ob er dies ausführen könne – er habe Freunde gefunden und durch diese werde das ‚antisemitische Wochenblatt‘ zu Stande kommen …“ (AZdJ 1879: 564).

Durch einen Artikel des Historikers Heinrich von Treitschke wurde 1879 der sogenannte Berliner Antisemitismusstreit in Akademikerkreisen ausgelöst, der u. a. den berüchtigten, von den Nazis (und insbesondere vom „Stürmer" in jeder Ausgabe) wiederholten Satz *„Die Juden sind unser Unglück"* enthält (s. Boehlich 1965). Bilder von Juden als Spekulanten und Wucherer, als böse und hässliche Ganoven, als herzlose, kalte Geschäftsleute oder zersetzende, unmoralische Intellektuelle finden sich auch in zwei im 19. Jahrhundert viel gelesenen Romanen der an sich liberal gesinnten Autoren[8] Gustav Freytag („Soll und Haben") und Wilhelm Raabe („Der Hungerpastor").

(5) „... und in dem Viereck ... windet sich aalglatt der jüdische Faktor hindurch ..." (Gustav Freytag, Soll und Haben, 490)

Der Jude Itzig Veitel wird folgendermaßen dargestellt:

(6) „Es war das Gesicht eines Teufels, ... rotes Haar stand borstig in die Höhe, Höllenangst und Bosheit saß in den hässlichen Zügen." (Gustav Freytag, Soll und Haben, 386)

Die Wohnung des Juden Ehrenthal wird personifiziert als charakterlos gekennzeichnet und der Vergleich mit der Zigeunerin knüpft an das Stereotyp des Fremden, des Heimatlosen an. Zudem wird die Geschmacklosigkeit seiner Familie betont (Gustav Freytag, Soll und Haben, 175 f.):

(7) „Es war kein guter Charakter in dem Hause, wie eine alte Zigeunerin sah es aus."

(8) „... und die zahlreichen schlechten Ölbilder an den Wänden"

Seine Tochter erscheint als lüsterne Nymphe, die anständige Christenmenschen verführen will und deren Schönheit nicht ohne die entsprechenden Stereotype vom jüdischen Aussehen beschrieben werden kann:

(9) „... rabenschwarze Hängelocken ... große edle Gestalt mit glänzenden Augen ... mit einer nur sehr wenig gebogenen Nase..." (Gustav Freytag, Soll und Haben, 38)

Auch in Raabes „Hungerpastor" werden Protagonist Hans Unwirsch und Antagonist Moses Freudenstein kontinuierlich mittels kontrastierender, polarisierender Darstellungen beschrieben. (10) ist hierfür ein Beispiel:

---

8 Fontane äußerte sich in seiner privaten Briefkorrespondenz mehrfach negativ mit generischen Aussagen bezüglich der Juden (s. auch Benz $^{2}$2005): „Hier war es, mit Ausnahme der Juden, sehr schön." Im 19. Jahrhundert waren Verbal-Antisemitismen dieser Art auf allen gesellschaftlichen Ebenen und in allen sozialen Kreisen weit verbreitet und usuell (s. Schwarz-Friesel/Friesel 2012, Schwarz-Friesel/Reinharz 2013: 72 ff.).

(10) „Rührend war die ehrfurchtsvolle Scheu, welche Hans … wahrhaft diabolisch aber war die Art und Weise, in welcher Moses … diesem Glauben an die Autorität ein Bein zu stellen suchte." (Wilhelm Raabe, Der Hungerpastor, 137)

Signifikant ist auch, dass der gutmütige, sensible Protagonist die erste intensive Negativ-Emotion in Bezug auf Moses (der mit konnotativ stark pejorativen Lexemen, die typisch judeophobe Stereotype ausdrücken, bezeichnet wird) empfindet:

(11) „Hans Unwirsch fühlte zum ersten Mal in seinem Leben, was der Haß sei; er haßte die schlüpfrige, ewig wechselnde Kreatur, die sich einst Moses Freudenstein nannte, von diesem Augenblick an mit ganzer Seele." (Wilhelm Raabe, Der Hungerpastor, 295)

In beiden Romanen finden sich ähnliche Beschreibungen, die lexikalisch auf dieselben semantischen Felder zurückgreifen: Fokussiert ist das Dämonische (vgl. *Gesicht eines Teufels* und *diabolisch*), das Unberechenbare (vgl. *aalglatt* und *schlüpfrig*), das Undeutsche (so wird in beiden Romanen das Jiddische der jüdischen Personen nachgeahmt und deren fremdländisches Aussehen betont).

Bereits im 19. Jahrhundert wurde somit ein „sprachlich fixiertes Vorurteilssystem eingeübt und festgeschrieben" (s. Bering 1991: 342).

Stereotype, die über die Manifestationsformen der Sprache teilweise bewusst-intentional, teils unreflektiert seit Jahrhunderten weitergegeben werden, wurden zu einem Kodierungssystem oder, wie Volkov (1990: 29) es ausgedrückt hat, zu einem „kulturellen und kommunikativen Code" (s. auch Siehr/Seidel 2009).

### 11.2.2 Der eliminatorische Antisemitismus

„Juda verrecke" (Berlin, 1933)

„Keiner soll hungern, keiner soll frieren, aber die Juden sollen krepieren." (Deutschland, 1935)

In der NS-Zeit erreichte der rassistische Antisemitismus[9] seinen Höhepunkt und mündete schließlich in der Realisierung des eliminatorischen Antisemi-

9 Vgl. die „wissenschaftliche" Definition des sogenannten Rasse-Günther, in der NS-Zeit Professor an der Universität Jena. Rasse ist ihm zufolge „eine Menschengruppe, die sich durch die ihr eignende Vereinigung körperlicher Merkmale und seelischer Eigenschaften von jeder

tismus (zu Kontinuität und Diskontinuität des rassistischen Antisemitismus s. Volkov 1990). Schon zu Beginn seiner politischen Aktivitäten propagiert Hitler einen extremen Antisemitismus. Seine 1920 in München gehaltene Rede offenbart bereits seinen durch Vorurteile und spezifisch antisemitische Konzeptualisierungen gespeisten Hass. Er greift die für den Rasseantisemitismus typischen Stereotype auf (vgl. (4) und (2)) und kombiniert sie argumentativ für seine spezifische Feindbildkonstruktion:

(12) „Niemals hat der Jude eine eigene Kunst besessen ... Und auch musikalisch wissen wir nichts als daß er befähigt ist, Musik anderer gut zu kopieren, wobei ich nicht verschweigen will, daß wir neue viele berühmte Kapellmeister aus ihren Reihen besitzen, die berühmt werden dank einer bis auf den Pfiff organisierten jüdischen Presse."

(13) „Und bei dem allen müssen wir sehen, dass es hier keine guten und keine bösen Juden gibt, es arbeitet hier jeder ganz genau der Bestimmung seiner Rasse entsprechend, denn die Rasse oder wollen wir lieber sagen Nation und was damit zusammenhängt Charakter, usw. liegt, wie der Jude selbst erklärt, im Blut, und dieses Blut zwingt jeden Einzelnen, entsprechend diesen Grundsätzen zu handeln."

(14) „Für ihn gibt es kein seelisches Empfinden, und wie sein Erzvater Abraham schon sein Weib verkuppelt, so findet er nichts besonderes daran, wenn er auch heute Mädchen verkuppelt, ... daß alle diese Mädchenhändler n u r Hebräer sind. Man kann hier mit Material aufwarten, das grauenhaft ist. Dem germanischen Empfinden gäbe es hier nur eine einzige Strafe: die Strafe wäre Tod."

Es zeigt sich eine geschlossene Konzeptualisierung, in der der (von Natur aus) verbrecherische Jude die Welt beherrschen und das durch Räubereien angeeignete Kapital unter seinesgleichen aufteilen und benutzen will, um dem deutschen Volk Schaden zuzufügen. Hier kommt der dem Antisemitismus eigene extreme Dualismus[10] zum Ausdruck. Dass er eine bestimmte

---

anderen ... Menschengruppe unterscheidet und immer wieder nur ihresgleichen zeugt." Geistige Wesensart, Geisteshaltung, Charakter oder schöpferisches Wesen sind an bestimmte körperliche Merkmale gebunden. (Hans F. K. Günther; in: Stuckart, Wilhelm/Globke, Hans (1936). Kommentare zur deutschen Rassengesetzgebung. Bd. 1. München: Beck, S. 65.; zit. n. Priester 2003: 239)

**10** Die rassistisch-antisemitische Konzeptualisierung basiert auf einer strikt binären Kodierung: Auf der einen Seite die homogene, generell positiv bewertete Wir-Gruppe, die das positive Prinzip verkörpert und dieses existenziell verteidigen muss gegen die allgemein negativ evaluierte Ihr-(Die-Anderen-)Gruppe der Juden, die das böse Prinzip verkörpern (vgl. Wistrich 1999; Rensmann 2004). Diese Konzeptualisierung geht meist mit einer ausgesprochenen Dämonisierung einher (vgl. Befu 1999 und Schwarz-Friesel/Reinharz 2013: 88f., 178f.).

„Lösung" für das jüdische Problem favorisiert, daran lässt Hitler bereits 1920 keinen Zweifel (vgl. auch (14)):

(15) „Wir wollen auf den Biertisch steigen und die Massen mit uns reißen", „... mit eisernem Willen, ... mit unbeugsamer Kraft ...", „... bis wir endlich hoffen können, dass ... endlich der Tag kommt, an dem unsere Worte schweigen und die Tat beginnt"

Seine Ideologie[11] behält er konsequent bis zu seinem Ende bei:

(16) „... Vor allem verpflichte ich die Führung der Nation und die Gefolgschaft zur peinlichen Einhaltung der Rassegesetze und zum Widerstand gegen den Weltvergifter aller Völker, das internationale Judentum. Berlin, 29. April 1945" (Adolf Hitlers Testament)

Die sprachlichen Kennzeichen und kommunikativen Funktionen des Antisemitismus in der NS-Zeit sind in den unterschiedlichsten philologischen und linguistischen Ansätzen untersucht und beschrieben worden (vgl. u.a. die „LTI" Klemperers [1947] [10]1990 sowie Bohleber/Drews 1991, Ehlich 1989, Kinne/Schwitalla 1994, Hutton 1999, Bering 1991, 1996, Hortzitz 1994, [2]1996). Als wesentliche Charakteristika sind zu nennen:

- Stigmatisierung durch Namenszuordnung (*Sarah, Israel, Cohen, Itzig*),
- Veränderung von Apellativa, d.h. Berufsbezeichnungen als pejorative Beschimpfungen (*Rechtsverdreher, Zähnejuden*),
- Rassistische Attributsbezeichnungen aus der Biologie (*Bazillen, Parasiten, Blutsauger*),
- Komposita mit Tierbezeichnungen (*Judensau, Judenschwein*),
- Betonung der Gattung durch generische Nominalphrasen (*Der Jude/Der freche Jud/Die Juden*),
- Wiederholung klischeehafter Stereotype (Mythos des Weltjudentums, omnipotente Macht der Juden, Verschwörungstheorie; Reduzierung von allen Juden auf Stereotype wie *Geldschacherer, Krämerseele, arroganter Intellektueller, Intrigant, Bolschewik*),
- Sprachliche Beschwörungsfloskeln (*Die Juden sind unser Unglück*) als suggestive Mittel der Persuasion und Demagogie, in denen ideologiebasierte Emotionalisierung und kollektiver Fanatismus rationales Denken ersetzen.

[11] Ideologie (im alltagssprachlichen Sinn) ist die Auffassung, im Besitz der absoluten Wahrheit zu sein. Es ist eine Welt- und Wertvorstellung, die das politische Handeln leiten kann; es kann eine Ideologie sein, die „Menschen von Zeit zu Zeit dazu bringt, einander für Götter oder Ungeziefer zu halten." (Eagleton 2000)

Antisemitismus in Deutschland ist jedoch auch (wieder zunehmend) als ein aktuelles und nicht bloß historisch relevantes Phänomen zu betrachten (vgl. insbesondere Gessler 2004, Heitmeyer 2004, Rabinovici/Speck/Sznaider 2004, Rensmann 2004, Schwarz-Friesel/Braune 2007, Schwarz-Friesel/Friesel/Reinharz 2010, Wistrich 2004a, b und 2010, Bericht des Bundesministeriums des Innern 2012).

Bevor ich auf einige Aspekte des modernen Verbal-Antisemitismus eingehe, soll im nächsten Abschnitt zunächst kurz die zentrale Rolle von Stereotypen erörtert werden.

**Denkanregungen:**

Lesen Sie Hitlers Rede vom 13.08.1920 in München (Festsaal des Hofbräuhauses; Thema: Warum wir Antisemiten sind; s. Phelps 1968). Welche Stereotype und Negativ-Evaluierungen finden Sie hier? Inwiefern sind Kontinuität und Diskontinuität des Antisemitismus bei den Konzeptualisierungen und Manifestationsformen zu beobachten?

Lesen Sie Klemperers „LTI. Notizbuch eines Philologen“ ([1947] [10]1990)!

In welchem Zusammenhang stehen Manipulation, Demagogie, Ideologie, Sprachlenkung und Ideologiesprache?

## 11.3 Stereotype, Vorurteile und emotionale Einstellungen

> „Die beschwerlichsten von allen sind aber die Vorurtheile der Gesellschaft, welche sich vermöge der Worte und Benennungen in die Seele geschlichen haben. Die Menschen glauben nämlich, ihre Vernunft führe die Herrschaft über die Worte; allein nicht selten beherrschen gegentheils die Worte den Sinn ...“ (Francis Bacon)
>
> „... we define first and then see.“ (Walter Lippmann)

Die teilweise heterogen argumentierende Forschung ist sich in einem wichtigen Punkt einig: Antisemitismus ist untrennbar gekoppelt an die Inhalte bestimmter geistiger Stereotype (s. z.B. Schoeps/Schlör [2]1996, Rensmann 2004, Schwarz-Friesel 2010a, Wistrich 2010).

Bislang habe ich mich darauf konzentriert, die Stereotype darzustellen, deren Kenntnis für das Verständnis des aktuellen Antisemitismus unabdingbar ist. Es ist nun aber auch kritisch zu hinterfragen, welche Funktion genau Stereotype bei der aktuellen antisemitischen Sprachverwendung haben, wie man sie wissenschaftlich am besten beschreiben kann und wie sie an emotionale Informationsrepräsentationen gekoppelt sind (ausführlich hierzu Schwarz-Friesel/Reinharz 2013: Kap. 5.1).

Der Begriff Stereotyp wird meist generell im sozialpsychologischen Sinne verwendet, um in einer Gesellschaft verbreitete Vorstellungen von charakteristischen Zügen und Verhaltensweisen der Mitglieder sozialer und ethnischer Gruppen zu beschreiben. Dabei steht die sozial-funktionale Komponente im Vordergrund (s. Stangor 2000). In der diskursorientierten Linguistik hat man sich ebenfalls mit der Funktion (sowie der Definition) von Stereotypen beschäftigt, wobei die kommunikative Verwendung und die sprachliche Manifestation (im Sinne von Klischees und festgefügten Phraseologismen) untersucht wird (s. z. B. Wenzel 1978, Quasthoff 1973 und 1987, Ehlich 1998). Vgl. die nachfolgenden exemplarischen Definitionen:

> „Ein Stereotyp ist der verbale Ausdruck einer auf soziale Gruppen oder einzelne Personen als deren Mitglieder gerichteten Überzeugung. Es hat die logische Form eines Urteils, das in ungerechtfertigt vereinfachender und generalisierender Weise, mit emotional-wertender Tendenz, eine Klasse von Personen bestimmte Eigenschaften oder Verhaltensweisen zu- oder abspricht. Linguistisch ist es als Satz beschreibbar." (Quasthoff 1973: 28)

> „Stereotype haben eine Orientierungsfunktion … Sie sind die geistigen Schubladen …" (Ostermann/Nicklas ³1984: 18)

> „Ungerechtfertigte Verallgemeinerung mit emotional-wertender Tendenz" (Wenzel 1978: 16)

> „Stereotype sind … immer wiederkehrende Denkschemata." (Ohde 1994: 41)

Es muss zunächst klar unterschieden werden zwischen den Stereotypen als kognitiven Repräsentationseinheiten und den unterschiedlichen sprachlichen Manifestationen dieser Repräsentationseinheiten (was bei Quasthoff nicht der Fall ist). Stereotype sind geistige Konzepte,[12] die in unterschiedlichen Verbalmanifestationen zum Ausdruck gebracht werden können (z. B. mit einem Lexem wie *Jude* oder *Kraut* oder *Kümmeltürke*, einer NP wie *der*

12 Nicht notwendigerweise ist ihre Funktion negativ definierbar: Als geistige Repräsentationen sind kategoriale Konzepte für die ökonomische Weltwissensabspeicherung und unsere Orientierung unverzichtbar. Stereotype werden erst dann zur Basis von Diskriminierung und Intoleranz, wenn sie grob vereinfachend und realitätsverfälschend abbilden sowie an extreme Negativ-Emotionen gekoppelt werden. Zur Abgrenzung von Stereotyp, Vorurteil, Klischee und Floskel s. Schwarz-Friesel/Reinharz (2013: Kap. 5.1).

*hinterlistige Wucherer, jüdische Zersetzung* oder einem generischen Satz wie *Juden sind Schachermacher*).

Ein Stereotyp ist folglich nach unserer Definition eine mentale Repräsentation im Langzeitgedächtnis, die als charakteristisch erachtete Merkmale/Eigenschaften eines Menschen bzw. einer Gruppe von Menschen abbildet und dabei durch grobe Generalisierung bzw. Simplifizierung eine reduzierte, verzerrte oder falsche Konzeptualisierung des Repräsentierten darstellt. So lässt sich z. B. ein Stereotyp von JUDE als HAT GROSSE NASE, DUNKLE HAARE, IST GELDGIERIG, MACHTBESESSEN UND INTELLEKTUELL ZERSETZEND beschreiben. Ein anderes Stereotyp repräsentiert JUDE als FREMD/UNDEUTSCH, HEIMTÜCKISCH, NACHTRAGEND, DEN HOLOCAUST AUSBEUTEND etc. Linguistisch betrachtet ergibt sich bei den meisten Stereotypen ein Missverhältnis zwischen Bedeutungs- und Referenzebene: Die Bedeutungsrepräsentationen mit ihren mentalen Attributen werden den tatsächlichen Referenten nicht gerecht. Bei der Stereotypbildung werden die Vielfalt, die Heterogenität innerhalb einer Gruppe weitgehend missachtet, die Individualität des Einzelnen außer Acht gelassen.

Stereotype können positive oder negative Bewertungen[13] beinhalten. Wenn eine stereotype Repräsentation negative Evaluationen beinhaltet, handelt es sich um ein Vorurteil (s. hierzu auch Allport 1971, Bergmann 2006). Die in Kap. 3.6 beschriebenen emotionalen Einstellungen sind bei Vorurteilen gekoppelt an kognitive Kategorisierungsmuster. Dabei kann der Intensitätsparameter unterschiedlich in der emotionellen Einstellung verankert sein: Vgl. *Ich mag Juden nicht besonders* vs. *Ich hasse Juden* (vgl. hierzu Kap. 3.6 und 5.2.1).

Stereotype Konzeptualisierungen von Juden haben mit der tatsächlichen Realität[14] nicht viel gemeinsam, es handelt sich um Feindbild-Konstruktionen, um weitgehend fiktive Kategorien,[15] die aber für die Personen, die sie im LZG gespeichert haben, absolute Verbindlichkeit besitzen. Wenn ein stereotypes Konzept gekoppelt wird mit einer die Hörer involvierenden Refe-

13 Vgl. z. B. *In Frankreich isst man am Besten. / Engländer sind stets höflich. / Die Deutschen sind immer pünktlich und sehr fleißig.* Es handelt sich um Stereotype, aber die Bewertung ist positiv.

14 S. hierzu auch Allport (1971: 23), demzufolge Vorurteile „auf einer fehlerhaften und starren Verallgemeinerung“ basieren. Vgl. auch Stangor/Lange (1994).

15 Dadurch erweisen sich Stereotype auch als weitgehend resistent gegenüber empirischen Fakten. Ihre Falsifizierbarkeit erscheint geradezu unmöglich (s. Ehlich 2004). Gerade die antisemitischen Stereotype beruhen nicht auf Primär-, sondern auf Sekundärerfahrungen (d. h. konkrete Lebenserfahrung mit Juden liegt in der Regel bei Antisemiten gar nicht vor). Vielmehr beziehen diese ihre „Informationen“ über klischeebelastete Diskurse oder Texte.

renzstrategie (Familiarität durch das *Wir*) entsteht zudem der Eindruck der gruppenumfassenden Verbindlichkeit.

(17) Wir Deutsche lassen uns das jüdische Meinungsdiktat nicht länger gefallen!

In der kognitiven Semantik hat man gezeigt, dass konzeptuelle Einheiten als mentale Einheiten nicht isoliert im LZG abgespeichert sind (s. z.B. Schwarz [3]2008: 109f.). Vielmehr sind sie Bestandteile komplexerer konzeptueller Weltwissensschemata (die bestimmte Referenzbereiche repräsentieren) und an emotionale Einstellungsmuster gekoppelt. In antisemitischen Texten finden sich daher meist Textweltmodelle realisiert, die ein komplexes konzeptuelles Netz von stereotypen Repräsentationen darstellen. Als Leser solcher Texte wird man also in der Regel nicht mit einzelnen Stereotypkonzepten, sondern mit ganzen mentalen Modellen (im Sinne komplexer referenzieller Sachverhaltsrepräsentationen) konfrontiert. Sie spiegeln eine geschlossene Weltsicht wider, die hinsichtlich ihrer kognitiven Kategorisierung sowie emotionalen Evaluation auf bestimmte Parameter eindeutig festgelegt ist.

Wie lässt sich die emotionale Einstellung beschreiben, die an eine solche Konzeptstruktur gebunden ist? Bei überzeugten Antisemiten ist die Emotion Hass dominant: So sind die Lexeme *Hass* und *hassen* die am häufigsten benutzten emotionsbezeichnenden Lexeme im neonazistischen Diskurs (s. hierzu Schwarz-Friesel 2013b). Bei vielen Menschen jedoch ist kein Hass, keine rassistische Grundüberzeugung[16] vorhanden; vielmehr sind es Scham und/oder Befangenheit, die allerdings zu ungunsten derjenigen, gegenüber denen diese Befangenheit empfunden wird, in Abwehr und Ablehnung mündet (vgl. (26), (27) und (28); vgl. hierzu auch Salzborn 2010).

Zu einem empathischen Einfühlen des Leids kam es nach 1945[17] nicht, sondern zu einer gesellschaftlichen Verpflichtung aufgrund des Leidens anderer. Diese Verpflichtung (z.B. in Form von Gedenktagen, Erinnerungsdiskursen etc.) empfinden viele Deutsche heute als lästige historische Bürde, als beschämende Last. Die Emotion der Scham steht einem positiven Selbst-

---

16 Der Bruch in der Menschheitsgeschichte, die völlige Abkehr von Zivilisation und Humanität, den der Holocaust vollzog, ist im kulturellen Gedächtnis der Opfer und ihrer Nachkommen anders gespeichert als im kulturellen Gedächtnis der Täter und ihrer Nachkommen. Dabei ist nicht die kognitive Wertung prinzipiell anders (abgesehen von Alt- und Neonazis), wohl aber die emotionale Bewertung. Das traumatische Element findet sich bei Menschen, die keine Empathie mit den Opfern aufbringen, nicht. Zu Grausamkeit, Gefühlskälte und Empathielosigkeit beim Antisemitismus s. Schwarz-Friesel/Reinharz (2013: Kap. 9.3).

17 S. hierzu die Analysen von Wolgast (2001), die belegen, dass eine Aufarbeitung der NS-Taten weder in den Hochschulen noch in den Kirchen etc. betrieben wurde. Stattdessen setzten massive Verdrängungsmechanismen ein. S. hierzu auch Kämper (2005).

konzept und Nationalstolz (über den sich viele Menschen identifizieren) konträr gegenüber. Um sich zu entlasten und „Kränkungen des Nationalgefühls" (Benz [2]2005: 171) zu relativieren, wird Verantwortungsgefühl verdrängt bzw. negativ umgedeutet auf die, die es durch ihre leidvolle Erfahrung „verursacht haben". Statt Mitgefühl und Verantwortungsbewusstsein entstehen Abwehr und Ablehnung. Viele Deutsche wollen den gesellschaftlichen Druck der historischen Belastung, die als Zwang empfundene moralische Entrüstung nicht akzeptieren. So führt einerseits die Rebellion gegen die im staatlichen Diskurs angemahnte Moralverpflichtung, andererseits die emotionale Entlastungsstrategie zu einer teils aggressiven, teils trotzigen Abwehrhaltung (*Schuld an unserem schlechten Gewissen haben nur die Juden*). Dann ist man froh, wenn man am Opfer Täterprofile zu entdecken glaubt, schlechte Eigenschaften, die das Schuldgefühl relativieren. Nicht nur Rechtsextreme greifen genau diese emotionale Einstellung mit ihren Texten auf und instrumentalisieren sie für ihre Zwecke (s. Text (48) und (49)).

Hinsichtlich der Untersuchung zum aktuellen Verbal-Antisemitismus ist die Frage zu stellen, welche Stereotype des klassischen und modernen Antisemitismus dominant in den aktuellen Texten sind, wie diese sprachlich ausgedrückt werden und inwieweit neue antisemitische Stereotype (im Sinne konzeptueller Verschmelzungen oder Erweiterungen) realisiert werden.

## 11.4 Der Post-Holocaust-Antisemitismus

> „Die Deutschen werden den Juden Auschwitz nie verzeihen." (Zvi Rex)

> „Es hat sich ohne jede Vorhersage ereignet, es hat sich in ganz Europa ereignet. Unfaßlicherweise hat sich ereignet, daß ein ganzes zivilisiertes Volk, das die schöpferische kulturelle Blüte der Weimarer Zeit gerade hinter sich gelassen hatte, einem Hanswurst folgte, der einen heute nur noch zum Lachen bringt. Und dennoch gehorchte man Adolf Hitler und bejubelte ihn bis zur Katastrophe. Es ist geschehen, überall. ... Zahlreiche neue Tyrannen haben in der Schublade Hitlers Mein Kampf liegen: mit einigen Verbesserungen oder ein paar ausgetauschten Namen kann es wieder Verwendung finden." (Primo Levi)

Der Antisemitismus nach 1945 wird in der Forschung als „sekundärer Antisemitismus" bezeichnet (s. hierzu aber Fußnote 4) und charakterisiert als Judenhass nicht trotz, sondern wegen Auschwitz (s. Rensmann 2004, Benz

[2]2005). Dieser Antisemitismus betrifft die Erinnerung an die Shoah, den Umgang mit deutscher Verantwortung und die sogenannten „Wiedergutmachungszahlungen" (s. hierzu Fußnote 19 in Kap. 10.2.3). Im Post-Holocaust-Antisemitismus findet sich als Kernaussage, dass Juden den Holocaust ausnutzen, um den deutschen Staat moralisch und finanziell unter Druck zu setzen. Als neue Konzeptualisierungen haben sich etabliert: Ausbeutungslegende (JUDEN ALS NUTZNIESSER DES HOLOCAUST), Täter-Opfer-Umkehr, Juden als Verursacher von Antisemitismus (JUDEN SIND VERANTWORTLICH FÜR ANTISEMITISMUS), Leugnen und Relativieren von Antisemitismus (ES GIBT KEINEN BZW. KEINEN ERNSTZUNEHMENDEN ANTISEMITISMUS IN DEUTSCHLAND), Abwehr von Verantwortungsgefühl und Erinnerungsbewahrung[18] (JUDEN ALS STÖRENFRIEDE).

Diese Konzeptualisierungen werden mit Stereotypen des klassischen Antisemitismus gekoppelt. In manifester, expliziter Form tritt dieser Antisemitismus vor allem in den Texten von Neonazis und Rechtsradikalen auf:

(18) „Sollen freche Juden uns're Herren sein?
Wo sitzen Deutschlands schlimmste Feinde?
In der jüdischen Gemeinde!
Die widerwärtigen Krummnasen
Mit ihrem Märchen vom Vergasen.
Hat es schon mal Mörder gegeben,
deren Opfer alle überleben?
Solln wir Deutschen ewig zahlen
für nie erlittene Qualen? …
Wenn and're auch mal was besitzen
müßt ihr es sofort stibitzen."
(zit. n. verfassungsschutz.nrw.de/dokument.htm, 07.04.2005)

Beispiel (18) weist eine konzeptuell geschlossene Textwelt auf, aus der eine extreme antisemitische Weltsicht des Produzenten erkennbar wird. Explizite Negativ-Evaluierungen der Referenten mittels Adjektive (*widerwärtig, freche*), die auch in der Komparationsform Superlativ wiedergegeben wer-

---

**18** In Walsers metaphorischem Kompositum *Auschwitzkeule* wird genau diese Konzeptualisierung bildhaft ausgedrückt. Das Zurückweisen einer besonderen Verantwortlichkeit gegenüber den Opfern des Holocaust/der Shoah ist gekoppelt an die Verweigerung eines empathischen Gedenkens der umgebrachten Menschen. Juden stören allein aufgrund ihrer Existenz und ihres zum Ausdruck gebrachten Bedürfnisses nach Erinnerung die ersehnte Ruhe vor der Erinnerung an die NS-Taten. Das Zurückweisen einer besonderen Verantwortlichkeit gegenüber den Opfern kann u. a. dadurch erklärt werden, dass die darin zum Ausdruck kommende Schuld Deutschlands unter Hitler mit einer angestrebten Etablierung eines durchweg positiven Nationalgefühls unvereinbar ist (vgl. Rensmann 2004: 78ff.).

den (*schlimmste Feinde*) und nominaler Stereotypbezeichnungen (*Krummnase)* sind gekoppelt an stereotype Konzeptualisierungen vom JUDEN ALS STÖRENFRIED, WELTVERSCHWÖRER, FEIND, DIEB UND PARASITEN. Der Holocaust wird geleugnet, indem er durch die in den Fragen enthaltenen Propositionen in seiner Nicht-Existenz implikatiert wird.

(19) „... Gegen Untermenschen, ...Gott Jahwe,
wir schlitzen deinen Bastard auf,
Der Sieg ist unser ...
Es auszulöschen, das ist unser Ziel
Israel, Juda im Schmutz vernichtet."
(Liedtext von Absurd, 02.02.2005)

(19) kodiert den Hass[19] auf Juden mittels Lexemen und Phrasen, die typisch für die NS-Ideologie-Sprache sind: *Untermenschen, der Sieg ist unser.* Das intendierte Ziel wird explizit benannt: Zerstörung des Judentums und Israels. Eine solche Konzeptualisierung wird auch in dem Liedtext „Kein Mensch" der Neonazi-Band „Macht und Ehre" kodiert (vgl. hierzu auch Pörksen ²2005):

(20) „Er ist kein Mensch, er ist ein Jud,
drum denk nicht nach und schlag' ihn tot ..."
(zit. n. verfassungsschutz.nrw.de/dokument.htm, 07.04.2005)

Formen von explizitem Vulgär-Antisemitismus sind staatlich kontrolliert und stoßen gesellschaftlich nicht auf breite Resonanz. Wesentlich persuasiver, da schwerer (als Antisemitismus) zu durchschauen, sind die sprachlichen Äußerungen, die nicht offen antisemitische Ressentiments aussprechen und primitiv Hass artikulieren, sondern mittels indirekter Sprechakte und verschlüsselter Kodierungen antisemitisches Gedankengut verbreiten bzw. Stimmung gegenüber Juden machen. Populistisch[20] werden hier das Unbehagen und

**19** Hassausdruck und Gewaltaufrufe sind typisch für alle Formen des extremen Rassismus. Vgl. z. B. „Scheinasylant, Scheinasylant, / Araber, Nigger, Fidschischweine, / Untermenschen wollen wir nicht. / Sie sind in Deutschland nicht willkommen, / unser Hass schlägt in ihr Gesicht." (Elbsturm 1995, zit. n. Bredel 2002: 281 f.)

**20** In den Vordergrund einer breiteren gesellschaftspolitischen Diskussion rückte das Phänomen des aktuellen Antisemitismus durch zwei Typen von kommunikativen Diskursereignissen besonders in den letzten zehn Jahren: Erstens durch die Äußerungen von Politikern wie Karsli und Möllemann sowie die Hohmann-Rede (s. (49)) und die Reaktionen darauf (s. als prominentestes Beispiel den Günzel-Brief; vgl. aber auch die zahlreichen Leserbriefe in Zeitungen dazu; s. Faber 2002, Braune 2010). Hierbei wurde heftig darüber diskutiert, wann eine Äußerung als antisemitisch einzustufen ist (s. die BILD-Schlagzeile vom 25.05.2002: „Ab wann ist man ein Antisemit?"), ohne eine adäquate Antwort zu finden (was deutlich zeigt, wie viel Klärungs- und Präzisierungsbedarf hinsichtlich dieses Problems besteht; s. hierzu auch Rabinovici/Speck/Sznaider 2004). 2012 und 2013 fanden anlässlich der israelfeind-

die emotionale Befangenheit, die in großen Bevölkerungsteilen bezüglich des Themas bestehen (s. z.B. Heitmeyer 2004), ausgenutzt. Aufgrund der gesellschaftlichen Tabuisierung des expliziten Antisemitismus haben Vertreter des modernen Antisemitismus für ihre (an die breitere Öffentlichkeit gerichteten) Veröffentlichungen neue Verbalisierungsformen und Argumentationsstrategien hervorgebracht (u.a. aber natürlich auch, um sich rechtlichen Konsequenzen zu entziehen).

Die Strategien involvieren indirekte Sprechakte,[21] in denen über vom Leser zu ziehende Implikaturen Kritik an der Erinnerungskultur oder der angeblichen Meinungszensur etc. geübt wird:

(21) Wer an ein Tabu rührt, muss vernichtet werden. / Die Unsummen, die das bombastische Denkmal verschlingen soll. / Die „historische Wahrheit“ unserer „Demokratie“. (vgl. z.B. Nationalzeitung und Junge Freiheit)

Auch rhetorische Fragen wie (22) stellen bestimmte Aspekte im Umgang mit dem Holocaust in Frage:

(22) Sollen wir ewig büßen? / Wird den Deutschen die ewige Schuld niemals genommen? / Warum werden wir international als Tätervolk diskriminiert? (s. hierzu z.B. national-zeitung.de, 25.08.2003)

Häufig findet sich die Verwendung von Zitaten, in denen bevorzugt (selbst) kritische Äußerungen von Juden wiedergegeben werden.

(23) So kritisiert auch der Rabbiner Friedmann scharf die israelische Politik: „Unheil wird kommen…“ / Und der jüdische Schriftsteller / Der jüdische Historiker… (s. hierzu z.B. derrepublikaner.de, 25.08.2003 / die NZ 28.07.2006 sowie (49))

---

lichen Texte von Günter Grass und Jakob Augstein erneut (stark emotionale und irrationale) Debatten statt. Zweitens durch die seit Ende 2000 geführte Diskussion um Analysen zur Nahostberichterstattung: Aufgegriffen von kritischen Publikationsorganen wie DIE ZEIT, aber auch dem American Jewish Committee (AJC) und anderen jüdischen Verbänden, stellt sich in den letzten Jahren wiederholt die Frage, ob sich in Deutschland und europaweit ein Anti-Israelismus ausbreitet, der an antisemitisches Gedankengut anknüpft bzw., ob unter dem Deckmantel der Israel-Kritik Antisemitismus verbreitet wird. Handelt es sich bei der anti-israelischen und teilweise anti-zionistischen medialen Berichterstattung um einen verkappten Antisemitismus? Mit dem Verweis auf Menschenrechtsverletzungen des israelischen Militärs soll oft die deutsche Schuld und Verantwortung minimiert und relativiert werden. Für Neonazis und Rechtsextremisten ist es jedenfalls symptomatisch, dass sie die alten Stereotype des klassischen Antisemitismus re-aktivieren, mit den Thesen des Post-Holocaust-Antisemitismus konzeptuell vermischen und auf aktuelle Gegebenheiten, und insbesondere auf den Staat Israel, beziehen.

21 Zu allgemeinen Formen der indirekten sprachlichen Diskriminierung s. Wagner (2001a). Zu Formen der expliziten Diskriminierung vgl. Markefka ([7]1995 und 1999) sowie Graumann/Wintermantel (2007).

Zudem finden sich Neukodierungen auf der lexikalischen Ebene (statt expliziter Bezeichnungen werden Paraphrasen benutzt):[22]

(24) die Ostküstenlobby/die neue Macht-Lobby/die Einflüsse gewisser meinungsbestimmender Moralisten (steht für jüdische Verbände und einzelne Juden)

(25) ein von der Obrigkeit geförderter Schuldkomplex der Deutschen, den die neue Macht-Lobby fördert... / Das aktuelle Pharisäertum der Politiker/die Hypermoral/das Meinungsdiktat/der Schuldkult (steht für die Erinnerungskultur); vgl. z.B. (48)

Diese Strategien und Argumente sind typisch für die Texte der „Nationalzeitung" (NZ) und „Die Junge Freiheit" (JF).

Aber auch in vielen Internetforen, Chatrooms und Leserbriefen, die in den letzten Jahren in Zeitungen wie FAZ, SZ etc. erschienen sind, spiegeln sich oft der Wunsch nach einer Relativierung deutscher Schuld[23] und eine Erinnerungsabwehr wider (s. Schwarz-Friesel 2009b und 2010b):

(26) Einmal muss Schluss sein. / Immer und immer wieder dieses Thema! / Muss das sein. Meine Generation hat damit nichts zu tun. Reicht es nicht langsam (s. hierzu die Texte in Braune 2010)

(27) „Flip
Datum: 30.04.2006 | Zeit: 17:32
Bleibt zu hoffen,
dass jetzt jemand an die Führung kommt, der etwas frischen Wind mitbringt und nicht unbedingt, zynisch ausgedrückt, die Deutschen immer noch als Verbrecher betrachtet." (Chat-Äußerung anlässlich des Todes von Paul Spiegel)

Diese Erinnerungsabwehr hat laut Gessler (2004: 20f.):

> „immer antisemitische Tendenzen, weil die Verweigerung des Gedenkens einerseits die Gefühle der Nachkommen der jüdischen Opfer verletzt und andererseits in gewisser Weise den Opfern der Shoah ihr letztes Recht nimmt, das Recht auf Erinnerung".

22 Die Vermeidung der Benutzung von Lexemen wie *Juden, jüdisch* usw. ist typisch für den rechtsorientierten Diskurs. Bei den Paraphrasen *Ostküstenlobby*, die *neue Machtlobby* oder *die Meinungsbildner von der Ostküste* handelt es sich um Referenz auf Juden und jüdische Verbände. Die Produzenten dieser Texte setzen bei ihren Lesern voraus, dass dies sofort erkannt wird. Ausdrücke wie *Hypermoral* und *Pharisäertum* umschreiben pejorativ die Art und Weise, wie in unserer Gesellschaft mit der Erinnerung an die Shoah umgegangen wird sowie den Umgang mit deutschen Juden. Zur entsprechenden Verwendung des Lexems *Hypermoral* s. z.B. den Text von Günter Zehm in der „Jungen Freiheit" vom 27.06.2003. Linksextreme Antisemiten dagegen bevorzugen die Lexeme *Zionisten* und *Zionismus*, wenn sie sich israelfeindlich äußern.

23 In der Rede des CDU-Politikers Hohmann wird dies explizit zum Thema gemacht.

Eine auffällige kommunikative Strategie ist auch das Leugnen von antisemitischen Äußerungen (*Selbstverständlich war Hohmanns Rede nicht antisemitisch*, s. JF, vgl. auch Matussek 2002 in (52)) bzw. von aktuellen antisemitischen Tendenzen (*Juden leben bei uns in völliger Sicherheit*). Viele schreiben polemisch vom angeblichen aktuellen Antisemitismus, vom herbeigeredeten Antisemitismus[24] (s. z. B. NZ). Die folgenden Leserbriefe (vgl. auch Braune 2010) sind nicht etwa auf einer Homepage der NPD oder der Nationalzeitung zu finden, sondern vielmehr in der WELT abgedruckt worden:

(28) „Ich als 1965 Geborener bin nicht verantwortlich …
Der Zentralrat der Juden sollte sich politisch auf die Ebene der christlichen Kirchen in Deutschland begeben und endlich aufhören, sich als Moralapostel des angeblich deutschen Antisemitismus aufzuführen. Antisemitisch sind in Deutschland nur wenige, und wenn ich nicht aufgrund seines Amtes wüsste, dass Herr Friedman Jude wäre, wäre er mir auch wegen seiner Art, ob Jude, Christ oder Moslem, unsympathisch.“ (R. K., 12161 Berlin, Die Welt 122, 2002, 7)

(29) „Und wenn es Antisemitismus in Deutschland geben sollte, muss der Zentralrat der Juden überlegen, inwieweit er damit dazu beiträgt und beigetragen hat. Mich verbindet eine enge Freundschaft mit Juden, und ich bin wahrhaftig kein Antisemit.“ (M. J., Hamburg, Die Welt, Nr. 128, 2002, 9)

In breiteren Bevölkerungsgruppen existiert ein latenter Antisemitismus,[25] der in der Existenz von (normalerweise nicht offen verbalisierten) Ressentiments besteht und einem Unbehagen im Umgang mit jüdischen Themen oder Personen, einem Unbehagen auch, sich mit dem deutsch-jüdischen Verhältnis zu beschäftigen. Neueste Umfragen belegen diese kommunikative Abwehrhaltung, die sich in Äußerungen wie den folgenden widerspiegelt:

(30) Es ist mir unangenehm, über Juden zu sprechen. / Ich will nicht immerzu an den Holocaust erinnert werden. / Ich kann mir nicht vorstellen, Juden als Freunde zu haben (s. hierzu z. B. Heitmeyer 2004).

In einer 2002 durchgeführten Umfrage der Anti-Defamation League reagierten 58 % der deutschen Bevölkerung zustimmend auf die Aussage „Juden sprechen zuviel über das, was ihnen im Holocaust widerfuhr“. Hinzu kommt (durch die Entwicklungen in Nahost intensiviert) eine neue Form, eine neue

**24** Zu den Argumentationsmustern und kommunikativen Strategien des aktuellen Antisemitimus s. Schwarz-Friesel/Reinharz (2013: Kap. 11). Es ist zu konstatieren, dass die „Semantik der Entwertung“ bei rechten und linken Antisemiten sowie Sprachproduzenten aus der gebildeten Mitte der Gesellschaft gleichermaßen anzutreffen ist. Differenzen bestehen lediglich hinsichtlich Lexik und Stil.

**25** S. hierzu den Bericht der Expertengruppe des Bundestages (Bundesministerium des Innern 2012).

Variante des Antisemitismus in den Realisierungen des Anti-Zionismus und Anti-Israelismus. Unter dem Deckmantel der Israel-Kritik werden antisemitische Stereotype und Ressentiments[26] aktiviert, wobei natürlich nicht jede Kritik an der israelischen Politik als antisemitisch einzustufen ist.

Die Hemmschwelle, antisemitische und extrem anti-israelische Einstellungen auch öffentlich (und besonders im Internet) zu äußern, ist jedenfalls in den letzten Jahren deutlich gesunken (s. Schwarz-Friesel 2009b, 2010a, b, 2013a).

**Denkanregungen:**

Vergleichen Sie die folgenden Texte miteinander. Inwiefern findet sich in allen die über Implikaturen zu ziehende Forderung, die Holocaust-Leugnung nicht mehr juristisch und moralisch zu verurteilen?

(31) „Der Holocaust ist an die Stelle Gottes getreten. Über ‚das hohe C' im Namen von Parteien darf man spotten, aber an den Holocaust muss man glauben; wer Zweifel erkennen lässt, verschwindet hinter Gittern.“ (Günther Zehm alias Pankraz, zit. n. jungefreiheit.de, 25.02.2000)

(32) „Angela Merkel, in einem Interview (mit der *Zeit*) gefragt, was denn für sie das Kriterium politischer Radikalität sei, die es zu bekämpfen gelte, antwortete schlicht und ergreifend: die Leugnung der Singularität des Holocaust. Selten hat sich eine politische Führungsfigur schneidender blamiert. … bedeutet das Merkelsche Diktum im Klartext: ‚Wer im Umkreis einer bestimmten, von Tabu umstellten politischen Thematik überhaupt die Sprache zu gebrauchen wagt, ist mein Feind und wird von mir gnadenlos kriminalisiert.'“ (Andreas Wild, Merkels Sprachverbot, Junge Freiheit, 22.04.2005)

(33) „Argumente für Freiheit. … Derzeit deutet alles darauf hin, daß Irving[27] für eine bloße Meinung bestraft wird.“ (Thorsten Thaler, Argumente für Freiheit, Junge Freiheit 2004)

(34) „UN-Generalsekretär Annan spiele, so Prof. Finkelstein, bei der Scharade mit, um bei seinen Schirmherren in Washington ein paar Pluspunkte zu sammeln. Annan appellierte an alle, ‚engagiert und kompromisslos jenen zu widersprechen, die den Holocaust oder seine Einzigartigkeit zu leugnen suchen'. Wie wird wohl die Strafe derer aussehen, die diese Einzigartigkeit leugnen? Wird man sie ins Gefängnis werfen? Zum Tode verurteilen?“ (Nationalzeitung 28.07.2006)

26 S. hierzu z.B.: „Der Zentralrat der Juden in Deutschland regt sich jedes Mal auf, sobald es gegen den jüdischen Glauben geht. Er regt sich auch dieses Mal auf, weil es jemand gewagt hat, seine ‚israelischen Brüder' zu kritisieren, weil diese mit Panzern auf kleine Kinder schießen und Massaker in Flüchtlingslagern praktizieren.“ (J.G., Schüler, 16 Jahre, 22851 Norderstedt; Die Welt 123, 2002, 52; s. hierzu auch Schwarz-Friesel 2013c)

27 Zur Information: Irving ist ein bekannter Holocaustleugner.

**Literatur:**

Schwarz-Friesel/Braune (2007), Braune (2010), Schwarz-Friesel (2009b, 2010a, b, 2013b).

## 11.5 Wann ist eine sprachliche Äußerung antisemitisch? Klassifikationskriterien

„Der Antisemitismus ist genau das, was er zu sein vorgibt: eine tödliche Gefahr für die Juden und sonst nichts." (Hannah Arendt)

Da die antisemitischen Inhalte primär über die Sprache vermittelt werden (zu Cartoons und Bildern s. z. B. Berger 2004), ist es ein Desiderat, aus linguistischer Perspektive die Charakteristika des antisemitischen Sprachgebrauchs zu analysieren und zu erklären und der internationalen, interdisziplinären Antisemitismusforschung[28] damit einen präzisen Analyse- und Klassifikationsapparat zur Verfügung zu stellen, der wissenschaftliche Kriterien nennt, die helfen zu entscheiden,[29] wann eine Äußerung als antisemitisch und/oder anti-israelisch und/oder anti-zionistisch einzustufen ist. Die folgende tentative Klassifikation soll als Ausgangsbasis für Textanalysen dienen (eine ausführliche und präzise Darstellung und Erörterung der Kriterien findet sich in Schwarz-Friesel/Reinharz 2013, s. besonders Kap. 3 und 7).

Verbaler Antisemitismus liegt vor, wenn in einer Äußerung eine generelle und/oder spezifische judenfeindliche Einstellung ausgedrückt wird. Diese (als kognitive Repräsentation mit emotiver Komponente zu verstehende) Einstellung kann explizit oder implizit ausgedrückt werden.

Ich unterscheide dabei zwischen einem intentionalen und einem nicht-intentionalen Verbal-Antisemitismus:

Beim intentionalen Antisemitismus liegt der Sprachproduktion auf der Konzeptualisierungsebene eine anti-jüdische mentale Repräsentation zugrunde und der Prozess der Verbalisierung wird durch diese Konzeptreprä-

[28] Bislang wird die Linguistik als Disziplin, die relevante Beiträge zum Phänomen des Antisemitismus leisten kann, kaum in der von Historikern, Sozialpsychologen und Politikwissenschaftlern geprägten Forschungslandschaft zur Kenntnis genommen (s. z. B. Rabinovici/Speck/Sznaider 2004, Benz ²2005).

[29] Wie wichtig und notwendig eine solche Klärung ist, zeigt sich z. B. bei den nicht nur in rechtsradikalen Kreisen anzutreffenden Beteuerungen, die Äußerungen von Möllemann über Friedman oder die israelfeindlichen Texte von Günter Grass und Jakob Augstein enthielten keine antisemitischen Inhalte. Vgl. auch Homann (1992: 169): „Nur wenige Menschen dürften in der Lage sein, antijüdische Stereotypien und Klischeevorstellungen zu durchschauen und sich ihrer suggestiven Kraft zu entziehen."

sentation (sowie eine Negativemotion) bewusst beeinflusst. Zudem liegt die Illokution (als Handlungsabsicht) der Äußerung in der absichtlichen Diskriminierung von Juden.

Beim nicht-intentionalen Antisemitismus gibt es zwei Varianten:

Bei der ersten Variante liegt der Sprachproduktion auf der Konzeptualisierungsebene eine anti-jüdische mentale Repräsentation (im Sinne eines stereotypen Konzeptmusters) zugrunde. Der Prozess der Verbalisierung wird durch diese mentalen Stereotype bewusst beeinflusst. Hier sind als Beispiele Äußerungen wie (35), (36) und (37) zu nennen, die sich auf das Stereotyp JUDEN HABEN EINE SPEZIFISCHE PHYSIOGNOMIE beziehen:

(35) Ich hätte Sie nie für einen Juden gehalten!

(36) Sie sehen ja gar nicht jüdisch aus. (vgl. etwa: ?? Sie sehen ja gar nicht katholisch/protestantisch/atheistisch aus.).

(37) Der Kommilitone mit der jüdischen Nase. (vgl.: ?? Der Kommilitone mit der buddhistischen Nase.)

Hierzu zählen auch Äußerungen, die auf der Unkenntnis über Juden und der damit verbundenen Gleichsetzung von Juden und Israelis beruhen:

(38) Und, war es schön in der Heimat? (Kontext: Frage an einen von einer Israelreise zurückkommenden deutschen Juden)

(39) Was sagen Sie denn zu den neuesten Aktionen ihres Ministerpräsidenten (ähnlicher Kontext; solche Fragen werden regelmäßig deutschen Juden gestellt)

Das zugrundeliegende Stereotyp ist DIE HEIMAT DER JUDEN IST ISRAEL bzw. JUDEN SIND KEINE DEUTSCHEN. Diese Äußerungen beruhen auf spezifischen Konzeptualisierungen, werden jedoch (illokutionär betrachtet) meist gar nicht mit der Intention einer Abwertung produziert.

Bei der zweiten Variante wird die Verbalisierungsphase allein durch habitualisierte Floskeln/Redewendungen beeinflusst, die im mentalen Lexikon als festgefügte Lexemkopplungen gespeichert sind. Antisemitische Konzeptualisierungsprozesse spielen dabei (in der Regel) keine Rolle.

(40) Das sind ja jüdische Preise. Schacher wie beim Juden. Jüdische Hast/Jüdischer Wucher/Preise wie beim Juden.

Es handelt sich hierbei um sprachliche Phrasen im deutschen Sprachgebrauch, die seit Generationen im Diskurs benutzt werden, aber nicht (notwendigerweise) intentional diskriminierend (und auch nicht – wie in der ersten Variante – auf bewussten Konzeptualisierungsprozessen basierend) benutzt werden. Durch ihre (unbewusste) klischeefestigende und stereotyperhaltende Funktion jedoch tragen sie zum Erhalt kommunikativer Schablonen bei.

Auch die in allen öffentlichen Diskursen (oft ohne böse Absicht) zu rezipierende Phrase von *Deutschen und Juden* trägt zur Abgrenzung bzw. zur permanenten Konzeptualisierung eines Dualismus bei. Vgl. dagegen etwa die Formulierungen in (41), deren Gebrauch (ohne spezifischen Kontext) als markiert, als ungewöhnlich auffällt.

(41) ?? die Deutschen und die Katholiken/?? die katholischen Deutschen

Intentionaler verbaler Antisemitismus liegt nun insbesondere vor, wenn (negative) Verallgemeinerungen (als Kollektivattribuierungen) in Form von Stereotypzuordnungen ausgedrückt werden, wobei vom Individuum auf die Gruppe geschlossen wird, z. B. in Äußerungen wie *Er ist geldgierig und machthungrig/ein Wucherer/ein bolschewistischer Verbrecher. So sind die Juden eben. / Typisch Jude/jüdisch* oder von der Gruppe auf das Individuum geschlossen wird, wie in *Die Juden hängen am Gelde. So verwundert es nicht, dass Greenspan ins Bankgeschäft ging.*

Die stereotypen Eigenschaften können explizit ausgesprochen und zugeordnet oder implizit unterstellt werden.

(42) Dass Juden seit Jahrhunderten die Presse beherrschen, ist doch bekannt. / Warum hält sich wohl bei der Diskussion eine solche Hypermoral in der Gesellschaft? / Die meinungsbestimmenden Macher der links-liberalen Presse an der Ostküste verstehen seit langem ihr Geschäft. / Diese Haltung entspricht der alttestamentarischen Rachsucht.

Verbaler Antisemitismus liegt vor, wenn eine völkisch-rassistische Definition die Basis bei der Zuordnung „Jüdisch-Sein“ ist: in dem Sinne, dass Jude Jude bleibt, auch nach individuell gewählter und vollzogener Konvertierung. Nicht das Individuum mit seiner Selbstbestimmung steht hier konzeptuell im Vordergrund, sondern seine Abstammung. Es handelt sich bei der Person um einen Katholiken/Protestanten/Atheisten etc., aber ihre Kategorisierung und Evaluation erfolgt über die jüdische Herkunft.

(43) Jude bleibt immer Jude. / Er war der Sohn eines Rabbiners. Seine jüdischen Vorfahren. Seine Abkehr vom Judentum änderte nichts an seiner jüdischen Abstammung. Er war ein nicht religiöser Jude. Seine Herkunft kann man nicht vergessen (s. hierzu z. B. (49))

Verbaler Antisemitismus liegt vor, wenn in den Äußerungen die Verantwortung der Deutschen für den Holocaust geleugnet oder relativiert wird, wenn historische Fakten, die die Judenvernichtung betreffen, verzerrt oder falsch dargestellt werden, wenn eine Täter-Opfer-Umkehr ausgedrückt oder angedeutet wird, wenn für das Ende der Erinnerungs- und Verantwortungskultur argumentiert wird.

(44) Die Zahlen zu den getöteten Juden sind unrealistisch. / Es gab in der Geschichte auch andere, nicht-deutsche Metzeleien. / Und wer redet von den dunklen Seiten der Juden? / Die Juden sind eigentlich Nutznießer des Holocaust. / Die Wiedergutmachungszahlungen sollten endlich eingestellt werden. / Wer braucht denn ein Holocaustdenkmal? / Wollen wir uns nicht endlich befreien von der Last der Geschichte? (vgl. hierzu z. B. (48) und (49))

Verbaler Antisemitismus liegt vor, wenn die Begriffe Israel, Zionismus und Juden(tum) etc. bewusst gleichgesetzt oder vermischt werden, um eine kritische oder feindselige Haltung allen Juden gegenüber auszudrücken.

(45) Die jüdischen Zionisten agieren in Israel auf die ihnen typische Weise. Der Zionismus der Juden bringt Unglück über ein anderes Volk. (vgl. zu ähnlichen Textstellen z. B. die Nationalzeitung sowie Die Rote Fahne)

(46) „Boykott jüdischer Firmen!" (Berlin 2003, Plakattext auf einer anti-israelischen Demonstration[30])

Verbaler Antisemitismus liegt vor, wenn in der Referenz auf Israel bzw. in der Israel-Berichterstattung[31] negative judeophobe Stereotype und emotionale Perspektiven eingesetzt werden, um generelle Negativzuschreibungen und jüdisch-israelische Gleichsetzungen sowie Generalisierungen zu erzielen.

(47) „Zahn um Zahn" ist die alte jüdische Devise bei den Vergeltungsaktionen der Israelis. / Das uralte jüdische Vergeltungsprinzip findet bei den brutalen Aktionen des israelischen Militärs erneut seine Anwendung. / Wer stoppt dieses alttestamentarische Gemetzel? (vgl. z. B. Neues Deutschland, 23.11.2000) / Aber die Juden haben ihre eigenen Fundamentalisten. Sie folgen dem Gesetz der Rache (s. z. B. den Artikel von Jakob Augstein im Spiegel vom 19.11.2012 mit einer ähnlichen Stelle)

---

30 Vgl. hierzu: *Deutsche! Kauft nicht bei Juden.* (Berlin 1933, Plakattext der SS).

31 Dabei finden nicht nur in rechts- und (zunehmend) linksextremen Kreisen antisemitische Inhalte in der Form von Israel-Kritik Verbreitung. Mittels oft subtiler textueller Argumentations- und Darstellungsstrategien, die auf den ersten Blick nicht als antisemitisch erscheinen, werden Textweltmodelle konstruiert, in denen erstens Israel über das Konzept JUDENSTAAT kontinuierlich als mutwilliger Aggressor erscheint und zweitens klassische Stereotype des Antisemitismus bei der Beschreibung israelischer Personen oder Aktivitäten benutzt werden (s. hierzu auch die Analysen von Jäger/Jäger 2003 sowie Behrens 2003). Auch im alltäglichen Diskurs hat sich in den letzten zehn Jahren zunehmend die Tendenz ausgebreitet, juden- und/oder israelfeindliches Gedankengut unter dem Deckmantel der Israel-Kritik und dem Verweis auf die Meinungsfreiheit von sich zu geben. S. hierzu Schwarz-Friesel/Reinharz (2013: Kap. 7).

Diese Kriterien ermöglichen es, im theoretischen Rahmen der kognitiven Textlinguistik:

- Mit einem Analyse-, Klassifikations- und Beschreibungsinstrumentarium zu arbeiten, das hilft klar(er) zu entscheiden, ob eine sprachliche Äußerung antisemitisch ist.
- Mittels Textanalysen die sprachlichen Charakteristika des aktuellen Verbal-Antisemitismus präzise zu beschreiben, wobei sowohl die expliziten als auch die impliziten, über Implikaturen bzw. Inferenzen zu erschließenden Formen erfasst werden.
- Die gegenwärtigen antisemitischen Stereotype in ihren besonderen konzeptuellen Eigenschaften und verbalen Formvarianten sowie zugrundeliegenden emotionalen Einstellungen zu erklären.
- Eine semantisch-konzeptuelle Abgrenzung von Antisemitismus, Anti-Israelismus und Anti-Zionismus vorzunehmen, die aber zugleich auch die Überschneidungen und Ähnlichkeiten dieser Konzeptualisierungen und ihrer Manifestationsformen aufzeigen kann.

**Denkanregungen:**

Welche typisch antisemitischen Argumentationsstrategien finden sich in (48) realisiert?

(48) „Nie wieder Selbsthass!

Deutsche endlich stolz

Ganz Deutschland in ein schwarz-rot-goldenes Fahnenmeer getaucht …

Fragt man die Leute, warum sie sich von Kopf bis Fuß zu Deutschland bekennen, gibt es nur eine Antwort: ‚Weil wir unser Land lieben und wir uns endlich wieder zu ihm bekennen dürfen.'

Das linke Lumpenproletariat freilich nutzt die Fußballweltmeisterschaft zur Volksverhetzung…Doch es gibt noch ganz andere, die versuchen, während der Fußball-WM das Rad der Geschichte zurückzudrehen … Die Fußballweltmeisterschaft macht Herrn Kramer und den Kreisen, die er vertritt, natürlich Angst und Bange. Zeigt die millionenfache Beflaggung mit deutschen Fahnen doch nicht mehr und nicht weniger an, als dass die Deutschen zu sich selbst und zu ihrer Nation stehen und den verordneten Schuldkult satt haben. ‚Wir, die heute Lebenden, sind nicht schuldig!'. Punkt. Aus. Schluss. Ende … Um nicht in die Vergangenheitsbewältigungs-Defensive zu geraten, will sich der Zentralrat der Juden nun noch mehr auf jene stürzen, die sich gegen verordnetes Denken nicht wehren können: die Kinder und Jugendlichen in den Schulen. … Die Sorgen des Herrn Kramer und die der ‚Frankfurter Rundschau' sind nur allzu berechtigt. Drohen sich doch die

Deutschen inzwischen auch anderen Fragen zuzuwenden wie etwa: Wer erinnert an den Völkermord an den Indianern …? Wer entschädigt die Opfer des Vietnam-Krieges? Israels Politik läuft auf eine Vernichtung des palästinensischen Volkes hinaus. Wer stemmt sich dagegen?

… das Interview des iranischen Präsidenten Ahmadinedschad, das dieser dem ‚Spiegel' gewährte. Wörtlich heißt es darin: ‚Warum wird dem deutschen Volk soviel auferlegt? Das deutsche Volk trägt heute keine Schuld. Warum darf das deutsche Volk nicht das Recht haben, sich zu verteidigen? Warum werden die Verbrechen einer Gruppe so betont, anstatt vielmehr das große deutsche Kulturerbe herauszustellen?'…" (Nationalzeitung, 28.07.06)

(49) Ansprache von Martin Hohmann (MdB) zum Nationalfeiertag, 3. Oktober 2003 (Auszüge):

„Wird hingegen darauf hingewiesen, auch Deutsche seien im letzten Jahrhundert im großen Stil Opfer fremder Gewalt geworden, so gilt das schon als Tabubruch.

…

Solche gnädige Neubetrachtung oder Umdeutung wird den Deutschen nicht gestattet. Das verhindert die zur Zeit in Deutschland dominierende politische Klasse und Wissenschaft mit allen Kräften. Sie tun ‚fast neurotisch auf der deutschen Schuld beharren', wie Joachim Gauck es am 1.10.2003 ausgedrückt hat.

…

Mit geradezu neurotischem Eifer durchforschen immer neue Generationen deutscher Wissenschaftler auch noch die winzigsten Verästelungen der NS-Zeit.

…

Auf diesem Hintergrund stelle ich die provozierende Frage: Gibt es auch beim jüdischen Volk, das wir ausschließlich in der Opferrolle wahrnehmen, eine dunkle Seite in der neueren Geschichte oder waren Juden ausschließlich die Opfer, die Leidtragenden?

Meine Damen und Herren,

es wird Sie überraschen, daß der amerikanische Autokönig Henry Ford 1920 ein Buch mit dem Titel ‚The International Jew' herausgegeben hat. Dieses Buch hat in den USA eine Auflage von 500.000 Exemplaren erlebt…. Darin prangert Ford die Juden generalisierend als ‚Weltbolschewisten' an.
Hören wir, was der Jude Felix Teilhaber 1919 sagt: ‚Der Sozialismus ist eine jüdische Idee … Jahrtausende predigten unsere Weisen den Sozialismus.' Damit wird auch ausgedrückt, dass an der Wiege des Kommunismus und Sozialismus jüdische Denker standen. So stammt Karl Marx über beide Eltern von Rabbinern ab.

…

An der Spitze der bolschewistischen sogenannten Gottlosen-Bewegung stand ausgerechnet Trotzki. Er leugnete damals sein Judentum, wurde aber von den Russen und weltweit als Jude wahrgenommen.

…

Daher könnte man Juden mit einiger Berechtigung als ‚Tätervolk' bezeichnen. Das mag erschreckend klingen. Es würde aber der gleichen Logik folgen, mit der man Deutsche als Tätervolk bezeichnet."

Wie beurteilen Sie die Textpassagen in (49)? Welche Argumentationslinie ist zu erkennen? Welche Stereotype finden in ihr Realisierung?

(50) „Ich fürchte, dass kaum jemand den Antisemiten, die es in Deutschland gibt, die wir bekämpfen müssen, mehr Zulauf verschafft hat als Herr Scharon und in Deutschland ein Herr Friedman mit seiner intoleranten und gehässigen Art, überheblich." (Jürgen W. Möllemann 2002; Quelle: ftd.de)

Wenn man (50) mit einer möglichen Äußerung wie (51) vergleicht

(51) Mit seiner intoleranten gehässigen Art schürt Möllemann (ein Protestant, MSF) Ressentiments gegen Protestanten.

dann wird sowohl das Unsinnige der Äußerung offenbar, als auch das antisemitische Potenzial von (50) mit dem implizit kodierten Stereotyp JUDEN SIND VERANTWORTLICH FÜR ANTISEMITISMUS deutlich.

Wie beurteilen Sie den folgenden Text (52)?

(52) „Der Antisemitismus-Verdacht, der das Gewicht von sechs Millionen Gemordeten mit sich weiß, ist der Overkill im öffentlichen Raum. In schon rituellen Abständen wird diese Keule durch die Arena geschwungen. In Wahlkampfzeiten ist sie besonders wirksam. Und besonders unappetitlich – da wird die Erinnerung an den Holocaust zum taktischen Manöver herabgewürdigt. Antisemitisch waren Möllemanns Äußerungen nicht. Antisemitisch werden sie erst durch die Interpretationen, den Verdacht, dass hinter dem Gesagten noch etwas anderes, Ungesagtes lauere. Hier pflegen Tiefenpsychologen den Dreck, den sie selber aufspüren möchten, selbst vorher zu hinterlegen … Das produziert Sprachregelungen, aus denen man sich nur durch Flüche befreien kann. Überall auf der Welt." (Matthias Matussek, Debatte Recht auf Zorn, Der Spiegel 22, 27.05.2002, 27; s. aber auch die selbstkritische Distanzierung von diesem Text durch Matussek in Die Welt, 15.01.2013)

## 11.6 „Ab nach Israel!" – Briefe und E-Mails an einen deutschen Juden[32] – Anti-Israelismus als Formvariante des aktuellen Antisemitismus

> Avi Primor: „Warum muss man, wenn man einen israelischen Ministerpräsidenten wegen seiner Politik kritisiert, das mit Antisemitismus verbinden? ..."
> Asher Ben-Nathan: „... ich bin völlig einverstanden, mit Deiner Aussage, dass nicht jeder Kritiker Israels Antisemit ist. Aber alle Antisemiten ... sind Kritiker Israels." (Diskussion in Rhöndorf 2002)

In Deutschland und europaweit durchgeführte Erhebungen zeigen, dass die Abwehrhaltung gegenüber Themen, die mit Erinnerungskultur und dem deutsch-jüdischen Verhältnis zu tun haben, zunehmend in Verbindung mit anti-israelischen und anti-zionistischen Konzepten in Erscheinung tritt (s. EUMC-Report 2003 und 2005).[33] Wenn sich beim Phänomen des Antisemitismus auch jedwede monokausalen Erklärungsmuster verbieten, so besteht heute für die Experten kein Zweifel mehr, dass ein Zusammenhang zwischen dem zugenommenen Antisemitismus und der sich seit 2000 veränderten, oft anti-israelischen Berichterstattung[34] in den Medien besteht (vgl. Jäger/Jäger 2003, Wistrich 2003, Behrens 2003, Schapira/Hafner 2010, Beyer 2013, Schwarz-Friesel 2013c).

Briefe und E-Mails, die an jüdische Organisationen wie den Zentralrat der Juden (besonders zahlreich bei Krisenberichterstattungen) oder die israelische Botschaft in Berlin gesendet werden, dokumentieren dies deutlich (s. hierzu ausführlich Schwarz-Friesel/Reinharz 2013).

Die exemplarische Analyse einiger ausgewählter Briefe und E-Mails (aus der Flut von weit über 1.000) Texten, die Michael Wolffsohn (ein deutscher

32 Ich danke Michael Wolffsohn dafür, dass er mir diese Texte für meine Analysen zum aktuellen Antisemitismus zur Verfügung stellte.

33 In der ersten Jahreshälfte 2003 bemerkten jüdische Organisationen einen deutlichen Anstieg von Briefen, Anrufen und E-Mails mit antisemitischem Inhalt (vgl. EUMC 2003: 75). Eine Gegenüberstellung der Jahre 2003 und 2004 lässt einen Anstieg an antisemitischen Gewalttaten erkennen (vgl. EUMC 2005: 15). Diese Zunahme an Übergriffen wird laut der EUMC (2005: 14) mit der politischen Entwicklung im Nahen Osten in Verbindung gesetzt.

34 Die stark emotionalisierenden und oft einseitig perspektivierenden Texte (s. Kap. 6.3) stellen zumindest ein Inferenz- und Emotionspotenzial für die Aktivierung anti-israelischer und (Re-Aktivierung) antisemitischer Einstellungen dar, auch wenn dies nicht notwendigerweise von den Textproduzenten intendiert ist. Typisch hierfür sind die Kommentare des Journalisten Jakob Augstein.

Jude und Geschichtsprofessor an der BWU in München) im Frühjahr 2004[35] erhalten hat, soll dies veranschaulichen.

Die folgenden Briefe und E-Mails (die unverändert, d.h. mit den jeweiligen Rechtschreibfehlern zitiert werden) sind manifest antisemitische Texte: Explizit antisemitisch in ihrer Lexik und Argumentation knüpfen sie an die traditionellen Stereotype des Antisemitismus an und beinhalten im Wesentlichen beleidigende Beschimpfungen. Die emotionale Komponente ist stark ausgeprägt und wird mittels emotionsbezeichnender Lexeme (wie z.B. *Wut, schämen*), vor allem aber mittels emotionsausdrückender Lexeme (z.B. *gespenstisches Schwein, finsteren, schmutzig, Dreck, widerlich*) vollzogen:

(53) „Du perferses gespenstisches
Schwein, Raus aus unser Land
Deutschland, geh zum finsteren
Land Israel. Du Parasit.
Du hast mit deinem
schmutzigen Gesicht
unser Land genug verseucht.
Deutscher Patriot.
W." (22.06.04-b-W1)[36]

(54) „DIE JuDEN in DTSCH. ZÄHLEN ZUM
GRÖSSTEN DRECK DEN WIR HABEN." (22.06.04-b-?1)

(55) „stecken sie mich ruhig auch in die antisemiten-ecke, ihr gehirn scheint sowie so nicht richtig zu funktionieren." (26.06.04-m-R1)

(56) „schämen sie sich sie feigling." (26.06.04-m-R1)

In der Regel sind sie auch mit der Handlungsaufforderung an Wolffsohn verbunden, das Land zu verlassen bzw. die Professur aufzugeben:

---

35 Es handelt sich um die E-Mails/Briefe, die er als Reaktion auf ein Interview mit Maischberger bei NTV erhielt (in dem es um neue Methoden im Kampf gegen den internationalen Terrorismus ging und in dessen Verlauf Wolffsohn auch den Einsatz von Folter befürwortete). Die Texte lassen sich in verschiedene Gruppen einteilen: a) Briefe und E-Mails, die sich mit Wolffsohn (als Person) solidarisch erklären, b) Texte, die allgemeine Kritik an der Folter-Äußerung ohne erkennbaren Antisemitismus thematisieren (und keine Referenz auf die Religionszugehörigkeit Wolffsohns erkennen lassen), c) manifest antisemitische Texte, und d) schließlich (zumeist als ausdrücklich nicht antisemitisch deklarierte) Texte, die in der Regel jedoch entweder latent oder auch manifest antisemitisch sind, d.h. bekannte kognitive Stereotype widerspiegeln und Argumentationslinien aufzeigen, die typisch für den antisemitischen Diskurs sind. Ich habe einige Texte aus den Gruppen c und d ausgewählt.

36 Die Kürzel beziehen sich auf das Klassifikationsmuster der Texte: Datum, m(ail) oder b(rief), Anfangsbuchstabe des Senders), ? steht für anonym.

(57) „Ab nach Israel" (14.05.04-m-M1)

(58) „Zurück zum Mossad, Ihrem Arbeitgeber" (25.05.04-m-).

(59) „Wolf im Schafspelz -------> Prof an einer Bundeswehrschule -------> FRISTLOS ENTLASSEN" (17.05.04-m-D1)

(60) „Ich fordere Sie hiermit zum wiederholten Male auf, Ihren Professorenstuhl abzugeben" (26.05.04-m-M1)

Die meisten dieser expressiven und direktiven Sprechakte sind gekoppelt an stereotype antijüdische Konzeptualisierungen (JUDEN ALS FREMDE/ UNDEUTSCHE, JUDEN ALS INTELLEKTUELLE ZERSETZER, JUDEN HABEN SONDERRECHTE):

(61) „Wie wäre es denn mit einer Fortsetzung Ihrer Karriere in Israel oder einem anderen Schurken-Staat? Auch Mr. Rumsfeld hätte doch sicher Verwendung für Sie. Sicher bräuchten Sie auch nicht in vorderster Linie arbeiten, sondern könnten weiter als Schreibtisch-Täter wirken. Lassen Sie unsere jungen Offiziere in Ruhe und haben Sie den Mut, dort zu arbeiten, wo Leute mit Ihren widerlichen Ansichten Ihr angestammtes Zuhause haben! Aber als Jude darf man das natürlich, was Sie sich da herausnehmen." (18.05.04-m-W1)

(62) „Gehen Sie zurueck nach Israel, denn Sie sind kein Patriot und haben mit der deutschen Menalitaet nichts gemeinsam (ausser der Rechthaberei und der schulmeisterlichen Besserwisserei). Juden wie Sie, die insgeheim für Israel und gegen Deutschland arbeiten, betrachte ich als Vaterlandsverräter." (18.05.04-m-G1)

(63) „...das auserwählte volk und anderen schwachsinn..." (13.05.04-m-U1)

Die meisten Texte sind antisemitisch (obgleich sie von ihren Produzenten[37] oft als ausdrücklich nicht antisemitisch deklariert werden), d.h. in ihnen spiegeln sich traditionelle antijüdische Stereotype und Argumentationslinien wider, die typisch für antisemitische Konzeptualisierungen sind (z.B. biologische Zuordnung von Jude-Sein, Gleichsetzung von Juden und Israelis, Historisierung und Leugnung von aktuellem Antisemitismus, Tabu als Propagandaresultat, These, dass Juden selber schuld sind, wenn sie angegriffen/ kritisiert werden, die Konzeptualisierung von Juden als DIE ANDEREN/DIE NICHT-DEUTSCHEN, angebliches Kritiktabu, wenn es um Israel geht).

(64) „Lassen Sie sich bitte nicht einfallen, mich in eine antisemitische Ecke zu stellen. Das ist leider der Weg, wie immer Kritik an Israel abgebogen wird." (21.05.04-b-H1)

(65) „wie mir jüdische Freunde in Frankreich, USA, besonders aber in Tel Aviv und Erez bestätigen" (25.06.04-m-S1)

[37] Während die meisten explizit antisemitischen Briefe und E-Mails anonym verfasst sind, geben die Schreiber der implizit antisemitischen Texte in der Regel Namen und Anschrift an.

(66) „Sollten Sie mich ... als Rassisten abqualifizieren, so möchte ich anmerken, ganz und gar nicht aus diesem Lager zu stammen ...
Sehen Sie, soweit ist es mit unserem Selbstwertgefühl, die implementierten instiktiven Tabus greifen immer noch.
USrael hat in 60 Jahren Okkupation ganze Propagandaarbeit geleistet:-)" (26.05.04-m-M1)

(67) „Juden können sich im Europa des aushegenden 20. und 21. Jahrhundert sicher fühlen. Sicher vor Behinderung ihres Kultes (soweit sie praktizierende Juden sind – ich selbst erlebe dies an jedem Shabbat in Strasbourg), sicher vor Behinderung beruflicher Karriere, sicher durch das und vor dem Gesetz!!!" (25.06.04-m-S1)

(68) „Man ist Jude, Goy, Amerikaner, Araber durch Geburt. So ist Michael Wolffsohn Jude." (25.06.04-m-S1)

Das auffälligste und signifikanteste gemeinsame Charakteristikum in den Texten ist aber, dass die Auseinandersetzung mit dem Thema FOLTER IM KAMPF GEGEN TERRORISMUS eine konzeptuelle Verschiebung und Erweiterung in Bezug auf das konzeptuelle Schema ISRAEL in (für die Schreiber) untrennbarer Kopplung an das Konzept JUDEN aufweist: Obgleich es in dem Maischberger-Interview gar nicht um Israel ging, verweisen die Schreiber der Briefe/E-Mails nahezu alle auf die israelische Politik und beziehen ihre (extrem) negative Haltung und stark emotionale Bewertung diesbezüglich auf die Person Michael Wolffsohns.

(69) „Herr Terrorbekämpfer schauen Sie in dem beigefügten Bild wie ein Kind von tausender Kinder, die der Ungerechtigkeit Ihres 60 jährigen alten Staates zum Opfer fallen müssen." (24.05.04-m-Y1)

(70) „Dann dürfte es Ihnen in Israel sicherlich gefallen ... warum melden Sie sich nicht freiwillig zum Einsatz im Gaza-Streifen wo der Faschist Sharon den Palästinensern, die sowieso nichts mehr besitzen, gerade die Häuser einreissen lässt? Ich bin mir sicher, das würde Ihnen gefallen!" (18.05.04-m-D1)

Das Individuum Wolffsohn wird als Jude kollektiv (mit)verantwortlich für die (als rassistisch und mit Nazi-Methoden agierend bezeichnete) Politik Israels gemacht (zum Konzept des kollektiven Juden s. Schwarz-Friesel/Reinharz 2013: Kap. 5.2 und 7.2). Die Lexeme *Jude* und *Israeli* werden synonym benutzt. Oft findet sich die Unterstellung, Wolffsohn sei ein Spion/Spitzel des israelischen Geheimdienstes Mossad:

(71) „... daß Sie zuerst Jude und damit kritikloser Bürger Israels und israelischer Politik sind." (21.05.04-b-H1)

(72) „p.s: sie brauchen keine kopie dieses schreibens an ihren arbeitgeber,der mossad zu schicken, das übernehme ich selbst." (13.05.04-m-U1)

(73) „Euer Mossad hat wie die Staatssicherheit der DDR jeden indirekt im Griff.“ (03.07.04)

In den Israel kritisierenden Äußerungen kommen gleichzeitig antisemitische Stereotype zum Ausdruck (z.B. Juden als Zerstörer anderer Gesellschaften, als intellektuelle Brandstifter, als politische Verschwörer). Des Weiteren fließen anti-zionistische Konzeptionen in die Argumentation mit ein:

(74) „Folgen des Herzl'schen Konzeptes sind Massenvertreibung, Elend, Krieg.“ (25.06.04-m-S1)

(75) „... mörderisches menschenverachtendes Regime ...“ (Bezeichnung für die Regierung Israels) (25.06.04-m-S1)

In der sprachlichen Form verschmelzen antisemitische, anti-zionistische und anti-israelische Referenzbereiche geradezu nahtlos. Interessant und aufschlussreich ist, dass sich in vielen Briefen/E-Mails Referenzialisierungen, Perspektivierungen und Argumentationen finden, die präferiert im anti-israelischen massenmedialen Sprachgebrauch zum Nahostkonflikt vorkommen[38] (s. hierzu Kap. 6). Manche der in den massenmedialen Berichterstattungen zu konstatierenden Lexeme und/oder Darstellungen tauchen in sprachlich identischer oder ähnlicher Form in den Briefen und E-Mails auf. Vgl. hierzu auch den Brief (77), der explizit einen solchen Verweis enthält:

(76) „Die Wut auf Israelis, die Palästinenser jagen ist da! Das machen die tägliche Bilder! Nur ein Wahnsinniger stellt sich da dagegen!“ (03.07.04-m-K1)

(77) „Wenn ich heute in meiner Tageszeitung lese:
Immer wider seien Krankenwagen beschossen worden. ‚Das medizinische System in Rafah ist völlig zerrüttet.‘ – dpa“ (21.05.04-b-H1)

Die Analyse einer kompletten (exemplarischen) E-Mail soll die geschlossene Konzeptualisierungswelt des Produzenten transparent machen:

(78) „sehr geehrter herr wolffsohn,

mit dieser aussage haben sie ihren namen alle ehre gemacht.
ich habe schon immer meine mitmenschen vor leuten wie sie und
paolo pinkel gewarnt. ich finde es toll das sie endlich ihr wahres
gesicht gezeigt haben. man spürt ihren hass gegenüber alles
was nicht vom heiligen samen abstammt. ich meine partner und
viele freund können uns nichts faschistischeres als diese aussage

38 Der Vergleich der beiden Textsorten „medialer Nahost-Berichterstattungstext“ und „Brief/E-Mail an Juden/jüdische Verbände“ kann also auch Aufschluss über den Einfluss massenmedialer Texte auf den individuellen Sprachgebrauch in dieser spezifischen Domäne geben (s. Beyer/Leuschner 2010, Schwarz-Friesel/Reinharz 2013: Kap. 7.3).

> vorstellen (das auserwählte volk und anderen schwachsinn) den
> sie uns immer auf die nase binden.
> von den ungebildeten soldaten und ihren vorgesetzten im irak kann man nichts anderes erwarten, wenn sie der ideologische pate sind.
> goebels hat die selben rechtfertugungstaktiken für den abtransport tausender menschen angewant wie sie bei n-tv. also stimmt der
> titel eines bestsellers (nicht nur in arabischen ländern)
> ‚zionismus architekt des faschismus' den ich ihnen nur empfehlen kann.
>
> mit freundlichem gruß p.s: sie brauchen keine kopie dieses schreibens an ihren arbeitgeber, der mossad zu schicken, das übernehme ich selbst." (13.05.04-m-U1)

Die E-Mail beginnt mit ... *haben sie ihren namen alle ehre gemacht*. Es ist eine typisch antisemitische Strategie, den Namen von Juden zu verhöhnen und zur Stigmatisierung zu benutzen (vgl. hierzu die Arbeit von Bering 1996). *Vor leuten wie sie und paolo pinkel* (pejoratives Pseudonym für Michel Friedman, MSF) *gewarnt*: Die grundsätzliche Gefahr der Juden wird hervorgehoben. Was gefährlich ist, muss bekämpft werden. *man spürt ihren hass gegenüber alles, was nicht vom heiligen samen abstammt*: Dahinter steckt das Stereotyp von Juden als intoleranter Gruppe sowie Abwertung von Grundideen des Judentums. *das auserwählte volk und anderen schwachsinn ... meine partner und freunde können uns nichts faschistischeres als diese aussage vorstellen*: hier wird einerseits eine indirekte Relativierung der faschistischen NS-Zeit ausgedrückt, andererseits eine Abwertung des Judentums. In *wenn sie der ideologische pate sind* manifestiert sich das Stereotyp vom Juden als Zersetzer, Intellektueller, Dunkelmann. *Goebels hat die selben rechtfertugungstaktiken für den abtransport tausender menschen angewant wie sie* kodiert einerseits erneut eine Relativierung der NS-Taten (es waren Millionen von Menschen), andererseits findet sich in dem NS-Vergleich eine pejorative Analogie (s. zu den NS-Vergleichen Kap. 5.2.3). *zionismus architekt des faschismus* ist ein intertextueller Verweis auf die Berechtigung anti-zionistischer Propaganda. In *an ihren arbeitgeber, der mossad* wird die konzeptuelle Verbindung von Juden und Israel etabliert, gleichzeitig Wolffsohn als Spion der Israelis gekennzeichnet.

Ich fasse die wichtigsten Charakteristika zusammen: Es finden sich sowohl die klassischen Stereotype als auch die des Post-Holocaust-Antisemitismus (deutsche Juden als Fremde/als Nicht-Deutsche, Juden als einflussreiche Intellektuelle und Schreibtischtäter, Juden als Verschwörer, als geschlossene Gemeinschaft/Rasse, Störenfriede, stören den innerdeutschen Frieden). Stark kodiert ist die Täter-Opfer-Umkehr: Juden sind an ihren Problemen selber schuld; Juden ermorden Palästinenser. Des Weiteren finden sich anti-israelische und anti-zionistische Ressentiments (Israelis sind wie Nazis; Zionismus hat verheerende Folgen; Israel ist ein Verbrecherstaat).

Das auffälligste Merkmal ist die Gleichsetzung von negativen israelischen und jüdischen Aspekten. In den meisten Texten besteht für die Produzenten zwischen den Lexemen *Israeli, Jude, Zionist* die semantische Relation der Synonymie; in den Textweltmodellen werden entsprechend identische Informationsknoten evoziert. Obgleich weder Israel noch der Nahostkonflikt thematisch in dem NTV-Interview, das die Briefe/E-Mails initiierte, relevant war, referieren nahezu alle (latent und manifest antisemitischen) Schreiber ausschließlich darauf, verknüpfen konzeptuell wie sprachlich die Bereiche JUDENTUM, ZIONISMUS und ISRAELISCHE POLITIK und beziehen ihre (extrem) negative Haltung diesbezüglich kollektiv auf die Person Michael Wolffsohns. Diese konzeptuellen Verschmelzungen sind typisch für den gesamten antisemitischen Diskurs der Moderne (s. Schwarz-Friesel 2010a).

**Denkanregungen:**

Welche Konzeptualisierung zum Phänomen des Antisemitismus ist in (79) dominant?

(79) „Juden schubsen sich doch selbst durch die Welt. Niemand macht Ihnen etwas streitig, was Ihnen gehört! Niemand will mit jüdischen Menschen in Fete leben! Weder personifiziert noch im Allgemeinen nicht. Es sind ihre hausgemachten jüdischen Probleme!
Wundern Sie sich aber bitte nicht darüber, wenn Antisemitismus evtl. zunimmt. Kein Mensch kann nachempfinden, daß Unrecht in Israel nicht auch von führenden Juden in Deutschland öffentlich als Unrecht kritisiert wird." (21.05.04-b-H1)

Welche Stereotype der klassischen Judenfeindschaft und des Post-Holocaust-Antisemitismus finden sich in (80)?

(80) „Subject: Wenn ein Jude dem Deutschen Judentum schadet... (18-Mai-2004 21:07)
Herr Wolffsohn,
Der Rest der Juden in Deutschland kann sich bei Ihnen bedanken, wenn immer mehr Deutsche zum Judenhasser werden. Ihre arrogante, pseudowissenschaftliche Folterthese ist undeutsch und zudem zu transparent um Ihre wirkliche Gesinnung zu verbergen. Sie sind ein Feigling wenn Sie jetzt die Oeffentlichkeit beschuldigen, sie haette Sie falsch verstanden. Gehen Sie zurueck nach Israel, denn Sie sind kein Patriot und haben mit der deutschen Menalitaet nichts gemeinsam (ausser der Rechthaberei und der schulmei-

sterlichen Besserwisserei). Juden wie Sie, die insgeheim für Israel und gegen Deutschland arbeiten, betrachte ich als Vaterlandsverräter.

G. C. G." (18.05.04-m-G1)

### Literatur:

Schwarz-Friesel/Reinharz (2013) (Kap. 7 zum antisemitischen Anti-Israelismus; zur emotionalen Basis des Antisemitismus s. besonders Kap. 9).

## 12 Schlusswort

> „Das Spielfeld ist die Sprache, und seine Grenzen sind die Grenzen der fraglos geschauten, ... der im Schmerz erfahrenen und im Glück gelobten ... Welt." (Ingeborg Bachmann)

Den traditionellen Konzeptualisierungen von Emotion (als einem für die Erklärung des menschlichen Geistes irrelevanten Phänomenkomplex) habe ich im ersten Teil des Buches einen integrativen theoretischen Ansatz gegenübergestellt, demzufolge Kognition und Emotion als zwei mentale Systeme interagieren und sowohl repräsentational als auch prozedural relevante Schnittstellen haben. Emotionen sind als mehrdimensionale Kenntnis- und Bewertungssysteme beschrieben worden, die maßgeblich Einfluss auf verschiedene kognitive Prozesse, insbesondere die der Sprachverarbeitung, nehmen. Das Verhältnis von Sprache und Emotion ist somit einer der wichtigsten Phänomenbereiche, wenn man den menschlichen Geist umfassend und adäquat erklären will.

Gefühle, als die kognitiv und bewusst erfahrbaren Emotionsinhalte, werden mittels Sprache in spezifischer Form repräsentiert. Mit sprachlichen Äußerungen werden Gefühle und emotionale Einstellungen ausgedrückt und benannt, geweckt, intensiviert sowie konstituiert. Wenn wir über spezifische Gefühle wie Angst oder Liebe sprechen, kodieren wir Gefühlszustände mittels verbaler Ausdrucksrepräsentationen und vermitteln somit das intern Gefühlte als extern wahrnehmbar für Andere. Die für die Sprache und Sprachverwendung relevanten emotionalen Funktionen sind die Bewertungen, die in den sprachlichen Äußerungen als Gefühle zum Ausdruck kommen.

Anhand exemplarischer Analysen zu den textuellen Manifestationen der Basisemotionen Angst, Liebe, Leid und Hass wurde dies im zweiten Teil des Buches veranschaulicht und zudem erörtert, inwiefern sich die Interaktion von Emotion, Sprache und Kognition, von kognitiver Kategorisierung und emotionaler Bewertung, auf den verschiedenen Ebenen textueller Strukturen widerspiegelt.

# Bibliographie

## Journals

COGNITION & EMOTION.

EMOTION.

2008. Special Section: Empathy. In: Emotion 8, 6.

EMOTION RESEARCHER. Newsletter of the International Society for Research on Emotion.

2010. Issue: Love. In: Emotion Researcher. Newsletter of the International Society for Research on Emotion 26, 2.

EMOTION REVIEW.

2012. Special Section: On Defining Emotion. In: Emotion Review 4, 4.

MOTIVATION AND EMOTION.

## Literatur

ABRAHAMSEN, A.; BECHTEL, W., 2006. Phenomena and Mechanisms: Putting the Symbolic, Connectionist, and Dynamical Systems Debate in Broader Perspective. In: STAINTON, R.J. (ed.), 2006, 159–185.

ADOLPHS, R.; TRANEL, D.; DAMASIO, A.R., 2003. Dissociable neural systems for recognizing emotions. In: Brain and Cognition. Affective Neuroscience 52, 1, 61–69.

ADORNO, T.W., 1942. George und Hofmannsthal. Zum Briefwechsel: 1891–1906. In: ADORNO, T.W., 2003, 195–237.

ADORNO, T.W., 1951. Kulturkritik und Gesellschaft. In: ADORNO, T.W., 2003, 11–30.

ADORNO, T.W., 2003. Gesammelte Schriften. Bd. 10.1. Kulturkritik und Gesellschaft I. Prismen. Ohne Leitbild. Frankfurt a.M.: Suhrkamp.

AIJMER, K., 2004. Interjections in a contrastive perspective. In: WEIGAND, E. (ed.), 2004, 103–124.

AITCHISON, J., [4]2012. Words in the Mind. An Introduction to the Mental Lexicon. Chichester: Wiley-Blackwell.

ALFES, H., 1995. Literatur und Gefühl. Emotionale Aspekte literarischen Schreibens und Lesens. Opladen: Westdeutscher Verlag.

ALLAN, K., 2007. The pragmatics of connotation. In: Journal of Pragmatics 39, 6, 1047–1057.

ALLPORT, G., 1971. Die Natur des Vorurteils. Köln: Kiepenheuer & Witsch (Originalfassung: ALLPORT, G., 1954. The nature of prejudice. Cambridge/MA: Addison-Wesley).

ALSTON, W., 1969. Feelings. In: Philosophical Review 78, 3–34.

ALT, A.T., 1993. Romanticism and modern „Sprachkrise". A note on narratives by Hugo von Hofmannsthal, Paul Celan, and Johannes Bobrowski. In: PABISCH, P.; STOEHR, I.R., 1993. Dimensions. A. Leslie Wilson & contemporary German arts and letters. Krefeld: van Acken, 230–239.

ALTMANN, U. et al., 2012. The power of emotional valence – from cognitive to affective processes in reading. In: Frontiers in human neuroscience 6, 192, 1–15.

AMÉRY, J., [1966] [6]2008. Jenseits von Schuld und Sühne. Bewältigungsversuche eines Überwältigten. Stuttgart: Klett-Cotta.

ANDERSEN, P.; GUERRERO, L., 1998. Handbook of communication and emotion. Research, theory, applications, and contexts. San Diego [u.a.]: Academic Press.

ANDERSON, C.W.; MCMASTER, G.E., 1986. Modeling emotional tone in stories using tension levels and categorical states. In: Computers and the Humanities 20, 1, 3–9.

ANZ, T., 2001. Tod im Text. Aspekte literarischer Emotionalisierung in neueren Beiträgen zur Thanatologie. In: literaturkritik.de 3. Verfügbar unter: http://www.literaturkritik.de/public/rezension.php?rez_id=4310 (letzter Zugriff: 15.03.2013).

ANZ, T., 2007. Literatur und Emotion – Tod im Text, Regeln literarischer Emotionalisierung. In: Mitteilungen des Deutschen Germanistenverbandes 54, 3, 306–327.

ANZ, T., 2011. Todesszenarien – Literarische Techniken zur Evokation von Angst, Trauer und anderen Gefühlen. In: EBERT, L. et al. (Hg.), 2011. Emotionale Grenzgänge. Konzeptualisierungen von Liebe, Trauer und Angst in Sprache und Literatur. Würzburg: Königshausen & Neumann, 113–129.

APEL, K.-O., 1978. Ist der Tod eine Bedingung der Möglichkeit von Bedeutung? In: MITTELSTRASS, J.; RIEDEL, M. (Hg.), 1978. Vernünftiges Denken: Studien zur praktischen Philosophie und Wissenschaftstheorie. Berlin, New York: de Gruyter, 407–419.

APPELFELD, A., 2013. Badenheim. Roman. Reinbek bei Hamburg: Rowohlt.

ARGYLE, M., [7]1996. Körpersprache & Kommunikation. Paderborn: Junfermann.

ARIÈS, P., 1980. Geschichte des Todes. München: Hanser.

ARNOLD, J., 2011. Focus on affect in language learning. Heidelberg: Winter.

ARNOLD, M.B., 1960. Emotion and personality: Vol. 1. Psychological aspects. New York: Columbia Univ. Press.

ARNONI, M.S., 1992. „Ich klage an.“: Bericht über ein Leben nach Auschwitz. Reinbek bei Hamburg: Rowohlt.

ASSMANN, J., 1988. Kollektives Gedächtnis und kulturelle Identität. In: ASSMANN, J.; HÖLSCHER, T. (Hg.), 1988. Kultur und Gedächtnis. Frankfurt a.M.: Suhrkamp, 9–19.

ASSMANN, J.; MACIEJEWSKI, F.; MICHAELS, A. (Hg.), [2]2007. Der Abschied von den Toten. Trauerrituale im Kulturvergleich. Göttingen: Wallstein.

ATHANASIADOU, A.; TABAKOWSKA, E. (eds.), 1998. Speaking of emotions. Conceptualisation and expression. Berlin, New York: de Gruyter (= Cognitive linguistics research 10).

AUSLÄNDER, R., 1990. Gesammelte Werke. Bd. 8. Jeder Tropfen ein Tag: Gedichte aus dem Nachlass. Gesamtregister. Frankfurt a.M.: Fischer.

AUSTIN, J.L., 1962. How to do things with words. Cambridge/MA: Harvard Univ. Press.

BADDELEY, A.D., 2002. Human memory: theory and practice. Hove: Psychology Press.

BADDELEY, A.D., 2006. Essentials of human memory. Hove: Psychology Press (= Cognitive psychology, a modular course).

BALDAUF, C., 1997. Metapher und Kognition. Grundlagen einer neuen Theorie der Alltagsmetapher. Frankfurt a.M.: Lang (= Sprache in der Gesellschaft 24).

BAMBERG, M., 1997. Emotion talk(s): The role of perspective in the construction of emotions. In: NIEMEIER, S., DIRVEN, R. (eds.), 1997, 209–225.

BARTHES, R., 2005. Fragmente einer Sprache der Liebe. Frankfurt a.M.: Suhrkamp.

BARTL, A., 2005. Im Anfang war der Zweifel. Zur Sprachskepsis in der deutschen Literatur um 1800. Tübingen: Francke.

BARTLETT, F.C., 1932. Remembering. A study in experimental and social psychology. Cambridge: Cambridge Univ. Press.

BAUER, Y., 1992. Vom christlichen Judenhaß zum modernen Antisemitismus. Ein Erklärungsversuch. In: Jahrbuch für Antisemitismusforschung 1, 77–90.

BATTACCHI, M.; SUSLOW, T.; RENNA, M., [2]1997. Emotion und Sprache. Zur Definition der Emotion und ihren Beziehungen zu kognitiven Prozessen, dem Gedächtnis und der Sprache. Frankfurt a.M.: Lang.

BEDNAREK, M., 2006. Evaluation in Media Discourse. Analysis of a Newspaper Corpus. London: Continuum (= Corpus and Discourse).

BEDNAREK, M., 2008. Emotion talk across corpora. Basingstoke, New York: Palgrave Macmillan.

BEDNAREK, M., 2009. Dimensions of evaluation: Cognitive and linguistic perspectives. In: Pragmatics and Cognition 17, 1, 146–175.

BEFU, H., 1999. Demonizing the „Other". In: WISTRICH, R. (ed.), 1999, 17–30.

BEHRENS, R., 2003. „Raketen gegen Steinewerfer". Das Bild Israels im „Spiegel". Eine Inhaltsanalyse der Berichterstattung über Intifada 1987–1992 und „Al-Aqsa-Intifada" 2000–2002. Münster [u.a.]: LIT.

BENESCH, H. (Hg.), [2]1991. dtv-Atlas Psychologie. Bd. 1. München: dtv.

BENJAMIN, W., 1985. Gesammelte Schriften. Bd. 6. Fragmente vermischten Inhalts. Autobiographische Schriften. Frankfurt a.M.: Suhrkamp.

BENZ, W., [2]2005. Was ist Antisemitismus? München: Beck.

BEN-ZE'EV, A., 2004. Love online. Emotions on the Internet. Cambridge [u.a.]: Cambridge Univ. Press.

BEN-ZE'EV, A., 2009. Die Logik der Gefühle: Kritik der emotionalen Intelligenz. Frankfurt a.M.: Suhrkamp (= Edition Unseld 24).

BERGENHOLTZ, H., 1980. Das Wortfeld „Angst". Eine lexikographische Untersuchung mit Vorschlägen für ein großes interdisziplinäres Wörterbuch der deutschen Sprache. Stuttgart: Klett-Cotta.

BERGER, D., 2004. Anti-Semitism in Europe Today. Vortrag im Finnischen Parlament organisiert von SETE (Finnisches Komitee für Europäische Sicherheit). Helsinki, 03. Juni 2004.

BERGER, P.L.; LUCKMANN, T., [24]2012. Die gesellschaftliche Konstruktion der Wirklichkeit. Eine Theorie der Wissenssoziologie. Frankfurt a.M.: Fischer (= Fischer 6623).

BERGMANN, W., 2006. Was sind Vorurteile? In: BPB (Hg.), 2006. Vorurteile – Stereotype – Feindbilder. Bonn: BpB (Informationen zur politischen Bildung 271), 3–9.

BERGMANN, W., [4]2010. Geschichte des Antisemitismus. München: Beck (= Beck'sche Reihe 2187).

BERING, D., 1982. Die Intellektuellen: Geschichte eines Schimpfwortes. Frankfurt a.M. [u.a.]: Ullstein.

BERING, D., 1991. Sprache und Antisemitismus im 19. Jahrhundert. In: WIMMER, R. (Hg.), 1991. Das 19. Jahrhundert: Sprachgeschichtliche Wurzeln des heutigen Deutsch. Berlin: de Gruyter, 325–354.

BERING, D., 1996. Der Name als Stigma. Antisemitismus im deutschen Alltag 1812–1933. Stuttgart: Klett-Cotta.

BERTH, H., 2000. Affektmessung mit dem PC – Das Dresdner Angstwörterbuch. In: Zeitschrift für Sprache und Kognition 19, 1/2, 51–56.

BESTGEN, Y., 1994. Can emotional valence in stories be determined from words? In: Cognition & Emotion 8, 1, 21–36.

BEWILOGUA, M., im Druck. „Die Verzweiflung wird immer stärker ...". Emotionsdarstellungen in Holocausttagebüchern. In: MEYER-FRAATZ, A. (Hg.), im Druck. Die Rolle des Emotionalen in der polnischen Literatur über den Holocaust.

BEYER, R., 2013. „Olmert ertrinkt in Blut" – Mediale Israelfeindschaft als aktuelle Formvariante von Antisemitismus? Textlinguistische Analysen antisemitischer und israelfeindlicher Medienbeiträge. In: NAGEL, M.; ZIMMERMANN, M. (Hg.), 2013, 1009–1028.

BEYER, R., in Arbeit. Israelkritische und einseitig perspektivierte Nahostberichterstattung in der deutschen Presse. Eine Inhaltsanalyse mit linguistischem Schwerpunkt. Dissertation an der Technischen Universität Berlin.

BEYER, R.; LEUSCHNER, E., 2010. Aktion und/oder Reaktion – funktionale Konvergenz von medialen Diskursen und antisemitischen Äußerungsformen. In: SCHWARZ-FRIESEL, M.; FRIESEL, E.; REINHARZ, J. (Hg.), 2010, 133–161.

BIERWISCH, M. 1979. Wörtliche Bedeutung – eine pragmatische Gretchenfrage. In: GREWENDORF, G. (Hg.), 1979. Sprechakttheorie und Semantik. Frankfurt a. M.: Suhrkamp (= suhrkamp taschenbuch wissenschaft 276), 119–148.

BIERWISCH, M., 1987. Linguistik als kognitive Wissenschaft. Erläuterungen zu einem Forschungsprogramm. In: Zeitschrift für Germanistik 8, 645–667.

BIRBAUMER, N.; ÖHMAN, A. (eds.), 1993. The structure of emotion. Psychophysiological, cognitive and clinical aspects. Seattle [u. a.]: Hogrefe & Huber.

BIRCH, C., 1995. Feelings. Kensington: Univ. of New South Wales Press.

BLANKEN, G. (Hg.), 1991. Einführung in die linguistische Aphasiologie: Theorie und Praxis. Freiburg: Hochschul-Verlag.

BLUMENTHAL, P., 1983. Semantische Dichte: Assoziativität in Poesie und Werbesprache. Tübingen: Niemeyer (= Konzepte der Sprach- und Literaturwissenschaft 30).

BOCHENEK-BOROWSKA, L.; SCHRAMM, W., 2011. Emotionen in Geschäftsbriefen. In: tekst i dyskurs – text und diskurs 4, 173–184.

BOCK, M., 1997. Emotion und semantisches Gedächtnis. In: GATHER, A.; WERNER, H. (Hg.), 1997. Semiotische Prozesse und natürliche Sprache. Festschrift für Udo L. Figge zum 60. Geburtstag. Stuttgart: Steiner, 75–87.

BODE, S., [2]2007. Die deutsche Krankheit – German Angst. Stuttgart: Klett-Cotta.

BOEHLICH, W. (Hg.), 1965. Der Berliner Antisemitismusstreit. Frankfurt a. M.: Insel.

BOHLEBER, W.; DREWS, J. (Hg.), 1991. „Gift, das du unbewusst eintrinkst …". Der Nationalsozialismus und die deutsche Sprache. Bielefeld: Aisthesis (= Forschungsmonographien der Breuninger-Stiftung 1).

BOHRN, I. C., 2013. Affective and esthetic processes in reading: A neurocognitive perspective. Dissertation an der Freien Universität Berlin.

BOHRN, I. C.; ALTMANN, U.; JACOBS, A. M., 2012. Looking at the brains behind figurative language – A quantitative meta-analysis of neuroimaging studies on metaphor, idiom, and irony processing. In: Neuropsychologia 50, 11, 2669–2683.

BRAUNE, H., 2010. Expliziter und impliziter Verbal-Antisemitismus in aktuellen Leserbriefen. In: SCHWARZ-FRIESEL, M.; FRIESEL, E.; REINHARZ, J. (Hg.), 2010, 93–113.

BRAUNER, W., 2005. Über das Wissen um den eigenen Tod. Nankai Universität, Tianjin, VR China. Verfügbar unter: http://www.heidelberger-lese-zeiten-verlag.de/archiv/online-archiv/brauner.pdf (letzter Zugriff: 15.03.2013).

BREDEL, H., 2002. Skinheads – Gefahr von rechts? Berlin: Rhombos (= Studienreihe Forschung, Wissenschaft und Politik).

BREITHAUPT, F., [3]2012. Kulturen der Empathie. Frankfurt a. M.: Suhrkamp (= suhrkamp taschenbuch wissenschaft 1906).

BROWN, J.; DUNN, J., 1991. ‚You can cry, mum,: The social and developmental implications of talk about internal states. In: British Journal of Developmental Psychology 9, 2, 237–256.

BROWN, P.; LEVINSON, S., [14]2004. Politeness. Some Universals in Language Usage. Cambridge: Cambridge Univ. Press (= Studies in interactional sociolinguistics 4).

BRYANT, J.; ROSKOS-EWOLDSEN, D.; CANTOR, J. (eds.), 2003. Communication and Emotion: Essays in Honor of Dolf Zillmann. London [u. a.]: Routledge (= Routledge Communication Series).

BUBLITZ, W., 2001 [[2]2009]. Englische Pragmatik. Eine Einführung. Berlin: Schmidt (= Grundlagen der Anglistik und Amerikanistik 21).

BUCHER, H.-J., 1992. Informationspolitik in der Presseberichterstattung. Kommunikationsstrategien bei der Darstellung gesellschaftlicher Konflikte. In: HESS-LÜTTICH, E. (Hg.), 1992. Medienkultur – Kulturkonflikt. Massenmedien in der interkulturellen und internationalen Kommunikation. Opladen: Westdeutscher Verlag, 259–289.

BÜHLER, K., 1934. Sprachtheorie: Die Darstellungsfunktion der Sprache. Jena: Fischer.

BUMKE, J., [11]2005. Höfische Kultur: Literatur und Gesellschaft im hohen Mittelalter. München: dtv (= dtv 30170).

BUNDESMINISTERIUM DES INNERN (Hg.), 2012. Antisemitismus in Deutschland. Erscheinungsformen, Bedingungen, Präventionsansätze. Bericht des unabhängigen Expertenkreises Antisemitismus. Verfügbar unter: http://www.bmi.bund.de/SharedDocs/Downloads/DE/Themen/Politik_Gesellschaft/EXpertenkreis_Antisemmitismus/bericht.pdf?__blob=publicationFile (letzter Zugriff: 15.03.2013).

BURGER, H., [3]2005. Mediensprache. Eine Einführung in die Sprache und Kommunikationsformen der Massenmedien. Berlin [u.a.]: de Gruyter.

BURGER, H., [4]2010. Phraseologie. Eine Einführung am Beispiel des Deutschen. Berlin: Schmidt (= Grundlagen der Germanistik 36).

BUSCH, B.G., 2002. Denken mit dem Bauch: Intuitiv das Richtige tun. München: Kösel.

BÜSCHER, H., 1996. Emotionalität in Schlagzeilen der Boulevardpresse. Theoretische und empirische Studien zum emotionalen Wirkungspotential von Schlagzeilen der BILD-Zeitung im Assoziationsbereich „Tod". Frankfurt a.M.: Lang (= Europäische Hochschulschriften 1. Deutsche Sprache und Literatur 1557).

BUSSMANN, H., [4]2008. Lexikon der Sprachwissenschaft. Stuttgart: Kröner.

CAFFI, C.; JANNEY, R., 1994. Toward a pragmatics of emotive communications. In: Journal of Pragmatics 22, 3, 325–373.

CAHN-WEGMANN, B.; CAHN, D., 2003. „... in unserem Herzen wirst du ewig weiterleben." Tod und Sterben im Spiegel von Todesanzeigen. In: soz:mag – Das Soziologie-Magazin. Verein virtuelle SoziologInnen 4, 27–30.

CARRUTHERS, P., 2006. The Case for Massively Modular Models of Mind. In: STAINTON, R.J. (ed.), 2006, 3–21.

CHANGEUX, J.-P., 1984. Der neuronale Mensch. Wie die Seele funktioniert – die Entdeckungen der neuen Gehirnforschung. Reinbek bei Hamburg: Rowohlt.

CHERUBIM, D., 1991. Sprache und Aggression. In: Loccumer Protokolle 58.

CHOMSKY, N., 1968. Language and mind. New York: Harcourt Brace Jovanovich.

CHOMSKY, N., 1975. Reflections on language. New York: Pantheon Books.

CHOMSKY, N., 1986. Knowledge of Language. Its Nature, Origin and Use. New York: Praeger.

CHOMSKY, N., 2000. New horizons in the study of language and mind. Cambridge: Cambridge Univ. Press.

CHRISTIANSON, S.-Å.; ENGELBERG, E., 1999. Organization of emotional memories. In: DALGLEISH, T; POWER, M. (eds.), 1999, 211–227.

CHRISTMANN, G.B.; GÜNTHNER, S., 1996. Sprache und Affekt. Die Inszenierung von Entrüstungen im Gespräch. In: Deutsche Sprache 1, 1–33.

CHURCHLAND, P.M., 1999. Matter and consciousness. A contemporary introduction to the philosophy of mind. Revised edition. Cambridge/MA: MIT Press.

CIOMPI, L., [3]2005. Die emotionalen Grundlagen des Denkens. Entwurf einer fraktalen Affektlogik. Göttingen: Vandenhoeck & Ruprecht.

CLARK, D. et al., 1983. Effect of mood on lexical decisions. In: Bulletin of the Psychonomic Society 4, 175–183.

CLARK, M.; FISKE, S. (eds.), 1982. Affect and Cognition. The Seventeenth Annual Carnegie Symposium on Cognition. London: Taylor & Francis (= Carnegie Mellon Symposia on Cognition Series).

CLAUSS, G. (Hg.), [5]1995. Fachlexikon ABC Psychologie. Thun [u.a.]: Deutsch.

CLAUSSEN, D., 1994. Was heißt Rassismus? Darmstadt: Wissenschaftliche Buchgesellschaft.

COHN, W., 2006. Kein Recht, nirgends. Tagebuch vom Untergang des Breslauer Judentums, 1933–1941. Köln [u.a.]: Böhlau (= Neue Forschungen zur schlesischen Geschichte 13).

CONSTEN, M., 2004. Anaphorisch oder deiktisch? Zu einem integrativen Modell domänengebundener Referenz. Tübingen: Niemeyer (= Linguistische Arbeiten 484).

CONSTEN, M.; KNEES, M.; SCHWARZ-FRIESEL, M., 2007. The function of complex anaphors in texts: Evidence from corpus studies and ontological considerations. In: SCHWARZ-FRIESEL, M.; CONSTEN, M.; KNEES, M. (eds.), 2007. Anaphors in Text. Cognitive, formal and applied approaches to anaphoric reference. Amsterdam, Philadelphia: Benjamins (= Studies in Language Companion Series 86), 81–102.

CORNELIUS, R. R., 1996. The Science of Emotion. Research and Tradition in the Psychology of Emotions. Upper Saddle River: Prentice Hall.

CRAWFORD, L. E., 2009. Conceptual metaphors of affect. Emotion Review 1, 2, 129–139.

CROFT, W.; CRUSE, D. A., 2004. Cognitive Linguistics. Cambridge: Cambridge Univ. Press (= Cambridge Textbooks in Linguistics).

CRUSE, D. A., 1986. Lexical Semantics. Cambridge: Cambridge Univ. Press (= Cambridge Textbooks in Linguistics).

CRUSE, D. A. et al. (eds.), 2002. Lexikologie/Lexicology. Ein internationales Handbuch zur Natur und Struktur von Wörtern und Wortschätzen. Bd. 1. Berlin, New York: de Gruyter (= Handbücher zur Sprach- und Kommunikationswissenschaft 21).

DAHL, R., 2003. Emotional Learning. New York, London: McGraw-Hill.

DALGLEISH, T; POWER, M. (eds.), 1999. Handbook of cognition and emotion. Chichester: Wiley.

DAMASIO, A., 2003. Looking for Spinoza. Joy, Sorrow, and the Feeling Brain. Orlando [u. a.]: Harcourt.

DAMASIO, A., 2004. Emotions and Feelings: A Neurobiological Perspective. In: MANSTEAD, A. S. R.; FRIJDA, N.; FISCHER, A. (eds.), 2004, 49–57.

DAMASIO, A., 82009. Ich fühle, also bin ich. Die Entschlüsselung des Bewusstseins. Berlin: List.

DAMASIO, A., 62010. Descartes' Irrtum. Fühlen, Denken und das menschliche Gehirn. München [u. a.]: List.

DANES, F., 1987. Cognition and emotion in discourse interaction: A preliminary survey of the field. In: Preprints of the plenary session papers. XIV International Linguistic Congress Berlin (East), 10.–15. August 1987, 272–291.

DANES, F., 2004. Universality vs. culture-specifity of emotion. In: WEIGAND, E. (ed.), 2004, 27–36.

DARWIN, C., 1872. Der Ausdruck der Gemüthsbewegungen bei dem Menschen und den Thieren. Stuttgart: Schweizerbart.

DAS MANIFEST, 2004. Elf führende Neurowissenschaftler über Gegenwart und Zukunft der Hirnforschung. In: Gehirn & Geist 6, 30–37.

DAVIDSON, R.; SCHERER, K; GOLDSMITH, H. (eds.), 2002. Handbook of affective sciences. Oxford [u. a.]: Oxford Univ. Press.

DAWKINS, R., 2006. The God delusion. Boston: Houghton Mifflin.

DEBUS, G., 1977. Gefühle. In: HERRMANN, T. et al., 1977. Handbuch psychologischer Grundbegriffe. München: Kösel, 156–168.

DEBUS, G., 1988. Psychologie der Gefühlswörter. In: JÄGER, L. (Hg.), 1988, 95–138.

DE HOUWER, J.; HERMANS, D., 2010. Cognition and emotion. Reviews of current research and theories. Hove [u. a.]: Psychology Press.

DEIGH, J., 2001. Emotions: The Legacy of James and Freud. In: International Journal of Psychoanalysis 82, 6, 1247–1256.

DERAKHSHAN, N.; EYSENCK, M., 2010. Emotional states, attention, and working memory. Hove [u. a.]: Psychology Press (= Special Issues of Cognition and Emotion).

DESCARTES, R., 1723. Renati Cartesii. Tractat Von den Leidenschafften der Seele. Aus dem Lateinischen ins Teutsche übersetzet Und mit Anmerckungen versehen Von Balthasar Heinrich Tilesio A. M. Franckfurth und Leipzig: Zu finden bey Ernst Gottlieb Krugen.

DE SOUSA, R., 1987. The Rationality of Emotion. Cambridge/MA: MIT Press.

DEWAELE, J.-M., 2008. The emotional weight of „I love you" in multilinguals' languages. In: Journal of Pragmatics 40, 10, 1753–1780.

DIECKMANN, W., 1981. K. O. Erdmann und die Gebrauchsweisen des Ausdrucks „Konnotationen" in der linguistischen Literatur. In: DIECKMANN, W., 1981. Politische Sprache. Politische Kommunikation. Vorträge, Aufsätze, Entwürfe. Heidelberg: Winter, 78–136.

DIETRICH, D., 2002. Zur Emotions/Kognitions-Kopplung bei Störungen des Affekts. Neurophysiologische Untersuchungen unter Verwendung ereigniskorrelierter Potentiale. Darmstadt: Steinkopff.

DIETZ, S., 1998. Emotionen in Veranstaltungs- und Lernsituationen des Hochschulstudiums: Skalenentwicklung und Fragebogenuntersuchung an StudentInnen der Philosophischen Fakultät der Universität zu Köln. Frankfurt a. M.: Lang.

DITFURTH, H. VON., 1976. Der Geist fiel nicht vom Himmel. Die Evolution unseres Bewusstseins. München: dtv (= dtv 1587: Sachbuch).

DOAN, S. N., 2010. The role of emotion in word learning. Early Child Development and Care 180, 8, 1065–1078.

DÖRING, N., 2004. Paarbeziehungen im Internet-Zeitalter. In: Psychologie heute 1, 44–49.

DÖRING, S. A., 2009. Philosophie der Gefühle. Frankfurt a. M.: Suhrkamp (= suhrkamp taschenbuch wissenschaft 1907).

DÖRNER, D., 2001. Bauplan für eine Seele. Reinbek bei Hamburg: Rowohlt (= rororo-Sachbuch: Science).

DÖRNER, D. et al., 1989. Ein System zur Handlungsregulation oder die Interaktion von Emotion, Kognition und Motivation. In: ROTH, E. (Hg.), 1989, 113–133.

DORNSEIFF, F., [8]2004. Der deutsche Wortschatz nach Sachgruppen geordnet. Berlin: de Gruyter.

DORSCH, F. (Hg.), [15]2009. Psychologisches Wörterbuch. 15., überarbeitete und erweiterte Auflage. Hrsg. von H. O. Häcker und K.-H. Stapf. Bern: Huber.

DRESCHER, M., 2003. Sprachliche Affektivität. Darstellung emotionaler Beteiligung am Beispiel von Gesprächen aus dem Französischen. Tübingen: Niemeyer.

DREWERMANN, E., [5]1986. Strukturen des Bösen. Die jahwistische Urgeschichte in exegetischer, psychoanalytischer und philosophischer Sicht. Teil 1–3. Paderborn [u. a.]: Schöningh.

DUDEN, [7]2011. Duden – Deutsches Universalwörterbuch: Das umfassende Bedeutungswörterbuch der deutschen Gegenwartssprache. Mannheim: Bibliographisches Institut.

DUFFY, E. et al., 1989. Models for the design of instructional text. In: Reading Research Quaterly 24, 4, 434–457.

DURST, U., 2001. Why Germans don't feel „anger". In: HARKINS, J.; WIERZBICKA, A. (eds.), 2001, 115–148.

DZIWIREK, K.; LEWANDOWSKA-TOMASZCZYK, B., 2010. Complex Emotions and Grammatical Mismatches. A Contrastive Corpus-Based Study. Berlin [u. a.]: de Gruyter (= Applications of cognitive linguistics 16).

EAGLETON, T., 2000. Ideologie: Eine Einführung. Stuttgart [u. a.]: Metzler.

ECKER, G. (Hg.), 1999. Trauer tragen – Trauer zeigen. Inszenierungen der Geschlechter. Unter Mitarbeit von Maria Kublitz-Kramer. München: Fink.

ECKKRAMMER, E. M., 1996. Die Todesanzeige als Spiegel kultureller Konventionen: eine kontrastive Analyse deutscher, englischer, französischer, spanischer, italienischer und portugiesischer Todesanzeigen. Bonn: Romanistischer Verlag (= Abhandlungen zur Sprache und Literatur 91).

EHLICH, K., 1982. „Quantitativ" oder „Qualitativ"? Bemerkungen zur Methodologiediskussion in der Diskursanalyse. In: KÖHLE, K; RASPE, H.-H. (Hg.), 1982. Das Gespräch während der ärztlichen Visite. München [u. a.]: Urban & Schwarzenberg, 298–312.

EHLICH, K., 1986. Die Entwicklung von Kommunikationstypologien und die Formbestimmtheit des sprachlichen Handelns. In: KALLMEYER, W. (Hg.), 1986. Kommunikationstypologie: Handlungsmuster, Textsorten, Situationstypen. Düsseldorf: Schwann, 47–72.

EHLICH, K. (Hg.), 1989. Sprache im Faschismus. Frankfurt a. M.: Suhrkamp (= suhrkamp taschenbuch wissenschaft 760).

EHLICH, K., 1998. Vorurteile, Vor-Urteile, Wissenstypen, mentale und diskursive Strukturen. In: HEINEMANN, M. (Hg.), 1998. Sprachliche und soziale Stereotype. Frankfurt a. M.: Lang (= Forum angewandte Linguistik 33), 11–24.

EHLICH, K., 2004. Stereotype. Vortrag im linguistischen Kolloquium des Instituts für Germanistische Sprachwissenschaft an der Universität Jena.

EHLICH, K., [2]2005. On the historicity of politeness. In: WATTS, R.; SACHIKO, I.; EHLICH, K. (eds.), 1992. Politeness in Language. Studies in its History, Theory and Practice. Berlin [u. a.]: de Gruyter, 71–107.

EHRHARDT, C.; NEULAND, E., 2009. Sprachliche Höflichkeit in interkultureller Kommunikation und im DaF-Unterricht. Frankfurt a. M.: Lang (= Sprache, Kommunkation, Kultur 7).

EKMAN, P., 1972. Universals and cultural differences in facial expression of emotion. In: COLE, J. K. (ed.), 1972. Nebraska Symposium on Motivation, Vol. 19. Lincoln: Univ. of Nebraska Press, 207–283.

EKMAN, P., 1988. Gesichtsausdruck und Gefühl. 20 Jahre Forschung von Paul Ekman. Paderborn: Junfermann.

EKMAN, P, 2004. What We Become Emotional About. In: MANSTEAD, A. S. R.; FRIJDA, N.; FISCHER, A. (eds.), 2004, 119–135.

EKMAN, P., [2]2007. Emotions revealed: recognizing faces, feelings, and their triggers to improve communication and emotional life. New York: Henry Holt.

EKMAN, P.; DAVIDSON, R. (eds.), 1994. The nature of emotions. Fundamental questions. New York [u. a.]: Oxford Univ. Press.

ELIAS, N., [1939] 2005. Über den Prozeß der Zivilisation. Soziogenetische und psychogenetische Untersuchungen. Bd. 1 u. 2. Frankfurt a. M.: Suhrkamp (= suhrkamp taschenbuch wissenschaft 158–159).

ELIAS, N., [8]1995. Über die Einsamkeit der Sterbenden in unseren Tagen. Frankfurt a. M.: Suhrkamp.

ELLIS, A. W.; YOUNG, A. W., [2]1996. Human Cognitive Neuropsychology. A Textbook with Readings. Hove: Psychology Press.

ELLIS, H.; THOMAS, R.; RODRIGUEZ, I., 1984. Emotional mood states and memory. Elaborative encoding, semantic processing, and cognitive effort. In: Journal of Experimental Psychology: Learning, Memory, and Cognition 10, 3, 470–482.

ELSTER, J.; 2004. Emotions and Rationality. In: MANSTEAD, A. S. R.; FRIJDA, N.; FISCHER, A. (eds.), 2004, 30–48.

ENCYCLOPEDIA OF PSYCHOLOGY, [2]1994 [[4]2010]. New York [u. a.]: Wiley.

ENELL-NILSSON, M., 2010. Kraftausdrücke in Stieg Larssons Män som hatar kvinnor und ihre Übersetzungen ins Deutsche. In: Vakki 37 „Sprache und Emotionen“, 70–81. Verfügbar unter: http://www.vakki.net/publications/2010/VAKKI2010_Enell-Nilsson.pdf (letzter Zugriff: 15.03.2013).

ENGELKAMP, J., 1994. Mentale Repräsentationen im Kontext verschiedener Aufgaben. In: KORNADT, H. J.; GRABOWSKI, J.; MANGOLD-ALLWINN, R. (Hg.), 1994. Sprache und Kognition: Perspektiven moderner Sprachpsychologie. Heidelberg: Spektrum, 37–54.

ENGELKAMP, J.; PECHMANN, T., 1988. Kritische Anmerkungen zum Begriff der mentalen Repräsentation. In: Sprache & Kognition 7, 2–11.

ERDMANN, K. O., [1900] [4]1925. Die Bedeutung des Wortes. Aufsätze aus dem Grenzgebiet der Sprachpsychologie und Logik. Leipzig: Haessel.

ERNST, P., 2002. Pragmalinguistik. Grundlagen, Anwendungen, Probleme. Berlin [u. a.]: de Gruyter.

EUMC (European Monitoring Centre on Racism and Xenophobia) (ed.), 2003. Manifestations of Anti-Semitism in the European Union 2002–2003. Based on information by the National Focal Points of the RAXEN Information Network. Wien: Zentrum für Antisemitismusforschung. Verfügbar unter: http://fra.europa.eu/sites/default/files/fra_uploads/184-AS-Main-report.pdf (letzter Zugriff: 15.03.2013).

EUMC (European Monitoring Centre on Racism and Xenophobia) (ed.), 2005. Rassismus und Fremdenfeindlichkeit in den EU Mitgliedstaaten. Trends, Entwicklungen und bewährte Praktiken. Jahresbericht 2005. Teil 2. Verfügbar unter: http://fra.europa.eu/sites/default/files/fra_uploads/103-ar05p2de.pdf (letzter Zugriff: 15.03.2013).

Evans, D., 2003. Emotion. A very short introduction. Oxford [u.a.]: Oxford Univ. Press (= Very short introductions 81).

Eysenck, M.W., (ed.), 1994. The Blackwell dictionary of cognitive psychology. Oxford: Blackwell.

Eysenck, M.W.; Keane, M., [6]2010. Cognitive Psychology. A student's handbook. Hove [u.a.]: Psychology Press.

Faber, K., 2002. Nach Möllemann: Antisemitismus und Antizionismus in Deutschland. Eine gefährliche Verbindung in Medien und Politik. In: Kaufmann, T.; Orlowski, M. (Hg.), 2002. „Ich würde mich auch wehren ..." Antisemitismus und Israel-Kritik – Bestandsaufnahme nach Möllemann. Potsdam: Weber, 135–148.

Fähnders, W., 2004. Das Wort – Destruktion und Neukonzeption zwischen Jahrhundertwende und historischer Avantgarde. In: Kacianka, R.; Zima, P. (Hg.), 2004. Krise und Kritik der Sprache. Literatur zwischen Spätmoderne und Postmoderne. Tübingen [u.a.]: Francke, 105–122.

Falck, L., 1992. Sprachliche „Klischees" und Rezeption. Empirische Untersuchungen zum Trivialitätsbegriff. Bern: Lang (= Züricher germanistische Studien 33).

Fanselow, G.; Felix, S.W., [3]1993. Sprachtheorie. Eine Einführung in die generative Grammatik. Bd. 1–2. Tübingen: Francke (= UTB Uni-Taschenbücher 1441–1442).

Fauconnier, G.; Turner, M., [2]2010. The Way We Think: Conceptual Blending and the Mind's Hidden Complexities. New York: Basic Books.

Faulstich, W. (Hg.), 2002. Liebe 2000. Konzepte von Liebe in der populären Kultur heute. Bardowick: Wissenschaftler-Verlag.

Fehr, B.; Russell, J., 1984. Concept of emotion viewed from a prototype perspective. In: Journal of experimental psychology 113, 3, 464–486.

Feldman-Barrett, L., 1998a. Discrete emotions or dimensions? The role of valence focus and arousal focus. In: Cognition & Emotion 12, 4, 579–599.

Feldman-Barrett, L., 1998b. The future emotion research. In: The Affect Scientist 12, 2, 6–8.

Feldman-Barrett, L. et al., 1998. Are women the „more emotional sex?" Evidence from emotional experiences in social context. In: Cognition & Emotion 12, 555–578.

Feuchert, S. (Hg.), 2000. Holocaust-Literatur. Auschwitz. Stuttgart: Reclam (= Arbeitstexte für den Unterricht 15047).

Fiehler, R., 1990. Kommunikation und Emotion. Theoretische und empirische Untersuchungen zur Rolle von Emotionen in der verbalen Interaktion. Berlin [u.a.]: de Gruyter.

Fiehler, R., 2002. How to Do Emotions With Words: Emotionality in Conversations. In: Fussell, S.R. (ed.), 2002a, 79–106.

Fink, E., 1969. Metaphysik und Tod. Stuttgart: Kohlhammer.

Fischer, A., 2004. Todesanzeigen in spanischen, argentinischen und costaricanischen Tageszeitungen. Eine kontrastive Untersuchung textlinguistischer Elemente unter Berücksichtigung kultureller Eigenheiten. Magisterarbeit an der Friedrich-Schiller-Universität Jena.

Fischer, K.P., 1998. The history of an obsession: German Judeophobia and the Holocaust. New York: Continuum.

Fleischmann, L., 1980. Dies ist nicht mein Land. Eine Jüdin verläßt die Bundesrepublik. Hamburg: Hoffmann & Campe (= Bücher zur Sache).

Fodor, J. A., 1983. The modularity of mind. An essay on faculty psychology. Cambridge/MA: MIT Press (= A Bradford book).

Fodor, J. A., 2010. LOT2: The Language of Thought Revisited. Oxford: Oxford Univ. Press.

Foolen, A., 1997. The expressive function of language. Towards a cognitive semantic approach. In: Niemeier, S., Dirven, R. (eds.), 1997, 15–32.

Foolen, A. et al. (eds.), 2012. Moving Ourselves, Moving Others. Motion and emotion in intersubjectivity, consciousness and language. Amsterdam [u. a.]: Benjamins (= Consciousness and emotion book series 6).

Foolen, A.; Lüdtke, U.; Schwarz-Friesel, M., 2012. Kognition und Emotion. In: Braun, O.; Lüdtke, U. (Hg.), 2012. Sprache und Kommunikation. Stuttgart: Kohlhammer (= Behinderung, Bildung, Partizipation. Enzyklopädisches Handbuch der Behindertenpädagogik 8), 213–229.

Foucault, M., [1972] 1997. Die Ordnung des Diskurses. Aus dem Franz. von Walter Seitter. Mit einem Essay von Ralf Konersmann. Frankfurt a. M.: Fischer Taschenbuch Verlag.

Foucault, M., 1999. Botschaften der Macht. Reader Diskurs und Medien. Stuttgart: DVA.

Freud, S., [1915] [8]1991. Gesammelte Werke. Chronologisch geordnet. Bd. 10. Werke aus den Jahren 1913–1917. Frankfurt a. M.: Fischer.

Freud, S., 1969 ff. Studienausgabe. In zehn Bänden plus Ergänzungsband. Frankfurt a. M.: Fischer (= Conditio humana).

Frevert, U. et al. (Hg.), 2011. Gefühlswissen. Eine lexikalische Spurensuche in der Moderne. Frankfurt a. M. [u. a.]: Campus.

Fried, E., 1988. Mitunter sogar Lachen. Zwischenfälle und Erinnerungen. Berlin: Wagenbach (= Quarthefte 150).

Friederici, A. D., [2]2006. Neurobiologische Grundlagen der Sprache. In: Karnath, H.-P.; Thier, P. (Hg.), [2]2006, 346–355.

Friedländer, S., 2006. Die Jahre der Vernichtung: 1939–1945. Das Dritte Reich und die Juden. Bd. 2. München: Beck.

Friedlmeier, W.; Holodynski, M. (Hg.), 1999. Emotionale Entwicklung: Funktion, Regulation und soziokultureller Kontext von Emotionen. Heidelberg, Berlin: Spektrum.

Fries, N., 1995. Emotionen in der semantischen Form und in der konzeptuellen Repräsentation. In: Kertész, A. (Hg.), 1995, 139–181.

Fries, N., 1996. Grammatik und Emotionen. In: Zeitschrift für Literaturwissenschaft und Linguistik. LiLi 101, 37–69.

Fries, N., 2000. Sprache und Emotionen: Ausführungen zum besseren Verständnis, Anregungen zum Nachdenken. Bergisch Gladbach: BLT (= BLT 35).

Fries, N., 2002. Die Wortart „Interjektionen“. In: Cruse, D. A. et al. (eds.), 2002, 654–657.

Fries, N., 2003a. de ira. In: particulae collectae. Festschrift für Harald Weydt zum 65. Geburtstag. Linguistik online 13, 1, 103–123.

Fries, N., 2003b. Gefühlswortschatz im DUDEN: Das große Wörterbuch der deutschen Sprache in zehn Bänden. In: Wiegand, H. E. (Hg.), 2003. Untersuchungen zur kommerziellen Lexikographie der deutschen Gegenwartssprache I. Tübingen: Lexikographica, 261–282.

Fries, N., 2004. Gefühle, Emotionen, Angst, Furcht, Wut und Zorn. In: Börner, W. (Hg.), 2004. Emotion und Kognition im Fremdsprachenunterricht. Tübingen: Narr (= Tübinger Beiträge zur Linguistik 476), 3–24.

Fries, N., 2007. Die Kodierung von Emotionen in Texten. Teil 1: Grundlagen. In: Journal of Literary Theory 1, 2, 293–337.

Fries, N., 2009. Die Kodierung von Emotionen in Texten. Teil 2: Die Spezifizierung emotionaler Bedeutung in Texten. In: Journal of Literary Theory 3, 1, 19–71.

Frijda, N., 1986. The emotions. Cambridge: Cambridge Univ. Press.

FROMM, E., [12]2011. Die Kunst des Liebens. München: DVA.

FRÜH, W., 1980. Lesen, Verstehen, Urteilen: Untersuchungen über den Zusammenhang von Textgestaltung und Textwirkung. Mit einem Vorw. von Winfried Schulz. Freiburg [u.a.]: Alber (= Alber-Broschur Kommunikation 9).

FRÜH, H., 2010. Emotionalisierung durch Nachrichten: Emotionen und Informationsverarbeitung in der Nachrichtenrezeption. Baden-Baden: Nomos (= Angewandte Medienforschung 52).

FUCHS, W., [3]1985. Todesbilder in der modernen Gesellschaft. Frankfurt a.M.: Suhrkamp (= suhrkamp taschenbuch 102).

FUSSELL, S.R. (ed.), 2002a. The Verbal Communication of Emotions. Interdisciplinary Perspectives. Mahwah: Lawrence Erlbaum Associates.

FUSSELL, S.R., 2002b. The Verbal Communication of Emotion: Introduction and Overview. In: FUSSELL, S.R. (ed.), 2002a, 1–15.

GARDNER, H., 1989. Dem Denken auf der Spur. Der Weg der Kognitionswissenschaft. Stuttgart: Klett-Cotta (Originalfassung: GARDNER, H., 1985. The Mind's New Science. A History of the Cognitive Revolution. New York: Basic Books).

GARNER, R.; GILLINGHAM, M.G., 1991. Topic knowledge, cognitive interest, and text recall: A microanalysis. In: Journal of Experimental Education 59, 310–319.

GARZA-CUARÓN, B., 1991. Connotation and meaning. Berlin [u.a.]: de Gruyter (= Approaches to semiotics 99).

GAYLIN, W., 1979. Feelings: Our vital signs. New York: Harper & Row (deutsche Fassung: GAYLIN, W., 1991. Gefühle: Unsere lebenswichtigen Signale. Düsseldorf: Econ-Taschenbuch-Verlag).

GEIDECK, S.; LIEBERT, W.-A. (Hg.), 2003. Sinnformeln. Linguistische und soziologische Analysen von Leitbildern, Metaphern und anderen kollektiven Orientierungsmustern. Berlin [u.a.]: de Gruyter (= Linguistik – Impulse & Tendenzen 2).

GERNSBACHER, M.; GOLDSMITH, H.; ROBERTSON, R., 1992. Do readers mentally represent characters' emotional states? In: Cognition & Emotion 6, 2, 89–111.

GERRIG, R.; BOWER, G., 1982. Emotional influences on word recognition. In: Bulletin of the Psychonomic Society 19, 197–200.

GERTLER, B., 2006. Consciousness and Qualia Cannot Be Reduced. In: STAINTON, R.J. (ed.), 2006, 202–216.

GESSLER, P., 2004. Der neue Antisemitismus. Hinter den Kulissen der Normalität. Freiburg: Herder (= Herder Spektrum 5493).

GIBBS, R.W., 2005. Embodiment and cognitive science. Cambridge [u.a.]: Cambridge Univ. Press.

GIBBS, R.W.; SOLANGE, B., 1996. How we talk when we talk about love. Metaphorical concepts and understanding love poetry. In: KREUZ, R.; MACNEALY, M. (eds.), 1996, 291–307.

GIGERENZER, G., 2006. Bounded and Rational. In: STAINTON, R.J. (ed.), 2006, 115–133.

GLADWELL, M., 2005. Blink: The Power of Thinking Without Thinking. New York [u.a.]: Back Bay Books (deutsche Fassung: GLADWELL, M., [4]2009. Blink! Die Macht des Moments. München [u.a.]: Piper).

GLÖCKNER, A., 2006. Automatische Prozesse bei Entscheidungen. Das dominierende Prinzip menschlicher Entscheidungen: Intuition, komplex-rationale Analyse oder Reduktion? Hamburg: Kovać (= Schriften zur Sozialpsychologie 9).

GOBINEAU, A.G., 1853. Essai sur l'inégalité des races humaines. Didot: Paris.

GODDARD, C., 2002. Explicating Emotions Across Languages and Cultures: A Semantic Approach. In: FUSSELL, S.R. (ed.), 2002a, 19–54.

GOLD, P.; ENGEL, A.K. (Hg.), 1998. Der Mensch in der Perspektive der Kognitionswissenschaften. Frankfurt a.M. [u.a.]: Suhrkamp (= suhrkamp taschenbuch wissenschaft 1381).

GOLDHAGEN, D. J., 1996. Hitler's Willing Executioners. Ordinary Germans and the Holocaust. London: Little, Brown and Co (deutsche Fassung: GOLDHAGEN, D. J., 1996. Hitlers willige Vollstrecker. Ganz gewöhnliche Deutsche und der Holocaust. Berlin: Siedler).

GOLDMAN-RAKIC, P., 1993. Das Arbeitsgedächtnis. In: Spektrum der Wissenschaft. Spezial 1: Gehirn und Geist, 56–65.

GOLDONOV, A., 2005. Zu sprachlichen Ausdrucksmitteln der Persuasivität in Werbetexten (am Beispiel der positiven Bewertung). In: Das Wort. Germanistisches Jahrbuch Russland, 2005, 183–198.

GOLEMAN, D., [22]2011. Emotionale Intelligenz. München: dtv (= dtv 36020).

GÖTTSCHE, D. 1987. Die Produktivität der Sprachkrise in der modernen Prosa. Frankfurt a. M.: Athenäum.

GRAU, O.; KEIL, A. (Hg.), 2005a. Mediale Emotionen. Zur Lenkung von Gefühlen durch Bild und Sound. Frankfurt a. M.: Fischer.

GRAU, O.; KEIL, A., 2005b. Mediale Emotionen: Auf dem Weg zu einer historischen Emotionsforschung. In: GRAU, O.; KEIL, A. (Hg.), 2005a, 7–19.

GRAUMANN, C. F.; WINTERMANTEL, M., 2007. Diskriminierende Sprechakte. Ein funktionaler Ansatz. In: HERRMANN, S. K.; KRÄMER, S.; KUCH, H. (Hg.), 2007. Verletzende Worte. Die Grammatik sprachlicher Missachtung. Bielefeld: transcript, 147–178.

GRICE, H. P., 1975. Logic and conversation. In: COLE, P. (ed.), 1975. Speech acts. New York: Academic Press (= Syntax and Semantics 3), 41–58.

GRIFFITHS, P. E., 1997. What emotions really are. The problem of psychological categories. Chicago: Univ. of Chicago Press.

GRIMM, S. et al., 2012. Neural mechanisms underlying the integration of emotion and working memory. In: NeuroImage 61, 4, 1188–1194.

GROEBEN, N., 1982. Leserpsychologie: Textverständnis, Textverständlichkeit. Münster: Aschendorff.

GROSSES LEXIKON DER BESTATTUNGS- UND FRIEDHOFSKULTUR, 2002. Wörterbuch zur Sepulkralkultur. Bd. 1: Volkskundlich-kulturgeschichtlicher Teil: Von Abdankung bis Zweitbestattung. Herausgegeben vom Zentralinstitut für Sepulkralkultur Kassel. Bearbeitet von Reiner Sörries. Braunschweig: Thalacker Medien.

GRÖZINGER, E., 2002. Tod eines Schriftstellers. Martin Walser und die Juden. In: Frankfurter jüdische Nachrichten 106, 35–38 (auch in: Postprints der Universität Potsdam. Philosophische Reihe 1).

GRÜMER, K.-W.; HELMRICH, R., 1994. Die Todesanzeige. Viel gelesen, jedoch wenig bekannt. Deskription eines wenig erschlossenen Forschungsmaterials. In: Historical Social Research 19, 1, 60–108.

GUILLET, R.; ARNDT, J., 2009. Taboo words: The effect of emotion on memory for peripheral information. In: Memory & Cognition 37, 6, 866–879.

HABERMAS, J., [8]2011. Theorie des kommunikativen Handelns. Bd. 1 und 2. Frankfurt a. M.: Suhrkamp (= suhrkamp taschenbuch wissenschaft 1175).

HAHN, U., 2006. Liebesarten. Erzählungen. München: DVA.

HANSSON, G., 1996. Emotions in Poetry. Where Are They and How Do We Find Them? In: KREUZ, R.; MACNEALY, M. (eds.), 1996, 275–288.

HÄNZE, M.; HESSE, F., 1993. Emotional influences on semantic priming. In: Cognition & Emotion 7, 2, 195–205.

HARKINS, J.; WIERZBICKA, A. (eds.), 2001. Emotions in crosslinguistic perspective. Berlin: de Gruyter (= Cognitive Linguistics Research).

HARRAS, G. (Hg.), 1995. Die Ordnung der Wörter. Kognitive und lexikalische Strukturen. Berlin, New York: de Gruyter (= Jahrbuch des Instituts für deutsche Sprache 1993).

HARRÉ, R. (ed.), 1986. The social construction of emotions. Oxford: Blackwell.

HÄRTEL, C.; KIBBY, L; PIZER, M., 2004. Intelligent Emotions Management. In: TOURISH, D.; HARGIE, O. (ed.), 2004. Key Issues in Organizational Communication. London, New York: Routledge, 130–143.

HARTMANN, M., [2]2010. Gefühle. Wie die Wissenschaften sie erklären. Frankfurt a. M.: Campus.

HASTEDT, H., 2005. Gefühle. Philosophische Bemerkungen. Stuttgart: Reclam.

HATZIMOYSIS, A. (ed.), 2003. Philosophy and the emotions. Cambridge [u. a.]: Cambridge Univ. Press.

HECKHAUSEN, J; HECKHAUSEN, H. (Hg.), [4]2010. Motivation und Handeln. Berlin, Heidelberg: Springer.

HEELAS, P., 1986. Emotion talk across cultures. In: HARRÉ, R. (ed.), 1986, 234–265.

HEIDEGGER, M., [8]1957. Sein und Zeit. Tübingen: Niemeyer.

HEIDEGGER, M., [13]1986. Was ist Metaphysik? Frankfurt a. M.: Klostermann.

HEINRICH VON VELDEKE. Die Êneide. In: ETTMÜLLER, L., 1852. Dichtungen des deutschen Mittelalters. Achter Band. Heinrich von Veldeke. Leipzig: Gröschen'sche Verlagsbuchhandlung, 15–354.

HEINZ, J., 2004. Der „Scherbenberg der Gefühle". Die wirklichkeitsverändernde Kraft der Gefühle bei Robert Musil. In: der blaue reiter. Journal für Philosophie 20, 2, 42–47.

HEITMEYER, W. (Hg.), 2004. Deutsche Zustände. Folge 3. Frankfurt a. M.: Suhrkamp.

HELLER, A., 1980. Theorie der Gefühle. Hamburg: VSA.

HERDING, K., 2004. Emotionsforschung heute – eine produktive Paradoxie. In: HERDING, K.; STUMPFHAUS, B. (Hg.), 2004, 3–46.

HERDING, K.; STUMPFHAUS, B. (Hg.), 2004. Pathos, Affekt, Gefühl. Die Emotionen in den Künsten. Berlin: de Gruyter.

HERINGER, H., 1999. Das höchste der Gefühle. Empirische Studien zur distributiven Semantik. Tübingen: Stauffenburg.

HERRMANN, T., 1986. Psycholinguistisches Nach-Chomsky-Paradigma und mitteleuropäische Sprachpsychologie. In: BOSSHARDT, H.-G. (Hg.), 1986. Perspektiven auf Sprache. Interdisziplinäre Beiträge zum Gedenken an Hans Hörmann. Berlin, New York: de Gruyter (= Grundlagen der Kommunikation), 17–34.

HERRMANN, T., 1988. Mentale Repräsentation – ein erläuterungsbedürftiger Begriff. In: Sprache und Kognition 7, 162–175.

HERRMANN, T.; GRABOWSKI, J., 1994. Sprechen: Psychologie der Sprachproduktion. Heidelberg [u. a.]: Spektrum.

HERMANNS, F., 1995. Kognition, Emotion, Intention. Dimensionen lexikalischer Semantik. In: HARRAS, G. (Hg.), 1995, 138–178.

HERMANNS, F., 2002. Dimension der Bedeutung III: Aspekte der Emotion. In: CRUSE, D. A. et al. (eds.), 2002, 356–362.

HIELSCHER, M., 1996. Emotion und Textverstehen. Eine Untersuchung zum Stimmungskongruenzeffekt. Opladen: Westdeutscher Verlag.

HIELSCHER, M., 2003a. Sprachrezeption und emotionale Bewertung. In: RICKHEIT, G. et al. (Hg.), 2003, 677–707.

HIELSCHER, M., 2003b. Emotion und Sprachproduktion. In: RICKHEIT, G. et al. (Hg.), 2003, 468–490.

HIELSCHER-FASTABEND, M., 2001. Emotionskonzepte und Prozesse emotionaler Sprachverarbeitung. Habilitationsschrift an der Universität Bielefeld.

HILBERG, R., 2002. Die Quellen des Holocaust. Entschlüsseln und Interpretieren. Frankfurt a. M.: Fischer.

HILLEBRANDT, C., 2011. Das emotionale Wirkungspotenzial von Erzähltexten: Mit Fallstudien zu Kafka, Perutz und Werfel. Berlin: Akademie Verlag (= Deutsche Literatur 6).

HILLEBRANDT, C.; FENNER, A., 2010. Emotionen und Literatur. Begriffsklärung, Untersuchungsperspektiven und Analyseverfahren. In: literaturkritik.de 4. Verfügbar unter: http://www.literaturkritik.de/public/rezension.php?rez_id=14155 (letzter Zugriff: 15.03.2013).

HIRSCHFELD, L.; GELMAN, S., 1994. Mapping the Mind. Domain Specifity in Cognition and Culture. Cambridge [u. a.]: Cambridge Univ. Press.

HOCHSCHILD, A., 1990. Das gekaufte Herz. Zur Kommerzialisierung der Gefühle. Frankfurt a. M.: Campus (= Theorie und Gesellschaft 13).

HOCHSCHILD, A. (ed.), 2003. The managed heart: Commercialization of human feeling. Berkeley [u.a.]: Univ. of California Press.

HOFFMANN, M.; KESSLER, C. (Hg.), 1998. Beiträge zur Persuasionsforschung. Unter besonderer Berücksichtigung textlinguistischer und stilistischer Aspekte. Frankfurt a.M.: Lang (= Sprache – System und Tätigkeit 26).

HOFMANNSTHAL, H. von, [1902] 1951. Ein Brief. In: Gesammelte Werke. Prosa II. Frankfurt a.M.: Fischer, 7–22.

HOGREBE, W., 2004. Gefühle als Antennen. In: der blaue reiter. Journal für Philosophie 20, 12–15.

HOLODYNSKI, M., 2006. Emotionen – Entwicklung und Regulation. Heidelberg: Springer-Medizin-Verlag.

HÖLSCHER, S., 2005. Todesanzeigen und ihre Strukturen in ausgewählten regionalen Tageszeitungen von 1902 bis 2002. Magisterarbeit an der Freien Universität Berlin.

HOMANN, U., 1992. Die Sprache hat ihre Tücken. Antisemitische Redewendungen, unter die Lupe genommen. In: Tribüne 121, 169–174.

HÖRMANN, H., 1976. Meinen und Verstehen. Grundzüge einer psychologischen Semantik. Frankfurt a.M.: Suhrkamp.

HORTZITZ, N., 1994. Der „Judenarzt". Historische und sprachliche Untersuchungen zur Diskriminierung eines Berufsstands in der frühen Neuzeit. Heidelberg: Winter (= Sprache, Literatur, Geschichte 7).

HORTZITZ, N., [2]1996. Die Sprache der Judenfeindschaft. In: SCHOEPS, J.; SCHLÖR, J. (Hg.), [2]1996, 19–40.

HORTZITZ, N., 2005. Die Sprache der Judenfeindschaft in der frühen Neuzeit (1450–1700): Untersuchungen zu Wortschatz, Text und Argumentation. Heidelberg: Winter (= Sprache, Literatur und Geschichte 28).

HOSSELMANN, B., [2]2003. Todesanzeigen als memento mori? Eine empirische Untersuchung von Todesanzeigen der Gegenwart. Altenberge: Oros (= Münsteraner Theologische Abhandlungen 68).

HÜBLER, A., 1998. The Expressivity of Grammar. Grammatical Devices Expressing Emotion across Time. Berlin [u.a.]: de Gruyter (= Topics in English Linguistics 25).

HÜBLER, A., 2001. Das Konzept „Körper" in den Sprach- und Kommunikationswissenschaften. Tübingen [u.a.]: Francke (= UTB 2182).

HÜLSHOFF, T., [4]2012. Emotionen. Eine Einführung für beratende, therapeutische, pädagogische und soziale Berufe. München [u.a.]: Reinhardt (= UTB für Wissenschaft 2051).

HUMBOLDT-PSYCHOLOGIE-LEXIKON, [2]1994. Hrsg. von der Redaktion Naturwissenschaft und Medizin des Bibliographischen Instituts. Mit einer Einleitung von Peter R. Hofstätter. München: Humboldt-Taschenbuchverlag Jakobi (= Die großen Humboldt-Bücher 927).

HUNDT-RADOWSKY, H. von, 1819. Judenspiegel: Ein Schand- und Sittengemälde alter und neuer Zeit. Würzburg: Schlagehart.

HUTTON, C., 1999. Linguistics and the Third Reich. Mother-Tongue Fascism, Race and the Science of Language. London: Routledge (= Routledge studies in the history of linguistics).

IKE, F., 2004. Das Gefühl der Vernunft. Gefühl zwischen innerem Zustand und Offenbarung. In: der blaue reiter. Journal für Philosophie 20, 36–41.

IRAN-NEJAD, A., 1987. Cognitive and affective causes of interest and liking. In: Journal of Educational Psychology 79, 2, 120–130.

ISEN, A., 1984. Toward Understanding the Role of Affect in Cognition. In: WYER, R.S.; SRULL, T.K. (eds.), 1984. Handbook of social cognition. Vol. 3. Hillsdale: Erlbaum, 179–236.

ISEN, A., 2004. Some Perspectives on Positive Feelings and Emotions: Positive Affect Facilitates Thinking and Problem Solving. In: MANSTEAD, A.S.R.; FRIJDA, N.; FISCHER, A. (eds.), 2004, 263–281.

ISEN, A. et al., 1982. Some Factors influencing decision making strategy and risk taking. In: CLARK, M.; FISKE, S. (eds.), 1982, 243–263.

ISEN, A. et al., 1985. The influence of positive affect on the unusualness of word associations. In: Journal of Personality and Social Psychology 48, 6, 1413–1426.

Izard, C.E., 1977. Human emotions. New York: Plenum (deutsche Fassung: Izard, C., [4]2000. Die Emotionen des Menschen. Eine Einführung in die Grundlagen der Emotionspsychologie. Weinheim [u.a.]: Beltz).

Izard, C.E., 1984. Emotion-cognition relationships and human development. In: Izard, C.E.; Kagan, J.; Zajonc, R.B. (eds.), 1984, 17–37.

Izard, C.E., 1992. Basic emotions, relations among emotions, and emotion-cognition relations. In: Psychological Review 99, 3, 561–565.

Izard, C.E.; Kagan, J.; Zajonc, R.B. (eds.), 1984. Emotions, Cognition, & Behavior. Cambridge [u.a.]: Cambridge Univ. Press.

Izard, C.E.; Read, P.B. (eds.), 1986. Emotions, Cognition, and Behavior. Based, in part, on workshops sponsored by the Committee on Social and Affective Development During Childhood of the Social Science Research Council: Vol. 2. Cambridge: Cambridge Univ. Press.

Jabès, E., 1989. Das Buch der Fragen. Berlin: Alphëus-Verlag (= Bibliothek Suhrkamp 848).

Jackendoff, R., 2002. Foundations of Language: Brain, Meaning, Grammar, Evolution. Oxford [u.a.]: Oxford Univ. Press.

Jäger, L. (Hg.), 1988. Zur historischen Semantik des deutschen Gefühlswortschatzes. Aspekte, Probleme und Beispiele seiner lexikographischen Erfassung. Aachen: Alano-Rader.

Jäger, L.; Plum, S., 1990. Probleme der lexikographischen Beschreibung von Gefühlswörtern. In: Hausmann, F.J. et al. (Hg.), 1990. Wörterbücher. Dictionaries. Dictionnaires. Ein internationales Handbuch zur Lexikographie – International Encyclopaedia of Lexicography – Encyclopédie International de Lexicographie. Berlin: de Gruyter, 849–855 (= Handbücher zur Sprach- und Kommunikationswissenschaft 5.2).

Jäger, M., 2003. Todesanzeigen. Alltagsbezogene Bedeutungsaushandlungen gegenüber Leben und Tod. Zürich: Studentendruckerei.

Jäger, S.; Jäger, M., 2003. Medienbild Israel. Zwischen Solidarität und Antisemitismus. Münster: LIT (= Medien Forschung und Wissenschaft 3).

Jahr, S., 2000. Emotionen und Emotionsstrukturen in Sachtexten. Ein interdisziplinärer Ansatz zur qualitativen und quantitativen Beschreibung der Emotionalität von Texten. Berlin [u.a.]: de Gruyter (= Studia linguistica Germanica 59).

Jakobson, R., 1972. Linguistik und Poetik. In: Blumensath, H. (Hg.), 1972. Strukturalismus in der Literaturwissenschaft. Köln: Kiepenheuer & Witsch (= Neue wissenschaftliche Bibliothek 43), 118–147.

James, W., [1884] 2005. Was ist eine Emotion? Übersetzt von Sabine Heim und Andreas Keil. In: Grau, O.; Keil, A. (Hg.), 2005a, 20–46.

James, W., [1890] 2013. The Principles of Psychology. Vol. II. New York: Cosimo (= Cosimo Classics).

Janich, N., [5]2010. Werbesprache. Ein Arbeitsbuch. 5., erweiterte Auflage. Tübingen: Narr (= Narr Studienbücher).

Johnson-Laird, P.N., 1987. The mental representation of the meaning of words. In: Cognition 25, 189–211.

Johnson-Laird, P.N.; Oatley, K., 1989. The language of emotions. An analysis of a semantic field. In: Cognition & Emotion 3, 2, 81–123.

Johnson-Laird, P.N.; Wason, P. (eds.), 1977. Thinking. Readings in Cognitive Science. Cambridge: Cambridge Univ. Press.

Jorna, R.J., 1990. Knowledge representation and symbols in the mind. An analysis of the notion of representation and symbol in cognitive psychology. Tübingen: Stauffenburg (= Probleme der Semiotik 10).

Jung, C.G., [16]2010. Archetypen. München: dtv (= dtv 35125).

Kacianka, R.; Zima, P. (Hg.), 2004. Krise und Kritik der Sprache. Literatur zwischen Spätmoderne und Postmoderne. Tübingen: Francke.

KAHNEMAN, D., 2011. Thinking, fast and slow. New York: Farrar, Straus and Giroux.

KAMLAH, W., 1976. Meditatio Mortis. Kann man den Tod „verstehen“, und gibt es ein „Recht auf den eigenen Tod“? Stuttgart: Klett.

KÄMPER, H., 2005. Der Schulddiskurs in der frühen Nachkriegszeit. Ein Beitrag zur Geschichte des sprachlichen Umbruchs nach 1945. Berlin: de Gruyter (= Studia Linguistica Germanica 78).

KÄMPER, H., 2006. Sprache und Antisemitismus. Vortrag in Mannheim, 14. Juli 2006.

KANT, I., 1968. Werkausgabe in zwölf Bänden. Herausgegeben von Wilhem Weischedel. Bd. 7: Kritik der praktischen Vernunft. Grundlegung zur Metaphysik der Sitten. [u.a.]. Frankfurt a.M.: Suhrkamp (= suhrkamp taschenbuch wissenschaft 186).

KAPFHAMMER, H., 1995. Entwicklung der Emotionalität. Stuttgart: Kohlhammer.

KAPL-BLUME, E., 1988. Liebe im Lexikon. Zum Bedeutungswandel des Begriffes „Liebe“ in ausgewählten Lexika des 18. und 19. Jahrhunderts. Ein Forschungsbericht. In: JÄGER, L. (Hg.), 1988, 215–246.

KARABALIĆ, V., 1994. Ohne Worte Dinge tun. Zu einer Theorie nonverbaler kommunikativer Akte. Göppingen: Kümmerle (= Göppinger Arbeiten zur Germanistik 608).

KARNATH, H.-P.; THIER, P. (Hg.), [2]2006. Neuropsychologie. Heidelberg: Springer (= Springer Lehrbuch).

KATZ, J., [6]1997. From Prejudice to Destruction. Anti-Semitism 1700–1933. Cambridge/MA: Harvard Univ. Press.

KEEL, D.; VONLANTHEN, I. (Hg.), 2008. Über den Tod. Poetisches und Philosophisches von Homer, Shakespeare und Montaigne bis Balzac, Čechov und Dürrenmatt. Zürich: Diogenes (= Diogenes Taschenbuch 23799).

KEHREIN, R., 2002. Prosodie und Emotionen. Tübingen: Niemeyer (= Reihe germanistische Linguistik 231).

KELLER, R., 1977. Kollokutionäre Akte. In: Germanistische Linguistik 1–2, 3–50.

KELTER, S., 1990. Aphasien. Hirnorganisch bedingte Sprachstörungen und Kognitive Wissenschaft. Stuttgart [u.a.]: Kohlhammer (= Psychiatrie, Neurologie, klinische Psychologie).

KENNY, A., [2]2003. Action, emotion and will. London [u.a.]: Routledge.

KERN, A., 2006. Quellen des Wissens: Zum Begriff vernünftiger Erkenntnisfähigkeiten. Frankfurt a.M.: Suhrkamp (= suhrkamp taschenbuch wissenschaft 1786).

KERTÉSZ, A. (Hg.), 1995. Sprache als Kognition – Sprache als Interaktion. Studien zum Grammatik-Pragmatik-Verhältnis. Frankfurt a.M.: Lang (= Metalinguistica 1).

KERTÉSZ, A., 2001. Zur Interdisziplinarität der Wissenschaftsforschung. Wissenschaftstheorie, Konversationsanalyse und die kognitive Metapherntheorie. In: IVÁNYI, Z.; KERTÉSZ, A. (Hg.), 2001. Gesprächsforschung. Tendenzen und Perspektiven. Frankfurt a.M.: Lang (= Metalinguistica 10), 155–167.

KERTÉSZ, A., 2004. Cognitive semantics and scientific knowledge. Case studies in the cognitive science of science. Amsterdam: Benjamins (= Converging evidence in language and communication research 4).

KERTÉSZ, A.; SCHWARZ-FRIESEL, M.; CONSTEN, M., 2012. Converging Data Sources in Cognitive Linguistics. Amsterdam [u.a.]: Elsevier (= Special Issue of Language Sciences).

KEZBA-CHUNDADSE, L., 2011. Diskursive Inszenierung von Emotionen in einem fiktionalen Text. In: Germanistische Studien. Jubiläumsausgabe Nr. 10 „Sprache und Emotionen“, 65–74.

KIENER, F., 1983. Das Wort als Waffe: Zur Psychologie der verbalen Aggression. Göttingen: Vandenhoeck & Ruprecht.

KIERKEGAARD, S., [3]2003. Der Begriff Angst. Hamburg: Europäische Verlagsanstalt (= Eva-Taschenbuch 221).

KINNE, M.; SCHWITALLA, J., 1994. Sprache im Nationalsozialismus. Heidelberg: Groos (= Studienbibliographien Sprachwissenschaft 9).

Klamper, E. (Hg.), 1995. Die Macht der Bilder. Antisemitische Vorurteile und Mythen. Wien: Picus.

Kleiber, G., [2]1998. Prototypensemantik. Eine Einführung. Tübingen: Narr.

Klein, J., 1994. Medienneutrale und medienspezifische Verfahren der Absicherung von Bewertungen in Presse und Fernsehen. Typologie und semiotische Distribution. In: Moilanen, M.; Tiittula, L. (Hg.), 1994, 3–18.

Kleinginna, P.; Kleinginna, A., 1981. A categorized list of emotion definitions, with suggestions for a consensual definition. In: Motivation and Emotion 5, 4, 345–379.

Kleist, H. von, 1998. Über die allmähliche Verfertigung der Gedanken beim Reden. Zwiespältige Ausgabe mit aktuellen Überlegungen von Vera F. Birkenbihl. Frankfurt a.M.: Dielmann (= 16er Reihe).

Klemperer, V., [1947] [10]1990. LTI. Notizbuch eines Philologen. Leipzig: Reclam.

Klemperer, V., 1996. Curriculum Vitae. Erinnerungen 1881–1918. Berlin: Aufbau.

Kleres, J., 2011. Emotions and Narrative Analysis: A Methodological Approach. In: Journal for the Theory of Social Behaviour 41, 2, 182–202.

Klimesch, W., 1988. Struktur und Aktivierung des Gedächtnisses. Das Vernetzungsmodell: Grundlagen und Elemente einer übergreifenden Theorie. Bern: Huber (= Psychologie-Forschung).

Klimesch, W., 1989. Bewußtsein und Gedächtnis: Zur Neuropsychologie kognitiver und emotionaler Kontrollprozesse. In: Roth, E. (Hg.), 1989, 146–163.

Kluge, F., [25]2011. Etymologisches Wörterbuch der deutschen Sprache. Berlin [u. a.]: de Gruyter.

Köck, W., 1993. Zur Geschichte des Instinktbegriffs. In: Florey, E.; Breidbach, O. (Hg.), 1993. Das Gehirn – Organ der Seele? Zur Ideengeschichte der Neurobiologie. Berlin: Akademie Verlag, 217–258.

Kocks, K.; Lange, K., 1979. Literarische Destruktion und Konstruktion von Ideologie. „Love Story" und trivialer Liebesroman. In: Schult-Sasse, J. (Hg.), 1979. Literarischer Kitsch. Texte zu seiner Theorie, Geschichte und Einzelinterpretation. München: dtv (= Deutsche Texte 52), 156–198.

Komeda, H. et al., 2009. Differences between estimating protagonists' emotions and evaluating readers' emotions in narrative comprehension. In: Cognition & Emotion 23, 1, 135–151.

Konstantinidou, M., 1997. Sprache und Gefühl. Semiotische und andere Aspekte einer Relation. Hamburg: Buske (= Papiere zur Textlinguistik 71).

Koszyk, K.; Pruys, K.H. (Hg.), 1981. Handbuch der Massenkommunikation. München [u.a.]: dtv (= dtv Wissenschaft 4370).

Kotzur, G., 2012. „Endstation Wahnhof" – Metaphern des Protests und ihr Emotionspotenzial. Eine kognitionslinguistische Analyse zur Sprachverwendung auf Demonstrationsplakaten von Gegnern des Bahnhofsprojekts Stuttgart 21. Bachelorarbeit an der Technischen Universität Berlin.

Kousta, S.-T.; Vinson, D.P.; Vigliocco, G., 2009. Emotion words, regardless of polarity, have a processing advantage over neutral words. In: Cognition 112, 3, 473–481.

Kövecses, Z., 1990. Emotion concepts. New York [u. a.]: Springer.

Kövecses, Z., 1998. Are there any emotion-specific metaphors? In: Athanasiadou, A.; Tabakowska, E. (eds.), 1998, 127–152.

Kövecses, Z., 1999. Metaphor and Emotion. Language, Culture and Body in Human Feeling. Cambridge: Cambridge Univ. Press (= Studies in emotion and social interaction, series 2).

Kowal, S.; O'Connell, D.C., 2004. Interjektionen im Gespräch. In: Zeitschrift für Semiotik 26, 85–99.

Kraus, K., 1989. Ich frage nicht. In: Wagenknecht, C. (Hg.), 1989. Karl Kraus. Schriften. Bd. 9. Gedichte. Frankfurt a.M.: Suhrkamp, 639.

Kreuz, R.; MacNealy, M. (eds.), 1996. Empirical Approaches to Literature and Aesthetics. Norwood: Ablex (= Advances in discourse processes 52).

Kronasser, H., 1952. Handbuch der Semasiologie. Kurze Einführung in die Geschichte, Problematik und Terminologie der Bedeutungslehre. Heidelberg: Winter.

KÜBLER-ROSS, E., [7]1996. Verstehen, was Sterbende sagen wollen: Einführung in ihre symbolische Sprache. Stuttgart: Kreuz.

KÜBLER-ROSS, E., [22]1999. Interviews mit Sterbenden. Freiburg: Kreuz.

KUHL, J., 1983a. Emotion, Kognition und Motivation. I. Auf dem Wege zu einer systemtheoretischen Betrachtung der Emotionsgenese. In: Sprache und Kognition 2, 1, 1–27.

KUHL, J., 1983b. Emotion, Kognition und Motivation. II. Die funktionale Bedeutung der Emotionen für das problemlösende Denken und für das konkrete Handeln. Sprache und Kognition 2, 4, 228–253.

LAGE-MÜLLER, K. VON DER, 1995, Text und Tod. Eine handlungstheoretisch orientierte Textsortenbeschreibung am Beispiel der Todesanzeige in der deutschsprachigen Schweiz. Tübingen: Niemeyer (= Reihe germanistische Linguistik 157).

LAKOFF, G., 1987. Women, fire, and dangerous things. What categories reveal about the mind. Chicago [u.a.]: Chicago Press.

LAKOFF, G.; JOHNSON, M., [1980] 2003. Metaphors we live by. Chicago: Univ. of Chicago Press.

LAKOFF, G.; TURNER, M., 1989. More than cool reason. A field guide to poetic metaphor. Chicago: Univ. of Chicago Press.

LAMMER, K., [5]2010. Den Tod begreifen. Neue Wege in der Trauerbegleitung. Neukirchen-Vluyn: Neukirchener Theologie.

LAMPING, D., 1991. Gedichte nach Auschwitz, über Auschwitz. In: KAISER, G. (Hg.), 1991. Poesie der Apokalypse. Würzburg: Königshausen und Neumann, 237–256.

LAMPING, D. (Hg.), 1992. Dein aschenes Haar Sulamith: Dichtung über den Holocaust. München [u.a.]: Piper (= Serie Piper 1506).

LANDWEER, H., 2004. Die Grenze der Vernunft. Gefühlskonjunkturen in der Philosophie. In: der blaue reiter. Journal für Philosophie 20, 2, 6–11.

LANDWEER, H.; OPITZ, C.; KELLE, H. (Hg.), 2008. Gefühle. Stuttgart: Lucius & Lucius.

LANDWEER, H.; RENZ, U., 2012. Handbuch Klassische Emotionstheorien. Von Platon bis Wittgenstein. Berlin [u.a.]: de Gruyter.

LANG, E., 1983. Einstellungsausdrücke und ausgedrückte Einstellungen. In: RŮŽIČKA, R.; MOTSCH, W. (Hg.), 1983. Untersuchungen zur Semantik. Berlin: Akademie Verlag (= studia grammatica 22), 305–341.

LANG, P.J., 1984. Cognition in emotion: concept and action. In: IZARD, C.E.; KAGAN, J.; ZAJONC, R.B. (eds.), 1984, 192–226.

LANGENMAYR, A., 1997. Sprachpsychologie. Ein Lehrbuch. Göttingen [u.a.]: Hogrefe.

LANGER, S., 1953. Feeling and Form. A Theory of Art. Developed from: Philosphy in a new key. New York: Scribner.

LANGLOTZ, A.; LOCHER, M.A., 2012. Ways of communicating emotional stance in online disagreements. In: Journal of Pragmatics 44, 12, 1591–1606.

LANTERMANN, E.D., 1983. Kognitive und emotionale Prozesse beim Handeln. In: MANDL, H.; HUBER, G.L. (Hg.), 1983, 273–282.

LAVATER, J., 1772. Von der Physiognomik. Leipzig: Weidmann & Reich.

LAZARUS, R.S., 1982. Thoughts on the relations between emotion and cognition. In: American Psychologist 37, 9, 1019–1030.

LAZARUS, R.S., 1991. Emotion and adaptation. New York [u.a.]: Oxford Univ. Press.

LAZARUS, R.S.; KANNER, A.D.; FOLKMAN, S., 1980. Emotions: A cognitive-phenomenological analysis. In: PLUTCHIK R.; KELLERMAN, H. (eds.), 1980. Theories of emotion. Vol. 1: Emotion: Theory, research, and experience. New York: Academic Press, 189–217.

LEDOUX, J.E., 1989. Cognitive-emotional interactions in the brain. In: Cognition & Emotion 3, 4, 267–289.

LeDoux, J.E., [6]2012. Das Netz der Gefühle. Wie Emotionen entstehen. Aus dem Engl. von F. Griese. München: dtv (Originalfassung: LeDoux, J.E., 1996. The emotional brain. The mysterious underpinnings of emotional life. New York: Simon & Schuster).

LeDoux, J.E.; Hirst, W. (eds.), 1986. Mind and Brain. Dialogues in cognitive neuroscience. Cambridge [u.a.]: Cambridge Univ. Press.

Leech, G.N., 1974. Semantics. Harmondsworth: Penguin (= Pelican-books 1694).

Lehmann, A.J., 1999. Im Zeichen der Shoah. Sprachkrise bei Rose Ausländer und Nelly Sachs. Tübingen: Stauffenburg.

Leisi, E., [4]1993. Paar und Sprache. Linguistische Aspekte der Zweierbeziehung. Heidelberg [u.a.]: Quelle & Meyer.

Lenzen, W., 2004. Grundzüge einer philosophischen Theorie der Gefühle. In: Herding, K.; Stumpfhaus, B. (Hg.), 2004, 80–103.

Levelt, W.J.M., 1989. Speaking. From intention to articulation. Cambridge/MA: MIT Press (= ACL-MIT Press series in natural-language processing; A Bradford book).

Leventhal, H.; Scherer, K., 1987. The relationship of emotion to cognition. A functional approach to a semantic controversy. In: Cognition & Emotion 1, 1, 3–28.

Levi, P., [1947] [5]1996. Ist das ein Mensch? Ein autobiographischer Bericht. München: dtv.

Levi, P., 1990. Die Untergegangenen und die Geretteten. München [u.a.]: Hanser.

Levinson, S., 1983. Pragmatics. Cambridge: Cambridge Univ. Press (= Cambridge textbooks in linguistics).

Lewis, M.; Haviland, J. (eds.), [3]2011. Handbook of Emotions. New York [u.a.]: Guilford.

Leyh, A., 2004. Wenn die Liebe Kopf steht. LiebesLeben zwischen Herz und Hirn. Paderborn: Junfermann.

Liebert, W., 1992. Metaphernbereiche der deutschen Alltagssprache. Kognitive Linguistik und die Perspektiven einer kognitiven Lexikographie. Frankfurt a.M.: Lang.

Linke, A., 1999. Trauer, Öffentlichkeit und Intimität. Zum Wandel der Textsorte „Todesanzeige" in der zweiten Hälfte des 20 Jahrhunderts. Zürich (Handout).

Linke, A. et al., [5]2007. Studienbuch Linguistik. Ergänzt um ein Kapitel „Phonetik/Phonologie" von Urs Willi. Tübingen: Niemeyer (= Reihe germanistische Linguistik 121: Kollegbuch).

Lippmann, W., 1922. Public opinion. New York: Harcourt, Brace and Co.

Locke, J., [1690] 1976. Über den menschlichen Verstand, in vier Büchern. Hamburg: Meiner (= Philosophische Bibliothek), 75–76.

Lorenz, D., 1992. Verfolgung bis zum Massenmord. Holocaust-Diskurse in deutscher Sprache aus der Sicht der Verfolgten. New York: Lang (= German life and civilisation 11).

Lüdtke, U., 2012. Emotion und Sprache. Theoretische Grundlagen für die logopädisch-sprachtherapeutische Praxis. In: SAL-Bulletin 143, 3, 5–22.

Lüdtke, U. (ed.), 2013. Emotion in Language. Amsterdam: Benjamins.

Luhmann, N., [4]2009. Die Realität der Massenmedien. Wiesbaden: Verlag für Sozialwissenschaften.

Luhmann, N., [12]2012. Liebe als Passion. Zur Codierung von Intimität. Frankfurt a.M.: Suhrkamp.

Lycan, W.G., 2006. Consciousness and Qualia Can Be Reduced. In: Stainton, R.J. (ed.), 2006, 189–201.

Lyons, J., 1977. Semantics. Cambridge [u.a.]: Cambridge Univ. Press.

Macho, T.H., 1987. Todesmetaphern. Zur Logik der Grenzerfahrung. Frankfurt a.M.: Suhrkamp (= Edition Suhrkamp 1419).

Mandl, H. (Hg.), 1981. Zur Psychologie der Textverarbeitung: Ansätze, Befunde, Probleme. München [u.a.]: Urban & Schwarzenberg (= U&S Psychologie: Forschung).

Mandl, H.; Huber, G.L. (Hg.), 1983. Emotion und Kognition. München [u.a.]: Urban & Schwarzenberg (= U&S Psychologie).

Mandler, G., 1979. Denken und Fühlen. Zu einer kognitiven Theorie emotionaler Prozesse. Paderborn: Junfermann (Originalfassung: Mandler, G., 1975. Mind and emotion. New York: Wiley).

Manstead, A. S. R.; Frijda, N.; Fischer, A. (eds.), 2004. Feelings and Emotions. The Amsterdam Symposium. Cambridge: Cambridge Univ. Press (= Studies in emotion and social interaction: Series 2).

Margalit, G., 2002. Israel through the Eyes of West German Press (1947–1967). In: Jahrbuch für Antisemitismusforschung 11, 235–248.

Markowitsch, H., 1999. Gedächtnisstörungen. Stuttgart: Kohlhammer.

Markefka, M., [7]1995. Vorurteile, Minderheiten, Diskriminierung. Ein Beitrag zum Verständnis sozialer Gegensätze. Neuwied: Luchterhand.

Markefka, M., 1999. Ethnische Schimpfnamen. Kollektive Symbole alltäglicher Diskriminierung. In: Muttersprache 109, 193–207 und 289–303.

Marmaridou, S., 2000. Pragmatic Meaning and Cognition. Amsterdam: Benjamins (= Pragmatics & beyond 72).

Marr, W., 1879. Der Sieg des Judenthums über das Germanenthum: Vom nicht confessionellen Standpunkt aus betrachtet. Bern: Costenoble.

Marten, I., [10]1993. Gefühle. In: Meili, R.; Arnold, W.; Eysenck, H. J. (Hg.), 1993 (Neuausgabe). Lexikon der Psychologie. In drei Bänden. Freiburg [u. a.]: Herder, 684–691.

Marten-Cleef, S., 1991. Gefühle ausdrücken. Die expressiven Sprechakte. Göppingen: Kümmerle (= Göppinger Arbeiten zur Germanistik 559).

Martin, J. R.; White, P. R. R., 2005. The language of evaluation. Appraisal in English. Basingstoke, New York: Palgrave Macmillan.

Marx, K., 2002. Zur Relevanz situativer Versprecher für ein Sprachproduktionsmodell. Magisterarbeit an der Friedrich-Schiller-Universität Jena.

Marx, K., 2011. Die Verarbeitung von Komplex-Anaphern. Neurolinguistische Untersuchungen zur kognitiven Textverstehenstheorie. Berlin: Universitätsverlag der Technischen Universität Berlin.

Marx, K., 2012a. Liebesbetrug 2.0 – Wie emotionale Illusionen sprachlich kreiert werden. In: Iakushevich, I.; Arning, A. (Hg.), 2012. Strategien persuasiver Kommunikation. Hamburg: Kovač (= Philologia – Sprachwissenschaftliche Forschungsergebnisse 168), 147–165.

Marx, K., 2012b. „Wer ich bin? Dein schlimmster Albtraum, Baby!“ Cybermobbing – Ein Thema für den Deutschunterricht. In: Der Deutschunterricht 6, 77–81.

Marx, K., 2012c. „Ich finde Dein Profil interessant“ – Warum virtuelle Erstkontakte auch für Linguisten interessant sind. In: Bedijs, K.; Heyder, K. H. (Hg.), 2012. Sprache und Personen im Web 2.0. Linguistische Perspektiven auf YouTube, SchülerVZ & Co. Berlin: LIT, 95–109.

Marx, K., 2012d. „XYZ hat dich angestupst.“ – Romantische Erstkontakte bei Facebook – Ein Schnittstellenphänomen? In: Ernst, C.; Constanza, C. (Hg.), 2012. Personen im Web 2.0: Kommunikationswissenschaftliche, ethische und anthropologische Zugänge zu einer Theologie der Social Media. Göttingen: Edition Ruprecht (= Edition Ethik 11), 48–72.

Marx, K., 2013a. Virtueller Rufmord – Offene Fragen aus linguistischer Perspektive. In: Marx, K.; Schwarz-Friesel, M. (Hg.), 2013, 237–266.

Marx, K., 2013b. Silences as a linguistic strategy. Remarks on the role of the unsaid in romantic relationships on the internet. In: Lüdtke, U. (ed.), 2013.

Marx, K.; Schwarz-Friesel, M. (Hg.), 2013. Sprache und Kommunikation im technischen Zeitalter. Wieviel Internet (v)erträgt unsere Gesellschaft? Berlin [u. a.]: de Gruyter (= Age of access? – Grundfragen der Informationsgesellschaft 2).

Matsaberidse, A., 2011. Die Unzulänglichkeit der Sprache bei der Wiedergabe von Gefühlen. In: Germanistische Studien. Jubiläumsausgabe Nr. 10 „Sprache und Emotionen“, 104–108.

Maturana, H. R.; Varela, F. J., [12]2006. Der Baum der Erkenntnis. Die biologischen Wurzeln des menschlichen Erkennens. München: Goldmann (= Goldmann-Buch 11460).

MAUTHNER, F., [1901/1902] 1982. Beiträge zu einer Kritik der Sprache. Bd. 1. Zur Sprache und zur Psychologie. Frankfurt a. M. [u. a.]: Ullstein.

MEES, U., 1985. Was meinen wir, wenn wir von Gefühlen reden? Zur psychologischen Textur von Emotionswörtern. In: Sprache und Kognition 4, 1, 2–20.

MEES, U., 2006. Zum Forschungsstand der Emotionspsychologie – eine Skizze. In: SCHÜTZEICHEL, R. (Hg.), 2006a, 104–123.

MEES, U.; SCHMITT, A. (Hg.), 2003. Emotionspsychologie: Theoretische Analysen und empirische Untersuchungen. Oldenburg: Bibliotheks- und Informationssystem der Universität Oldenburg.

MEIBAUER, J., [2]2001. Pragmatik. Eine Einführung. Tübingen: Stauffenburg (= Stauffenburg-Einführungen 12).

MEIBAUER, J. (Hg.), 2013. Hassrede/Hate Speech. Interdisziplinäre Beiträge zu einer aktuellen Diskussion. Gießen: Gießener Elektronische Bibliothek (= Linguistische Untersuchungen 6). Verfügbar unter: http://geb.uni-giessen.de/geb/volltexte/2013/9251/pdf/HassredeMeibauer_2013.pdf (letzter Zugriff: 15.03.2013).

MEIBAUER, J. et al., [2]2007. Einführung in die germanistische Linguistik. Grundlagen. Stuttgart [u. a.]: Metzler (= EGLI 1).

MEIER, S., 2007. Beleidigungen. Eine Untersuchung über Ehre und Ehrverletzung in der Alltagskommunikation. Aachen: Shaker (= Essener Studien zur Semiotik und Kommunikationsforschung 20).

MERKEL, R., 2005. Der Staat darf nicht zum Leben nötigen. In: Die Zeit, 17. November 2005, 47, 24–25. Verfügbar unter: http://www.zeit.de/2005/47/Sterbehilfe (letzter Zugriff: 15.03.2013).

METZINGER, T. (Hg.), [2]1996. Bewußtsein. Beiträge aus der Gegenwartsphilosophie. Zürich [u. a.]: Schöningh.

METZINGER, T. (ed.), 2000. Neural correlates of consciousness: Empirical and conceptual questions. Cambridge/MA: MIT Press (= A Bradford book).

METZLER LEXIKON PHILOSOPHIE, [3]2008. Begriffe und Definitionen. 3., erweiterte und aktualisierte Auflage. Herausgegeben von Peter Prechtl und Franz-Peter Burkard. Stuttgart, Weimar: Metzler.

MEYER, W.-U.; REISENZEIN, R.; SCHÜTZWOHL, A., [2]2001. Einführung in die Emotionspsychologie. Bd. 1. Die Emotionstheorien von Watson, James und Schachter. Bern: Huber.

MEYER, W.-U.; SCHÜTZWOHL, A.; REISENZEIN, R., [3]2003. Einführung in die Emotionspsychologie. Bd. 2. Evolutionspsychologische Emotionstheorien. Bern [u. a.]: Huber.

MIALL, D. S., 1988. Affect and narrative: A model of response to stories. In: Poetics 17, 3, 259–272.

MITSCHERLICH, A.; MITSCHERLICH, M., [1967] 2007. Die Unfähigkeit zu trauern: Grundlagen kollektiven Verhaltens. München, Zürich: Piper.

MITTELBERG, E., [3]1981. Stundenblätter Boulevardpresse: Erscheinungsform und Wirkung. Stuttgart: Klett (= Stundenblätter für das Fach Deutsch).

MOILANEN, M.; TIITTULA, L. (Hg.), 1994. Überredung in der Presse. Texte, Strategien, Analysen. Berlin [u. a.]: de Gruyter (= Sprache, Politik, Öffentlichkeit 3).

MOLOTCH, H.; LESTER, M., 1974. News as purposive behaviour: On the strategic use of routine events, accidents and scandals. In: American Sociological Review 39, 1, 101–112.

MÜLLER, H. M. (Hg.), [2]2009a. Arbeitsbuch Linguistik. Paderborn [u. a.]: Schöningh (= UTB 2169: Linguistik).

MÜLLER, H. M., [2]2009b. Was ist Sprache? In: MÜLLER, H. M. (Hg.), [2]2009a, 19–32.

MÜLLER, H. M.; WEISS, S., [2]2009. Neurobiologie der Sprache: Experimentelle Neurolinguistik. In: MÜLLER, H. M. (Hg.), [2]2009a, 406–422.

MURPHY, G. L., 2002. The big book of concepts. Cambridge/MA: MIT Press (= A Bradford book).

NABI, R. L.; WIRTH, W., 2008. Exploring the Role of Emotion in Media Effects: An Introduction to the Special Issue. In: Media Psychology 11, 1, 1–6.

NAGEL, M.; ZIMMERMANN, M. (Hg.), 2013. Judenfeindschaft und Antisemitismus in der deutschen Presse über fünf Jahrhunderte. Erscheinungsformen, Rezeption, Debatte und Gegenwehr. Bremen: edition lumière.

NAHLOWSKY, J., 1862. Das Gefühlsleben. Dargestellt aus praktischen Gesichtspunkten, nebst einer kritischen Einleitung. Leipzig: Louis Pernitzsch.

NATHORFF, H., 1987. Das Tagebuch der Hertha Nathorff: Berlin – New York Aufzeichnungen 1933 bis 1945. Hrsg. u. eingel. von Wolfgang Benz. München: Oldenbourg (= Schriftenreihe der Vierteljahrshefte für Zeitgeschichte 54).

NEISSER, U., 1974. Kognitive Psychologie. Stuttgart: Klett (= Konzepte der Humanwissenschaften).

NEWMEYER, F., 1999. Bridges between generative and cognitive linguistics. In: DE STADLER, L.; EYRICH, C. (eds.), 1999. Issues in cognitive linguistics. Berlin [u.a.]: de Gruyter (= Cognitive linguistics research 12), 3–19.

NIEDENTHAL, P.; KITAYAMA, S. (eds.), 1994. The heart's eye. Emotional influences in perception and attention. San Diego [u.a.]: Academic Press.

NIEMEIER, S.; DIRVEN, R. (eds.), 1997. The Language of Emotions. Conzeptualization, Expression, and theoretical Foundation. Amsterdam [u.a.]: Benjamins.

NIETZSCHE, F., 1929. Über das Pathos der Wahrheit: Über Wahrheit und Lüge im aussermoralischen Sinne. Leipzig: Hadl (= Jahresgabe der Gesellschaft der Freunde des Nietzsche-Archivs 4).

NIPPERDEY, T.; RÜRUP, R., 2004. Antisemitismus. In: BRUNNER, O.; CONZE, W.; KOSELLECK, R. (Hg.), 2004. Geschichtliche Grundbegriffe. Historisches Lexikon zur politisch-sozialen Sprache in Deutschland. Bd. 1. A-D. Stuttgart: Klett-Cotta, 129–153.

NÖLLE, V., 1997. Vom Umgang mit Verstorbenen. Eine mikrosoziologische Erklärung des Bestattungsverhaltens. Frankfurt a.M.: Lang (= Europäische Hochschulschriften 302).

NÜBLING, D., 2004. Die prototypische Interjektion: Ein Definitionsvorschlag. In: Zeitschrift für Semiotik 26, 1, 11–46.

NUSSBAUM, M.C., 2001. Upheavals of thought. The intelligence of emotions. Cambridge [u.a.]: Cambridge Univ. Press.

NUTZ, W., 1999. Trivialliteratur und Popularkultur. Vom Heftromanleser zum Fernsehzuschauer. Eine literatursoziologische Analyse unter Einschluß der Trivialliteratur der DDR. Opladen: Westdeutscher Verlag.

NUYTS, J., 2001. Epistemic modality, language and conceptualisation. A cognitive-pragmatic perspective. Amsterdam: Benjamins (= Human cognitive processing 5).

OATLEY, K., 2004a. From the Emotions of Conversation to the Passions of Fiction. In: MANSTEAD, A.S.R.; FRIJDA, N.; FISCHER, A. (eds.), 2004, 98–115.

OATLEY, K., 2004b. Emotions: a brief history. Malden [u.a.]: Blackwell (= Blackwell brief histories of psychology.).

OATLEY, K.; JOHNSON-LAIRD, P., 1987. Towards a cognitive theory of emotions. In: Cognition & Emotion 1, 1, 29–50.

OCHS, E., SCHIEFFELIN, B., 1989. Language has a heart. In: OCHS, E. (ed.), 1989. The Pragmatics of Affect. Berlin [u.a.]: de Gruyter (= Text 9, 1), 7–25.

OCHSMANN, R., 1993. Angst vor Tod und Sterben: Beiträge zur Thanato-Psychologie. Göttingen [u.a.]: Hogrefe.

OGARKOVA, A.; BORGEAUD, P.; SCHERER, K.R., 2009. Language and culture in emotion research: a multidisciplinary perspective. In: Social Science Information 48, 3, 339–357.

OHDE, C., 1994. Der Irre von Bagdad. Zur Konstruktion von Feindbildern in überregionalen deutschen Tageszeitungen während der Golfkrise 1990/91. Frankfurt a.M.: Lang (= Europäische Hochschulschriften: Reihe 40, Kommunikationswissenschaft und Publizistik 45).

ORTONY, A.; CLORE, G., 1989. Emotions, moods, and conscious awareness. Comment on Johnson-Laird and Oatley's „The language of emotions: An analysis of a semantic field". In: Cognition & Emotion 3, 2, 125–137.

ORTONY, A.; TURNER, T.J., 1990. What's basic about basic emotions? In: Psychological Review 97, 3, 315–331.

OSCHLIES, W., 1986. „Lagerszpracha" – Soziolinguistische Bemerkungen zu KZ-Sprachkonventionen. In: Muttersprache 96, 2, 98–109.

OSGOOD, C.E.; SUCI G.J.; TANNENBAUM, P.H., 1957. The measurement of meaning. Urbana: Univ. of Illinois Press.

OSTER, U., 2010. Using corpus methodology for semantic and pragmatic analyses: What can corpora tell us about the linguistic expression of emotions? In: Cognitive Linguistics 22, 4, 727–764.

OSTERMANN, Ä.; NICKLAS, H., [3]1984. Vorurteile und Feindbilder. Weinheim, Basel: Beltz (= Beltz grüne Reihe).

OTTO, J.; EULER, H.; MANDL, H. (Hg.), 2000. Emotionspsychologie. Ein Handbuch. Weinheim: Beltz.

PAFEL, J., [2]2007. Pragmatik. In: MEIBAUER, J. et al., [2]2007, 210–252.

PANKSEPP, J., 1998. Affective neuroscience. The foundations of human and animal emotions. New York [u.a.]: Oxford Univ. Press (= affective science).

PANKSEPP, J., 2004. Basic Affects and the Instinctual Emotional Systems of the Brain: The Primordial Sources of Sadness, Joy, and Seeking. In: MANSTEAD, A.S.R.; FRIJDA, N.; FISCHER, A. (eds.), 2004, 174–193.

PARTETZKE, M., 2008. „Lucky Strike" – Sonst (wirklich) nichts? Strategien der Emotionalisierung in Werbetexten am Beispiel von „Lucky Strike"-Werbeplakaten der Jahre 2002–2007. München: Grin.

PAUEN, M.; ROTH, G., 2001. Neurowissenschaften und Philosophie. Eine Einführung. München: Fink (= UTB für Wissenschaft 2208).

PAUL, H., 1880. Prinzipien der Sprachgeschichte. Halle: Niemeyer. (= Konzepte der Sprach- und Literaturwissenschaft 6).

PAWLITZKI, S., 2004. Strategien sprachlicher Emotionalisierung im Tourismus – eine sprachwissenschaftliche Analyse von Werbeanzeigen und Reisekatalogen der Tourismusindustrie. Magisterarbeit an der Friedrich-Schiller-Universität Jena.

PETELAVA, T., 2011. Emotionale Markierungen lexikalischer Einheiten als Faktor der Textkohärenz. In: Germanistische Studien. Jubiläumsausgabe Nr. 10 „Sprache und Emotionen", 109–115.

PHELPS, R.H., 1968. Hitlers grundlegende Rede über den Antisemitismus. In: Vierteljahrshefte für Zeitgeschichte, 16, 4, 390–420.

PHILOSOPHISCHES WÖRTERBUCH, [23]2009. Begründet von Heinrich Schmidt. Neu herausgegeben von Martin Gessmann. 23., vollständig neu bearbeitete Auflage. Stuttgart: Kröner.

PITTAM, J.; GALLOIS, C., 2002. The Language of Fear: The Communication of Intergroup Attitudes in Conversations About HIV and AIDS. In: FUSSELL, S.R. (ed.), 2002a, 209–229.

PLOTKE, S.; ZIEM, A. (Hg.), 2013. Sprache der Trauer: Verbalisierungen einer Emotion in historischer Perspektive. Heidelberg: Winter (= Sprache, Literatur und Geschichte. Studien zur Linguistik/Germanistik 45).

PLUM, S., 1992. Gefühlswörter im Wörterbuch. Überlegungen zur lexikographischen Bedeutungserläuterung des emotionalen Wortschatzes. In: MEDER, G.; DÖRNER, A. (Hg.), 1992. Worte, Wörter, Wörterbücher. Tübingen: Niemeyer, 169–182.

PLUTCHIK, R., 1984. Emotions. A general psycho-evolutionary theory. In: SCHERER, K.; EKMAN, P. (eds.), 1984, 197–200.

PLUTCHIK, R., 1994. The Psychology and Biology of Emotion. New York: Harper Collins College Publishers.

PLUTCHIK, R., 2003. Emotions and Life. Perspectives from Psychology, Biology, and Evolution. Washington: American Psychological Association.

POHL, I., 2012. Emotionen im Widerstreit – öffentlicher Diskurs zur Sterbehilfe. In: POHL, I.; EHRHARDT, H. (Hg.), 2012, 255–286.

POHL, I.; EHRHARDT, H. (Hg.), 2012. Sprache und Emotion in öffentlicher Kommunikation. Frankfurt a. M.: Lang (= Sprache – System und Tätigkeit 64).

POLLAK, M. (Hg.), 1988. Die Grenzen des Sagbaren. Lebensgeschichten von KZ-Überlebenden als Augenzeugenberichte und als Identitätsarbeit. Frankfurt a. M.: Campus (= Studien zur historischen Sozialwissenschaft 12).

PÖPPEL, E., 1987. Grenzen des Bewusstseins. Über Wirklichkeit und Welterfahrung. München: dtv.

PÖPPEL, E., 2004. Gefühle – der Klebstoff des Denkens. Interview in: der blaue reiter. Journal für Philosophie 20, 2, 70–76.

PÖRKSEN, B., [2]2005. Die Konstruktion von Feindbildern. Zum Sprachgebrauch in neonazistischen Medien. Wiesbaden: Verlag für Sozialwissenschaften.

POWER, M.; DALGLEISH, T., [2]2008. Cognition and emotion. From order to disorder. Hove [u. a.]: Psychology Press.

PRIESTER, K., 2003. Rassismus. Eine Sozialgeschichte. Leipzig: Reclam.

PRINZ, J. J., 2006. Is the Mind Really Modular? In: STAINTON, R. J. (ed.), 2006, 22–36.

PSCHYREMBEL, [261]2007. Pschyrembel Klinisches Wörterbuch. Berlin, New York: de Gruyter.

QUASTHOFF, U., 1973. Soziales Vorurteil und Kommunikation. Eine sprachwissenschaftliche Analyse des Stereotyps. Ein interdisziplinärer Versuch im Bereich von Linguistik, Sozialwissenschaft und Psychologie. Frankfurt a. M.: Athenäum (= Fischer Athenäum Taschenbücher 2025: Sprachwissenschaft).

QUASTHOFF, U., 1987. Linguistic prejudice/stereotypes. In: AMMON, U.; DITTMAR; N.; MATTHEIER; K., (eds.), 1987. Sociolinguistics/Soziolinguistik: Ein internationales Handbuch zur Wissenschaft von Sprache und Gesellschaft, 1. Halbband. Berlin [u. a.]: de Gruyter, 785–800.

RABINOVICI, D.; SPECK, U.; SZNAIDER, N. (Hg.), 2004. Neuer Antisemitismus? Eine globale Debatte. Frankfurt a. M.: Suhrkamp (= Edition Suhrkamp 2386).

RAULAND, M., 2001. Chemie der Gefühle. Stuttgart: Hirzel.

REINHARZ, J. (ed.), 1987. Living with Antisemitism – Modern Jewish Responses. Hannover [u. a.]: Univ. Press of New England (= Tauber Institute for the Study of European Jewry 6).

REIS, M., 1999. On sentence types in German: An enquiry into the relationship between grammar and pragmatics. In: Interdisciplinary Journal for Germanic Linguistics and Semiotic Analysis 4, 2, 195–236.

REISENZEIN, R.; MEYER, W.-U.; SCHÜTZWOHL, A., 2003. Einführung in die Emotionspsychologie. Bd. 3. Kognitive Emotionstheorien. Bern: Huber.

REISIGL, M; WODAK, R., 2001. Discourse and Discrimination: Rhetorics of Racism and Antisemitism. London [u. a.]: Routledge.

RENSMANN, L., 2004. Demokratie und Judenbild. Antisemitismus in der politischen Kultur der Bundesrepublik Deutschland. Wiesbaden: Verlag für Sozialwissenschaften.

REUTER, C., 2002. Mein Leben ist eine Waffe. Selbstmordattentäter – Psychogramm eines Phänomens. München: Bertelsmann.

RICKHEIT, G. et al. (Hg.), 2003. Psycholinguistik. Ein internationales Handbuch. Berlin: de Gruyter (= HSK 24).

RICŒUR, P., [3]2004. Die lebendige Metapher. Paderborn: Fink (= Übergänge 12).

RIEKE, J., 2001. Zur Sprache der Opfer des Nationalsozialismus. Oskar Rosenfelds Aufzeichnungen aus dem Ghetto Lodz. In: BRANDT, G. (Hg.), 2001. Soziofunktionale Gruppe und sozialer Status als Determinanten des Sprachgebrauchs. Internationale Fachtagung Rostock 25.–27.9.2000, Stuttgart:

Heinz (= Stuttgarter Arbeiten zur Germanistik 398. Historische Soziolinguistik des Deutschen 5), 237–254.

Riemann, V. 1999. Kontaktanzeigen im Wandel der Zeit. Eine Inhaltsanalyse. Opladen [u.a.]: Westdeutscher Verlag (= Studien zur Kommunikationswissenschaft 43).

Rolls, E., 1999. The brain and emotion. Oxford [u.a.]: Oxford Univ. Press.

Rosch, E., 1978. Principles of categorization. In: Rosch, E.; Lloyd, L. (eds.), 1978. Cognition and categorization. Hillsdale: Erlbaum, 1–49.

Rosenfeld, A.H., 2000. Ein Mund voll Schweigen. Literarische Reaktionen auf den Holocaust. Göttingen: Vandenhoeck & Ruprecht.

Rosenfeld, A.H., 2011. The End of the Holocaust. Bloomington: Indiana Univ. Press.

Rössler, G., 1979. Konnotationen. Untersuchungen zum Problem der Mit- und Nebendeutung. Wiesbaden: Steiner (= ZDL Beihefte N.F. 29).

Rössler, G., 2001. „Freude". Ein linguistischer Beitrag zur Semantik von Gefühlswörtern. Frankfurt a.M.: Haag und Herchen.

Rost, W., [2]2001. Emotionen. Elixiere des Lebens. Berlin [u.a.]: Springer.

Roth, E. (Hg.), 1989. Denken und Fühlen. Aspekte kognitiv-emotionaler Wechselwirkung. Berlin [u.a.]: Springer (= Lehr und Forschungstexte Psychologie 32).

Roth, G., [3]1996. Neuronale Grundlagen des Lernens und des Gedächtnisses. In: Schmidt, S.J. (Hg.), [3]1996. Gedächtnis. Probleme und Perspektiven der interdisziplinären Gedächtnisforschung. Frankfurt a.M.: Suhrkamp (= suhrkamp taschenbuch wissenschaft 900), 127–158.

Roth, G., [8]2002. Das Gehirn und seine Wirklichkeit. Kognitive Neurobiologie und ihre philosophischen Konsequenzen. Frankfurt a.M.: Suhrkamp (= suhrkamp taschenbuch wissenschaft 1275).

Roth, G., 2004. Das verknüpfte Gehirn: Bau und Leistung neurobiologischer Netzwerke [DVD]. Müllheim: Audiotorium Netzwerk (= Geist in Bewegung).

Roth, G., 2009. Aus Sicht des Gehirns. Vollständig überarbeitete Neuauflage. Frankfurt a.M.: Suhrkamp (= suhrkamp taschenbuch wissenschaft 1915).

Roth, G., [5]2009. Fühlen, Denken, Handeln. Wie das Gehirn unser Verhalten steuert. Neue, vollständig überarbeitete Ausgabe. Frankfurt a.M.: Suhrkamp (= suhrkamp taschenbuch wissenschaft 1678).

Röttger-Rössler, B., 2002. Emotion und Kultur: Einige Grundfragen. In: Zeitschrift für Ethnologie: ZfE 127, 147–162.

Röttger-Rössler, B., 2004. Die kulturelle Modellierung des Gefühls. Ein Beitrag zur Theorie und Methodik ethnologischer Emotionsforschung anhand indonesischer Fallstudien. Münster: LIT (= Göttinger Studien zur Ethnologie 13).

Röttger-Rössler, B.; Engelen, E.-M. (Hg.), 2006. „Tell me about love": Kultur und Natur der Liebe. Paderborn: Mentis.

Rubin, D.C.; Friendly, M., 1986. Predicting which words get recalled: Measures of free recall, availability, goodness, emotionality, and pronunciability for 925 nouns. In: Memory & Cognition 14, 1, 79–94.

Ruhrmann, G., [2]1998. Ereignis, Nachricht und Rezipient. In: Merten, K. (Hg.), [2]1998. Die Wirklichkeit der Medien. Eine Einführung in die Kommunikationswissenschaft. Opladen: Westdeutscher Verlag, 237–256.

Sachs, N., 1998. Gesammelte Werke. Bd. 6. Briefwechsel und Dokumente. Aachen: Rimbaud.

Sachsse, H., [4]1990. Gibt es denkende Computer? In: Schmidt, F. (Hg.), [4]1990. Neodarwinistische oder kybernetische Evolution? Bericht über ein internationales Symposium vom 15.–17. Juli 1987 in Heidelberg. Heidelberg: Universitätsdruckerei, 75–80.

Salovey, P. et al., 2004. Emotional Intelligence: What Do We Know? In: Manstead, A.S.R.; Frijda, N.; Fischer, A. (eds.), 2004, 321–340.

Salovey, P.; Mayer, J.D., 1990. Emotional intelligence. In: Imagination, Cognition, and Personality 9, 3, 185–211.

SALZBORN, S., 2010. Halbierte Empathie – Antisemitische Schuldprojektion und die Angst vor der eigenen Vergangenheit. In: SCHWARZ-FRIESEL, M.; FRIESEL, E.; REINHARZ, J. (Hg.), 2010, 51–72.

SAMUELS, R., 2006. Is the Human Mind Massively Modular? In: STAINTON, R.J. (ed.), 2006, 37–56.

SAPIR, E., 1921. Language. An Introduction To The Study of Speech. New York: Harcourt, Brace.

SARTRE, J-.P., 1977. Der Idiot der Familie. Bd. I: Die Konstitution. Reinbek: Rowohlt (= Das Neue Buch 78).

SCHACHTER, S.; SINGER J.E., 1979. Comments on Maslach and Marshall-Zimbardo experiments. In: Journal Of Personality And Social Psychology 37, 6, 989–995.

SCHÄFER, I., 2010. Wissenskonstruktion und Objektbezüge „schwacher" Schülerinnen und Schüler in Mathematik in der Sek. 1. In: LINDMEIER, A.M.; UFER, S. (Hg.), 2010. Beiträge zum Mathematikunterricht 2010. Vorträge auf der 44. Tagung für Didaktik der Mathematik vom 8.3. bis 12.3.2010 in München. Münster: WTM, 729–732.

SCHANK, G.; SCHWITALLA, J. (Hg.), 1987. Konflikte in Gesprächen. Tübingen: Narr (= Tübinger Beiträge zur Linguistik 296).

SCHAPIRA, E.; HAFNER, G.M., 2010. Die Wahrheit unter Beschuss – der Nahostkonflikt und die Medien. In: SCHWARZ-FRIESEL, M.; FRIESEL, E.; REINHARZ, J. (Hg.), 2010, 115–131.

SCHENK, M., 32004. Persuasion. Begriff, Dimension und Konzept. In: NOELLE-NEUMANN, E. et al. (Hg.), 32004. Das Fischer Lexikon Publizistik, Massenkommunikation. Frankfurt a.M.: Fischer, 407–421.

SCHERER, G., 1979. Das Problem des Todes in der Philosophie. Darmstadt: Wissenschaftliche Buchgesellschaft (= Grundzüge 35).

SCHERER, K., 1984. On the nature and function of emotion: A competent process approach. In: SCHERER, K.; EKMAN, P. (eds.), 1984, 293–317.

SCHERER, K., 1986. Studying emotion empirically: issues and a paradigm for research. In: SCHERER, K.; WALLBOTT, H.; SUMMERFIELD, A., 1986. Experiencing emotion. A cross-cultural study. Cambridge [u.a.]: Cambridge Univ. Press, 3–27.

SCHERER, K., 2004. Feelings Integrate the Central Representation of Appraisal-driven Response Organization in Emotion. In: MANSTEAD, A.S.R.; FRIJDA, N.; FISCHER, A. (eds.), 2004, 136–157.

SCHERER, K.; EKMAN, P. (eds.), 1984. Approaches to emotion. Hillsdale: Erlbaum.

SCHIMMACK, U., 1993. Typizität von Emotionen und Stimmungen. Vortrag auf der 35. Tagung experimentell arbeitender Psychologen in Münster.

SCHIPPAN, T., 22002. Lexikologie der deutschen Gegenwartssprache. Tübingen: Niemeyer.

SCHLANT, E., 2001. Die Sprache des Schweigens. Die deutsche Literatur und der Holocaust. München: Beck.

SCHMAUKS, D., 2004. Die Visualisierung von Interjektionen in Werbung und Comic. In: Zeitschrift für Semiotik 26, 113–127.

SCHMIDT, A.; NEUMANN-BRAUN, K., 22008. Die Welt der Gothics: Spielräume düster konnotierter Transzendenz. Wiesbaden: Verlag für Sozialwissenschaften (= Erlebniswelten 9).

SCHMIDT, S.; GROEBEN, N., 1988. How to do thoughts with words. On understanding literature. In: MEUTSCH, D.; VIEHOFF, R., (eds.), 1988. Comprehension of literary discourse. Results and problems of interdisciplinary approaches. Berlin [u.a.]: de Gruyter (= Research in text theory 13), 7–46.

SCHMIDT, W., 2011. Dicker Hals und kalte Füße. Was Redensarten über Körper und Seele verraten. Eine heitere Einführung in die Psychosomatik. Gütersloh: Gütersloher Verlagshaus.

SCHMIDT-ATZERT, L., 1996. Lehrbuch der Emotionspsychologie. Stuttgart [u.a.]: Kohlhammer.

SCHMITZ, U., 2004. Sprache in modernen Medien. Einführung in Tatsachen und Theorien, Themen und Thesen. Berlin: Schmidt (= Grundlagen der Germanistik 41).

SCHOEPS, J.; SCHLÖR, J. (Hg.), 21996. Antisemitismus. Vorurteile und Mythen. München: Piper.

SCHÖFER, G. (Hg.), 1980. Gottschalk-Gleser-Sprachinhaltsanalyse: Theorie und Technik. Studien zur Messung ängstlicher und aggressiver Affekte. Weinheim [u.a.]: Beltz.

SCHÖFER, G.; KOCH, U. (Hg.), 1986. Sprachinhaltsanalyse in der psychosomatischen und psychiatrischen Forschung. Grundlagen und Anwendungsstudien mit den Affektskalen von Gottschalk und Gleser. Weinheim: Psychologie Verlags Union.

SCHRÖDER, T., 2009. Die Theorie der Affektsteuerung als allgemeine Theorie der sozialen Interaktion. Dissertation an der Humboldt-Universität zu Berlin.

SCHRÖTER, D., 2010. Kurz nach dem Spiel. Sprachliche Mittel zum Ausdruck von Emotionen in Spielerinterviews (Fußball). München: Grin.

SCHROTT, R.; JACOBS, A.M., 2011. Gehirn und Gedicht: Wie wir unsere Wirklichkeit konstruieren. München: Hanser.

SCHULZ VON THUN, F., 2001. Miteinander reden 1–3. Reinbek: Rowohlt (= rororo-Sachbuch 61151).

SCHÜRER-NECKER, E., 1994. Gedächtnis und Emotion. Zum Einfluß von Emotionen auf das Behalten von Texten. Weinheim: Beltz (= Fortschritte der psychologischen Forschung 22).

SCHÜTZ, A.; LUCKMANN, T., [5]1994. Strukturen der Lebenswelt. Frankfurt a.M.: Suhrkamp (= suhrkamp taschenbuch wissenschaft 284).

SCHÜTZEICHEL, R. (Hg.), 2006a. Emotionen und Sozialtheorie. Disziplinäre Ansätze. Frankfurt a.M.: Campus.

SCHÜTZEICHEL, R., 2006b. Emotionen und Sozialtheorie – eine Einleitung. In: SCHÜTZEICHEL, R. (Hg.), 2006a, 7–26.

SCHWARZ, M., 1992a. Post-lexikalische Gedächtnisprozesse und Bedeutungskonstitution. In: WIDDIG, W. et al. (Hg.), 1992. Sprache und Sprechen aus neurolinguistischer und medizinischer Sicht. Bochum: Bergmannsheil, 55–62.

SCHWARZ, M., 1992b. Kognitive Semantiktheorie und neuropsychologische Realität. Repräsentationale und prozedurale Aspekte der semantischen Kompetenz. Tübingen: Niemeyer (= Linguistische Arbeiten 273).

SCHWARZ, M., 1995a. Accessing semantic information in memory – the mental lexicon as a semi-module. In: VANPARYS, J.; DIRVEN, R. (eds.), 1995. Current approaches to the lexicon. Frankfurt a.M.: Lang, 63–71.

SCHWARZ, M., 1995b. Kognitivismus und Lexikon. In: HARRAS, G. (Hg.), 1995, 359–367.

SCHWARZ, M., 1997. Kognitive Linguistik? Eine Straße in den Geist! In: KERTÉSZ, A. (Hg.), 1997. Metalinguistik im Wandel. Frankfurt a.M.: Lang, 19–29.

SCHWARZ, M., 1999. Versprecher: Evidenz für den Einfluß sprachinterner und sprachexterner Faktoren auf den Prozeß der lexikalischen Aktivierung im Sprachproduktionsprozeß. In: POHL, I. (Hg.), 1999. Interdisziplinarität und Methodenpluralismus in der Semantikforschung. Frankfurt a.M.: Lang, 205–217.

SCHWARZ, M., 2000a. Indirekte Anaphern in Texten. Studien zur domänengebundenen Referenz und Kohärenz im Deutschen. Tübingen: Niemeyer (= Linguistische Arbeiten 413).

SCHWARZ, M, 2000b. Textuelle Progression durch Anaphern – Aspekte einer prozeduralen Thema-Rhema-Analyse. In: Linguistische Arbeitsberichte 74, 111–126.

SCHWARZ, M., 2002. Einebenen-Ansatz vs. Mehrebenen-Ansatz. In: CRUSE, D.A. et al. (eds.), 2002, 277–284.

SCHWARZ, M., [3]2008. Einführung in die Kognitive Linguistik. Dritte, vollständig überarbeitete und erweiterte Auflage. Tübingen, Basel: Francke (= UTB 1636).

SCHWARZ, M; CHUR, J., [5]2007. Semantik. Ein Arbeitsbuch. Tübingen: Narr.

SCHWARZ-FRIESEL, M., 2003. „Damit Sie auch heute noch kraftvoll zuhören können." Zur kommunikativen und kognitiven Funktion intertextueller Markierungen in der aktuellen Werbung. In: Sprachtheorie und germanistische Linguistik 13, 1, 3–24. Verfügbar unter: http://www.linguistik.tu-berlin.de/fileadmin/fg72/PDF/MSF_Publikation/Schwarz-Friesel_2003.pdf (letzter Zugriff: 15.03.2013).

SCHWARZ-FRIESEL, M., 2004. Kognitive Linguistik heute. Metaphernverstehen als Fallbeispiel. In: Deutsch als Fremdsprache 41, 2, 83–89.

SCHWARZ-FRIESEL, M., 2006. Kohärenz versus Textsinn. Didaktische Facetten einer linguistischen Theorie der Kontinuität. In: ZIEGLER, A.; SCHERNER, M. (Hg.), 2006. Angewandte Textlinguistik. Perspektiven für Deutsch- und Fremdsprachenunterricht. Tübingen: Narr (= Europäische Studien zur Textlinguistik 2), 63–75.

SCHWARZ-FRIESEL, M., 2007. Text- und Gesprächsanalyse. In: STEINBACH, M. et al., 2007. Schnittstellen der germanistischen Linguistik. Stuttgart [u.a.]: Metzler, 219–256.

SCHWARZ-FRIESEL, M., 2008. Sprache, Kognition und Emotion: Neue Wege in der Kognitionswissenschaft. In: KÄMPER, H.; EICHINGER, L. M. (Hg.), 2008. Sprache – Kognition – Kultur. Sprache zwischen mentaler Struktur und kultureller Prägung. Berlin, New York: de Gruyter (= IDS. Jahrbuch 2007), 277–301.

SCHWARZ-FRIESEL, M., 2009a. Ironie als indirekter expressiver Sprechakt: Zur Funktion emotionsbasierter Implikaturen bei kognitiver Simulation. In: BACHMANN-STEIN, A.; MERTEN, S.; ROTH, C. (Hg.), 2009. Perspektiven auf Wort, Satz und Text. Semantisierungsprozesse auf unterschiedlichen Ebenen des Sprachsystems. Festschrift für Inge Pohl. Trier: Wissenschaftlicher Verlag (= Kola 3), 223–232.

SCHWARZ-FRIESEL, M., 2009b. Der Tatort Sprache in Deutschland – Antisemitismus im öffentlichen Kommunikationsraum? In: Tribüne. Zeitschrift zum Verständnis des Judentums 1, 178–186.

SCHWARZ-FRIESEL, M., 2010a. „Ich habe gar nichts gegen Juden!" Der „legitime" Antisemitismus der Mitte. In: SCHWARZ-FRIESEL, M.; FRIESEL, E.; REINHARZ, J. (Hg.), 2010, 27–50.

SCHWARZ-FRIESEL, M., 2010b. Tatort Sprache: Aktueller Antisemitismus in Deutschland als verbale Strategie. In: NEEF, M.; NOACK, C. (Hg.), 2010. Sprachgeschichten: Eine Braunschweiger Vorlesung. Bielefeld: Verlag für Regionalgeschichte (= Braunschweiger Beiträge zur deutschen Sprache und Literatur 14), 193–213.

SCHWARZ-FRIESEL, M., 2010c. Expressive Bedeutung und E-Implikaturen – Zur Relevanz konzeptueller Bewertungen bei indirekten Sprechakten: Das Streichbarkeitskriterium und seine kognitive Realität. In: RUDNITZKY, W. (Hg.), 2010. Kultura kak tekst (Kultur als Text). Moskau: SGT, 12–27. Verfügbar unter: http://www.linguistik.tu-berlin.de/fileadmin/fg72/PDF/MSF_Publikation/Schwarz-Friesel_2010c__Expressive_Bedeutungen.pdf (letzter Zugriff: 15.03.2013).

SCHWARZ-FRIESEL, M., 2011a. Dem Grauen einen Namen geben? Zur Verbalisierung von Emotionen in der Holocaust-Literatur – Prolegomena zu einer Kognitiven Linguistik der Opfersprache. In: Germanistische Studien. Jubiläumsausgabe Nr. 10 „Sprache und Emotionen", 128–139.

SCHWARZ-FRIESEL, M., 2011b. Text comprehension as the interface between verbal structures and cognitive memory processes: The case of resolving direct and indirect anaphora. In: ZELINSKY-WIBBELT, C. (ed.), 2011. Relations between Language and Memory. Organization, Representation, and Processing. Frankfurt a. M.: Lang, 293–330.

SCHWARZ-FRIESEL, M., 2012. On the status of external evidence in the theories of cognitive linguistics: compatibility problems or signs of stagnation in the field? Or: why do some linguists behave like Fodor's input systems? In: Language Sciences 34, 6, 656–664.

SCHWARZ-FRIESEL, M., 2013a. „Juden sind zum Töten da" (studivz.net, 2008). Hass via Internet – Zugänglichkeit und Verbreitung von Antisemitismen im World Wide Web. In: MARX, K.; SCHWARZ-FRIESEL, M. (Hg.), 2013, 237–266.

SCHWARZ-FRIESEL, M., 2013b. „Dies ist kein Hassbrief – sondern meine eigene Meinung über Euch!" – Zur kognitiven und emotionalen Basis der aktuellen antisemitischen Hass-Rede. In: MEIBAUER, J. (Hg.), 2013, 143–164.

SCHWARZ-FRIESEL, M., 2013c. Explizite und implizite Formen des Verbal-Antisemitismus in aktuellen Texten der regionalen und überregionalen Presse (2002–2010) und ihr Einfluss auf den alltäglichen Sprachgebrauch. In: NAGEL, M.; ZIMMERMANN, M. (Hg.), 2013, 993–1008.

SCHWARZ-FRIESEL, M., 2013d. Language and emotion: the cognitive linguistic perspective. In: LÜDTKE, U. (ed.), 2013.

SCHWARZ-FRIESEL, M.; BRAUNE, H., 2007. Geschlossene Textwelten. Konzeptualisierungsmuster in aktuellen antisemitischen Texten. In: Sprachtheorie und germanistische Linguistik 17, 1, 1–9.

SCHWARZ-FRIESEL, M.; CONSTEN, M.; MARX, K., 2004. Komplexanaphern. In: KONERDING, K.P.; POHL, I. (Hg.), 2004. Stabilität und Flexibilität in der Semantik. Frankfurt a.M.: Lang, 67–86.

SCHWARZ-FRIESEL, M.; FRIESEL, E., 2012. „Gestern die Juden, heute die Muslime ...“? – Von den Gefahren falscher Analogien. In: BOTSCH, G. et al. (Hg.), 2012. Islamophobie und Antisemitismus – ein umstrittener Vergleich. Berlin, Boston: de Gruyter (= Europäisch-jüdische Studien. Kontroversen 1), 29–50.

SCHWARZ-FRIESEL, M.; FRIESEL, E.; REINHARZ, J. (Hg.), 2010. Aktueller Antisemitismus – ein Phänomen der Mitte. Berlin, New York: de Gruyter.

SCHWARZ-FRIESEL, M.; KROMMINGA, J.-H., 2013. 9/11 als globale Katastrophe: Die sprachlich-kognitive Verarbeitung des 11. September 2001 in der Berichterstattung deutscher Medien. In: Sprachtheorie und germanistische Linguistik 23, 1, 1–22.

SCHWARZ-FRIESEL, M.; MARX, K., 2012. Liebe und Freundschaft im technischen Zeitalter: Facebook, Weblogs und „Internet-Gefühle“. Eine Korpusstudie an der Technischen Universität Berlin.

SCHWARZ-FRIESEL, M.; MARX, K.; DAMISCH, S., 2012. Persuasive Strategien der affektiven Verunsicherung im aktuellen Diskurs: Ironisieren, Kritisieren und Beleidigen in öffentlichen Streitgesprächen. In: POHL, I.; EHRHARDT, H. (Hg.), 2012, 227–254.

SCHWARZ-FRIESEL, M.; REINHARZ, J., 2013. Die Sprache der Judenfeindschaft im 21. Jahrhundert. Berlin, New York: de Gruyter (= Europäisch-jüdische Studien – Beiträge 7).

SCHWARZ-FRIESEL, M.; SKIRL, H., 2011. Metaphors for Terrorism in German Media Discourse. Purdue University Libraries. Verfügbar unter: http://docs.lib.purdue.edu/cgi/viewcontent.cgi?article=1038&context=revisioning (letzter Zugriff: 15.03.2013).

SCHWARZ-FRIESEL, M.; SKIRL, H., 2013. Die Sprache existenzieller Trauer – zum Ausdruck extremen Leids in der Holocaust-Literatur. In: PLOTKE, S.; ZIEM, A. (Hg.), 2013.

SCHWARZE, G. (Hg.), 2005. Die Sprache der Opfer. Briefzeugnisse aus Russland und der Ukraine zur Zwangsarbeit als Quelle der Geschichtsschreibung. Essen: Klartext.

SEARLE, J., 1969. Speech Acts. An Essay in the Philosophy of Language. Cambridge: Cambridge Univ. Press.

SEARLE, J.R., 1997. Die Konstruktion der gesellschaftlichen Wirklichkeit: Zur Ontologie sozialer Tatsachen. Reinbek bei Hamburg: Rowohlt.

SEIFERT, A.L.; SEIFERT, T., 2006. Intuition – die innere Stimme. Düsseldorf: Walter.

SELTING, M., 2010. Affectivity in conversational storytelling: An analysis of displays of anger or indignation in complaint stories. Pragmatics 20, 2, 229–277.

SENGE, K., 2013. Die Wiederentdeckung der Gefühle. Zur Einleitung. In: SENGE, K.; SCHÜTZEICHEL, R. (Hg.), 2013. Hauptwerke der Emotionssoziologie. Wiesbaden: VS Verlag für Sozialwissenschaften, 11–32.

SIEHR, K.-H.; SEIDEL, U., 2009. Antisemitischer Sprachgebrauch – Diskurs zwischen Kontinuität und Wandel. In: SIEHR, K.-H.; BERNER, E. (Hg.), 2009. Sprachwandel und Entwicklungstendenzen als Themen im Deutschunterricht: Fachliche Grundlagen – Unterrichtsanregungen – Unterrichtsmaterialien. Potsdam: Universitätsverlag, 141–160.

SIELAFF, K., 2003. „In stiller Trauer“ – Der (sprachliche) Umgang mit Tod und Trauer in Todesanzeigen der Gegenwart. Online-Journal. Forum für deutsche Sprache, Literatur und Landeskunde. Bochum, 1–30.

SKIRL, H., 2009. Emergenz als Phänomen der Semantik am Beispiel des Metaphernverstehens. Emergente konzeptuelle Merkmale an der Schnittstelle von Semantik und Pragmatik. Tübingen: Narr (= Tübinger Beiträge zur Linguistik 515).

SKIRL, H., 2011. Zur Verbalisierung extremer Angst und Trauer: Metaphern in der Holocaustliteratur. In: EBERT, L. et al. (Hg.), 2011. Emotionale Grenzgänge. Konzeptualisierungen von Liebe, Trauer und Angst in Sprache und Literatur. Würzburg: Königshausen & Neumann, 183–200.

SKIRL, H., 2012. Zum Emotionspotenzial perspektivierender Darstellung. In: POHL, I.; EHRHARDT, H. (Hg.), 2012, 335–362.

SKIRL, H.; SCHWARZ-FRIESEL, M., [2]2013. Metapher. Heidelberg: Winter (= Kurze Einführungen in die germanistische Linguistik: KEGLI 4).

SMALL, S., 1985. The effect of mood on word recognition. In: Bulletin of the Psychonomic Society 24, 453–455.

SOFSKY, W., [6]2008. Die Ordnung des Terrors: Das Konzentrationslager. Frankfurt a. M.: Fischer.

SOLOMON, R. C., [3]2001. Gefühle und der Sinn des Lebens. Frankfurt a. M.: Zweitausendeins (Originalfassung: SOLOMON, R. C., 1993. The passions: emotions and the meaning of life. Indianapolis [u. a.]: Hackett).

SOLOMON, R. C., 2003. Not Passion's Slave. Emotions and Choice. Oxford [u. a.]: Oxford Univ. Press (= The passionate life).

SOLOMON, R. C., 2004. On the Passivity of the Passions. In: MANSTEAD, A. S. R.; FRIJDA, N.; FISCHER, A. (eds.), 2004, 11–29.

SPERBER, H., 1923. Einführung in die Bedeutungslehre. Bonn, Leipzig: Schroeder.

STAINTON, R. J. (ed.), 2006. Contemporary Debates in Cognitive Science. Malden [u. a.]: Blackwell.

STANGOR, C. (ed.), 2000. Stereotypes and prejudice. Essential readings. Hove: Psychology press (= Key readings in social psychology).

STANGOR, C.; LANGE, J. E., 1994. Mental Representation of Social Groups. Advances in Understanding Stereotypes and Stereotyping. In: Advances in Experimental Social Psychology 26, 357–416.

STEINBACH, M., [2]2007. Semantik. In: MEIBAUER, J. et al., [2]2007, 163–209.

STEINBACH, M. et al., 2007. Schnittstellen der germanistischen Linguistik. Stuttgart [u. a.]: Metzler.

STEINER, G., 1967. Language and Silence: Essays on Language, Literature and the Inhuman. New York: Atheneum (deutsche Fassung: STEINER, G., 1973. Sprache und Schweigen – Essays über Sprache, Literatur und das Unmenschliche. Frankfurt a. M.: Suhrkamp).

STEINER, U. C., 2004. „Gefühl ist alles!“ Die Revolution der Gefühle im 18. Jahrhundert. In: der blaue reiter. Journal für Philosophie 20, 2, 78–83.

STEINVORTH, U., 2002. Was ist Vernunft? Eine philosophische Einführung. München: Beck (= Beck'sche Reihe 1494).

STEUBE, A., 1997. Ein kognitionswissenschaftlich basiertes Modell der Informationsstrukturierung. Manuskript. Universität Leipzig.

STILLINGS, N. A. et al., 1987. Cognitive Science. An introduction. Cambridge/MA: MIT Press (= A Bradford book).

STOEVA-HOLM, D., 2001. Das Todesereignis als Ausdruck für die Einstellung zur Emotionsdarbietung. In: NIKULA, H.; DRESCHER, R. (Hg.), 2001. Lexikon und Text. Beiträge auf der 2. Tagung zur kontrastiven Lexikologie Vaasa 7.–9.4.2000. Vaasa: Yliopisto (= Vaasan Yliopiston Julkaisuja: Selvityksiä ja raportteja 76, Sonderband 4), 189–218.

STOEVA-HOLM, D., 2005. Zeit für Gefühle. Eine linguistische Analyse zur Emotionsthematisierung in deutschen Schlagern. Tübingen: Narr.

STOLT, B., 1976. „Hier bin ich – wo bist Du?“ Heiratsanzeigen und ihr Echo, analysiert aus sprachlicher und stilistischer Sicht. Kronberg: Scriptor (= Stockholmer germanistische Forschungen 20).

STÖTZEL, G., 1989. Zur Geschichte der NS-Vergleiche von 1946 bis heute. In: KLEIN, J. (Hg.), 1989. Politische Semantik. Bedeutungsanalytische und sprachkritische Beiträge zur politschen Sprachverwendung. Opladen: Westdeutscher Verlag, 261–276.

STRUBE, G. et al., [2]1995. Kognition. In: GÖRZ, G. (Hg.), [2]1995. Einführung in die künstliche Intelligenz. Bonn: Addison-Wesley, 299–359.

STRUBE, G.; WENDER, K.-F. (eds.), 1993. The cognitive psychology of knowledge. Amsterdam [u.a.]: North-Holland (= Advances in psychology 101).

TABAKOWSKA, E., 1998. Go to the devil: Some metaphors we curse by. In: ATHANASIADOU, A.; TABAKOWSKA, E. (eds.), 1998, 253–269.

TEASDALE, J.D., 1999. Multi-level theories of cognition-emotion relations. In: DALGLEISH, T.; POWER, M.J. (eds.), 1999, 591–611.

TEASDALE, J.D.; BARNARD, P.J., 1993. Affect, cognition and change: Re-Modelling depressive thought. Hove: Erlbaum.

THAGARD, P., 1999. Kognitionswissenschaft. Ein Lehrbuch. Stuttgart: Klett-Cotta.

THÜNE, E.-M.; LEONARDI, S., 2011. Wurzeln, Schnitte, Webemuster. Textuelles Emotionspotential von Erzählmetaphern am Beispiel von Anne Bettens Interviewkorpus „Emigrantendeutsch in Israel". In: MITTELMANN, H.; KOHLROSS, C., 2011. Auf den Spuren der Schrift. Israelische Perspektiven einer internationalen Germanistik. Berlin, New York: de Gruyter (= Conditio Judaica 80), 229–246.

TISCHER, B., 1993. Die vokale Kommunikation von Gefühlen. Weinheim: Psychologie Verlags Union (= Fortschritte der psychologischen Forschung 18).

TOMKINS, S., 1962. Affect imagery consciousness. Vol. I: The positive affects. New York [u.a.]: Springer.

TOMKINS, S., 1963. Affect imagery consciousness. Vol. II: The negative affects. New York [u.a.]: Springer.

TSIKNAKI, O., 2005. Emotionsprognose. Das affektive Lexikon München. Entwurf eines Modells zur Vorhersage der Affektivität eines Textes. München: Meidenbauer (= Forum Sprachwissenschaften 3).

TURNER, F., 1991. Beauty: The Value of Values. Charlottesville [u.a.]: Univ. Press of Virginia.

ULICH, D., [3]1995. Das Gefühl. Eine Einführung in die Emotionspsychologie. Weinheim: Psychologie Verlags Union.

ULICH, D.; MAYRING P., [2]2003. Psychologie der Emotionen. Stuttgart [u.a.]: Kohlhammer (= Grundriss der Psychologie 5).

ULLMANN, S., [2]1959. The Principles of Semantics. Glasgow: Jackson [u.a.] (= Glasgow University publications 84).

UNGERER, F., 1997. Emotions and emotional language in English and German news stories. In: NIEMEIER, S.; DIRVEN, R. (eds.), 1997, 307–328.

VAAS, R., 2000a. Angst. In: Lexikon der Neurowissenschaft. Bd. 1. Heidelberg, Berlin: Spektrum, 72–78.

VAAS, R., 2000b. Emotionen. In: Lexikon der Neurowissenschaft. Bd. 1. Heidelberg, Berlin: Spektrum, 386–397.

VAAS, R, 2004. Fear not. In: Scientific American Mind 14, 62–69.

VAN DIJK, T.A., 1984. Prejudice in Discourse. An analysis of ethnic prejudice in cognition and conversation. Amsterdam: Benjamins (= Pragmatics and beyond 5, 3).

VAN DIJK, T.A., 2005. Reproducing Racism: The Role of the Press. Barcelona: Universitat Pompeu Fabra.

VAN PEER, W.; CHATMAN, S. (eds.), 2001. New Perspectives on Narrative Perspective. Albany: State Univ. of New York Press.

VESTER, H.-G., 1991. Emotion, Gesellschaft und Kultur. Grundzüge einer soziologischen Theorie der Emotionen. Opladen: Westdeutscher Verlag.

VOGEL, S., 1996. Emotionspsychologie. Grundriss einer exakten Wissenschaft der Gefühle. Opladen: Westdeutscher Verlag.

VOLKOV, S., 1990. Jüdisches Leben und Antisemitismus im 19. und 20. Jahrhundert. Zehn Essays. München: Beck.

VOLKOV, S., [2]2000. Antisemitismus als kultureller Code. In: VOLKOV, S., [2]2000. Antisemitismus als kultureller Code: Zehn Essays. München: Beck (= Beck'sche Reihe 1349), 13–36.

VOSS, C., 1999. Textgestaltung und Verfahren der Emotionalisierung in der Bild-Zeitung. Frankfurt a. M.: Lang.

VOSS, C., 2004. Narrative Emotionen. Eine Untersuchung über Möglichkeiten und Grenzen philosophischer Emotionstheorien. Berlin, New York: de Gruyter (= Ideen & Argumente).

WAGNER, F., 2001a. Implizite sprachliche Diskriminierung als Sprechakt. Lexikalische Indikatoren impliziter Diskriminierung in Medientexten. Tübingen: Narr (= Studien zur deutschen Sprache 20).

WAGNER, K. R., 2001b. Pragmatik der deutschen Sprache. Frankfurt a. M.: Lang.

WALTER, T., 1994. The revival of death. London, New York: Routledge.

WATZLAWICK, P.; BEAVIN, J.; JACKSON, D., [12]2011. Menschliche Kommunikation. Formen, Störungen, Paradoxien. Bern: Huber (= Psychologie-Klassiker).

WEBER, F., 1995. Denken in Metaphern. Kognitive Semantik und französische Gefühlsmetaphorik. Frankfurt a. M.: Lang (= Europäische Hochschulschriften XIII, Französischen Sprache und Literatur 200).

WEDGWOOD, R., 2006. The Internal and External Components of Cognition. In: STAINTON, R. J. (ed.), 2006, 307–325.

WEGENER, C., 2001. Informationsvermittlung im Zeitalter der Unterhaltung. Eine Langzeitanalyse politischer Fernsehmagazine. Wiesbaden: Westdeutscher Verlag (= Studien zur Kommunikationswissenschaft 47).

WEHRLE, H.; EGGERS, H., [17]1993. Deutscher Wortschatz. Ein Wegweiser zum treffenden Ausdruck. Stuttgart: Klett.

WEIGAND, E. (ed.), 2004. Emotion in dialogic interaction. Advances in the complex. Amsterdam, Philadelphia: Benjamins (= Amsterdam studies in the theory and history of linguistic science IV, Current issues in linguistic theory).

WEINZIERL, E., 1995. Stereotype christlicher Judenfeindschaft. In: KLAMPER, E. (Hg.), 1995, 130–144.

WELZER, H., [5]2011. Täter. Wie aus ganz normalen Menschen Massenmörder werden. Frankfurt a. M.: Fischer.

WENGELER, M. (Hg.), 2006. Linguistik als Kulturwissenschaft. Hildesheim [u. a.]: Olms (= Germanistische Linguistik 182/183).

WENGER, M.; JONES, F.; JONES, M., 1962. Emotional behavior. In: CANDLAND, D. (ed.), 1962. Emotion. Bodily change. Princeton: Van Nostrand, 3–10.

WENZEL, A., 1978. Stereotype in gesprochener Sprache. Form, Vorkommen und Funktion in Dialogen. München: Hueber (Heutiges Deutsch 13).

WENZEL, H., 1988. Saget mir ieman, waz ist minne? Zur Sprache der Liebe im Mittelalter. In: JÄGER, L. (Hg.), 1988, 139–180.

WIENER, R., [2]1989. Als das Lachen tödlich war. Erinnerung und Fakten 1933–1945. Rudolstadt: Greifenverlag.

WIERZBICKA, A., 1980. Lingua Mentalis. The Semantics of Natural Language. Sydney [u. a.]: Academic Press.

WIERZBICKA, A., 1995. The relevance of language to the study of emotions. Paper read at LAUD Symposium The Language of Emotions. Duisburg, April, 10–11.

WIERZBICKA, A., 1999. Emotions across languages and cultures. Diversity and universals. Cambridge [u. a.]: Cambridge Univ. Press.

WIERZBICKA, A., 2009. Language and Metalanguage: Key Issues in Emotion Research. In: Emotion Review 1, 1, 3–14.

WIERZBICKA, A.; HARKINS, J., 2001. Introduction. In: HARKINS, J.; WIERZBICKA, A. (eds.), 2001, 1–34.

WILCE, J. M., 2009. Language and emotion. Cambridge [u. a.]: Cambridge Univ. Press (= Studies in the social and cultural foundations of language 25).

WILKENING, K., ²1998. Wir leben endlich. Zum Umgang mit Sterben, Tod und Trauer. Göttingen: Vandenhoeck & Ruprecht (= Transparent 43).

WILLIAMSON, T., 2006. Can Cognition be Factorized into Internal and External Components? In: STAINTON, R. J. (ed.), 2006, 291–306.

WIMSATT, W. K.; BEARDSLEY, M. C., 1970. The Verbal Icon. Studies in the Meaning of Poetry. London: Methuen.

WINKLER, A., 2005. Zur Verbalisierung des Todes in deutschen und britischen Todesanzeigen. Magisterarbeit an der Friedrich-Schiller-Universität Jena.

WINKO, S., 2003. Kodierte Gefühle. Zu einer Poetik der Emotionen in lyrischen und poetologischen Texten um 1900. Berlin: Schmidt (= Allgemeine Literaturwissenschaft – Wuppertaler Schriften 7).

WINTERFELDT, H., 1968. Die Sprache im Konzentrationslager. In: Muttersprache 78, 126–152.

WISTRICH, R. S. (ed.), 1990. Anti-Zionism and Antisemitism in the Contemporary World. Houndmills [u. a.]: Macmillan.

WISTRICH, R. S., 1991. Antisemitism. The Longest Hatred. New York: Pantheon.

WISTRICH, R. S. (ed.), 1999. Demonizing the Other. Antisemitism, Racism and Xenophobia. Amsterdam: Harwood Academic.

WISTRICH, R. S., 2003. Confronting Antisemitism and Prejudice in the Media: New Strategies. Vortrag auf der International Conference „Antisemitsm & Prejudice in the Contemporary Media". The Vidal Sassoon International Center for the Study of Antisemitism. The Hebrew University of Jerusalem, Jerusalem, 18.–21. Februar 2003.

WISTRICH, R. S., 2004a. Der „neue-alte" Antisemitismus. Beitrag im Rahmen der Konferenz „Die kulturelle Seite des Antisemitismus zwischen Aufklärung und Shoah" in Tübingen, 10.–11. Oktober 2004.

WISTRICH, R. S., 2004b. Der alte Antisemitismus im neuen Gewand. In: RABINOVICI, D.; SPECK, U.; SZNAIDER, N. (Hg.), 2004, 250–270.

WISTRICH, R. S., 2010. A Lethal Obsession: Anti-Semitism from Antiquity to the Global Jihad. New York: Random House.

WITTGENSTEIN, L., [1953] 2004. Philosophische Untersuchungen. Auf der Grundlage der kritisch-genetischen Edition neu hrsg. von Joachim Schulte. Frankfurt a. M.: Suhrkamp (= Bibliothek Suhrkamp 1372).

WITTKOWSKI, J., 1990. Psychologie des Todes. Darmstadt: Wissenschaftliche Buchgesellschaft (= WB-Forum 56).

WODAK, R., 1990. Opfer der Opfer? Der „alltägliche Antisemitismus" in Österreich – erste qualitative soziolinguistische Überlegungen. In: BERGMANN, W.; ERB, R. (Hg.), 1990. Antisemitismus in der politischen Kultur nach 1945. Opladen: Westdeutscher Verlag, 292–318.

WODAK, R. et al. 1990. „Wir sind alle unschuldige Täter." Diskurshistorische Studien zum Nachkriegsantisemitismus. Frankfurt a. M.: Suhrkamp (= suhrkamp taschenbuch wissenschaft 881).

WOLGAST, E., 2001. Die Wahrnehmung des Dritten Reiches in der unmittelbaren Nachkriegszeit (1945/46). Heidelberg: Winter (= Schriften der Philosophisch-Historischen Klasse der Heidelberger Akademie der Wissenschaften 22).

WOLL, E., 1997. Erlebniswelten und Stimmungen in der Anzeigenwerbung. Analyse emotionaler Werbebotschaften. Wiesbaden: Deutscher Universitäts-Verlag (= Gabler Edition Wissenschaft: Forschungsgruppe Konsum und Verhalten).

WORDSWORTH, W., [1800] 1967. Wordsworth and Coleridge. Lyrical Ballads 1798. Edited by W. J. B. Owen. London: Oxford Univ. Press.

WUNDT, W., 1896. Grundriss der Psychologie. Leipzig: Engelmann.

WUNDT, W., 1899. Bemerkungen zur Theorie der Gefühle. In: Philosophische Studien 15, 149–182.

WYSS, E. L., 2002. Fragmente einer Sprachgeschichte des Liebesbriefs. Liebesbriefe des 20. Jahrhunderts im Spannungsfeld von Sprachgeschichte, Geschichte der Kommunikation und Mediengeschichte. In: SCHMITZ, U.; WYSS, E. L. (Hg.), 2002. Briefkommunikation im 20. Jahrhundert. Duisburg: Redaktion OBST (= Osnabrücker Beiträge zur Sprachtheorie 64), 57–92.

WYSS, E. L., 2003a. Metamorphosen des Liebesbriefs im Internet. Eine korpusgestützte, textlinguistische und kommunikationswissenschaftliche Bestimmung des Liebesbriefs und seiner Pendants im Internet. In: HÖFLICH, J.; GEBHARDT, J. (Hg.), 2003. Vermittlungskulturen im Wandel: Brief – E-Mail – SMS. Frankfurt a. M.: Lang, 199–231.

WYSS, E. L., 2003b. „Mein liebes Muckelchen", „Lisel, Lisel, lieber Tiger" und „Hi girl". Liebesbriefe des 20. Jahrhunderts. In: BURKARD, B. (Hg.), 2003. Liebe.komm. Botschaften des Herzens. Heidelberg: Edition Braus, 116–121.

ZAJONC, R., 1980. Feeling and thinking. Preferences need no inferences. American Psychologist 35, 2, 151–175.

ZAUTRA, A., 2003. Emotions, stress, and health. New York [u. a.]: Oxford Univ. Press.

ZECK, M. R., 2001. „Erschüttert geben wir bekannt ...". Zur Illokution standardisierter Trauersprache in Todesanzeigen. In: HERZOG, M. (Hg.), 2001. Totengedenken und Trauerkultur: Geschichte und Zukunft des Umgangs mit Verstorbenen. Stuttgart: Kohlhammer (= Irseer Dialoge 6), 181–197.

ZEIDNER, M.; MATTHEWS, G.; ROBERTS, R. D., 2009. What We Know About Emotional Intelligence. How It Affects Learning, Work, Relationships, and Our Mental Health. Cambridge/MA: MIT Press.

ZENTNER, M.; SCHERER, K., 2000. Emotionstheorien: Partikuläre und integrative Ansätze. In: OTTO, J.; EULER, H.; MANDL, H. (Hg.), 2000, 151–164.

ZIEGLER, S., 2006. Gedächtnis und Identität der KZ-Erfahrung. Niederländische und deutsche Augenzeugenberichte des Holocaust. Würzburg: Königshausen & Neumann (= Epistemata, Würzburger wissenschaftliche Schriften, Reihe Literaturwissenschaft 543).

ZIMMER, D. E., 1982. Unsere erste Natur. Die biologischen Ursprünge menschlichen Verhaltens. Frankfurt a. M. [u. a.]: Ullstein (= Ullstein-Buch 34095: Ullstein-Sachbuch).

ZUCKERMANN, M. (Hg.), 2005. Antisemitismus – Antizionismus – Israelkritik. Göttingen: Wallstein (= Tel Aviver Jahrbücher für deutsche Geschichte 33).

ZWEIG, S., 1990. Die Welt von gestern. Erinnerungen eines Europäers. Berlin: Aufbau (= Taschenbibliothek der Weltliteratur).

# Sachwortregister